마음의 노래
註心賦

주심부

註心賦

마음의 노래

오직 한마음이란 무엇인가?

영명연수 지음
연관 옮김

불광출판사

해제

불교와 마음

석가모니 부처님이 29세에 출가하여 6년의 수행을 거쳐 깨달음을 성취한 후 45년 동안 펼친 가르침은 부처님 입멸 이후 200~300년경에 문헌으로 정리되었다. 오늘날 우리는 빨리어로 기록된 초기 불전을 니까야로, 한자 문화권에서는 아함으로 명명하고 있다. 초기불교의 경과 율을 토대로 부처님 입멸 이후 100~200년 사이에 교리의 해석과 계율에 대한 각기 다른 의견이 생겨 20여 개의 부파불교 시대가 열렸다. 이후 부처님의 제자들이 초기 불전을 주석하고 해석한 논장, 승가의 율법을 기록한 율장과 더불어 경·율·논 삼장(三藏)이 성립되고 전승되었다.

그리고 기원후 1세기경 기존의 부파불교를 비판하고 반야와 보살행을 중시하는 대승불교 시대가 열렸다. 대승불교 시대에는 니까야 혹은 아함으로 불리는 초기 불전과 달리 반야공성(般若空性)·중도(中道)·보살행을 담은 『반야경』, 『법화경』, 『화엄경』 등의 대승 경전이 성립되었다. 인도에서 중국으로 전파된 불교는 경전의 번역과 연구를 중심으로 하는 교종불교에 이어

7세기 초부터 마음을 직시하고 관조하는, 직지인심 견성성불(直指人心 見性成佛)로 대변되는 선종불교를 성립시켰다. 선종불교 시대에는 참선 수행과 더불어 조사들의 어록들이 무수히 쏟아졌다.

이렇듯 초기-부파-대승-선종불교라는 다양한 진화의 역사 속에서 각각의 불전과 어록, 그리고 이에 따른 수행법이 공통으로 강조한 불교의 핵심은 단연 '마음(心)'이다. 방대한 팔만대장경을 한마디로 축약하면 마음 심 자(心字)라고 할 수 있다는 말에서 보듯이, 불교는 마음을 탐구하고 해석하여 마음을 밝히고 열반을 증득하는 법에 관한 가르침이다. 영명연수 선사가 다양한 불교 교리의 전반을 회통하고 원융하고자 '마음'을 골자로 하는 『종경록(宗鏡錄)』100권을 저술하고, 이어 그 요약본이라고 할 수 있는 『주심부(註心賦)』4권을 저술한 의도를 짐작할 수 있다.

니까야 혹은 아함으로 불리는 초기불교 경전에서 '마음'은 무명에서 지혜로, 속박과 괴로움에서 해탈과 열반으로 나아가는 여정의 핵심이다. 먼저 초기불교의 핵심 교의들을 대략적으로 살펴봄으로써 '마음'이 얼마나 교설과 수행의 중심이었는지를 알아보자. 해탈과 열반을 지향하는 초기불교에서는 삼법인(三法印), 사성제(四聖諦), 팔정도(八正道), 오온(五蘊), 십이처(十二處), 십팔계(十八界), 십이인연(十二因緣), 삼십칠조도품(三十七助道品), 사무량심(四無量心) 등이 교설의 중심으로 등장한다. 주요 법상(法相)에서 마음이 어떻게 표현되고 해석되고 있는지를 살펴보자.

먼저 삼법인은 제행무상(諸行無常)·일체개고(一切皆苦)·제법무아(諸法無我)를 말한다. 중생의 모든 행위는 고정되고 불변함이 없이 찰나찰나 변하고 있다는 통찰이 제행무상이다. 여기서 '행'은 사물의 운동과 변화가 아니다. 또 몸의 동작을 의미하지 않는다. 마음의 분별 작용이 '행'이다. 일체개고에서 '일체'는 분별 작용하는 모든 마음의 결과는 불안하고 불안정한 한계를 가지고 있다는 뜻이다. 제법무아에서 '법' 또한 이름과 형상을 가진 어떤 객관 대상으로서의 사물이나 사건이 아니다. 육근(六根)과 육경(六境)이 접촉하여 인식하고 분별하는 마음 작용에 의해 드러난 세상의 모든 현상을 '법'이라고 한다. 그러므로 삼법인은 인식 분별하는 마음 작용과 그로 인해 드러나는 삶의 모든 현상을 통찰하는 교설이다.

부처님이 중생이 살아가는 세계를 명명한 오온, 십이처, 십팔계의 온(蘊)·처(處)·계(界) 역시 분별하는 마음 작용의 구조와 결과를 설명하는 교설이다. 육근·육경·육식(六識)이 접촉하여 수(受)·상(想)·행(行)을 발생한다는 설명에서 보듯이, 우리의 세계는 인간과 객관 대상의 이원적 구성이 아니라 '마음'으로 수렴되고 전개되는 세계이다.

부처님이 열반을 성취한 후 가장 먼저 설한 핵심 가르침인 사성제 또한 분별 작용하는 마음이 만든 삶의 통찰과 극복을 말하고 있다. 고성제(苦聖諦)와 고집성제(苦集聖諦)는 무지와 집착과 욕탐의 마음 작용이 만들어 낸 중생의 세계이며, 열반의 세계와 거기에 도달하는 방법은 무명의 마음과 그로 인해 발생한 갈애의 소멸이다. 또한 열반을 성취하기 위한 수행법인 팔정도, 계정혜(戒定慧) 삼학(三學) 수행은 마음과 마음이 만들어 내는 모든 행위를 지혜로 전환하는 과정이다.

'이것을 말미암아 저것이 있고, 이것을 말미암아 저것이 없다'라는 연기법의 공식을 살펴보자. '이것'과 '저것'은 고정되고 불변하는 속성을 지닌 사물을 지칭하는 말이 아니다. 마음의 분별 작용으로 발생한 '이것'과 '저것'의 관계성이다. 연기법의 구체적인 양태인 십이연기에서, 연기법은 마음의 순환을 말하고 있음이 분명하게 드러난다. 주지하듯이 연기법은 고통의 발생 과정을 서술하는 생멸문(生滅門)과 고통을 소멸하는 환멸문(還滅門)으로 구성되어 있다. 곧 무명(無明)-행(行)-식(識)-명색(名色)-육입(六入)-촉(觸)-수(受)-애(愛)-취(取)-유(有)-생(生)-노사우비고뇌(老死憂悲苦惱)이다. 이러한 12지의 각 항목은 모두 마음의 다양한 특성과 상호 작용을 말하고 있다.

초기불교의 팔정도와 삼십칠조도품은 마음과 마음 작용을 여실히 통찰하고 극복하여 열반에 도달하는 수행법이다. 사무량심의 자(慈)·비(悲)·희(喜)·사(捨)와 사섭법(四攝法)의 보시(布施)·애어(愛語)·이행(利行)·동사(同事)는 모두 자신과 세상을 향한 이타행의 마음 씀을 말하고 있다.

이와 같이 초기불교의 다양한 가르침은 마음으로 집약되고, 마음에서 전개되는 모든 과정을 설명하고 있다. 이러한 '마음'의 진리가 부파불교, 대승불교, 선종불교로 이어지는 바탕이 되고 있다.

마음은 석가모니 부처님 재세 시대를 지나 부파불교 시대에 더욱 세분화되고 정교화된다. 특히 설일체유부로 대표되는 아비달마불교 시대에는 일체법을 다섯 가지 범주로 나누고 이를 더욱 세분화하여 75가지로 설명한다. 11가지 색법(色法), 1가지 심법(心法), 46가지 심소법(心所法), 14가지 심불상응행법(心不相應行法), 3가지 무위법(無爲法)이 그것이다. 이 가운데 다양한 마음의 모습과 작용을 설명하는 심소법에 주목해 보면, 아비달마 시대에 얼마나 치밀하게 마음을 탐구하고 통찰했는지 알 수 있다.

이어 대승 유식불교에서는 8가지 심법, 51가지 심소법, 11가지 색법, 24가지 심불상응행법, 6가지 무위법 등 총 5위 100법으로 세간과 출세간을 분류한다. 그리고 다시 심소법을 5가지 변행심소(遍行心所), 5가지 별경심소(別境心所), 11가지 선심소(善心所), 10가지 번뇌심소(煩惱心所), 4가지 부정심소(不定心所)로 나누고 있다. 이처럼 마음의 무지와 속박에서 벗어나 열반에 이르는 길을 매우 세세하고 정밀하게 분석하고 있다.

한편 초기불교와 부파불교 시대를 지나 반야·중관·유식·여래장·화엄으로 이어지는 대승불교 시대에 이르러서는 '마음'에 대한 관점과 통찰, 전개가 일대 전환을 이룬다. 이 선상에서 직지인심 견성성불을 주창하는 선종불교가 출현한다. 중국불교사에서 불교 교설을 분류하고 해석하는 교상판교(敎相判敎)의 교종불교는 크게 셋으로 통괄되는데, 공종(空宗)과 상종

(相宗)과 성종(性宗)이다. 마음의 분별 작용인 모든 법이 무자성(無自性)이고, 연기(緣起)이며, 공(空)이라는 통찰이 공종이다. 그리고 유식불교에서 말하는 일체법이 삼계유심(三界唯心)·만법유식(萬法唯識)의 드러남이고 작용이라는 통찰이 상종이다. 반야공성에 바탕하여 일체법이 진여자성(眞如自性), 여래장의 드러남이라고 주창하는 것이 성종이다.

영명연수의 『종경록』과 『주심부』는 초기, 부파, 반야중관, 여래장의 인도불교가 중국에 전파되어 다양한 종파로 형성된 교종·선종 시대의 불교 교설을 회통한 저술이다. 제반 교설을 회통하고 원융한 그 중심은 바로 '마음'이다. 『주심부』을 간략하게 요약하기 전에 먼저 영명연수의 삶과 주요 저작을 대략적으로 살펴보자.

영명연수의 생애와 저작

중국불교 선종 5가 중 하나인 법안종의 3대 조사이며 정토종의 6대 조사인 영명연수(永明延壽, 904~975)는 당말 오대(五代)에서 북송 초에 걸쳐 활동했다. 『송고승전』, 『경덕전등록』 등에 의하면 연수의 속성은 왕(王)이다. 출생지는 강소성 단양이며 절강성 항주로 이주하여 살았다. 집안이 불교와 인연이 깊어 평소 불경을 수학하였다. 34세에 출가했는데 매우 늦은 나이였다. 자비심이 돈독했던 그는 28세에 오월국의 군수물자를 조달하는 직책에 있었는데, 창고의 물자를 팔아 방생을 하였다가 사형 선고를 받는다. 당시 조전왕이 명하길, 죄인을 형틀에 매달아 참수하려 할 때 안색이 변하면 그대로 참하고 그러지 않거든 풀어 주라고 했다. 이에 연수의 안색이 매우 태연하여 석방하였다고 한다.

이후 연수는 명주(明州) 땅 취암영명(翠巖永明)에게 출가하였다. 출가

후 천태산 천주봉에서 90일간 좌선 수행을 하였다. 그리고 법안문익(法眼文益, 885~958)의 제자인 법안종 2조 천태덕소(天台德韶, 891~972) 국사를 참방하여 깨달음을 얻고 종지를 이어 3조의 선맥을 이어받았다. 연수는 늘 『법화경』을 독송하면서 법화참법에 전념하였다. 더불어 재가 불자들과 함께 염불 수행을 하였다. 오월왕의 요청으로 송 태조 건륭 원년(960년) 항주에 있는 영은사를 중건하였고, 1년 뒤 혜일산 영명사의 주지가 되었다. 영명연수라는 호칭은 이에 따른 것이다.

오월왕은 선사의 덕화를 추앙하여 지각선사(智覺禪師)라는 법호를 내렸다. 영명사에 주석할 때 추종하는 제자가 1,700인이었고 천태산에서 1만여 명이 선사에게 수계하였다. 선정겸수(禪淨兼修)를 실천한 연수는 승속들에게 자성미타(自性彌陀)·유심정토(唯心淨土)를 지향하는 염불 수행을 권하며 40만 본의 미타탑(彌陀塔)을 찍어 보시하였다. 연수는 북송 개보 8년(975년) 72세로 입적하였다. 『송고승전』에는 법납을 37세, 『경덕전등록』에는 42세로 기록하고 있다. 대표적인 제자로는 부양자몽(富陽子蒙)과 조명원율(朝明院溧) 등이 있다.

중국불교사에서 영명연수는 사상적으로는 『종경록』을 저술하여 선(禪)과 교(敎)를 원융하였고, 수행 가풍으로는 선(禪)과 정토(淨土)를 겸수한 회통불교의 표상이다. 연수가 활동하던 시기는 중국불교사에서 큰 전환을 맞은 시대이다. 후한 시대에 유입된 불교가 삼국과 위진 남북조에 이르러 여러 문헌의 번역과 연구 과정을 거치면서 학파와 종파를 형성하였다. 수대와 당대에는 교종과 선종이 탄생하고 형성되었다. 교종에서는 천태, 삼론, 유식, 화엄 등의 제교학이 중심이 되었다. 선종은 달마 이래로 육조혜능에 이르러 남종선과 북종선이 탄생하고, 당말 오대에는 남종선 계열의 선이 분파를 이루어 번성하였다.

연수가 활동하던 시기에 불교는 회창 5년(841년) 도교를 숭배한 당 무종에 의해 발생한 폐불과 오대십국의 난세에 후주 세종에 의해 벌어진 폐불(955년)로 인하여 교종이 극심한 타격을 입었다. 무종의 불교 탄압은 교학 불교가 쇠퇴하고 선종과 정토교가 흥기하는 계기가 되었다. 오대십국 시대에 남당과 오월국의 왕들은 친불교 정책을 펼쳤다. 중국 선종의 주류를 이룬 남종선 계열은 위앙종, 임제종, 조동종, 운문종, 법안종으로 정립되었다. 이때 남방 왕들의 친불교 정책으로 운문종이 발전하였으며, 선종 5가 중 연수가 속한 법안종은 맨 뒤에 성립하였다. 법안종은 법안문익-천태덕소-영명연수로 이어진다.

교종이 쇠퇴하고 선종이 흥기한 이 시대에 불교계는 각 종파의 극심한 파벌과 혼란을 극복하기 위하여 새로운 전환의 필요성이 요청되었다. 전환의 핵심은 '융합과 회통'이었다. 그 선상에 법안종이 있다. 연수의 『종경록』을 중심으로 융합과 회통의 바탕에 법안종의 초조 법안문익이 자리하고 있다. 문익은 『종문십규론』 서문에서 "진실로 경전의 가르침에 의존하지 않고서는 식정(識情)을 타파하기 어렵다"라며, 선 수행의 기초로서 자교오종(藉敎悟宗)을 말한다. 경전의 가르침을 소홀히 하고 좌선에만 집착하여 이치에 무지한 풍토를 지적한 것이다. 문익은 자교오종을 바탕으로 즉심즉불(卽心卽佛)·심물일체(心物一切)·즉사이진(卽事而眞)을 말하고, 유식교학의 원성실성(圓成實性)과 화엄교학의 이사원융(理事圓融)을 토대로 삼계유심의 즉공(卽空)을 선지(禪旨)로 하고 있다. 문익의 뒤를 이은 천태덕소 또한 '불립문자란 경의 문자에도 집착하지 않고 문자를 여의지도 않는다'라는 선교융통의 논지를 펼쳤으며, 불사문중에는 한 법도 버리지 않는다는 법안종의 가풍을 드러냈다. 이는 연수가 매일 수지독송, 서사, 해설, 전법 등의 108가지 수행을 치우침 없이 행한 근거가 되고 있다.

연수는 많은 저술을 남겼다. 현존하는 저술은 13책 117권이 있으며 유실된 저술은 54책 70권이다. 현존하는 주요 저술은 『종경록』 100권, 『만선동귀집』6권, 『주심부』4권, 『유심결』1권, 『관심현추』1권, 『정혜상자가』, 『경세문』, 『선서안양부』, 『수계』 등이 있다. 주목할 점은 유실된 저술에 화엄전적과 신행 예찬문이 많다는 것이다. 연수가 선종과 정토종의 조사이면서도 선과 교의 일치, 선과 정토의 겸수, 제교융합에 있어 화엄을 중요시했음을 알 수 있다. 『종경록』과 『주심부』에서 인용하는 전거 역시 화엄이 다수를 차지하고 있다. 신행 예찬문이 많은 것은 연수의 융합적 회통의 수증을 방증하는 것이라고 볼 수 있다.

연수의 불교관은 단연 『종경록』과 『만선동귀집』으로 집약된다. 특히 『주심부』는 방대한 『종경록』의 요지를 축약하고 대중화하기 위한 저술이므로 대강을 살펴봐야 한다. 『종경록』은 송 태조 건륭 2년(961년)에 저술되었다. 경전의 가르침에 의지하여 심성을 깨닫는 자교오종의 달마선 정신을 망각하고 이치에도 맞지 않는 선지를 드러내는 당대의 폐단을 극복하고자, 대승의 주요 경론을 인용하여 100권의 방대한 분량으로 저술되었다. 인용한 주요 경론은 160여 종인데 분류하면 다음과 같다. 화엄 328회, 천태 210회, 유식 189회, 반야 226회, 여래장 507회, 선 105회이다. 이와 같은 인용을 볼 때, 연수는 중국불교 교관에서 공종·상종·성종을 중심으로 불교를 융합하고 회통하고자 했음을 알 수가 있다. 또한 『종경록』에서 연수는 승조, 신회, 종밀, 징관, 지자, 담연, 제관의 사상을 따르고 있다.

연수는 『종경록』 자서에서 "조사의 대의를 상고함에 경론의 정종(正宗)은 번거로운 문장을 삭제하여 제거하고 오직 요지만을 가리어 문답을 빌려 펴서 널리 인증하여 밝힌다"라고 하였다. 또한 "일심(一心)을 들어 종으로 삼고 만법을 비춤이 거울과 같다"라고 하여 『종경록』을 저술한 취지를 밝히고 있다. 불법의 대의가 '일심'으로 수렴되고 전개된다는 논지는 『종경록』「표종장(標宗章)」에서 드러난다. "여래장이란 곧 일심의 다른 이름이다. 무엇을 일심이라고 하는가? 이른바 진망(眞妄), 염정(染淨)의 일체 만법이 둘이 없는 성품이기 때문에 하나(一)라고 이름한다." 또 "일승법이란 일심 이것이다. 다만 일심을 지키는 것이 바로 심진여문(心眞如門)이다"라고 말하고 있다. 연수는 『종경록』에서 법성종의 대의를 기준으로 삼고 있는데, 법성이 곧 진여·불성·진심·유심·유식이고 말하고 있다. 이러한 논지를 『주심부』에서 그대로 축약하여 전개한다.

『만선동귀집』은 연수의 또 다른 주요 저술이다. 저술 목적은 불교의 모든 가르침이 결코 배타적이고 대립하지 않으며, 모든 수행이 열반과 깨달음으로 나아갈 수 있으며, 중생의 다양한 근기에 따라 모든 수행법이 공존할 수 있음을 강조하기 위함이다. 염불, 독경, 좌선, 보시, 지계 등이 조화롭게 필요하다고 말한다. 이는 연수의 생애를 통해 일관되게 실천되고 있다는 점에서 의미가 크다.

『주심부』의 대강

『주심부』는 마음을 노래한 『심부』에 연수가 해설을 덧붙인 저술이다. 이는 『종경록』이 왕실의 서고에 보관되어 있는 한계로 대중화하기 위해 『주심부』로 축약한 것으로 보인다. 저술 시기는 연수가 입적한 975년 이전까지 대략 10여 년에 해당한다고 보인다. 이는 『주심부』 3권에 960년~964년 사이에 저술된 『종경록』(원문 心境錄)이 보이기 때문이다. 『주심부』의 제명으로 『주심부(注心賦)』, 『심부주(心賦注)』, 『주심부(註心賦)』, 『영명심부주(永明心賦註)』가 있다.

'부(賦)'는 기원전 3세기경 중국 한나라 초의 초사(楚辭)에서 유래되었다고 하며 산문과 운문이 결합된 문체이다. 한나라 당대에 문학의 장르로 자리 잡았다. '부'는 감정 표현보다 묘사와 서술, 논리적 전개에 유리한 형식이다. 위진남북조 시대와 송대의 부에는 철학적 성찰이 들어가 있다. 중국 불교의 유입기부터 선사들은 선지(禪旨)를 펼치기 위해 문학 형식을 차용하였다. 대표적인 분야가 산문으로는 변문(變文) 문학이 있고 운문으로는 다양한 시가 있다. 변문은 불교 경전이나 역사 이야기, 민간 설화 등을 이야기식으로 서술한 것이다. 『육조단경』도 변문의 성격이 있다.

한대에는 산문시 형식의 부, 선진시대와 한 시기에는 종교와 정치적 차원에서 찬탄을 목적으로 하는 송(頌), 전국시대에는 사물을 노래하고 감정을 표현하는 영(詠), 한에서 초당 시기에는 자유로운 형식의 고체시, 당 시기에는 5언과 7언 등 엄격한 형식의 근체시가 형성되었다. 연수는 『종경록』의 방대한 사상을 간략하게 요약하기 위해서 이에 가장 적합한 부의 형식을 빌렸던 것으로 보인다. 『종경록』의 원제가 『심경록』이고 그 내용이 불교 전반의 일심 사상을 망라한 것이기 때문에, 연수는 그 축약본의 명칭을 『주심부』라고 했던 것이라 생각된다. 그러나 517개의 소절, 7천5백 자에 이르는 산문시가 축약적이고 추상적인 구절이 많아 『심부』만으로는 대중이 시에 담긴 내용을 이해하기 어려운 한계를 지니고 있다. 그래서 『심부』에 해설을 붙여 『주심부』를 펴내게 된 것이다.

『주심부』는 '일심'으로 제교를 회통한 『종경록』의 내용을 축약한 저술이다. 다만 『종경록』과는 전개 방식이 다르다. 『종경록』 100권은 모두 3장으로 구성되어 있다. 1권의 전반부에 해당하는 「표종장」은 이 저술이 '마음'을 종지로 서술되고 있음을 말하고 있다. 1권 후반부터 93권에 해당하는 「문답장(問答章)」은 마음에 대한 다양한 질문을 여러 경론에 전거하여 논하고 증명함으로써 답하는 방식으로 구성되어 있다. 94권부터 100권까지는 「인증장(引證章)」이다. 여기서는 경·율·논을 중심으로 여러 전적을 인용하여 일심이 제교를 회통할 수 있음을 입증하고 있다.

묻고 답하는 형식의 『종경록』은 이해하기가 용이하다. 왜냐하면 질문의 의도가 분명하고 논리적이기 때문에 그에 대한 답도 질문의 의도를 충분히 반영할 수 있기 때문이다. 그러나 『주심부』는 전 4권 모두가 '부' 형식의 시에 대한 설명으로 구성되어 있다. 상징과 비유의 언어인 시의 특성상 추상적으로 이해되기 때문에 아무래도 『주심부』는 주석에 의존해서 『종경록』의 질문에 해당하는 시를 이해해야 하는 한계를 가지고 있다.

『주심부』의 구성과 전개를 보면 서론, 본론, 결론이 표면에 드러나지 않는다. 다만 제1권 서두의 몇 구절에 『종경록』「표종장」의 취지와 내용이 담겨 있다. 「표종장」은 대체로 '일심'을 제교로 입증하고 있는데, 화엄·천태·여래장을 통해 제교의 종지를 원종(圓宗)이라고 규정하고 있다. 반야공성으로 종체(宗體)를 드러내고 있으며, 마음의 작용인 종경(宗鏡)을 유식(唯識)이라고 말하고 있다.

『주심부』 제1권 세 개의 부와 주석은 총론이자 서론에 해당한다. 여기에서 『주심부』를 저술한 의도를 밝히고 있다. 제1구절은 부처와 부처, 조사와 조사가 면면히 전한 것은 오직 '일심(一心)'이라고 말한다. 첫 번째 주석에서 『능가경』을 인용하여 제불이 일심을 종(宗)로 삼고 무문(無門)으로 법문(法門)을 여는 종지를 드러내고 있다. 이는 자교오종의 능가선법을 말하고 있다. 화엄종 3조 법장이 "항상 이(理)를 관하되 교(敎)를 지니는 것을 막지 않았고, 항상 읽고 읽히지만 공(空)을 관하는 것을 장애하지 않는다"라고 한 말을 인용하여, 이와 교가 원융하여 하나의 관(觀)으로 이루어져야 완벽하게 통한다고 서술하고 있다. 또 『대승기신론』을 인용하여, 일심의 두 모습인 심진여와 심생멸을 떠나 별도의 법이 없음을 말하면서 『주심부』의 저술 목적이 일심으로 제교를 회통하는 것임을 드러내고 있다.

이어 『주심부』 제1권 제4구에서 일심(一心)의 여러 명칭을 나열하고 있다. 진성(眞性), 실상(實相), 일실제(一實際), 자성청정심(自性淸淨心), 여래장(如來藏), 여여(如如), 일승(一乘), 법신(法身), 실상반야(實相般若), 필경공(畢竟

空), 중도(中道), 수능엄(首楞嚴) 등의 이름이 일심의 이명(異名)임을 말하고 있다. 일심의 이명들을 거론한 의도 또한 각 경론에서 쓰고 있는 핵심 이름들이 모두 일심임을 말하기 위함이다. 또 다른 권에서는 일심을 원각(圓覺), 법계(法界), 유식성(唯識性)으로 말하고 있다. 여기서 '일심'의 '일'은 여러 다른 숫자 중 하나인 일이 아니다. 만법의 출발이자 총괄로서의 '일'이다.

그리고 『주심부』 전 4권에 걸쳐 모든 불법의 교설은 일심의 수렴과 전개라고 설명하고 있다. 일심의 전개 양상은, 『주심부』 서두에 대척점을 이루는 이름들을 다양하게 소개하고 있다. 진제(眞諦)와 속제(俗諦), 부처와 중생, 공(空)과 유(有), 심진여문(心眞如門)과 심생멸문(心生滅門), 이(理)와 사(事), 성(性)과 상(相), 진심(眞心)과 망심(妄心), 불변(不變)과 수연(隨緣), 세간(世間)과 출세간(出世間), 공여래장(空如來藏)과 불공여래장(不空如來藏) 등이다. 제1권은 일심과 일심이 전개되는 두 측면을 여러 경론에 전거하여 설명하고 논증한다. 이어 여러 경론을 인용하여 일심의 다양한 모습과 작용을 자세하게 설명한다.

『주심부』 각 권에서 내용이 두드러지게 차별된 특징은 찾기 어렵다. 제2권부터는 일심에서 비롯한 만법의 전개를 구체적으로 설명한다. 아울러 마음에 바탕하여 다양한 측면에서 수행법과 전법교화를 제시하고 있다. 지관 수행, 연기관, 사념처관, 삼십칠조도 등의 초기불교 수행관도 말하고 있다. 또 일심을 종으로 하여 천태, 반야, 여래장, 유식, 화엄의 행상을 설명하고 그 관법을 말한다. 반야공관에 의지하여 자교오종, 일심무생(一心無生), 교관겸수(敎觀兼修), 무수무증(無修無證)의 선지를 드러낸다. 또 자성미타와 유심정토를 말하고, 선정겸수(禪淨兼修)를 말하며, 일심을 종으로 사상과 수행법을 원융회통하고 있다.

『주심부』에서 인용하는 경론들은 다양하다. 주류를 이루는 경론을 계열화하면 다음과 같다. 화엄 전적은 대략 165회가 인용된다. 『화엄경』(86

회), 법장 저술(22회), 징관 저술(42회), 이통현 저술(15회) 등이다. 다음으로 반야 전적은 『유마경』(24회), 승조 저술(27회), 중관 논서(7회), 『대지도론』(7회)을 포함하여 모두 65회 정도 인용되고 있다. 유식 계열은 모두 20회 인용되고 있는데, 유식 논서(17회)와 『섭론』(3회)이다. 여래장 계열은 118회 인용되고 있다. 『능가경』(12회), 『수엄능엄경』(26회), 『원각경』(3회), 『열반경』(25회), 반야 논소(22회), 『대승기신론』(26회), 『석마하연론』(4회)이다. 천태 계열은 모두 43회 인용되고 있는데, 『법화경』(29회)과 천태 논소(14회)이다. 선종 계열은 모두 59회 인용되고 있다. 달마, 도신, 법융, 양개, 신회, 부 대사 등의 선사 어록이 주로 인용되고 있다. 『노자』와 『논어』 등의 외전은 19회 정도 인용되고 있다.

인용한 경론을 살펴보면 연수가 교와 선을 융합회통하고자 하는 의도를 알 수 있고, 회통의 중심이 일심으로 요약되고 있음을 알 수 있다. 『종경록』과 같이 『주심부』에서 인용한 주요 경론 역시 반야, 유식, 여래장, 화엄으로 분류할 수 있다. 중국 교판에 의하면 반야공성과 여래장은 성종(性宗)이고, 유식법상은 상종(相宗)이다. 화엄은 성상(性相)이 융통하는 법계연기를 드러내고 있다. 연수는 공종·성종·상종을 축으로 공유·성상·이사가 원융하는 일심의 수렴과 전개를 말하고 있다.

연수는 『대승기신론』 서두에서 말하는 심진여문과 심생멸문을 거론하며, 불변과 수연 모두가 개별적인 고정불변의 실체가 아니라 불이(不二)의 선상에서 상즉상입(相卽相入)하고 있다고 말한다. 『주심부』에는 유식 계열의 인용 횟수가 화엄과 반야 계열보다 적지만 그것을 설명하는 분량은 많다. 유식의 삼성(三性), 즉 변계소집성·의타기성·원성실성과 삼무성(三無性)을 해석하면서 중생이 마음으로 드러낸 일체 법상(法相)이 무성이고 유식성임을 강조하고 있다. 화엄에서는 사법계(四法界), 법계삼관(法界三觀), 십현연기(十玄緣起), 십바라밀을 일심의 전개로 설명하면서 무연자비(無緣

慈悲)의 보살행으로 귀결시키고 있다. 선종 조사의 어록 또한 '성품이 공한 것이 부처'라는 관점에서 직지인심 즉심즉불의 수증(修證)을 제시하고 있다. 거듭 요약하자면 『종경록』의 축약본인 『주심부』는 대승불교의 반야중관, 유식, 여래장, 선종을 일심으로 회통하면서 선교일치와 선정겸수를 제시하고 있는 회통불교의 값진 저술이다.

연관 화상의 주심부 번역

『주심부』는 연관 화상의 마지막 번역이다. 2022년 6월 15일 세수 74세, 법랍 53세로 사바의 삶을 회향한 연관 화상은 선 수행, 교학 연찬, 역경의 원융한 수행자였다. 화상은 선·교·정토 수행을 겸수하였다. 이러한 가풍은 평생 진력했던 역경에서도 드러난다. 1991년 중국 정토종 제8대 조사인 운서주굉의 『죽창수필』을 처음 번역하였다. 이어 『금강경간정기』, 『선관책진』, 『선문단련설』, 『황생집』, 『불설아미타경소초』 등을 번역하여 발간했다. 2007년부터 대한불교조계종 소의경전인 『조계종 표준 금강경』 편찬에도 참여했다.

화상은 『주심부』 본문을 번역한 뒤 병을 얻어 입적을 맞이했다. 이에 연관 화상의 뜻을 이어받아 이 책을 발간하기로 마음을 모았다. 화상 입적 후 2년여에 걸쳐 오경, 오성, 법인, 정묵, 유연, 덕인, 홍현이 지리산 실상사와 공주 금선대, 제주 선래왓에서 번역한 글을 읽으면서 공부했다. 번역문을 읽어 가면서 본문을 조금 가다듬고 각주 작업을 했다. 그리고 연관 화상의 입적 3주기를 맞아 『주심부』를 발간했다.

이 책의 발간에 도움을 주신 분들이 많다. 연관 화상이 조계종단 최초 승가전문교육기관인 실상사 화엄학림의 학장으로서 후학을 교육할 때부터 아낌없이 학인들을 후원한 화상의 도반 수경 스님, 도법 스님의 격려가 큰 힘이 되었다. 그리고 화상이 마지막에 주석했던 봉암사의 전 주지 함현 스님과 주지 진범 스님께 고마움을 전한다. 입적의 순간까지 화상의 곁을 지킨 고담 스님의 헌신은 대중들에게 큰 감동을 주었다. 특히 부산 관음사 회주 지현 스님과 불자들의 외호는 잊을 수가 없다. 『주심부』의 애독자인 지현 스님은 관음사에서 화상의 사바 회향을 지심 정성으로 지켜 주었다. 이 책의 편집에 참여한 불광미디어 양민호 편집자와 류지호 대표에게도 고마움을 전한다.

 이 책의 발간을 앞두고, 후학들의 천박한 재주로 스승 연관 화상의 글을 훼손하지 않았는지 두려움이 크다. 미진한 부분은 오직 후학들의 허물이다. 독자 제현의 아낌없는 질정을 바란다.

 "놓아 버려라."

 연관 화상의 일구가 생생하다.

불기 2569(2025)년 6월
실상사 화엄학림 수학제자 오경, 오성, 법인 돈수 구배

차례

- 해제 .. 004

제1부 심부(心賦) .. 027

제2부 주심부(註心賦) .. 119

1장 주심부 권제 ❶

1. '마음'을 노래한 까닭은 .. 122
2. 마음은 모든 성현의 스승이네 .. 131
3. 마음은 여의주와 같이 만물을 길러내네 .. 142
4. 마음은 여러 가지 이름을 갖고 있네 .. 148
5. 고금의 마음에 담긴 깊은 뜻을 살펴보네 .. 157
6. 한 글자 보배로운 왕이 헤아리기 어려운 법의 바다를 연출하네 .. 166

7. 마음의 큰 나무에서 오천 경권이 열렸네 .. 174
8. 삼계의 문을 활짝 열어 일체법을 증득하네 .. 182
9. 마음에서 생사의 눈병이 생겨나네 .. 190
10. 세상 모든 것은 마음에서 이뤄지지 않은 것이 없네 .. 198
11. 마음의 원만한 깨달음(圓覺)에서 생멸문과 진여문으로 나누어지네 .. 210
12. 과보는 없어지지 않네 .. 218
13. 무심(無心)의 약은 모든 병을 치유할 수 있네 .. 227
14. 한마음 치자꽃 향기가 중생계에 가득하네 .. 232
15. 미혹된 마음은 진여를 바탕으로 하고 있네 .. 237
16. 발원하고 믿으면 해내지 못할 것이 없네 .. 250
17. 선견왕의 약을 복용하면 모든 병이 낫네 .. 256
18. 한마음의 법은 세상의 폐단을 바로잡을 수 있네 .. 263
19. 무명의 나무에서 깨달음의 꽃이 피어나네 .. 269
20. 유정 무정의 마음에는 지극히 귀한 보배가 있네 .. 273
21. 한마음의 깃발을 높이 세우네 .. 279
22. 마하연의 골수를 쪼개서 우담화의 뿌리를 캐내네 .. 285
23. 진여실관(眞如實觀)을 수행하면 삶의 근원을 보네 .. 289
24. 하나의 방편으로 무변찰해겁(無邊刹海劫)을 청정하게 하네 .. 296
25. 공문(空門)은 부처를 뽑는 도량(選佛場)이네 .. 300
26. 하나의 성품이 천 개의 문을 여네 .. 304
27. 열 가지 힘의 공력으로 의심의 성을 부수네 .. 311
28. 한마음의 횃불을 들어 세상의 어둠을 비추네 .. 316
29. 평등한 마음은 부처님의 법을 창성하게 하네 .. 324
30. 세상 모든 일이 내 마음에 달렸네 .. 328

2장 주심부 권제 ❷

1. 수행이 될 때나 되지 않을 때나 꾸준히 정진해야 하네 .. 336
2. 시방 허공도 겨자 구멍의 허공과 한가지라네 .. 341
3. 중생의 마른 흙을 파니 부처의 지혜 샘이 솟아나네 .. 345
4. 고요한 부처님의 나라에 어찌 하나의 티끌인들 어지럽겠는가 .. 350
5. 원종(圓宗)의 사자후를 토하여 사구(四句)와 백비(百非)를 몰아내네 .. 357
6. 일체 만물은 모두 참된 마음의 힘을 갖고 있네 .. 365
7. 일대사인연의 정원에 마음의 꽃이 피네 .. 372
8. 모든 종교는 한마음으로 근본을 삼는다네 .. 381
9. 털 짐승도 본성은 지극히 신령하네 .. 389
10. 정관(正觀)에 들어 현묘한 문을 두드리고 여여의 지름길을 밟아 가네 .. 400
11. 지극한 도는 막힘이 없네 .. 411
12. 사람을 여의고는 법이 없고, 법을 여의고는 사람이 없네 .. 418
13. 정념(正念)이 촉발하면 여우의 의혹인 줄 바로 깨우치네 .. 427
14. 만물이 모두 색신삼매(色身三昧)를 드러내네 .. 433
15. 처음 발심한 도량에서 조사의 지위에 오르네 .. 443
16. 현묘한 바람이 불어 법의 장수가 삿된 소견을 물리치네 .. 451
17. 지관(止觀)을 잘 닦으면 영원히 윤회에서 벗어나네 .. 460
18. 원각의 살운로를 밟아 선문의 설족구(齧鏃句)를 설하네 .. 470
19. 허망함의 본 성품은 본래 텅 비었고, 중생은 원래 부처라네 .. 477
20. 무생(無生)의 꽃비가 무명의 땅에서 진여의 싹을 틔우네 .. 486

3장 주심부 권제 ❸

1. 중생의 마음 거울에 전륜왕의 밝은 구슬이 드러나네 .. 498
2. 왜 부처를 보지 못하는가 .. 504
3. 보리의 도장이 모든 중생의 마음에 분명하게 찍혀 있네 .. 511
4. 마음이 분별하지 않으면 법은 결코 허물이 없네 .. 518
5. 마음을 고요히 하면 어지러운 번민이 사라지고 지혜가 드러나네 .. 525
6. 육근과 육진으로 쪼개진 생사의 종자는 열반의 바른 씨앗이네 .. 532
7. 업식의 근본을 어떻게 가르치고 깨우칠 수 있겠는가 .. 543
8. 팔만사천 가르침이 자성의 땅에서 움트네 .. 555
9. 세계가 이루어지려 할 때 한 생각에 모두 거두어들이네 .. 565
10. 일심대승 씨앗의 지혜와 재능이 맑게 무르익어 가네 .. 586
11. 녹야원의 지혜 바람이 언제나 어디에나 불어오네 .. 594
12. 광대한 가르침의 바다를 건너서 선방의 문고리를 잡네 .. 600
13. 중생은 생사의 바다에 빠지지 않았네 .. 609
14. 한 번이라도 본다면 천금을 바칠 만하네 .. 616
15. 행은 언제나 순리를 따르고 도는 언제나 두루하네 .. 625
16. 성냄의 불은 자신에게서 발화하여 도로 자신을 태우네 .. 631
17. 마음은 여래의 창고요, 만덕의 숲이네 .. 637

4장 주심부 권제 ❹

1. 어떻게 마음의 분별이 일어나는가 .. 646
2. 어떻게 세상의 경계가 생겨나는가 .. 659
3. 사념처에서 시작하여 삼점(∴)으로 돌아가네 .. 670
4. 눈병에서 삼계의 헛꽃과 육진의 환영이 생겨나네 .. 680

5. 선악의 가지에 흔들리지 말고 지혜로 관조하라 .. 687
6. 주체와 객체의 석벽을 투과하면 뜻의 하늘에 별빛이 찬란하리라 .. 693
7. 뛰어난 관(觀)을 통달한 이가 법의 잔치를 열어 최상승의 노래를 부르네 .. 699
8. 멀리 보이는 한 줄기 빛이 뭇 생각을 모두 맑게 하네 .. 705
9. 한 송이 꽃이 피니 온 세상이 봄이네 .. 714
10. 언어의 길이 사라지면 본가로 돌아가는 날이네 .. 725
11. 자신에 맞게 마음을 기울여 법의 등불을 밝혀야 하네 .. 732
12. 스스로 깨달은 성스러운 지혜를 증득하여 본도량에 들어가네 .. 747
13. 예로부터 변함없는 실상(實相)의 문으로 들어가네 .. 756
14. 다른 이를 따르면 무사할지는 모르나 주인공의 삶은 아니라네 .. 765
15. 마음의 물줄기는 도의 근원을 찾는 참된 비결이네 .. 774

제3부 주심부 원문 .. 781

- **참고 문헌** .. 968

일러두기

1. 이 책은 총 4권으로 되어 있다. 『심부(心賦)』는 『주심부(註心賦)』로 더 많이 알려질 만큼 주석(註釋)을 중요시해 왔다. 이에 따른 혼란으로 영명연수 스님이 마음을 노래한 전체적인 내용이 무엇인지 놓치기가 쉽다. 이를 극복하기 위해서 이 책에서는 『심부』 전문을 먼저 노래 형식에 맞춰 새롭게 편집하여 실었다.

2. 『심부』에서는 원문과 한글 번역을 함께 싣고, 『주심부』에서는 한글 번역 끝에 번호를 달아서 그에 맞춰 주석을 실었다.

3. 『주심부』는 실전된 전적들까지 실려 있을 만큼 그 내용이 방대하다. 너른 마음의 바다 어디쯤 건너고 있는지를 놓치지 않기 위해 먼저 『심부』의 구절을 다시 제시하고 그 밑에 주석을 실었다.

4. 『주심부』는 양이 많고 내용이 풍부하다. 특히 주석을 따라가다 보면, 깊이를 알 수 없는 바다에서 빠져나오기가 쉽지 않다. 이에 도움이 될까 하여 『심부』에서 '소제목'을 뽑고 주석에서 '주제어'를 뽑아 부제로 제시하였다.

5. 불교 용어, 특히 선(禪)에서 쓰는 용어에는 관용어가 많다. 관용어는 익숙한 수행자들에게는 편리하고 분명하게 다가올지 모르지만, 초심자들은 이해하기가 어려울 수 있다. 이에 큰 혼란을 주지 않은 선에서 한글로 풀이하였다.
   예) 선불장(選佛場) → 부처를 뽑는 도량

6. 게송(偈頌)은 노래로 번역하였다. 강조와 긴 글의 노정에 쉬어 가는 의미로 인용부호 없이 여백을 살려서 실었다.

7. 이 글에서 사용한 문장부호는 다음과 같다.
   • 전적 및 책 이름: 『 』
     예) 『심부』, 『주심부』
   • 여러 전적에서 인용한 부분: " "
     예) 『화엄소』에서는 "마치 해인(海印)이~같다."라고 하였다.
   • 강조하는 글이나 이끄는 문장, 인용문 안의 인용문: ' '
     예) '법'이란, '여러 묘함을 품을 수 있다.'라고 한 것은
   • 한글에 따른 한자나 부언하는 글: ( )
     예) 종경록(宗鏡錄), 마음의 노래(心賦)

제1부

심부
心賦

●卷第一●

001

覺王同稟	부처님(覺王)들이 알려 주시고
祖胤親傳	조사들이 몸소 전하시어
大開眞俗之本	진제(眞諦)와 속제(俗諦)의 근본을 광대하게 열어
獨標天地之先	오직 천지보다 앞선 것을 드러내고자 하였네.

002

常爲諸佛之師	언제나 모든 부처의 스승이 되니
能含衆妙	능히 여러 묘함을 품고 있고
恒作羣賢之母	언제나 여러 현인의 어머니가 되니
可謂幽玄	참으로 깊고 오묘하네.

003

靈性有珠	신령한 성품은 여의주를 갖고 있어서
該通非一	한 가지만을 통하게 하는 것이 아니라
千途盡向於彼生	천 갈래 길이 모두 저기에서 생겨나고
萬象皆從於此出	만 가지 형상이 모두 여기에서 나오네.

004

事廓恒沙	현상(事)으로 언제나 온 세상에 두루하고
理標精實	이치(理)로 참된 마음을 드러내는지라
吞滄溟於毛孔	모공에 큰 바다를 감추는 것도
唯是自因	오직 자기 수행의 열매일 뿐이요
卷法界於塵中	티끌에 법계를 거두는 것도
匪求他術	별다른 재주를 구하지 않네.

005
任機啓號　　　　　　근기에 따라 이름을 알리고
應物成名　　　　　　사물에 응해 이름을 갖나니
大士修之而行立　　　보살은 이를 닦아 바라밀을 완성하고
覺帝體之而圓成　　　부처님(覺帝)은 이를 체달하여 원만히 성취하시네.

006
聲聞證之爲四諦　　　성문은 이를 증득해서 사성제라 하고
支佛悟之諡緣生　　　벽지불은 이를 깨달아 연기법이라 하니
天女之華不著　　　　천녀의 꽃이 달라붙지 못하고
海慧之水澄淸　　　　해혜보살의 물은 맑고 깨끗하네.

007
執謬解而外道門開　　잘못된 견해에 집착하면 외도의 문이 열려
邊邪網密　　　　　　치우친 견해와 삿된 견해의 그물이 촘촘해지고
役妄念而凡途業起　　망념이 활동하면 범부 육도의 업이 일어나
生死波橫　　　　　　생사의 파도가 덮어 버리네.

008
括古搜今　　　　　　고금을 샅샅이 뒤져 살피고
深含獨占　　　　　　깊이 담긴 뜻을 홀로 골똘히 점검해 보니
五乘道鍊出於沖襟　　오승(五乘)의 도가 깊은 마음을 단련하여 출생하고
十法界孕成於初念　　십법계가 첫 생각에서 잉태되어 자라나네.

009

虛聲頓息	허망한 소리가 단박에 멈춤은
法空之正信旋生	법공 선사의 올바른 믿음의 회생이요
猛燄俄消	맹렬한 불길이 순식간에 꺼짐은
靈潤之眞誠立驗	영윤 대사의 참된 정성의 효험이네.

010

陞沈表用	오르고 내리는 작용을 드러내고
體具靈知	본체는 신령한 앎을 갖추어서
惺惺不昧	총명하여 어리석지 않고
了了何虧	또렷하니 어찌 이지러지겠는가.
湛爾而無依無住	담담하여 의지하지도 머무르지도 않으며
蕭然而非合非離	텅 비어 합칠 수도 떨어낼 수도 없네.

011

一字寶王	한 글자 보배로운 왕이
演出難思之法海	생각하기 어려운 법의 바다를 연출하고
群生慈父	뭇 중생의 자비한 어버이가
訓成莫測之宗師	헤아리기 어려운 종사를 가르치네.

012

任性卷舒	성품대로 접거나 펼치고
隨緣出沒	인연 따라 나타났다 사라지니
挺一眞之元始	하나의 진리를 연장하는 근원이요
總萬有之鋼骨	만물을 총괄하는 뼈대라네.

013
十二因緣之大樹	십이인연의 큰 나무가
產自玄根	현묘한 뿌리에서 자라나니
五千敎典之圓詮	오천 경전의 원만한 가르침이
終歸理窟	마침내 진리의 굴로 돌아가네.

014
孤標寂寂	홀로 적적하고
獨立堂堂	홀로 당당하니
若華中之靈瑞	꽃 가운데 영서화와 같아서
猶照內之神光	내면을 비추는 신비로운 빛이라네.

015
截瓊枝而寸寸是寶	옥나무를 꺾으면 마디마디가 보배롭고
析栴檀片片皆香	전단나무를 쪼개면 조각조각이 향기로우니
剋從凡夫之身便登覺位	범부의 신세에서 바로 부처의 지위에 오르고
類在白衣之地直坐龍床	벼슬 없는 처지에서 바로 용상에 앉네.

016
聽而不聞	들어도 들을 수 없고
觀之莫見	보아도 볼 수 없으나
常在而莫更推尋	언제나 존재하니 다시 찾으려 하지 말라
本瑩而何勞熏鍊	본래 명백하니 어찌 수고로이 닦고 단련하리오.

017
三界之門無體　　　삼계의 문은 실체가 없네
谷裏傳聲　　　　　골짜기에 메아리가 울리듯이
六塵之境本空　　　육진의 경계는 본래 공하네
鏡中寫面　　　　　거울에 얼굴이 비치듯이

018
寂寞虛沖　　　　　적막하고 텅 비었으나
無事不融　　　　　모든 현상에 녹아들지 않는 데가 없으니
彌勒閣而普現　　　미륵 누각에서 (아승지 보배의 땅을) 두루 나타내고
摩耶腹而無窮　　　마야부인의 태내에서 (삼천대천세계가) 끝없이 펼쳐지네.

019
文殊寶冠之內　　　문수의 보관과
淨名方丈之中　　　유마의 방안이
芥子針鋒而不窄　　겨자씨나 바늘 끝만 하지만 좁지 않아
近塵遠刹而全通　　가깝고 먼 나라에 온전히 통하네.

020
靡減靡增綿綿　　　줄어들지도 늘어나지도 않고 끊임없이 이어지나니
而常凝妙體　　　　언제나 묘한 본체에 응결하고
非成非壞續續　　　이루어지지도 무너지지도 않고 뒤를 이어 계속되나니
而不墜玄風　　　　현묘한 바람을 손상하지 않네.

021

大業機關	훌륭한 가문이요
金輪種族	태양의 후예이네
如頻伽鳥而韻壓羣音	마치 가릉빈가 울음이 뭇 소리를 제압하고
猶好堅樹而高陞眾木	호견수가 뭇 나무들보다 빼어나듯이

022

一翳初起	자그만 눈병이라도 생겨나면
繽紛而華影駢空	어지럽게 꽃 그림자 허공에 늘어서고
瞥念纔興	잠시라도 생각을 일으키면
縱橫而森羅滿目	종횡으로 삼라만상이 눈앞에 가득하네.

023

道絶浮言	도는 허망한 말이 끊어져서
至妙難論	지극히 미묘하여 논하기 어려우나
出生死而無別路	생사를 벗어나는 특별한 길 없으니
登涅槃而唯一門	열반에 오르는 오직 하나의 문이라네.

024

須臾而即俗歸真	잠깐 사이에 속제에서 진제로 돌아가니
莫儔茲旨	이 뜻에 필적할 것이 없고
頃刻而從凡入聖	경각에 범부에서 성인으로 들어가니
難報斯恩	이런 은혜 갚기 어렵네.
羣籍共推	여러 전적(典籍)에서 모두 따져 보아도
罕逾深理	깊은 이치를 넘어서기 어렵구나.

025

呑蛇得病而皆是疑生	뱀을 삼킨 줄 알고 얻은 병은 모두 의심에서 생겨난 것이요
懸砂止饑而悉從思起	모래를 걸어 놓고 배고픔을 달램은 다 생각에서 일어난 것이라네.

026

乃至筍拔寒林	죽순이 찬 숲에서 솟아나거나
魚跳冰沚	물고기가 꽁꽁 언 강에서 뛰어오르며
酒變河中	한 동이 술로 강물을 변하게 하고
箭穿石裏	화살이 돌을 뚫은 것에 이르기까지
非麴蘖之所成	누룩이 발효되어 술로 바뀐 것이 아니듯이
豈功力之能恃	어찌 공력이라 자부할 수 있으리오.

027

無纖塵而不因識變	티끌만큼도 인식에 변화가 없으니
道理昭然	도리가 분명하고
非一種而罔賴心成	단 하나도 마음에서 이루어지지 않음이 없으니
言思絶矣	말과 생각의 길이 끊어졌네.

028

動靜之境	움직이고 고요한 경계가
皆我緣持	모두 나로 말미암아 이루어지나니
如雲駛而月運	마치 구름이 달리면 달이 흘러가고
似舟行而岸移	배가 가면 언덕이 움직이듯이

029

魚母憶而魚子長	어미 물고기가 기억해 줌에 새끼가 자라고
蜂王起而蜂眾隨	여왕벌이 움직이니 벌의 온 식구가 따르네.

030

印前後而無差	옥새를 찍기 전이나 뒤가 차이가 없으니
諸賢共仰	여러 현인이 우러러보고
揩初終而不謬	처음부터 끝까지 그릇됨이 없으니
千聖同推	온 성인이 추앙하네.
是以朕迹纔生	이런 까닭에 조짐이 있자마자
皆從此建	모두 여기에서 건립되는구나!

031

快馬見鞭而騺子先知	날쌘 말이 채찍을 보고 내달리듯 사리불이 먼저 알아차리고
香象迴旋而龍女親獻	향기로운 코끼리처럼 문수보살이 머리 돌려 바라보며 용녀가 직접 구슬을 바치네.

032

得果而榮枯已定	과보 받음에 이미 성쇠가 정해지나니
盡合前因	모두 앞선 인연으로 이루어지고
舉念而苦樂隨生	생각 일으킴에 고락이 따라서 생겨나니
悉諧初願	모두 처음의 발원으로 일어나네.

033
美惡無體	아름답다거나 추하다는 실체가 없으나
因念所持	생각으로 갖게 되나니
聲響冥合	마치 소리와 메아리가 그윽이 합하고
形影相隨	몸과 그림자가 서로 따르듯이

034
本性希奇	본성은 기이하여
莫可思議	헤아릴 수 없으니
似服伽陀之藥	아가타약을 먹은 것과 같고
如餐眞乳之糜	좋은 유미죽을 먹은 것과 같으며

035
同如意樹	여의수가
雨無盡之寶	다함없는 보배 비를 내리는 것과 같고
類水淸珠	수청주가
澄衆濁之池	온갖 혼탁한 연못을 깨끗하게 하는 것과 같네.

036
陞第一義天	제일의천(第一義天)에 오르면
正會大仙之日	부처님(大仙)을 바로 만나는 날이고
登普光明殿	보광명전에 오르면
當朝法界之時	바로 법계를 알현하는 시절이네.

037

冥眞寂照	진제(眞諦)에 합하여 고요히 비추고
含虛吐耀	허공을 머금어 빛을 토하니
罔象兮獲明珠	망상(罔象)이 밝은 구슬을 얻고
希夷兮宗法要	희이(希夷)가 으뜸의 법요로다.

038

恩覆羣生而無得	은혜는 뭇 중생을 덮지만, 집착이 없으니
不作不爲	의도도 조작도 없고
光含萬象而絶思	빛은 온갖 형체를 나타내지만, 생각이 끊어졌으니
忘知忘照	앎도 비춤도 없네.

039

如是則塵成佛國	이렇듯 중생계가 불국토 되고
念契圓音	망념이 원음(圓音)에 계합하니
但顯金色之世界	다만 금색세계를 나타낼 뿐이고
唯聞薝蔔之園林	오직 치자꽃 원림(園林)의 향기를 맡을 뿐이네.

040

莫比商人之寶	상인의 보배와 비교하지 말지니
寧齊樵客之金	어찌 나무꾼의 금과 같겠는가
厭異忻同而情自隔	다름을 싫어하고 같음을 좋아하여 망정은 스스로 막히고
捨此取彼而理恒任	이것(妄念)을 버리고 저것(眞如)을 취하니 이치에 언제나 맞닿아 있네.

041

繩上生蛇而驚悸	새끼줄을 뱀이라 여겨서 놀라고
杌中見鬼而沈吟	나무 그루터기에 귀신을 보고 머뭇거리며
癡猿捉月而費力	어리석은 원숭이가 달을 잡느라 힘을 허비하고
渴鹿逐燄而虛尋	목마른 사슴이 아지랑이를 쫓아 헛되게 물을 찾으며
飮狂藥而情隨轉日	술을 마셔서 정신이 해를 따라 돌고
食滇蕩而眼布華針	낭탕(滇蕩)을 먹어서 눈에 눈곱이 낀 듯하네.

042

皆自想生	모두 생각에서 생겨났기에
萬品而始終常寂	온갖 것들이 처음부터 끝까지 항상 고요하고
盡因念起	모두 생각에서 일어났기에
一眞而境界恒深	하나의 참됨은 삶의 경계에 항상 깊이 자리하고 있어
法內規模	법의 본보기요
人間軌則	인간의 법칙이네.

043

願無不從	발원하면 이루지 못할 것이 없고
信無不剋	믿으면 해내지 못할 것이 없어서
見萬像於掌中	손바닥에서 온갖 형상을 보고
收十方於座側	앉은 자리 근처에서 시방을 거두나니

044

感現而唯徇吾心	감지하고 드러남이 오직 나의 마음에서 순행하고
美惡而咸歸我識	아름답고 추함이 모두 나의 식(識)으로 돌아가네.

045
手出金毛師子	손에서 금모사자가 나옴은
皆籍善根	모두 선근력을 빌려서이고
城變七寶華池	성이 칠보의 아름다운 연못으로 변함은
盡承慈力	다 자비력의 도움이네.

046
卷舒不定	오므리고 폄이 정해져 있지 않고
隱顯千端	숨고 드러남이 천 갈래라
或闃爾無跡	어떨 때는 고요하여 자취가 없고
或爛然可觀	어떨 때는 찬란하여 볼 수 있으며
處繁而不亂	번거로운 데 처하나 어지럽지 않고
履險而常安	험지를 지나가나 항상 편안하네.

047
醍醐之海泓深	제호의 바다가 넓고 깊어
橫呑衆派	자유자재로 뭇 파도를 삼키고
法性之山挺出	법성의 산이 빼어나
高落羣巒	높은 데서 수많은 봉우리를 거느리네.

048
理體融通	이치와 본체가 융통하여
芳名震烈	방명(芳名)의 위세가 대단하니
瞻時而別相難窮	우러르면 다른 모습을 찾아보기 어렵고
入處而一門深徹	들어서면 하나의 문에 깊이 통하네.

049

服善見王之藥餌	선견왕의 약을 복용하니
眾病咸消	온갖 병이 모두 낫고
奏師子筋之琴絃	사자 힘줄의 거문고를 연주하니
羣音頓絕	뭇 소리가 단박에 멈추네.

050

爾乃明逾皎日	그 밝기는 태양보다 더하고
德越太淸	그 덕은 하늘을 초월하여
隨機起用	근기 따라 작용을 일으키고
順物無生	사물에 수순하나 나고 죽음이 없네.

051

非異非同	다르지도 같지도 않아서
盈刹而坦然平現	온 국토에 가지런히 드러나고
不大不小	크지도 않고 작지도 않은지라
遍空而法爾圓成	온 허공에 그대로 원만히 이루어져 있네.

052

神靈之臺	신령한 집이고
祕密之府	비밀한 관청이며
病遇良醫	병든 이가 만난 훌륭한 의사이고
民逢聖主	백성이 떠받드는 성군이네.

053
以本攝末	근본으로 지말을 거두어들이니
駕智海之津梁	지혜의 바다를 건너는 나루이고
擧一蔽諸	하나를 들어 모든 것을 개괄하니
闢玄關之規矩	현묘한 관문을 여는 법칙이네.

054
匡時龜鏡	시대의 폐단을 바로잡는 귀감이고
爲物權衡	중생을 위한 저울이니
相奪則境智互泯	서로 뺏으면 경계와 지혜가 없어지고
相資則彼我俱生	서로 도우면 저와 내가 살아나네.

055
無明樹上而覺華頓發	무명의 나무에서 깨달음의 꽃이 몰록 피어나고
八苦海內而一味恒清	여덟 가지 고통의 바다에서 한 맛이 늘 청정하네.

056
全體現前	전체가 바로 눈앞에 있는데
豈用更思於妙悟	어찌 다시 깊은 깨달음을 생각하며
本來具足	본래 구족되어 있는데
何須苦待於功成	어찌 공이 이루어지기를 애써 기다리리오.

057
顯異標奇	기이함을 드러내고
精明究竟	총명함은 더할 나위 없어

如舒杲日之光	마치 밝은 햇빛이 비치고
似布勾芒之令	구망의 법령을 반포하는 듯하네.

058
三毒四倒而非凡	삼독이나 사전도(四轉倒)가 있다고 범부가 아니요
八解六通而非聖	팔해탈(八解脫)이나 육신통이 있다고 성인이 아니네.

059
至寶居懷兮終不他求	지극히 귀한 보배가 마음속에 있으니 결코 다른 곳에서 구하지 말라
靈珠在握兮應須自慶	신령한 구슬이 주먹 안에 있으니 마땅히 스스로 경축할 일이네.
愍同體兮起無緣	연민의 마음으로 한 몸이라 여기니 인연 없는 자비를 일으키고
溢法財兮資慧命	법의 재물이 넘쳐나니 지혜로운 삶으로 나아가게 하는구나.

060
履得一之旨	'하나'의 뜻을 얻으니
豁爾消疑	활연히 의심이 사라지고
入不二之門	'불이문'에 들어서니
廓然無諍	확연히 다툼이 없네.

061

大理齊平	큰 이치는 평등하여
不虧不盈	모자라지도 넘치지도 않나니
道性如是	도의 성품도 이와 같아
無送無迎	보낸 적도 맞이한 적도 없네.

062

千潯海底而孤峻	천 길이나 되는 바다 밑바닥도 고준하고
萬仞峰頭而坦平	만 길이나 되는 산봉우리도 평탄하며
竹祖搖風而自長	묵은 대는 바람에 흔들리며 저절로 자라고
桐孫向日而潛榮	오동의 새 가지는 해를 향해 가만히 뻗어 가며
數朶之靑山長在	한없이 늘어선 청산은 언제나 그대로이고
一片之閑雲忽生	한가로운 조각구름은 홀연히 일어나네.

063

意地頓空	뜻의 대지를 텅 비워 놓아라
如兎角之銛利	마치 예리한 토끼뿔 같고
解心全息	알음알이를 온전히 내려놓아라
猶燄水之澄淸	마치 맑고 깨끗한 끓인 물 같으니

064

大建法幢	법의 깃발을 높이 세우고
深提寶印	보배 도장을 깊이 새기니
居下恒高	아래에 있어도 항상 높고
處違常順	위험에 처해도 항상 수순하네.

065

握王庫刀之眞形	왕의 창고에 든 보배의 검을 쥔 참다운 모습이요
撫脩羅琴之正韻	아수라의 거문고를 연주하는 바른 음곡이네.

066

得趣而幽途大關	나아가기만 하면 현묘한 길이 크게 열리니
胡用多求	어찌 많이 구할 필요가 있으며
了一而萬事齊休	하나를 깨달으면 모든 일을 일제히 쉴 수 있으니
但生深信	다만 깊은 믿음을 낼 뿐이네.

067

自在無礙	자유로워 걸림 없고
超古絶倫	예(古)를 뛰어넘어 두드러지게 빼어나니
荊棘變爲行樹	가시나무가 가로수로 변하고
梟獍啼或梵輪	올빼미가 범륜을 노래하네.

068

似毛端之頭含於寶月	털끝에 보배로운 달을 품듯이
如瑠璃之內現出金身	유리 속에 금색 몸을 드러내듯이

069

若暢斯宗	만약 이 존귀한 근본을 펼쳐서
發明妙慧	묘한 지혜를 밝혀내면
剔摩訶衍之骨髓	마하연의 골수를 쪼개고
摘優曇華之根蔕	우담화의 뿌리를 캐게 되리니

070

任聚須彌之筆	수미산을 모은 붓으로도
未寫纖毫	가는 털만큼도 그리지 못하고
縱饒樂說之門	설령 요설변재(樂說辯才)의 법문으로도
難敷一偈	한 게송도 펼치기 어렵나니

071

印同異	같고 다름에 부합하고
泯中邊	중앙이나 변방이 없으며
等來去	가고 옴이 평등하고
絶偏圓	치우치거나 원만함이 끊어졌네.

072

水朝東而星拱北	강하의 물은 동해를 알현하고 뭇별은 북두성에 읍하며
谷孕風而海納川	골짜기는 바람을 잉태하고 바다는 강물을 받아들이네.

073

寂爾無聲	고요하여 소리가 없으나
衆響羣音而吼地	갖가지 진동이 땅에서 울리고
蕩然無相	텅 비어 형상이 없으나
奇形異狀而參天	기이한 형상이 하늘에 가득하네.

074

約理而分	이치에 준거해서 나누고
稱眞而說	참됨에 부합해 설하니

蜜齊海內之甘　　꿀은 천하 어디에서나 달고
火均天下之熱　　불은 천하 어디에서나 뜨겁네.

075
當正位之發揚　　정위(正位)에 나아가 드러내고
因法性之施設　　법의 성품을 의지해서 시설하였네.

076
弗從事而失體　　현상을 따르나 본체를 잃지 않으니
非一非多　　　　하나도 아니고 많은 것도 아니며
不守己而任緣　　자기를 지키지 않고 인연에 맡기니
亦同亦別　　　　또한 함께하기도 하고 개별이기도 하네.

077
本迹雙擧　　　　근본과 자취를 쌍으로 들고
權實俱存　　　　방편과 진실이 모두 살아 있으니
言中而盡提綱要　말에는 중요한 요점이 모두 들었고
指下而全見根源　손가락이 가리키는 근원을 온전히 보네.

078
如一金分眾器之形　하나의 금이 여러 모양의 그릇으로 나누어짐은
不變隨緣之道　　불변(不變)이 수연(隨緣)하는 도이고
猶千波含濕性之理　천 개의 파도가 습성(濕性)의 이치를 함유함은
隨緣不變之門　　수연이 불변하는 문이네.

079
若達斯宗	만약 이 존귀한 근본(宗)을 깨달으면
無在不在	있거나 있지 않은 데가 없나니
入聖體而靡高	성인의 몸에 들어가나 뽐내지 않고
居凡身而弗改	범부의 몸에 거처하나 바꾸려 하지 않네.

080
即狹而廣	좁은 것에 의해 넓으니
毫端遍於十方	털끝이 시방에 두루하고
以短攝長	짧은 것으로 긴 것을 거두니
刹那包於劫海	찰나가 겁의 바다를 감싸네.

081
一葉落時天下秋	한 잎이 떨어질 때 천하가 가을이고
一塵起處厚地收	한 티끌이 일어나는 곳에 온 대지가 거두어지니
向空門而及第	공문(空門)에 나아가 급제하고
於禪苑而封侯	선원에서 제후에 봉해지네.

082
敵生死軍之甲冑	생사의 군대를 대적하는 갑옷이요
戰煩惱陣之戈矛	번뇌의 진영과 싸우는 창이니
得大總持	대총지(大總持)를 얻어
可作超塵之本	번뇌를 벗어나는 근본으로 삼고
具王三昧	왕삼매(王三昧)를 갖추어
堪爲入道之由	도에 들어가는 실마리로 삼네.

083

學問宗師	학문의 종사이고
菩提牓樣	보리의 본보기며
功德叢林	공덕의 총림이고
眞如庫藏	진여의 창고라네.

084

縱橫幻境	시공간 환(幻)의 경계가
在一性而融虛	하나의 성품을 갖고 있으면서 텅 비었고
寂滅靈空	열반의 신령한 공(空)이
寄千門而顯相	천 개의 문에 이르러 형상을 나타내니
妙跡無等	미묘한 자취는 견줄 것이 없고
寰中最親	온 세상에서 가장 친근한 것이네.

085

小器出無邊之嘉饌	작은 그릇에서 끝없이 맛있는 음식이 나오고
仰空雨莫測之殊珍	높은 허공에서 헤아릴 수 없는 보배 비가 쏟아지네.

086

仙人執手之時	선인이 손을 잡았을 때
動經塵劫	걸핏하면 한없는 겁을 지나고
童子登樓之日	동자가 누각에 오른 날
倏見前因	문득 전생의 수행한 인행을 보네.

087
成現而雖圓至道	이루어 드러낸 것이 비록 원만하고 지극한 도이나
弘闡而全在當人	널리 드날리는 것은 온전히 그 사람에게 있으니
殊功警世	뛰어난 공훈이 세상을 놀라게 하고
大用通神	크게 쓰임이 귀신에게도 통하네.

088
樂蘊奇音	악기가 갖춘 아름다운 음곡은
指妙而宮商應節	손가락이 기묘하고 음률이 절묘한 데 달렸듯이
心懷覺性	마음이 품고 있는 깨달음의 성품은
智巧而動用冥真	지혜가 교묘하고 작용이 진리에 합하는 데 있네.

089
十力功高	열 가지 힘의 공력이 높아지면
上賢能踐	훌륭한 이는 오를 수가 있고
日月潛光	해와 달이 빛을 숨기면
山川迴轉	산과 강이 본래 자리로 돌아가네.

090
摧慢峯兮涸愛河	교만의 봉우리를 무너뜨림이여! 애정의 강이 마르고
拆疑城兮截魔罥	의심의 성을 파괴함이여! 마라의 올가미를 끊네.

091
明之而法法在我	지혜로워지면 모든 법이 나에게 있으니
巨嶽可移	큰 산도 옮길 수 있고

昧之而事事隨他　　　어리석으면 온갖 사사건건 엉뚱한 것을 쫓으니
纖毫莫辯　　　　　　작은 일도 변별하지 못하네.

092
法無難易　　　　　　법은 어렵고 쉬움이 없건만
轉變由人　　　　　　바뀌어 달라지는 것은 사람으로 비롯하고
促多生於一念　　　　한 생각에서 여러 생을 촉발하니
化寒谷爲芳春　　　　찬 골짜기 변하여 꽃 피는 봄이 되네.

093
秉大矩而燭幽關　　　큰 법도를 지켜 그윽한 관문을 비춰서
炳然見旨　　　　　　뜻을 환하게 보고
駕迅航而渡深濟　　　빠른 배를 저어 깊은 강을 건너서
條爾登眞　　　　　　홀연히 진리에 오르니

094
生如來家之要　　　　여래의 집에 태어나는 대요이고
行菩薩道之因　　　　보살도를 행하는 근본이네.

095
萬別千差　　　　　　천차만별이
靡出虛空之性　　　　허공의 본성에서 벗어나지 않고
尊高卑下　　　　　　높고 낮은 것이
難逃平等之津　　　　평등한 나루에서 달아나기 어렵나니

096

剪惑裁疑	미혹과 의심을 끊어 버리고
標真顯正	참되고 바름을 드러내어 밝혀서
使佛法之穹崇	불법을 드날리고
致宗門之昌盛	종도의 문을 창성하게 하나니

097

類秋江萬影而交羅	마치 가을 강에 수많은 그림자가 뒤섞여 늘어서고
狀寒室千燈而互暎	차가운 얼음 방에 천 개의 등불이 서로 비치며
若鳥戞漢以翶翔	새가 은하수에 가닿을 듯이 비상하고
似魚沈淵而游泳	물고기가 깊은 연못에서 유영하는 것 같네.

098

啼笑而佛慧分明	울거나 웃거나 부처의 지혜가 분명하고
行坐而覺源清淨	가든지 앉든지 깨달음의 근원이 청정하네.
妙解而唯應我是	오묘하게 알지만, 오직 나에게 달렸으니
列祖襟喉	역대 조사의 종요이고
通心而莫更餘思	마음을 꿰뚫지만, 다른 생각이 없으니
羣賢性命	여러 성현의 성명(性命)이네.

卷第一 終

卷第二

099

逆順同歸	역경계와 순경계의 귀착지가 같으니
行住不離	행주좌와를 여의지 않으며
雨寶而摩尼絶意	보배 비를 내리지만 마니보는 생각이 끊어졌고
演敎而天鼓無私	가르침을 펼치나 하늘 북은 사사로움이 없네.

100

重重而理事相須	겹겹에서 이치와 현상이 어우러져
恒體恒用	언제나 본체(體)이고 언제나 작용(用)이며
一一而有空齊現	낱낱에서 있음(有)과 공(空)이 가지런히 드러나니
常寂常知	언제나 고요하고 언제나 알아차리네.

101

迎之弗前	맞이하나 앞에 있지 않고
隨之不後	따라가나 뒤에 있지 않으며
匿纖芥而非無	작은 겨자에 감춰져 있더라도 없는 것이 아니고
展十方而曷有	시방에 펼쳐졌더라도 어찌 있다 하겠는가.

102

旋轉陀羅之內	선전다라니에는
常當大士之心	항상 보살의 마음이 담겨 있고
嚬呻三昧之中	사자빈신삼매에서는
不墮二乘之手	이승(二乘)의 손에 무너지지 않네.

103

一理當鋒	하나의 이치 칼날을 마주하여
萬境皆融	온갖 경계를 모두 융섭하니
囊括智源之底	지혜의 근원 밑바닥까지 망라하고
冠擎法海之宗	법 바다의 존귀한 근본을 높이 받드네.

104

如覰鏡中	거울에서
現千重之影像	천 겹의 영상이 나타남을 보는 것과 같고
猶窺牖隙	창틈으로
見無際之虛空	끝없는 허공을 보는 것과 같네.

105

萬彙雖分	만물이 비록 나누어져 있으나
還歸一總	다시 하나로 돌아가니
渤澥之潤同濫觴	큰 바다의 물도 찻잔의 물과 다르지 않고
十方之空齊芥孔	시방 허공도 겨자 구멍의 허공과 한가지라네.

106

其猶今古之日	지금이나 예전의 해가
照無異明	그 비춤에 밝음이 다르지 않고
仍侔過現之風	거듭되는 과거 현재의 바람이
鼓無二動	그 울림에 진동이 다르지 않네.

107
履實際地	진실(實際)의 땅을 밟으니
沖涅槃天	열반의 하늘로 치솟고
掘眾生之乾土	중생의 마른 흙을 파내니
涌善逝之智泉	부처님의 지혜 샘이 솟아나네.

108
聲聞之焦芽藥綻	성문의 불에 탄 싹이 꽃술을 틔우고
華王之極果功圓	꽃 중 왕의 지극한 열매가 공덕을 원만히 하네.

109
如得返魂之香	마치 반혼향을 얻은 것과 같이
枯荄再發	마른 뿌리가 다시 살아나고
似服還丹之藥	환단약을 마신 것과 같이
寒燄重燃	얼어붙은 불꽃이 다시 타오르네.

110
了達無疑	깨달아 의심이 없으니
何勞科判	어찌 조목조목 따져 보려 하는가.
駕牛車而立至祇林	소 수레를 타고 곧바로 기원정사에 다다르고
乘慈舟而坐昇彼岸	자비의 배를 타고 앉은 채로 피안에 오르네.

111
千年闇室而破在一燈	천 년의 어두운 방도 하나의 등불에 밝아지나니
無始樊籠而唯憑妙觀	오랜 겁에 갇힌 처지도 묘관(妙觀)에 달렸도다.

112
臨法國土	법의 국토에 나아가면
無小境而不降	작은 경계도 없고 경계에 떨어짐도 없나니
靜佛遺疆	고요한 부처님의 나라에
豈一塵而作亂	어찌 하나의 티끌인들 어지럽겠는가.

113
超情絶解	망령된 마음을 초탈하고 분별심을 끊어 버리니
對此無言	이에 대응하는 언어도 사라지고
旨冥眞極	뜻이 지극한 참됨에 부합하니
道契玄源	도가 현묘한 근원에 계합하네.

114
二諦推而莫知	이제(二諦)에서 따져도 알 수 없으니
理中第一	이치 가운데 제일이고
三際求而罔得	삼제(三際)에서 찾아도 얻을 수 없으니
法內稱尊	법 가운데 존귀하다고 하네.

115
覺樹根株	(一心法은) 깨달음의 나무 밑동이요
敎門頭首	교문(敎門)의 초입이라
安詳作象王之行	평온한 코끼리 왕의 걸음을 옮기고
決定成師子之吼	결정설의 사자후를 토하네.

116

欲薦默傳之法	묵묵히 전해 온 법을 이어 가고자 하면
合在言前	말 이전에 계합해야 하나니
將陳祕密之門	비밀의 문을 펼치고자 하면
寧思機後	어찌 생각한 후에 기회가 있겠는가.

117

圓宗燄火	원종(圓宗)의 불꽃은
手觸應難	손을 대기 어렵나니
驅四句於虛無之外	텅 빈 허공 밖으로 사구(四句)를 몰아내고
殄百非於寂寞之間	적막한 틈에서 백비(百非)를 모조리 끊어 내라.

118

如那羅箭之功	나라연 화살의 공력과 같이
勢穿鐵鼓	위세가 쇠북을 뚫고
似金剛鎚之力	금강역사 쇠망치의 힘과 같이
擬碎邪山	삿된 산을 부수어 버리네.

119

成七辯才	칠변재(七辯才)를 성취하고
具四無畏	사무외(四無畏)를 갖춤은
人中日用之韜鈐	사람들이 날마다 쓰는 병법이며
世上時機之經緯	세상 그 시기마다 중생들의 살림살이다.

120
若森羅之吐孕	삼라만상에서 틔워진 싹이
總攝地輪	온 대지를 거두고 있듯이
猶萬物之發生	만물에서 발생한 생명이
皆含一氣	다 같이 하나의 기운을 머금고 있듯이

121
玄邈甚深	현묘하고 아득한 깊고 깊은
力自堪任	힘을 스스로 갖추고 있나니
月渚煙林而常談妙旨	달빛 어린 물가 안개 낀 숲이 언제나 신묘한 뜻을 이야기하고
雲臺寶網而盡演圓音	높이 솟은 누각과 보배 그물이 원음(圓音)을 연설하네.

122
餐香積之廚	향적세계의 요리를 먹고서
真堪入律	참다운 율행에 들어가고
聽風柯之響	나뭇가지에 이는 바람 소리를 들어 보니
密可傳心	비밀스러운 마음을 전하네.

123
莫尚他宗	다른 종지를 숭상하지 말고
須遵此令	반드시 이 법령을 준수할지니
出世之大事功終	세간을 벗어나서 일대사 공능을 끝마치고
入禪之本參學竟	입선(入禪)해서 근본 수행을 마칠 수 있으리라.

124

直言不謬	정직한 말은 그릇되지 않나니
指南之車轍非虛	지남(指南)의 수레바퀴처럼 헛되지 않고
的示無疑	적확하게 보면 의심이 없으니
鷄犀之枕紋常正	해계서 베개 무늬처럼 항상 반듯하네.

125

絕待英靈	상대가 끊어진 마음자리가
一念齊成	한순간에 가지런해지면
轉變天地	천지를 변화시키고
撼動神明	신명을 감동하게 하네
孰見不喜	누군들 보고 기뻐하지 않고
誰聞弗驚	누군들 듣고 놀라지 않으랴.

126

普現心光	마음의 빛을 널리 드러내니
標人間之萬號	인간 세상의 만 가지 이름으로 나타나고
遍該識性	식(識)의 성품을 두루 갖추니
猶帝釋之千名	제석의 천 가지 이름과 같네.

127

妙覺非遙	묘각(妙覺)은 아득하지 않고
當人不遠	감당할 이도 멀리 있지 않아서
隨法性而雲散晴空	법의 성품을 따르니 구름이 흩어져 하늘이 맑아지고
任智用而華開媚苑	지혜의 작용에 나아가니 꽃이 피고 앞뜰이 아름답네.

128

攀覺樹而不榮	깨달음의 나무를 붙잡았으나 영화롭지 않고
陷鐵圍而非損	철위산에 떨어져도 손상됨이 없어
冒境而朝宗悟旨	경계에 부딪혀도 종지를 보고 깨달으니
諸佛果源	모든 부처님 과덕의 근원이고
拶目而得意通真	눈을 짓눌러도 뜻을 얻어 진리에 통하니
羣生理本	중생 이치의 근본이네.

129

祖佛不道	조사와 부처는 도가 아니고
父母非親	아버지나 어머니는 나와 가까운 이가 아니니
知三有異我而明佛性	삼계가 나와 다르다고 알다가 부처의 성품을 밝히고서야
會萬物為己而成聖人	만물이 자신임을 회통하여 성인이 되네.

130

一兩真金	한 냥의 진금(真金)이
勝甄花千斤之價值	첩화(甄花) 천 근의 가치보다 높고
半株檀樹	반 토막 전단목이
改伊蘭四十之由旬	40유순의 이란 숲을 바꿔 놓네.

131

上上真機	최상의 진실한 기틀이
滔滔法海	법의 바다에 넘쳐흐르니
墮無明而不可隳	무명에 떨어져도 무너뜨리지 못하고

| 縱神力而焉能改 | 신비로운 힘으로도 어찌하지 못하네. |

132
設戴角披毛之者	설령 뿔을 달고 털을 걸친 짐승이라도
本性非殊	본성은 다르지 않고
任形消骨散之人	형상이 무너지고 뼈가 흩어진 사람이라도
至靈常在	지극한 신령은 언제나 갖고 있네.

133
等覺不遷	등각은 움직이지 않으면서
隨物周旋	사물을 따라 주선하니
爲出世眞慈之父	출세간의 참다운 자비하신 아버지이시고
作歸宗所敬之天	종가에 귀의한 이들이 공경할 하늘이네.

134
一雨無私	한줄기 비는 사사로움이 없으나
羣木而自分甘苦	뭇 나무에 따라 달기도 하고 쓰기도 하며
太虛絶量	큰 허공은 헤아릴 수가 없으나
衆器而各現方圓	그릇에 따라 모나기도 하고 둥글기도 하네.

135
旣在正觀	이미 정관(正觀)에 들었으면
須當神聽	반드시 정신으로 들을 수 있나니
扣寂寂之玄門	고요한 현묘의 문을 두드려
躡如如之道徑	여여의 지름길을 밟아 가네.

136

若玻瓈隨物而現色	저 파려수정은 사물에 따라 색을 나타내지만
於自體而匪亡	자신의 본체를 잃어버리지 않으며
猶金剛對日而分形	저 금강주는 해를 마주해서 형상을 펼치니
逐前塵而不定	앞의 티끌에 따라 정해져 있지 않네.

137

菩提窟宅	보리의 집이고
解脫叢林	해탈의 총림이니
澹泊而慧眼何見	맑고 깨끗하여 지혜의 눈으로나 볼 수 있을까
杳靄而大智難尋	아득하여 큰 지혜로도 찾기 어렵기는 하지만
五嶽崢嶸而不峻	오악(五嶽)이 가파르나 높지 않고
四溟浩渺而非深	사해(四溟)가 아득하나 깊지 않네.

138

輪王坐妙寶牀時	전륜왕이 묘보상(妙寶牀)에 앉을 때
方能入定	비로소 선정에 들고
菩薩戴法性冠處	보살이 법성관(法性冠)을 쓰고서
始得明心	바야흐로 마음이 밝아지네.

139

滯念纔通	막힌 생각이 통하자마자
幽襟頓適	고요한 마음에 몰록 다다르니
成現而可以坐參	바로 이 자리에서 좌참(坐參)으로 이룰 수 있는데
周遍而徒煩遊歷	부질없이 번거롭게 두루 떠돌아다니네.

140

達無不是	통달하면 옳지 않음이 없는지라
統法界以爲家	온 법계로서 집을 삼고
用而靡虛	작용하면 헛되지 않은지라
將大地爲標的	대지로 표적을 삼네.

141

至道無隔	지극한 도는 막힘이 없으나
唯理堪親	오직 이치로만 가까이할 수 있으니
抉目而金錍快利	각막을 긁어내려면 금비(金錍)가 날카로워야 하듯
灌頂而甘露光新	관정(灌頂)을 하려면 감로의 광명이 새로워야 하네.

142

寂默無言	적묵한 침묵은
因居士而薦旨	유마 거사에게 뜻을 드러내게 하고
虛空絶相	허공처럼 형상 없음은
化闍王而悟眞	아사세왕을 교화하여 진리를 깨닫게 하였네.

143

慧日晶明	지혜의 해가 눈부시게 빛나고
信心調直	신심이 조화롭고 정직하니
被大乘衣而坐正覺牀	대승의 옷을 입고 정각의 법상에 앉아서
飮菩提漿而餐禪悅食	보리의 음료를 마시며 선열의 음식을 맛보네.

144
善財知見	선재동자가 깨닫고 보니
舉目而皆入法門	보이는 것마다 모두 법에 들어가는 문이요
華藏山河	화장세계의 산하에
立相而無非具德	세워져 있는 형상마다 덕을 갖추지 않은 것이 없었네.

145
羣蒙盡正	여러 몽매한 이들조차 모두 올바르고
一槩齊平	하나같이 평등하네.
迹分塵界而不濁	자취가 티끌 세계로 흩어졌으나 혼탁하지 않고
性合眞空而靡淸	성품이 진공(眞空)과 일치하지만 깨끗하지 않으며
體凝一味而匪縮	체성(體性)이 한 맛에 응축되었으나 오그라들지 않고
用周萬物而非盈	작용이 만물에 두루하나 넘치지 않네.

146
似天中意樹之林	하늘의 여의수 숲이
常隨天轉	언제나 하늘 따라 흘러가듯
若人間心想之處	인간 마음의 처소(法)는
還逐人成	사람 따라 이루어지네.

147
貧濟驪珠	가난은 여의주로 구제되고
幽冥玉燭	어둠은 밝은 등불로 밝아지듯

如來寶眼而自絶纖毫	여래의 보배 눈은 미세(번뇌)도 저절로 끊어지게 하고
金沙大河而更無迴曲	금사대하는 굽이쳐 흐르지 않네.

148
若海中之鹹味	바다의 짠맛을
物物圓通	물물마다 빠짐없이 알고 있듯이
猶色裏之膠靑	색채의 교청을
門門具足	집집마다 갖고 있듯이

149
孤高獨步	고고하게 홀로 걷고
瑩徹攄情	맑고 투명하게 생각을 펼치나니
意根淨而寶坊淨	의식이 깨끗하면 불국토가 깨끗하고
心地平而世界平	마음이 평온하면 세계가 평화롭네.

150
若拂霧以披天	안개가 걷히면 하늘이 열리듯
神襟頓爽	마음이 단박에 상쾌하고
似撥雲而見日	구름이 사라지면 해가 보이듯
法眼恒淸	법의 눈이 언제나 청정하네.

151
一道逍遙	하나의 도에 한가로이 거니노라니
羣心仰慕	뭇 사람들이 마음으로 우러러 사모하네.

| 保證而猶玉璽之眞文 | 보증이 옥새의 또렷한 무늬와 같으니 |
| 包藏而若瓊林之寶庫 | 간직한 마음이 극락세계(瓊林)의 보배 창고와 같네. |

152
久行方了	오랫동안 수행해서 깨달으니
具遍吉之明宗	보현보살의 밝고 존귀한 근본(宗)을 구족하고
初學易親	처음 배우는 이들도 쉽게 가까이하니
成慈氏之入路	미륵보살의 진입로를 성취하네.

153
正念纔發	바른 생각이 촉발하자마자
狐疑自惺	여우의 의혹인 줄 스스로 깨우쳐야 하지만
匪五目之可鑒	다섯 눈으로도 볼 수 없는데
豈二耳之能聽	어찌 두 귀로 들을 수 있겠는가.

154
非有而非空	유(有)하지도 않으면서 공(空)하지도 않으므로
故稱卓絕	아주 탁월하다고 할 수 있고
不出而不在	벗어나지도 않았고 머물러 있지도 않으니
實謂通靈	실로 신령한 마음이라고 할 만하네.

155
塵思俱逃	온갖 생각에서 벗어나서
煩機頓洗	번뇌의 기틀을 한꺼번에 씻어 버리니
迥超萬行之先	만행의 선두를 훌쩍 뛰어넘고

深徹法源之底　　　　법 근원의 밑바닥까지 깊이 꿰뚫네.

156

月光大士　　　　　　월광보살은
變淸水於自心　　　　자신의 마음을 맑은 물로 변화시켰고
空藏高人　　　　　　허공장보살은
現太虛於本體　　　　본체를 큰 허공으로 드러내었네.

157

甄明暢志　　　　　　밝고 분명한 뜻을 살펴서
悟入怡神　　　　　　깨달아 들어가니 상쾌한 정신이
若旱天而遍霧甘澤　　가뭄에 단비가 흠뻑 내리는 것 같고
猶萎草而頓遇陽春　　시든 풀이 갑자기 따뜻한 봄을 맞이한 것 같네.

158

翠羽紅鱗　　　　　　물총새 깃과 금붕어 비늘이
普現色身之三昧　　　널리 색신삼매(色身三昧)를 드러내고
霞峯霧汕　　　　　　노을 진 봉우리와 안개 낀 모래톱이
同轉根本之法輪　　　다 함께 근본 법륜을 굴리네.

159

智朗昏衢　　　　　　지혜가 어두운 네거리를 밝히니
夢驚長夜　　　　　　긴 밤 꿈속에서 깨어나고
貧室之金藏全開　　　가난한 집에 금고가 활짝 열리며
欻宅之牛車盡駕　　　불난 집 아이들이 흰 소 수레에 올라타네.

160

紛然起作	분주하게 작용을 일으키나
冥冥而弗改真如	그윽해서 진여는 바뀌지 않고
豁爾虛凝	활짝 열려서 텅 비기도 하고 엉기기도 하나
歷歷而常隨物化	역력해서 언제나 사물을 따라 변화하네.

161

大象無形	큰 형상은 형태가 없고
洪音絶聲	큰 음성은 소리가 끊어졌으며
三光匿曜	삼광(三光)은 빛을 숨기고
河嶽齊平	강산은 가지런히 평탄하네.

162

向九居六合之中	구거(九居)와 육합(六合)에서
隨作色空明闇之體	색(色)·공(空)과 명(明)·암(暗)의 본체가 시작되고
於七大四微之內	칠대(七大)와 사미(四微)에서
分爲色香味觸之名	색·향·미·촉의 이름으로 나누어지네.

163

德禦神州	덕은 신주(神州)를 지키고
威靈法宇	위의는 법우(法宇)를 신령스럽게 하니
通智海之宏津	지혜의 바다로 통하는 큰 나루이고
立吾宗之正主	우리 종가를 세우는 바른 주인이네.

164

違情難信	마음이 어긋나면 믿기 어렵나니
如藕絲懸須彌之山	마치 연근의 실로 수미산을 매다는 것과 같고
入悟能談	깨달음에 들어서면 설할 수 있으니
似一手接四天之雨	한 손에 사천하 빗물을 담아내는 것과 비슷하네.

165

居混沌之始	혼돈의 시작에 머무르다
出恍惚之間	황홀한 사이에 빠져나오니
法雷震四生之幽蟄	법의 우레가 사생의 겨울잠 자는 벌레를 흔들고
慧日燭三界之重關	지혜의 해가 삼계의 무거운 문빗장을 비추네.

166

不世之珍	세상에 보기 드문 보물이니
抱玄門而寂寂	현문(玄門)을 품고서 적적하고
非常之道	예사롭지 않은 도이니
任法性以閑閑	법의 성품에 나아가 고요하고 한가롭네.

167

發覺根苗	깨달음의 뿌리에서 싹을 틔우고
胤靈筋骨	신령의 근육과 뼈를 이어받으니
若谷神之安靜	마치 곡신(谷神)이 안정되어 고요하고
似幻雲之出沒	환의 구름이 나타났다 사라지는 듯하네.

168

事因理顯	현상은 이치로 드러나니
猶金烏照萬里之程	금까마귀가 만 리의 노정을 비추는 것 같고
用就體施	작용은 본체로 펼쳐지니
如玉兔攝千江之月	옥토끼가 천 강의 달을 거둬들이는 것 같네.

169

非相非名	형상도 아니고 이름도 아니어서
孤寂幽清	홀로 고요하고 그윽이 맑지만
一言無不略盡	한마디 말로 드러내지 못하는 것이 없고
殊說更非異盈	다르게 설하더라도 다시 다르지 않은 것으로 채워지네.

170

吞苦霧而浸邪峯	고통의 안개를 삼키고 삿된 봉우리를 침몰시키려면
須澄性海	반드시 성품의 바다를 맑혀야 하고
降四魔而夷六賊	네 마구니를 항복받고 여섯 적군을 무찌르려면
應固心城	응당 마음의 성을 단단히 해야 하네.

171

廣演玄風	현묘한 바람을 널리 연설하고
長施法利	법의 이로움을 길이 펼치니
諸聖不改其儀	여러 성인이 그 위의를 바꾸지 않아도
萬邪莫迴其致	수많은 삿된 무리가 그 이치를 되돌리지 못하네.

172

十軍三惑	열 군사와 세 가지 미혹을 맞이하고
消影響於幻場	환의 도량에서 그림자와 메아리를 쓸어버리려면
智刃慧刀	지혜의 칼을
利鋒芒於實地	진실의 땅에서 창끝보다 더욱 날카롭게 해야 하네.

173

一言合理	한마디 말이 이치에 합하면
天下同歸	천하가 다 함께 귀의하니
體標奇而顯妙	본체는 기묘함을 드러내고
用含虛而洞微	작용은 넓은 허공을 품고 미세한 티끌까지 꿰뚫네.

174

可謂鎭敵國之寶珠	참으로 적국을 진압하는 보배 구슬이라
千金罕易	천금으로도 바꾸기 어렵고
挺驚人之法將	사람을 놀라게 하는 빼어난 법의 장수라
萬古傳輝	만고에 전해지며 빛나네.

175

動而無為	움직이지만 조작이 없고
寂而常照	고요하나 항상 비추니
立佛道之垣墻	부처님의 법도를 바로 세우는 담장이고
樹修行之大要	수행을 수립하는 대요(大要)라네.

176

畫出山河國土	산·하·국·토를 그려 내는 것은
意筆縱橫	거침없는 의식의 붓이고
分開赤白青黃	적·백·청·황으로 나누어지는 것은
心燈照耀	밝게 빛나는 마음의 등불이네.

177

性自神解	본성은 본디 신비로운 앎이어서
不同虛空	허공과는 같지 않으니
或垂本以顯跡	때론 근본에 기울어져 있으면서 자취를 드러내고
或居邊而即中	때론 변방에 있으면서 중앙을 놓치지 않네.

178

猶師子就人之機	사자가 사람의 기미를 알아채듯이
理標徑直	이치가 곧바로 드러나고
如王索一鎚之器	왕이 한 번 두드려 만든 그릇(一鎚之器)을 찾듯이
言下全通	말이 떨어지자마자 온 천하에 알려지네.

179

慧海關防	지혜 바다의 요새이며
靈園苗裔	신령한 숲의 자손이라
遍滋廣攝而不揀高低	두루 번성하고 널리 거두어서 높고 낮은 지위를 가리지 않고
豎徹橫該而混同麤細	시공을 관통해서 성글고 세밀함이 하나로 뒤섞이네.

180
作一種之光輝	한 가닥 빛이 되고
為萬途之津濟	만 길 나루터가 되니
闇鬼沒於明燈	어둠의 귀신은 밝은 등불에 없어지고
毛輪消於厚翳	모륜(毛輪)은 눈병의 장막에서 사라지네.

181
確乎不拔	확고하여 뽑히지 않으니
高超變易之門	변화의 문을 훌쩍 뛰어넘고
湛爾唯堅	담담해서 오직 견고하니
永出輪迴之際	영원히 윤회에서 벗어나네.

182
妙極眾象	미묘함이 온갖 형상에 다다르고
理統諸方	이치가 어디든지 관통하니
如積海而含萬水	마치 바다가 모든 물을 받아들이고
猶聚日而放千光	태양이 천 갈래 광명을 비추는 것과 같네.

183
文圃義園	문자는 밭이고 뜻은 울타리라
言將發而詞喪	말을 하려고 하면 말이 손상되고
清神靜思	정신과 생각을 맑고 고요하게 하니
意欲緣而慮亡	의근(意根)이 반연하고자 하나 생각이 일어나지 않네.

184

處眾不羣	대중에 처하나 무리에 끼지 않고
居尊匪獨	높은 데 거처하나 외롭지 않으니
闡大道之基坰	큰 도를 널리 알리는 토대이고
布教海之漩澓	가르침의 바다를 전파하는 소용돌이며
了辯乳之真機	우유를 알고 말하는 참다운 비결이고
達觀象之明目	코끼리를 온전히 본 밝은 눈이네.

185

躡薩雲路兮	살운로(薩雲)를 밟음이여!
非近非遠	가깝지도 않고 멀지도 않으며
詣清涼池兮	청량한 연못에 다다름이여!
不遲不速	더디지도 않고 빠르지도 않으며
出一語兮	한마디 말을 내뱉음이여!
海竭山崩	바다가 마르고 산이 무너지며
提妙旨兮	묘한 뜻을 제창함이여!
天翻地覆	하늘이 뒤집히고 땅이 전복되네.

186

舉圓宗兮	원종(圓宗)을 듦이여!
敷至理法界橫關	지극한 이치를 펼치는 법계의 관문이요
括眾義兮	뭇 의미를 담음이여!
掩羣詮禪門齧鏃	뭇 해석을 바로잡는 선문의 설족구(禪門齧鏃句)이네.

187
念念而靈山出世	생각생각 영취산에서 세상으로 나오고
步步而兜率下生	걸음걸음 도솔천에서 하생하며
娑婆現華藏之海	사바세계에 화장세계의 바다를 드러내니
園林爲王舍之城	뜰 앞의 숲이 (부처님이 계신) 왕사성이네.

188
見聞覺知	보고 듣고 지각하고 아는 일상에서
運普賢無盡之行	보현의 다함없는 행을 드러내고
周旋俯仰	오고 가고, 굽어보고 올려다봄에
具文殊本智之名	문수의 근본 지혜를 갖추었네.

189
從實分權	실교(實敎)에서 방편교(權敎)로 나누어지고
因別顯總	별상(別相)에서 총상(總相)을 드러내나니
擲大千於方外	세상 밖으로 대천세계를 던져 버리고
吸海水於毛孔	모공으로 바닷물을 마시네.

190
妙位初成之際	묘각의 위를 처음 이루었을 때
天雨四華	하늘에서 네 가지 꽃비가 내리고
無明欲破之時	무명을 깨뜨리려 할 때
地搖六動	땅이 6종으로 동요하였네.

191
理事無礙	이치와 현상이 걸림 없고
本末同歧	근본과 지말이 하나의 길이니
橫吞五乘之粹	오승(五乘)의 정수를 자유자재로 삼키고
圓舒八藏之奇	팔장(八藏)의 기묘한 가르침을 원만히 펼치네.

192
從心而出心	마음에서 마음을 드러내네.
猶蘭生蘭葉	난초에서 난초잎이 나오듯이
因意而發意	의식에서 의식을 드러내네.
似檀孕檀枝	전단나무에서 전단 가지가 뻗어 나오듯이

193
不空之空	불공(不空)인 공(空)이며
非有之有	비유(非有)인 유(有)라
如外無智而可知	진여 밖에 지혜가 없으니 알 수가 있고
智外無如而可守	지혜 밖에 진여가 없으니 지킬 수가 있네.

194
帝網而重重交暎	제석천 그물의 구슬이 겹겹으로 서로 비추니
非一非多	하나도 아니고 여럿도 아니며
芥瓶而歷歷分明	병에 든 겨자가 뚜렷하게 분명하니
不前不後	앞뒤가 없네.

卷第二 終

●卷第三●

195

忘心而照	마음을 잊고서 비추고
無念而知	생각 없이 알아차리네
若瑞草生於嘉運	상서로운 풀들이 기운이 좋을 때 싹을 틔우고
如林華結於盛時	숲의 아름다운 꽃들이 기운이 번성할 때 열매를 맺듯이

196

頓息疑情	의심을 몰록 쉼에
現額珠於明鏡	이마의 구슬이 밝은 거울에 나타나고
全澄亂想	어지러운 생각을 모두 다 맑게 하니
獲真寶於春池	봄 못에서 진실한 보물을 얻네.

197

體廣用深	본체가 넓고 작용이 깊으며
文豐理詣	글이 풍부하고 이치에 나아가니
攀覺樹以分枝	깨달음의 나무에서 가지가 뻗어 나오고
受輪王之解髻	전륜왕이 상투를 풀어 건네준 명주를 받네.

198

初終交徹	처음과 마지막이 서로 사무치니
即凡心而見佛心	범부의 마음에서 부처의 마음을 보고
理事該羅	이치와 현상이 서로 거두고 펼치니
當世諦而明真諦	일상의 삶에서 진리의 이치를 밝히네.

199

龍宮詮奧	용궁의 경전이 심오하여
海藏抽奇	바다 서고에서 기묘한 뜻을 뽑아내니
空裏披文之際	허공에서 경문을 펼치는 시절이요
塵中剖卷之時	티끌에다 경권을 털어 내는 시절이네.

200

覺華枝秀	깨달음의 꽃가지가 수려하고
忍草苗垂	인욕 풀의 싹이 늘어지니
臨太華之猶低	태화산을 낮은 듯이 내려다보고
機前鵬翥	기미 이전에 붕새가 날아오르며
比毗嵐之未速	비람도 오히려 빠르지 않으니
言外鷹馳	언어 밖의 소식은 매의 날램과 다름이 없네.

201

身泛禪河	자신이 선정의 강을 건너
手開玄鑰	손으로 현묘한 도의 자물쇠를 여니
執石爲珍	돌을 집어도 보배이고
攬草成藥	풀을 잡아도 약이 되네.

202

傳智燄兮	지혜의 불빛을 전함이여!
胡假世燈	어찌 세상의 등불을 빌리랴.
受佛職兮	부처의 직위를 받음이여!
寧齊天爵	어찌 천작(天爵)과 같으랴.

203
貿內珠而自省	여의주를 사들여서 스스로 살피니
不探驪龍	여룡(驪龍)을 엿보지 않고
受密印而明知	비밀스러운 도장을 받아 지혜가 밝으니
靡求乾鵲	건작(乾鵲)을 찾지 않네.

204
迷時徒昧	미혹할 때는 덧없이 어리석지만
諦處非難	진리는 어려운 것이 아니어서
念想而如山不動	상념이 산처럼 부동하고
襟懷而似海常安	마음이 바다처럼 언제나 편안하네.

205
實際無差	진여의 이치는 차별이 없는지라
與三世佛而一時成道	삼세의 부처님과 더불어 일시에 도를 이루고
真空平等	진공(眞空)은 평등한지라
共十類生而同日涅槃	십류 중생과 함께 같은 날 열반에 드네.

206
心若不分	마음이 분별하지 않으면
法終無咎	법은 결코 허물이 없으니
是之而六蔭七情	이에 육음(六陰)과 칠정(七情)이
非之而二頭三手	두 개의 머리와 세 개의 손이 아니네.

207
從因緣而生起	인연에서 일어난지라
不同兔角之無	토끼뿔이 없다는 것과 같지 않고
向正法而施爲	정법에 나아가 펼쳐졌는지라
豈類乾城之有	어찌 건달바성이 있다는 것과 같겠는가.

208
德業無盡	공덕은 다함없고
至理難論	지극한 이치는 논하기 어렵나니
恒一恒異	언제나 하나이기도 하고 언제나 다르기도 하며
常泯常存	언제나 없기도 하고 언제나 존재하기도 하네.

209
說證說知	깨달았다거나 알았다고 말하면
背天眞而永沈有海	천진불을 저버리고 영원히 유(有)의 바다에 빠져서
無照無悟	관조하지도 않고 깨달음도 없으면
失圓修而常鎖空門	원만한 수행을 잃고 항상 공문(空門)에 갇히게 되네.

210
大體焉分	위대한 본체가 어떻게 나누어지는가
隨機自別	근기에 따라 저절로 갈라지나니
萬派而豈有殊源	갈래가 만 가지이지만 어찌 근원이 다르겠으며
千車而終無異轍	수레가 천 대라도 결코 길이 다르지 않네.

211
不隱不顯　　　　　　숨지도 않고 드러나지도 않는지라
四聰而莫認眞歸　　　사방에 총명한 자라도 참다운 귀의처를 알 수 없고
無性無形　　　　　　성품도 없고 형상도 없는지라
妙辯而難窮實說　　　교묘한 논변으로도 진실한 교설을 궁구하기 어렵네.

212
冥心合道　　　　　　마음을 고요하게 해야 도에 합해지나니
意解難明　　　　　　뜻으로 이해하려고 해서는 밝히기 어렵네.
了達而尙非於智　　　깨달으려 하여도 오히려 지혜를 그릇되게 하는데
參詳而豈在於情　　　자세히 참구함이 어찌 망념에 있겠는가.

213
化人舞而幻士歌　　　귀신이 춤추고 마술사가 노래하니
誰當斷送　　　　　　누가 장례를 치르고
木馬奔而泥牛鬪　　　목마가 달리고 진흙소가 다투니
孰定輸贏　　　　　　누가 진정 이기고 질 것인가.

214
故知唯識唯心　　　　그러므로 유식(唯識)이고 유심(唯心)이어서
無二無別　　　　　　둘도 아니고 다르지도 않음을 알 수 있고
一旨而已絶詮量　　　하나의 뜻이라서 이미 저울질하여 가늠할 수 없으니
萬法而但空施設　　　만법이 헛되이 시설되었을 뿐이네.

215

虛生虛滅	터무니없이 태어났다가 터무니없이 죽는 것이
唯情想而成持	오직 망념의 분별로 이루어지고
似義似名	유사한 뜻과 유사한 이름은
但意言而分別	단지 의중의 말로 분별한 것일 뿐이네.

216

於一圓湛	하나의 원만하고 맑은 마음에서
折出根塵	육근과 육진으로 쪼개져 유출되니
外搏地水而成境	밖으로는 땅과 물이 뭉쳐 경계를 이루고
內聚風火而為身	안으로는 바람과 불을 모아 몸이 되네.

217

持種之門	(업의) 종자를 지니고 있는 문이라
作生死之元始	생사를 짓는 태초가 되고
總報之主	총보(總報)의 주인이라
為涅槃之正因	열반의 바른 씨앗이 되네.

218

標實慧宗	실다운 지혜의 존귀한 근본(實慧宗)을 나타내고
成真性軌	참 성품의 궤범을 이루니
具體而有法皆宗	본체를 갖추어서 어떤 법도 모두 존귀한 근본(宗)이고
絕待而無塵可比	절대여서 비교할 어떤 대상도 없네.

219
高高法座	높고 높은 법좌이니
非聲聞矬短之能昇	성문의 단신으로는 오를 수 없고
赫赫日輪	환하게 빛나는 태양이니
豈外道嬰兒之所視	어찌 외도나 젖먹이가 쳐다볼 수 있겠는가.

220
無偏無黨	공정하여 치우침이 없어
至極至尊	더할 수 없이 지극하고 존귀하니
總千岐而得旨	천 갈래 갈림길을 모아 뜻을 얻고
搜一切而歸根	모든 것을 찾아내어 근본으로 돌아가네.

221
眼底放光	눈에서 광명을 놓아
照破十方之刹土	시방 찰토를 비추고
意根演敎	의근으로 가르침을 펼쳐서
碾開一代之法門	일대 법문을 여니

222
觸目相應	눈이 마주쳐 서로 뜻이 맞으면
盈懷周匝	가슴 한가득 채워지고
淸白混同	맑고 깨끗한 것에 뒤섞여도
水乳無雜	물과 우유처럼 섞임이 없네.

223

理從事變	이치는 현상을 따라 변하니
存泯而盡逐緣分	있고 없음이 모두 인연에서 나누어지고
事得理融	현상은 이치를 얻어 융합하니
一多而常隨性合	하나와 여럿이 항상 성품에서 합해지네.

224

意網彌布	생각의 그물이 두루 펼쳐지면
心輪遍生	마음의 수레바퀴도 두루 생겨나서
與羣徒而作體	온갖 무리와 어울려 몸체가 되고
向萬物以安名	만물에 나아가 이름이 붙네.

225

初居圓成現量之中	처음에는 본체인 현량(現量)에 자리하여
浮塵未起	떠도는 티끌이 아직 일어나지 않다가
後落明了意根之地	나중에는 명료한 의근의 땅에 떨어져
外狀潛呈	겉으로 모습을 가만히 드러내 보이네.

226

原夫業識之宗	근원을 밝혀 보건대, 업식의 근본을
何成教訓	어떻게 가르쳐 깨우칠 수 있겠는가.
能所不分	주체와 객체가 구분되지 않는데
是非焉運	옳고 그름을 어떻게 운용하리오.

227
因依轉相之內	전상(轉相)을 의지해서
倏起見心	홀연히 보는 마음이 일어나고
俄關現識之間	잠깐 현식(現識)에 관계하다가
忽陳相分	홀연히 상분(相分)이 펼쳐지네.

228
光消積曀	광명은 오래된 음산함을 소멸하고
影射重昏	그림자는 깊은 어둠을 넌지시 암시하니
徹古而眞源不散	옛것을 꿰뚫어서 진리의 근원이 흩어지지 않고
該今而妙用常存	오늘에 이르기까지 묘한 작용이 있네.

229
八萬四千之教乘	팔만사천 가르침의 수레는
苗抽性地	그 싹이 자성의 땅에서 움트고
三十七品之道樹	삼십칠품 도의 나무는
果秀靈根	그 과실이 신령한 뿌리에서 열리네.

230
出迷之津	미혹에서 벗어나는 나루며
履玄之始	현묘한 도에 이르는 시초라
義似華開	뜻은 꽃이 피어나는 듯하고
行同雲起	행은 구름이 일어나는 듯하네.

231

當覆一簣之日	한 삼태기 흙을 덮는 날
山聳千尋	산은 천 길이나 솟아나고
元行初步之時	첫걸음을 내디딜 때
程通萬里	길은 만 리에 통하네.

232

眞俗無礙	진제와 속제가 걸림이 없어
其道在中	도가 그 가운데 있으니
非卽非離	즉한 것도 여읜 것도 아니고
常泯常通	언제나 뒤섞이기도 왕래하기도 하네.

233

應用恒沙	항하사만큼 응용되니
求之而奚窮祕跡	이를 구하나 어찌 비밀스러운 자취를 찾을 수 있으며
含容百巧	갖가지 기교를 갖고 있으니
窺之而靡衒殊功	이를 엿보려고 하지만 수승한 공덕을 드러내지 않네.

234

易辯邪途	삿된 길을 말하기는 쉬우나
難探正穴	올바른 혈도를 찾기는 어렵나니
聽之者無得無聞	들으려는 자는 찾지도 듣지도 못하고
演之者非示非說	연설하려는 자는 드러내지도 설하지도 못하네.

235
妙峰聳於性地	'묘봉'이 성품의 땅에서 솟아나니
仰之彌高	우러러볼수록 더욱 높고
法水涌於眞源	'법의 물'이 진여의 근원에서 샘솟으니
酌而何竭	퍼낸들 어찌 마르겠는가.

236
包空而遍	허공을 싸안아 두루하고
匝界而周	세계를 둘러 골고루 퍼져 있으니
是以大忘天下	이런 까닭에 천하를 크게 버려야
方能萬事無求	비로소 만사에 구함이 없네.

237
火災欲壞之時	겁의 불길에 괴멸되려 할 때
一吹頓滅	한 번 불어 단박에 끄고
世界將成之際	세계가 장차 이루어지려 할 때
擧念全收	한 생각에 모두 거두어들이네.

238
乘急戒圓	대승이 빠르고 계율이 원만해져서
因成果滿	(보리의) 인과가 성만해지면
該括有空	유(有)와 공(空)을 포괄하고
交參主伴	주인과 짝이 서로 섞이네.

239

十玄門之資攝	'십현문'의 돕고 거두어들임은
無盡無窮	무궁무진하고
六相義之融通	'육상'의 뜻이 융통함은
不常不斷	상견(常見)도 아니요 단견(斷見)도 아니네.

240

鷲山正脈	영축산의 바른 혈맥이고
鹿苑鴻基	녹야원의 큰 터전이니
真風長扇	진리의 바람이 언제나 불고
慧範恒施	지혜의 모범이 항상 펼쳐지네.

241

隱顯無際而晦明相並	숨고 드러남이 끝이 없고 어둡고 밝음이 함께 어울리며
念劫融通而延促同時	한순간과 오랜 겁이 융통하고 길고 짧음이 동시이네.

242

微妙之境幽深	미묘한 경계는 그윽이 깊어
非從像設	형상으로 펼칠 수 없고
太玄之鄉緜邈	태초의 고향은 까마득하여
莫可心知	마음으로 알 수 없으며
卓爾不羣	우뚝하여 무리에 섞이지 않고
湛然純一	맑아서 한결같아라.

243

天成神授而挺生	하늘이 이루고 신령함이 제수하여 생겨났으니
萬德千珍而共出	만 가지 덕과 천 가지 보물이 모두 여기서 나오고
眾義咸歸於此宗	여러 가지 뜻이 모두 이 존귀한 근본(宗)으로 돌아가니
百華同成於一蜜	온갖 꽃이 똑같이 하나의 꿀을 만드네.

244

獨超紫微之表	홀로 자미성을 뛰어넘는
教海宏樞	광대한 가르침의 바다이고
細開虛寂之閒	세밀하게 텅 빈 고요의 틈을 여는
禪扃正律	선방 문고리의 올바른 법령이네.

245

唯自不動	오직 스스로 부동할 뿐이라
於彼云云	저기에서 말씀하셨으니
道在心而不在事	도는 마음에 있고 현상에 있지 않으며
法由我而不由君	법은 나에게서 비롯하고 그대에게서 비롯하지 않네.

246

真性與緣起同壽	참된 성품과 연기가 수명이 같으니
不思議而可思議	부사의하지만 헤아릴 수 있고
有量共無量平運	헤아릴 수 있고 헤아릴 수 없음이 평등하게 운용되니
居見聞而非見聞	보고 들으며 살고 있지만 보고 듣는 것이 아니네.

247
物外祥雲	세상사 밖의 상서로운 구름이요
法中閒氣	법 가운데 한가한 기운이니
奇絶而異代殊珍	매우 기묘하여 시대를 뛰어넘는 빼어난 보물이고
廣大而宗徒富貴	넓고 크니 종도가 부귀하네.

248
得初而即得後	처음을 얻은 것이 곧 뒤를 얻은 것이니
猶圓珠無間隔之方	둥근 구슬이 간격 없는 모양과 같고
了一而便了餘	하나를 깨달으면 곧 나머지도 깨달으니
似海滴總江河之味	바다의 물방울이 모든 강물의 맛과 같네.

249
一法纔徹	한 법을 꿰뚫기만 하면
萬彙皆通	만물에 모두 통하니
直論入道之處	도에 들어가는 곳을 바로 논하려면
靡離淨意之中	청정한 뜻을 여의지 않아야 하네.

250
諸佛不證真門	모든 부처님은 진리의 문을 증득하지 않았으니
悟時無得	깨달은 적이 없고
異生弗沈死海	중생은 죽음의 바다에 빠지지 않았으니
迷處全空	미혹된 곳이 텅 비었네.

251

幽旨罕窮	심오한 뜻은 다 궁구하기 어려워
淺根難信	얕은 근기로는 믿기 어렵나니
情見不到而理深	유정의 견해로는 이르지 못할 만큼 이치가 깊고
智解莫明而機峻	지식의 알음알이로는 밝히지 못할 만큼 기틀이 뛰어나네.

252

業果隳於淨地	업의 열매는 청정한 땅에서 시드나니
苦海收波	고통의 바다에 파도가 그치고
罪華籍於慈風	죄의 꽃은 자비의 바람에 사라지나니
刀山落刃	칼산의 칼날이 꺾이네.

253

旨不可見	가르침의 뜻을 보지 못하고
義不可尋	그 의미를 살피지 못해서
理短而甘鞭屍吼石	이치가 짧기에 감내해야 하고, 시체를 채찍질하며, 바위가 울부짖으니
請說而願捧足傾心	설법을 청하여 발원하고 부처님의 발을 받들어 마음을 기울이네.

254

廣長舌之敷揚	장광설로 펼쳐 놓으셨으니
暫披而即能熏種	잠시라도 펼쳐 보면 종자를 훈습할 수 있고
五實語之剖析	다섯 가지 진실한 말씀을 명확하게 밝혔으니

| 一覽而須納千金 | 한 번이라도 본다면 천금을 바칠 만하네.

255
| 擧止施為 | 행동거지나 행위에서
| 現大神變 | 위대한 신통 변화를 나타내는데
| 理不偏而事不孤 | 이치는 치우치지 않고,
| | 현상은 멀리 떨어져 있지 않으며
| 行常順而道常遍 | 행은 언제나 순리를 따르고, 도는 언제나 두루하네.

256
| 即多用之一體 | 여러 작용이 하나의 본체를
| 同時頓具而非分 | 동시에 갖추고 있어서 나누어지지 않고
| 於一體之多門 | 하나의 본체가 여러 문의
| 前後交羅而齊現 | 앞뒤로 펼쳐져서 가지런히 드러나네.

257
| 美惡無體 | 아름답고 추한 실체가 없어서
| 唯想任持 | 오직 생각에 달렸네.
| 聲響冥合 | 소리와 메아리가 가만히 합하고
| 形影相隨 | 형체와 그림자가 서로 따르듯이

258
| 胎獄華池 | 지옥이나 극락의 연못에 태어나니
| 受報而自分優劣 | 과보를 받아 스스로 우열을 나누고
| 瓊林棘樹 | 옥같이 아름다운 숲이나 가시밭에서

稟生而各具榮衰	생을 받아 각기 영화와 쇠퇴를 겪네.

259
明斷由人	명확한 판단은 사람에 달렸다고 하니
斯言可聽	이 말은 참으로 들을 만하고
運意而須契正宗	뜻을 내면 반드시 바른 근본의 진리에 계합해야 하나니
擧步而莫行他徑	발을 내디딜 때는 다른 길로 빠지지 말라.

260
如急湍之水	물살 빠른 여울이
逐南北而分流	남북으로 나뉘어 흐르는 것과 같고
似蚇蠖之身	자벌레 몸 빛깔이
食青黃而不定	푸르고 누런 잎을 먹는 것에 따라서 정해져 있지 않음과 같네.

261
如來之藏	여래의 창고요
萬德之林	만덕의 숲이라
湛然無際	맑고 끝이 없는데
曷用推尋	어찌 추적해서 찾을 수 있겠는가.

262
木母變色之時	목각 어머님의 얼굴색이 변할 때는
生於孝意	효의 마음이 생기고

金像舒光之日	부처님의 형상에서 광명이 빛나는 날은
起自誠心	정성의 마음에서 비롯되었네.

263
引喩何窮	비유를 드는 것이 어찌 끝이 있겠는가.
證明非一	증명할 것이 한둘이 아니니
理理而悉具圓常	이치마다 모두 원만하고 변함없으며
事事而皆談眞實	현상마다 모두 진실을 이야기하네.

264
似幻師觀技而無著	요술사가 재주를 보고도 욕심이 없나니
了是心生	마음에서 생기는 줄 알기 때문이고
如調馬見影而弗驚	말 조련사가 그림자를 보고도 놀라지 않으니
知從身出	몸에서 나온 줄 알기 때문이네.

265
諸塵不隔	모든 티끌끼리 떨어져 있지 않다는
此旨堪遵	이 뜻은 존중되어야 하나니
變化莫測	변화는 헤아릴 수 없으니
緜密難論	면밀하게 논하기 어렵네.

266
如善財不出道場	선재가 도량을 벗어나지 않고
遍歷百城之法	백 개 성의 법을 두루 편력하고
猶海幢常冥寂定	해당 비구는 항상 고요한 선정에 들고서

廣開佛事之門	불사의 문을 활짝 열어 놓았네.

267

最上之宗	최상의 존귀한 근본(宗)이며
第一之說	제일가는 설법이라
大悟而豈假他求	크게 깨달으면 어찌 다른 데서 구하겠는가.
內證而應須自決	안으로 증득하여 응당 스스로 결정지어야 하네.

268

似冰含水	얼음이 물을 머금고 있듯이
融通而豈有等倫	풀리고 나서야 어찌 같은 것이겠는가
如金與鐶	금과 가락지와 같이
展轉而更無差別	되풀이되나니 다시 차별이 없네.

卷第三 終

●卷第四●

269

若空孕色	공(空)이 색(色)을 잉태하는 것은
猶藍出靑	쪽이 청색을 내놓는 것과 같아서
馬鳴因玆而製論	마명 보살이 이로써 논을 지으시고
釋迦由此而弘經	석가가 이로써 가르침을 널리 펴시었네.

270

外道打髑髏之時	외도가 해골을 두드릴 때
察吉凶之往事	길흉의 지난 일을 살피고
相者占人面之際	관상가가 사람 얼굴을 점칠 때
辯貴賤之殊形	귀천의 다른 모습을 판단하듯

271

大體平分	위대한 본체에서 평등하게 나누어지고
玄基高峙	현묘한 토대에서 우뚝하게 솟으니
十心九識之宗	열 가지 마음과 아홉 가지 식(識)의 근본 진리요
三細六麤之旨	삼세(三細)와 육추(六麤)의 주지(主旨)네.

272

根身國土	육근의 몸과 국토가
因本識而先生	근본 식(識)에서 먼저 생겨나고
姸醜高低	아름답고 추하며 높고 낮음이
從分別而潛起	분별로부터 살며시 일어나네.

273
矗然端直	바르고 곧게 높이 솟아
靡歷光陰	세월을 따르지 않으니
德用之道恢廓	덕용의 도는 광대하고
善巧之門甚深	좋은 방편의 문은 매우 간절하네.

274
金地酥河	황금 땅과 수락의 강이
匪出化源之意	교화의 근원적인 뜻에서 벗어나지 않고
人波鬼火	사람에게는 파도이지만 도깨비에겐 불로 보이니
寧離業識之心	어찌 업식의 마음을 벗어나 있겠는가.

275
跡現多門	자취는 많은 진리의 문을 드러내고
光韜實地	광명은 진실을 숨기고 있나니
不用天眼而十方洞明	천안을 사용하지 않아도 시방이 환히 밝은데
豈運神通而千界飛至	어찌 신통을 써서 온 세계로 날아가리오.

276
未離兜率	도솔천을 떠나지 않고
雙林而已般涅槃	쌍림에서 열반에 드시고
不起樹王	보리수에서 일어나지 않고
六欲而早昇忉利	육욕천 정상의 도리천에 오르시네.

277
堅貞難並	꿋꿋하고 곧은 이가 어울리기 어렵고
泡沫非同	물거품과 같지 않으므로
立絶相之相	형상 없는 형상을 세우고
運無功之功	공덕 없는 공덕을 운용하나니

278
慈勅分明	자비스러운 가르침이 분명하여
始因四念之處	처음 사념처로 시작해서
教文審的	가르침의 문장이 환히 선명해지니
終歸三點之中	마지막 삼점(∴)으로 돌아가네.

279
性非造作	성품은 조작한 것이 아니요
理實鎔融	이치의 진실을 녹여 낸 것이니
明之而心何曾動	지혜로우면 마음이 어찌 동요하겠으며
昧之而路自迷東	어리석으면 길에서 동쪽을 찾아 헤매네.

280
任竭海移山	바다를 마르게 하고 산을 옮기더라도
未是無為之力	아직 무위(無爲)의 힘이 아니고
縱躡虛履水	비록 허공을 밟고 물 위를 걷더라도
皆為有漏之通	모두 유루(有漏)의 신통이네.

281
辯玉須眞	옥을 가릴 때는 반드시 진짜여야 하고
探珠宜靜	구슬을 찾을 때는 의당 고요히 해야 하네.
但向境外而求心	다만 경계 밖에서 마음을 찾으면
焉知圓光而在眚	어찌 둥근 빛이 눈병에 있음을 알랴.

282
揑目之處	눈을 짓누른 곳에서
飛三有之虛華	삼계의 헛꽃이 날리고
迷頭之時	머리가 미혹될 때에
認六塵之幻影	육진의 환영을 오인하네.

283
順法界性	법계의 성품에 수순하고
合眞如心	진여심에 합하면
智必資理而成照	지혜는 반드시 이치를 바탕으로 관조하니
理不待發而自深	이치는 드러나기를 기다려 본디 깊지 않네.

284
意絕思惟	의식에 사유가 끊어지면
鑒徹十方之際	시방세계를 살펴 꿰뚫고
佛不說法	부처님은 설법하지 않으시나
聞通無盡之音	다함없는 음성을 들려주시네.

285

莫摘枝苗	가지나 싹을 따지 말고
須搜祖禰	모름지기 옛 조상을 찾을지니
豁爾而無明頓開	텅 비게 무명을 단박에 소멸하면
湛然而情塵自洗	깨끗하게 마음의 티끌이 저절로 씻기리라.

286

惡從心起	악은 마음에서 일어나네.
如鐵孕垢而自毀鐵形	철에서 녹이 나와 스스로 철 형상을 훼손하듯
善逐情生	선은 마음에서 생겨나네.
猶珠現光而還照珠體	구슬이 광채를 드러내어 도로 구슬 본체를 비추듯

287

鵠林大意	학림(鵠林)의 대의로
須歸準憑	반드시 돌아가 의지해야 하나니
形端影直	형상이 단정해야 그림자가 곧고
風靜波澄	바람이 고요해야 물결이 맑은 것처럼

288

辯僞識眞	거짓을 밝혀내어 진실을 아는 것은
如試金之美石	금에서 얻은 아름다운 보석과 같고
除昏鑒物	어둠을 제거하고 사물을 보는 것은
猶照世之明燈	세상을 비추는 밝은 등불과 같네.

289
事絶纖毫	현상은 가는 털끝도 붙일 수 없고
本無稱謂	본체는 뭐라 부를 수 없으나
因用之而不窮	사용하여도 다함이 없으니
從讚之而成貴	고귀하다고 찬탄하게 되네.

290
義天行布	뜻의 하늘이 펼쳐져서
重重之星象璨然	별 무리가 찬란하고
法海圓融	법의 바다가 원융하여
浩浩之波瀾一味	가없이 넓은 물결이 한 맛이네.

291
根塵泯合	육근과 육진이 뒤섞여 합해지고
能所雙銷	주체와 객체가 둘 다 녹아드니
了了而如同眼見	분명하여서 한 눈으로 보는 듯하고
一一而盡是心標	낱낱이 다 마음의 표상이라네.

292
照燭森羅	삼라만상을 비추어
隨念而未曾暫歇	생각을 따라 잠깐도 쉰 적이 없고
飛穿石壁	석벽을 투과함에
擧意而頃剋非遙	뜻을 두면 순간이라서 오래 걸리지 않네.

293

絕觀通人	관(觀) 수행을 끊고 통달한 이여!
破塵上將	마음의 번뇌를 타파한 상장군이여!
作智海之健舟	지혜 바다에 튼튼한 배를 띄워 놓고
爲法筵之極唱	법의 잔치를 열어 최상승의 노래를 부르네.

294

如虻附翔鸞之尾	마치 등에가 날아가는 난조(鸞鳥)의 꼬리에 붙어
迥登丹漢之程	멀리 단수나 한수의 여정에 오르는 것과 같고
猶聲入畫角之中	소리가 화각(畫角)에서
出透重霄之上	먼 하늘 위로 울려 퍼지는 것 같네.

295

言言合道	하는 말마다 도에 합하고
法法隨根	법과 법이 근기에 따르니
對大心之高士	큰 마음의 보살을 마주하여
談普眼之法門	보안(普眼)의 법문을 말씀하시네.

296

厚地金剛	두터운 대지의 금강은
穿之而始終不壞	뚫어도 시종 파괴되지 않고
雪山正味	설산의 순일한 맛은
流之而今古恒存	세월이 흘러도 예나 지금이나 한결같이 변함없네.

297

一際無差	어느 때나 차별 없이
隨緣自結	인연 따라 스스로 결정 짓고
曠代無減	오랜 세월에도 줄어듦 없이
十方咸說	시방 어디에서나 법문을 설하네.

298

如天寶器	마치 하늘의 보배 그릇이
任福而飯色不同	복에 따라 음식 색깔이 같지 않듯이
似一無爲	하나의 무위(無爲)가
隨證而三乘有別	증득함에 따라 삼승(三乘)이 차별되듯이

299

萬法萬形	만 가지 법, 만 가지 형상이
皆逐心成	모두 마음에 따라 이루어지며
孤光一照	한 줄기 외로운 별빛이
眾慮俱清	여러 생각을 모두 맑게 하네.

300

如瓶貯醍醐	병에 제호를 담으면
隨諸器而不等	여러 가지 그릇에 따라 크기가 같지 않고
猶水分江海	물이 강이나 바다로 갈라져
逐流處而得名	흐르는 곳에 따라 이름을 얻는 것과 같네.

301
直了無疑	곧바로 깨달아 의심이 없어지면
襟懷自豁	마음속이 저절로 활달해지나니
非劣解情當	졸렬한 알음알이로 마주하지 않으면
乃上根機奪	곧 상근기와 다투리라.

302
猶如庭雀	정원의 참새가
焉攀鴻鵠之心	어찌 큰 백조의 마음을 꺾고
還似井蛙	우물 속 개구리가
豈測滄溟之闊	어찌 큰 바다의 광활함을 헤아리랴.

303
羣經之府	수많은 경전을 보관하는 관아이며
眾義之都	여러 가지 뜻을 간직한 도성이니
寫西來之的意	서천에서 오신 적실한 뜻을 옮겨 놓고
脫出世之真模	세간을 뛰어넘는 진정한 본보기네.

304
或徇他求	어떤 이가 다른 데서 구한다면
如鑽冰而覓火	마치 얼음을 뚫어 불을 찾는 것과 같고
但歸己解	다만 자신에게 돌아가 알려고 해야 하나니
猶向乳以生酥	우유에서 연유가 생겨나는 것과 같네.

305

正業常新	정업(正業)은 항상 새로우나
恒居本位	늘 본위(本位)에 머무르고
統一心之高廣	높고 넓은 한마음을 총괄하니
燭微言之周備	두루 갖춘 미묘한 말을 밝히고 있네.

306

了宗之際	존귀한 근본(宗)을 깨달았을 때
殞十方之虛空	시방의 허공이 사라지고
懺罪之時	죄악을 참회할 때
翻無邊之大地	끝없는 대지가 뒤집히나니

307

一華開而海內春	한 송이 꽃이 피니 온 세상이 봄이듯
一理現而法界真	하나의 이치가 드러나니 온 법계가 진실하고
如二乘之蒙佛記	이승(二乘)이 부처님의 수기를 받으니
似窮子之付家珍	가난한 아들이 집안의 보물을 물려받은 것과 같네.

308

水未入海之時	물이 바다에 들어가기 전에는
不成鹹味	짠맛이 되지 않으나
境若歸心之日	경계가 마음으로 돌아가는 날에는
方可言均	비로소 균등하다고 말할 수 있네.

309

夢宅虛無	꿈꾸는 집이 허무하고
化源寂滅	변화의 근원이 적멸하니
破疑情而藤蛇併融	의혹의 마음이 타파되어 등나무와 뱀이 나란히 사라지고
廓智地而形名雙絕	지혜의 대지가 확 트여 형상과 이름이 떨어지네.

310

心外求悟	마음 밖에서 깨달음을 구하는 것은
望石女而兒生	석녀에게 애 낳기를 바라는 것이요
意上起思	마음에서 생각을 내는 것은
邀空華而菓結	허공의 꽃에서 열매 맺기를 구하는 것이네.

311

本非有作	근본은 지어내는 것이 아니고
性自無為	성품은 본디 만들어진 것이 아니니
智者莫能運其意	지혜로운 자는 그 뜻을 움직이지 않거니와
像者何以狀其儀	본뜬 형상이 어찌 그 본모습을 드러내리오.

312

言語道亡	언어의 길이 사라지면
是得路指歸之日	길을 얻어 본가로 돌아가는 날이고
心行處滅	마음 가는 곳이 없어지면
當放身捨命之時	반드시 몸을 내려놓고 목숨을 버리는 시간이네.

313
執迹多端	자취에 집착하면 길의 갈래가 많고
窮源孤邁	근원을 궁구하면 홀로 멀리 가나니
非世匠之所成	세상의 장인이 만든 것이 아닌데
豈劫火之能壞	어찌 겁화가 파괴할 수 있으랴.

314
白毫光裏	백호 광명에서
出莫測之身雲	헤아릴 수 없는 보살이 구름처럼 나오고
無生葢中	무생법인(無生法忍)의 일산에서
現大千之世界	대천세계를 나타내나니

315
釋門挺價	석가 문중의 최상의 보배요
法苑垂箴	법의 정원에서 베푼 잠언이니
無聲之樂寂寂	소리 없는 연주는 고요하고도 고요하고
真如之海沈沈	진여의 바다는 깊고도 깊네.

316
應量出生	깜냥에 응해 출생하는 것이
如龍王之降雨差別	용왕의 비 내림이 차별되는 것과 같고
循業發現	업에 수순하여 발현함이
猶人間之隨福淺深	인간의 복에 따라 얕고 깊은 것과 같네.

317
既達心宗	이미 마음의 근본 진리를 통달했으면
應當瑩飾	응당 갈고 다듬어서 장식해야 하나니
鍊善行以扶持	선행을 단련하여 지켜 나가고
澄法水而潤澤	법의 물을 맑혀서 윤택하게 해야 하네.

318
照世行慈而不謬	세상을 비추어 자비를 행하는 데 그릇되지 않으려면
先洞三明	먼저 삼명(三明)을 통달해야 하고
觀根授道而無差	근기를 살펴서 도(道)를 가르치는 데 잘못이 없으려면
須憑十力	반드시 열 가지 힘에 의거해야 하네.

319
杜源大士	업의 근원을 막아 버린 보살은
立志高强	확고한 뜻이 높고 강해서
或剝皮出髓而誓思繕寫	혹 가죽을 벗겨 골수를 내어 선사(繕寫)하기를 서원하고
或投巖赴火而志願傳揚	혹 몸을 바위에 던지고 불 속에 뛰어들어 널리 전파하기를 발원하며

320
| 身燭千燈 | 몸으로 천 개의 등불을 밝혀 |
| 瀝懇而唯求半偈 | 간절하게 반 게송만이라도 구하거나 |

| 足翹七日 | 이레 동안 한 발을 들고 |
| 傾心而爲讚華王 | 마음을 다해 꽃의 왕을 찬탄하였네. |

321

更有念法勤苦	또한 법을 생각하여 마음을 다해
祇希一言	한마디 말씀만이라도 바랐으니
懸懸而頓忘寢食	간절한 마음으로 침식을 몰록 잊고
顒顒而不避寒暄	우러러 사모하여 추위와 더위를 피하지 않았네.

322

遍界南求	온 세계 남쪽으로 법을 찾아서
行菩薩之大道	보살의 큰 걸음으로 나아가고
忘身東請	온몸을 던져서 동쪽에서 법을 청하여
爲般若之眞源	반야의 참다운 근원을 깨달았네.

323

沖邃幽奇	담백하면서 심오하고 그윽하면서 기묘하여
擧文難述	문장으로 표현하기 어렵나니
任身座與肉燈	몸으로 침상을 만들고 살로 등불을 밝히며
用海墨而山筆	바다로 먹을 만들고 수미산으로 붓을 만들었네.

324

藥王燒手	약왕보살은 손을 태워
報莫大之深恩	크고 깊은 은혜를 갚았고
普明刎頭	보명왕은 머리를 잘라

求難思之妙術	헤아리기 어려운 묘한 술법을 구하였네.

325

能袪冰執	얼음 같은 집착을 버리고
可定行藏	행장(行藏)을 정하면
證自覺之聖智	스스로 깨달은 성스러운 지혜를 증득하고
入本住之道場	본래 머물러야 할 도량으로 들어가네.

326

步步而到泥徹底	걸음마다 강 밑바닥까지 이르고
箭箭而破的穿楊	화살마다 버들잎 과녁을 맞히니
齊襟而唯思擧領	옷깃을 가지런히 하려면 옷깃만을 생각해야 하고
整綱而祇要提綱	벼리를 정리하려면 벼리만을 중요하게 여겨야 하네.

327

浴滄溟而已用諸河之水	바다에서 목욕하면 이미 모든 강물을 쓴 것이고
爇一塵而皆含眾味之香	한 티끌만이라도 사르면 여러 맛의 향기를 머금은 것이네.

328

如忉利雜林	도리천의 잡림원에는
靡作差殊之見	차별된 견해가 없고

猶須彌南面	수미산 남쪽에는
純舒金色之光	금색 광명이 순일하게 펼쳐지는 것과 같네.

329
作似醉醒	술에 취했다가 깬 것과 같고
如同夢起	꿈꾸다 일어난 것과 같으니
外道授呪於天中	외도가 하늘에서 주술을 받고
婦人求男於林裏	부인이 숲속에서 사내아이를 구하네.

330
無爲無事	무위(無爲)와 무사(無事)가
全當實相之門	온전히 실상(實相)의 문에 해당하고
唯寂唯深	오직 고요하고 오직 깊음이
頓悟法空之旨	법공(法空)의 뜻을 단박에 깨닫네.

331
百氏冥歸	제자백가가 그윽이 귀의하고
萬古難移	오랜 옛날부터 변함없는
據前塵之無體	눈앞 티끌의 본체 없음에 근거해 보면
唯自法之施爲	오직 자신의 법이 펼쳐 놓은 것일 뿐이네.
若樂工之弄木偶	악공이 희롱하는 꼭두각시와 같고
如戱場之出技兒	극장에서 연기하는 배우와 같네.

332
縱淺縱深	얕거나 깊으나

靡出一心之際	한마음 경계를 벗어나지 않고
任延任促	길거나 짧거나
但當唯識之時	다만 유식의 시간에 맡겼을 뿐이네.

333

大矣圓詮	위대하도다, 원만한 설법이여!
奇哉正轍	기특하도다, 올바른 궤도여!
六神通而焉可變	육신통이라도 어찌 변화시키며
四辯才而莫能說	사변재라도 설할 수 없네.

334

攀枝而直到根株	가지를 잡으면 바로 뿌리에 이르고
尋水而已窮源穴	물을 찾으면 이미 근원의 혈구에 이르니
傳印而盡繼曹溪	법의 정수가 전해져 모두 조계(혜능)로 계승되었고
得記而俱成摩竭	수기를 받고서 모두 마갈타에서 성도하였네.

335

| 可謂履道之通衢 | 도 깨침의 큰길이요 |
| 悟宗之眞訣 | 근본의 진리를 깨닫는 참된 비결이라 할 수 있네. |

卷第四 終

제
2
부

주심부
註心賦

1장

주심부

권제 1

1
'마음'을 노래한 까닭은

✧

마음의 도장

001
부처님(覺王)들이 알려 주시고 《1》
조사들이 몸소 전하시어 《2》
진제(眞諦)와 속제(俗諦)¹ 진제(眞諦)의 근본을 광대하게 열어 《3》
오직 천지보다 앞선 것을 드러내고자 하였네. 《4》

---

1   진제(眞諦)와 속제(俗諦)는 이제(二諦)라고도 한다. 진제(산스크리트: परमार्थ, Paramārtha)는 승의제(勝義諦) 또는 제1의제(第一義諦)라고도 하며, 속제는 세속제(世俗諦) 또는 세제(世諦)라고도 한다. 제(諦)란 진리를 뜻하나, 속제는 세상의 일반 사람들에게 알려진 도리를 뜻하고 진제는 불교의 진리(사성제·연기·중도 등)를 말한다. 또한 대승불교에서 속제는 인간의 언어나 사상의 세계에 속하는 것이며, 진제는 이를 초월한 공(空)의 진리로서 속제에 의해서 진제를 얻을 수 있다고 한다.

《1》 『능가경』²에서 "부처님이 말씀하신 마음으로 존귀한 근본(宗)³ 을 삼고 무문(無門)으로 법문을 삼았다."⁴ 라고 하였다. 『잡장경』⁵ 에서 노래하였다.

세상의 훌륭한 의사가
좋은 약으로 병을 낫게 하듯이
부처님도 마찬가지로
중생을 위해 유심(唯心)을 설하시네.⁶

묻는다. '부처님이 말씀하신 마음으로 근본을 삼고 무문으로 법문을 삼았다.'라고 하였다. 이윽고 '마음의 노래(心賦)'라 하여 존귀한 근본(宗)을 밝혔다. (이것만으로 충분한데) 어찌 널리 문자와 말로써 번거롭게 주해(註)할 필요가 있겠는가?

또한 존귀한 근본을 논하려면 반드시 근기에 맞아야 한다. 마치 해가 뜨면 높은 산을 먼저 비추고, 빨리 달리는 말은 채찍의 그림자만 보고도 내

---

2 『능가경』은 400년쯤에 여래장 사상에 입각하여 쓰였다. 한역으로는 송역·외역·당역이 있고, 이 외에 티베트역이 있다. 그중에서 송역 4권본이 가장 원초적인 형태라고 전해진다. 유가행파의 여래장 계통의 경전이다. 이 경전은 붓다가 깨달은 지혜를 해설하며 모든 분별 세계가 내 마음일 뿐이라는 유심 사상, 아뢰야식으로 대표되는 유가행파의 심식설, 여래장 사상과 다양한 수행론 등을 설하고 있다.
3 존귀한 근본(宗)는 주심부 (263)을 참조하면, 宗은 尊이요 主이다.
4 『楞伽阿跋多羅寶經』卷第一「一切佛語心品」第一之一. 大正藏 第16 [0485a14].
5 『잡장경』은 『불설잡장경』이다. 동진 시대 법현이 405년에 양도의 도장사에서 번역하였다. 『불설잡장경』은 부처가 여러 가지 잡다한 이야기를 설교한 경이라는 뜻으로, 목련과 아귀의 문답을 통해 아귀들이 고통받는 인연과 선한 사람들이 좋은 과보를 받는 인연에 대해 설한 경전이다.
6 『入楞伽經纂』卷第二「集一切佛法品」第三之一. 大正藏 第16 [0523c20].

달리는 것과 같다. 그러므로 단하 화상[7]이 "서로 만나면 내색하지 않아도 전체 뜻을 알 수 있다."[8]라고 하였다. 『수능엄경』[9]에서도 "심념(心念)을 말미암지 않고도 뚜렷하게 안다."[10]라고 하였다.

눈썹을 치켜뜨고 눈을 깜짝이더라도 벌써 서툰 짓이다. 선덕이 "그렇더라도 오히려 틀린 말이니, 눈만 깜짝여도 어긋난다."[11]라고 하였다. 저 조계(曹溪)[12]의 뜻을 물어서 다시 눈썹을 치켜뜨는 일이 없어야 할 것이다.

답한다. 지금 불승(佛乘)을 좋아하는 사람들 가운데 실제로는 아직 깨닫지 못한 자들이 있다. 이들을 위해 언어로써 참된 마음을 드러내는 데 도움이 되고자 하였다. 문자나 말을 사용한 큰 뜻이 여기에 있다. 중·하근기와 여러 근기에 맞춰서 거두고자 하였다. 다만 당사자들에게 각기 자신의 수행에 유익하기를 바랄 뿐이다.

수많은 강물이 흘러가서 바다가 모두 거두어들임을 어찌 막을 수 있겠는가? 오악(五岳)[13]도 스스로 높으나 태양이 광활하게 비춤을 방해하지 않는다. 근기가 똑같지 않고 바라는 것이 같지 않아서 사방에서 들어가는 문

---

[7] 단하 화상은 천연(736~824)이라고 하는 중국 당나라의 스님이다. 중국 선종 8대조인 마조 도일의 제자이다.

[8] 『祖堂集』卷第四. 大藏經補編 第25 [0380a11].

[9] 『수능엄경』의 원명은 『大佛頂如來密因脩證了義諸菩薩萬行首楞嚴經』이다. 밀교부에 수록되어 있으며 인도 바깥으로 유통되지 못하게 하라는 왕의 엄명이 있어 7세기 당나라 이전까지는 중국에 전해지지 않았다고 한다.

[10] 『大佛頂如來密因脩證了義諸菩薩萬行首楞嚴經』卷第四. 大正藏 第19 [0123b29].

[11] 『南石和尚語錄』卷四. 卍新續藏 第71 [0730a19].

[12] 조계(曹溪)는 육조혜능의 별호이다. 중국 광동성 소주부 동남쪽 30리 쌍봉산 아래 조(曹)씨 집성촌의 개울 이름이다.

[13] 오악(五岳)은 중국의 오대 명산이다. 즉 동악 태산, 남악 형산, 서악 화산, 북악 항산, 중악 숭산의 총칭으로 '오악(五嶽)'이라고 하는데, 신선이 사는 곳이라고 한다. 이곳에서 역대 제왕들은 몸소 제사를 지냈다.

은 비록 다르지만, 오로지 분별없는 직관으로 볼 때는 차별이 없다. 마치 새를 잡는 것은 그물의 한 코이지만 하나의 그물코만을 그물이라 하지 않고, 나라를 다스리는 자는 공이 한 사람에게 있을지라도 한 사람으로는 나라를 다스리지 못하는 것과 마찬가지다.

『내덕론』[14]에서 "한 방울의 물로는 국을 끓이지 못하고, 나무의 한 가지로는 집을 짓지 못하며, 옷 한 벌로 여러 사람의 몸을 맞추지 못하고, 한 가지 약으로 갖가지 병을 고치지 못하며, 하나의 채색으로 비단을 아름답게 수놓을 수 없고, 한 음으로 거문고와 비파의 음률이 조화로울 수 없으며, 한 마디 말로 여러 선행을 권하기 어렵고, 하나의 계율로 여러 잘못을 막지 못한다."[15]라고 하였다. 어찌 점차(漸)와 단박(頓)에 닦는 수행이 다른 것을 괴이하게 여겨 법문을 똑같이 하겠는가? 그러므로 "한 사람을 위하는 것처럼 여러 사람에게도 그렇게 하고, 여러 사람을 위하는 것처럼 한 사람에게도 그렇게 하여야 한다."[16]라고 하였다. 어찌 이해가 부족한 범부의 소견과 함께하려 하는가?

---

[14] 무덕 4년(621년) 태사령 부혁은 황제에게 11조의 항목을 들어 "불경은 허망한 말만 하고 요사스러운 일만 꾸며 나라에 손해를 끼치고 가정을 파괴할 뿐, 세상에 도움이 된다는 말을 아직 들어 본 적이 없습니다. 바라건대, 오랑캐인 부처의 사교를 다시 천축으로 돌아가게 하고, 뭇 사문들을 고향으로 돌아가게 한다면, 곧 가정과 나라는 크게 번창할 것이며 노자와 공자의 가르침이 행하여지게 될 것입니다."라는 내용의 상소를 올렸다. 이에 고조 이연은 승려들의 의견을 듣고자 소집하였는데, 특히 법림이 고조의 물음에 논리정연하게 답변하여 부혁의 상소는 실행되지 못하였다. 그러나 부혁이 지속적으로 상소를 올리고 또한 그 상소문을 널리 유포하자, 법림은 『파사론』 2권을 찬술하였고, 이를 이사정이 태자 이건성을 통하여 고조에게 상소하게 하였다. 그리고 이사정도 또한 『정사론』, 『내덕론』, 『광홍명집』을 찬술하였다.

[15] 大唐西明寺釋道宣撰, 『廣弘明集』 卷第十四 '辯惑篇' 第二之十. 『內德論空有篇』 第三. 大正藏 第52 [0193a11].

[16] 永嘉釋, 『止觀義例纂要』 卷第五 十二料簡. 卍新續藏 第56 [0073a03].

나의 이 걸림 없는 광대한 법문은, 허공이 형상 없으나 여러 가지 모습으로 드러나는 것을 마다하지 않고, 법의 성품(法性)은 몸이 없으나 여러 가지 몸으로 나타내는 것을 꺼리지 않는 것과 같다.

법장 법사[17]는 "어떤 중생은 교(敎)를 참구하여 진제(眞諦)을 얻어 이치가 걸림 없는 줄을 알게 된다. 항상 이치를 관(觀)하되 교를 참구하는 것을 막지 않겠다. 언제나 읽고 익히는 것이 공(空)을 관하는 것에 장애가 되지 않는다."[18]라고 하였다. 이치와 교가 모두 원융하게 하나의 관으로 합해져야 비로소 완벽하게 깨달을 수 있다. 이처럼 교와 관은 한가지 수행이며, 말과 뜻은 근원이 같다.

《2》 중국 선종의 초조 달마 대사[19]는 "마음으로 마음을 전하여 문자를 세우지 않는다."[20]라고 하였다. 이어서 "사람의 마음을 곧바로 가리켜 성품을 보고 부처를 이룬다."[21]라고도 하였다. 또한 "묵묵히 심인(心印)을 전하여[22] 대대로 이어져서 오늘에 이르렀다.[23]"라고도 하였다.

---

17   법장 법사는 화엄종의 제3조 현수 대사 또는 향상 대사(643~712)이다. 성은 강, 장안 사람이다. 화엄종의 제2조 지엄에게 배우고 화엄 사상을 집대성했다.

18   『華嚴發菩提心章』. 大正藏 第45 [0651c28].

19   달마 대사는 중국 남북조 시대의 보리달마이다. 천축 향지왕의 셋째 아들로 남조 양나라 고조 대통 원년(527년)에 인도에서 바다를 건너, 광주까지 갈대를 타고 중국에 들어와서 선종의 시조가 되었다년년. 죽어서는 한쪽 신발만 가지고 서천을 향해 총령을 넘어 사라졌다고 한다.

20   『大方廣佛華嚴經普賢行願品別行疏鈔』卷第一. 卍新續藏 第05 [0228c01].

21   『黃檗山斷際禪師傳心法要』. 大正藏 第48 [0383c19].

22   『禪源諸詮集都序』卷上之二. 大正藏 第48 [0405a19].

23   『禪源諸詮集都序』卷下之二. 大正藏 第48 [0410d01].

《3》 『대승기신론』[24]에서 "마하연은 일체중생의 대승에 대한 믿음(信根)을 일으킬 수 있게 한다."[25]라고 하였다. 여기서 말한 '마하연'[26]은 우리말로 대승(大乘)이라 한다. 또한 대승이란 중생의 마음이다. 마음의 본체는 시간과 공간에 두루하므로 '크다(大)'라고 한다. 마음이 실어 나르므로 '수레(乘)'라 한다. 여기에서 마음의 진여문(心眞如門)과 마음의 생멸문(心生滅門)을 세운다.

『기신론』에서 "마하연은 전체적으로 두 가지가 있다. 하나는 법(法)이고, 둘은 뜻(義)이다. 여기서 말한 '법'이란 중생의 마음을 말한다. 이 마음이 일체 세간과 출세간의 법을 거두어들인다. 이 마음에 의해 마하연의 뜻이 드러난다. 왜냐하면, 이 마음 진여(心眞如)의 형상이 마하연의 본체를 드러내고, 이 마음 생멸 인연의 형상이 마하연의 본체(體)와 형상(相)과 작용(用)을 드러내기 때문이다.

여기서 말한 '뜻(義)'에는 세 가지가 있다. 첫째는 본체의 특성(體大)[27]이다. 일체법이 진여평등하여 (출세간의 맑은 법이라 해서) 더하지도 않고 (세간의 오염된 법이라 해서) 덜하지도 않기 때문이다. 둘째는 형상의 특성(相大)[28]이다. 여래장이 허물없는 성품의 공덕(無漏性功德)을 구족했기 때문이다. 셋째

---

24 『대승기신론』은 6세기 중반 마명이 찬술한 대승불교 논서이다. 진제가 430년경 번역하고 실차난타가 695~704년 사이에 번역하였다. 우리나라에서는 『금강경』・『원각경』・『능엄경』 등과 함께 불교전문강원의 사교과(四教科) 과목으로 예로부터 학습됐던 논서이다.
25 『大乘起信論義疏』上之上. 大正藏 第44 [0175a06].
26 마하연은 산스크리트 mahā-yāna의 음사이다. 대승(大乘), 마하연나(摩訶衍那), 마하연(摩訶衍)이라 한역하였다.
27 본체의 특성(體大)은 一心 본체의 大種(특성)이다.
28 형상의 특성(相大)은 一心이 가지고 있는 공덕의 大種이다.

는 작용의 특성(用大)²⁹이다. 일체 세간과 출세간의 선한 인과를 생겨나게 하기 때문이다. 일체 모든 부처님이 근본인지(根本因地)에서 여기에 올라 수행했기 때문이고, 일체 보살이 모두 이 법을 수행해서 여래지에 이르렀기 때문이다."³⁰라고 하였다.

이를 보면 한마음(一心)은 모든 부처님이 근본인지(根本因地)에서 올랐던 것으로, 보살이 이 마음의 법에 오르면 모두 여래지에 다다름을 알 수 있다. 이 마음을 여의고는 따로 특별히 뛰어난 것이 없다. 그러므로 지금 마음을 노래(心賦)하는 뜻이 여기에 있다.

법장 대사의 『반야바라밀다심경약소』³¹에서 "진제(眞諦)와 속제(俗諦)가 둘 다 없으나 이제(二諦)가 항상 존재하고, 공(空)과 유(有)가 둘 다 없으나 항상 함께 나타난다."³²라고 하였다. 그러므로 『화엄소』³³에서 "진제와 속제가 비록 서로 의지하지만 각기 그 형상을 파괴하지 않는다. 유(有)에 즉한 공(空)이라야 비로소 참된 공(眞空)이고, 공에 즉한 유라야 비로소 묘한 있음(妙有)이다. 공과 유가 둘이 아니지만 두 가지 형상이 뚜렷하다. 마치 파도가 물에 즉해 항상 요동치는 것과 같이, 속제는 진제에 즉해 속제의 형상이 성립된다. 물은 파도치면서도 항상 습기가 유지되는 것과 같이, 진제는 속제에 나아가면서도 진제의 본체로 존재한다."³⁴라고 하였다. 이상은 모두 마음의 본체와 작용이 한 가지도 아니고 다른 것도 아님을 비유하였다.

29 작용의 특성(用大)은 一心에 갖추어진 작용의 大種이다.
30 『大乘起信論』一卷. 大正藏 第32 [0575c20].
31 『반야바라밀다심경약소』는 당나라 법장이 『대반야경』의 근본 중심 사상인 공(空)과 유(有)의 상성론을 골자로 지은 소이다.
32 『般若波羅蜜多心經略疏』. 大正藏 第33 [0552a14].
33 『화엄소』는 당나라 징관의 『대방광불화엄경수소연의초』이다.
34 『大方廣佛華嚴經隨疏演義鈔』卷第十八. 大正藏 第36 [0137a04] 참조.

또한 "생멸문을 파괴하지 않고 진여문을 설하고, 진여문을 숨기지 않고 생멸문을 설한다. 참으로 두 문이 오직 한마음(一心)뿐이기 때문이다."³⁵ 라고 하였다. 그러므로 시방 모든 부처님이 언제나 이제(二諦)에 의해 법을 설한다. 만약 속제가 아니면 제일의제(第一義諦)를 설법할 수 없다. 속제에 자성(自性)으로서의 본체가 없는 것이 바로 제일의제이기 때문이다.

《4》 부 대사가 노래하였다.

> 한 물건이 천지보다 앞서 있고
> 형상 없어 본래부터 고요하니
> 만상의 주인이 되어
> 사계절에도 변하지 않네.³⁶

『노자』³⁷에서 "한 물건이 자연적으로 생성하여 천지보다 먼저 태어났다. 고요하고 텅 비어서, 홀로 안립하나 바뀌지 않고, 두루 행하나 위태롭지 않다. 참으로 천하의 어머니라 할 만하다. 나는 그 이름을 알지 못해 '도(道)'라 하고 억지로 '대(大)'라고 한다."라고 하였다.

『보장론』³⁸에서 "공(空)이 공뿐이면 진정한 공이 아니고, 색(色)이 색뿐

---

35 法藏 撰,『大乘起信論義記』卷中本. 大正藏 第44 [0253a04].
36 『善慧大士錄』卷第三. 卍新續藏 第69 [0116b07].
37 『노자』는『노자도덕경』이다. 제자백가(諸子百家)가 상당히 발전한 무렵부터 한대까지의 道家 사상의 소산이다.
38 『보장론』은 동진의 승조(384~414)가 지었다.「광조공유품」과「이미체정품」,「본제허현품」의 3품으로 노장 사상과 불교를 융합하였다. 그에 대한『경덕전등록(景德傳燈錄)』의 일화를 소개한다. "당시 승조의 학식과 뛰어난 인품은 조정에까지 소문이 났다. 그러자 후진

이면 진정한 색이 아니다. 진정한 색은 형상이 없고 진정한 공은 이름이 없다. 이름이 없는 것을 이름의 아버지라 하고, 색이 없는 것을 색의 어머니라 한다. 만법의 근원이며 천지의 태초가 된다. 위로는 하늘(玄象)에 베풀고, 아래로는 땅(冥庭)에 나열한다. 원기(元氣)[39]가 대상(大象)[40]을 함유하고, 대상이 무형(無形)에 숨어서 만물(識物)의 신령함이 된다. 영(靈)에서 신(神)이 있게 되고, 정신(精神)에서 몸이 있게 된다. 무위(無爲)로 변화하여 각기 자연의 기운을 받았다."[41]라고 하였다.

(後秦)의 황제 요흥(姚興)이 그에게 벼슬을 살아 달라고 청하며 말했다. '스님은 환속해 재상이 됐으면 하오. 지금은 천하가 갈라져 쟁패를 거듭하고 있으니 스님 같은 분이 나오셔서 지혜를 보태면 요순의 세상이 될 수 있을 것이오. 이것 또한 중생을 크게 이롭게 하는 것이니 스님은 청을 거절하지 않기를 바라오.' 그러나 승조는 이를 거절하며 말했다. '일국의 재상이란 다 꿈속의 일입니다. 저는 무상대도(無上大道)를 얻어 일체중생을 구제하는 것이 소원이니 제발 저를 오라 가라 하지 마십시오.' 요흥은 거듭 청했으나 승조는 그때마다 말을 듣지 않았다. 아무리 청해도 듣지 않자 화가 난 요흥은 승조를 옥에 가두고 '거듭 거절하면 목을 치겠다.'라고 했다. 그래도 승조는 막무가내로 거절했다. 요흥은 승조를 다른 나라에서 데려가면 큰 인재를 잃을 것이니, 그게 두려워 정말로 죽이려 했다. 이에 승조는 '꼭 죽이려면 이레 동안 말미를 달라.'라고 했다. 그런 뒤 붓과 종이를 청해 글을 썼는데, 이것이 『보장론(寶藏論)』이라고 한다."라고 하였다.

39 원기(元氣)는 만물을 성장시키는 근본 정기이다.
40 대상(大象)은 주역의 상(象)을 풀이한 말이다. 십익(十翼)의 제3익으로 괘의 총상(總象)이므로 대상이라 한다.
41 『寶藏論』「廣照空有品」第一. 大正藏 第45 [0143b18].

2
마음은 모든 성현의 스승이네

✧

달마, 마조, 법융, 신수, 하택의 禪(心)과
승조, 징관, 유마, 천태의 般若(知) 一心

002
언제나 모든 부처의 스승이 되니
능히 여러 묘함을 품고 있고《5》
언제나 여러 현인의 어머니가 되니
참으로 깊고 오묘하네.《6》

《5》 모든 부처님은 법으로 스승을 삼았다. 『기신론』에서 "말한 법이란 중생의 마음이다."**42**라고 하였다. 또 '앎(知)'이라는 한 글자는 여러 묘함(衆妙)

---

42 『華嚴經探玄記』卷第四「明難品」第六. 大正藏 第35 [0176c03]. "起信論云…."

의 문이다. 『선원집』⁴³에서 "대저 '마음'이란 마음의 이름이고, '앎'이란 마음의 본체이다."라고 하였다.

'여러 묘함을 품을 수 있다.'라고 한 것은, 한마음의 아득하고 그윽함에 여러 묘함이 존재하는데, 청정법계의 깊고 아득함이 머금는 주체(能含)가 되고, 항하사의 묘한 덕인 미묘한 상대(相大)가 머금는 대상(所含)이 된다. 일체 형상(相)은 성품을 의지하므로 성품을 품지 않는 것이 없다. 그러므로 '품는다.'라고 하였다.

또한 "망념은 본래 고요하고 티끌 경계는 본래 공하다. 공적(空寂)한 마음이 신령하게 알아(知) 어리석지 않다. 곧 이 공적한 앎이 앞서 달마가 전한 청정한 마음이다. 미혹하든 깨달았든 마음은 본래 스스로 안다. 인연을 빌려 생겨나지 않고 경계로 일어나지도 않는다. 미혹할 때는 번뇌이지만, 앎은 번뇌가 아니다. 깨달았을 때는 신비하게 변화하지만, 앎은 신비한 변화가 아니다. 그래서 '앎'이라는 한 글자는 여러 가지 묘한 덕이 생겨나는 문(門)이다. 이 앎이 미혹됨으로 말미암아 아상(我相)이 생기게 된다."⁴⁴라고 하였다. 만약 이 앎을 알면 찰나에 성불한다.

그러므로 『심요전』⁴⁵에서 "마음의 법은 집착 없음(無住)을 근본으로 한다. 집착 없음의 마음의 본체(心體)가 신령하게 알아 어리석지 않다."⁴⁶라고 하였다. 또한 하나의 마니주와 같아서 하나의 신령한 마음이다. 오직 원만하고 밝고 깨끗한 '공적한 앎(空寂知)'이다. 도무지 일체 차별의 색상이

---

43 『선원집』은 규봉 대사가 지은 『선원제전집』 100권이다. 지금은 유실되어 『도서』만 남아 있다.
44 『禪源諸詮集都序』卷上之二. 大正藏 第48 [0402b15].
45 『심요전』은 징관이 지은 『答順宗心要法門』에 종밀이 주석을 단 것을 말한다.
46 『華嚴心要法門註(答順宗心要法門)』. 卍新續藏 第58 [0426a10].

없으나 본체가 밝기 때문에 마음 밖의 사물을 마주해서 일체 차별 색상을 나타낼 수 있다. 색상은 스스로 차별이 있지만 맑은 구슬은 변화한 적이 없다. 우선 구슬이 검은색을 나타낼 때, 단지 '검은색 구슬이다.'라고 할 뿐이다.

홍주의 마조 대사[47]가 "마음을 일으키고 생각을 움직이며 손가락을 튕기고 눈을 깜작이는 모든 동작이 모두 부처님의 성품(佛性)이다."[48]라고 한 것과 같다. 이것은 망령됨에 준거해 참됨을 설명한 것이다.

혹은 '검은 것을 여의고 구슬을 찾으려 한다.'라고 한 것은, 북종의 신수 대사[49]가 "중생이 본래 갖고 있는 깨달음의 성품(覺性)은 거울에 밝은 성품이 있는 것과 같다. 번뇌에 덮여 보지 못하는 것은 거울에 먼지가 낀 것과 같다. 망념이 사라지면 마음이 밝고, 먼지가 없어지면 거울이 밝다."[50]라고 하였다. 이것은 망령됨을 여읜 참됨을 설명한 것이다.

혹은 '밝고 검은 것이 모두 없다.'라고 한 것은, 우두법융 대사[51]가 "모

---

[47] 마조 대사는 속성이 마씨(馬氏)이므로 통칭 마조도일(馬祖道一, 709~788)이라고도 한다. 시호는 대적선사(大寂禪師)이다. 709년 사천성(四川省)의 한주(漢州)에서 태어났으며, 19세 때 출가하여 중국 선종의 제6조 혜능(慧能)의 제자인 남악회양(南岳懷讓)의 법맥을 이었다. 강서성(江西省) 홍주(洪州)를 중심으로 교화하였기 때문에 그 일파를 홍주종(洪州宗)이라고 한다.

[48] 『中華傳心地禪門師資承襲圖』 '內供奉沙門宗密答裴相國問'. 卍新續藏 第63 [0033a22].

[49] 신수 대사는 당의 대통선사(大通禪師, 606?~706)이다. 하남성(河南省) 개봉(開封) 출신으로 속성은 이(李)씨이다. 처음에 유학을 공부했으나 출가하여 여러 스승 밑에서 수도하였다. 50세에 제5조인 홍인(弘忍)에게 사사하였다. 혜능계(慧能系)의 남종선(南宗禪)에 대비하여 북종선(北宗禪)이라 일컬어진다. 그의 사상은 화엄 사상(華嚴思想)의 영향이 크다고 평가된다.

[50] 『中華傳心地禪門師資承襲圖』 '內供奉沙門宗密答裴相國問'. 卍新續藏 第63 [0033a13].

[51] 우두법융 대사는 수·당의 선승(594년~657)이다. 강소성(江蘇省) 윤주(潤州) 출신으로 우두

든 법은 꿈과 같아서 본래 아무 일도 없었다. 마음과 경계가 본래 고요하다. 지금에야 비로소 공(空)한 것이 아니다. 그러니 아상(我相)을 없애고 망령된 생각(妄情)을 잊어버려야 한다. 생각을 잊으면 곧 끊어진다."[52]라고 하였다. 이것은 참됨과 망령됨이 모두 없는 것이다.

처음 하나(마조)는 모두 참됨이고, 다음 하나(신수)는 모두 망령됨이며, 뒤에 한 가지(우두)는 모두 없음이다. 모두 아직 여의주를 보지 못하였다. 하택 화상[53]이 "공하여 형상이 없는 곳(空無相處)에서 앎의 견해(知見)를 드러내되, 분명히 언제나 알아 마음의 성품이 어둡지 않다."[54]라고 하였다. 구슬의 검은색을 볼 때, 다만 구슬의 본체가 밝고 맑은 것만을 보고 검은색과 푸르고 누런 것 등의 잡색을 보지 않는다. 이미 검은 것에 따르지도 않고 검은 색을 여의지도 않았다. 또한 검거나 흰 것을 모두 여의지도 않았다. 분명히 마음의 성품을 볼 때도 의지하지도 않고 여의지도 않으며, 머물지도 않고 집착하지도 않으며, 한가지도 아니고 다르지도 않으며, 취하지도 않고 버리지도 않는다.

또한 참마음의 본체에 두 가지 작용이 있다. 하나는 자성의 본래 작용(自性本用)이고, 둘은 인연에 따라 응대하는 작용(隨緣應用)이다. 구리거울을 예로 들면, 구리 바탕은 자성의 본체이고, 구리가 밝은 것은 자성의 작용이

종(牛頭宗) 초조(初祖)이다. 강소성 모산(茅山)으로 출가하여 20여 년 동안 수행하며 우두산(牛頭山) 유서사(幽栖寺)의 북암(北庵)에 머무니, 제4조 도신(道信)이 찾아와 법을 전했다.

52 『中華傳心地禪門師資承襲圖』 '內供奉沙門宗密答裴相國問'. 卍新續藏 第63 [0033c02].

53 하택 화상은 하택신회(670~762)이다. 원래 북종선 신수의 제자였으나 나중에 남종선 혜능의 제자가 되었다. 하택종의 창시자로 후일 7대 조사인 규봉종밀을 배출하였다.

54 『中華傳心地禪門師資承襲圖』 '內供奉沙門宗密答裴相國問'. 卍新續藏 第63 [0033c18].

며, 밝은 것에서 나타난 그림자(相)는 인연에 따르는 작용이다. 그림자는 인연을 상대해야 비로소 나타난다. 나타난 것은 천차만별이지만 밝은 것은 광명이다. 밝음은 오직 한 맛이다.

　　마음을 비유하여 '항상 고요하다.'라고 한 것은 자성의 본체이다. 마음이 '항상 안다.'라고 한 것은 자성의 작용이다. 지금 홍주(마조)가 '능히 말할 줄 알고 분별할 줄 안다.'라고 가리켜 보인 것은 다만 인연에 따라 응대하는 작용일 뿐이어서 자성의 작용은 빠져 있다. 또한 현교(顯敎)[55]에는 비량현교(比量顯敎)[56]와 현량현교(現量顯敎)가 있다. 홍주가 "마음은 가리켜 보일 수 없으나 언어 등으로 증험할 수 있다."라고 하였다. 불성(佛性)이 있음을 알 수 있는 비량현교이다. 하택이 바로 "마음의 본체는 알 수 있다. 아는 것이 곧 마음이다."라고 하였다. 앎을 준거해서 마음을 드러내지 않은 것이 현량현교이다. 홍주는 이것을 빠트렸다.[57]

　　또한 불변(不變)은 본체이고, 수연(隨緣)은 작용이다. 하택이 종지로 삼은 '공적한 앎'이란 것에서 공적은 곧 형상이 없음(無相)이다. 신비롭게 아는 자성이 비록 형상이 없으나, 신령스럽게 알아 어리석지 않다. 그러므로 '고요한 앎(寂知)'이라고도 하고, '고요한 비춤(寂照)'이라고도 하며, '형상 없는 앎(無相知)'이라고도 하고, 또한 '앎이 없는 앎(無知知)'[58]이라고도 한다.

55　현교(顯敎)는 밀교의 반대되는 가르침이다. 언어문자로 부처님 교법을 설한 것을 '현교'라 하고, 비밀히 설하여 겉으로 알 수 없는 것을 '밀교'라 한다. 그 분류법은 설교의 방식에 따라 다르기도 하고, 혹은 가르침의 내용에 따라 다르다.

56　비량현교(比量顯敎)에서 비량(比量)의 '비(比)'는 짐작으로 아는 것(比知)의 뜻이고, '량(量)'은 헤아림의 뜻이다.

57　『中華傳心地禪門師資承襲圖』 '內供奉沙門宗密答裴相國問'. 卍新續藏 第63 [0034b23-0035a22].

58　'앎이 없는(無知) 앎'은 '공적지(空寂知)'라거나 '적지(寂知)'라거나 '적조(寂照)'라거나 '무상(無相)의 지(知)'라거나 '무지(無知)의 지(知)'라 한다. 여기서 '공적'·'적'·'무상'·'무지'는 불

『조론』59에서 "'방광반야(放光般若)'라고 할 때의 반야는 소유한 형상(所有相)도 없으며 생멸하는 형상(生滅相)도 없다. '도행반야(道行般若)'라고 할 때의 반야는 아는 대상도 없고 보는 대상도 없다. 이것은 지혜로 비추는 작용을 말한다. '형상이 없다(無相)'라거나 '앎이 없다(無知)'라고 한 이유는 무엇인가? 과보에 형상 없는 앎과 앎이 없는 비춤이 분명하게 있다. 왜냐하면, 대체로 앎이 있으면 앎이 없음이 있다. 성스러운 마음은 앎이 없으므로 알지 못하는 것이 없다. 그러므로 알지 못하는 앎이라야 모든 것을 아는 지혜(一切智)라고 한다. 그래서 경에서 '성스러운 마음은 앎이 없으며 알지 못하는 것이 없다.'라고 하였다. 참으로 믿을 만하다."60라고 한 것과 같다.

'공적(空寂)'은 곧 형상이 없는 것(無相)이고, 또한 앎이 없는 것(無知)이다. 논에서 "알지 못하는 것이 없다."61라고 하였다. 또 "이렇게 '모든 것을 안다.'"라고도 하였다. 이 앎이 곧 참된 앎이고 일체중생 자신의 마음 본체이다. 참 성품의 신령한 앎이 고요히 항상 비추고 있다. 또한 '생각 없는 앎(無念之知)'62이라고도 한다. 만약 생각해서 안다면 이는 범부의 경계이다. 그러므로 『능엄경』에서 "깨달아 아는 것은 중생이다."라고 하였다. 만약 생각이 없고 앎이 없으면 이승(二乘)의 경계이다. 생각이 없이 알면 모든 부처님의 경계이다. 공적(空寂)이 바로 무념(無念)이고 '집착 없는 앎'이라고도

변(不變)이요, '지'는 수연(隨緣)이다.

59 『조론』은 후진 승조가 지은 논서이다. 불교사상의 중요한 문제들을 당시 중국 사상계의 중요 문제와 관련지어 논술하고 있다. 인연 따라 일어나는 모든 현상의 空性과 불이(不二)를 주시한 『물불천론』과 『부진공론』, 반야의 참뜻을 밝힌 『반야무지론』, 열반은 언어 밖에서 드러난다고 설한 『열반무명론』으로 구성되어 있다.

60 『肇論』「般若無知論」第三. 大正藏 第45 [0153a24].

61 『肇論』「般若無知論」第三. 大正藏 第45 [0153a24].

62 생각 없는 앎(無念之知)이란 망념이 없는 앎이다.

한다. 만약 집착한다(住)면 사람이 어둠에 들어가서 아무것도 보지 못하는 것과 같다. 만약 집착이 없다(無住)면 태양이나 달빛이 갖가지 사물을 비추는 것과 같다.

『화엄금관』[63]에서 "'여러 묘함을 머금고도 남음이 있다.'라고 하였다. 일체 현상이 모두 본래의 형상을 바꾸지 않고 본래의 지위를 여의지 않으면서 온갖 법이 모두 크기도 하고 작기도 하며, 하나이기도 하고 많기도 하며, 주인이기도 하고 손님이기도 하며, 이것이기도 하고 저것이기도 하며, 숨어 있기도 하고 드러나기도 하며, 길기도 하고 짧기도 하여 서로서로 거두어들여서 겹겹으로 다함이 없다. 마치 제석천 그물의 하늘 구슬과 같다. 한마디로 말하면, 낱낱의 현상에 따라 순간마다 모두 십현문(十玄門)[64]의 뜻을 갖추었고 동시에 구족하여 앞뒤가 없다. 마치 바다의 한 물방울에 온갖 강물을 갖추었으며 물방울마다 모두 그러한 것과 같다. 그러므로 '묘하다(妙)'라고 한다."라고 하였다.

《6》 반야란 모든 부처님의 어머니이다. 그러므로 『정명경』[65]에서 노래

---

63 『화엄금관(華嚴錦冠)』은 징관의 『화엄경현담』이다.
64 십현문(十玄門)은 불교 화엄종에서 말하는 10가지 중요한 교의(敎義)이다. 4종의 법계(法界) 중 사사무애법계(事事無礙法界)의 특징을 10가지 측면에서 설명한 내용으로서, 십현연기(十玄緣起) 또는 줄여서 십현(十玄)이라고도 한다. 이를 깨치면 진리의 영역인 화엄의 현해(玄海)에 들어갈 수 있다고 하여 현문(玄門)이라고 하며, 또한 10가지 특징이 서로 연(緣)이 되어 다른 특징을 일으키기 때문에 연기라고도 한다. 화엄종의 제2조 지엄(智儼)이 두순(杜順)의 뜻을 계승하고, 제3조 법장(法藏)이 개작하였다. 전자를 고십현(古十玄), 후자를 신십현(新十玄)이라고 한다.
65 『정명경』은 『유마경』이다. 산스크리트 원명은 '비말라키르티 니르데샤 수트라'라고 하며, 초기 대승 경전 중에서도 그 성립이 오랜 것 중의 하나이다. '비말라'는 '청정무구', '키르티'는 '이름'이라는 뜻으로 비말라키르티는 곧 '깨끗한 이름(淨名)' 또는 '때 묻지 않는 이름(無垢稱)'이라는 뜻을 가지고 있다. '니르데샤'는 '가르침을 설한다'는 뜻이고, '수트라'는

하였다.

지도(智度)⁶⁶는 보살의 어머니이다.
모든 인도하는 스승(導師)을 낳을 수 있다.⁶⁷

'반야'란 일체중생의 마음이 스스로 신령하게 아는 성품이다. 『보장론』에서 "저 천지의 안과 우주 사이에 하나의 보물이 있는데, 형상의 산(形山)에 비밀스럽게 있다. 만유(萬有)를 신령하게 비추나 안팎이 텅 비어 적막하여서 보기 어렵기에 그 이름을 '깊고 오묘함(玄玄)'이라 한다. 자미궁⁶⁸에서 교묘하게 벗어나 작용이 허무(虛無)에 있다. 바로잡고 교화하나 동요하지 않고 우뚝 홀로 있어 견줄 것이 없다. 소리는 빼어난 울림을 내고 빛깔은 꽃 같은 얼굴을 드러낸다. 아무리 보아도 볼 수 없으므로 '공공(空空)'이라 한다. 오직 그 소리를 남길 뿐 그 형체는 볼 수 없고, 오직 그 공력만을 남길 뿐 그 모습은 볼 수 없다. 숨고 드러나 환하게 비추고 사물의 이치가 비어 있으면서 통한다. 삼라(森羅)의 보배 도장이고 만상(萬象)의 참 근원이다. 행위를 하면

'경전'이라는 뜻인데, '비말라키르티'를 한자로 음역한 것이 유마힐(유마라힐)이다. 뜻으로 한역한 것이 무구칭(無垢稱), 정명(淨名)이다. 때문에 『유마경』을 다른 이름으로 『유마힐소설경』・『정명경』이라고 부른다. 그 외 『부사의해탈경』이라고도 하는데, 본 경의 제14장 「위촉품」에서 석가모니 부처님이 아난에게 "이 경을 불가사의 해탈문이라고 이름한다."라고 한 것에 근거해서 붙여진 경명이다.

66 지도(智度)는 반야바라밀이라 한다. 지(智)를 '지혜'가 아닌 '반야'로 번역해야 하는가? 대승 십바라밀에서 제6 반야와 제10 지혜는 구별해야 한다. 현장 등의 번역가들은 6바라밀에서 제6을 지혜로 번역한다면 그 뜻을 다 담아낼 수가 없어서 음차해서 '반야'라고 하였다. 즉, 여기서 지도(智度)는 반야공성(般若空性)을 말한다.
67 『維摩經義疏』卷第五「佛道品」第八. 大正藏 第38 [0970c22].
68 자미궁은 자미성의 별자리를 천자의 자리로 삼아 일컫는 말이다.

형상을 갖고 고요하면 그윽하고 미묘하다(冥). 본래 깨끗하여 닦아서 그렇게 된 것이 아니다. 본래부터 원만히 이루고 있어서 빛남은 해와 달을 초월하고 덕은 하늘을 넘는다. 만물은 함이 없고 모든 것은 이름이 없으나, 천지를 변화시켜 마음대로 종횡한다.

항하사 묘한 작용이 저절로 이루어졌으니, 누군들 듣고 기뻐하지 않고 누군들 듣고 놀라지 않겠는가? 어찌하여 값을 알 수 없는 참된 보배가 오음(五陰)과 육입(六入)의 구덩이에 숨어 있겠는가. 슬프고 슬프다! 그런 것을 천히 여기고 경멸하니 슬프고 슬프다! 어둠에 어찌 밝음이 있을까마는, 그 보석은 밝게 빛나 시방을 환하게 비춘다.

고요하여서 한 물건도 없으나(無物) 원만히 응하여 당당하게 드러난다. 소리에 응하고 색깔에 응하며, 음(陰)에 응하고 양(陽)에 응하는데 기특하게 뿌리 없이 묘한 작용이 언제나 있다. 눈을 부릅떠도 보지 못하고 귀를 기울여도 듣지 못한다. 그 근본은 캄캄한 어둠이지만, 그 변화는 형상으로 드러난다. 펼치면 성스럽고 작용하면 신령하다.

큰 도(大道)의 진정한 정수라 할 만하다. 그 정수는 매우 신령하여 만유(物)의 근본이다. 청정하게 항상 머물러 도와 같은 무리이다. 그러므로 『유마경』에서 '그 마음이 청정하면 불토가 청정하다.'⁶⁹라고 하였다. 삼라만상에 맡겨 쓰니 성스럽다고 한다."⁷⁰라고 하였다.

또한 만약 이 한마음을 증득하면 모든 법문을 알 수 있다. 천태지자 대사의 『마하지관』⁷¹에서 "어떤 좋은 의사에게 하나의 비방이 있어서 모든

---

69 『維摩詰所說經』「佛國品」第一. 大正藏 第14 [0538b26].

70 『寶藏論』「廣照空有品」第一. 大正藏 第45 [0143b18].

71 천태지의가 지은 『마하지관』은 대승불교의 수행법에 관해 설명한 책이다. 수나라 개황 14년(594년) 4월 26일 형주 옥천사에서 하안거하는 동안 강설한 내용을 제자인 관정이 기

약방을 거느린다. 아가타약**72**의 공력이 모든 약의 효능을 갖고 있고, 유미죽을 먹으면 다시 더 필요한 것이 없다. 다 구족한 것이 여의주와 같다."**73** (…) 이 마음은 큰 것 중에 제일 크고, 높은 것 중에 가장 높으며, 원만한 것 가운데 가장 원만하고, 가득한 것 가운데 가장 가득하며, 진실한 것 가운데 가장 진실하고, 참된 것 가운데 가장 참되며, 완전한 것 가운데 가장 완전하고, 깊은 것 가운데 가장 깊으며, 미묘한 것 중에 가장 미묘하고, 불가사의한 것 가운데 가장 불가사의하다. 만약 이처럼 그른 것을 가려내고 옳은 것을 드러내며, 방편과 진실을 체득하여 발심한 자는 모든 부처님의 종족이다. 비유컨대 금강이 금의 본성에서 나오듯이 부처의 보리심도 큰 자비에서 생긴다.

이는 모든 수행자가 가장 먼저 가져야 할 마음가짐이다. 마치 아파라약(阿婆羅藥)을 먹을 적에 먼저 맑은 물을 먹어야 하고, 모든 뿌리 가운데 생명의 뿌리가 가장 소중한 것과 같다. 부처님 정법과 바른 행에서 이 마음이 최상이다. 태자가 태어날 때 왕의 거동과 태도를 갖추어야 대신들이 공경하여 큰 명성을 얻는 것과 같고, 가릉빈가조가 껍질 속에서 우는 울음소리는 이미 다른 새들을 능가하는 것과 같다. 이 보리심에는 큰 힘이 있어서 사자의 힘줄로 만든 거문고 줄과 같고, 사자의 우유와 같으며, 금강으로 만든 철퇴와 같고, 나라연**74**의 화살과 같고, 수많은 보배를 갖고 가난과 고난을

록하였다.

72 아가타약은 온갖 병을 고친다는 인도의 신령스러운 약이다. 모든 번뇌를 없애는 영묘한 힘이 있다고 한다.

73 『摩訶止觀卷』第一(下), 大正藏 第46 [0008a06].

74 나라연은 힌두교 비슈누 신의 다른 이름으로 산스크리트 '나라야나'의 음역이다. 불교에 수용되면서 천상의 역사(力士)이자 불법의 수호신이 되었다. '나라연금강'이라는 별칭이 있으며, 그 힘의 세기가 코끼리의 백만 배나 된다고 한다. 밀적금강과 함께 사찰 문 양쪽

구제하는 것이 마치 여의주와 같다. 다소 게을러 위의를 조금 잃더라도 오히려 이승(二乘)의 공덕보다 낫다. 요점은, 이 마음이 모든 보살의 공덕을 갖추었고, 삼세의 위없는 정각(正覺)을 성취하게 한다는 데 있다.

에 서서 수문장 역할을 한다.

3
마음은 여의주와 같이 만물을 길러내네

+

겨자에 수미산을 넣는 법

003
신령한 성품은 여의주를 갖고 있어서
한 가지만을 통하게 하는 것이 아니라 《7》
천 갈래 길이 모두 저기에서 생겨나고
만 가지 형상이 모두 여기에서 나오네. 《8》

《7》 이 한마음의 신령한 누대(臺)의 성품은 가장 신령하고 가장 오묘하여, 만법의 왕이 되고 모든 존재의 본체가 된다. 시간상으로는 삼세를 관통하고 공간적으로는 시방에 걸쳐 있다. 『대지도론』[75]에서 "유정의 무리에

---

75 『대지도론』은 용수(150?~250?)가 저술한 『대품반야경』의 주석서이다. 원래 이름은 '마하프

있으면 부처의 성품(佛性)이라 하고, 무정(無情)의 무리에 있으면 법의 성품(法性)이라 한다."라고 하였다. 그러므로『화엄경』에서 노래하였다.

> 법성이 모든 처소와
> 모든 중생과 국토에 두루하고
> 삼세에 모두 존재하여 그렇지 않은 적이 없으나
> 또한 형상이 없어 가히 얻을 수가 없네.[76]

『조론』「이미체정품(離微體淨品)」에서 "'자성이 이미(離微)[77]하다.'라는 것은 취할 것이 없고 버릴 것이 없으며, 닦을 것이 없고 배울 것이 없으며, 본래 없다가 지금에야 있는 것이 아니며, 본래 있다가 지금 없어진 것이 아니며, 더 나아가서 한 법도 생겨나지 않았고 한 법도 멸하지 않았으며, 삼계에 속한 것이 아니고 육도(六趣)에 전변하는 것이 아니며, 어리석고 지혜로움으로 고쳐지는 것이 아니고, 참된 것이나 망령된 것으로 변화되는 것이 아니다. 평등하고 보편적이며 모든 것에 원만하여 전체적으로 하나의 대법계(大法界)에서 환상적으로 변화한 신령한 집이다. 이를 미혹한 자는 지나온 오랜 겁에 그릇되게 수행한 것이고, 깨달은 자는 그 본체가 고요하다."[78]라고 하였다.

라즈냐파라미타샤스트라(Mahaprajnaparamitasastra)'라 하며, 지도론·지론·대론·마하반야석론 등으로도 불린다. 현재 산스크리트 원전은 없고 구마라집의 역본(405년)만이 전한다.

76 『大方廣佛華嚴經』卷第二十八「十迴向品」第二十五之六. 大正藏 第10 [0155c20].
77 이미(離微)는 적멸의 불가사의함을 이르는 말이다. 법성의 본체는 모든 형상을 여의어 적멸해 남은 것이 없으니 이를 '이(離)'라 하고, 법성의 작용은 미묘하여 만물 속에 숨어 있어 불가사의하니 이를 '미(微)'라 한다.
78 『寶藏論』「離微體淨品」第二. 大正藏 第45 [0145c13].

《8》 『정명경』에서 "일체법에 집착 없으므로 근본을 삼는다."[79]라고 하였다. '집착이 없음'이란 일체중생의 제8식의 마음이다. 이 마음은 머무름이 없고 근본이 없다. 그러므로 "집착 없음의 근본으로부터 일체법을 정립한다."[80]라고 하였다.

『화엄경』에서 "마음을 여의지 않고 보는 대상이 청정하다."[81]라고 하였다. 또한 "마음을 여의지 않고 처소가 없다."[82]라고 하였다. 이를 보면 마음이 일체법을 생성하는 것이 마치 땅에서 물이 나오고 골짜기가 바람을 품고 있으며, 돌에서 구름이 나오고 나무에서 불이 생겨나는 것과 같음을 알 수 있다. 『장자론』에서 "만약 제8 종자식(種子識)이 여래장[83]이라고 바로 말한다면, 업식종자(業識種子)[84]가 바로 진제(眞)인데, 중생은 두려워서 믿지 않는다."[85]라고 한 것과 같다.

법이 이와 같은 힘을 가지고 있는데, 어찌 하나의 함장식(含識)[86]이 신통을 갖추지 않겠으며, 본각성(本覺性)의 공덕을 계승했는데 어찌 하나의 티끌인들 도의 자취를 함유하지 않겠는가? 그러므로 『화엄경』에서 "법의 이와 같은 힘은 본래 그러하다."[87]라고 하였다. 또한 "부처님의 신력'이란

79　『維摩詰所說經』「觀眾生品」第七. 大正藏 第14 [0547c20].
80　『維摩詰所說經』「觀眾生品」第七. 大正藏 第14 [0547c21].
81　『大方廣佛華嚴經』卷第四十一「十定品」第二十七之二. 大正藏 第10 [0217b16].
82　『大方廣佛華嚴經』卷第四十一「十定品」第二十七之二. 大正藏 第10 [0217b16].
83　여래장은 여래의 성품을 내장한다는 비유적인 표현으로, 중생의 청정한 본마음이다.
84　업식종자는 중생심의 근본무명이다. 망념이 일어나 업이 움직이는 첫 모습으로, 중생심이 밝지 못해서 일어난다. 이 업식(業識)과 전식(轉識), 현식(現識), 지식(智識), 상속식(相續識)을 오식이라 한다.
85　『大方廣佛新華嚴經合論』卷第一 '第一明依教分宗'. 卍新續藏 第04 [0013c01].
86　함장식(含識)은 제8식이다.
87　『大方廣佛新華嚴經合論』卷第一 第一明依教分宗. 卍新續藏 第04 [0014c18].

참됨에 대응해서 '신(神)'이라 한다."[88]라고 하였다. 그러므로 고덕이 "자신의 힘이 부처님의 힘과 다르지 않고 자신의 지혜가 부처님의 지혜와 차이가 없다."[89]라고 하였다.

또 "하나의 몸은 법계로 양(量)을 삼으니, 나와 타인의 경계가 모두 없다. 법계는 곧 자신의 마음이 두루한 것이다. 그러므로 주체와 대상의 망정(妄情)의 견해가 끊어진다. 마치 큰 바다의 물방울이 방울방울 모두 큰 바다를 담고 있는 것과 같다."[90]라고 하였다. 중생의 마음에 비유하면, 중생의 마음마다 모두 부처님의 지혜를 함유하고 있다.

004
현상(事)으로 언제나 온 세상에 두루하고
이치(理)로 참된 마음을 드러내는지라
모공에 큰 바다를 감추는 것도
오직 자기 수행의 열매일 뿐이요
티끌에 법계를 거두는 것도
별다른 재주를 구하지 않네.《9》

《9》 『수능엄경』에서 "중생이 미혹하고 어두워 깨달음을 등지고 번뇌에 합해 있다. 그러므로 번뇌가 발생하여 세간의 형상이 있게 된다. 나는 나지

---

88 『大方廣佛華嚴經』卷第一「世間淨眼品」第一之一. 大正藏 第09 [0395a07].
89 『新華嚴經論』卷第一. 大正藏 第36 [0724b10].
90 『新華嚴經論』卷第一. 大正藏 第36 [0726a05].

도 않고 멸하지도 않는(不生不滅) 묘한 밝음(妙明)으로 여래장에 합한다. 여래장은 오직 묘각(妙覺)의 밝음으로 법계 전체를 모두 비춘다. 그러므로 그 가운데서는 하나(一)가 헤아릴 수 없음(無量)이 되고 헤아릴 수 없음이 하나가 되며, 작은 것에서 큰 것을 나타내고 큰 것에서 작은 것을 나타내며, 도량에서 움직이지 않고 시방세계에 나타내며, 몸에 시방의 끝없는 허공을 머금고 하나의 털끝에서 보왕(寶王)의 국토를 나타내며, 가는 티끌에 앉아 대법륜(大法輪)을 굴리노라."[91]라고 하였다. 이로써 경계를 등지고 마음을 관(觀)하면 자연히 큰 밝음의 상호(大明相)를 얻어서 사물의 굴림을 당하지 않는다. 또한 겨자(小)가 수미산(大)을 거두는 것과 같음을 알 수 있다.

『백문의해』에서 "만일 산이 높고 넓게 보인다면 자신의 마음이 크게 나타난 것이다. 지금 티끌이 작다고 보일 때는 자신의 마음이 작게 드러난 것이다. 지금 티끌이라고 보는 연유는 온전히 산이 높다고 보는 마음에서 티끌이 드러난 것이다. 그러므로 작은 것에 큰 것을 용납한다."[92]라고 하였다. "만상은 수미산과 같고 맑은 마음은 겨자와 같다."라고 한 것과 같다. 그러므로 "삼라만상은 하나의 법인(法印)이다."[93]라고 하였다. 만법이 한마음이고 한마음이 만법이다. 그러므로 '하나의 터럭이 큰 바다를 삼키고 겨자가 수미산을 받아들인다.'[94]라고 하였다. 신통과 변화의 힘으로 그런 것이 아니다. 참된 마음이 덕을 갖추었고, 법의 성품이 이와 같은 것이다.

『화엄기』에서 "경에 '하나의 털끝에 모든 세계의 차별성(差別性)'이라 한 것은 한 털끝의 성품이 곧 모든 세계의 차별성임을 말한 것이다. 여기서

---

91 『大佛頂如來密因修證了義諸菩薩萬行首楞嚴經』卷第四. 大正藏 第19 [0120c29].
92 『華嚴經義海百門』「鎔融任運門」第四. 大正藏 第45 [0630b14].
93 唐大薦福寺翻經沙門法藏述, 『修華嚴奧旨妄盡還源觀』. 大正藏 第45 [0637b20].
94 『鎭州臨濟慧照禪師語錄』. 大正藏 第47 [0503b03].

'모든 세계'는 바로 '사법계(事)'이고, '그 법성에 따른 것'은 곧 '하나의 털끝'이다. '성품'이 곧 '털끝'으로 '모든 세계'가 곧 성품이기 때문이다."⁹⁵라고 하였다.

---

95   『大方廣佛華嚴經隨疏演義鈔』卷第四十. 大正藏 第36 [0304c06].

4
마음은 여러 가지 이름을 갖고 있네

✧

一法의 異名과 十波羅蜜

005
근기에 따라 이름을 알리고
사물에 응해 이름을 갖나니 《10》
보살은 이를 닦아 바라밀을 완성하고 《11》
부처님(覺帝)은 이를 체달하여 원만히 성취하시네. 《12》

《10》 모든 법은 본래 이름이 없다. 다만 마음이 이름 지었을 뿐이다. 그러므로 『반야경』에서 "육진(六塵)은 둔하기 때문에 스스로 이름 붙이지 못하고 스스로 존립하지 못한다. 모두 마음에서 이름을 붙인 것이다."라고 하였다.

---

96 『宗鏡錄』卷第二. 大正藏 第48 [0423b21]. 이 대목은 『황용혜남선사법어』, 『방기방회선

그러므로 "만법은 본래 한가하건만 사람이 스스로 시끄러울 뿐이다."⁹⁶라고 하였다. 또한 "삼아승지 이름이 모두 마음의 다른 이름이다."⁹⁷라고 하였다.

천태의 『정명소』에서 "'한 법의 다른 이름'이란 여러 경전마다 이름이 다르다는 것이다. '참 성품(眞性)'이나 '실상(實相)'이라고도 하고, 혹은 '하나의 진실한 진리(一實諦)'라고도 하며, '자성청정심(自性淸淨心)'이라고도 하고, '여래장(如來藏)'이라고도 하며, '여여(如如)'라고도 하고, '실제(實際)'라고도 하며, '실상반야(實相般若)'라고도 하고, '일승(一乘)'이라고도 하며, 바로 '수능엄(首楞嚴)'이라고도 하고, '법의 성품(法性)'이라고도 하며, '법신(法身)'이라고도 하고, '중도(中道)'라고도 하며, '필경공(畢竟空)'이라고도 하고, '정인불성(正因佛性)'이나 '성정열반(性淨涅槃)'이라고도 한다. 이러한 갖가지 다른 이름들은 모두 실상(實相)을 다르게 부르는 것이다."⁹⁸라고 하였다.

그러므로 『대지도론』에서 노래한다.

반야는 한 법인데
부처님이 갖가지 이름을 설하사
중생의 류(類)에 따라
그들을 위해 다른 이름을 세웠네.⁹⁹

『대열반경』에서 "하늘의 제석(帝釋)이 천 가지 이름이 있는 것처럼, 해탈도

사후어』, 『원오불과선사어록』 등 많은 어록에서 보인다.
97 『解深密經疏』卷第六「分別瑜伽品」第六. 卍新續藏 第21 [0323a03].
98 『維摩經玄疏』卷第六. 大正藏 第38 [0557c12].
99 『大智度論』「初品」'中般若波羅蜜' 第二十九(卷第十八). 大正藏 第25 [0190b10].

마찬가지로 여러 가지 이름이 있다."**100**라고 하였다. 또한 "불성(佛性)에는 다섯 가지 이름이 있다."**101**라고 한 까닭은 모두 근기에 나아가 중생을 이롭게 하고자 다른 이름을 갖게 된 것이다. 법의 본체(法體)는 하나로 다른 이름이 없었다. 마치 제석이 천 가지로 불리어서 이름은 비록 다르나 끝내는 '천주(天主)'라 불리는 것과 같다. 어찌 다른 이름을 가졌기 때문에 실상(實相)의 이치가 아니라고 할 수 있겠는가?

어떤 사람이 제석에게는 공양하고 교시가**102**는 비방하거나, 교시가에게는 공양하고 제석을 비방한다면 이러한 공양은 반드시 복을 얻지 못한다. 말세에 법에 집착하는 것도 마찬가지다. '뢰야자성청정심(賴耶自性清淨心)'은 믿고 '필경공(畢竟空)'은 비방하거나, '필경공의 무소유(畢竟空無所有)'는 믿고 '아뢰야식의 자성청정심(阿賴耶識自性清淨心)'은 비방하며, 혹은 "반야경에서는 실상(實相)을 말하고 법화경에서는 일승(一乘)을 밝혔으니, 모두 불성(佛性)이 아니다."라고 말한다. 이것으로써 복을 구한다면 어찌 화를 염려하지 않을 수 있겠는가? 만약 이름은 다르나 본체는 하나임을 알면 함께 기뻐하는 선행이 법계에 두루할 것이다. 어찌 다툴 것이 있겠는가?"**103**

또한 여러 가지 경전에서 인연에 따르고 근기에 합하여 여러 가지 이름을 상황에 따라 정립하였다. 넓고 크다는 의미로 '바다'라고 하고, 원만하게 밝은 이치가 드러난다고 '구슬'이라 부르며, 만법이 숭상한다는 의미로는 '왕'이라 하고, 모든 것을 낳는다는 의미로 '어머니'라 하였다. 다만 의미

---

100 『大般涅槃經玄義』卷上. 大正藏 第38 [0001c05].
101 『大涅槃經』卷第二十七「師子吼菩薩品」第十一之一. 大正藏 第12 [0524c11].
102 교시가는 산스크리트 Kauśika 또는 교지가라 한다. 6욕천 중 네 번째 하늘인 도리천(33천)의 왕인 제석천, 즉 인드라(indra)의 다른 이름이다. 제석천의 성이다.
103 『維摩經玄疏』卷第六. 大正藏 第38 [0557c12].

가 없는 참의미이므로 많아도 많지 않고, 마음이 없는 참마음이므로 하나마저도 또한 하나가 아니다.

그러므로 『화엄사기』[104]에서 "결단의 의미로 '지혜'라 하고, 능히 생장한다는 의미로 '땅'이라 하며, 높이 드러났다는 의미로 '산'이라 하고, 깊고 넓다는 의미로 '바다'라 하며, 원만하고 청정하다는 의미로 '구슬'이라고 한다."라고 하였다.[105] 이상은 이름이 있는 것만을 들었으나 이것마저도 헤아릴 수 없다. 다시 이름 없는 것도 있으니 어찌 헤아릴 수 있겠는가?

『대법거다라니경』[106]에서 "부처님이 여러 보살에게 고하시되 '너희들은 하늘은 꼭 하늘이고 사람은 꼭 사람이며 아귀는 꼭 아귀라고 말하지 말라. (…) 하나의 사실에 여러 가지 이름이 있고, 하나의 사람에게 여러 가지 이름이 있으며, 하나의 하늘과 아귀와 축생에 이르기까지 갖가지 이름이 있는 것도 또한 마찬가지이기 때문이다. 또한 많은 아귀가 온전한 이름이 없기도 하다. 손가락을 튕기는 사이에 갖가지 형상으로 몸을 변화시키기 때문이다. 이처럼 중생이 잠깐 사이에 한없는 색신을 나타내나니 어떻게 그 이름을 한정해서 부를 수 있겠는가? 저 아귀들에게는 태어날 때 이름과 음식 먹을 때 이름과 수명에 따른 이름이 있다. 저 지옥 중생들에게는 아직 이름과 태어날 곳과 그 형상 또한 정해지지 않았다. 저 지옥 중생들이 악업 인연이 다하지 않았으므로 한순간에 갖가지로 변신하기 때문이다."라고 하였다.

---

104 『화엄사기』는 당나라 법장의 『화엄경탐현기』이다.
105 『宗鏡錄』 卷第五十. 大正藏 第48 [0712b06].
106 『대법거다라니경(大法炬陀羅尼經)』은 수나라 도나굴다가 592년에서 594년까지 한역하였다. 이 경은 대법거 법의 햇불과도 같은 다라니의 뜻과 그 공덕에 대해 설명하고 있는데, 『법거다라니경』이라고도 한다.

풀어서 말해 보면, 지옥에서는 하룻낮이나 하룻밤 사이에 만 번 태어나고 만 번 죽는다. 어찌 그 이름을 붙일 수 있겠는가? 또한 무간지옥[107]에서는 낱낱의 몸이 틈 없는 데서부터 각각 팔만사천 유순[108]에 이르기까지 지옥의 양은 서로 장애되지 않는다. 이를 보면 업과도 불가사의하여 비단 성스러운 과보(聖果)만이 그러한 것이 아님을 알 수 있다. "청정한 묘법신(妙法身)이 고요히 모든 것에 응한다."라고 하였다. 요즘 사람들은 모든 부처님의 법신만이 몸을 나눌 수 있고 몸이 두루할 수 있다고 여긴다. 중생의 한 몸도 무량한 몸이고, 중생의 업과도 불가사의함을 믿지 않는다. 그러므로 『문수반야경』[109]에서 "부처님 세계도 불가사의하며 중생계도 또한 불가사의하다."라고 하였다.[110]

《11》 보살이 행하는 십바라밀과 사섭법(四攝)과 만행이 모두 진정한 자비심으로부터 일어난다. 그러므로 『금강삼매경』[111]에서 "텅 빈 마음이 움직이지 않고서 육바라밀을 구족한다."[112]라고 하였다. 또한 『반야경』에서도

---

107 무간지옥은 산스크리트 Avici를 음역하여 아비지옥이라고 한다. 팔열지옥의 하나로서, 무간(無間)이라고 한 것은 그곳에서 받는 고통이 간극 없이 계속되기 때문이다.
108 유순은 고대 인도의 마을 간의 거리를 재는 단위이다. 소달구지가 하루에 갈 수 있는 거리로서 80리인 대유순, 60리인 중유순, 40리인 소유순의 세 가지가 있다.
109 『문수반야경』은 당 현장이 한역하였다. '반야바라밀다'의 지혜는 일체 존재 그 자체의 본질을 상정하여 실체라고 여기는 고정적 인식을 부정하고 모든 것을 상대적인 관계성, 즉 공(空)과 연기(緣起)에서 보는 인식이며, 이 사상은 모든 대승불교 사상의 기초가 되었다.
110 『宗鏡錄』卷第五十. 大正藏 第48 [0712b06].
111 『금강삼매경』은 역자 미상이고 5세기 중엽에 번역되었다. 『개원석교록(開元釋敎錄)』에는 경(經)의 규모를 28지(紙)라 하여 『송고승전』의 기록과 거의 비슷하나, 도안(道安)의 『경록(經錄)』에는 양대(梁代)의 실역(失譯)이라 하였다. 그 논소(論疏)인 원효의 『금강삼매경론』(3권)에 의해 더 많이 알려져 있다.
112 『金剛三昧經』「無相法品」第二. 大正藏 第09 [0367a08].

"한마음이 만행과 십바라밀을 구족한다."라고 하였다.

보시(布施)는 마음으로 즐거워하며 내놓는 행위(喜捨)이다. 경에서 "준 것이 없는 것을 '보시'라 한다. 이를 진정한 보시라 한다. 만약 마음 밖에 법이 있다면 '형상에 집착한 보시'이다.[113] 사람이 어둠에 들어가면 아무것도 보이는 것이 없는 것과 같다."[114]라고 하였다.

계율(持戒)은 마음으로 지닌다. 경에서 "계의 성품은 허공과 같다. 지니는 자는 미혹되고 전도된 것이다."[115]라고 하였다. 자성(自性)의 계율이니, 어찌 현상의 형상(事相)에 집착하여 망령되게 지니는 것과 범하는 것을 나누겠는가.

인욕(忍辱)은 마음으로 받아들인다. 경에서 "'어떻게 보살이 인욕을 행할 수 있나이까?'라고 하니, 부처님이 '마음의 형상이 순간마다 멸함을 보는데, 어찌 마음으로 앞의 경계를 맞이하여 참고 받아들인다고 하겠는가?'"[116]라고 하였다.

정진(精進)은 마음으로 짓는다. 경에 "만약 마음이 일어나지 않을 수 있으면 정진은 끝이 없다."[117]라고 하였다. 어찌 유위(有爲)에 집착하여 망령되게 번뇌를 일으키겠는가?

선정(禪定)은 마음으로 발휘한다. 경에서 "마음의 성품을 관(觀)할 수 있다면 이를 '훌륭한 선정(大禪定)'이라 한다."[118]라고 하였다. 어찌 시끄럽

---

113 延壽撰,『觀心玄樞』卷一. 卍新續藏 第65 [0428a03].
114 『金剛般若波羅蜜經』. 大正藏 第08 [0750b28].
115 上京開龍寺圓通悟理大師『大方廣佛華嚴經疏談玄決擇』卷第四. 卍新續藏 第08 [0050a09].
116 『思益梵天所問經』卷第一「分別品」第三. 大正藏 第15 [0037b21].
117 『萬善同歸集』卷下. 大正藏 第48 [0983a21].
118 『大方廣佛華嚴經隨疏演義鈔』卷第四十四. 大正藏 第36 [0340a05].

고 번잡한 것을 피하고 고요함만을 지키겠는가?

반야(般若)는 마음으로부터 일어난다. 경에서 "모든 법의 성품과 형상의 인연(性相因緣)을 구하지 않는 것을 '올바른 지혜'라 한다."[119]라고 하였다. 어찌 밖으로 문장과 언어를 좇아 억지로 알음알이를 내겠는가?

방편(方便)은 마음에서 생긴다. 경에서 "보살은 얻은 바가 없는 것으로 방편을 삼는다."[120]라고 하였다. 그렇다면 마음 밖에 법이 없어야만 보살의 도를 행할 수 있다.

힘(力)은 마음으로 운행한다. 사대(四大)의 힘이 모두 마음만 못하다. 마음은 형상이 없으나 힘이 가장 강해서 그보다 더한 것이 없다. 신통 변화로 부사의에 들어간 것이 마음의 힘이다.

원(願)은 마음으로 베푸는 것이다. 모든 뜻의 발원(意願)이 마음으로부터 생겨나고, 모든 수행의 문이 발원으로부터 일어난다.

지혜(智慧)는 마음으로 도달한다. 여래의 신령한 지혜가 중생의 마음이다. 이 마음이 매 순간 십바라밀을 구족한다. 더 나아가서 팔만사천 법문이 모두 마음에서 나온다. 중생의 마음에 체대(體大)가 있어서 오늘 수행하여 법신(法身)을 찾아내고, 마음에 상대(相大)가 있어서 오늘 수행하여 보신(報身)을 찾아내며, 마음속에 용대(用大)가 있어서 오늘 수행하여 화신(化身)을 찾아내는 것과 같다. 그러므로 삼신(三身)과 사지(四智)가 모두 자신의 마음에서 나오고, 마음 밖에 하나의 현상(事)이나 하나의 법(法)도 없지만 건립할 수 있다는 것을 알 수 있다.

---

119 『大般涅槃經』卷第二十五「師子吼菩薩品」第二十三之一. 大正藏 第12 [0772a28].

120 『大般若波羅蜜多經』卷第四百二十四「第二分遠離品」第二十四之二. 大正藏 第07 [0129a12].

『환원관』¹²¹에서 "하나의 본체가 두 가지 작용을 일으킨다. 하나는 해인삼라상주용(海印森羅常住用)이다. '해인'이란 진여의 본각(眞如本覺)이다. 망령됨이 다하고 마음이 깨끗하면 만상이 가지런히 나타난다. 마치 큰 바다가 바람으로 인해 파도를 일으키다가 바람이 가라앉으면 바닷물이 맑아져서 어떤 형상이든 나타나지 않음이 없는 것과 같다."¹²²라고 하였다. 그러므로 "삼라만상은 하나의 법에서 인출한 것이다."¹²³라고 하였다. '하나의 법'이란 '한마음(一心)'이다. 이 마음이 모든 세간과 출세간법을 거두어들인다. 곧 한 법계의 대총상법문(大總相法門)¹²⁴이다. 본체는 오직 하나뿐이지만 망념에 의해 차별이 있다. 만약 망념을 여의면 오직 하나의 진여뿐이다. 그러므로 '해인삼매(海印三昧)'라고 하였다.

두 번째는 법계원명자재용(法界圓明自在用)이다. 이는 '화엄삼매(華嚴三昧)'이다. 널리 만행을 닦아 이치에 합하고 덕을 성취하여 널리 법계와 같이 보리를 증득하는 것을 말한다. 진제(眞諦)에서 흘러나온 수행이 아니면 진제에 계합할 수 없다. 어찌 진제를 장엄하는 수행이 진제로부터 일어나지 않았겠는가? 그렇다면 진제가 망령된 지말(枝末)¹²⁵을 갖추고 있기에 닦지

---

121 『환원관』은 당나라 법장(法藏)의 『화엄오지망진환원관(華嚴奧旨妄盡還源觀)』이다. 모두 6문(門)으로 구성되어 있다. 앞의 3문은 원돈(圓頓)의 묘한 이해로 이루어져 있으며, 뒤의 3문은 화엄관법을 닦는 방법을 설명하였다. 전체적으로 한마음(一心)의 본원으로 돌아갈 것을 강조한다.

122 『修華嚴奧旨妄盡還源觀』. 大正藏 第45 [0637b20].

123 『修華嚴奧旨妄盡還源觀』. 大正藏 第45 [0637b20].

124 대총상법문(大總相法門)은 진여의 실체이다. 진여는 광대하여 모든 것을 머금으니 '대(大)'라 한다. 총체(總體)는 한 맛이어서 평등하다. 차별상이 없기 때문에 '총상(總相)'이라 한다. 수행자의 궤범이기 때문에 '법'이라 하고, 관의 지혜가 통과하기 때문에 '문'이라 한다.

125 지말(枝末)은 뿌리에서 뻗어 나온 나뭇가지의 끝처럼, 근본에서 흘러나온 가지라는 의미이다.

않는 만행이 없고, 망령된 속제(俗諦)가 진제의 근원에 사무쳐 있기에 형상이 고요하지 않음이 없다.

《12》 모든 부처님은 일체법이 모두 참마음의 원성실성(圓成實性)[126]임을 깨달았다. 중생은 자신의 마음에 미혹하여 변계소집성(遍計所執性)[127]일 뿐이다. 망정(妄情)으로는 있고 공(空)의 이치로는 없다.

『환원관』에서 "진실로 법은 한계가 없으므로 일어나면 반드시 동시이다. 진리는 천차만별에 장애되지 않기 때문에 나타나 응하는 데 평등하지 않은 것이 없다. 작용은 바다가 끓듯이 파도가 솟구치나 참된 본체 전체가 운행한다. 본체는 거울이 깨끗하고 물이 맑은 것같이 수연(隨緣) 전체가 고요하다. 마치 햇살의 번쩍이는 빛이 무심히 시방에 빛나는 것과 같고, 밝은 거울의 단정한 형상이 움직임 없이 만상을 드러내 보이는 것과 같다."[128]라고 하였다.

---

126 원성실성(圓成實性)은 산스크리트 pariniṣpanna-svabhāva로 삼성의 하나이다. 분별과 망상이 소멸된 상태에서 드러나 있는 그대로의 청정한 모습이다.
127 변계소집성(遍計所執性)은 산스크리트 parikalpita-svabhāva로 삼성의 하나이다. 온갖 분별로써 마음으로 지어낸 허구적인 대상, 온갖 분별로 채색된 허구적인 차별상이다.
128 『修華嚴奧旨妄盡還源觀』. 大正藏 第45 [0638b20].

5
고금의 마음에 담긴 깊은 뜻을 살펴보네

✧

**聲聞 緣覺에서 大乘에 이르기까지
五乘, 十法界, 十如是**

006
성문은 이를 증득해서 사성제라 하고 《13》
벽지불은 이를 깨달아 연기법이라 하니 《14》
천녀의 꽃이 달라붙지 못하고 《15》
해혜보살의 물은 맑고 깨끗하네. 《16》

《13》 성문은 자신의 마음을 알지 못하여 인공(人空)만을 보고서 고(苦)·집(集)·멸(滅)·도(道)인 생멸사제(生滅四諦)를 증득하고 무여열반(灰斷)**129**의

---

129 무여열반(灰斷)은 '몸을 재로 만들고 미세하게 남아 있는 분별의 지혜마저 없앤다.'라는

열매로 삼았다. 한마음의 원교(圓敎) 무작사제(無作四諦)가 광대한 신통을 갖추었음을 깨닫지 못하였다. 그러므로 사리불이 법화회상에서 마음의 본성을 보고서야 친히 부처님의 수기를 받고 나서 "한 법(一法)과 함께하고 있었는데, 이 일을 알지 못하였노라."[130]라고 비로소 참회하였다.

《14》 벽지불은 자신의 마음 경계에서 인연의 본성을 보고서 십이인연법(十二因緣法門)을 증득하고서 무여열반(灰斷)의 열매로 삼았다. 모두 한마음에서 십법계(十法界)의 본체와 작용을 원만히 갖추지는 못하였다.

《15》 『정명경』에서 천녀가 꽃을 뿌리니 보살의 몸에는 붙지 않았지만, 성문의 몸에는 달라붙었다.[131] 모든 보살의 펼친 행위는 모두 자신의 마음 작용이어서 마음에 집착이 없으므로 꽃도 붙지 않았다. 까닭에 성문은 마음 밖의 꽃이라고 집착하여 망령되게 싫어하여 버리는 마음을 내었으니, "여법하지 못하다."[132]라고 하였다. 이에 마음에서 털어 내고자 하였다. 그러므로 만법이 자신의 마음을 따라 생겨나고 사라짐을 알 수 있다.

《16》 『대집경』[133]에, 해혜보살이 처음 왔을 때 사부대중은 보지 못하고

뜻이다.

[130] 『妙法蓮華經』卷第二「譬喩品」第三. 大正藏 第09 [0010c14].

[131] 『維摩詰所說經』「觀眾生品」第七. 大正藏 第14 [0547c23]. "時維摩詰室有一天女 見諸大人聞所說法 便現其身 即以天華 散諸菩薩 大弟子上° 華至諸菩薩 即皆墮落 至大弟子 便著不墮°一切弟子神力去華 不能令去."

[132] 『維摩詰所說經』「觀眾生品」第七. 大正藏 第14 [0547c27].

[133] 『대집경』은 『대방등대집경(大方等大集經)』이다. 북양의 담무참이 번역했다. 부처님이 여러 나라의 불보살들에게 대승의 법을 설파한 경전으로, 공 사상과 밀교적 요소가 농후하다.

모두 물로 보았다. 법 밖에 법이 없기 때문이다.[134]

007
잘못된 견해에 집착하면 외도의 문이 열려
치우친 견해와 삿된 견해의 그물이 촘촘해지고 《17》
망념이 활동하면 범부 육도의 업이 일어나
생사의 파도가 덮어 버리네. 《18》

《17》 서천의 96종 외도가 모두 자신의 마음을 깨닫지 못하고 오직 그의 몸만 괴롭게 하였다. 바위에 몸을 던지거나 불 속에 뛰어드는 무익한 고행을 수행하였다. 마음 밖에서 법을 보고 이치 밖에서 특별한 것을 구하였다. 모두 외도며 모두 삿된 견해이다. 이는 촘촘한 그물로 자신을 둘러싸듯 삼계를 벗어날 수 없다.

《18》 모든 업은 모두 마음이 있으므로 일어난다. 마음이 없으면 업이 없다. 그러므로 경에서 노래하였다.

모든 법이 견고하지 않지만
망념에서 성립되나니
공(空)한 줄을 잘 알고 보는 자는

---

134 『大方等大集經』卷第九「海慧菩薩品」第五之二. 大正藏 第13 [0052c16].

일체 상념이 없네.**135**

또 "한 생각에 90찰나가 있고, 1찰나에 9백 생멸이 있다."**136**라고 하였다. 그러므로 생사는 한 생각이고, 한 생각이 생사임을 알 수 있다. 그러므로 경에서 노래하였다.

한 생각이 일어나면 생사가 있고,
한 생각이 일어나지 않으면 곧 열반이네.**137**

008
고금을 샅샅이 뒤져 살피고
깊이 담긴 뜻을 홀로 골똘히 점검해 보니 《19》
오승(五乘)의 도가 깊은 마음을 단련하여 출생하고 《20》
십법계가 첫 생각에서 잉태되어 자라나네. 《21》

《19》 이 한마음의 법(一心法)을 모든 교(敎)에서 똑같이 설명하였다. 이를 지목하여 마음을 쏟아 전하고 유통하지 않음이 없었다. 『대승본생심지관경』「관심품」에서 "그때 문수사리보살마하살이 부처님께 아뢰었다. '세존이시여, 부처님이 설하신 바와 같이 묘덕 등 오백 장자에게 '내가 너희들을

---

135 『佛說般舟三昧經』卷上「行品」第二. 大正藏 第13 [0906a07].
136 『仁王護國般若波羅蜜多經』卷上「觀如來品」第二. 大正藏 第08 [0835c11].
137 『佛說般舟三昧經』卷上「行品」第二. 大正藏 第13 [0906a07].

위해 심지미묘법문(心地微妙法門)을 자세히 설명하겠다.'라고 하셨습니다. 제가 지금 이들을 위해 여래에게 물으려 합니다. 어떤 것이 마음이며, 어떤 것이 앎입니까?'

바가범[138]께서 모든 부처님의 어머니이며 허물없는 큰 성인이신 문수사리보살에게 말씀하셨다. '큰 선남자여, 이 법은 '시방여래의 가장 훌륭하고 비밀스러운 심지법(心地法)'이라 하고, '모든 범부가 여래지에 들어가는 돈오법문(頓悟法門)'이라 부르며, '모든 보살이 큰 깨달음으로 나아가는 참으로 바른길'이라 부르고, '삼세의 모든 부처님이 스스로 법의 즐거움을 누리는 미묘한 보배 궁전'이라 부르며, '모든 유정을 이롭게 하는 다함없는 보배 창고'라 부른다.

그리고 이 법은 모든 보살 대중을 인도하여 색구경천에 이르게 할 수 있는 자재지처(自在智處)이고, 미래에 부처의 몸을 받을 보살(後身菩薩)을 보리수로 인도하여 나아가게 할 수 있는 진실한 도사이며, 세간이나 출세간의 재물을 비 오듯이 내려 마니보와 같이 중생의 원을 만족시킬 수 있고, 시방삼세 일체 모든 부처님의 공덕의 뿌리를 자라나게 할 수 있으며, 일체중생의 모든 악업의 과보를 소멸시킬 수 있고, 일체중생이 구하는 원인(願印)을 베풀어 줄 수 있으며, 일체중생의 생사의 험난을 건너게 할 수 있고, 일체중생의 고해 물결을 잠잠하게 할 수 있으며, 고뇌 중생이 위급한 어려움에 부닥친 것을 구제해 줄 수 있고, 일체중생의 늙고 병들고 죽음의 바다를 말라 버리게 할 수 있으며, 모든 부처님의 인연 종자를 잘 싹틔울 수 있고,

---

[138] 바가범은 산스크리트 bhagavat의 음역이다. 고타마 붓다를 비롯한 부처의 지위를 증득한 이를 칭하는 호칭 가운데 하나이다. 박가범·박아범·바가바·바가반·바아부저·바아부제 또는 박가발제라고도 음역한다. 이러한 호칭은 '모든 부처 또는 여래에게 통용되는 호칭'으로도 쓰였다.

생사의 긴 밤에 큰 지혜의 횃불이 되어 줄 수 있으며, 네 마구니[139]의 병사 무리를 물리치는 갑옷과 투구가 되어 줄 수 있다.

또 이 법은 올바른 용맹군이 전쟁에 승리하는 깃발이고, 일체 모든 부처님의 위없는 법의 수레(法輪)이며, 가장 훌륭한 법의 깃발이고, 위대한 법을 울리는 북이며, 위대한 법을 알리는 나팔이고, 위대한 사자 왕이며, 위대한 사자의 울음이다. 위대하고 성스러운 왕과 같이 나라를 바른 법으로 잘 다스린다. 만약 왕의 덕화에 수순하면 큰 안락을 얻고, 왕의 덕화를 어기면 결국 죽임을 당하게 되는 것과 같다.

선남자여, 삼계는 마음이 주인이다. 마음을 잘 관찰하는 자는 구경에 해탈하거니와 관찰하지 못하는 자는 결국 윤회에 빠지게 된다. 중생의 마음은 대지와 같다. 오곡과 오과가 대지에서 자라나는 것과 같다. 이처럼 마음의 법은 세간이나 출세간의 선악의 오취(五趣)[140]와 유학·무학과 독각·보살과 여래를 출생시킨다. 이러한 인연으로 삼계가 오직 마음뿐이고, 마음을 땅이라 한다. 모든 범부는 좋은 벗을 가까이하여 심지법(心地法)을 듣고 이치와 같이 관찰하고, 설한 바와 같이 수행하며, 자신을 이롭게 하고, 남을 교화하되 찬탄하여 노력하게 하며 경하하고 위로해야 한다. 이러한 사람은 두 가지 장애를 끊고 속히 여러 가지 수행을 원만히 이루어 아뇩다라삼먁삼보리를 빠르게 얻을 수 있다.'"[141]라고 하였다.

---

[139] 네 마구니는 중생을 괴롭히고 수행을 방해하는 네 가지 마(魔)이다. ① 온마(蘊魔)는 여러 가지 괴로움을 일으키는 오온(五蘊) ② 번뇌마(煩惱魔)는 몸과 마음을 어지럽히는 탐·진·치 등 ③ 사마(死魔)는 목숨을 빼앗아 가는 죽음 ④ 천자마(天子魔)는 수행을 방해하는 타화자재천의 마왕과 그 권속.

[140] 오취(五趣)는 육도에서 아수라를 뺀 생류(生類)이다.

[141] 大唐罽賓國三藏般若奉 詔譯,『大乘本生心地觀經』卷第八「觀心品」第十. 大正藏 第03 [0326c05].

《20》 오승(五乘)이란, 첫째는 오계를 지켜 인승(人乘)을 얻고, 둘째는 열 가지 선을 행하여 천승(天乘)을 얻으며, 셋째는 사제(四諦)를 닦아 성문승(聲聞乘)을 얻고, 넷째는 십이인연을 깨달아 연각승(緣覺乘)을 얻으며, 다섯째는 육바라밀행을 갖추어 보살승(菩薩乘)을 얻는다. 이 오승법은 한 생각의 선한 마음을 훈습하고 단련해서 생겨난다.

《21》 십법계(十法界)란, 첫째는 천(天)법계니, 열 가지 선업을 닦는다. 둘째는 인(人)법계니, 오계를 지닌다. 셋째는 수라법계니, 교만업을 행한다. 넷째는 지옥법계니, 열 가지 악법을 짓는다. 다섯째는 아귀법계니, 간탐업을 짓는다. 여섯째는 축생법계니, 어리석은 업을 짓는다. 일곱째는 성문법계니, 사제법을 증득한다. 여덟째는 연각법계니, 십이인연법을 깨닫는다. 아홉째는 보살법계니, 육바라밀문을 행한다. 열 번째는 불(佛)법계니, 평등한 일승법을 행한다.

이상의 범부와 성인의 세계가 함께 십법계를 이룬다. 올라가고 내려오는 데는 비록 차이가 있으나 모두 최초 한 생각에서 일어난다. 그런 후에 생각과 생각이 상속하여 현상이 이루어진다. 선한 인(善因)은 즐거운 과보(樂果)를 받고, 악한 인(惡因)은 고통의 과보(苦果)를 받아 전후로 서로 주고받아서 어긋난 적이 없다. 그러므로 경에서 "마음이 천당이 되고 마음이 지옥이 된다."라고 하였다.

우선 지옥계에 준거하면, 『법화경』에 열 가지 여시(十如是)[142]는 오직

---

[142] 열 가지 여시(十如是)에서 다르지 않음을 '여(如)'라 하고, 그릇된 것이 없음을 '시(是)'라고 한다. 처음에 지옥부터 마지막 부처님의 세계에 이르기까지 각기 열 가지 여시의 인과법을 갖추었음을 말한다.

마음일 뿐이다. 위의 아홉 세계도 또한 마찬가지다.『관음현의』143에서 "지옥계에 열 가지 여시(十如是)를 갖추고 있다. 성(性)·상(相)·체(體)·력(力)·작용(作)·인(因)·연(緣)·과(果)·보(報)·본말(本末)이 구경에 차이가 없다. 첫째 여시지옥성(如是地獄性)이다. 성질과 명칭이 바뀌지 않는다. 대(竹) 속에 불의 성질이 있는 것과 같다. 만약 불이 없다면 응당 대에서 불을 구하지 못할 것이다. 땅에서 물을 구하지 못하고 부채에서 바람을 구하지 못한다. 마음에 지옥계의 성품이 있는 것도 마찬가지다.

둘째 지옥상(地獄相)이다. 손에 잡고 구별할 수 있는 것을 '형상(相)'이라 한다. 마음을 잘 관(觀)하는 자는 지옥의 형상을 안다. 점을 잘 치는 자가 점을 쳐서 틀리지 않는 것과 같다.

셋째 지옥체(地獄體)이다. 마음으로 본체(體)를 삼는다. 마음이 고통과 즐거움을 느끼기 때문에 '당체(當體)'라 한다. 비유하면 비녀, 목걸이, 가락지, 팔찌 등이 비록 다르나 은으로 재질(體)이 되어 있는 것과 같다. 육도 중생의 모습이 다르지만 마음이 그리된 것일 뿐이다. 그러므로 마음을 '본체'라 하는 것이다.

넷째 지옥력(地獄力)이다. 움직이고 제어하는 것을 힘(力)이라 한다. 칼산에 엎드리고 불에 들어가는 것이 모두 마음의 힘이다.

다섯째 지옥작용(地獄作)이다. 동작을 일으키는 것을 '작용'이라 한다. 이미 힘(力)이 있다면 곧 행위(作)가 있다. 선행을 짓(作)고 악행을 짓는 것이 모두 마음의 행위(作)이다.

여섯째 지옥인(地獄因)이다. 업은 마음의 인(因)이다.

일곱째 지옥연(地獄緣)이다. 연이란 빌려 의지하는 조건을 말한다. 탐

---

143 『관음현의』는 수대의 천태지의가 강술하고 제자 관정(灌頂)이 기록하였다.

욕과 갈애가 업을 받아 인연과 회합한 것이다.

여덟째 지옥과(地獄果)이다. 습관이 과보를 낳은 것이다. 예를 들면 지옥의 사람이 전생에 음행을 많이 행하여 지옥에 태어났다가, 다시 많은 음행으로 애욕의 경계를 보고 가까이 다가간다. 미녀라고 여기고 가까이 가서 껴안았는데 동으로 된 뜨거운 기둥인 것과 같다. 이를 '습관이 과보를 낳았다.'라고 한다.

아홉째 지옥보(地獄報)이다. 보(報)는 열매이다. 예전에 음죄를 저질러 지금 지옥에 떨어져 불태워지는 고통을 받는다. 예전에 음죄를 저지른 것을 '음욕의 불'이라 한다. 후에 그 과보를 받아 불 수레가 구르는 철상(鐵牀) 지옥의 고통을 받는다. 처음과 나중이 서로 똑같고, 인과의 현상이 어긋나지 않음을 '과보의 열매'라 한다.

열 번째 본말(本末)이다. 지옥의 근본은 본성의 덕(性德)의 법이고, 지옥의 끝은 수행의 덕(修德)의 법이다.

'구경에 차이가 없다.'라고 한 것은, 수행의 덕(果)을 보면 본성의 덕(因)과 똑같고, 본성의 덕을 보면 수행의 덕을 갖추고 있다. 처음과 나중이 상대하고 있으므로 '차이가 없다.'라고 하였다. 나머지 아홉 가지 법계도 마찬가지다. 비록 세계의 형상은 각기 다르나 모두 한마음에서 벗어나지 않는다. 마치 성·상·체·력·작용·인·연·과·보·본말이 차이가 없는 것과 같다. 십계(十界)와 십여(十如)가 모두 마음의 본체로부터 일어난다. 마음으로 선·악 등 업의 인연을 지어 나중에 범부·성인, 고통·즐거움 등의 과보를 받는다. 처음과 나중이 마음인 것은 본말에 이르기까지 모두 차이가 없다. 그러므로 '본말이 구경에 차이가 없다.'"[144]라고 하였다.

---

144 『觀音玄義』卷下. 大正藏 第34 [0888a03-0889b02] 참조.

6
한 글자 보배로운 왕이
헤아리기 어려운 법의 바다를 연출하네

✝

神과 解, 37尊

009

허망한 소리가 단박에 멈춤은

법공 선사의 올바른 믿음의 희생이요 《22》

맹렬한 불길이 순식간에 꺼짐은

영윤 대사¹⁴⁵의 참된 정성의 효험이네. 《23》

---

145 영윤 대사는 당나라 때의 승려이다. 하동(河東) 우향(虞鄕) 산서(山西) 영제(永濟) 사람으로, 13살 때 『열반경(涅槃經)』을 처음 듣고 바로 문장의 뜻을 파악했다. 대흥선사(大興善寺) 영찬(靈璨)을 따라 출가했다. 나중에 도장(道奘)이 『섭대승론(攝大乘論)』을 강하는 것을 듣고 구족계(具足戒)를 받았다. 후에 대흥선사와 홍복사(弘福寺)에서 강의하며 『열반경의소(涅槃經義疏)』, 『섭대승론의소(攝大乘論義疏)』 등을 남겼다.

《22》 『고승전』¹⁴⁶에서 "법공 선사¹⁴⁷가 처음 아란야에 거처할 때, 한밤중만 되면 암자 밖에서 언제나 맑은 소리로 법공 선사를 부르는 소리가 들려와 문을 열면 아무 종적이 없곤 하였다. 나중에 깨닫고서 '바로 자신 마음의 경계로구나!'라고 하니, 이후에는 그 소리가 영원히 끊어졌다."¹⁴⁸라고 하였다.

《23》 『고승전』에서 "영윤 선사가 네 명의 스님들과 함께 산의 계곡을 노닐었는데, 갑자기 들불이 사방을 빙 둘러쌌다. 세 스님은 달아났으나 영윤 선사는 꼼짝하지 않았다. '마음 밖에 불이 없으니 불은 자신의 마음이다. 불에서 달아난들 어찌 불을 면할 수 있겠는가?' 하고 말을 끝마치자, 불이 몸에 다다랐으나 저절로 꺼졌다."¹⁴⁹라고 하였다.

010
오르고 내리는 작용을 드러내고
본체는 신령한 앎을 갖추어서 《24》
총명하여 어리석지 않고
또렷하니 어찌 이지러지겠는가.
담담하여 의지하지도 머무르지도 않으며 《25》

---

146 『고승전』은 『속고승전(續高僧傳)』이다. 당나라 초기 남산율종조 도선(道宣, 596~667)의 저술로, 양나라 혜교의 『고승전』을 계승하여 양대로부터 645년까지 고승 전기를 편집한 열전이다.

147 법공 선사는 『경덕전등록』에 따르면 남악회양 선사의 법을 계승한 아홉 분 가운데 한 분이다.

148 『景德傳燈錄』卷第七. 大正藏 第51 [0254a04].

149 『續高僧傳』卷第十五. 大正藏 第50 [0545b12].

텅 비어 합칠 수도 떨어낼 수도 없네. 《26》

《24》 이 앎은 일체중생 마음의 본체이다. 허공과 같지 않아 성품이 스스로 신령스럽게 안다. 또한 의도하지 않아도 자연히 안다.

『선원집』에서 "여기에서 말한 앎은 증득하여 얻은 앎이 아니다. 의미상 참된 성품이 목석과 같지 않음을 설한 것이다. 그러므로 앎이라 하였다. 경계에 반연하여 분별하는 식(識)과도 같지 않다. 본체를 비추어 요달한 지혜와도 같지 않다. 참으로 진여의 성품이 자연히 언제나 아는 것이다."[150]라고 하였다.

또한 '허공과 같지 않다.'라는 것은 신령한 깨달음의 앎이라는 것이다. 깨달음의 앎은 신령한 앎의 의미이다. 음양으로 헤아리지 못하니 '신령하다.'라고 한다. '앎'은 지혜이다. 지혜는 앎이다. 앎은 한마음이다. 그러므로 조사가 "공적(空寂)의 본체에 스스로 근본 지혜를 갖고 있어 능히 안다(知)."[151]라고 하였다.

모든 더럽고 깨끗한 법에 진실한 본체가 있어서 분명히 알아차린다(鑒覺). 그것을 지목해서 '마음'이라 한다. 이처럼 무루(無漏)와 무명(無明)의 갖가지 업의 환상이 모두 진여의 성품(性)과 형상(相)과 한가지다. 대개 진여가 인연 따라 모든 것이 되고 모든 것은 진여를 여의지 않는다. 이치로 이를 녹여 내면 오직 '한 맛'이다.

이것은 모든 형상에 통한다. 형상에는 정해진 형상이 없다. 만약 따로 드러내 보면, 더럽고 깨끗함은 조작된 것이다. 바로 참된 마음이 자성을 지키지 않은 수연(隨緣)의 형상과 작용이다. 숨고 드러냄이 정해져 있지 않고

---

150 『禪源諸詮集都序』卷上之二. 大正藏 第48 [0402b15].
151 『宗鏡錄』卷第七十八. 大正藏 第48 [0846a02].

오르고 내림이 잠시 어긋난다.

《25》 일체법은 허공에 의지하는데, 허공은 의지하는 데가 없다. 일체법은 참된 지혜에 의지하는데, 참된 지혜는 의지하는 데가 없다.

《26》 제8조 불타밀다 존자가 노래한다.

너의 말은 마음과 친하니 부모와 비교할 것이 아니고
너의 행동은 도(道)와 합하니 모든 부처님의 마음이 바로 이것이네.
밖으로 유상불(有相佛)에서 찾는다면 너와 닮지 않았으니
너의 본래 마음을 알고자 하면 합하지도 말고 여의지도 마라.[152]

011
한 글자 보배로운 왕이
생각하기 어려운 법의 바다를 연출하고 《27》
뭇 중생의 자비한 어버이가
헤아리기 어려운 종사를 가르치네. 《28》

《27》 마음(心)은 한 글자 가운데 왕이다. 경에서 "일구(一句)가 능히 팔만 사천 나라의 읍을 다스린다."[153]라고 하였다. 또한 모든 법에서 마음이 가

---

152 『佛祖統紀』 卷第五. 大正藏 第49 [0173a05].
153 『御製秘藏詮』 卷第五. 高麗藏 第35 [0846b12].

장 수승하니, 만상이 한 글자에 함유되고, 천 가지 가르침이 한마디 말에 갖추어진다.

경(境)·교(敎)·이(理)·행(行)·과(果) 다섯 가지에 의거하여 유식(唯識)을 설명하겠다. 첫째는 경(境)유식을 설명한다. 마음을 떠난 밖에 경계가 없다. 모든 경계는 마음을 여의지 않기 때문이다. 둘째는 교(敎)유식이다. 『성유식론』은 본교의 가르침이다. 저 유식(唯識)을 해설하였기 때문이다. 셋째는 이(理)유식이다. 본교에서 설한 이치에 근거해서 유식 성품(性)과 형상(相)의 뜻을 분별하기 때문이다. 넷째는 행(行)유식이다. 오위(五位)를 밝혀 유식의 수행위를 닦기 때문이다. 다섯째는 과(果)유식이다. 큰 과(大果)를 구하고 유식의 성품을 증득하기 때문이다.

《28》 『정명경』에서 노래하였다.

> 방편바라밀로 아버지를 삼으니,
> 모든 성인이
> 한마음의 방편문을 따라 들어와서
> 조사와 부처를 이루어 인천의 스승이 되었네.[154]

그러므로 『화엄경』에서 "작은 방편으로 빠르게 보리를 얻는다."[155]라고 하였다. '즉심(卽心)'이기 때문에 빠르게 증득할 수 있다. 또한 『반야경』에서

---

154 『維摩詰所說經』「佛道品」第八. 大正藏 第14 [0549b29].
155 『大方廣佛華嚴經』卷第四十九「普賢行品」第三十六. 大正藏 第10 [0258c23].

"얻은 바 없는 것으로 방편을 삼는다."¹⁵⁶라고 하였다. 마음 밖에 법이 없으니 어찌 얻을 수 있겠는가? 그러므로 보살이 자신의 마음을 몸소 깨달아야만 세간의 환으로 변화한 그물에 들어가더라도 끊임없이 자신도 이롭게 하고 남도 이롭게 할 수 있다. 이를 보면 시방 여래가 모두 마음을 깨달아 성불했다는 것을 알 수 있다. 그러므로 『화엄경』에서 노래하였다.

> 만약 삼세의 모든 부처님을
> 알고자 하면
> 응당 법계의 성품을 관할지니
> 모든 것은 오직 마음으로 지은 것이니라.¹⁵⁷

이런 까닭에 경에서 설한 서방 아미타 등 모든 부처님은 석가불이다.

옛 해석에 "이치로 따져 올바른 뜻을 결론짓는다면, 모두 우리 본사(本師)의 해인(海印)에서 몰록 나타난 것이다. 『법화경』에서 몸을 나누어 여러 정토에 나투었는데, 여래가 어찌 자신의 정토는 가리키지 않고 특별히 미타묘희세계(彌陀妙喜世界)에 나아가도록 하였겠는가? 생각해 보라. 그러므로 현수와 미타 등의 부처님이 모두 본사인 줄 알 수 있다. 다시 무엇이 이상한 일이겠는가? '현수'는 「수량품」¹⁵⁸에 백만 아승지 국토를 지나 가장 마지막 승연화세계(勝蓮花世界)의 여래이다. 또 경에서 노래하였다.

---

156 『大般若波羅蜜多經』卷第四十一「初分般若行相品」第十之四. 大正藏 第05 [0231a16].
157 『大方廣佛華嚴經』卷第十九「夜摩宮中偈讚品」第二十. 大正藏 第10 [0102a09].
158 「수량품」은 『법화경』「수량품」이다.

혹은 연화승묘찰(蓮花勝妙刹)을 보니
현수여래가 그 가운데 머물고 있다.[159]

이 게송이 본사를 찬탄한 것이 아니라 다른 여래가 다른 국토에 있음을 이야기한 것이라면 무슨 쓸모가 있겠는가?

또한 총지교(總持教)에서도 '37존이 모두 비로자나 한 부처님의 화현이다.'라고 설하였다. 비로자나 여래가 내심에 자수용(自受用)을 증득하여 다섯 가지 지혜를 이루고, 네 가지 지혜로부터 사방의 네 분 여래를 유출하였음을 말하고 있다. 이를테면 대원경지(大圓鏡智)에서 동방 아촉여래를 유출하고, 평등성지(平等性智)에서 남방 보생여래를 유출하며, 묘관찰지(妙觀察智)로 서방 무량수여래(無量壽如來)를 유출하고, 성소작지(成所作智)로 북방 불공성취여래를 유출하며, 법계청정지(法界清淨智)는 자신인 비로자나여래에 해당한다.

'37'이란, 오방여래에 각기 사대보살이 좌우에 있어 20이 된다. 중방 비로자나여래의 사대보살은 첫째 금강바라밀보살, 둘째 보바라밀보살, 셋째 법바라밀보살, 넷째 갈마바라밀보살이다. 동방 아촉여래의 네 보살은 첫째 금강살타보살, 둘째 금강왕보살, 셋째 금강애보살, 넷째 금강선재보살이다. 남방 보생여래의 네 보살은 첫째 금강보보살, 둘째 금강위광보살, 셋째 금강당보살, 넷째 금강소보살이다. 관자재왕여래라고도 하는 서방 무량수여래의 네 보살은 첫째 금강법보살, 둘째 금강검보살, 셋째 금강인보살, 넷째 금강리보살이다. 북방 불공성취여래의 네 보살은 첫째 금강업보살, 둘째 금강법보살, 셋째 금강약차보살, 넷째는 금강권보살이다.

---

[159] 『大方廣佛華嚴經』卷第八十「入法界品」第三十九之二十一. 大正藏 第10 [0442c10].

이로써 25존은 갖추었고 사섭(四攝)과 팔공양(八供養)을 덧붙여서 37이 된다. '사섭'이란 갈고리, 동아줄, 쇠사슬, 방울이다. '팔공양'은 향, 꽃, 등, 바르는 향, 연극, 머리 장식, 노래, 춤이다. 모두 위에는 금강이 있고 아래는 보살이 있다. 그런데 이 37존이 각기 종자가 있다. 모두 본사의 지혜작용에서 유출한 것이다. 지금 경에서 '해인에서 몰록 나타났다.'라고 한 것과 큰 의미로는 같다.

묻는다. 만약 이 뜻에 의하면 어찌 평등의취(平等意趣)[160]에 어긋나지 않겠는가? 평등의취로 '틀림없이 나(我)다.'라고 설한 것은 평등의취에 의지해 설한 것이지만, 나의 몸이 아니다. 어찌 모두 본사라고 말할 수 있겠는가?

답한다. '평등 가운데 정(定)'은 곧 하나라는 뜻이다. 유식에도 오히려 "일체중생에 여러 부처님(多佛)이 속해 있다. 여러 부처님은 공동 화현이니 한 부처님이 된다. 부처님은 시현해서 여러 몸(多身)이 될 수 있다. 시방 여래도 낱낱이 모두 그러하다. 지금 바로 하나의 부처님이 여러 몸이 될 수 있다. 여기에 따라 본사를 찬탄하였다."[161]라고 하였다. 또한 '본사'는 나의 마음일 뿐이다. 내가 자신의 마음으로 거두어 돌아감에 갖추지 않은 법이 없다. 어찌 '부처님'에만 해당하겠는가?

---

160 평등의취(平等意趣)는 여래설법이다. 사의취(평등의취·별시의취·별의의취·보특가라의락의취) 가운데 하나이다. 평등의(平等意), 법동의취(法同意趣)라고도 한다.
161 『大方廣佛華嚴經隨疏演義鈔』卷第九十. 大正藏 第36 [0698c15].

7
마음의 큰 나무에서 오천 경권이 열렸네

✤

12인연

012
성품대로 접거나 펼치고
인연 따라 나타났다 사라지니
하나의 진리를 연장하는 근원이요
만물을 총괄하는 뼈대라네. 《29》

《29》 맨 처음이 종말을 갖춘 것은 오직 한마음의 도(一心道)뿐이다. 훌륭한 가르침의 지극한 이치는 모두 경전의 말씀과 같다.『화엄경』에서 "불자여, 보살이 초주지(初住地)에 머무를 때 응당 잘 관찰하여야 한다. 소유한 일체 법문을 따르고, 소유한 깊고 깊은 지혜를 따르며, 닦은 인(因)을 따르고, 얻은 과(果)를 따르며, 그 경계를 따르고, 그 힘의 작용을 따르며, 그 시현을 따르고, 그 분별을 따르며, 그 소득을 따라서 모두 잘 관찰하여 일체법이 모두 자신의 마음이라는 것을 알고서 집착하는 바가 없어야 한다. 이처럼 알고 나면 보살지(菩薩地)에 들어가 잘 안주할 수 있다."[162]라고 하였다.

013
십이인연의 큰 나무가
현묘한 뿌리에서 자라나니 《30》
오천 경전의 원만한 가르침이
마침내 진리의 굴로 돌아가네. 《31》

《30》 이 십이인연법(十二因緣法)은 모두 중생의 마음에서 건립되었다. 어찌 '나무'라 하는가? 중생계에는 무명의 뿌리에 애욕의 물을 대면, 정신작용과 물질(名色)[163]의 싹이 자라고 유루(有漏)의 꽃이 피며 생사의 열매가 맺힌다. 생(生)·주(住)·이(離)·멸(滅)의 네 가지 형상(四相)이 항상 변천하여 단절됨이 없다. 모든 성스러운 세계에서는 정각(正覺)의 싹이 자라나고 만행의 꽃이 피며 깨달음(菩提)의 열매가 열린다. 미래가 다하도록 부처님께 공양하고 중생을 이롭게 하여 쉴 때가 없다. 이것이 모두 다 한마음의 십이인연의 큰 나무로부터 생겨난 것이기 때문에 '십이인연이 부처님의 성품이다.'라고 하였다.

또한 한마음의 십이인연은, 눈으로 색을 볼 때 마음이 알지 못하면 '무

---

162 『大方廣佛華嚴經』卷第十八「明法品」第十八. 大正藏 第10 [0096b16].
163 정신작용과 물질(名色)은 고전 우파니샤드에서는 현상세계의 '명칭(nāma)'과 '형태(rūpa)'를 의미했다. 그 후 불교에서는 '명'은 개인 존재의 정신적인 면이고, '색'은 물질적인 면을 의미하는 것이 되었다.

명(無明)'이라 하고, 마음이 색에서 사랑하고 미워하는 정신작용(名)을 일으키는 것을 '행(行)'이라 하며, 이 가운데 마음과 의식(心意)을 '식(識)'이라 하고, 색이 식과 함께 행하는 것을 '정신작용과 물질(名色)'이라 하고, 눈이 색 등의 여섯 곳(六處)에서 탐착을 내는 것을 '육입(六入)'이라 하며, 색이 눈과 상대하는 것을 '접촉(觸)'이라 하고, 마음이 색을 볼 때 받아들이는 것을 '느낌(受)'이라 하고, 마음이 색에 깊이 얽혀 끊어지지 않는 것을 '갈애(愛)'라 하고, 마음으로 색상을 미루어 생각하는 것(想像)¹⁶⁴을 '집착(取)'이라 하고, 색을 생각하여 마음이 일어나는 것을 '존재(有)'라 하고, 한순간의 마음이 생겨나는 것을 '생(生)'이라 하고, 한순간의 마음이 멸하는 것을 '멸(滅)'이라 한다.

『화엄경』에서 "삼계의 모든 존재가 오직 한마음뿐이다."¹⁶⁵라고 하였다. 여래가 여기에서 십이유지(十二有支)를 분별 연설하였으니, 모두 한마음에 의지해서 이같이 세운 것이다. 또 노래하였다.

삼계가 마음에 의지해 있고
십이인연도 마찬가지인 줄 알라
생사가 모두 마음에서 지어졌으니
마음이 멸하면 생사도 사라진다네.¹⁶⁶

《31》　모든 부처님은 일체중생의 마음을 어루만져서 모든 법을 연설하신

---

164 상상(想像)은 미루어 일으킨 생각이다. 이미 아는 사실이나 관념을 재료로 하여 새 사실과 새 관념을 만드는 작용이다.
165 『大方廣佛華嚴經』卷第三十七「十地品」第二十六之四. 大正藏 第10 [0193c17].
166 『大方廣佛華嚴經』卷第三十七「十地品」第二十六之四. 大正藏 第10 [0195b05].

다. 『화엄경』에서 노래하였다.

모든 부처님이 법을 설하지 않았는데
석가 부처님이 어찌 설하겠는가?
단지 그 자신의 마음을 따라
이러한 법을 설하셨을 뿐이네.**167**

『보현행원소』에서 "그 근원을 지적한다. 망정의 번뇌(情塵)에 경전의 도리가 있으니, 지혜의 바다는 다른 데 있는 것이 아니라 망령된 미혹(妄惑)으로 나아가지 않는 데 있다. 현묘하고 현묘하여 공(空)하지 않다. 사구(四句)의 불로 태울 수 없지만, 만법의 문 어디서나 들어갈 수 있다. 이제(二諦)에 명합하나 하나가 아니고 천 가지로 변화하지만 많지 않다. 현상(事)과 이치(理)가 서로 뒤섞여서 둘 다 없고, 본성(性)과 형상(相)이 융통하여 다함이 없다. 진경(秦鏡)**168**이 서로 비추는 것과 같고, 제석의 구슬(帝珠)**169**이 서로 머금고 있는 것과 같다. 겹겹으로 서로 비추고 역력히 가지런히 나타난다. 그러므로 원만하고 지극한 공덕을 경각에 얻고, 부처님 경계를 티끌이나 모공에서 볼 수 있다. 모든 부처님의 마음에서 중생이 새록새록 부처를 이루고, 중생의 마음에서 모든 부처님이 매 순간 진제(眞諦)를 증득한다."**170**라고 하였다.

---

167 『大方廣佛華嚴經』卷第十九「夜摩宮中偈讚品」第二十. 大正藏 第10 [0102b02].
168 진경(秦鏡)은 진나라 시황제가 사람의 선악, 삿됨과 바름(邪正)을 비추어 보았다는 거울에서 유래한다. 선악을 꿰뚫어 보는 사람의 안목과 식견을 이르는 말이다.
169 제석의 구슬(帝珠)는 제석천 그물의 구슬이다.
170 『大方廣佛華嚴經普賢行願品別行疏鈔』'清涼講華嚴宗旨'. 嘉興藏 第15 [0644c01].

014
홀로 적적하고
홀로 당당하니
꽃 가운데 영서화[171]와 같아서 《32》
내면을 비추는 신비로운 빛이라네. 《33》

《32》 이 꽃은 3천 년 만에 한 번 피니, 부처님이 세상에 나오시는 것에 해당한다. 원교(圓敎)의 일심법문(一心法門)을 설할 때는 듣기 어렵고 만나기 어렵다는 것이다.

《33》 여러 가지 광명에서 정신의 빛(神光)이 최고이다. 조사가 "여러 가지 광명에서 마음의 빛(心光)이 최상이다."라고 하였다.

015
옥나무[172]를 꺾으면 마디마디가 보배롭고
전단나무를 쪼개면 조각조각이 향기로우니 《34》
범부의 신세에서 바로 부처의 지위에 오르고
벼슬 없는 처지에서 바로 용상에 앉네. 《35》

---

171 영서화는 여래나 전륜성왕이 나타날 때만 핀다는 상상의 꽃이다. 우담바라(優曇婆羅), 우담파라(優曇波羅), 우담발라화(優曇跋羅華), 우담발화(優曇鉢華), 우담화(優曇華) 등 다양하게 표기한다. 영서(靈瑞)·서응(瑞應)·상서운이(祥瑞雲異)의 뜻으로 영서화(靈瑞花)·공기화(空起花)라고도 한다.
172 옥나무는 경지(瓊枝)라고 하는 전설상의 나무이다.

《34》 이는 온갖 법이 마음이고, 모든 티끌이 도에 계합한다는 것을 밝혔다.

《35》 신위(信位)¹⁷³에서 화엄의 '한마음의 다함없는 종취'에 들어가는 것과 같다. 『장자론』에서 "마치 보위를 바로 범부에게 주려는 것과 같고, 밤의 꿈에서는 천 년이지만 깨고 나면 즉시 사라지는 것과 같다."¹⁷⁴라고 하였다. 『화엄소』에서는 "돈교(頓敎)의 사람이 한 생각도 일으키지 않으면 바로 부처다."¹⁷⁵라고 하였다. 일체중생의 마음이 본래 부처의 본바탕이다. 망념이 일어나기 때문에 중생이지만, 한순간이라도 망령된 마음이 일어나지 않는다면 어찌 부처라고 할 수 없겠는가?

그러므로 『화엄경』에서 노래하였다.

법의 성품이 본래 공적하여
취할 것도 없고 볼 것도 없으니
성품이 공하면 곧 부처라서
사량할 수가 없네.¹⁷⁶

이어서 노래한다.

---

173 신위(信位)는 보살 또는 수행자의 수행계위인 십신(十信)·십주(十住)·십행(十行)·십회향(十廻向)·십지(十地)·등각(等覺)·묘각(妙覺)의 52위 가운데 첫 번째 지위이다.
174 『大方廣佛新華嚴經合論』卷第二. 卍新續藏 第04 [0019b10].
175 『大方廣佛華嚴經隨疏演義鈔』卷第八. 大正藏 第36 [0061c08].
176 『大方廣佛華嚴經』卷第十六「須彌頂上偈讚品」第十四. 大正藏 第10 [0081c05].

법의 성품이 허공과 같으니
모든 부처님이 그 가운데 머무시네.[177]

또 『반야경』에서 "본성이 공한 것으로 부처님의 눈으로 여긴다."[178]라고 하였다. 만약 성품이 공함을 논한다면, 모두 범부와 성인의 본체이다. 다만 불각(不覺)에서 홀연히 망념을 일으켜 경계를 따라 유전한다. 그러므로 "법신이 오도(五道)에 유전하는 것을 중생이라 한다."라고 하였다. 설사 한 생각을 일으킬 때라도 또한 부처이다. 망념은 본체가 없어서 공성(空性)을 여의지 않았기 때문이다. 다만 바로 믿고 이해하여 원만히 밝아지기를 바랄 뿐 다시 사량하고 헤아리지 않아야 한다.

『화엄소』에서 "중생심의 부처가 부처님 마음의 중생을 위해 법을 설한다."[179]라고 하였다. 이것은 중생이 성품에 계합하여 널리 두루하지만, 부처는 형상을 파괴하지 않고 중생심 가운데 있음을 밝힌 것이다. 또한 부처님의 마음은 본성에 칭합하여 널리 두루하지만, 중생이 형상을 파괴하지 않고 부처님의 마음 안에 있음을 밝혔다. 비유하면 물과 우유가 한 곳에서 합쳐져서 조화의 주체(能和)와 조화의 대상(所和)이 되는 것과 같다. 또한 설하는 주체와 듣는 대상으로 해석한다면, 조화의 주체는 설하는 주체가 되고 조화의 대상은 듣는 대상이 된다. 물을 부처에 비유하고 우유를 중생에 비유하면, 응당 '우유 가운데 물이 물속의 우유와 화합하고, 물속의 우유가 우유 가운데 물을 받아들인다.'라고 말할 수 있다. 비록 한 맛이기는 하지만

---

177 『大方廣佛華嚴經』卷第六「如來現相品」第二. 大正藏 第10 [0030b20].
178 『大般若波羅蜜多經』卷第三百八十八「初分不可動品」第七十之三. 大正藏 第06 [1004b25].
179 『大方廣佛華嚴經疏』卷第三. 大正藏 第35 [0517c21].

주체와 대상이 뚜렷하다. 비록 주체와 대상이 뚜렷하지만 서로 존재하고, 서로 두루하며, 서로 섭수한다.

016
들어도 들을 수 없고
보아도 볼 수 없으나 《36》
언제나 존재하니 다시 찾으려 하지 말라
본래 명백하니 어찌 수고로이 닦고 단련하리오.

《36》 법신은 형상이 없고, 진실로 듣는 것은 소리가 없다.

8
삼계의 문을 활짝 열어 일체법을 증득하네

✢

大方廣佛華嚴經의 字, 化法四敎

017
삼계의 문은 실체가 없네
골짜기에 메아리가 울리듯이 《37》
육진의 경계는 본래 공하네
거울에 얼굴이 비치듯이 《38》

《37》 『수능엄경』에서 "삼계의 법은 눈을 비벼서 형성된 것이기 때문이다."[180]라고 하였다. 이를 보면, 본체 없음이 골짜기의 메아리와 같이 모두 나의 소리인 줄을 알 수 있다. 『장자론』에서 "일체법이 골짜기의 메아리와

---

[180] 『大佛頂如來密因修證了義諸菩薩萬行首楞嚴經』卷第二, 大正藏 第19 [0113b06].

같다."**181**라고 한 것은 '만법이 오직 마음뿐임'을 드러내고자 한 까닭이다. 『화엄경』에서는 "한 생각에 법계를 모두 머금고 있다."**182** 또 "한 생각에 삼세를 남김없이 아신다."**183** 또 "한 생각에 다함없는 형상을 나타낸다."**184**라고 하였다.

《38》 육진경계(六塵境界)가 모두 망념에서 생겨난다. 마치 사람이 거울을 비추어 보면, 스스로 자신의 얼굴을 보는 것이지 별다른 형상을 보고 있는 것이 아닌 것과 같다.

018
적막하고 텅 비었으나
모든 현상에 녹아들지 않는 데가 없으니
미륵 누각에서 (아승지 보배의 땅을) 두루 나타내고 《39》
마야부인의 태내에서 (삼천대천세계가) 끝없이 펼쳐지네. 《40》

《39》 『화엄경』에서 "선재동자가 미륵 누각에 들어갈 때, 그 누각이 한없이 넓고 넓어 허공과 같고 아승지 보배로 땅이 되었음을 보았다. 더 나아가서 미륵보살이 처음 발심한 것과 보살도를 행하는 것과 팔상성도(八相成道)

---

181 『大方廣佛新華嚴經合論』卷第三十. 卍新續藏 第04 [0205b19].
182 『大方廣佛華嚴經』卷第一「世主妙嚴品」第一之一. 大正藏 第10 [0001b26].
183 『大方廣佛華嚴經』卷第五「世主妙嚴品」第一之五. 大正藏 第10 [0024c15].
184 『大方廣佛華嚴經』卷第五「世主妙嚴品」第一之五. 大正藏 第10 [0023a27].

로 보이신 삼생의 일을 보았다."¹⁸⁵라고 하였다.

《40》 『화엄경』에서 "마야부인의 뱃속에서 삼천대천세계의 일체 형상이 모두 나타났다. 백억 염부제 내에 각기 도읍이 있고 각기 장원의 숲이 있는데, 이름이 같지 않았다. 모두 마야부인이 그 가운데에 거주하시고 하늘 대중이 에워쌌는데, 보살이 장차 태어나려는 불가사의 신비한 모습을 나타내고 있었다."¹⁸⁶라고 하였다. 또한 "광대하기가 법계와 같고 구경이 허공과 같았다."¹⁸⁷라고 하는 것은 태 속에 처한다는 뜻이다.

019
문수의 보관과 《41》
유마의 방안이 《42》
겨자씨나 바늘 끝만 하지만 좁지 않아 《43》
가깝고 먼 나라에 온전히 통하네. 《44》

《41》 『문수반니원경』에서 "문수의 몸은 자금산 등과 같고, 문수의 관은 비릉가보로 꾸며져 오백 가지 색깔을 띠고 있다. 낱낱 색깔 중에 해·달·별들과 모든 하늘과 용궁과 세간 중생의 희귀한 일들이 모두 그 가운데 나타

---

185 『新華嚴經論』卷第十八. 大正藏 第36 [0840c03]에서 간략히 인용하며, 경(經)으로 오인한 듯하다.
186 『大方廣佛華嚴經』卷第七十四「入法界品」第三十九之十五. 大正藏 第10 [0403c14].
187 『大方廣佛華嚴經』卷第二十五「十迴向品」第二十五之三. 大正藏 第10 [0134b27].

난다."¹⁸⁸라고 하였다.

《42》『정명경』에서 "동방으로 삼십육 항하사 국토를 지나 한 세계가 있다. 이름이 '수미상'이고 부처님 명호는 '수미등왕'이라 하는데, 지금도 계신다. 그 부처님의 신장은 팔만사천 유순이고, 사자좌 높이가 팔만사천 유순이나 된다. 장엄하기가 이루 말할 수 없었다. 그때 장자 유마힐이 신통력을 나타내니, 곧바로 저 부처님이 삼만이천 사자좌를 보냈는데, 높고 넓으며 장엄하고 청정하였다. (그 사자좌가) 유마힐의 방으로 들어오니, 그 방이 넓게 커져서 삼만이천 사자좌를 모두 포용하는 데 어려움이 없었다."¹⁸⁹라고 하였다.

《43》『정명경』에서 "수미산과 같은 높고 넓은 것이 겨자에 들어가도 비좁지 않았다."¹⁹⁰라고 하였고,『열반경』에서는 "바늘 위에 무변신보살(無邊身菩薩)을 세운다."¹⁹¹라고 하였다.

《44》『화엄경』에서 노래하였다.

낱낱 미진 가운데서
능히 일체법을 증득하사
이처럼 장애 없이

---

188 『大方廣佛華嚴經隨疏演義鈔』卷第十八. 大正藏 第36 [0135c21].
189 『維摩詰所說經』卷中「不思議品」第六. 大正藏 第14. [0546b01-0546b05].
190 『維摩詰所說經』卷中「不思議品」第六. 大正藏 第14. [0546b24].
191 『宗鏡錄』卷第二十五. 大正藏 第48 [0555c10].

시방 국토에 두루 다니시네."¹⁹²

또 "하나의 미진 가운데 모든 국토가 환하게 안주하고 있다."¹⁹³라고 하였다.
고덕이 "모든 부사의한 일이 모든 처소에 널리 나타난다. 그것은 오직 한 분 비로자나 청정법신의 응용일 뿐이다."¹⁹⁴라고 하였다. 이 '법신'은 곧 마음이다. 마음은 법의 몸이다. 그러므로 "만약 마음이 불이(不二)함을 자세히 관한다면 비로소 비로자나의 청정신을 볼 수 있다."라고 하였다. 하나의 악한 생각을 일으켜도 법신이 따라서 나타나고, 하나의 선한 생각을 일으켜도 법신이 따라서 나타난다. 이를 '곳곳에 서로 나타난다.'라고 한다. 더더욱 색처(色處)에도 나타나고 공처(空處)에도 나타나서 자재무애하다. 다시 멀리서 어떤 부처님도 찾지 마라. 오직 한 생각 텅 빈 마음 이것뿐이다.

『화엄소』에서는 "마치 해인(海印)이 몰록 나타나는 것과 같다."¹⁹⁵라고 하였다. 경에서는 "한 생각에 나타나기 때문이다."¹⁹⁶라고 하였다. 이는 앞뒤 없이 마치 도장을 찍은 것과 같이 몰록 이루어짐을 말한다. 또한 항상 나타나니, 밝은 거울에 나타날 때도 있고 나타나지 않을 때도 있는 것과는 같지 않다. 더욱이 나타나지 않는 것까지도 나타내니, 밝은 거울은 상대해야 비로소 나타나지만, 대상을 기다리지 않는다. 이런 까닭에 항상 나타날 수 있는 것은 삼제(三際)를 갖추고 있기 때문이다. 이상은 모두 하나의 참마음이 고요히 비추어 널리 나타난다는 의미이다.

---

192 『大方廣佛華嚴經』卷第六「如來現相品」第二. 大正藏 第10 [0031a28].
193 『大方廣佛華嚴經』卷第三十九「離世間品」第三十三之四. 大正藏 第09 [0648c16] 참조.
194 『大方廣佛華嚴經隨疏演義鈔』卷第四. 大正藏 第36 [0029b13] 참조.
195 『大方廣佛華嚴經疏』卷第九「如來現相品」第二. 大正藏 第35 [0562a22].
196 『大方廣佛華嚴經』卷第二「世主妙嚴品」第一之二. 大正藏 第10 [0007a13].

020
줄어들지도 늘어나지도 않고 끊임없이 이어지나니
언제나 묘한 본체에 응결하고
이루어지지도 무너지지도 않고 뒤를 이어 계속되나니
현묘한 바람[197]을 손상하지 않네.《45》

《45》 고금에 걸쳐 드리우고 범부와 성인을 관통하여 다시 다른 법이 없고 오직 한마음뿐이다. 얻을 때도 늘어나지 않고, 잃을 때도 줄어들지 않으며, 상승할 때도 이루어지지 않고, 추락할 때도 허물어지지 않는다.

『화엄금관』[198]에서 이른다. "'대방광불화엄경(大方廣佛華嚴經)'이라 하였는데, '대'는 곧 마음의 본체이다. 마음의 본체는 끝이 없으므로 '대'라 한다. '방'은 마음의 형상이다. 마음에 덕상의 법을 갖추었기 때문에 '방'이라 한다. '광'은 마음의 작용이다. 마음에 본체에 맞는 작용이 있어서 '광'이라 한다. '불'은 마음의 과덕이다. 마음이 해탈한 상태를 '불'이라 한다. '화'는 마음의 인(因)이다. 마음이 한 행을 '꽃'에 비유하였다. '엄'은 마음의 공용이다. 마음은 좋은 방편으로 잘 장엄하고 꾸민다. 이를 지목해서 '엄'이라 한다. '경'은 마음의 가르침이다. 마음이 일깨워 주는 훌륭한 말씀이다. 이를 설명해 드러내기 때문에 '경'이라 한다.

이 '대' 등 일곱 글자는 모두 마음을 여의지 않았다. 그러나 '마음(心)'이

---

197 현묘한 바람은 법(法)의 바람을 말한다.
198 『화엄금관』은 실전된 저서이다. 이와 비슷한 『대방광불화엄경(大方廣佛華嚴經)』을 풀이한 이통현(李通玄)의 『新華嚴經論』卷第一. 大正藏 第36 [0721a06]에 보면, "此經名大方廣佛華嚴經者 大以無方為義 方以理智為功 廣即毫刹相含 佛乃體用無作 華喻行門可樂 能敷理事之功 嚴即依正莊嚴 經即貫穿縫綴."이라고 하였다.

란 한 글자는 본체도 아니고 작용도 아니며, 원인도 아니고 결과도 아니며, 뜻도 아니고 가르침도 아니다. 비록 모든 것이 아니지만 모든 것이 될 수 있다. 왜 그런가? 한 법계의 마음을 본체라 한다. 만약 이것에 의지해 깨달아 알고 보면, 생각 생각이 바로 화엄의 법계이고, 생각 생각이 바로 비로자나 법신이기 때문이다.『화엄경』에서 '만약 이와 같은 관행(觀行)과 상응하여 모든 법에 차별 생각을 일으키지 않으면 모든 불법이 속히 현전할 것이다. 처음 발심할 때 바로 정각을 이루어 아욕다라삼먁삼보리를 얻는다.'**199**"라고 하였다.

021
훌륭한 가문**200**이요
태양의 후예**201**이네 《46》
마치 가릉빈가 울음이 뭇 소리를 제압하고 《47》
호견수가 뭇 나무들보다 빼어나듯이 《48》

《46》 석가불은 금륜왕의 종족이다. 일발 화상이 노래하였다.

---

199 『大方廣佛華嚴經』卷第十七「梵行品」第十六. 大正藏 第10 [0088c21].

200 훌륭한 가문은 대업기관(大業機關)이라 한다. '대업(大業)'은 큰 업적·조사의 업적, '기관(機關)'은 공안을 문답하는 스승과 제자를 의미한다.

201 태양의 후예는『숫따니빠따』1장 3「코뿔소 뿔의 경」에 나온다. "교제를 좋아하는 사람에게는 일시적인 해탈을 얻는 것도 불가능하다. '태양의 후예 말씀'을 명심하여 코뿔소의 뿔처럼 혼자서 가라."

만대 금륜왕의 종족인 부처님(聖王子)은
다만 진여의 신령한 깨달음일 뿐이네.²⁰²

그러므로 조사의 계보가 서로 전하며, 단지 '마음이 곧 부처(即心是佛)'임을 보였다. 믿고 이해하기만 하면 곧 조사의 지위를 잇는다.

《47》 빈가조²⁰³는 껍데기를 깨고 나오기 전에 껍질 속에서 소리를 내어도 이미 여러 새소리보다 뛰어나다. 이는 모든 생사에서 가장 낮은 단계인 범부가 아직 번뇌의 껍질에서 벗어나지 못했더라도 곧 마음을 알아서 '나는 반드시 부처가 되리라.'라고 하면, 이미 모든 성문과 벽지불 지위를 뛰어넘음을 비유한 것이다.

《48》 서천에 호견수²⁰⁴가 있다. 땅에서 나면 높이가 백 자나 되어 여러 가지 나무 위를 뛰어넘는다. 이것은 원교(圓敎)의 사람이 '마음이 법계를 갖추었음'을 알아 원만하게 이해하고 원만하게 닦으면, 이승(二乘)의 장(藏)·통(通)·별(別)교²⁰⁵를 수행하는 사람보다 뛰어나다는 것을 비유하였다. 만약 수행의 진척 정도를 논한다면 하루와 겁만큼이나 서로 차이가 있다.

---

202 『景德傳燈錄』卷第三十「一鉢歌」, 大正藏 第51 [0462a09].
203 빈가조는 사람의 머리를 한 상상의 새이다. 수미산에 살며, 그 울음소리가 곱고, 극락에 둥지를 튼다고 한다.
204 호견수는 인도의 상상의 나무이다. 『대지도론(大智度論)』에서 "이 나무는 땅속에 백 년간 머물고 있으면서 백위(百圍)의 가지와 잎을 갖추어 출생해서 하루에 백장(百丈) 높이에 이른다."라고 하였다.
205 장(藏)·통(通)·별(別)교는 천태교의 화법사교(化法四敎)이다.

9
마음에서 생사의 눈병이 생겨나네

✢

眞俗 二諦

022
자그만 눈병이라도 생겨나면
어지럽게 꽃 그림자 허공에 늘어서고
잠시라도 생각을 일으키면
종횡으로 삼라만상이 눈앞에 가득하네. 《49》

《49》 『수능엄경』에서 "네가 무시이래로 마음의 성품이 광란함으로 인하여 앎의 견해가 허망하게 생기고, 허망한 것을 발함이 쉬지 않으면 견해를 피로하게 하여 번뇌가 생겨난다. 마치 눈을 피로하게 하면 헛꽃이 있는 것과 같다. 맑은 정기(精明)[206]가 원인 없이 모든 세간의 산하대지와 생사 열반을 어지럽게 일으킨다. 모두 미치고 피로해져서 전도된 꽃의 형상이다."[207]라고 하였다. 이를 보면, 만법이 생각으로 인해 생겨나고 생각에 따라 이루어지는 줄 알 수 있다.

그러므로 『영락경』²⁰⁸에서 "부처님이 말씀하시되 '나는 본래부터 한 법도 얻지 않았다. 끝에 가서 생각을 정하여 지금에야 비로소 알았는데, 이른바 무념(無念)이다. 만약 무념을 얻는다면 일체법이 모두 형상이 없음을 관할 수 있다. 이로 인하여 위없는 올바르고 참된 도를 이룬다.'"²⁰⁹라고 하였다.

『기신론』에서 "그러므로 삼계가 허망하여서 오직 마음(唯心)으로 지은 것이다. 마음을 여의면 육진 경계가 없다. 이 무슨 뜻인가. 일체법이 모두 마음으로 인해 일어나고 망념으로 인해 생겨난다. 일체 분별이 모두 자신의 마음을 분별하는데, 마음은 마음을 보지 못하니 얻을 수 있는 형상이 없다. 반드시 알아야 한다. 세간의 일체 경계가 모두 중생의 무명의 망령된 마음에 의해 보존된다. 그러므로 일체법이 마치 거울 속 형상과 같아서 얻을 만한 본체가 없다. 오직 마음뿐이고 허망하다. 마음이 생겨나면 갖가지 법이 생겨나고, 마음이 멸하면 갖가지 법이 멸하기 때문이다."²¹⁰라고 한 것과 같다. 또한 "일체 경계가 오직 마음의 망령된 움직임일 뿐이다. 마음이 만약 움직이지 않으면 일체 경계의 형상이 없다. 오직 하나의 참된 마음만이 일체 처소에 두루한다."²¹¹라고 하였다. 이를 보면 마음 밖에 보이는 경계는

---

206 맑은 정기인 정명(精明)은 눈의 정기이다. 오장육부의 정기가 눈으로 올라와 겉으로 표현되는 것이다. 또는 깨끗하고 밝음의 의미이다.

207 『大佛頂如來密因修證了義諸菩薩萬行首楞嚴經』卷第五. 大正藏 第19 [0125b04].

208 『영락경』은 『보살영락경(菩薩瓔珞經)』 또는 『보살영락본업경(菩薩瓔珞本業經)』이라 한다. 일반적으로 축불념(竺佛念)이 전진(前秦) 시대인 374년에서 요진(姚秦)시대(384~417) 사이에 번역한 것으로 받아들여지고 있다. 그러나 이 경전의 번역자에 대해서는 이설(異說)이 있으며, 중국에서 만들어진 위경일 것이라는 학설도 있다.

209 『菩薩瓔珞經』「淨居天品」第三十八. 大正藏 第16 [0113b20].

210 『大乘起信論』一卷. 大正藏 第32 [0577b03].

211 『永明智覺禪師唯心訣』. 大正藏 第48 [0997b19].

모두 망념의 감정과 생각으로부터 생겨난 것임을 알 수 있다.

그러므로 "망령된 감정이 생기면 지혜가 막히고, 생각이 변하면 본체가 달라진다."라고 하였다. '망령된 감정이 생기면 지혜가 막힌다.'라고 한 것은 올바른 지혜를 잃고 망령된 생각을 이루기 때문이다. '생각이 변하면 본체가 달라진다.'라는 것은 진여를 미혹하여 개념(名相)이 갖춰지기 때문이다.

『환원관』에서 "참된 공(空)이 마음의 시작되는 데서 막히면 언제든지 연려심(緣慮)의 처소가 되고, 실제(實際)가 눈앞에 있으면 도리어 개념의 경계를 이룬다."[212]라고 하였다.

『유식추요』[213]에서는 "자신의 마음을 일으키는 상(相)에는 두 가지가 있다. 하나는 영상상(影想相)이니, 만법이 마음의 그림자인 생각이다. 둘째는 소집상(所執相)이니, 모든 경계는 본체가 없는데 집착으로 생겨난다. 자신의 마음에서 생겨나서 다시 마음으로 상(相)을 삼는다."[214]라고 하였다.

023
도는 허망한 말이 끊어져서
지극히 미묘하여 논하기 어려우나
생사를 벗어나는 특별한 길 없으니
열반에 오르는 오직 하나의 문이라네. 《 50 》

---

[212] 『修華嚴奧旨妄盡還源觀』. 大正藏 第45 [0637a13].
[213] 『유식추요』는 『성유식론장중추요(成唯識論掌中樞要)』 4권으로, 당나라 규기(窺基) 법사(632~682)의 저술이다. 『성유식론』을 개괄적으로 설명한 저술이다.
[214] 『成唯識論掌中樞要』卷上. 大正藏 第43 [0621c19].

《50》 『화엄경』에서 "일체 걸림 없는 사람이 하나의 길로 생사에서 벗어났다."[215]라고 하였다. 『수능엄경』에서도 "시방 바가범께서 유일한 길은 열반의 문이다."[216]라고 하였다. 이 두 가르침은 오직 일심법(一心法)을 근본으로 삼아 벗어나기를 구하였다. 그러므로 이미 한마음을 깨달아 벗어나면 생사와 열반에도 머무르지 않는다.

첫째는 큰 자비로 항상 생사에도 처하고, 큰 지혜로 항상 열반에도 처한다. 이는 모두 머문다는 뜻이다. 둘째는 큰 자비로 열반에도 머물지 않고, 큰 지혜로 생사에도 머물지 않는다. 이는 두 곳에 다 머물지 않는다는 것이다.

또 첫 번째 '모든 것에 머물지 않음'을 설명한 것에는 두 가지 뜻이 있다. 하나는, 생사의 잘못과 고난을 보았기 때문에 머물지 않는 것이다. 둘은, 생사가 본래 공(空)함을 보았기 때문에 머물지 않는다. 위의 둘은 모두 지혜에 준거했기 때문에 머물지 않는다. (두 번째) 열반에도 머물지 않는다는 것에 두 가지 뜻이 있다. 하나는 열반을 본래 스스로 갖추고 있음을 보았기 때문에 머물지 않는다. 둘은 생사와 다르지 않기 때문에 머물지 않는다.

024
잠깐 사이에 속제에서 진제로 돌아가니
이 뜻에 필적할 것이 없고
경각에 범부에서 성인으로 들어가니
이런 은혜 갚기 어렵네. 《51》

---

215 『大方廣佛華嚴經』卷第五「菩薩明難品」第六. 大正藏 第09 [0429b17].
216 『大佛頂如來密因修證了義諸菩薩萬行首楞嚴經』卷第五. 大正藏 第19 [0124c10].

**여러 전적(典籍)에서 모두 따져 보아도
깊은 이치를 넘어서기 어렵구나.**

《51》 선종 문하에서는 예로부터 단지 '마음이 부처(卽心是佛)'[217]임을 깨달아 조사의 지위에 들어가 (부처의) 도량에 앉는다. 이를 믿기만 하면 범부와 성인이 조금도 다르지 않다. 만약 믿지 않으면 하늘과 땅만큼이나 까마득하다. 경에서 노래하였다.

　　모든 부처님은 마음에서 해탈을 얻었으니
　　마음이 청정하여 허물이 없고
　　오도(五道)[218]가 곱고 깨끗하여 더러워지지 않나니
　　이것을 이해하는 자는 큰 도를 이루네.[219]

설사 자신의 마음이 부처임을 아직 믿지 못하여 비록 오도(五道)에 떨어지더라도, 마음의 성품은 언제나 청정하여 더러움이 물들일 수 없다. 그러므로 '오도가 곱고 깨끗하여 더러움을 받지 않는다.'라고 하였다. 중생의 법신이 곧 모든 부처님의 법신이어서 늘어나지도 않고 줄어들지도 않는다. 흐름을 따르든 흐름을 거스르든 그 자성(自性)은 바뀌지 않는다. 그러므로 흐름을 따라 중생이 되었을 때도 줄어들지 않고, 흐름을 거슬러 부처를 성취했을 때도 늘어나지 않는다.

217　『黃檗山斷際禪師傳心法要』. 大正藏 第48 [0379c18].
218　오도(五道)는 중생이 저지른 행위에 따라 받는다고 하는 다섯 가지 미혹한 세계이다. 곧 지옥도·아귀도·축생도·인간도·천상도이다.
219　天台山修禪寺沙門智顗撰, 『維摩經玄疏』卷第五. 大正藏 第38 [0547b24].

일체중생은 더러움이 깊고 장애가 무겁다. 설사 좋은 도반이 개발시켜 주더라도 또한 믿고 받아들이지 않는다. 오직 망령된 마음만을 좇아 태어나서 자성을 보지 못한다. 그러므로 선덕[220]이 "망령된 마음에 이끌리니 언제 끝낼 때 있으랴. 신령한 한 줄기 광명을 저버리네."[221]라고 하였다.

025
뱀을 삼킨 줄 알고 얻은 병은 모두 의심에서 생겨난 것이요 《52》
모래를 걸어 놓고 배고픔을 달램은 다 생각에서 일어난 것이라네.
《53》

《52》 『진서』[222] 「낙광전」에 "광(廣)에게 친한 벗이 있었는데 오랫동안 사이가 멀어져 드문드문하다가 다시 오지 않았다. 광이 그 까닭을 물으니 '예전에 함께한 자리에서 술을 받았는데, 잔 속에 뱀이 있는 것을 보고 마음이 매우 꺼림칙하더니 술을 마시고는 병이 들었소.'라고 대답하였다. 그때 하남의 관청 벽 위에 각궁을 걸어 두었는데, 위의 각궁에 뱀이 그려져 있었다. 광은 '술잔 속의 뱀은 곧 각궁의 그림자'라고 생각하고서 다시 앞의 장소에 술자리를 마련하였다. 벗이 처음과 같음을 보고 활연히 마음이 풀려 오래된 병이 단박에 나았다."라고 하였다.

220 선덕은 설봉의존(832~908) 선사이다. 선사는 당말 오대 시기의 중국선을 대표하는 선승으로 속성은 증씨이다.
221 『祖堂集』卷第七. 大藏經補編 第25 [0441a08].
222 『진서』는 진대의 정사이다. 중국 25사의 하나이다. 당나라 태종 때 방현령, 이연수 등 21명이 칙명으로 사실(史實)을 기록한 책이다.

《53》 계율의 「사식장」²²³에서 "사식(思食)이라고 하는 것은 말하자면 이와 같다. 기근이 들었을 때 어린아이가 어미에게 밥을 요구하며 울음을 그치지 않았다. 어머니가 모래주머니를 매달아 놓고 '이게 밥이란다.'라고 속였다. 아이는 이레 동안 주머니를 골똘히 쳐다보며 이게 밥이려니 하고 여겼다. 어머니가 이레 후에 주머니를 풀어 보여 주었다. 아이가 모래인 것을 알고 절망하여 목숨을 마쳤다."²²⁴라고 하였다. 비로소 생로병사가 모두 자신의 마음이고, 지수화풍이 결국 별다른 본체가 없다는 것을 증험할 수 있다.

026
죽순이 찬 숲에서 솟아나거나 《54》
물고기가 꽁꽁 언 강에서 뛰어오르며 《55》
한 동이 술로 강물을 변하게 하고 《56》
화살이 돌을 뚫은 것에 이르기까지 《57》
누룩이 발효되어 술로 바뀐 것이 아니듯이
어찌 공력이라 자부할 수 있으리오. 《58》

《54》 맹종(孟宗)이 아버지가 병이 들어 한겨울에 죽순을 찾자, 종이 마침내 대를 껴안고 우니, 죽순이 연이어 솟아났다.²²⁵

---

223 「사식장」은 유정의 생명을 키우는 단식(段食), 촉식(觸食), 사식(思食), 식식(識食) 등 네 가지 음식에 대한 기록이다.
224 『宗鏡錄』卷第七十三. 大正藏 第48 [0825a26]. "又律中四食章 古師義門手鈔云 (…)."
225 『佛說盂蘭盆經疏』下. 大正藏 第39 [0508a07].

《55》 진나라 왕상(王祥)은 효성이 지극하였다. 일찍이 어머니를 여의고 계모 주씨가 날생선 먹기를 좋아하자, 때는 매우 추운 겨울이었으나 상이 얼음 위에서 옷을 벗으니 얼음이 저절로 갈라지며 잉어 두 마리가 뛰어나왔다. 그때 사람들이 깊은 효심에 하늘이 감동한 것이라 여겼다.[226]

《56》 월왕이 한 동이 술을 강에 던지니 전군이 대취하였다.[227]

《57》 이광(李廣)이 어려서 아버지를 잃고 어머니에게 "아버지는 어디 계십니까?"라고 물었다. 어머니가 "네 아버지는 벌써 범한테 물려 죽었느니라."라고 하였다. 광이 마침내 활을 매고 범을 쫓았다. 산에 다다르자 밤이 되어 바위가 범처럼 보였다. 활을 당겨 쏘니 살깃까지 깊이 박혔다. 가까이 가서 살펴보고는 바위임을 알았다.[228]

《58》 위의 네 가지 일은 모두 효심과 평등심에 감응한 것이다.

---

[226] 『佛說盂蘭盆經疏』上. 大正藏 第39 [0505a21].

[227] 『呂氏春秋·察微』 "凡戰必悉熟配備".『漢高誘注』 "古之良將 人遺之單醪 輸之於川 與士卒從下流飮之 示不自獨享其味也".

[228] 『北山錄』卷第八「論業理」第十三. 大正藏 第52 [0619c28].

10
세상 모든 것은
마음에서 이뤄지지 않은 것이 없네

✢

八識의 四分, 三量

027
티끌만큼도 인식에 변화가 없으니
도리가 분명하고《59》
단 하나도 마음에서 이루어지지 않음이 없으니
말과 생각의 길이 끊어졌네.《60》

《59》 이 '팔식(八識)'에 네 가지 분(分)이 있다. 첫째는 견분(見分)이고, 둘째는 상분(相分)이며, 셋째는 자증분(自證分)이고, 넷째는 증자증분(證自證分)이다.

『화엄기』에서 "계경(契經)에 설하되 '모든 것은 오직 능각(能覺)만이 있고 소각(所覺)의 뜻은 모두 없는데, 능각과 소각의 분이 각기 자연히 전변한다.'라고 하였다. 풀이하면, '이 대목은『화엄경』에 의거해서 위의 반은 밖의 경계가 없음을 밝혔고, 아래 반은 견(見)·상(相) 이분(二分)이 있음을 밝혔다. 각기 인연으로부터 생긴 것을 '자연히 전변한다.'라고 하였다.

아래에서 올바른 뜻을 결론지었다. 논에서 '식(識)을 여읜 인연의 대상인 경계가 없음을 안다는 것은 변화의 대상인 상분은 인연의 대상이고, 견분은 자행상(自行相)이라고 한다. 상(相)과 견(見)이 의지한 자신의 본체를 사법(事法)이라고 하는데, 곧 자증분이다.'[229]라고 하였다. 풀이하면, 여기서 비록 이분가(二分家)를 세웠으나 뜻으로는 셋이다.

그러므로 이어서 논에서 '만약 자증분이 없다면 마음부수법(心所法)을 스스로 기억할 수 없을 것이다. 일찍이 겪어 보지 못한 경계는 반드시 기억할 수 없는 것과 같다.'[230]라고 하였다. 풀이하면, 이것은 자증분이 있음을 밝힌 것이다. 의미상으로는 '상분이 견분을 여의고는 별다른 자신의 본체가 없고 다만 두 가지 공능뿐이다. 그러므로 응당 하나의 마음이 의지하는 본체(所依體)가 따로 있어야 한다. 만약 자증분이 없다면 스스로 마음과 마음의 대상인 법을 기억하지 못할 것이다. 일찍이 겪어 보지 못한 경계는 반드시 기억할 수 없는 것과 같다.'라고 하였다. 이를테면 만약 견분이 겪어 보지 못한 상분의 경계는 기억할 수 없고, 반드시 일찍이 겪어 본 적이 있어야만 비로소 기억할 수 있다. 만약 자증분이 없으면 이미 마음과 마음의 대상인 법이 멸하여 기억할 수 없다. 일찍이 자증분의 인연되지 않기 때문에 곧 견분에게 일찍이 겪은 기억이 없다. 지금 기억할 수 있는 것은 앞서 자증분이 일찍이 반연하였기 때문이다. 마치 견분이 일찍이 겪은 경계를 기억

---

229 『成唯識論』卷第二. 大正藏 第31 [0010b02].
230 『成唯識論疏抄』卷第五. 卍新續藏 第50 [0226a16].

하는 것과 같은 까닭이다.

이어서 아래에 삼분(三分)을 세웠다. 논에서 '그러나 마음과 마음부수(心所)가 낱낱이 생겨날 때 이치로 따져 보면 각기 삼분(三分)이 있다. 소량(所量)과 능량(能量)과 양과(量果)가 다른데, 상분과 견분에 반드시 의거하는 본체가 있어야 하기 때문이다.'[231]라고 하였다. 풀이하면, 소량은 상분이고, 능량은 견분이며, 양과는 자증분이다. 자증분은 상분과 견분이 의거하는 대상이다.

『집량론』[232] 게송(伽陀)[233]에서 노래하였다.

사경상(似境相)[234]은 소량(所量)이고
능취상(能取相)은 자증분이라
곧 능량(能量)과 양과(量果)가
이 세 가지가 본체가 다르지 않다.[235]

풀이하면, 소량은 명주와 같고, 능량은 자(尺)와 같으며, 양과는 수를 아는 지혜와 같다. 과(果)는 어떤 뜻인가? 인(因)을 가득 채웠다는 뜻이다. '다른 본체가 없다.'라고 한 것은 오직 하나의 식(識)뿐이기 때문이다. 그렇다면

---

231 『成唯識論』卷第二. 大正藏 第31 [0010b02].
232 『집량론』은 올바른 인식의 집성서라는 뜻이다. 저자는 유상유식파(有相唯識派)에 속하는 디그나가[Dignāga, 진나(陳那)]라고 한다. 원본과 한역본은 없고 티베트역본만 2종 전한다. 당나라 의정(義淨)이 역출하였으나 망실되었다.
233 게송(伽陀)은 산스크리트 gāthā의 음사이다. 偈의 의미로, 십이부경의 하나이다. 경전의 서술 형식이 운문체로 되었다.
234 사경상은 소량(所量)인 경계는 허망하지만 있는 것과 흡사하다는 의미이다.
235 『成唯識論』卷第二. 大正藏 第31 [0010b02].

마음을 여의면 경계가 없다.

다음에는 사분(四分)을 세웠다. 논에는 '또한 마음과 마음부수를 자세히 분별한다면 응당 사분이 있어야 한다. 견분과 상분과 자증분은 앞에서와 같다. 네 번째는 증자증분이다. 이것이 만약 없다면 누가 세 번째 것을 증명할 수 있겠는가? 마음의 분별은 이미 같아서 모두 증득하여 알기 때문이다.'[236]라고 하였다. 풀이하면, 견분은 마음이 나누어진 것이니 반드시 자증분이 있어야 한다. (자증분도 마음이 나누어진 것이니 응당 네 번째 증자증분(證)이 있어야 한다.[237])

(논에) '또한 자증분은 응당 과(果)가 없어도 되지만, 모든 능량은 모두 과가 있기 때문이다.'[238]라고 하였다. 풀이하면, 견분은 능량이니 반드시 자증과(自證果)가 있어야 하고, 자증량(自證量)도 견분이니 반드시 네 번째 과가 있어야 한다.

혹시 저것을 변명하여 견분으로 세 번째 과라고 할까 염려해서 다음 (논)과 같이 말한다. '응당 견분이 세 번째 과가 되어서는 안 된다. 견분은 어느 때는 비량(非量)[239]에 섭수되기 때문이다. 이 때문에 견분이 세 번째를 증지하지 않고 자체(自體)를 증험한 것은 반드시 현량(現量)[240]이기 때문이

---

236 『成唯識論』卷第二. 大正藏 第31 [0010b17].
237 『성유식론』에 있으나 본문에서는 빠져 있다.
238 『成唯識論』卷第二. 大正藏 第31 [0010b17].
239 비량(非量)은 현량(現量)도 비량(比量)도 아닌 방법으로 파악되는 잘못된 인식이다. 마음이 경계를 연할 적에 경계에 착란하여 허망하게 가리어 올바로 알지 못하여 경계가 마음에 맞지 않은 것이다.
240 현량(現量)은 산스크리트 pratyakṣa의 음역이다. ① 언어와 분별을 떠난 직접 지각이나 직접 체험이다. 주관과 객관의 대립을 떠난 직접 지각이다. 판단이나 추리나 경험 등의 간접 수단에 의하지 않고 대상을 있는 그대로 직접 파악한다. ② 깨달음의 체험. 언어를 떠난, 스스로 체득한 깨달음 그 자체이다.

다.'²⁴¹ 풀이하면, 의미상으로는 견분이 삼량(三量)에 통함을 밝혔다. 삼량은 현량과 비량(比量)²⁴²과 비량(非量)을 말한다. 곧 견분이 상분을 반연할 때 간혹 비량(非量)을 헤아리기도(量) 하지만 비량법(非量法)이 현량과(現量果)가 될 수는 없다. 간혹 견분이 상분을 반연하는 것은 비량(比量)이고, 자증분을 반연하는 것은 현량(現量)이다. 그러므로 자증분은 마음의 본체이기 때문에 비량(比量)과 비량(非量)에게 과가 될 수 있고, 견분은 마음의 본체가 아니기 때문에 자증분에게 그 양과가 될 수 없다. 그러므로 견분이 세 번째(자증분)를 증득해서 알 수 없고, 자체(自體)를 증득해서 아는 것은 반드시 현량이어야만 하기 때문이다. 세 번째와 네 번째 분(자증분과 증자증분)이 이미 현량이기 때문에 서로 증득해서 앎으로 심각한 잘못이 없다. 의미로는 만약 견분으로 능량을 삼는다면 다만 삼분(三分)을 쓰는 것만으로도 만족하겠지만, 만약 견분으로 소량을 삼는다면 반드시 네 번째 것을 빌려서 양과를 삼아야 한다.

전체적으로 비유한다면, 명주는 소량과 같고, 자(尺)는 능량과 같으며, 지혜는 양과와 같으니 곧 자증분이다. 만약 자(尺)로 종(所使)을 삼고 지혜로 주인(能使)을 삼는다면, 어찌 물건이 지혜를 쓰겠는가? 곧 사람이라야 자증분을 증험할 수 있는 것과 같다. 사람은 지혜를 쓸 수 있고 지혜는 사람을 부릴 수가 있다. 그러므로 겪은 일을 증험할 수가 있다. 또 밝은 거울에 비유할 수 있다. 거울 속에 영상은 상분이고, 거울이 밝은 것은 견분이며, 거울의 표면은 자증분과 같고, 거울의 등 쪽은 증자증분과 같다. 표면은 등을 의지하고, 등은 다시 표면에 의지하고 있다. 그러므로 서로 증험할 수 있는 것

---

241 『成唯識論』卷第二. 大正藏 第31 [0010b17].
242 비량(比量)은 산스크리트 anumāna의 음역으로 추리에 의한 인식이다. 어떤 사실을 근거로 해서, 그것과 같은 조건하에 있는 다른 사실을 미루어 헤아린다.

이다. 또한 (구리거울의) 구리는 증자증분이 되니, 거울은 구리에 의지하고 구리는 거울에 의지한다."²⁴³라고 하였다.

《60》 '심식(心識)이 변한다.'라는 것은 『밀엄경』에서 노래하였다.

너희 모든 불자여,
어찌 보고 듣지 않는가!
장식(藏識)의 본체가 청정하여
여러 몸²⁴⁴의 의지처라네.

혹은 서른두 가지 부처의 상호와 전륜왕의 몸이나
혹은 갖가지 형상으로 세간에 보이는 모든 것들이
마치 맑은 허공의 달을 뭇별이 에워싸고 있는 것과 같이
여러 가지 식(識)과 아뢰야식이 이처럼 몸속에 머물고 있네.

비유컨대, 욕계천의 주인이
왕을 호위하여 보배 궁전에서 놀 적에
강이나 바다 등 여러 신이 물속에서 자재한 것과 같이
장식(藏識)이 세상에 처하는 것도 그러한 줄 마땅히 알아야 하고
저 땅에서 여러 가지 생물이 나는 것과 같이
마음도 여러 가지로 나타난다네.

---

243 『大方廣佛華嚴經隨疏演義鈔』卷第三十三. 大正藏 第36 [0251b16].
244 원문에 '或' 자는 '身'의 오식(誤植)이다.

비유컨대, 일천자(태양)가
눈부시게 빛나는 보배 궁전을 타고
수미산을 돌아 두루 흘러 천하를 비추면
하늘이나 세상 사람들이 이를 보고 예경하는 것과 같이
장식(藏識)의 부처님 땅 가운데 모습도 또한 이와 같네.

십지보살은 여러 가지 행을 행하여 대승법을 펼쳐
널리 중생에게 즐거움을 주고 항상 여래를 찬탄하니
보살의 몸을 하고 있어서 보살이라 하는데
부처와 모든 보살은 모두 아뢰야의 이름이라네.

부처님과 모든 불자가
이미 받았고 미래에 수기를 받아서
광대한 아뢰야로
정각을 이루네.

밀엄의 여러 가지 선정에 든 이들이
묘정(妙定)과 상응하여
아뢰야를 명료하게 보나니
부처와 벽지불과 성문, 여러 외도들이네.

이 이치를 보고 두려워하지 않는 이들이
모두 이 식(識)을 보았고
갖가지 여러 식의 경계도
모두 마음으로부터 변하여 나타난 것이라 하네.

병이나 옷 등 여러 가지 물건이
이처럼 자성이 아무것도 없고
모두 아뢰야에 의지하건만
중생이 모두 미혹되게 보네.

여러 가지 습기로
소취(所取)와 능취(能取)[245]가 전변한 것이니
이 성품(性)은 환(幻)과
아지랑이와 모륜(毛輪)[246]과 같은 것이 아니며
태어나는 것도 태어나지 않는 것도 아니며
공(空)도 아니고 또한 유(有)도 아니네.

비유컨대, 길고 짧은 것 등이
하나를 여의고는 아무것도 없는 것과 같이
지혜 있는 자가 환사(幻事)를 살피니
이것들은 모두 오직 환술일 뿐이라네.

일찍이 한 물건도 환과 같이
함께 일어난 적이 없으니
환이나 아지랑이나 모륜(毛輪) 등[247]이

---

[245] 소취(所取)는 경계이고 능취(能取)는 마음이다.
[246] 모륜(毛輪)은 눈병으로 생긴 환상이다.
[247] '모륜(毛輪) 등'의 '등(等)'은 원문의 '和合而可見 離一無和合 過未亦非有 幻事毛輪等' 20자까지 포함한다는 의미이다.

화합했을 때는 볼 수 있으나
하나를 여의고는 화합도 없고
과거나 미래도 또한 있지 않다네.

환사(幻事)인 모륜(毛輪) 등
어디에나 존재하는 여러 물상이
모두 마음이 다른 변화이니
본체가 없고 또한 이름도 없건만

세상에 미혹된 사람이
그 마음이 자재하지 못하여
망령된 능환(能幻)[248]이 있어
환으로 갖가지 사물을 이룬다고 설하네.[249]

환술사가 만든
벽돌이나 기왓장 등의 갖가지 물류가
(움직이고 변화하여) 가고 오는 것 같지만
(이처럼 보이는 것은) 모두 사실이 아니네.

철이 자석에 의해
방향을 움직이는 것 같이

---

248 능환(能幻)은 환상의 주체이다.
249 원문의 '名'은 '物'의 오식(誤植)이다. 이 아래부터 20자 즉, "幻師甄瓦等 所作眾物類 動轉若去來 此見皆非實."이 빠져 있다.

장식(藏識)도 마찬가지로
분별에 따라 이동해서
모든 세간에 두루하지 않는 곳이 없네.

일마니보(日摩尼寶)는
생각이나 분별이 없는 것과 같이
이 식(識)이 모든 처소에 두루 펼쳐져서
이를 보고는 유전한다고 하지만
죽지도 않고 또한 나지도 않아서
본래 유전하는 법이 아니네.

선정을 익히는 자가
생사가 마치 꿈과 같음을 부지런히 관찰하면
이때 의지처를 터득하나니
이를 '해탈'이라 하네.

이것이 모든 부처님의
최상의 교리이니
모든 법을 살피고 헤아리되
마치 저울 같고 밝은 거울과 같으니라.[250]

만약 이 한마음으로 일체법의 정량(定量)을 삼는 자는, 마치 저울로 사물을

---

[250] 『大乘密嚴經』卷中「妙身生品」第二之餘. 大正藏 第16 [0738a18].

달아 근이나 양이 잘못이 없는 것과 같고, 거울이 물상을 비춤에 예쁘고 추한 것을 모두 드러내는 것과 같다.

또한 (賦에서 말한) '심성(心性)'이란, 고인[251]이 해석하되 "한마음에 네 가지가 있다. 첫째는 흘리타야[252]니, 우리말로 '육단심(肉團心)'이라 한다. 몸속의 오장 가운데 심장과 같다. 『황정경』[253]에서 밝힌 것과 같다. 둘째는 연려심(緣慮心)이니, 이것은 팔식(八識)이다. 모두 능히 자분(自分)의 경계를 연려(緣慮)하기 때문이다. 색은 안식(眼識)의 경계이고, 근(根)과 몸(身)과 종자(種子)와 기세계(器世界)는 아뢰야식의 경계이다. 각기 한 부분만을 반연하기 때문에 '자분(自分)'이라 한다. 셋째는 질다야니, 우리말로 '집기심(集起心)'[254]이라 한다. 오직 제8식만이 종자를 적집(集)하여 현행(現行)을 일으키게 한다. 넷째는 건률타야[255]니, 우리말로 '견실심(堅實心)' 또는 '정실심(貞實心)'이라 한다. 이것은 참마음이다."[256]라고 하였다.

그러므로 조사나 부처님 법에서 모두 마음으로 법인(法印)을 삼아 만법

---

251 고인은 규봉종밀이다.
252 흘리타야는 hṛdaya의 음역으로 심장을 뜻한다.
253 『황정경』은 불로장생과 양생에 관한 내용을 담고 있는 동진(317~420) 시대의 도교 경전이다. 황정(비장의 심벌)을 중심으로 하는 도교적 신체구조론에 의거해서 오장신(五臟神)을 비롯한 인체에 머무르는 팔백만 신들의 관상과 호흡법을 닦으면 불로장생을 얻어서 신선이 될 수 있다고 주장한다.
254 집기심(集起心)은 아뢰야식이다. 이 식은 종자, 곧 과거의 경험에 의한 인상이나 잠재력을 모아 여러 현상을 일으키므로 이와 같이 말한다.
255 건률타야는 산스크리트 hṛdaya의 음역으로, 건률타(乾栗馱)·한륨타(汗栗馱)·흘니나야(紇哩娜耶/紇哩娜野)·흘내야(紇哩乃耶)·흘리타야(訖利馱野)·흘리타(紇利陀)라고도 한다. 번역하면 진실심(眞實心)·견실심(堅實心)이다. 중생이 본디부터 갖추고 있는 심성(心性)을 말한다.
256 『禪源諸詮集都序』卷上之一. 大正藏 第48 [0399a16].

에 본보기로 정한 까닭이다. 만약 결정된 믿음으로 들어갈 수 있으면 각기 의심을 거둘 수 있다. 이것을 여의고는 별달리 기특한 것이 없다. 그러므로 '말과 생각이 끊어졌다.'라고 하였다.

11
마음의 원만한 깨달음(圓覺)에서
생멸문과 진여문으로 나누어지네

✝

輪廻, 五蘊

028
움직이고 고요한 경계가
모두 나로 말미암아 이루어지나니
마치 구름이 달리면 달이 흘러가고
배가 가면 언덕이 움직이듯이 《61》

《61》 『원각경』에서 "부처님이 말씀하시되, '선남자여, 모든 세계의 처음과 마지막, 태어나고 죽음, 앞과 뒤, 있고 없음, 모이고 흩어짐, 일어나고 그침, 순간순간과 상속, 순환하며 가고 옴, 갖가지 취하고 버림이 모두 윤회이다. 윤회를 벗어나지 않고 원각(圓覺)을 말한다면 저 원각성(圓覺性)이 곧 유전(流轉)[257]하는 것과 같다. (유전하는 것으로) 만약 윤회를 벗어났다고 한다면 이는 있을 수 없는 일이다. 비유하면, 눈을 움직이면 고요한 물이 흔들리게 보이는 것과 같다. 또한 안정된 눈에도 오히려 불이 회전하는 듯하고, 구름이 달리면 달이 가고, 배가 가면 언덕이 이동하는 것처럼 보이는 것도 마찬가지다.

선남자여, 선회하는 것을 쉬지 않으면 저 물건이 처음에는 머물러 있는 듯하다가도 또한 머무르지 않는다. 더욱이 생사에 윤회하는 오염된 마음으로 청정해지지 않고서 부처님 원각을 관한다면 흔들리고 전복되지 않겠는가?'"[258]라고 하였다.

'비유하면, 눈을 움직이면 고요한 물이 흔들리게 보이는 것과 같다.'라고 한 것은, 고인의 해석에 "피로한 눈으로 물을 보면 물이 움직이는 것처럼 보이거니와, 만약 눈을 깜작이지 않으면 못의 물이 흔들리지 않는다. 만약 망견(妄見)을 제거하면 또한 초목이 생기고 파괴되는 형상이 없다. 눈을 들어 색을 보는 처소는 색음(色陰)에 있고, 몸으로 고락을 받는 처소는 수음(受陰)에 있으며, 마음이 산란한 처소는 상음(想陰)에 있고, 눈으로 태어나고 죽음을 보는 처소는 행음(行陰)에 있으며, 정명(精明)이 고요하여 흔들리지 않는 처소는 식음(識陰)이다. 또한 만약 온몸에 침을 찌르면 모두 알아 분별에 얽매이지 않는 것은 식음이다. 차례대로 분별하면 나머지 식음이다.

그러므로 하나의 생각이 일어나자마자 오음(五陰)이 모두 생겨나고, 미미한 식(識)을 아직 잃어버리지 않으면 육진(六塵)이 멸하지 않음을 알 수 있다. 만약 유식(唯識)의 등불이 항상 비추면 망(妄)이 어디에서 생겨날 것이며, 한마음 지혜의 거울(智鏡)이 항상 밝으면 절대 어두워지지 않는다."[259]라고

---

257 유전(流轉)은 나고 죽음이 끊이지 않고 삼계육도(三界六道)를 계속해서 윤회한다는 뜻이다.
258 『大方廣圓覺修多羅了義經』. 大正藏 第17 [0915c01].
259 『宗鏡錄』卷第八十一. 大正藏 第48 [0862b10].

하였다.

또한 '안정된 눈에도 오히려 불이 회전한다.'라는 것은, 마치 안정된 눈이 빙빙 도는 불 바퀴를 볼 때 눈도 또한 회전하는 것과 같다. 앞에서 '눈이 움직임으로 인해 물이 움직인다.'라는 것은 마음이 움직임으로 인해 경계가 움직인다는 것이다. 뒤에 '불이 움직임으로 인해 마음이 움직인다.'라는 것은 경계가 움직임으로 인해 마음이 움직이는 것이다. 그러므로 마음이 곧 경계이고 경계가 곧 마음이다. 주체(能)·객체(所)가 비록 나누어지지만 하나의 본체는 항상 드러나 있음을 알 수 있다.

그러므로 『화엄소』에서 "가고 오는 것이 끝이 없으나 움직이고 고요한 것이 하나의 근원이다."[260]라고 하였다. '구름이 달리면 달이 가고, 배가 가면 언덕이 이동한다.'라는 것도 마찬가지다. 그러므로 참마음은 움직이지 않건만 망념으로 차이가 이루어짐을 알 수 있다.

『기신론』에서 "다음은 생멸문으로부터 진여문에 들어감을 보이겠다. 이른바 오음을 추구하면 색(色)과 마음뿐이다. 육진경계가 필경 (자체가 없어서 心識을 떠나 밖으로 분별할 만한) 망념이 없고, 마음도 형상이 없어서 시방에서 찾아도 끝내 찾을 수가 없다. 예를 들면, 어리석은 사람이 동쪽을 서쪽이라 하지만 방위가 실제로는 변하지 않는다. 중생도 마찬가지로 무명에 미혹하기 때문에 마음을 망념이라 하지만 마음은 실제로 움직이지 않는다. 만약 잘 관(觀)한다면 마음이 무념(無念)임을 알 수 있다. 곧 (眞如에) 수순하면 진여문에 들어갈 수 있기 때문이다."[261]라고 하였다.

---

[260] 『大方廣佛華嚴經疏』卷第一. 大正藏 第35 [0503a06].
[261] 『大乘起信論』一卷. 大正藏 第32 [0579c20].

029

어미 물고기가 기억해 줌에 새끼가 자라고 《62》
여왕벌이 움직이니 벌의 온 식구가 따르네. 《63》

《62》 마치 물고기가 새끼를 낳고 어미 고기가 기억하지 않으면 새끼들이 문드러져 파괴되거니와, 어미 고기가 만약 기억하여 잊지 않으면 새끼가 생장하는 것과 같다. 독영경(獨影境)²⁶²인 과거 등의 모든 법을 마음이 만약 반연하지 않으면 경계가 앞에 드러나지 않는다. 이처럼 일체 모든 법이 모두 마음이 식(識)을 반연하여 변한다. 만약 마음이 없으면 곧 법이 없다.

《63》 『대지도론』에서 "모든 법이 부처님의 마음에 들어가면 오직 하나의 적멸삼매문(寂滅三昧門)이 헤아릴 수 없는 삼매를 섭수한다. 마치 옷깃 한 자락을 잡아끌면 온 옷이 모두 딸려 오고, 또 여왕벌을 얻으면 나머지 벌을 모두 거느리는 것과 같다."²⁶³라고 하였다. 만약 마음 왕(心王)이 일어나면 마음이 소유한 선악 등의 법이 모두 따른다. 왕이 나가면 온 벼슬아치들이 모두 따라오는 것과 같다.

---

262 독영경(獨影境)은 법상종에서 세운 삼류경(三類境), 즉 성경(性境)·대질경(帶質境)·독영경의 하나이다. 제6 의식의 망상분별에 의해 실아실법(實我實法)의 상(相)이 나타난다. 이 상(相)은 실체가 있는 것이 아니라서, 겨우 의식의 견분이 변현(變現)한 영상이다. 주관이 단독으로 착각하여 객관적으로 존재하지 않지만 존재하는 것처럼 보이는 대상, 곧 환상이다.

263 『大智度論』「初品」中 '欲住六神通釋論' 第四十三(卷二十八), 大正藏 第25 [0268c23].

030
옥새를 찍기 전이나 뒤가 차이가 없으니
여러 현인이 우러러보고
처음부터 끝까지 그릇됨이 없으니
온 성인이 추앙하네.《64》
이런 까닭에 조짐이 있자마자
모두 여기에서 건립되는구나!

《64》 왕의 보인(寶印)을 찍으면 문장이 앞뒤 없이 단박에 드러나고[264], 또 천하를 알맞게 안정시키는 것과 같다. 마치 불법 가운데 만약 심인(心印)이 없으면 불법을 이루지 못하는 것과 같다. 이를 보면 앞도 마음이고 뒤도 마음이며, 예(古)도 마음이고 지금도 마음임을 알 수 있다. 그러므로 "예전에는 성했다가 지금은 쇠약한 것이 아니며, 어리석은 이에게는 없다가 지혜로운 자에게서 나타나는 것도 아니다."라고 하였다. 또 "만법이 한마음에서 벗어나지 않는다."라고도 하였다.『화엄경』에서 노래하였다.

중생의 심행(心行)으로 헤아릴 수는 없지만
평등하게 한마음에 들어갈 수 있나니
지혜문으로 모두 깨닫고
수행에서 물러나지 않아야 하네.[265]

264 『新華嚴經論』卷第八. 大正藏 第36 [0770a04].
265 『大方廣佛華嚴經』卷第三十一「十迴向品」第二十五之九. 大正藏 第10 [0169c10].

이어서,

> 이러한 모든 사람 가운데 주인공은
> 모든 경계에 따라
> 한 생각에 모두 깨닫고
> 보리(菩提)의 행을 버리지 않네.²⁶⁶

또,

> 모든 부처님이 중생의 근기에 따라 짓는 업은
> 무량무변하여 법계와 같고
> 지혜로운 자는 능히 하나의 방편으로
> 모든 것들을 남김없이 분명하게 아네.²⁶⁷

**031
날쌘 말이 채찍을 보고 내달리듯 사리불이 먼저 알아차리고 《65》
향기로운 코끼리처럼 문수보살이 머리 돌려 바라보며 용녀가 직접
구슬을 바치네. 《66》**

---

266 『大方廣佛華嚴經』卷第三十一 「十迴向品」第二十五之九. 大正藏 第10 [0169c10].
267 『大方廣佛華嚴經』卷第三十一 「十迴向品」第二十五之九. 大正藏 第10 [0169c10].

《65》 경²⁶⁸에서 "외도가 부처님께 묻되 '말이 있음도 묻지 않고 말이 없음도 묻지 않을 때 어떠하나이까?' 하니, 부처님이 말없이 묵묵히 앉아 계셨다. 외도가 '훌륭하십니다, 구담²⁶⁹이시여. 저의 미혹의 구름을 걷어 주시어 내가 (깨달음에) 들어갈 수 있게 하시나이다.'라고 하고는 예배하고 밖으로 나갔다.²⁷⁰ 나중에 아난이 '외도는 어떤 도리를 보았기에 찬탄한 것입니까?'라고 물으니, 부처님이 '날랜 말은 채찍 그림자만 보고도 재빨리 정도(正道)에 들어간다.'"라고 하였다.

'추자(鶖子)가 먼저 알았다.'라는 것은, 사리불을 추자라고 하니, 법화회상에서 처음으로 법을 두루 설할 때 가장 먼저 깨달아 맨 먼저 수기를 얻었다.²⁷¹

《66》 '향기로운 코끼리[香象]가 머리를 돌려 바라보았다.'라는 것은, 문수사리가 각성(覺城) 동쪽에서 향기로운 코끼리처럼 머리를 돌려 사부대중을 바라보니 최초로 선재동자가 깨달음을 얻었다.²⁷²

'법화회상에서 용녀가 구슬을 바쳤다.'라는 것은, 여기서 실보(實報)의 축생 여인이 사람 몸을 얻지 못한 것은 계율이 느리기 때문이고, 대승의 마음 종취를 깨달을 수 있었던 것은 대승이 빠르기 때문이다.

『정명경』에서 "마음속으로 일체법이 도량임을 알았는데, 일체지(一切

---

268 경은 『아함경(阿含經)』이다.
269 구담은 산스크리트 gautama의 음사이다. 석가모니의 姓이다.
270 『四明尊者教行錄』卷第四. 大正藏 第46 [0896b17] 참조.
271 『妙法蓮華經玄贊』卷第七「藥草喩品」. 大正藏 第34 [0781a04].
272 『大方廣佛華嚴經』卷第六十二「入法界品」第三十九之三. 大正藏 第10 [0333b27].

智)를 성취하였기 때문이다."²⁷³라고 하였다.『처태경』²⁷⁴에서 "석범의 딸들이 모두 몸을 받지도 않고 몸을 버리지도 않은 채 모두 몸을 나투어 부처를 이루었다."²⁷⁵라고 하였다. 이어서 노래한다.

법의 성품은 대해와 같아
옳고 그름을 설하지 않고
어리석은 범부와 어진 성인이
평등하여 높고 낮음이 없으니
오직 마음의 때가 없어지면
손바닥을 뒤집듯 깨달음을 얻네.²⁷⁶

---

273 『維摩詰所說經』「菩薩品」第四. 大正藏 第14 [0542c10].

274 『처태경』은『菩薩從兜術天降神母胎說廣普經』이다. 전진 시대에 축불념이 365~384년 사이에 장안(長安)에서 번역하였다. 총 7권으로, 부처님이 열반하신 뒤에 관에서 나와 보살들의 요청으로 대승의 법을 설명하는 것이 주요 내용이다.『보살처태경(菩薩處胎經)』·『처태경』·『태경』이라고도 한다.

275 『菩薩處胎經』「諸佛行齊無差別品」第十三. 大正藏 第12 [1034c29].

276 『菩薩處胎經』「諸佛行齊無差別品」第十三. 大正藏 第12 [1035c09].

12
과보는 없어지지 않네

✢

業을 벗어나는 觀法

032
과보 받음에 이미 성쇠가 정해지나니
모두 앞선 인연으로 이루어지고
생각 일으킴에 고락이 따라서 생겨나니
모두 처음의 발원으로 일어나네. 《67》

《67》 오직 식(識)으로 변하고 고정된다. 풍년과 흉년은 마음에서 비롯하고, 음식을 마시고 부리로 쪼는 것은 분수가 있으며, 자신을 따라서 받는 과보는 조금도 유실됨이 없다. 인간 과보의 응답이 마음을 따를 뿐만 아니라 일체 출세간의 공덕도 모두 맨 처음 발심한 마음이 원만한 데 달려 있다.

『화엄연의기』에서 "처음 발심할 때 여래의 한 몸과 무량한 몸을 얻어 법신이 드러난다. 구경의 지혜를 얻어 일체 지혜광명을 획득하면 반야가 드러난다. 마음의 망령된 취착을 여의려는 고요한 선정(寂定)과 비춤의 관(觀照)을 쌍으로 수행해 가면 해탈이 드러난다. 그러므로 이 마음에 거두어지지 않은 덕이 없고, 인(因)이 과(果)의 바다를 갖춘 것은 모두 초심에 달려 있다. '처음 발심할 때 곧 정각을 이룬다.'[277]라는 대목은 「범행품」에 있다.

또한 '처음과 뒤가 원융하다.'라고 한 것은, 처음은 뒤에 의한 처음이고 뒤는 처음에 의한 뒤이다. 연기법에 처음을 여의고는 뒤가 없고 뒤를 여의고는 처음이 없다. 그러므로 처음을 들면 뒤를 거두는 것이다. 만약 법의 성품이 원융함을 든다면 모든 인과가 마음의 성품을 여의지 않는다. 마음의 성품에 계합하여 하나가 되면 그 덕이 거두지 못하는 것이 없다. 일체법이 의지하여 머무는 곳에서 모두 처음 마음이 단박에 원만해지기 때문이다.

「범행품」[278]에서 '만약 보살이 능히 이와 같은 관 수행(觀行)과 상응하여 모든 법에 차별의 견해를 내지 않으면 일체 부처님의 법이 빠르게 눈앞에 나타난다. 초발심할 때 아뇩다라삼먁삼보리를 얻어 일체법이 마음의 자성임을 알아 반야의 몸을 얻는다. 다른 것으로 말미암아 깨닫지 않는다.'[279]라고 하였다.

『십선업도경』[280]에서도 "그때 세존이 용왕에게 말씀하시되, '일체중생의 심상(心想)이 다르므로 업을 짓는 것도 또한 다르다. 이 때문에 모든 취(趣)에 윤회하는 것이다. 용왕이여, 그대는 이 회상과 큰 바다 가운데 있는 형상과 빛깔의 종류가 각기 다름을 보지 않느냐? 이런 것들이 모두 마음으로 짓지 않은 것이 없느니라. (…) 또한 이 대보살들의 미묘한 몸이 장엄되

---

277 『大方廣佛華嚴經』卷第八 「梵行品」第十二. 大正藏 第09 [0449c03].
278 『大方廣佛華嚴經』卷第十七 「梵行品」第十六. 大正藏 第10 [0088c21].
279 『大方廣佛華嚴經隨疏演義鈔』卷第二十七. 大正藏 第36 [0207b08].
280 『십선업도경』은 실차난타(實叉難陀, 652~710)가 한역하였다.

고 청정한 것을 보아라! 모든 것이 선업(善業)의 복덕을 닦고 모음으로 생겨나는 것이다. 또한 여러 천룡팔부 등의 큰 위세도 선업의 복덕으로 생겨나는 것이다. 지금 큰 바다에 있는 모든 중생의 형상과 색깔이 추하고 천하며 크기도 하고 작기도 한 것은 모두 자신의 갖가지 상념으로 말미암아 몸과 말과 생각의 여러 가지 불선업(不善業)을 지었기 때문이다. 그러므로 업에 따라 각기 스스로 과보를 받는 것이다."[281]라고 하였다. 이를 보면 경계가 업식(業識)에 따라 변하므로 유심(唯心)을 설하는 줄 알 수 있다.

깨끗하지 않은 재물은 변하여 피고름이 되고, 자신의 몫이 아닌 보물은 변화하여 독사가 된다. 예전에 어떤 창녀가 돈을 보시하여 보광왕사(普光王寺)를 지으려 하였다. 이 일을 주관하는 자가 받지 않고 절 동북쪽에 묻어 두도록 하였다. 나중에 파 보니 모두 변하여 피가 되어 있었다. 근래에도 양을 도살하는 자가 죽통 속에 돈을 모아 두었다. 죽은 후에 어머니가 열어 보니 붉은 피가 되어 있었다.

고덕이 "중생세계해에 의지하여 사는 모습이 고통스럽고 즐거우며, 깨끗하고 더러운 것이 모두 자신 업의 과보로 장엄한 것이지 다른 이유가 없다. 모든 부처님과 보살의 세계 바다는 모두 대원력인 자신의 청정한 법의 성품의 힘과 대자비 지혜의 힘과 부사의한 변화의 힘으로 성취한 것이다."[282]라고 하였다. 그러므로 더럽고 청정한 연기가 자신의 마음에서 벗어나지 않고, 세계의 결과가 이루어진 것도 또한 별다른 본체가 없음을 알 수 있다. 경에서 노래하였다.

---

281 『十善業道經』. 大正藏 第15 [0157c07].
282 『新華嚴經論』卷第十三「世界成就品」第四. 大正藏 第36 [0801a25].

마음의 바다에서 생겨나고
마음의 알음알이를 따라 머무르니
환과 같고 처소가 없으니
일체가 분별이라네.[283]

이어서 노래한다.

처음 한 생각에서 마지막 겁에 이르기까지
모두 중생의 심상(心想)에 의해 생겨났나니
일체 가없는 찰해(刹海)의 겁을
한 가지 방편으로 모두 청정하게 하네.[284]

또한 유식(唯識)이 변한 결과이니 과보로 응함에 차이가 없다. 네 마리 말이 끄는 천 대의 수레와 하나의 표주박이 각기 그 분수에 달렸다. 고관대작의 화려한 집이 모두 그 인연에 따른다. 선악현행(善惡現行)의 마음에 따라 넉넉하고 검소한 업의 강물이 흘러간다.

『전정록』[285]에 이런 이야기가 있다. 한의 진공(晉公)이 중서(中書)[286]에서 한 관리를 불렀는데, 제때 오지 않자 공이 노하여 이자를 때리려 하였다. 관리가 "저는 소속된 곳이 있어 부득불 갑자기 오게 되었습니다. 바라건대 죄를 용서해 주소서."라고 하였다. 진공이 "재상의 관리가 다시 누구에게

---

283 『大方廣佛華嚴經』卷第七「世界成就品」第四. 大正藏 第10 [0036c01].
284 『大方廣佛華嚴經』卷第七「世界成就品」第四. 大正藏 第10 [0038a01].
285 『전정록』은 당나라 종로(鍾輅)가 전정(田政)의 일 스물세 가지를 기록한 책이다.
286 중서(中書)는 관청 이름이다.

속한단 말인가?"라고 하니, 관리가 "저는 불행하여 음사(陰司)에 속하나이다."라고 하였다. 진공이 거짓말이라고 여기고 노하여 "이미 음사에 속한다면 관할하는 것은 무엇인가?"라고 하였다. "저는 삼품 이상의 식료를 주관하나이다."라고 하였다. 진공이 "그렇다면 나는 내일 필시 어떤 음식을 먹는가?" 하니, "이것은 중요한 일이라 밝힐 수가 없나이다. 종이에 써서 드리겠으니 나중에 확인해 보소서."라고 하였다.

그리하여 그렇게 할 작정으로 그 관리를 묶어 놓았다. 다음 날 아침 갑자기 임금이 불러 등청하였다. 때마침 대관이 음식을 바치니 떡국 한 그릇이었다. 임금이 반을 들어 진공에게 주며 먹게 하고, 잘 먹으니 또 주었다. 배가 불러 집으로 돌아와 의사를 불러 살펴보았다. "음식에 체했으니 소율피탕(少橘皮湯)을 마시도록 하십시오. 그리고 밤에 장수죽(漿水粥)287을 마시면 다음 날 나을 것입니다."라고 하였다. 어제저녁 관리가 한 말이 생각나 그를 불러 그 글을 살펴보니 모두 그의 말과 같았다. 그래서 공이 다시 "인간의 음식은 모두 기록되어 있는가?" 하고 물으니, "삼품 이상은 매일 다르고, 오품 이상 권위가 있는 자는 열흘마다 다르며, 무릇 육품은 계절마다 다르고, 식록(食祿)이 없는 자는 해마다 다르나이다."라고 대답하였다.

또 이런 이야기가 있다. 경조부 조군 이민구(李敏求)는 응당 벼슬에 나아가야 하는데도 예부에 들어가는 시험에 낙방하여 태화 9년에 선평리에서 떠돌이로 살고 있었다. 어느 날 저녁 무릎을 싸안고 쓸쓸히 앉아 있는데, 홀연히 술에 취한 듯하더니 갑자기 혼이 몸에서 빠져나갔다. 약 육칠십 리를 걸어가 한 성문 밖에 이르니 수백수천 명이나 되는 많은 사람이 모여 있는데, 홀연히 한 사람이 나와 절을 하였다. 민구가 "그대는 누구시오?"라고

---

287 장수죽(漿水粥)은 쌀로 쑨 신맛 나는 죽이다.

하니, "저는 이안(李岸)이라는 사람입니다."라고 대답하였다. 민구가 "그대는 연전에 나를 따라 여행하다 경주에서 죽었지 않은가? 그런데 어떻게 여기에 있는가?"라고 물었다. "저는 이십이랑[288]과 헤어진 후에 유십팔랑[289]을 섬겼는데, 관직이 매우 뛰어나고 성대하나이다. 이십이랑께서 이왕 여기에 왔으니 또한 그를 한 번 뵙기를 바라나이다."라고 하였다.

마침내 수많은 사람 속에서 그를 이끌고 들어가 뵙기를 주선하였다. 문에 들어가니 양쪽 회랑에 수많은 의관을 한 이들이 있었다. 혹은 근심하며 서 있는 자가 있고, 혹은 흰옷을 입은 자가 있으며, 혹은 목판이나 철판에 글을 쓰는 자가 있고, 혹은 문서를 올리려는 자도 있었다. 그 복색이 대체로 검푸르거나 붉은색이 많았는데 가끔 녹색도 있었다. 그리하여 관청에 이르니 유가 팔짱을 끼고 앉아 그에게 말하되 "공은 어떻게 여기에 왔습니까? 다른 사람에게 꼬임을 당한 건 아닙니까? 나의 힘이 미치니 공은 빨리 나가십시오. 여기는 오래 머물 곳이 못 됩니다."라고 하였다. 민구가 지금까지 있은 일을 자세히 대답하니, 유가 관리에게 명하여 데리고 나가게 하였다.

나가려다가 간절히 장래의 일을 알고자 하였다. 유가 "인생에서 한평생 한 번 밥 먹는 것과 한 번 잠자는 것이 예전에 이미 정해지지 않은 것이 없습니다. 사람에게 알려 주지 않는 것은 군자는 덕에 나아가고 업을 짓지 않고, 소인은 청각장애인이 될까 염려한 것입니다. 그대가 굳이 알고자 하면 어려운 일도 아닙니다."라고 하였다. 한 관리를 불러 민구를 안내하도록 했다. 동원에 이르니 백여 칸이나 되는 집이 있는데, 땅에서 집에 이르도록 서가에 문서와 장부가 가득하였다. 예언을 적은 문서를 일일이 보더니 관

---

[288] 이십이랑은 스물두 번째 아들로, 곧 이민구(李敏求)를 말한다.
[289] 유십팔랑은 유씨 성을 가진 열여덟 번째 아들이다.

리가 한 권을 꺼내 석 줄을 보여 주었다. 첫 줄에는 '태화 2년에 과거에 낙방할 것이다.'라고 되어 있었고, 둘째 줄에는 '아무 년에 이재의 집에서 돈 20만 전을 얻을 것이다.'라고 되어 있었으며, 세 번째 줄에는 '장평자에게 벼슬을 얻을 것이다.'라고 되어 있었다. 나머지는 보여 주지 않았다.

민구가 정신이 깨어나서는 그 사실을 책갈피에 구체적으로 적어 놓았다. 다음 해에 객이 되어 서경을 여행하다 보니 때를 놓쳐 과거를 보지 못했고, 다음 해에는 위씨에게 장가갔는데 위씨의 외할아버지 이재가 별장을 팔려고 한다면서 민구를 불러 팔게 하였다. 민구가 친한 이를 찾아가 이를 팔아 값 2백만 전을 받아 내니, 이재가 곧 20만 전을 수고비로 민구에게 주었다. 그 후에 채권으로 사용하여 4만 전을 벌었다. 그때 민구가 만년위의 호조와 사이가 좋아 구십군(萬年尉를 말함)이 쓸 돈을 청하고, 이재도 또한 수고비로 주니 합계가 24만 전이나 되었다. 다음 해에 조상의 공훈으로 하북에 있는 현의 벼슬을 받았는데, 장평자의 묘가 있었다. 그때 이야기꾼이 "그 현의 이름을 잊어버렸으니 아는 자를 기다리노라."라고 하였다.[290]

033
아름답다거나 추하다는 실체가 없으나
생각으로 갖게 되나니 《68》
마치 소리와 메아리가 그윽이 합하고
몸과 그림자가 서로 따르듯이 《69》

---

[290] 『宗鏡錄』卷第七十一. 大正藏 第48 [0815b12].

《68》 일체 만법은 제8식으로 인해 갖게 된다. 일체 좋고 나쁜 것은 제6 의식의 분별로 일어난다.

《69》 마음이 곧으면 하는 일이 곧고, 마음이 사악하면 법도 사악하다. 다만 마음을 따라 열리고 합할 뿐 다시 별다른 뜻이 없다. 정의롭게 죽이는 것과 실수로 죽이는 것, 실제대로 받은 과보나 거짓으로 받은 과보가 털끝만큼도 다르지 않고 조금도 변함이 없다. 이미 자기 마음과 입으로 한 것은 도로 자기 마음과 입으로 받는다.

『자경록』[291]에서 "예전에 월씨국성[292] 서쪽에 큰 산이 있었는데 이월벽지불(離越辟支佛)이 머물던 곳이다. 여기서 얼마 떨어지지 않은 곳에서 어떤 사람이 소를 잃었다. 이 산에 이르러 벽지불이 나무를 불태워 옷을 염색하는 것을 보았다. 그러자 숙세의 업력으로 그때 발우가 변하여 소머리가 되었고, 법복이 변하여 소가죽이 되었으며, 물들인 즙이 변하여 피가 되었고, 물들인 재 앙금이 변하여 살이 되었으며, 나무가 변하여 뼈가 되었다. 그 자취가 이미 그렇게 되었으니, 마침내 소 주인에게 붙잡혀 감옥에 들어갔다. 제자가 다방면으로 찾았으나 있는 곳을 알 수가 없었다.

어느덧 세월이 흘러 20년이나 지났다. 나중에 인연을 만나 감옥에 있음을 알고 왕에게 아뢰었다. '우리 스님이 감옥에 있으니 바라건대 왕은 방면해 주소서.'라고 하였다. 왕이 감옥지기에게 묻되 '스님이 있는가?' 하니, 옥지기가 '스님은 없습니다.'라고 하였다. 제자가 왕에게 '옥중의 사문은 나

---

291 『자경록』은 『석문자경록』이다. 당나라 회신이 지은 불교설화집이다. 정확한 성립 연대는 알 수 없다. 대부분 남북조 시대부터 당대까지의 설화이다. 인과응보의 사적을 모은 것으로 당시의 불교 신앙을 엿볼 수 있는 귀중한 자료이다. 『신수대장경』 제51권에 실려 있다.
292 월씨국은 서기전 3세기부터 서기 5세기까지 중인도에서 활동한 나라이다.

오라! 하고 불러 주시면 저희 스승이 스스로 나올 것입니다.'라고 하였다. 옥지기가 부르니 이윽고 벽지불이 곧 나왔다.

이 벽지불이 감옥에 있은 지가 이미 오래되었으므로 머리카락은 길고 옷은 낡아 사문의 형색을 알아볼 수가 없었다. 여러 제자가 예배를 드리고 '스님은 무슨 연유로 여기에 있나이까?'라고 물었다. 스승이 위의 그때 일을 이야기하여 주었다. 제자가 다시 '숙세에 무슨 인연을 지었기에 지금 여기에 이르게 되었나이까?'라고 물었다. 스승이 '내가 예전에 남이 소 훔치는 것을 비방하여 이런 꼴이 되었느니라.'"[293]라고 하였다.

그러므로 경에서 "가령 백천 겁이라도 지은 업은 없어지지 않아서 인연을 만나면 과보를 스스로 돌려받는다."[294]라고 하였다.

---

[293] 『釋門自鏡錄』 卷上 '西域聖者離越辟支佛曾謗人偸牛得報事'. 大正藏 第51 [0803c11].
[294] 『首楞嚴經義海』 卷第十九 (經六之三) 頗九. 永樂北藏 第168 [0645a02]. "標經云 (…)."

13
무심(無心)의 약은
모든 병을 치유할 수 있네

✧

禪定의 無緣知와 無明의 어둠

034
본성은 기이하여
헤아릴 수 없으니
아가타약을 먹은 것과 같고
좋은 유미죽을 먹은 것과 같으며 《70》

《70》 경에서 "아가타약의 공은 모든 약을 합해 놓은 것과 같아서 모든 병을 낫게 할 수 있다."[295]라고 하였다. 또 경에서 "유미죽을 먹으면 더 필요한

---

295 『摩訶止觀』卷第一(下). 大正藏 第46 [0008a06].

것이 없다."²⁹⁶라고 하였다. 더욱이 마음을 깨달은 사람이 모든 것을 다 구족함이겠는가!

    035
    여의수가
    다함없는 보배 비를 내리는 것과 같고《71》
    수청주가
    온갖 혼탁한 연못을 깨끗하게 하는 것과 같네.《72》

《71》 여의수는 일체중생의 마음에서 생각하는 것에 따라 모든 보배 비를 내린다. 이렇듯 마음도 또한 그러하여 생각에 따라 만법을 출생함에 끝이 없다.

《72》 큰 수청주는 흐린 물을 깨끗이 할 수 있다. 마치 한마음을 깨달으면 모든 번뇌 경계를 파괴할 수 있는 것과 같다.²⁹⁷

    036
    제일의천(第一義天)에 오르면
    부처님(大仙)을 바로 만나는 날이고

---

296 『摩訶止觀』卷第一(下). 大正藏 第46 [0008a06].
297 『大般若波羅蜜多經』卷第五百七十二「第六分顯德品」第十一. 大正藏 第07 [0953c16].

**보광명전에 오르면
바로 법계를 알현하는 시절이네.《73》**

《73》 교(敎)에 '제일의천(第一義天)'²⁹⁸이 있다. 그러므로 부처님을 '하늘 중의 하늘'이라 하고 '대선(大仙)'이라고도 한다.

'보광명전'이란 『화엄경』에서 "부처님이 보광명전에 오르사 화엄경을 설하였다."²⁹⁹라고 하는 곳이다. 『화엄경』은 법계로 종지를 삼는다. 『법화경』에서 "선정과 지혜의 힘으로 법의 국토를 얻어 삼계의 왕이 된다."³⁰⁰라고 한 것과 같다.

또 '보광명지(普光明智)'란 등각에서 설하거나 묘각에서 설하는 것으로, 지위에 준거한 지혜이다. 보광명지는 인과에 속하지 않지만 인과를 갖고 있다. 그것은 자각성지(自覺聖智)³⁰¹로 최고로 뛰어난 인과이기 때문이다. 7권 『능가경』에서는 묘각위(妙覺位) 밖에 다시 자각성지위(自覺聖智位)를 세웠다. 또한 부처님의 성품에 인(因)이 있고 과(果)가 있으며, 인의 인이 있고, 과의 과가 있는 것과 같다. 인으로 취하면 인불성(因佛性)이고, 과로 취하면 과불성(果佛性)이다. 그렇다면 부처님의 성품은 인이 아니고 과가 아닌 것처럼, 보광명지도 마찬가지로 본체에서는 인과가 끊어졌지만 인과의 의지처가 된다. 과가 바야흐로 구경에 이르므로 '여래보광명지(如來普光明智)'라고 한다.³⁰²

---

298 제일의천(第一義天)은 제일의공(第一義空)의 묘한 이치를 하늘에 비유하여 이르는 말이다.
299 『大方廣佛華嚴經』卷第十二「如來名號品」第七. 大正藏 第10 [0057c23].
300 『妙法蓮華經』卷第五「安樂行品」第十四. 大正藏 第09 [0039a01].
301 자각성지(自覺聖智)는 스승 없이 스스로 깨쳐 얻은 지혜를 말한다.
302 『大方廣佛華嚴經隨疏演義鈔』卷第七十三「十定品」第二十七. 大正藏 第36 [0579c24] 참조.

037

진제(眞諦)에 합하여 고요히 비추고
허공을 머금어 빛을 토하니 《74》
망상(罔象)이 밝은 구슬을 얻고 《75》
희이(希夷)가 으뜸의 법요로다. 《76》

《74》 『조론』에서 "현묘한 도는 오묘한 깨달음에 있고, 오묘한 깨달음은 즉진(卽眞)[303]한다. 즉진(卽眞)은 유무(有無)를 가지런히 바라봄이다. 유무를 가지런히 바라보면 남과 내가 둘이 아니다. 그러므로 하늘과 땅도 나와 같은 뿌리이고 만물도 나와 하나의 몸이다. 나와 하나라면 다시 유무가 없고, 나와 다르다면 회통(會通)[304]에 어긋난다. 그러므로 벗어나 있지도 않고 그곳에 있지도 않아서, 도는 그 가운데 있다."[305]라고 하였다.

이어서 "지인(至人)[306]은 텅 빈 마음으로 묵묵히 비추어 사리에 통합하지 않음이 없다. 가슴속에 육합(六合)[307]을 품어 신령하게 비추고도 남음이 있고, 마음(方寸)에서 만유를 비추나 그 정신은 항상 비어 있다."[308]라고 하였다.

《75》 황제(黃帝)가 적수에서 검은 구슬을 찾으니, 이루라는 신하가 백 걸

---

303 즉진(卽眞)은 섭위(攝位)·감국(監國)에서 정식으로 왕위에 오른다는 뜻이다.
304 회통(會通)은 화회소통(和會疏通)의 준말이다. 언뜻 보기에 서로 모순되고 어긋나는 것 같은 여러 가지 주장을 모아 한뜻으로 돌아가게 하는 것이다.
305 『肇論』「涅槃無名論」第四 '妙存' 第七. 大正藏 第45 [0159b20].
306 지인(至人)은 『장자(莊子)』「내편(內篇) 소요유(逍遙遊)」와 『후한서(後漢書)』에 나오는 말이다.
307 육합(六合)은 천지(天地)와 사방(四方)이다.
308 『肇論』「涅槃無名論」第四 '妙存' 第七. 大正藏 第45 [0159b20].

음에서 털끝은 볼 수 있으나 이를 찾을 수가 없었는데, 망상(罔象)이 이를 찾을 수 있었으니, 망상은 곧 무심(無心)이다.³⁰⁹ 그러므로 「농주음」³¹⁰에서 "망상의 무심이라야 구슬을 얻나니, 볼 수 있고 들을 수 있는 것은 허위이네."³¹¹라고 하였다.

《76》 눈으로 보지 못하는 것을 '희(希)'라 하고, 귀로 듣지 못하는 것을 '이(夷)'라 한다.³¹² 그러므로 "무심이라야 도가 나타난다."라고 하였다. 또한 "무심은 형상이 없어서 보고 들으며 지각하고 앎으로 알 수 있는 것이 아니다."라고 하였다.

---

309 『肇論疏』卷中 「般若無知論」. 大正藏 第45 [0177a16].
310 「농주음」은 단하 화상이 지었다.
311 『景德傳燈錄』卷第三十 「丹霞和尚翫珠吟」二首. 大正藏 第51 [0463b16].
312 『肇論疏』卷上序. 大正藏 第45 [0168c08].

14
한마음 치자꽃 향기가 중생계에 가득하네

여래의 圓音과 몸, 방(室), 향기

038
은혜는 뭇 중생을 덮지만, 집착이 없으니
의도도 조작도 없고 《77》
빛은 온갖 형체를 나타내지만, 생각이 끊어졌으니
앎도 비춤도 없네. 《78》

《77》 『조론』에서 "대저 성인의 공덕은 이의(二儀)[313]보다 높으나 어질지 않고, 밝음은 일월을 넘으나 매우 어둡다."[314]라고 하였다. 주(註)[315]에

313　이의(二儀)는 하늘과 땅이다.
314　『肇論』「般若無知論」第三. 大正藏 第45 [0153b26].

서 "그러므로 성인은 어질지 않아 백성으로 추구(芻狗)³¹⁶를 삼고, 천지는 어질지 않아 만물로 추구를 삼으니, 추구는 짖고 지키는 공이 없다. '어질지 않다.'라는 것은 은혜를 베풀되 과보를 바라지 않는 것이다. '매우 어둡다.'라는 것은 비추되 비춤이 없다. 곧 무심(無心)이다."³¹⁷라고 하였다.

《78》 『영가집』³¹⁸에서 "만약 '앎(知)으로 고요함(寂)을 안다.'³¹⁹라고 할 때 이것(知)은 인연 없는 앎(無緣知)이 아니다. 마치 손으로 여의주를 잡았다고 여의주와 손이 없는 것이 아닌 것과 같다. 만약 자신의 앎(知)으로 알더라도 또한 인연 없는 앎이 아니다. 마치 손으로 주먹을 만들면 손이 없는 주먹이 아닌 것과 같다.³²⁰ 나아가 앎으로 고요함을 알지 않고, 또한 자신의 앎으로 알지 않더라도 앎이 없을 수는 없다. 성품이 분명하기 때문에 목석과는 같지 않다.³²¹ 손으로 물건을 잡지 않고 또한 주먹을 만들지 않더라

---

315 주(註)는 당나라 원강(元康)이 지은 『조론주(肇論註)』이다.

316 추구(芻狗)는 제사 때 쓰는 짚으로 만든 개다. 실재가 아님을 비유한다.

317 『肇論疏』卷中「般若無知論」. 大正藏 第45 [0178b01].

318 『영가집』은 명나라 천태산(天台山) 유계사문(幽溪沙門) 전등(傳燈)의 중편주(重編幷註)에 이러한 내용이 기록되어 있다.

319 '앎(知)으로 고요함(寂)을 안다.'라는 것은 곧 성성(惺惺)으로 적적(寂寂)을 비추는 것이다. 여기서 知寂의 '寂'은 寂이고, '知'는 惺이다. 그런데 능성(能惺)의 知로 소적(所寂)의 경계를 비추면 능(能)·소(所)가 분명하고 상대가 성립하니, 이 같은 知는 무연지(無緣知)가 아니니다.

320 이 문의 이해는 다음과 같다. 자지(自知)로 안다는 것이 이미 知로 寂을 아는 것보다는 낫지만, 오히려 아직 능·소를 잃지 못했기 때문에 무연(無緣)의 지가 아니다. '손으로 주먹을 만들면 손이 없는 주먹이 아닌 것과 같다.'라고 한 것은, '손'은 능지(能知)에 비유하고 '주먹'은 소지(所知)에 비유하였다. 비록 여의었으나 본래의 주먹으로 돌아가고, 주먹이 비록 손이지만 오히려 생각을 내어 이것을 만든 것이다. 또 결국 능·소 두 가지 형상이 있다. 자지(自知)로 그 소지(所知)를 아니, 결국 반연함을 잃지 않았음을 비유한 것이다.

321 위의 문에서는 잘못을 판별하였고 여기서는 옳음을 밝혔다. 이를테면 또한 능지(能知)로

도 손이 없을 수는 없는 것과 같다. 손은 분명히 있으므로 토끼뿔과는 같지 않다.³²²"³²³라고 하였다. (또) "이것이 선종의 미묘함이기에 여기에서 인용하였다. 그렇지만 조금 다르다. 저는 단지 인연 없는 참된 앎(無緣眞知)만이 참된 도라는 것을 밝혔다. 만약 이를 비판한다면 단지 본심이 망령된 마음을 따르지 않았다고 하더라도 아직 지혜로 마음의 근원을 비추지는 못하였다. 그러므로 응당 주체(能)와 객체(所)가 평등하니, 평등하게 비춤을 잃지 않아야 앎이 없는 앎(無知知)이 된다. 이 앎으로 공적무생(空寂無生)의 여래장성(如來藏性)을 알아야만 비로소 미묘하다."³²⁴라고 하였다.

039
이렇듯 중생계가 불국토 되고
망념이 원음(圓音)에 계합하니 《79》
다만 금색세계를 나타낼 뿐이고 《80》
오직 치자꽃 원림(園林)의 향기를 맡을 뿐이네. 《81》

아는 것도 아니고 그 적(寂)도 또한 자지(自知)로 아는 것이 아니다. 그 지(知)는 두 가지를 벗어났으니 능(能)도 없고 소(所)도 없다. 이와 같이 둘 다 없다는 것은 아주 완벽히 앎이 없다는 것을 말하는 것은 아니다. '목석과 같다.'라고 한 것이 이것이다. 그러므로 '앎이 없을 수는 없다.'라고 하였다. 그 가운데 자성(自性)이 환히 알고 항상 안다. 그러므로 무정(無情)과는 같지 않다.

322 "손으로 물건을 잡지 않았다."라고 한 것은 처음 것에서 벗어났음을 비유하고, 또 "주먹을 만들지 않았다."라고 한 것은 다음 것에서 벗어났음을 비유하며, "손이 없을 수는 없다."라고 한 것은 그 가운데 굳이 벗어날 것이 없음을 비유하였다. 손은 분명히 있어서 전과 같아서 토끼뿔이 헛된 이름만 있고 실체가 없는 것과는 같지 않다.
323 『禪宗永嘉集』「奢摩他頌」第四. 大正藏 第48 [0389b21].
324 『大方廣佛華嚴經隨疏演義鈔』卷第三十七. 大正藏 第36 [0284a25] 참조.

《79》 『심요전』³²⁵에서 "마음 마음이 부처이니, 한마음이 부처님의 마음이 아님이 없다. 곳곳에서 도를 이루니, 하나의 먼지도 불국토 아님이 없다."³²⁶라고 하였다. 또한 『유심결』³²⁷에서 노래하였다.

바위에 자란 나무와 마당의 향부자가
각기 끝없는 묘용을 뿜내고
원숭이 울음과 새소리가
모두 둘 아님의 원음(圓音)을 노래하네.³²⁸

또한 "부처님이 일음(一音)으로 법을 연설하시니 중생이 유형에 따라 각기 이해한다."³²⁹라고 하였다. (또) "마치 만월은 하나의 원형일 뿐이나 그릇에 따라 달라서 여러 가지 영상을 나타내는 것과 같다. 이를테면 많음이 곧 하나인데, 만약 많음이 하나가 아니라면 일음이 아니다. 하나가 다시 많음인데, 만약 하나가 많음이 아니라면 곧 원음(圓音)이 아니다."³³⁰라고 하였다.

《80》 『화엄경』에서 "일체처의 문수사리가 금색세계로부터 왔다."³³¹라고 하였다. '금색'은 일체중생 자신의 마음에 희고 깨끗한 색이고, '문수'는

---

325 『심요전』은 청량국사 징관이 당의 순종 황제와 그 태자의 물음에 답신한 글을 엮은 책이다.
326 『華嚴心要法門註』「答順宗心要法門」. 卍新續藏 第58 [0426b20].
327 『유심결』은 영명연수 자신의 글이다.
328 『永明智覺禪師唯心訣』. 大正藏 第48 [0993c14].
329 『大寶積經』卷第六十二「阿修羅王授記品」第三. 大正藏 第11 [0361b02].
330 『大方廣佛華嚴經隨疏演義鈔』卷第七十九「如來出現品」第三十七. 大正藏 第36 [0616c05].
331 『大方廣佛華嚴經』卷第五「如來光明覺品」第五. 大正藏 第09 [0423a04].

자신의 마음에 의지하거나 집착함이 없는 성품(無依住性)이 묘한 지혜의 해탈(妙慧解脫)이라는 것을 믿는 바로 문수 자신이다.

사람이나 법이 모두 자신의 마음에서 표출한 법이다. 『법화경』에서 "(선남자 선여인이) 들어간 여래의 방은 중생의 대자비심이다."[332]라고 하였다. 어찌 형상 있는 집에 들어간 것이겠는가? 그러므로 우두종 제1조 법융 대사와 천태지자 대사[333]의 경전 해석들은 모두 마음을 관조한 해석들이다. 이와 같은 것이라야 부처와 조사의 마음속 깊이 계합한 것이다.

《81》 『정명경』에서 "방장 안에서는 오직 대승 한마음의 뜻을 이야기할 뿐이다."라고 한 것과 같다. 그러므로 오직 치자꽃 향기를 맡을 뿐이고, 그 밖에 삼승의 향기를 맡지 않는다.

---

[332] 『妙法蓮華經』第四「法師品」第十. 大正藏第09 [0031c21]. "如來室者 一切眾生中大慈悲心是."

[333] 천태지자 대사는 지의(智顗, 538~597)이다. 수나라의 승려로 천태종의 개조이다. 18세에 출가하여 율장과 비담(毘曇)·성실(成實)·선법(禪法) 등을 배워 익혔다. 그 후 남악대사(南岳大師) 혜사(慧思)의 문중에 들어가 지관법문(止觀法門), 삼론계(三論界)의 교리와 선관(禪觀), 달마선(達磨禪) 등 소위 북방계의 교리를 이어받고 법화삼매(法華三昧)에 의하여 대오(大悟)하였다. 천태산에 들어가 수도하고, 금릉에서 다시 『대지도론(大智度論)』·『인왕반야경(仁王般若經)』·『법화경(法華經)』 등을 강론하였다. 고향 형주에 돌아가 옥천사(玉泉寺)를 세우고 천태삼대부(天台三大部)인 『법화현의(法華玄義)』·『법화문구(法華文句)』·『마하지관(摩訶止觀)』을 강설하였다.

15
미혹된 마음은 진여를 바탕으로 하고 있네

✢

三解脫門, 大總相法門, 唯識三性과 二門(生滅 眞如)

040
상인의 보배와 비교하지 말지니 《82》
어찌 나무꾼의 금과 같겠는가 《83》
다름을 싫어하고 같음을 좋아하여 망정은 스스로 막히고 《84》
이것(妄念)을 버리고 저것(眞如)을 취하니 이치에 언제나 맞닿아 있네. 《85》

《82》 상인이 보배를 캐어 설사 여주(驪珠)를 얻더라도 모두 세상의 보배여서 한갓 공력만 허비한 것일 뿐이다. 『관자』[334]에서 "이익이 있는 곳이면

---

[334] 『관자』는 춘추 시대의 제나라 재상 관중이 부민, 치국, 경신, 포교를 서술하고 패도정치를

비록 천 길이나 되는 산이라도 오르지 않는 곳이 없고, 깊은 구덩이 아래라도 들어가지 않는 곳이 없다. 상인이 교역함에 거리가 갑절이나 되면 속도를 곱절이나 하며, 밤을 낮 삼아 천 리가 멀다고 여기지 않는 것은 이익이 앞에 있기 때문이다. 어부가 바다에 들어가 백 자나 되는 바닷물이라도 파도를 헤치고 거슬러 나아가서 밤을 새우고 나오지 않는 것은 이익이 물에 있기 때문이다."**335**라고 하였다. 이것은 세상에서 고통을 감내하며 이익을 구하는 것일 따름이다.

만약 굳게 도를 구하되, 밤낮으로 피로를 잊고 밖을 향해 구하지 않으며 마음을 비우고 생각을 깨끗이 하여 밀실에 고요히 앉아 가부좌하고 정신을 편안하게 하는 것은 이익이 마음에 있기 때문이다. 이익이 있는 곳이라면 구하여 얻지 않음이 없는데, 더욱이 도(道)는 마음에 있으니 믿으면 얻지 않을 수 없다.

그러므로 모범으로 삼을 만한 교훈의 말씀은 잠시라도 버려서는 안 된다. 뼈에 새기고 큰 띠에 써 놓아 정신을 차리고 심식(心識)에 스며들게 해야 한다. 까닭에 초장왕**336**이 천 수레의 나라를 가볍게 여기고 신숙의 한마디 말을 중하게 여겼으며, 범헌이 만 평의 논을 천하게 여기고 배에 같이 탄 사람의 한마디 말을 귀하게 여겼다. 이처럼 집안을 이루고 나라를 세움에도 오히려 보물을 가볍게 여기고 말을 소중하게 여겼다. 더욱이 마음의 본바탕을 찬양한 법문과 여러 부처님의 비밀한 말씀은 말이 떨어지자마자 무생법인(無生法忍)**337**에 계합하게 한다. 이를 듣고 위대한 도를 이루는데, 어찌

역설한 책이다.

335 『觀心玄樞』卷一. 卍新續藏 第65 [0435a13].

336 초장왕은 초나라의 22대 군주이다.

337 무생법인(無生法忍)은 산스크리트 anutpattika-dharma-kṣānti로, 모든 법의 불생불멸을

오만불손하게 가벼이 여길 수 있겠는가.

《83》 나무꾼이 땔나무를 지고 돌아오다가 길에서 황금을 만나면 땔나무를 버리고 금을 줍는 것은 값이 만 배나 더 나가기 때문이다. 더욱이 거짓(僞)을 버리고 참(眞)으로 돌아오는 것이겠는가. 방편의 점차로 수행하는 불요의교(不了義敎)에 의지하지 않고 바로 한마음의 실교(實敎)의 문에 들어가는 것은 배운 공정이 하루와 겁만큼이나 서로 차이가 있다.『고적음』에서 노래한다.

> 미혹하지 않는 것은 반드시 미혹하지 않는 마음이 있고
> 볼 때는 얕고 얕으나 사용할 때는 깊네.
> 만약 이 진주를 캐어 얻으면
> 어찌 나무꾼이 얻는 황금과 같으랴.
> 황금은 제련하면 변하여 새로운 것이 되겠지만
> 이 구슬은 광명을 머금었으나 사람들에게 드러내 보일 수 없네.
> 깨달으면 털끝에서 거대한 바다를 삼키고
> 대지가 하나의 작은 티끌임을 비로소 안다네.[338]

'하나의 물방울'이나 '하나의 티끌'은 모두 한마음이 광대함을 머금고 있음을 비유한 것이다. 어찌 인간의 보배에 비하겠는가?
    이것은 세상을 뛰어넘는 보배이고, 만 가지 변화의 시초인 근원이며,

체달하여 깨닫는다는 의미이다. 비교적 초기부터 대승불교 문헌에서 나타나는 개념이다. 보살이 공(空)에 대해 확신함을 의미한다.
338『祖堂集』卷第四. 大藏經補編 第25 [0378b14].

하나의 참됨을 모으는 근본이다. 인연에 따라 응용하는 것은 마치 여의주와 같고, 사물에 대해 모습을 나타내는 것은 크고 둥근 거울과 같다. 그러므로 능히 만상을 싸는 것이 대법장(大法藏)이고, 출생이 무진한 것이 무진장(無盡藏)이며, 미묘한 지혜가 무궁한 것이 대지장(大智藏)이고, 법과 법이 영구불변한 것이 여래장(如來藏)이며, 본성이 형상 없는 것이 정법신(淨法身)이고, 본체가 진공에 합한 것이 허공신(虛空身)이며, 상호가 적막하고 고요한 것이 묘색신(妙色身)이고, 미묘한 변재가 무궁한 것은 지혜신(智慧身)이며, 숨고 나타나는 것에 무애한 것이 응화신(應化身)이고, 만행으로 장엄한 것이 공덕신(功德身)이며, 매 순간 막힘이 없는 것이 입해탈법문(入解脫法門)이고, 마음과 마음이 고요한 것이 입공적법문(入空寂法門)이며, 육근이 자재한 것이 입무애법문(入無礙法門)이고, 한 생각도 일으키지 않는 것이 입무상법문(入無相法門)이다.[339]

또한 이 가운데 깃들어 있는 깊은 뜻을 만약 서로 거들고자 하면 단지 넓고 크기만 하여 설명이 끝이 없다. 만약 서로 뺏고자 하면 단지 작고 가늘기만 하여 찾아도 자취가 없다. 이것은 있다(有)·없다(無)를 여의었으나 있고 없음(有無)을 파괴하지도 않는다. 하나다(一)·다르다(異)를 드러내나 하나이지도 다르지도(一異) 않다. 그렇다면 사방의 불로도 태울 수 없는데 수많은 잘못된 허물로 어찌 더럽힐 수 있겠는가? 다만 인연에 따라 나타나니

---

[339] 이 세 개의 법문은 삼해탈문(三解脫門) 또는 삼삼매문(三三昧門)이다. 산스크리트 trīni vimoksa-mukhāni로, 삼계의 고통의 원인이 되는 번뇌에서 해탈하여 열반을 얻는 방편(門)인 공해탈문(空解脫門)·무상해탈문(無相解脫門)·무원해탈문(無願解脫門)의 세 가지 선정을 말한다. 공(空·空寂: 실체가 없음)·무상(無相: 차별이 없음)·무원(無願: 원함, 즉 의식적인 노력이 필요 없음)을 관조하는 세 가지 선정이 해탈, 즉 열반에 들어가는 門(방법, 방편)이 되기 때문에 삼해탈문이라고 한다. 삼해탈(三解脫)·삼탈문(三脫門)·삼문(三門)·삼공문(三空門)·삼공관문(三空觀門) 또는 삼삼매(三三昧), 삼공(三空)이라고도 한다.

빈 골짜기의 메아리와 같다.

그러므로 『대열반경』340에서 "비유하면, 한 사람에게 여러 가지 재능이 있는 것과 같다. 달려갈 때는 '달리는 자'라 하고, 곡식을 베어 거둘 때는 '추수하는 자'라 하며, 음식을 만들 때는 '요리사'라 하고, 재목을 다룰 때는 '목수'라 하고, 금이나 은을 단련할 때는 '금은사'라 한다. 이처럼 한 사람에게 여러 가지 이름이 있다. 법도 마찬가지로 사실은 하나지만 여러 가지 이름이 있는 것이다."341라고 하였다.

그러므로 작용을 준거하면 여러 가지로 분산되지만, 본체는 항상 하나에 합해 있음을 알 수 있다. 여산혜원 대사342가 "오직 하나의 아는 마음이 작용하여 여러 가지로 나누어지나니 마음 밖에 따로 여러 가지 현상(數)이

---

340 『대열반경』은 『대승열반경』이다. 초기 열반경은 주로 역사적으로 기록한 것으로서 석가모니불의 열반 전후에 걸쳐 유행, 발병, 최후의 유훈, 입멸 후의 비탄, 사리 팔등분 등을 주요 내용으로 담고 있다. 대승의 열반경은 교리를 중심으로 하여 열반의 이상, 곧 불교의 이상을 묘사하고 있다. 법신(法身)이 상주한다는 근거에서 불성을 본래 갖추어 있고, 일체 중생에게 보편적인 것임을 역설하여 적극적으로 열반을 상(常)·락(樂)·아(我)·정(淨)이라 하고 있다.

341 『大般涅槃經』卷第十三 「聖行品」第七之三. 大正藏 第12 [0443a24].

342 혜원(慧遠, 34~416) 대사는 동진(東晉) 시대의 승려로서 중국 정토교의 기초를 세운 인물이다. 수대(隋代) 정경사(淨影寺)의 승려였던 혜원과 구별하여 여산혜원(廬山慧遠)으로도 불린다. 혜원은 동지 123인과 함께 여산 산중의 반야대(般若臺)에 있던 아미타불상 앞에서 염불 실천의 서원을 세우니, 백련결사(白蓮社)의 시조(始祖)로서 모셔지게 된다. 다만 혜원의 염불행은 후세의 『정토삼부경(淨土三部經)』에 기초한 것이 아니라 『반주삼매경(般舟三昧經)』에 기초를 둔 선관(禪觀)과 같은 수행법이었다. 그것은 401년 구마라집이 중국에 와서 국사로서 후진(後秦)의 수도 장안(長安)에 와 있을 때, 자주 편지를 주고받으며 새로 출간된 경전에 대해 논의하였기 때문이 아닌가 한다. 그 서간을 모은 것이 『대승대의장(大乘大義章)』이다. 또한 당시 여산을 포함한 장강 중류 유역의 패자로 군림하던 환현(桓玄)에 대해서도 "불법(佛法)은 왕법(王法)에 종속된 것이 아니"라고 정면으로 주장하였는데, 이것이 바로 『사문불경왕자론(沙門不敬王者論)』이다. 승려로서 계율을 굳건히 지킬 것을 강조하여 『십송률(十誦律)』을 번역 보급하였다.

있는 것이 아니다. 비유하면 하나의 금으로 갖가지 그릇을 만들면 금 밖에 그릇의 본체가 따로 있지 않은 것과 같다."³⁴³라고 하였다.

《84》 『마하연석론』에서 "다른 것을 싫어하고 차별적인 것을 버리지만, 오직 하나의 진여일 뿐이다."³⁴⁴라고 하였다. 비유하면 어떤 사람이 그림자를 피하고 허공을 두려워하나 결코 벗어날 수 없는 것과 같다. 어떤 96종 외도를 막론하고 항상 원종(圓宗)에 계합한다. 비록 팔만사천 번뇌라도 항상 정위(正位)³⁴⁵에 해당한다. 각기 마음을 여의지 않기 때문이다.

《85》 깨달음을 등지고 번뇌에 합하든 마음을 유실하고 경계에 달려가든, 한마음 진여의 이치는 일찍이 변하거나 바뀐 적이 없다.

『석마하연론』에서 "한마음 진여의 체대(體大)는 다섯 사람에게 통하니, 평등하고 평등하여 차별이 없기 때문이다. 무엇을 다섯 가지 가인(假人)이라 하는가? 첫째는 범부이고, 둘째는 성문이며, 셋째는 연각이고, 넷째는 보살이며, 다섯째는 여래이다. 이를 다섯 사람이라 한다. 이러한 다섯 사람이 이름으로는 각자 다섯이지만, 참은 본래 오직 하나일 뿐이다. 왜 그런가 하면, 진여 자체는 더하거나 줄어듦이 없고, 크고 작은 것이 없으며, 있고 없는 것도 없고, 중심이나 가장자리가 없으며, 오고 감이 없다. 본래부터 하나가 저절로 하나를 이루고, 같은 것이 저절로 같은 것을 만든다. 다른 차별된 것을 싫어하고 버리는 것도 오직 하나의 진여일 뿐이다. 그러므로 모든 법은

343　智圓, 『涅槃經疏三德指歸』 卷第十八 「迦葉品」 初. 卍新續藏 第37 [0589b19].
344　『釋摩訶衍論』 卷第六. 大正藏 第32 [0640b22].
345　정위(正位)는 지혜로써 열반을 깨달아 얻는 자리이다.

진여와 한가지 형상이다.『삼매계경』에서 비유하면 금강으로 오취(五趣)의 형상을 만드는 것과 같다. 다섯 사람이 평등한 것도 마찬가지로 여러 사람 중에는 더하거나 덜한 것이 없다."346라고 하였다. 그러므로『기신론』에서도 "마음의 진여는 한 법계의 대총상법문(大總相法門體)이다. 이른바 마음의 성품은 나지도 않고 멸하지도 않는 형상이다. 일체의 모든 법이 모두 망념으로 말미암아 차별이 있다. 만약 망념을 여의면 일체 경계의 차별상이 없다."347라고 하였다.

041
새끼줄을 뱀이라 여겨서 놀라고 《86》
나무 그루터기에 귀신을 보고 머뭇거리며 《87》
어리석은 원숭이가 달을 잡느라 힘을 허비하고
목마른 사슴이 아지랑이를 쫓아 헛되게 물을 찾으며 《88》
술을 마셔서 정신이 해를 따라 돌고
낭탕(莨蕩)을 먹어서 눈에 눈곱이 낀 듯하네. 《89》

《86》 논에 노래한다.

대낮에 새끼줄을 보면 새끼줄은 삼이지만
밤에 새끼줄을 보면 새끼줄은 뱀이네.

---

346 『釋摩訶衍論』卷第六. 大正藏 第32 [0640b22].
347 『大乘起信論』一卷. 大正藏 第32 [0576a03].

삼에서 새끼줄이 나오더라도 오히려 망령된 것인데
어찌 새끼줄에서 뱀이 나오겠는가?³⁴⁸

이것은 미혹된 마음으로 경계를 대하는 사람이 새끼줄에서 뱀이 나온다고 여기는 것에 비유한 것이다. 만약 삼에서 새끼줄이 나온다고 하면 의타기성(依他起性)이고, 만약 새끼줄에서 뱀이 나온다고 하면 변계소집성(遍計所執性)이다. 이름도 없고 본체도 없지만, 망령된 마음으로는 있고 이치로는 없다. 여러 대상 경계를 살펴서 예로 들더라도 이와 마찬가지이다. 모두 주변계탁(周遍計度)³⁴⁹의 마음에 떨어진다.³⁵⁰

《87》 밤에 나무 그루터기를 보고서 귀신인가 의심한다. 없는 것을 실제로 있다고 두려워하는 마음이 일어나는 것이다. 또한 꿈에서 본 것과 같이 만법의 본체는 텅 빈 것에서 사건이 이루어진다. 이는 미혹한 마음으로 경계를 만들어 스스로 두려운 마음을 일으킴을 비유한 것이다. 만약 한마음을 깨달아 상대하는 경계가 없으면 자연히 기뻐하고 싫어하는 마음도 일어나지 않는다.

---

348 송나라 사탄,『楞嚴經集註』. 卍新續藏 第11 [0447a03].
349 주변계탁(周遍計度)은 변계소집성(遍計所執性)이다.
350 삼성(三性)은 수행자가 수행을 통해 알아야 할 법 또는 알아야 할 바, 즉 알아야 할 모든 앎이라는 뜻에서 소지법(所知法) 또는 소지(所知)라고 한다. ① 변계소집성(遍計所執性, parikalpita-svabhāva)은 '두루 이리저리 헤아려서 집착하는 성질'로 '완전히 개념화된다.'라고 직역된다. '상상성', '가상성'이라고 번역된다. 존재의 허망한 상태를 말한다. ② 의타기성(依他起性, paratantra-svabhāva)은 '다른 것에 의지하여 일어나는 성질'로 '다른 것에 의존하는'이라고 직역된다. '의존성'이라고 번역된다. 즉, 연기의 성질을 말한다. ③ 원성실성(圓成實性, pariniṣpanna-svabhāva)은 '원만히 성취한 실재하는 성질'로 '완전히 성취하다.'라고 직역된다. '절대성'이라고 번역된다. 존재의 진실한 상태를 말한다.

《88》 마음 밖에서 법을 취하면 이치를 얻을 수 없음을 비유하였다. 그러므로 『증도가』에서 노래한다.

바로 이 자리를 여의지 않고 항상 고요하니
그대여, 찾아보면 볼 대상이 없음을 알 것이네.³⁵¹

『보장론』에서는 "살피고 살펴 정성을 다해 힘쓰더라도 한갓 꿈속에서 생각을 일으킨 것이고, 서두르고 서둘러 밖에서 찾으면 도리어 바른길을 잃어버린다."³⁵²라고 하였다.

《89》 『대열반경』에서 "사람이 술에 취했을 때는 해가 빙빙 도는 것처럼 보인다."³⁵³라고 하였다. 이것은 망령된 마음이 일어나면 환상의 경계가 따라서 일어남을 비유한 것이다. 또 경에서 "사람이 낭탕자(莨蕩子)를 마시면 눈에서 침화(針華)를 보는 것과 같다."라고 하였다. 한마음을 깨닫지 못하면 망령된 경계가 일어남을 비유하였다.

042
모두 생각에서 생겨났기에
온갖 것들이 처음부터 끝까지 항상 고요하고

---

351 『永嘉證道歌』卷一. 大正藏 第48.
352 『寶藏論』「廣照空有品」第一. 大正藏 第45 [0143b18].
353 『大般涅槃經』卷第二「壽命品」第一之二. 大正藏 第12 [0377b08].

모두 생각에서 일어났기에
하나의 참됨은 삶의 경계에 항상 깊이 자리하고 있어 《90》
법의 본보기요
인간의 법칙이네. 《91》

《90》 경에서 "모든 국토가 모두 생각으로 지탱되니, 만약 생각이 없으면 법도 없다. 또한 모든 경계가 생각 따라 이루어진다. 만약 생각이 없으면 모든 경계가 생겨나지 않는다."라고 하였다.

『환원관』에서 "'경계를 섭수하여 마음으로 돌아가는 진공관(眞空觀)354'이란 삼계에 있는 모든 법이 오직 한마음뿐이라서 마음 밖에 다시 얻을 한 법이 없다고 한 것이다. 그러므로 '마음으로 돌아간다.'라고 하였다. 이를테면 모든 분별이 오직 자신의 마음으로 말미암을 뿐이다. 일찍이 마음 밖의 경계가 마음과 반연한 적이 없다. 왜냐하면 마음이 일어나지 않으면 밖의 경계가 본래 공(空)하기 때문이다. 논에서 '유식에 의지한 까닭에 경계는 본래 체성이 없다. 진공(眞空)의 뜻이 성립되고 한 티끌도 없기 때문이다. 본식(本識)은 일어난 적이 없다.'355"356라고 하였다.

《91》 이 한마음의 법문은 더할 나위 없이 선하고 더할 나위 없이 아름답다고 할 만하다. 왜냐하면 본체가 텅 비고 고요함으로 그 아름다움을 찬탄

---

354 진공관(眞空觀)은 화엄 초조 두순(557~640)의 수행관이다. 그의 『화엄법계관문』은 법장·징관·종밀 등이 인용 또는 주석하여 십현연기의 기원으로 삼았다. 이는 반야의 공관인 진공관, 여래장연기의 이사무애관, 화엄의 주변함용관이라는 삼중관을 내용으로 하고 있다.
355 『中邊分別論』卷上「相品」第一. 大正藏 第31 [0451c03].
356 『修華嚴奧旨妄盡還源觀』. 大正藏 第45 [0640a09].

할 길이 없다. 이치에서는 보고 듣는 것이 끊어졌으므로 그 허물을 기록할 수가 없다. 이 밖의 것은 모두 형상이나 이름을 갖고 있어서 비방이나 찬탄에서 달아나기 어렵다. 옛사람이 "위대한 도(大道)는 뒤섞여 있어서 형상이 없고 고요하여 소리가 없다. 보아도 보이지 않고 들어도 들리지 않는다. 참으로 그림자나 메아리로 알 수 있는 것이 아니고 비방하거나 찬탄할 수가 없다."라고 한 것과 같다.[357]

이 밖의 것은, 실제로 둘 다 아름답지도 않고 이름으로도 모두 성대하지도 않다. 비록 천지의 대(大)와 세 가지 빛(해·달·별)이 밝은 것과 성현의 지혜로도 오히려 비방하거나 찬탄을 벗어날 수 없다. 그러므로 하늘에는 갈라지는 형상이 있고, 땅에는 찢어지는 형상이 있으며, 해와 달은 일식이나 월식의 변화가 있고, 다섯별은 살별[358]이나 혜성의 괴이함이 있다. 요임금에게는 인자하지 않다는 비방이 있고, 순임금에게는 아버지를 속였다는 비방이 있으며, 탕임금은 왕을 쫓아냈다는 말을 듣고, 무왕은 주군을 시해했다는 나무람이 있으며, 제나라 환공은 지나치게 여색을 밝힌다는 소견이 있었고, 진나라 문공은 신하답지 않다는 소리를 들었으며, 이윤에게는 임금을 업신여긴 자취가 있고, 관중은 임금을 범하였다는 소리를 듣는다. 대저 이의(二儀)와 칠요(七曜)[359]의 신령함도 이지러짐과 해침이 없을 수 없다. 요·순·탕·무 같은 성인도 싫어함과 비방은 면할 수 없다. 환·문·이·관 같은 현인도 또한 허물을 참회해야 함에서 빠져나올 수 없다. 이를 보면 우주

---

357 『宗鏡錄』卷第八十一, 大正藏 第48 [0865a12].

358 살별은 빛나는 긴 꼬리를 끌고 태양을 초점으로 포물선이나 타원 궤도를 도는 별, 혜성, 꼬리별이다.

359 이의(二儀)는 하늘과 땅이고, 칠요(七曜)는 해(日)·달(月)·금성(太白星)·목성(歲星)·수성(辰星)·화성(熒惑星)·토성(鎭星)이다.

의 용렬한 무리가 어찌 원망의 비방을 면하고, 인색했던 것을 후회하는 일이 없을 수 있겠는가? 만약 마음의 바탕이 영통하여 무위(無爲)의 변화를 이루면 만 가지 허물이 범할 수 없을 것이다.

또한 진제와 속제 이제(二諦)가 모두 마음으로부터 일어난다. 제8식의 마음은 지종의(持種依)³⁶⁰고, 진여심은 미오의(迷悟依)³⁶¹이다. 『화엄기』에서 "소(疏)에서 '그러나 생멸하는 팔식(八識)에 의지하면'이라고 한 아래는 두 가지³⁶² 내력을 말하고 있다. 법상종에서는 다만 마음과 경계의 의지라고만 밝히고 있다.

'곧 여래장이기 때문이다.'라고 한 아래는 두 가지 이유를 말하고 있다. 그 가운데 처음은 전체적으로 밝히고, 후에 '인연을 모아 진실에 들어갔다.'라고 한 아래는 따로 두 가지 형태를 보였다. 곧 『기신론』에서 말한 진여와 생멸의 두 가지 문이다.

존재하고 파괴하는 두 가지가 아니어서 오직 하나의 연기일 뿐이다. 결론지어 『화엄경』으로 돌아간다. 인연을 모아 진실로 들어간다는 것은 '파괴'이고, 형상을 파괴하지 않기 때문에 '존재'인 것이다.

---

360 지종의(持種依)를 『성유식론』에서 다음과 같이 설명하고 있다. "지종의(持種依)는 종자를 지니는 의지처이니 근본식을 말한다. 이것이 능히 잡염법(雜染法)과 청정법(清淨法)의 종자를 지니고 있으므로 잡염법과 청정법에 모두 의지처가 된다. 도를 이루면 전환해서 잡염을 버리고 청정을 얻게 된다. 나머지 의타기성도 비록 의지처이지만 종자를 지닐 수 없기 때문에 여기에서 말하지 않는다."라고 하였다.

361 미오의(迷悟依)에 대해서는 다음과 같이 설명한다. "미혹과 깨달음의 의지처이니 진여를 말한다. 이것이 능히 미혹과 깨달음의 근본이 됨으로써, 모든 잡염법과 청정법이 그것에 의지해서 생겨날 수 있다. 도를 이루면 전환해서 잡염을 버리고 청정을 얻게 한다. 나머지도 역시 미혹과 깨달음의 법의 의지처가 되지만 근본이 아니기 때문에 여기에서 말하지 않는다."

362 두 가지는 진여문(眞如門)과 생멸문(生滅門)이다.

'두 가지 문이 걸림이 없어서 오직 한마음뿐이다.'라고 한 것은, 결론지어 『기신론』으로 돌아가 일심법(一心法)에 의지하여 두 가지 문을 세운다. 그러므로 두 가지 뜻을 구족하여야 비로소 구분유식(具分唯識)이라고 한다.

묻는다. 『성유식론』 제9권에서도 그 전변하는 의지처(依持)에 두 가지가 있음을 설하였다. 첫째는 지종의(持種依)니 제8식을 말하고, 두 번째는 미오의 의지처(迷悟依)이니 곧 진여를 말한다. 그런데 어찌하여 생멸하는 8식이 의지하는 것이 오직 마음의 경계인 의지처에만 있다고 하였는가?

답한다. 저기서 비록 미혹하고 깨닫는 의지처를 설했으나 마음의 경계에 즉한 의지처는 아니다. 진여는 변화하지 않아서 마음을 따르지 않고 만 가지 경계로 변하기 때문에 다만 미혹되었을 뿐이다. 나중에 청정으로 돌아갔을 때는 형상을 거두지 않고 진여에 즉하기 때문에 단지 깨닫기만 하면 될 뿐이다. 여기서는 마음의 경계인 의지이지만 곧 참과 거짓이라는 두 본체가 없으므로 한마음이라 한다. 뜻이 같지 않아 두 가지 뜻을 나누어 다른 두 문을 설하였다. 그러므로 『기신론』에서 '그러나 이 두 문이 각기 모든 법을 거둬들인다. 이 두 문이 서로 여의지 않기 때문이다.'[363]"[364]라고 하였다.

---

[363] 『大乘起信論』 一卷. 大正藏 第32 [0576a03].
[364] 『大方廣佛華嚴經隨疏演義鈔』 卷第四十二. 大正藏 第36 [0319c28].

16
발원하고 믿으면 해내지 못할 것이 없네

✛

色과 眼, 具分唯識, 唯心法

043
발원하면 이루지 못할 것이 없고
믿으면 해내지 못할 것이 없어서
손바닥에서 온갖 형상을 보고
앉은 자리 근처에서 시방을 거두나니 《92》

《92》 『화엄책림』[365]에서 "색(色) 그대로 눈(眼)이 되어서 항상 색을 본다면 반연하는 대상이 없게 된다.'라는 대목에서, '색'은 반연하는 대상인 경계이고, '눈'은 반연하는 주체인 근(根)이다. 여기에서 눈만으로는 반연할 수

---

365 『화엄책림』은 당나라 현수법장의 저서이다.

없다. '눈 그대로 색이 되어서 항상 본다고 할지라도 나(我)는 아니다.'라고 한 대목에서, '눈'은 나의 보는 주체이고, 지금 그대로 색이 된다. 정견(正見)일 때 나는 아니다. '나는 아니다.'라는 것은 감정과 생각을 여읜 것이다. '반연하는 대상이 없다.'라는 것은 탐내어 구할 대상이 없는 것이다. 눈앞에 만상을 거두어 눈가에 시방을 보전한다.

그러므로 반연의 내용은 다 알 수 없어서 보고 또 보아도 끝이 없다. 사물의 본성은 헤아릴 수 없어서 법과 법에 준칙을 알기 어렵다. 법이 두루하면 눈이 두루하고, 뜻이 통하면 봄(見)이 통한다. 이를 스스로 은은하게 체험하고, 두루 거듭거듭 비추어 보아야 한다. 그런 후에야 눈에서 시방을 궁구하고 공(空)과 유(有)를 거울삼아 밝게 비추게 된다. 만상을 거두어 한 몸이 되고 현상(事)과 이치(理)를 밝혀 막힘없이 통한다."366라고 하였다.

044
감지하고 드러남이 오직 나의 마음에서 순행하고
아름답고 추함이 모두 나의 식(識)으로 돌아가네.《93》

《93》 이는 구분유식(具分唯識)에 대한 설명이다. 불생불멸이 생멸과 화합하여 하나도 아니고 다르지도 않은 아뢰야식이 바로 구분유식(具分)이다. 생멸과 불생불멸을 갖추고 있기 때문이다. 불생불멸은 곧 여래장이니 참마음에 통한다. 만약 참마음에 완전하게 의지하지 않는다면 현상(事)이 이치(理)에 근거하지 않으므로 오직 생멸만 있을 뿐이니 '구분유식'이 아니다.

---

366 『華嚴策林』「一微普眼」. 大正藏 第45 [0597a19].

어떤 이(相宗)가 '그림자 밖에 본체가 있는 것은 반두유식(半頭唯識)이고, 본체와 그림자를 모두 밝힌 것은 구분유식이다.'라고 하였는데, 유식종의 구분유식 논리를 따른 것이다.³⁶⁷

또한 삼계는 유심(唯心)이고 만법은 유식(唯識)이다. 유심법에 모두 네 가지 의미가 있다.[368] 첫째는 현상(事)이니, 경계에서 분별하여 보고 듣고 느끼고 아는 것이다. 둘째는 법(法)이니, 근본적 입장에서 논하면 오직 생멸의 법수(法數)일 뿐이다. 이 두 가지 뜻은 속제에서 논하면 있고 진제에서는 없다. 셋째는 이치(理)니, 이를 궁구하면 텅 비어 고요하다. 넷째는 진실(實)이니, 그 본성에서 논하면 오직 진실인 여래장법(如來藏法)일 뿐이다.

또한 『진취대승방편경』[369]에서 "부처님이 하나의 진실한 경계라고 하신 것은 중생 마음의 본체를 말한다. 본래부터 나지도 않고 멸하지도 않으며, (…) 일체중생의 마음과 일체 이승의 마음과 일체 보살의 마음과 일체 모든 부처님의 마음이 모두 같은 불생불멸인 진여상(眞如相)이기 때문이다. 더욱더 시방의 허공과 일체 세계가 다하도록 마음의 형상을 찾아도 하나도 구분될 수 없다. 다만 중생이 무명의 어리석음과 어두움을 훈습한 인연으로 허망한 경계를 나타내어 집착하는 생각을 일으킨다. 이른바 이 마음이 능히 스스로 알지 못하건만 망령되게 스스로 있다고 말하며, 지각과 앎(覺知)[370]의 생각을 일으켜 나(我)와 나의 대상(我所)을 계교한다. 그러나 실

---

367 『大方廣佛華嚴經隨疏演義鈔』卷第十. 大正藏 第36 [0073b15].
368 『宗鏡錄』卷第四. 大正藏 第48 [0433c27].
369 『진취대승방편경』은 『점찰선악업보경』이다.
370 지각과 앎(覺知)은 견문각지(見聞覺知)이다. 눈으로 빛을 보고, 귀로 소리를 듣고, 코로 냄새를 맡고, 혀로 맛을 보고, 몸으로 촉감을 지각하고, 뜻으로 법을 아는 것이다. 육근(六根)의 작용, 곧 객관세계에 접촉하는 모든 작용의 총칭이다.

제로는 지각과 앎의 형상(相)이 없다. 이 망령된 마음으로는 결코 무체성(無體性)을 볼 수 없기 때문이다. 만약 지각과 앎으로 능히 분별할 수 없다는 것은 시방 삼세의 모든 경계와 차별상이 없다는 것이다. 일체법은 모두 스스로 있을 수 없다. 항상 망령된 마음에 의해 분별하는 까닭에 '있다'라고 하는 것이다.

이른바 일체 경계는 각각 '있다'라고 스스로 생각하지 못한다. 이것은 자신이라 알고 저것은 남이라고 아는 까닭에 일체법이 스스로 있을 수 없는 것이다. 별다른 계기가 없이 오직 망령된 마음에 의지해서는 깨닫지도 못하고 알지도 못한다. 안(內)에 본체가 없기 때문이다. 눈앞 밖(外)에 인지되는 경계가 있다고 여겨서 망령되게 갖가지 법에 관한 생각을 일으킨다. 있다거나 없다고 하고, 좋다거나 싫다 하며, 옳다거나 그르다 하고, 얻었다거나 잃었다 하며, 더 나아가 무량무변한 법에 관한 생각을 일으킨다.

반드시 이와 같이 알지니, 일체 모든 법이 모두 망상으로부터 일어나고, 망령된 마음에 의지해 근본으로 삼는다는 점을. 그러나 이 망령된 마음은 스스로의 형상(自相)이 없으므로 경계에 의지해 있다. 이른바 망념을 반연하여 앞의 경계를 지각하고 아는 까닭에 '마음'이라 한다. 또한 이 망령된 마음과 앞의 경계가 비록 서로 의지하지만 앞뒤 없이 일어난다. 그래서 이 망령된 마음을 일체 경계의 본래 주인이라고 여긴다.

왜 그런가 하면, 망령된 마음에 의해 법계가 하나의 형상이라는 것을 알지 못하므로 마음에 지혜가 없다. 무명의 힘을 원인으로 망령된 경계가 나타난다. 또 무명이 멸하면 일체 경계가 멸한다. 일체 경계가 스스로 깨닫지 못하기 때문에 경계에 무명이 있다고 설하는 것도 아니며, 또 경계에 의거해서 무명이 일어나는 것도 아니다. 일체 모든 부처님은 모든 경계에서 무명을 일으키지 않기 때문이다. 또한 경계가 멸함으로 무명의 마음이 멸하는 것이 아니다. 일체 경계가 본래부터 본체가 본디 멸해 있어서 일찍이 있은 적이 없기 때문이다. 이러한 의미로 일체 모든 법이 마음으로 근본을 삼는다고 한다.

반드시 알지니, 일체 모든 법은 모두 '마음'이라 한다. 의미와 본체가 다르지 않아서 마음으로 거두어진다. 또한 일체 모든 법은 마음에서 일어나 마음과 더불어 형상을 만들어 화합하여 있다. 함께 생겼다가 함께 멸하여 머무름이 없다. 일체 경계가 다만 마음에서 반연해서 순간순간 상속하기 때문에, 머물러 있는 잠깐 동안을 '있다'라고 한다."[371]라고 하였다.

045
손에서 금모사자가 나옴은
모두 선근력을 빌려서이고
성이 칠보의 아름다운 연못으로 변함은
다 자비력의 도움이네. 《94》

《94》 『대열반경』에서 "아사세왕이 여래를 해치려고 재물을 보호하는 술에 취한 미친 코끼리를 풀어놓았다. 부처님이 즉시 손을 펴 보이시니 다섯 손가락에서 다섯 마리 사자가 나타났다. 코끼리가 보고는 땅에 엎드려 공경의 예를 올렸다. 부처님이 '그때 내 다섯 손가락 끝에 실제로는 사자가 없었고, 바로 자비를 닦은 선근의 힘 때문에 저들에게 이러한 일을 보게 하였느니라.'라고 말씀하셨다. 또한 남천축국에 하나의 큰 성이 있으니 '수파라'라고 한다. 성에 한 장자가 있는데, '노지'라 이름하는 대중을 이끄는 우두머

---

[371] 『占察善惡業報經』卷下. 大正藏 第17 [0906c29-0907a27].

리였다. 부처님이 그 성읍에 가서 그들을 제도하고자 하셨다. 그 대중 가운데 니건³⁷²이라는 이가 부처님이 오신다는 소문을 듣고는 숲과 샘을 파괴하고, 성벽을 단단히 폐쇄했으며, 각기 병기와 의장을 삼엄하게 방호하여 단단히 지켜서 들어오려는 누구라도 접근하지 못하도록 하였다. 부처님이 말씀하시되 '내가 그때 저 성에 이르러 모든 수목이나 숲을 보지 않고, 다만 여러 사람이 병장기나 의장으로 장엄하고 성벽에 붙어서 지키고 있는 것만을 보았다. 이런 일을 보고는 연민심이 일어나서 자비한 마음으로 그들을 대하였더니, 모든 수목이 다시 본래와 같이 자라나고 강이나 못, 샘이나 우물이 맑게 흘러넘쳤다. 청정한 못에서는 갖가지 꽃이 자라나고 그 성벽은 변하여 감유리가 되었다. 내가 그때 실제로 갖가지 수목과 청정하고 아름다운 연못을 변화하여 만든 것이 아니다. 반드시 알지니, 모두 자비의 선근력으로 저들에게 이와 같은 일을 보게 할 수 있었다.'"³⁷³라고 하였다.

그러므로 무릇 일체 고락의 경계가 부처님의 힘에 의한 증상연(增上緣)³⁷⁴으로, 단지 자신의 마음에서 감응하여 나타난 것임을 알 수 있다. 예를 들어 눈앞에서 보이는 실제 경계가 모두 생각으로 일어난 것으로 마음 밖에 실제로 한 법도 없다. 다만 식에서 변화한 것일 따름이다.

---

372 니건은 니건자(尼乾子), 니건타(尼犍陀), 노형외도(露形外道), 나형외도(裸形外道)라고도 한다. 극단적인 고행주의를 주장하여 아무것도 걸치지 않고 알몸으로 고행하는 자이나 교도를 일컫는다.

373 『大般涅槃經』卷第十六 「梵行品」第八之二. 大正藏 第12 [0457b03-0457c25].

374 증상연(增上緣)은 사연(四緣)의 하나이다. 다른 것이 생겨나는 데 힘을 주어 돕는 여력증상연(與力增上緣)과 다른 것이 생겨나는 것을 방해하지 않는 부장증상연(不障增上緣)이다. 이를테면 곡식에 대하여 온도와 비를 주는 것은 여력증상이고, 폭풍이 불지 않는 등은 부장증상연이라 한다.

17
선견왕의 약을 복용하면 모든 병이 낫네

✢

無明塵勞와 非人에게 침해받지 않는 一門

046
오므리고 폄이 정해져 있지 않고
숨고 드러남이 천 갈래라
어떨 때는 고요하여 자취가 없고
어떨 때는 찬란하여 볼 수 있으며
번거로운 데 처하나 어지럽지 않고
험지를 지나가나 항상 편안하네. 《95》

《95》 마음과 경계의 모든 법이 서로 빼앗고 서로 도와주며, 서로 부정하고 서로 긍정한다. 만약 서로 도와주고 서로 긍정한다면 성품(性)과 형상(相)이 모두 존재하여 분명하게 볼 수가 있다. 만약 서로 빼앗고 서로 부정한다면 이치(理)와 현상(事)이 모두 공(空)하고 고요해서 자취가 없다. 만법은 마음으로부터 인연에 따라 건립된다. 무성(無性)이 인연을 따르므로 있고(有), 인연을 따르나 무성이므로 공(空)하다.

『보인중현서』에서 "대천의 경권을 간직하더라도 마음의 번뇌에서 벗어나지 못한다. 지극히 청정한 몸의 구름을 펼치더라도 항상 예토(穢土)에 거주한다. 인연의 세계에서 적멸을 알면 생사의 수레에서 원만하고 항상할 수 있다. 이치와 현상이 쌍으로 나타나나 둘 다 없고, 성품과 형상이 함께 이루어지나 서로 뺏는다. 하나의 참은 맑으나 고요하지 않고, 만 가지 변화는 어지러우나 번거롭지 않다. 여러 가지 형상이 몰록 비었으나 공(空)하지 않고, 많은 일을 두루 일으키나 있지(有) 않다. 한 법도 얻지 않으나 비밀리 마음의 요지를 전하고, 한 글자도 연설하지 않으나 항상 원음(圓音)을 전한다. 하나의 몸이 두루 많은 것은 마치 밝은 달의 그림자가 천 가지 물에 나누어져 비친 것과 같고, 많은 몸이 하나에 들어가는 것은 마치 밝은 거울이 만 가지 형상을 비추어 그려 내는 것과 같다."라고 하였다.

047
제호[375]의 바다가 넓고 깊어
자유자재로 뭇 파도를 삼키고
법성의 산이 빼어나
높은 데서 수많은 봉우리를 거느리네. 《96》

《96》 『법화경』에서 "비유하면, 모든 냇물이나 강물의 여러 물에서 바다

---

[375] 제호는 우유에 갈분을 타서 미음같이 쑨 죽이다.

가 제일이듯, 이 법화경도 또한 그러하다. 여래가 설한 여러 경전 중에 가장 깊고 광대하다."**376**라고 하였다. 이어서 "열 가지 보배 산의 여러 산 가운데 수미산이 제일이듯, 이 법화경도 그러하다. 여러 가지 경전 중에 가장 높은 자리에 있다."**377**라고 하였다. 이 경은 제호의 가르침이며 제일가는 마음의 근본 진리이다. 그러므로 경에서 "시방 모든 국토에 오직 일승법(一乘法)만이 있다."**378**라고 하였다.

048
이치와 본체가 융통하여
방명(芳名)379의 위세가 대단하니
우러르면 다른 모습을 찾아보기 어렵고
들어서면 하나의 문에 깊이 통하네.《 97 》

《 97 》 만약 현상(事)의 형상으로 관찰하면 차별하게 되니 뜻에 미혹하게 된다. 만약 한마음으로 비추면 평등해져서 근본으로 돌아간다. 그러므로 『수능엄경』에서 "다만 하나의 문에 깊이 들어가기만 하면 6근(六知根)이 한꺼번에 청정해진다."**380**라고 하였다. 또한 "하나에 들어가 망령됨이 없으면

---

376 『妙法蓮華經』卷第六「藥王菩薩本事品」第二十三. 大正藏 第09 [0054a19].

377 『妙法蓮華經』卷第六「藥王菩薩本事品」第二十三. 大正藏 第09 [0054a19].

378 『妙法蓮華經』卷第一「方便品」第二. 大正藏 第09 [0007c09]. "十方佛土中 唯有一乘法."

379 방명(芳名)은 '꽃다운 이름'이라는 뜻으로 남의 이름을 높여 이르는 말이다. 또는 남에게서 칭찬을 듣는 좋은 평판이나 이름을 말한다.

380 『大佛頂如來密因修證了義諸菩薩萬行首楞嚴經』卷第四. 大正藏 第19 [0123a05].

(…)."381이라 하였다.『이장자론』에는 "망령됨이 없는 하나는 온전한 진실에 들어간다."382라고 하였다. 신풍 화상383의 오도송에서 노래한다.

지난번에는 사물들 가운데서 통하기를 구해서
다만 옛것을 따를 뿐 종지를 알지 못하였더니
오늘에야 깨달아 온전히 일없게 되어
만법이 본래 공한 줄 비로소 알겠네.384

049
선견왕의 약을 복용하니
온갖 병이 모두 낫고
사자 힘줄의 거문고를 연주하니
뭇 소리가 단박에 멈추네.《98》

381 『大佛頂如來密因修證了義諸菩薩萬行首楞嚴經』卷第四. 大正藏 第19 [0123a05].
382 『新華嚴經論』卷第四, 大正藏 第36 [0744c09].
383 신풍 화상은 조동종 조사 동산양개 선사이다. 선사가 홍법하던 도량이 강서성 의풍현 동안향 '동산'이었는데, '신풍산'이라고도 한다. 일화를 하나 소개한다. 동산의 '과수도영(過水睹影)'의 공안: 당나라 대중 연간(847~859) 양개 선사가 스승 운암담성 선사와 이별할 때 대화를 나눴다. 담성 선사가 "지금 헤어지면 다시 만나기 어렵겠구나."라고 말하였다. 양개는 "안 만나기가 어려울 것입니다."라고 답한 후 "100년 후 홀연히 어느 사람이 화상에게 '여전히 선사의 참됨을 얻습니까?'라고 물으면, 어떻게 대답하겠습니까?"라고 물었다. 이에 담성 선사는 "그저 이것이 그렇다."라고 말하였다. 동산은 오랫동안 침묵하여 이해할 수 없어서 의심을 품고 유행하다가 어느 물가에 이르러 물속 그림자를 보고 깨달음을 얻고 게송을 남겼다. "결코 남에게서 찾지 말지니, 아득히 자신과 더 멀어질 뿐이다. 나는 이제 홀로 가지만 곳곳에서 그를 보게 된다네. 그는 지금 바로 나이지만, 나는 그가 아니라네. 반드시 이렇게 알아야만 비로소 여여(如如)와 계합하리."라고 하였다.
384 『宗鏡錄』卷第六. 大正藏 第48 [0447c26].

《98》 선견왕의 약이 능히 여러 가지 병을 치료하듯이, 마음의 묘약도 마찬가지여서 능히 모든 법을 치료한다. 그러므로 노래한다.

> 하나의 환약으로 만병을 치료하니
> 많은 약방문이 필요치 않네.**385**

또,

> 사자 힘줄로 거문고 줄을 만들어
> 그 소리를 한 번 연주하면
> 여러 가지 소리가 몰록 끊어지네.**386**

하물며 한마음을 설하여 능히 만법을 거둠이랴!

**050
그 밝기는 태양보다 더하고
그 덕은 하늘을 초월하여
근기 따라 작용을 일으키고
사물에 수순하나 나고 죽음이 없네.《99》**

---

385 『龐居士語錄』. 卍新續藏 第69.
386 『宗鏡錄』卷第一「標宗章」第一. 大正藏 第48 [0419c28].

《 99 》 묻는다. 초심 학인이 이 근본 진리를 깨달아 들어가서 믿고 이해하여 원만하게 통하면 어떤 수승한 힘이 있는가?

답한다. 만약 올바르게 이해함이 원만하고 밝아 확고부동하게 믿어 들어가면, 겁을 초월하는 공덕이 있고 단박에 성취하는 힘을 얻는다. 비록 생사에 있으나 항상 열반에 들어가고, 항상 진로에 처하나 언제나 청정한 국토에 거주하며, 현재 육신의 눈만을 갖추었으나 혜안의 광명이 열리고, 범부의 마음을 바꾸지 않고도 부처님 마음의 지견과 같아진다. 그렇다면 번뇌의 진로(塵勞) 끊어지기를 기다리지 않아도 저절로 없어지고, 깨달음의 묘한 열매(菩提妙果)가 수행을 닦지 않고도 저절로 원만해진다. 더 나아가서 원수나 친한 이와 평등하고, 쟁론에 화목하며, 범부나 성인이 평등하고, 자신이나 타인이 없으며, 가고 옴이 하나이고, 같고 다름이 도장 찍은 것과 같으며, 길고 짧은 것이 융통하고, 가운데나 가장자리가 합해진다. 세간이나 출세간에 뭐라 말할 수도 없고 헤아릴 수도 없는 불가설불가설 힘을 뛰어넘는 자가 없다. 또한 '부처님의 힘'이라 하고, '반야의 힘'이라 하며, '대승의 힘'이라 하고, '법의 힘'이라 하며, 또 '집착 없는 힘'이라고도 한다.

그러므로 선덕이 해석하되 "집착 없는 힘으로 지탱하는 자는 대겁(大劫)이 한 생각을 여의지 않는다."라고 하였다. 또 "색이 평등한 것이 부처님의 힘이니, 색이 이미 평등하다면 유심(唯心)의 뜻이 이루어진다. 그러므로 마음을 관하는 문을 알아 이치에 허물이 없는 사람은 가장 높고 고귀하다. 절묘하기 짝이 없어 찰나에 부처님의 공덕을 이루고 몰록 고통 수레의 힘을 꺾는다."라고 하였다.

『대열반경』에서 "비유하면 '약왕'이라 부르는 약의 나무가 있는데, 모든 약 중에서 가장 수승하여 능히 여러 가지 병을 없앨 수 있다. 그러나 나무는 '만약 가지나 잎이나 껍질이나 몸체 등을 취한다면 (…).' 하고 생각하지 않는다. 비록 생각하지 않으나 능히 여러 가지 병을 낫게 할 수 있는 것과 같이 열반도 마찬가지다. 그러므로 만약 한마음에서 원만하게 믿고 원만하게 닦으며, 더 나아가서 보거나 듣고서 따라 기뻐하여 잠깐이라도 발심하는 사람은 팔만 번뇌(塵勞)와 세 가지 장애(三障)[387]와 두 가지 죽음(二死)[388]의 병을 제거하지 못함이 없다."[389]라고 하였다.

『대품경』[390]에서는 "마니주를 갖고 있지만 일체 사람이 아닌 생명(非人)은 편리함을 얻지 못하지만, (사람은) 구슬을 몸에 붙이면 어둠 속에서 밝음을 얻고, 더울 때는 시원함을 얻고, 추울 때는 따뜻함을 얻으며, 만약 물속에 있으면 사물에 따라 색을 나타낸다. 하물며 이 자기 마음의 여의령주(如意靈珠)를 알아 깊이 믿어 견고하면, 어느 때 어느 곳에서라도 무명의 번뇌(無明塵勞)와 사람이 아닌 생명(非人)의 침해를 받지 않는다."[391]라고 하였다.

그러므로 번거로운 데 처하더라도 산란하지 않고, 위험한 곳을 걷더라도 항상 편안하며, 높은 데 있을지라도 위험하지 않고, 가득하더라도 넘치지 않는다.[392]

---

387 세 가지 장애(三障)는 번뇌장(煩惱障)·업장(業障)·보장(報障)이다.
388 두 가지 죽음(二死)은 명진사(命盡死)와 외연사(外緣死)이다.
389 『大般涅槃經』卷第九「如來性品」第四之六. 大正藏 第12 [0418a18] 참조.
390 『大品經』은 『大品般若經』 또는 『大般若波羅蜜多經』이다.
391 『大般若波羅蜜多經』卷第一百二十八「初分校量功德品」第三十之二十六. 大正藏 第05 [0700a16-0700b13] 참조. '無價大寶神珠'에 관한 내용을 의미상으로 인용한 것으로 보인다.
392 『宗鏡錄』卷第九. 大正藏 第48 [0463b18-0463b19].

18
한마음의 법은
세상의 폐단을 바로잡을 수 있네

✝

一心의 二用, 三遍, 四德, 五止, 六觀

051
다르지도 같지도 않아서
온 국토에 가지런히 드러나고
크지도 않고 작지도 않은지라
온 허공에 그대로 원만히 이루어져 있네. 《100》

《100》 이 한마음의 법은 위대한 진리이다. 인연을 빌려 생겨나지도 않았고, 또 인연 없이 생겨나는 것도 아니다. 법의 본체이기 때문에 만법의 본성이 된다. 일체 처소에 두루하여 사람이 느끼는 것에 따라 다함없이 응하여 드러난다. 다르나 다른 것이 아니고, 같으나 같은 것이 아니며, 크지만 큰 것이 아니고, 작지만 작은 것이 아니다. 『화엄경』에서 노래하였다.

낱낱 가는 티끌 가운데서
능히 일체 법을 증득하고³⁹³
일체중생의 마음이
널리 삼세에 있으니
여래가 한 생각에
모든 것을 밝게 통달하네.³⁹⁴

052
신령한 집이고
비밀한 관청이며 《101》
병든 이가 만난 훌륭한 의사이고
백성이 떠받드는 성군이네. 《102》

《101》 이 한마음의 법은 신비롭게 이해하는 성품이어서 능히 신령하고 성스러움에 통한다. 그러므로 '신령한 집'이라 하였다. 또 만법의 귀의처이며 천 갈래 길의 몸통이므로 '신비한 관청'이라고도 하였다.

《102》 『법화경』에서 "상인이 주인을 만나는 것과 같고, 자식이 어머니를 만나는 것과 같으며, 물을 건너는 자가 배를 얻은 것과 같고, 병든 이가 의사를 만나는 것과 같으며, 어둠에서 등불을 얻은 것과 같고, 가난한 자가 보

---

393 『大方廣佛華嚴經』卷第六「如來現相品」第二. 大正藏 第10 [0031a28].
394 『大方廣佛華嚴經』卷第五「菩薩明難品」第六. 大正藏 第09 [0429c16].

물을 얻은 것과 같으며, 백성이 왕을 만나는 것과 같고, 상인이 바다를 얻은 것과 같다."[395]라고 하였다. 이는 사람들이 바라는 만남이 이루어진 것을 비유한 것이다. 만약 불법에서 바로 마음을 깨달은 사람이라면 영원히 번뇌에서 벗어나 오래 성인의 지위에 머무를 수 있고, 번뇌의 중병을 치료하고 위없는 법왕을 이룰 수 있다. 얻고 잃은 양을 비교한다면 하늘과 땅만큼이나 현격히 다르다.

053
근본으로 지말을 거두어들이니
지혜의 바다를 건너는 나루이고《103》
하나를 들어 모든 것을 개괄하니
현묘한 관문[396]을 여는 법칙이네.《104》

《103》 한마음이 근본이고 모든 법은 지말이다. 생사의 바다를 건너고자 하면 응당 마음의 지혜로 건너야 한다.

《104》 한마음의 법을 들면 모든 것을 거두어서 남음이 없다. 이 한마음의 문은 능히 범부와 성인의 경계와 중생을 거두는 교화문(敎化門)을 건립하여 6바라밀의 보살행을 구족하지 않음이 없다.

『환원관』에서 "한마음의 본체에서 두 가지 작용, 세 가지 두루함, 네 가

---

395 『妙法蓮華經』卷第六「藥王菩薩本事品」第二十三. 大正藏 第09 [0054b11].
396 현묘한 관문은 깊고 묘한 이치로 들어가는 문이다. 보통 참선으로 드는 어귀를 말한다.

지 덕, 다섯 가지 사마타(止), 여섯 가지 위빠사나(觀)를 출생한다. '한마음의 본체'란 곧 자성청정하고 원만히 밝은 본체이다. 열 가지 선정(十定)³⁹⁷의 본체에 통한다.

'두 가지 작용'이란, 하나는 바다는 삼라만상에 법의 도장을 찍어 상주하는 작용(海印森羅常住用)이니, 곧 해인삼매(海印三昧)이다. 둘은 법계에 원만하게 밝은 자재한 작용(法界圓明自在用)이니, 곧 화엄삼매(華嚴三昧)이다.

'세 가지 두루함'이란, 하나는 하나의 티끌이 법계에 널리 두루한 두루함(一塵普周法界遍)이다. 둘은 하나의 티끌이 무진함을 출생하는 두루함(一塵出生無盡遍)이다. 셋은 하나의 티끌이 공(空)과 유(有)를 머금은 두루함(一塵含容空有遍)이다. 이 세 가지는 모두 인다라망삼매문(因陀羅網三昧門)이다.

'네 가지 덕'이란, 하나는 인연에 따라 미묘하게 작용하여 방소가 없는 덕(隨緣妙用無方德)이다. 둘은 위의를 갖추고 유지하여 법칙이 있는 덕(威儀住持有則德)이다. 셋은 유연하고 조화로우며 마음이 곧은 중생을 섭수하는 덕(柔和質直攝生德)이다. 넷은 중생이 고통받는 것을 널리 대신하는 덕(普代衆生受苦德)이다.

'다섯 가지 사마타'란, 하나는 법을 비추어 맑은 이연지(照法淸虛離緣止)이다. 둘은 사람을 관찰하여 고요하고 담박한 절욕지(觀人寂泊絶欲止)이다. 셋은 본성을 일으켜서 번성한 법이지(性起繁興法爾止)이다. 넷은 정광여래³⁹⁸가 출현한 무념지(錠光顯現無念止)이다. 다섯은 현상과 이치에 깊이 통

---

397 열 가지 선정(十定)은 보광대삼매(普光大三昧), 묘광대삼매(妙光大三昧), 차제변왕제불토대삼매(次第遍往諸佛土大三昧), 청정심심행대삼매(淸淨深心行大三昧), 지과거장엄장대삼매(知過去莊嚴藏大三昧), 지광명대삼매(知光明大三昧), 요지일체세계불장엄대삼매(了知一切世界佛莊嚴大三昧), 중생차별신대삼매(衆生差別身大三昧), 법계자재대삼매(法界自在大三昧), 무애륜대삼매(無碍輪大三昧)이다.

398 정광여래는 범어로 Dīpaṃkara이다. 제화갈라(提和竭羅)·정광(錠光)·연등(燃燈)·보광(普

한 비상지(事理玄通非相止)이다.

'여섯 가지 관(위빠사나)'이란, 하나는 경계를 거두어서 마음으로 돌아가는 진공관(攝境歸心眞空觀)이다. 둘은 마음으로부터 경계를 나타내는 묘유관(從心現境妙有觀)이다. 셋은 마음과 경계가 비밀스러운 원융관(心境祕密圓融觀)이다. 넷은 지혜의 몸을 밝게 드러내는 중연관(智身影現重緣觀)이다. 다섯은 많은 몸이 하나에 들어가는 경상관(多身入一鏡像觀)이다. 여섯은 주체와 객체가 서로 드러내는 제망관(主伴互現帝網觀)이다.

위의 사마타와 위빠사나는 모두 고요한 작용이 끝이 없는 삼매문(三昧門)이다."[399]라고 하였다.

054
시대의 폐단[400]을 바로잡는 귀감이고
중생을 위한 저울이니 《105》
서로 뺏으면 경계와 지혜가 없어지고
서로 도우면 저와 내가 살아나네. 《106》

《105》 이 한마음의 법은 능히 예(古)를 살피고 지금을 헤아리게 하며, 범

光) 등으로 번역한다. 과거 91겁 전에 출현하여 석가모니불에게 수기를 준 부처이다.
399 『修華嚴奧旨妄盡還源觀』. 大正藏 第45 [0637a23-0637c04] 참조.
400 시대의 폐단은 영명연수(永明延壽, 904~975)의 고민과 당시 불교가 처한 상황을 알 수 있는 대목이다. 그 시기는 당 말기 5대 10국 시대를 지나 송나라가 등장하였다. 이에 따른 정치·사회·종교 등 각계각층 간의 갈등으로 혼란한 시기였다. 불교 내부적으로도 무종의 회창폐불(會昌廢佛, 845년) 이후, 후주 세종(954~959 재위)의 불교 탄압과 종파 간 대립이 심하여 논쟁이 끊이지 않았다.

부를 궁구하고 성인에 도달하게 한다. 마치 저울추로 가볍고 무거운 것을 아는 것과 같고, 거울로 예쁘고 미운 것을 살피는 것과 같다. 한마음을 깨닫기만 하면 모든 법의 근원과 크고 미세한 것을 알지 못함이 없다.

《106》 경계로 지혜를 뺏으면 지혜가 없어지고 지혜로 경계를 뺏으면 경계가 없다. 저것으로 나를 도우면 내가 성립하고, 나로 저것을 도우면 저것이 살아나게 된다.

19
무명의 나무에서 깨달음의 꽃이 피어나네

✢

三身佛, 四顚倒, 八解脫

055
무명의 나무에서 깨달음의 꽃이 몰록 피어나고
여덟 가지 고통[401]의 바다에서 한 맛이 늘 청정하네.《107》

《107》 경[402]에서 "번뇌의 큰 바다에는 원만여래가 계셔서 진실한 형상이 언제나 머무는 이치를 설하고, 본각(本覺)의 진실한 성품에서는 무명중생이 무량무변한 번뇌의 파도를 일으키네."[403]라고 하였다. 논에서 "진실한 것

---

[401] 여덟 가지 고통은 인생에서 겪는 여덟 가지 괴로움이다. 즉 생(生), 로(老), 병(病), 사(死), 애별리고(愛別離苦), 원증회고(怨憎會苦), 구부득고(求不得苦), 오음성고(五陰盛苦)이다.

[402] 『維摩詰所說經』卷中「佛道品」第八. 大正藏 第14 [0549b04].

[403] 『釋摩訶衍論』卷第三. 大正藏 第32 [0620c06].

이 홀로 세워질 수 없고, 망령된 것만으로도 홀로 성립되지 않는다. 진실한 것과 망령된 것이 서로 어울려야 비로소 건립될 수 있다."[404]라고 하였다.[405] 물은 바람을 인연해서 파도가 일어나니, 바람과 물이 서로 여의지 않기 때문이다.[406]

056
전체가 바로 눈앞에 있는데
어찌 다시 깊은 깨달음을 생각하며
본래 구족되어 있는데
어찌 공이 이루어지기를 애써 기다리리오. 《108》

《108》 모든 부처님이 중생의 마음을 부처라 하고, 중생은 부처의 마음을 중생이라 한다. 하나의 몸뚱이라서 차별이 없지만 미혹과 깨달음으로 나뉘어질 뿐이다. 마음이 곧 부처이다. 그러므로 비록 세 가지 몸으로 나뉘어 다르지만, 결코 다른 몸이 아니다. 그래서 "법신과 상호가 평등하여 차이가 없다."[407]라고 하였다. 또한 고덕이 "새 부처와 예전의 부처가 일찍이 두 몸이 아니다. 보신으로 법신에 나아가는 것은 마치 거푸집에서 나온 형상과 같다. 형상은 본래 예전에 이루어진 것이므로 두 몸이 아니다. 새로 만든 부처와 예전의 부처는 법신과 보신으로 나누어진 것과 같다. 법신으로 보신을

---

404 法藏, 『大乘起信論義記』卷中本. 大正藏 第44 [0254c08].
405 『宗鏡錄』卷第八十三. 大正藏 第48 [0872c08].
406 『大乘起信論』一卷. 大正藏 第32 [0576c05].
407 『華嚴合論』卷第一「第一明依教分宗」. 卍新續藏 第04 [0016c01].

이루는 것은, 마치 금으로 형상을 만들어서 금과 형상이 나누어진 것과 같다. 아직 형상으로 만들어지지 않은 금으로 지금 형상을 만들면 둘로 나누어진다."408라고 하였다. 모든 부처님은 이미 형상으로 만들어진 금과 같고, 중생은 아직 형상으로 만들어지지 않은 금과 같다. 만들어지고 아직 만들어지지 않은 것이 전후로 나누어진 것 같으나 금이란 본체는 처음과 끝이 다르지 않다.

057
기이함을 드러내고
총명함은 더할 나위 없어
마치 밝은 햇빛이 비치고
구망409의 법령을 반포하는 듯하네. 《109》

《109》 이 한마음의 법은 마치 태양이 천하를 비춤에 어느 법이나 밝지 않음이 없는 것과 같고, 봄이 우주에 두루하여 어떤 생물이든 피어나지 않음이 없는 것과도 같다.

---

408 『大方廣佛華嚴經隨疏演義鈔』卷第七十九.「如來出現品」第三十七 [0614c12].
409 구망은 오행(五行)에서 목(木)의 운(運)을 맡은 신(神)으로, 입춘 때 제사를 지내던 동방의 신이다. 勾芒, 鉤芒이라고도 한다.

058

삼독이나 사전도(四顚倒)⁴¹⁰가 있다고 범부가 아니요
팔해탈(八解脫)⁴¹¹이나 육신통이 있다고 성인이 아니네. 《110》

《110》 범부에게 있으나 범부가 아니고 성인에 처하나 성인이 아니다. 다만 자신의 마음일 뿐이기 때문에 결코 별다른 이치가 없다. 『보장론』에서 "여실한 경계에서 털끝만큼도 범부나 성인을 찾을 수 없다."⁴¹²라고 하였다.

---

410 사전도(四顚倒)는 범부가 일으키는 네 가지 잘못된 견해이다. ① 상전도(常顚倒)는 변해 가는 모든 현상을 변하지 않는다고 사유하는 견해이다. ② 낙전도(樂顚倒)는 괴로움을 즐거움이라고 사유하는 견해이다. ③ 아전도(我顚倒)는 변하지 않는 실체가 없는 현상을 실체가 있다고 사유하는 견해이다. ④ 정전도(淨顚倒)는 더러움을 청정하다고 사유하는 견해이다.

411 팔해탈(八解脫)은 번뇌의 속박에서 벗어나는 여덟 가지 선정이다. ① 내유색상관외색해탈(內有色想觀外色解脫)은 마음속에 있는 빛깔이나 모양에 대한 생각을 버리기 위해 바깥 대상의 빛깔이나 모양에 대하여 부정관(不淨觀)을 닦는다. ② 내무색상관외색해탈(內無色想觀外色解脫)은 마음속에 빛깔이나 모양에 대한 생각은 없지만 그 상태를 유지하기 위해 부정관을 계속 닦는다. ③ 정해탈신작증구족주(淨解脫身作證具足住)는 부정관을 버리고 바깥 대상의 빛깔이나 모양에 대하여 청정한 방면을 주시하여도 탐욕이 일어나지 않고, 그 상태를 몸으로 완전히 체득하여 안주한다. ④ 공부변처해탈(空無邊處解脫)은 형상에 대한 생각을 완전히 버리고 허공은 무한하다고 주시하는 선정으로 들어간다. ⑤ 식무변처해탈(識無邊處解脫)은 허공은 무한하다고 주시하는 선정을 버리고 마음의 작용은 무한하다고 주시하는 선정으로 들어간다. ⑥ 무소유처해탈(無所有處解脫)은 마음의 작용은 무한하다고 주시하는 선정을 버리고 존재하는 것은 없다고 주시하는 선정으로 들어간다. ⑦ 비상비비상처해탈(非想非非想處解脫)은 존재하는 것은 없다고 주시하는 선정을 버리고 생각이 있는 것도 아니고 생각이 없는 것도 아닌 경지의 선정으로 들어간다. ⑧ 멸수상정해탈(滅受想定解脫)은 모든 마음 작용이 소멸된 선정으로 들어간다.

412 『寶藏論』「本際虛玄品」第三. 大正藏 第45 [0148a01].

20
유정 무정의 마음에는
지극히 귀한 보배가 있네

✣

般若, 無緣慈悲, 七法財, 空如來藏과 不空如來藏

059

지극히 귀한 보배가 마음속에 있으니 결코 다른 곳에서 구하지 말라
신령한 구슬이 주먹 안에 있으니 마땅히 스스로 경축할 일이네. 《111》
연민의 마음으로 한 몸이라 여기니 인연 없는 자비[413]를 일으키고
《112》
법의 재물이 넘쳐나니 지혜로운 삶으로 나아가게 하는구나. 《113》

413　인연 없는 자비는 중생을 향한 차별 없는 평등한 자비이다.

《111》 『조론』에서 "성인이 멀리 있겠는가? 깨달으면 신령하다."⁴¹⁴라고 하였다. 왜냐하면 중생의 마음이 모두 반야이어서, 능히 오묘한 이치를 깨닫기만 하면 마음이 부처이다. 지금 영각진성(靈覺眞性)이 바로 반야성지(般若聖智)이기 때문이다. 이것은 참된 지혜를 설명한 것이다. 이것이야말로 이치를 깨달은 성인이지, 신통이나 과보로 증득한 이가 성인이 아니다.

또한 이른바 '반야성지(般若聖智)'⁴¹⁵라는 것은, 바른 지혜가 바로 관조반야(觀照般若)이고, 여여함이 바로 실상반야(實相般若)이다. 이 바른 지혜와 여여가 곧 원성실성(圓成實性)이고, 원성실성이 곧 여래장의 마음이다. 여래장의 마음이 곧 중생의 신령한 각성(靈覺性)이고, 중생의 신령한 각진성(覺眞性)이 바로 반야진지(般若眞智)이다.⁴¹⁶

《112》 보살은 일체중생의 체성(體性)을 평등하게 보고 저들이 깨닫지 못함을 불쌍히 여겨 대자비를 행한다. '무연(無緣)'이란 곧 인연 없이도 행하는 사랑(慈)이다. 자석이 쇠를 빨아들이는 것과 같이 순리에 따라 일체중생을

---

414 『肇論』「不眞空論」第二. 大正藏 第45 [0152a28].

415 반야성지(般若聖智)의 반야는 prajñā의 음역이다. 현상을 있는 그대로 아는 뛰어난 지혜를 말한다. 주객의 대립을 전제한 분별지(分別智, vijñāna)를 초월해 있기 때문에 무분별지(無分別智)라고도 하며, 반야를 통해서 깨달음을 얻기 때문에 불모(佛母)라고도 한다. 반야 사상은 현상에 대한 새로운 자각에서부터 비롯된다. 대승불교에서는 현상에 대한 객관적 해석과 이론적 분석 태도를 지양하고, 체험과 실천을 통하여 현상의 있는 그대로를 체득하는 자각, 즉 반야를 강조하였다. 그리고 현상의 있는 그대로의 본래 모습은 선정(禪定)의 체험을 통해서 자각된다고 보았다. 따라서 반야의 지혜로써 선정 체험을 통하여 얻는 깨달음의 내용을 강조하였다. 이는 어디까지나 주객의 대립을 초월한 경지에서 감득할 수 있는 주체적인 의식이기 때문에, 이성과 지성의 세계에서 작용하는 지식과는 명확히 구별된다. 나아가 선종(禪宗)의 조사선(祖師禪)까지도 이에 근거를 둔다.

416 삼종반야(三種般若)의 ① 관조반야(觀照般若)는 사물을 있는 그대로 관찰하고 판단하는 것이다. ② 방편반야(方便/文字般若)는 중생의 고통을 없애는 교화방편이다. ③ 실상반야(實相般若)는 제법의 실상 그 자체이다.

거둬들이지만 제도한다는 생각이 없다.

《113》 '법의 재물(法財)'에 일곱 가지가 있다. 하나는 들음이고, 둘은 믿음이며, 셋은 계율이고, 넷은 선정이며, 다섯은 정진이고, 여섯은 보시며, 일곱은 부끄러워함이다. '지혜로운 삶(慧命)'이란 자기 마음의 다함없는 진여의 성품이다. 이 일곱 가지 법의 재물과 내지 항하사 지혜의 덕이 모두 마음이 소유하고 있는 법이다. 깨달아 들어간 사람은 이익이 무궁하다.

060
'하나'의 뜻을 얻으니
활연히 의심이 사라지고 《114》
'불이문'에 들어서니
확연히 다툼이 없네. 《115》

《114》 하늘은 '하나(一)'를 얻어 맑고, 땅은 '하나'를 얻어 편안하며, 사람은 '하나'를 얻어 도를 성취한다.[417] 경에서 "만약 하나를 얻으면 온갖 삿된 것이 없어진다."라고 하였다. 또한 "만약 '하나'를 얻으면 만 가지 일을 해낼 수 있다."[418]라고도 하였다. 만약 하나(一)인 참마음을 깨달으면 무슨 이치인들 원만해지지 않겠으며, 무슨 일인들 해내지 못하겠는가?

고덕이 "'말한바 마음의 성품이 하나라면, 어찌하여 중생계에 갖가지

---

417 『老子道德經』第三十九章.
418 『修行本起經』卷下「遊觀品」第三. 大正藏 第03 [0467a24].

로 보이는가?'라는 물음에 답한다. '진여의 마음 성품은 하나이지만 인연에 따라 나고 멸하여 갖가지로 이루어진다. 또한 제8식은 바로 훈습한 마음의 본체이다. 여러 가지 종자를 함유하여 갖가지를 훈습하여 이루는 것이 진여가 연을 따른다(眞如隨緣)는 뜻이다.'"라고 하였다.

또한 '마음의 성품이 하나'라는 것은, 고인의 해석에 두 가지 뜻이 있다. "첫째는 '망령된 마음의 성품과 성취한 마음(成心)의 성품이 하나'라는 의미이다. 성품(性)과 형상(相)이 같지 않기 때문에 '참마음의 성품'을 말하는데, 참마음이 곧 성품(性)이기 때문이다. 둘째는 전체적으로 설명하겠다. 이 두 성품[419]에서 따로따로 두 가지 법장(二藏)을 설명하겠다. 앞의 두 가지 성품은 모두 두 가지 법장을 갖고 있다. 다만 망령된 것에 덮여 있는 것을 '여래장'이라 하고, 법장의 본체를 바로 자성의 마음이라 한다. 이 자성청정의 참마음이 망령된 것과 더불어 부합하지 않는 것을 '공여래장(空如來藏)'이라 한다. 갠지스강 모래만큼의 덕을 갖춘 것을 '불공여래장(不空如來藏)'이라 한다. 앞[420]에서는 즉함(卽)과 여읨(離)을 밝혔다. 여기서는 공(空)과 있음(有)을 설명해서 거듭해서 뜻을 드러내겠다.

'모두 평등하여 두 가지가 없다.'라고 한 것은, 위의 두 가지 즉함과 여읨과는 뜻이 같지 않다. '마음의 성품'이기 때문에 즉하지 않고, '마음이 곧 성품'이기 때문에 여의지 않는다. 즉하지도 여의지도 않는 것이 마음의 성품이다. 뒤에 두 가지[421]는, 공에 즉한 실제가 불공여래장이고 실제에 즉한 공이 공여래장이다. 공과 있음이 둘이 아닌 것이 마음의 성품이다. 그러나

---

419 두 가지 성품은 망심(妄心)의 성품(性)과 성심(成心)의 성품(性)이다.
420 '다만 망령된 것에 (…).' 아래.
421 두 가지는 공여래장(空如來藏)과 불공여래장(不空如來藏)이다.

공과 있음이 다름이 없는 성품이 바로 즉하지도 않고(不卽) 여의지도 않는(不離) 성품이다. 그러므로 다만 '하나이다.'"**422**라고 하였다.

《115》 마음 밖에 법이 있으면 두 가지 견해가 있고, 대치하면 곧 다툼이 이루어진다. 만약 경계가 바로 마음임을 깨달아 주관과 객관이 하나로 합하면 곧 다툼이 없다. 이미 주관과 객관에 나아가지 않았으면 유정도 무정도 없다. 다만 견성(見性)의 문을 바로 논의할 뿐 좋고 그름의 도에 떨어지지 않는다. 그러므로 주관과 객관이 같지 않으니 하나를 고집하지도 않는다. 마음과 경계가 하나의 맛이니 다르다고도 할 수 없다. 만약 성품이 인연을 따르면 정(情)과 비정(非情)이 달라서 성품도 또한 다르거니와, 만약 인연을 따르지 않고 성품을 따르면 깨달음(覺)도 아니고 깨닫지 못함(不覺)도 아니다. 두 가지 성품이 서로 부합하면 깨달아 알지 못할 것이 없다.

『화엄경』에서 "진여는 조금도 깨달음 아님이 없다."**423**라고 한 것은 곧 진여가 일체 유정·무정과 두루 부합하지 않음이 없음을 말한 것이다. 만약 조금이라도 깨달음 아닌 것이 없다면 어찌 무정이라 해서 부처의 성품(佛性)을 갖고 있음을 부정하겠는가? 또한 경의 뜻은 다만 자갈이나 기와 조각 같은 무정에 집착한 견해를 제거한 것이지 부처의 성품을 제거한 것은 아니다. 그렇다면 자성(自性)은 있지 않은 데가 없어서 그 양이 허공마저 벗어났으니 어찌 제거할 수 있겠는가?

또한 고덕이 "깨달음의 성품(覺性)은 이치이고, 깨달음의 요인(覺了)은 현상(事)에 속한다."라고 하였다. 저 무정에는 깨달음의 성품만 있고 깨달음

---

422 『大方廣佛華嚴經隨疏演義鈔』卷第三十一. 大正藏 第36 [0235c27].
423 『大方廣佛華嚴經』卷第三十「十迴向品」第二十五之八. 大正藏 第10 [0162a16].

의 요인는 없다. 이는 마치 나무 가운데는 불의 성품(火性)만 있고 불로 비춤(火照)이 없는 것과 같다. 여기서 '성품'이라 말한 것은 이치의 근본에만 의거했을 뿐 누가 지말(枝末)을 논했는가? 또한 깨달음의 지혜(覺智)로 연려(緣慮)424하는 것을 '정(情)'이라 하고, 자성이 변화하지 않는 것을 '성품'이라 한다. 어리석은 사람은 성품에 미혹하여 망령된 정(情)을 내므로 경계와 지혜가 하나가 아니다. 지혜로운 자는 망령된 정(情)을 깨달아 성품을 이룬 까닭에 사물과 나(我)가 둘이 아니다.425

---

424 연려(緣慮)는 경계(境界)를 반연(攀緣)하고 사물(事物)을 사려(思慮)함을 뜻하는 반연사려(攀緣思慮)의 줄임말이다.
425 『宗鏡錄』卷第八十三. 大正藏 第48 [0874c08].

21
한마음의 깃발을 높이 세우네

✝

唯心淨土와 佛國土

061
큰 이치는 평등하여
모자라지도 넘치지도 않나니
도의 성품도 이와 같아
보낸 적도 맞이한 적도 없네.

062
천 길이나 되는 바다 밑바닥도 고준하고
만 길이나 되는 산봉우리도 평탄하며 《116》
묵은 대는 바람에 흔들리며 저절로 자라고
오동의 새 가지는 해를 향해 가만히 뻗어 가며
한없이 늘어선 청산은 언제나 그대로이고

한가로운 조각구름은 홀연히 일어나네. 《117》

《116》 부 대사⁴²⁶가 『행로이』에서 노래한다.

　　수미산은 겨자의 젊은 아비이고
　　겨자는 수미산의 늙은 아비네
　　산과 바다가 평탄하니
　　얼음을 깨서 차를 달이네.⁴²⁷

《117》 단하 화상이 『망기음』에서 노래한다.

　　청산은 흰 구름의 조례가 필요치 않고
　　흰 구름은 청산의 연주가 필요치 않네.
　　구름은 항상 산에 있고, 산은 구름에 있으니
　　청산은 스스로 한가하고, 구름은 스스로 느슨하네.⁴²⁸

모두 한마음 도의 성품과 지혜 경계가 한가하고 한가함을 비유하였다.

426　부 대사는 양(梁)·진(陳) 시대의 거사(497~569)이다. 저장성(浙江省) 동양(東陽) 출신으로 성은 부(傅), 이름은 흡(翕), 자는 현풍(玄風), 호는 선혜(善慧)이다. 쌍림대사(雙林大士)·동양대사(東陽大士)라고도 한다. 540년에 송산에 쌍림사(雙林寺)를 창건하고 머물면서 수차례에 걸쳐 대법회를 개설하고, 대장경을 넣어 두는 윤장(輪藏)을 처음으로 제작하였다.
427　『善慧大士錄』 卷第三 「行路易」 '十五首'. 卍新續藏 第69 [0120b21].
428　『宏智禪師廣錄』 卷第四 「明州天童山覺和尚上堂語錄」. 大正藏 第48 [0041a19].

063
뜻의 대지를 텅 비워 놓아라
마치 예리한 토끼뿔 같고
알음알이를 온전히 내려놓아라
마치 맑고 깨끗한 끓인 물 같으니 《118》

《118》 신풍 화상이 노래하였다.

샘 바닥에서 자욱한 먼지가 피어나고
높은 산에서 파도가 이네.
석녀가 아이를 낳고
거북 털의 길이가 몇 길이나 되네.
만약 보리를 배우고자 하면
응당 이 모습을 참구하라!⁴²⁹

064
법의 깃발을 높이 세우고
보배 도장을 깊이 새기니
아래에 있어도 항상 높고
위험에 처해도 항상 수순하네. 《119》

---

429 『明覺聰禪師語錄』卷第十 '貌十'. 乾隆藏 第158 [0148a04] 참조.

《119》 이 한마음의 법문은 '높이 세운 법의 깃발'이고, 또한 '조사와 부처의 마음 도장'이며, '평등한 문'이며, '차별이 없는 땅'이다. 높고 낮은 것이 저절로 서로 기울어지고, 수순하거나 거스르는 것이 스스로 멀어져 다툰다. 만약 참된 지혜에 들어가면 반드시 차별이 없다. 『화엄경』에서 "지혜로 삼세에 들어가면 모두 다 평등하다."430라고 한 것과 같다. 이것은 속제(俗諦)의 본제가 진제(眞諦)라는 것을 밝혔으므로 '평등'이라 한다.

여섯 가지 형상(六相)431으로 설명하겠다. 전체(總相)에 의해 온전히 개별(別相)이고, 개별에 의해 온전히 전체이며, 같음(同相)에 의해 온전히 다름(異相)이고, 다름에 의해 언제나 같음이며, 이룸(成相)에 의해 모두 무너짐(壞相)이고, 무너짐에 의해 모두 이룸이다.

065
왕의 창고에 든 보배의 검을 쥔 참다운 모습이요
아수라의 거문고를 연주하는 바른 음곡이네. 《120》

《120》 『열반경』에서 중생의 불성(佛性)을 비유하여 "어리석은 자는 보지 못한다. 마치 왕의 창고 속에 진짜 보배의 도가 있는데, 군신 중에 아무도 알아보는 자가 없는 것과 같다."라고 하였다.432 또한 경에서 "아수라왕의

---

430 『大方廣佛華嚴經』卷第一「世主妙嚴品」第一之一. 大正藏 第10 [0001c25].
431 여섯 가지 형상(六相)은 하나가 다른 다섯을 포함하면서도 또한 여섯이 그 나름의 상태를 잃지 않고, 서로 걸림 없이 원만하게 융합되어 있다고 하여 육상원융(六相圓融)이라 한다.
432 『大般涅槃經』卷第三十四「迦葉菩薩品」第十二之二. 大正藏 第12 [0568c14-0568c25] 참조.

거문고는 타지 않아도 울린다."⁴³³라고 하였다. 이것은 중생의 마음이 항상 근본 법륜을 굴리고 있는데, 일찍이 그치거나 끊어진 적이 없음을 비유한 것이다.『화엄경』에서 "국토의 설과 중생의 설과 삼세의 어느 때의 설이나 (보살이 분별하여 아네)"⁴³⁴라고 한 것과 같다.

066
나아가기만 하면 현묘한 길이 크게 열리니
어찌 많이 구할 필요가 있으며
하나를 깨달으면 모든 일을 일제히 쉴 수 있으니
다만 깊은 믿음을 낼 뿐이네. 《121》

《121》 『신심명』⁴³⁵에서 "하나가 곧 일체이며 일체가 바로 하나니, 만약 이와 같을 수만 있으면 어찌 마치지 못할까 염려하랴."⁴³⁶라고 하였다. 『화엄경』에서 노래하였다.

갖가지로 변화하는 무량한 몸
모든 세계의 티끌 수와 같으니

---

433 天台智者大師記,『阿彌陀經義記』. 大正藏 第37 [0306b28].
434 『大方廣佛華嚴經』卷第三十三「普賢菩薩行品」第三十一. 大正藏 第09 [0608b13].
435 『신심명』은 선종의 제3대 조사인 감지선사(鑑智禪師) 승찬(僧璨, ?~606)이 지은 글이다. 중도(中道) 사상의 요체를 사언절구의 게송으로 간명하게 나타내고 있어 선종의 보전(寶典)으로 여겨진다.
436 『信心銘』. 大正藏 第48.

마음으로 생겨난 줄을 모두 깨닫고자
보살이 이 때문에 처음 발심하였네.**437**

067
자유로워 걸림 없고
예(古)를 뛰어넘어 두드러지게 빼어나니
가시나무가 가로수로 변하고
올빼미가 법륜을 노래하네. 《122》

《122》 『고승전』**438**에서 이른다. "석지통**439**이 '가까운 대승을 찾아 바른 관 수행을 닦아 가는 티끌의 근본을 살펴서 한 생각의 근원을 깨달아야 한다. 그리하면 가시나무가 무상(無常)의 노래를 부르고 올빼미가 깊고 깊은 법을 연설한다. 시방정토가 이보다 뛰어나지 못할 것이다.'"**440**라고 하였다. 무릇 '유심정토(唯心淨土)'란 곧 하나가 청정하면 일체가 청정한 것이다. 참으로 번뇌로 불국토를 이룬 것이라고 할 수 있다.

---

437 『大方廣佛華嚴經』卷第十六「十住品」第十五. 大正藏 第10 [0085c28].

438 『고승전』은 중국 남북조 양나라(502~557) 때 혜교(慧皎, 497~554)가 저술한 고승들의 전기를 집성한 문헌이다.

439 석지통은 『천수천안다라니신경(千手千眼陀羅尼身經)』 1권을 번역한 당나라 총지사(摠持寺) 사문 지통(智通)이다.

440 『續高僧傳』卷第十八. 大正藏 第50 [0577b09].

22
마하연의 골수를 쪼개서
우담화의 뿌리를 캐내네

✢

수미산의 붓과 나의 청정한 마음

068

털끝에 보배로운 달을 품듯이 《123》

유리 속에 금색 몸을 드러내듯이 《124》

《123》 방 거사⁴⁴¹가 노래한다.

털끝에서 보배 달을 머금으니

---

441 방 거사(?~808)는 당나라의 거사이다. 이름은 온(蘊), 자는 도현(道玄)이다. 석두희천(石頭希遷), 단하천연(丹霞天然), 마조도일(馬祖道一) 등에게서 지도를 받은 거사로 중국의 유마(維摩)라고도 한다.

철저하게 참된 근원을 보네.

《124》『법화경』에서 노래하였다.

깨끗한 유리 속에
진금의 형상을 나타낸 듯하시오니⁴⁴²

069
만약 이 존귀한 근본을 펼쳐서
묘한 지혜를 밝혀내면
마하연의 골수를 쪼개고
우담화의 뿌리를 캐게 되리니《125》

《125》'마하연'은 곧 대승의 마음이고, '우담화'는 신령하고 상서로운 꽃이다. 대승의 마음을 설할 때를 만나기 어렵고 이해하기 어렵다는 것을 드러내었다.

070
수미산을 모은 붓으로도
가는 털만큼도 그리지 못하고

---

442 『妙法蓮華經』卷第一「序品」第一. 大正藏 第09 [0004b18].

설령 요설변재(樂說辯才)⁴⁴³의 법문으로도
한 게송도 펼치기 어렵나니 《126》

《126》 『화엄경』에서 "수미산을 모아 붓을 만들어도 『보안경』의 한 글귀나 한 게송도 적지 못한다."⁴⁴⁴라고 하였다.

071
같고 다름에 부합하고
중앙이나 변방이 없으며
가고 옴이 평등하고
치우치거나 원만함이 끊어졌네. 《127》

《127》 자신의 마음이 본체는 같고 다르다거나 가운데나 가장자리라는 견해를 부정한다. 마치 아주 큰 허공과 같이 다시 다른 모양이 없기 때문이다. 그러므로 경에서 "보살은 일체법이 마음의 자성임을 알아 지혜의 몸을 성취한다. 다른 것으로 인하여 깨닫지 않는다."⁴⁴⁵라고 한 것이다. 또한 『기신론』에서 "진여 자체의 형상은 모든 범부나 성문이나 연각이나 보살이나 부처가 더하거나 감함이 없고, 예전에 태어난 것이 아니고 나중에 죽는 것이 아니

---

443 요설변재(樂說辯才)에 대해서 『佛說除蓋障菩薩所問經』 卷第十. 大正藏 第14 [0729c15]에서 다음과 같이 설명하고 있다. "復次 善男子 菩薩若修十種法者 得樂說辯才 何等為十 一者辯才無著 二者無盡 三者相續 四者不畏大眾 五者不卑下 六者無恐怖 七者不共 八者不輕慢 九者無邊 十者無礙解 善男子 菩薩若修如是十種法者 即得樂說辯才."
444 『大方廣佛華嚴經』 卷第四十六 「入法界品」 第三十四之三. 大正藏 第09 [0691b13].
445 『大方廣佛華嚴經』 卷第十七 「梵行品」 第十六. 大正藏 第10 [0088c21].

라서 결국에는 영원하다. 무시이래로 본성에 모든 공덕을 구족하였다. 이른바 자체에는 큰 지혜광명의 뜻, 법계를 두루 비추는 뜻, 진실하게 인식하여 아는 뜻, 자성청정심의 뜻, 항상하고 즐겁고 참나이고 깨끗한(常樂我淨) 뜻, 청량하게 불변(不變)하여 자재한 뜻을 구족하고 있다."[446]라고 하였다.

---

[446] 『大乘起信論』一卷. 大正藏 第32 [0579a12].

23
진여실관(眞如實觀)을 수행하면
삶의 근원을 보네

✣

唯心識觀과 眞如實觀

072
강하의 물은 동해를 알현하고 뭇별은 북두성에 읍하며 《128》
골짜기는 바람을 잉태하고 바다는 강물을 받아들이네. 《129》

《128》 '물은 동해를 알현한다.'라는 것은, 『상서』⁴⁴⁷에서 "장강와 한수는

---

447 『상서』는 한대 이전까지는 '서(書)'라고 불렸다. 이후 유가 사상의 지위가 상승함에 따라 소중한 경전이라는 뜻을 포함시켜 한 대(漢代)에는 『상서(尙書)』라 하였다. 송대(宋代)에 와서 『서경(書經)』이라 부르게 되었다. 현재는 『상서』와 『서경』 두 명칭이 혼용되고 있다. 우(虞), 하(夏), 상(商), 주(周) 시대의 역사적 내용들이 기록되어 있다.

바다로 흘러간다(朝宗).⁴⁴⁸"라고 하였다. '종(宗)'이란 존귀하다는 의미니, 알현하는 것과 비슷하다. 마음이 만법의 종(宗)이다.⁴⁴⁹ 한 법도 마음으로 돌아가지 않음이 없다는 것이다.

'뭇별은 북두성에 읍한다.'라는 것은, 『논어』에서 "선생님이 말씀하셨다. '정치는 덕으로 해야 한다. 비유하면 북두칠성이 그 장소에 머무르면 뭇별이 읍하는 것과 같다.'"⁴⁵⁰라고 하였다. '정치는 덕으로써 한다.'라는 것은 무위(無爲)의 덕을 말한다. 북두칠성이 이동하지 않으나 뭇별이 그에 읍하는 것과 같다. 한마음이 움직이지 않지만 뭇 수행자들이 그곳으로 돌아간다.

《129》 이는 '모두 으레 그렇다.'라는 것이다. 도의 성품은 자연스러운 것이다. 『보장론』에서 "골짜기와 바람은 단절됨이 없고 샘과 물은 마름이 없다."⁴⁵¹라고 한 것과 같다. 또한 도의 성품은 단절됨이 없다. 곧 도는 마음을 여의지 않고 마음도 도를 여의지 않는다. 그러므로 선덕이 "지극히 미묘하고 신령하게 통하는 것을 지목하여 '도'라고 한다."⁴⁵²라고 하였다. 또한 『능엄경』에서 "네 마음의 영(心靈)이 모든 것에 명료하니, 어찌 참된 도가 아니겠는가?"⁴⁵³라고 하였다.

---

448 조종(朝宗)이란 중국에서 제후가 천자를 알현하던 일이다. 봄에 만나는 것을 조(朝)라 하고, 여름에 만나는 것을 종(宗)이라 한 데서 유래한다. 이는 강물이 바다로 흐르는 것을 비유한 말이다.
449 『尚書注疏』第六卷「夏書禹貢」第一.
450 『論語集解』卷二 '爲政'
451 『寶藏論』「廣照空有品」第一. 大正藏 第45 [0143b18].
452 『大方廣佛華嚴經隨疏演義鈔』卷第十三. 大正藏 第36 [0099b27].
453 『大佛頂如來密因修證了義諸菩薩萬行首楞嚴經』卷第一. 大正藏 第19 [0107a29].

073
고요하여 소리가 없으나
갖가지 진동이 땅에서 울리고
텅 비어 형상이 없으나
기이한 형상이 하늘에 가득하네.《130》

《130》 형상(相)이면서 형상 없음(無相)이고 형상 없음이면서 곧 형상이다. 한마음의 경계이기 때문이다. 『화엄경』에서 "경계가 겹겹으로 되어 있고, 부처님의 몸이 다함없으니 서로서로 통하여 들어간다. 같을 수도 있고 다를 수도 있으며, 전체가 다르고 전체가 같으며, 국토가 깨끗하기도 하고 더럽기도 하며, 장애도 없고 걸림도 없다. 유정무정(有情無情)의 다름도 논하지 않는다."454라고 하였다. 모두 한마음의 참된 지혜의 경계이다.

074
이치에 준거해서 나누고
참됨에 부합해 설하니
꿀은 천하 어디에서나 달고
불은 천하 어디에서나 뜨겁네.《131》

《131》 하나의 꿀이 다니 온 천하의 꿀이 모두 달고, 하나의 불이 뜨거우니 온 천하의 불이 모두 뜨겁다. 이는 만약 하나의 법이 마음이면 세간이나

---

454 『大佛頂如來密因修證了義諸菩薩萬行首楞嚴經』卷第一. 大正藏 第19 [0107a29].

출세간의 일체 모든 법이 모두 마음임을 비유한 것이다.

075
정위(正位)에 나아가 드러내고
법의 성품을 의지해서 시설하였네. 《132》

《132》 이 『심부』에는 두 가지 관 수행이 있다. 하나는 유심식관(唯心識觀)이고, 둘째는 진여실관(眞如實觀)이다. 먼저 유심(唯心)을 관하고 나서 진여에 들어간다. 『능가경』에서 "성스러운 지혜를 자각하는 것은 자신의 마음을 깨닫는 것이다."라고 하였다. 『섭론』[455]에서 "오직 생각이나 말로 분별(意言分別)하는 것일 뿐 실다운 법이 없음을 통달하면 곧 유식(唯識)의 방편에 들어가서 바깥 형상을 취하지 않고 곧 유심(唯心)에 들어간다."라고 하였다.[456] 『점찰경』[457]에서는 "하나는 유심식관이고, 둘은 진여실관이다. 유심

---

[455] 『섭론』은 『섭대승론(攝大乘論)』이다. 4세기에 성립된 대승불교의 논서로 아산가(無著)의 저서이다. 원제는 『마하야나산그라하(Mahāyānasaṅgraha)』이며, 약칭 『취론(聚論)』·『섭론(攝論)』이라 불린다. 산스크리트 원전은 산실되었고, 티베트어역과 4종의 한역이 현존한다. 유가행 유식파의 입장에서 대승불교의 전체를 체계화하였다. 10장으로 이루어졌으며, 아뢰야식의 삼성설을 중심으로 유식을 주장하고, 육바라밀·십지·삼학·열반·불신까지 논하고 있다. 세친(世親)과 무성(無性)의 주석이 있으며, 중국에서는 진제역에 의거해서 섭론종이 일어났다.

[456] 『大方廣佛華嚴經隨疏演義鈔』卷第三十三. 大正藏 第36 [0252c20].

[457] 『점찰경』은 『점찰선악업보경(占察善惡業報經)』이다. 『대승대집지장십륜경(大乘大集地藏十輪經)』·『지장보살본원경(地藏菩薩本願經)』과 함께 지장 신앙의 소의경전 중 하나이다. 『점찰경』·『지장보살업보경』·『대승실의경』이라고도 하며 상하 2권이 있다. 상권에는 말세에 불교를 믿는 신자들이 바른 믿음을 가지지 못하여 여러 가지 어려움과 장애에 부딪혀 의심이 일어나면, 占을 쳐서 과거에 저지른 선악의 업을 관찰하고 참회하여 마음의 평안을 얻으라고 하면서 구체적으로 목륜상(木輪相)으로 길흉을 점찰하는 법을 설하고 있다.

관은 얕지만 진여관은 깊어서 법의 성품에 들어갈 수 있다. 법의 성품은 곧 진여의 다른 이름이다."⁴⁵⁸라고 하였다.

『기신론』에서 "마음이 만약 조급하고 흩어지면 반드시 마음을 거두어 바른 생각(正念)에 머무르게 하라. 그 바른 생각이란 오직 마음뿐이고 바깥 경계가 없음을 반드시 알아야 한다."⁴⁵⁹라고 하였다. 이것이 유심식관이다. 이어서 "또한 이 마음마저도 또한 자신의 형상(自相)이 없어서 생각마다 (그 마음을) 얻을 수 없다."⁴⁶⁰라고 하였다. 이것은 진여실관이다. 만약 유심을 깨달으면 유심식관이 이루어지고, 만약 무자성(無自性)을 깨달으면 진여실관을 성취하며, 마음과 경계가 둘 다 사라지면 무분별지(無分別智)를 이룬다.

076
현상을 따르나 본체를 잃지 않으니
하나도 아니고 많은 것도 아니며
자기를 지키지 않고 인연에 맡기니
또한 함께하기도 하고 개별이기도 하네. 《133》

《133》 앞에서 '열반의 자리(正位)⁴⁶¹에 의해 떨쳐 일어난다.'라고 한 것은 일찍이 한 법도 마음의 열반 자리에서 벗어난 적이 없음을 말한다. 『법화

하권에서는 중생들은 모두 여래가 될 성품을 지니고 있다는 여래장 사상을 설하고 있다.
458 『大方廣佛華嚴經隨疏演義鈔』卷第三十三. 大正藏 第36 [0252c15].
459 『大乘起信論』一卷. 大正藏 第32 [0582b01].
460 『大乘起信論』一卷. 大正藏 第32 [0582b01].
461 열반의 자리(正位)는 지혜로써 열반을 깨달아 얻는 자리이다.

경』에서 "이 법은 법의 자리에 머무르면서 세간상(世間相)에 언제나 머무른다."⁴⁶²라고 하였다. 또한 앞에서 '법의 성품에서 시설하였다.'라고 한 것은 『반야경』⁴⁶³에서 "일찍이 한 법도 법의 성품에서 벗어난 적이 없다."⁴⁶⁴라고 한 것과 같다. 진여의 한마음은 자신의 성품을 지키지 않고 현상에 따라 건립한다. 그러므로 '또한 같기도 하고 개별이기도 하다.'라고 하였다. 비록 현상에 따라 건립하나 자신의 본체를 잃지 않으므로 '하나도 아니고 많은 것도 아니다.'라고 하였다.⁴⁶⁵

077
근본과 자취를 쌍으로 들고
방편과 진실이 모두 살아 있으니 《134》
말에는 중요한 요점이 모두 들었고
손가락이 가리키는 근원을 온전히 보네. 《135》

《134》 『조론』에서 "근본이 아니면 지말(枝末)을 세울 수가 없고, 지말이 아니면 근본을 드러낼 수 없다. 뿌리의 자취는 비록 다르나 헤아릴 수 없기

---

462 『妙法蓮華經』卷第一「序品」第一. 大正藏 第09 [0007c09].
463 『宗鏡錄』卷第二. 大正藏 第48 [0426b08]. "故經云 未曾有一法 而出於法性"에서 '經'은 『화엄경』에서 인용하였는데, 『심부(心賦)』에서 뒤 문장과 연결 지어 반야경으로 오인한 것으로 보인다. 또 문구도 '得入於法性'를 '而出於法性'로 잘못 옮긴 것으로 보인다. 뒤의 문장을 연결 지어 생각해 보면 이해할 수 있다.
464 『大方廣佛華嚴經』卷第十三「菩薩問明品」第十. 大正藏 第10 [0066c01].
465 『大般涅槃經』卷第二十一「光明遍照高貴德王菩薩品」第十之一. 大正藏 第12 [0492a28] 참조.

는 마찬가지다."⁴⁶⁶라고 하였다. 마음은 근본이고 법은 지말이다.

《135》 만법이 비록 다르나 한마디 말에 모두 다 갖추지 못함이 없다. 천 개의 달이 똑같지는 않으나 하나의 손가락으로 각각의 근원을 가리킬 수 있다. 『화엄금관』에서 "낱낱의 현상에 모두 이와 같은 다함없는 덕을 갖추고 있다. 마치 바다의 한 방울 물이 백 개의 강물을 갖춘 것과 같다. 또한 낱낱의 현상이 본래의 형상도 파괴하지 않고 본래 자리도 여의지 않고서 원융하게 바로 들어간다. 이를테면 형상과 작용(相用)으로 말하면 둘의 본체는 고요하고, 고요(體)로 말하면 형상과 작용(相用)이 어지럽다."라고 한 것과 같다.

그러므로 『화엄경』 서문에서 "언어와 생각을 초월하여 멀리 벗어났다."⁴⁶⁷라고 하였다. 비단 언어와 생각을 초월할 뿐만 아니라, 또한 언어와 생각을 초월한 것마저 벗어나, 초월하거나 초월하지 않은 모두를 벗어났다. 『화엄경』에서 "비록 언어의 길에 의지하지 않으나 또한 언설이 없는 것에도 집착하지 않는다."⁴⁶⁸라고 하였다. 다만 말에 의해 말을 벗어 버리고 생각에 의해 생각을 잊어버려야 뛰어넘어 벗어났다는 뜻에 계합한다.

466　僧肇, 『淨名經集解關中疏』 卷上 「維摩詰經序」. 大正藏 第85 [0440b02].
467　『大方廣佛華嚴經疏序演義鈔』 卷第一. 卍新續藏 第05 [0689a02].
468　『大方廣佛華嚴經』 卷第二十四 「十迴向品」 第二十五之二. 大正藏 第10 [0128c14].

24
하나의 방편으로
무변찰해겁(無邊刹海劫)을 청정하게 하네

✣

不變과 隨緣

078
하나의 금이 여러 모양의 그릇으로 나누어짐은
불변(不變)이 수연(隨緣)하는 도이고
천 개의 파도가 습성(濕性)의 이치를 함유함은
수연이 불변하는 문이네. 《136》

《136》 '금'은 변하지 않는 것(不變)이고, '그릇'은 인연을 따르는 것(隨緣)이다. '파도'는 인연을 따르는 것이고, '젖음'은 변하지 않는 것이다. 그래서 한 마음의 문에 인연을 따르는 것과 변하지 않는 것의 두 뜻을 갖추었다. 『연의기』에서 "인연을 따르는 것이 변하지 않는 것으로 차별을 빼앗아 본체가 공(空)하니 지말이 공적하다. 본체가 공하여 차별되니 변하지 않는 것을 빼앗아 인연을 따른다. 그러므로 근본이 공적하다. 온전히 근본이 지말이 되므로 근본은 숨고, 온전히 지말이 근본이 되므로 지말은 없어진다. 그래서 진여가 인연을 따라서 중생이 될 때도 일찍이 참된 본체를 잃은 적이 없다. 그러므로 중생으로 하여금 중생을 부정하게 한다. 중생의 본체가 공하여 곧 법성(法性)일 때도 일찍이 중생이 아닌 적이 없다. 그러므로 법신으로 법신을 부정하게 한다. 그러므로 둘 다 부정된다. 둘 다 부정되었으니 참과 망령됨이 평등하여 다를 수 없다."[469]라고 하였다.

079
만약 이 존귀한 근본(宗)을 깨달으면
있거나 있지 않은 데가 없나니《137》
성인의 몸에 들어가나 뽐내지 않고
범부의 몸에 거처하나 바꾸려 하지 않네.

《137》 『정명경』에서 이른다. "부처님이 '일체법이 있는 데도 없고 있지 않는 데도 없다.'"[470]라고 설하셨다. 이치의 실제를 준거하면 숨으니 '있는 데가 없다.'라고 하였고, 형상이 허망함을 준거하면 드러나니 '있지 않은 데가 없다.'라고 하였다. 이는 한마음이 숨고 드러남이 걸림 없이 자재함을 말한 것이다.

---

469 『大方廣佛華嚴經隨疏演義鈔』卷第七十五. 大正藏 第36 [0593c04].
470 『維摩詰所說經』卷中「觀眾生品」第七. 大正藏 第14 [0548c08].

080
좁은 것에 의해 넓으니
털끝이 시방에 두루하고
짧은 것으로 긴 것을 거두니
찰나가 겁의 바다를 감싸네. 《138》

《138》 선덕이 "티끌이 법계를 머금으니 크고 작은 것이 모자라지 않고, 한 생각이 구세(九世)를 감싸니 짧고 긴 것이 동시다."[471]라고 하였다. 곧 한마음이 나뉘고 합쳐짐으로 수승함을 밝혔다. 조균(朝菌)[472]이나 하루살이 무리가 어찌 대춘(大椿)[473]의 나이와 같겠는가? 이것은 세상 사람들의 길고 짧은 망령된 견해일 뿐이다.

『화엄경』에서 "비목선인이 선재의 손을 잡으니, 때는 여러 겁을 지나고 처소는 무변을 거쳤다. 그러므로 길고 짧은 것을 생각해서는 안 된다."라고 밝히고 있다.[474] 만약 매우 뛰어남을 설명해 보면 한 생에 단박 원만해지고, 만약 깊고 깊음을 준거하면 여러 겁에도 알 수 없다. 길고 짧은 것에 꼭 집착할 일은 아니다. 중요한 것은 깊은 도리에 들어가는 데 있다. 그러고 보면 방편의 무리나 배움이 얕은 무리는 그 가장자리조차 헤아리기 어려울 것이다. 『화엄경』에서 노래하였다.

---

471 『修華嚴奧旨妄盡還源觀』. 大正藏 第45 [0638a28].
472 조균(朝菌)은 덧없는 짧은 목숨이다. 아침에 생겼다가 저녁에 쓰러지는 버섯에 비유하였다.
473 대춘(大椿)은 중국 고대의 큰 나무 이름이다. 8천 년을 봄으로 하고, 8천 년을 가을로 하여 3만2천 년이 인간의 1년에 해당한다. 뜻이 바뀌어 사람의 장수를 축하할 때 이르는 말이다.
474 『大方廣佛華嚴經隨疏演義鈔』卷第二十六「華藏世界品」第五. 大正藏 第36 [0200a13].

처음 한 생각에서 마지막 겁이 이루어질 때까지
모두 중생의 생각에서 생겨난다.
일체 가없는 찰해겁(刹海劫)을
하나의 방편으로 모두 청정하게 하네.[475]

풀이하면, '하나의 방편'이란 곧 자신의 마음이다. 길고 짧은 것은 마음으로 수량을 정한 것이다. 만약 한마음을 깨달으면 길고 짧은 겁이 저절로 없어진다. 그러므로 '모두 청정하다.'라고 하였다. 『화엄경』에서 노래하였다.

혜아릴 수 있거나 혜아릴 수 없는 일체겁이
보살은 한 생각인 줄 알아
여기에 보리행으로 잘 들어가서
언제나 부지런히 닦아 익혀 물러나지 않네.[476]

---

[475] 『大方廣佛華嚴經』卷第七「世界成就品」第四. 大正藏 第10 [0038a01].
[476] 『大方廣佛華嚴經』卷第三十一「十迴向品」第二十五之九. 大正藏 第10 [0169c10].

25
공문(空門)은 부처를 뽑는
도량(選佛場)이네

✢

大總持와 王三昧

081
한 잎이 떨어질 때 천하가 가을이고
한 티끌이 일어나는 곳에 온 대지가 거두어지니
공문(空門)에 나아가 급제하고 《139》
선원에서 제후에 봉해지네. 《140》

《139》 방 거사가 노래한다.

시방 사람들이 다 함께 모여
모두 무위법(無爲)을 배우나니
여기는 부처를 뽑는 도량(選佛場)이라

마음이 공적하니 급제하여 돌아가네.⁴⁷⁷

《140》 세간에서는 공(功)을 이루고 덕을 쌓아 제후에 봉해지지만, 출세간에서는 마음을 깨달아 수기를 얻어 제후에 봉해진다.

082
생사의 군대를 대적하는 갑옷이요
번뇌의 진영과 싸우는 창이니 《141》
대총지(大總持)를 얻어
번뇌를 벗어나는 근본으로 삼고 《142》
왕삼매(王三昧)를 갖추어
도에 들어가는 실마리로 삼네. 《143》

《141》 『유식소』⁴⁷⁸에서 "마음 밖에 법이 있으면 생사에 윤회하고, 마음 밖에 법이 없으면 생사가 영원히 끊어진다."⁴⁷⁹라고 하였다.

《142》 마음은 모든 것을 관리하는 도읍의 관원으로 거두지 않은 법이 없다.

《143》 마음의 성품을 관할 수 있다면 이를 '최상의 선정(上定)'이라 한다.

---

477 住泉州崇福禪寺嗣祖比丘悟明集『聯燈會要』卷第六「襄州龐蘊居士」. 卍新續藏 第79 [0055b18].

478 『成唯識論述記』卷第一. 大正藏 第43 [0243c02].

479 『永明智覺禪師唯心訣』. 大正藏 第48 [0997b19].

이 마음은 진여삼매(眞如三昧)이니, 모든 삼매의 근본이다. 그러므로 마음이 삼매의 왕이니, '왕삼매'라고 한다. 마음을 깨닫고 도를 이루어 만행을 모두 성취했기 때문이다.

만약 '마음이 부처'임을 깨달은 자라면 자연히 겸손하다. 왜냐하면 자신의 마음을 믿기 때문이며, 일체중생에게 모두 마음이 있어서 모두 다 부처임을 알기 때문이다. 이미 자신이 교만하지 않으면 또한 남을 업신여기지 않는다. 한마음이 평등함을 알기 때문이다.

경에서 "유순하고 화목한 행이 법계에 수순하니, 겸손이 인욕의 근본이다."[480]라고 하였다. 『주역』에서 "겸손한 사람은 형통하니, 군자는 유종의 미가 있다."[481]라고 하였다. 「단사(彖辭)」[482]에서 "겸양은 형통하다. 하늘의 도는 아래로 베풀어 광명이 있고, 땅의 도는 낮으나 위로 올라간다. 하늘의 도는 가득함을 덜어서 겸손을 보태 주고, 땅의 도는 가득 찬 것을 변화시켜 겸손한 데로 흐르게 한다. 귀신은 가득 찬 것을 해치고 겸손한 것을 복되게 하며, 사람의 도는 가득 차 있음을 싫어하고 겸손한 것을 좋아한다."[483]라고 하였다. 그러므로 자신이나 다른 사람을 칭찬하지도 말고 헐뜯지도 말아야 한다. 만약 스스로 찬탄한다면 대인의 모습이 아니라 남을 현혹하는 사람이며, 만약 자신을 헐뜯으면 요사하게 남을 모함하는 사람이다. 남을 헐뜯으면 이간질해서 남을 해치는 사람이며, 만약 남을 칭찬하면 이는

---

480 『大方廣佛華嚴經』卷第十一「功德華聚菩薩十行品」第十七之一. 大正藏 第09 [0467b26].

481 北天目道人蕅益智旭著, 『周易禪解』卷第三. 嘉興藏 第20 [0414c20].

482 단사(彖辭)는 역경(易經)의 각 괘(卦)의 뜻을 풀어놓은 글이다. 주(周)의 문왕(文王)이 지었다고 전해진다.

483 北天目道人蕅益智旭著, 『周易禪解』卷第三. 嘉興藏 第20 [0414c25].

아첨하는 사람이다.

그러므로 부 대사가 "좋은 것을 보건 나쁜 것을 보건 다만 머리를 숙일 뿐이다. 혹 고개를 숙인 인연이더라도 병을 얻을 수 있다."라고 하였다. 그러므로 땅을 얻어 만물이 모두 자라나고, 이치를 얻어 만행이 모두 성취됨을 알 수 있다. 유심(唯心)의 이치를 잊어서는 안 된다. 부처를 이룸에 이르러서는 더하거나 감함이 없다.

26
하나의 성품이 천 개의 문을 여네

✢

第八識心, 佛性과 第一義空 그리고 智慧, 理事

083
학문의 종사이고
보리의 본보기며
공덕의 총림이고
진여의 창고라네. 《144》

《144》 일체중생의 제8식의 마음을 '함장식(含藏識)' 또는 '택식(宅識)'이라 한다. 『화엄경』에서 "보살마하살은 훌륭한 수단과 방편으로 법을 설하여 열반을 시현한다. 중생을 제도하기 위한 모든 방편이 모두 마음에서 건립되어서 전도되거나 속이지 않는다. 왜냐하면 보살은 일체 모든 법이 삼세에 평등하여 여여하여 움직이지 아니하고 실제로 머물러 있지 않음을 알기 때문이다. 이미 교화를 받았거나 지금 교화를 받거나 미래에 교화를 받아야 하는 한 중생도 있다고 보지 않는다. 또한 수행할 것이 없고 어떤 작은 법도 생겨나거나 멸할 것이 없음을 스스로 분명하게 안다. 그래서 일체법에 의지해서 원하는 것을 헛되지 않게 한다. 이를 제9 여실주(如實住)[484]라 한다."[485]라고 하였다.[486]

084
시공간 환(幻)의 경계가
하나의 성품을 갖고 있으면서 텅 비었고
열반의 신령한 공(空)이
천 개의 문에 이르러 형상을 나타내니 《145》
미묘한 자취는 견줄 것이 없고
온 세상에서 가장 친근한 것이네. 《146》

《145》 '하나의 성품'은 만법의 성품이고, '천 개의 문'은 만법의 형상이다. 성품과 형상이라는 두 가지로 나누어졌으나 융합하여 하나로 돌아간다. 『열반경』에서 "부처님의 성품은 '제일의공(第一義空)'이고, 제일의공은 '지혜'이다."[487]라고 하였다. 이 두 가지가 다르지 않은 것이 불성이다. 그래서 제일의공이 불성이고 지혜이다. 곧 불성(佛性)의 형상이다.

---

484 여실주(如實住)는 십주(十住)의 제9주 법왕자주(法王子住)를 말한다. 이 주에서는 성속(聖俗)을 다 이해하여 완전히 자재한 지혜를 획득한다.
485 『大方廣佛華嚴經』卷第五十五「離世間品」第三十八之三. 大正藏 第10 [0290c15].
486 『宗鏡錄』卷第二十. 大正藏 第48 [0527c09].
487 『大般涅槃經』卷第二十七「師子吼菩薩品」第十一之一. 大正藏 第12 [0523b11].

제일의공에 지혜가 있지 않으면 '법성(法性)'이라 하고, 지혜가 있으면 '불성(佛性)'이라 한다. 성품이 형상에 나아갔으니 중생에게 불성이 있다. 지혜가 있으면 깨닫기 때문이다. 장벽이나 기왓장이나 자갈은 지혜가 없으므로 불성이 없다. 만약 형상이 성품에 나아가면 제일의공이 있지 않은 데가 없다. 그렇다면 장벽 등이 모두 제일의공이다. 어찌 성품이 아니겠는가? 그러므로 경에서 "일체법이 곧 마음의 성품임을 안다."[488]라고 하였다. 논에서 "색의 성품이 곧 지혜의 성품이므로 색의 본체가 형상 없는 것을 지혜의 몸이라고 한다. 지혜의 성품이 곧 색이므로 법신이 일체처에 두루한다."[489]라고 하였다. 그 본체는 본래 다르지 않은데, 여기서 성품과 형상으로 나누었기 때문에 두 가지 뜻으로 나눈 것이다.

《146》 천하에서 가장 가까운 것은 마음보다 더한 것이 없다. 일체법은 마음에서 생겨났기에 마음을 여의면 하나의 법도 없기 때문이다. 그러므로 『화엄경』에서 "바라밀로부터 생긴 일체 보개(寶蓋), 일체 부처님의 경계인 청정한 이해에서 생긴 일체 화장(華帳), 무생법인에서 생긴 모든 옷, 금강법에 들어간 무애심(無礙心)에서 생긴 일체 방울 달린 그물, 모든 법이 환과 같음을 아는 마음에서 생긴 모든 견고한 향, 일체 부처님의 경계에 두루한 여래의 마음에서 생긴 모든 부처님의 갖가지 보배로 만들어진 묘좌(妙座), 부처님에게 공양함에 게으르지 않은 마음에서 생긴 일체 보당(寶幢), 모든 법이 꿈과 같음을 아는 환희심에서 일어난 부처님이 계신 일체 보배 궁전, 집착 없는 선근에서 생긴 일체 보배 연화구름 등"[490]이라고 하였다.

---

488 『大方廣佛華嚴經』卷第十七 「梵行品」第十六. 大正藏 第10 [0088c21].
489 『大乘起信論』一卷. 大正藏 第32 [0579c13].
490 『大方廣佛華嚴經』卷第二十二 「昇兜率天宮品」第二十三. 大正藏 第10 [0118a18].

085
작은 그릇에서 끝없이 맛있는 음식이 나오고 《147》
높은 허공에서 헤아릴 수 없는 보배 비가 쏟아지네. 《148》

《147》 『화엄경』에서 "구족우바이가 보살의 다함없는 복덕장해탈문(福德藏解脫門)을 얻어, 능히 작은 그릇에서 모든 중생의 갖가지 욕락에 따라 갖가지 맛있는 음식을 내어 모두 배부르게 하였다. 이 작은 그릇으로 하늘 대중에게 하늘 음식을 충족하게 하였다. 그리고 사람 대중에게 사람의 음식을 충족하게 하며, 모든 부처님과 성문과 아라한과 아귀에 이르기까지도 그러하였다. 그러고는 이윽고 '선남자여, 잠깐만 기다려라! 그대는 반드시 스스로 볼 수 있을 것이다.'라고 하였다. 이 말을 설할 때, 선재가 곧 헤아릴 수 없는 중생이 사방의 문에서 들어옴을 보았다. 모두 우바이의 본원력으로 청한 이들이다. 이미 와서 모이니 자리를 펴고 앉게 하였다. 그들이 필요로 하는 것에 따라 음식을 베풀어서 모두 충족하게 하였다."⁴⁹¹라고 하였다.

'작은 그릇'이란 곧 마음의 그릇이다. 마음은 다함없는 창고다. 생각에 따라 일체 세간이나 출세간의 진귀한 보배 법문을 출생하는데, 어찌 다함이 있겠는가.

《148》 『화엄경』에서 "명지 거사가 말하되 '나는 마음에 따라 복덕장해탈문(福德藏解脫門)을 출생할 수 있어서, 무릇 필요한 것이면 무엇이든 소원대로 만족시켜 줄 수 있다. 이른바 의복, 영락, 코끼리 말, 수레, 꽃과 향, 깃발과 일산, 음식과 탕약 등이다.'라고 하였다. (…) 그때 거사가 대중들이 많이

---

491 『大方廣佛華嚴經』卷第六十五「入法界品」第三十九之六. 大正藏 第10 [0351c13].

모인 것을 알고는 잠시 생각으로 허공을 우러러 바라보니 필요한 것들이 모두 공중에서 내려왔다. 모여 있는 대중이 모두 만족하였다. 그런 후에 갖가지 법을 설하였다. 이른바 맛있는 음식을 얻어 충족한 자를 위해서 갖가지 복덕을 쌓는 행에 대해 설하며 (…)."**492**라고 하였다.

풀이하면 '공중에서 보물이 내려왔다.'란, 첫째는 거사의 마음에서 나왔으므로 '생각에 따라 출생하였다.'라고 하였고, 또 '잠시 생각으로'라고 한 것이다. 둘째는 제도할 중생 자신의 마음을 움직이게 하여 중생의 근기에 맞춰 그윽이 계합하였다. 한 몸도 아니고 다른 몸도 아니어서 이런 불사를 이루었다.

'허공을 우러러 바라보았다.'란, 곧 법의 허공에 나타난 것이다. 그러므로 『법구경』에서 "보살이 필경공(畢竟空)**493**에서 치열하게 건립한다."**494**라고 하였다.

086
선인이 손을 잡았을 때
걸핏하면 한없는 겁을 지나고 《149》
동자가 누각에 오른 날
문득 전생의 수행한 인행을 보네. 《150》

---

492 『大方廣佛華嚴經』卷第六十五「入法界品」第三十九之六. 大正藏 第10 [0353a11-0353a19].

493 필경공(畢竟空)은 십팔공(十八空)의 하나로, 모든 현상에 대한 분별이 완전히 끊어진 상태이다.

494 『佛說法句經』「親近眞善知識品」第五. 大正藏 第85 [1433c03].

《149》 『화엄경』에서 "비목선인이 선재의 손을 잡으니, 즉시 선재가 그의 몸이 시방의 십불찰미진수세계에 가서 십불찰미진수 모든 부처님의 처소에 이르고, 저 부처님의 국토와 그 대중과 모든 부처님의 상호와 갖가지 장엄과 나아가 백천억불가설불가설불찰미진수겁을 지났음을 스스로 보았다. 그리고 때가 되어 저 선인이 선재의 손을 놓으니, 선재동자의 몸이 다시 본처에 있음을 스스로 보았다."495라고 하였다. 이로써 본위의 땅을 움직이지 않고도 몸이 시방에 두루하고, 한 생각을 여의지 않고도 수없는 겁을 지남을 알 수 있다.

고인이 해석하여 "선재가 현상의 차별된 형상에 따라 모두 법계에 들어갔다. 만약 원융문(圓融門)인 경우라면 하나의 문에 들어가자마자 곧 여러 문과 하나가 된다. 그것은 이치가 현상에 합하니 현상이 이치와 하나가 되고, 이치가 현상을 드러내니 이치가 현상과 하나가 되었기 때문이다.

그러므로 (疏에) '이치는 나누어지지 않는 것이 아니다.'라고 하였다. 이를테면 이치가 현상이니, 현상이 나누어져 있으면 이치도 나누어져 있다고 말한다. 그렇지 않다면 진리가 현상이 아니기 때문이다. 이치가 현상과 하나라면, 하나의 법 그대로 일법계(一法界)이다. 만약 여러 법을 들면 곧 여러 법계이다. 선재가 친히 증득한 것과 같다.

'잠시 손을 놓음에 곧 여러 겁을 지난다.'라고 한 것은 언제나 원융함을 설명한 것이다. 나중에 '누각에 들어가 널리 가없는 세계를 보았다.'라는 것은 어느 처소에서나 원융함을 설명한 것이다."496라고 하였다.

그러므로 '선재가 한 생에 여러 겁의 수행을 이룰 수 있었다.'라는 것은

---

495 『大方廣佛華嚴經』卷第六十四「入法界品」第三十九之五. 大正藏 第10 [0345c20].
496 『大方廣佛華嚴經隨疏演義鈔』卷第八十三. 大正藏 第36 [0654a23].

이미 좋은 벗의 힘으로 순식간에 한 부처님 처소에서 불가설불가설불찰미진수겁을 지나도록 수행함을 보았으니, 어찌 한 생에 여러 겁을 지나지 못하겠는가. 선인의 힘은 길고 짧은 것이 자재하기 때문이다.

세상의 왕질[497]이 신선을 만나 바둑을 두다가 도낏자루를 썩게 하고서 삼세를 오히려 한 끼 밥 먹을 동안이라 한 것과 같다. 이미 그러하다면 긴 것으로 짧게도 하고, 또 짧은 것을 길게 할 수도 있다. 주나라 목왕[498]이 환인을 따라 비록 여러 해를 지냈더라도 실제로는 오직 한순간뿐인 것과 같다. 그러므로 결론지어 '응당 길고 짧은 때와 넓고 좁은 처소로 그 뜻을 정해서는 안 된다.'라고 한 것이다.

《150》 선재동자가 미륵보살의 누각에 올라 미륵보살의 삼생의 일을 보았다.

---

497 왕질은 진나라 때 절강성 난가산 밑에 살았다는 나무꾼이다. 『술리기』 난가고사(爛柯故事)의 주인공이다. 그가 하루는 나무하러 산속에 들어갔다가 두 동자가 바둑 두는 것을 구경하는데, 한 동자가 대추씨 같은 것을 한 개 건네기에 받아먹었더니 배고픈 줄 몰랐고, 바둑 두기를 마친 동자가 왕질에게 '네 도낏자루가 썩었구나[爛柯].'라고 하여 집에 돌아오니 벌써 100년이 지났더라 하였다.
498 목왕은 BC 10세기경 주나라의 제5대 왕, 소왕의 아들이다.

27
열 가지 힘의 공력으로 의심의 성을 부수네

✚

의심의 성을 부수는 지혜와 방편

087
이루어 드러낸 것이 비록 원만하고 지극한 도이나
널리 드날리는 것은 온전히 그 사람에게 있으니 《151》
뛰어난 공훈이 세상을 놀라게 하고
크게 쓰임이 귀신에게도 통하네.

《151》 사람이 도를 널리 전할 수 있지, 도가 사람을 넓게 하는 것은 아니다. 시방삼세의 모든 부처님이 모두 마음을 깨달아 부처를 이루었다. 마음이 곧 법이고, 법은 곧 마음이다. 그러므로 사람의 믿음으로 널리 전할 수 있다. 또한 사람이 곧 법이고, 법이 곧 사람이다. 사람을 여의고는 법이 없고, 법을 여의고는 사람이 없다. 그러므로 "이 법을 앞에 부처가 이미 설하였고, 뒤의 부처는 존중하시어 한 글자도 더하지 않았다."[499]라고 하였다.

그래서 "부처는 법으로 스승을 삼는다."500라고 하였다.

연공 장열501이 수남 선지식502에게 "법이 앞에 있었습니까? 부처님이 앞에 있었습니까?"라고 물었다. 답하길, "법이 앞에 있었으니, 모든 부처님이 스승으로 삼는 것이 법이기 때문이다."라고 하였다. 그러자 트집을 잡아 "그렇다면 최초로 성불하기 전에는 부처님의 설법이 없었는데 어떻게 법을 깨달았단 말입니까?"라고 따졌다. "자연히 깨달았다. 「월령」503에 '수달이 하늘에 제사를 지낸다.'504라고 하였는데, 어찌 사람의 가르침이 있었겠는가?"라고 대답하니, 연공이 크게 굴복하였다.505

088
악기가 갖춘 아름다운 음곡은
손가락이 기묘하고 음률이 절묘한 데 달렸듯이
마음이 품고 있는 깨달음의 성품은
지혜가 교묘하고 작용이 진리에 합하는 데 있네. 《152》

---

499 『般若燈論釋』卷第十五「觀涅槃品」第二十五. 大正藏 第30 [0130a26]. 『반야등론석』은 분별명(分別明)이 찬술하고, 당나라 파라파밀다라(波羅頗蜜多羅)가 번역하였다. 『중론』의 송(頌)을 상세히 풀이하고, 외도와 부파불교의 학설을 비판한 저술이다.

500 『大方便佛報恩經』卷第六(失譯人名在後漢錄)「優波離品」第八. 大正藏 第03 [0157a26].

501 장열(667~730)은 당나라 낙양 사람으로 자는 도제(道濟)·열지(說之), 봉호는 연국공(燕國公)이다. 중종·현종 때의 재상으로 문장과 비문에 능하여 나라의 큰 저술을 도맡아 하였다.

502 수남 선지식은 수주의 수남지욱 선사이다.

503 「월령」은 『예기(禮記)』「월령편(月令篇)」이다.

504 '수달이 하늘에 제사를 지낸다.'를 '달제(獺祭)'라고 한다. 시문(詩文)을 지을 때 많은 참고 서적을 열람하느라고 좌우에 어수선하게 늘어놓은 것을 말한다.

505 『大方廣佛華嚴經隨疏演義鈔』卷第四十五. 大正藏 第36 [0349b16].

《152》 『수능엄경』에서 "비유하면, 거문고와 공후506와 비파에게 비록 미묘한 소리가 있으나, 만약 기묘한 손가락이 없으면 결코 소리를 낼 수 없듯이 너와 중생도 마찬가지다. 보배로운 깨달음의 참마음이 각각 원만해서 내가 손가락으로 해인(海印)을 눌러 주면 광명이 나오는데, 네가 잠시라도 마음을 일으키면 번뇌가 먼저 일어난다."507라고 하였다. 손가락이 미묘하지 않기 때문에 다섯 음곡이 조화롭지 않고, 지혜가 교묘하지 않으므로 한마음이 드러나지 않음을 알 수 있다. 장교(藏敎)는 졸렬한 수행법이고 통교(通敎)는 교묘한 수행법이다.508 또한 모든 법의 실상을 깨닫기만 하면 마음과 힘을 다해 애써서 수행할 필요가 없다. 이를 '교묘한 수행법'이라 한다.

089
열 가지 힘509의 공력이 높아지면
훌륭한 이는 오를 수가 있고

---

506 공후는 고대부터 사용한 나무로 만든 울림통에 여러 개의 현이 연결된 악기이다.

507 『大佛頂如來密因修證了義諸菩薩萬行首楞嚴經』卷第四. 大正藏 第19 [0120c29].

508 위 문은 천태종의 주장이다. 부처님이 설하신 교리를 넷으로 나누어 장(藏)·통(通)·별(別)·원(圓)의 화법(化法) 4교로 정리하였다. 즉 장교는 성문, 통교는 성문·연각·보살, 별교는 보살, 원교는 부처님(佛, 究竟覺)에 배대한다.

509 열 가지 힘이란 부처님이 지닌 10종의 힘이다. ① 지시각비처력(知是覺非處力): 도리·비도리를 아는 힘. ② 지업보력(知業報力): 업과 그 과보의 관계를 아는 힘. ③ 지제선삼매력(知諸禪三昧力): 갖가지 선정에 통달하는 힘. ④ 지타중생제근상하력(知他衆生諸根上下力): 중생의 근기를 아는 힘. ⑤ 지타중생종종욕력(知他衆生種種欲力): 중생의 갖가지 욕구를 아는 힘. ⑥ 지세간종종성력(知世間種種性力): 중생의 갖가지 성품을 아는 힘. ⑦ 지일체도지처상력(知一切道智處相力): 업을 통하여 나타나는 세계, 즉 중생이 지옥·열반 등 여러 곳으로 향하는 것을 아는 힘. ⑧ 지숙명력(知宿命力): 과거세의 일을 아는 힘. ⑨ 지천안력(知天眼力): 미래의 일을 아는 힘. ⑩ 지누진력(知漏盡力): 번뇌가 다 없어진 경지인 열반과 그곳에 도달하기 위한 수단을 여실히 아는 힘.

해와 달이 빛을 숨기면
　　산과 강이 본래 자리로 돌아가네. 《153》

《153》 방 거사가 노래한다.

　　겁화가 하늘을 태우나 하늘은 불타지 않고
　　람풍(嵐風)510이 기운을 휘몰아치나 소리가 들리지 않으며
　　백 가닥 하천이 세차게 흐르나 바다는 넘치지 않고
　　오악의 명산은 모습을 쉽게 보여 주지 않으며
　　맑고 고요한 생각은 종적이 없으니
　　천 갈래 길이 모두 무생(無生)으로 들어가네.511

그러므로 알 수 있다. 한 법이라도 한마음 무생(無生)의 뜻으로 들어가지 않음이 없다.

090
　　교만의 봉우리를 무너뜨림이여! 애정의 강이 마르고
　　의심의 성을 파괴함이여! 마라의 올가미를 끊네. 《154》

《154》　만약 한마음을 알아 법공(法空)의 이치를 깨달으면 평등한 경계에

510　람풍(嵐風)은 큰바람이다.
511　『宗鏡錄』卷第三. 大正藏 第48 [0428b17].

들어가서 실상의 문에 머무른다. 이에 교만의 산을 무너뜨리고, 애정의 화살을 뽑으며, 의심의 그물을 찢고, 마라(악마)의 포위를 돌파할 수 있다. 왜냐하면 마라의 세계가 곧 부처의 세계임을 통달하여 하나의 진실한 마음으로 돌아가기 때문이다.

논에서 "비유하면, 파리가 능히 모든 물건에 붙을 수 있으나 오직 불꽃에만은 붙지 못한다. 불꽃에 붙으면 불에 타기 때문이다. 마라도 마찬가지로 능히 모든 법에 반연할 수 있으나 오직 모든 형상의 실상에만은 반연하지 못한다. 만약 실상에 들어가면 마라가 곧 실상이니, 어찌 미혹할 것이 있겠는가?"[512]라고 하였다.

그러므로 논에서 "마라의 세계가 여여하고 부처님의 세계도 여여하며, 하나가 여여하고 둘 없음도 여여하다. 모두 법계의 도장이다. 어찌 법계의 도장으로 다시 법계의 도장을 파괴하랴."[513]라고 하였다. 또 논에서 "견해가 끊어진 반야보살은 마치 어부가 한 마리 큰 물고기가 깊고 넓은 물속에 들어 있는 것을 보았는데, 그물이 미칠 수 없다는 것에 절망하여 근심하고 걱정하는 것과 같다."[514]라고 하였다. 62견의 그물[515]을 여의었기 때문이다.[516]

---

512 澄觀撰述, 『大方廣佛華嚴經疏鈔會本』第十九之六. 乾隆藏 第131 [0174a01].
513 『修習止觀坐禪法要』 「覺知魔事」 第八. 大正藏 第46 [0470c28].
514 『大智度論』 「釋無盡方便品」 第六十七. 大正藏 第25 [0623a14].
515 62견은 고대인도 외도의 견해이다.
516 澄觀撰述, 『大方廣佛華嚴經疏鈔會本』第十九之六. 乾隆藏 第131 [0174a01] 참조.

28
한마음의 횃불을 들어
세상의 어둠을 비추네

✢

空如來藏과 不空如來藏, 普賢行

091
지혜로워지면 모든 법이 나에게 있으니
큰 산도 옮길 수 있고
어리석으면 온갖 사사건건 엉뚱한 것을 쫓으니
작은 일도 변별하지 못하네. 《155》

《155》 『환원관』에서 "깨달으면 덕이 가까운 날에 높아지고, 어리석으면 여러 생에 희망이 없다."[517]라고 하였다. 또한 『이장자론』[518]에서는 "미혹

---

517 『修華嚴奧旨妄盡還源觀』. 大正藏 第45 [0637a13].

한 자는 여러 겁에 허망하게 수행하고, 깨달은 자는 그 자리에서 지극히 고요하다."⁵¹⁹라고도 하였다. 모두 한마음의 미혹과 깨달음에 따라 얻는다거나 잃는다고 한 것이다.

092
법은 어렵고 쉬움이 없건만
바뀌어 달라지는 것은 사람으로 비롯하고 《156》
한 생각에서 여러 생을 촉발하니
찬 골짜기 변하여 꽃 피는 봄이 되네. 《157》

《156》 미혹할 때는 사람이 법을 쫓고 깨달았을 때는 법이 사람에게서 비롯된다. 미혹할 때는 마음을 집착하여 경계로 삼나니, 경계에 굴러 넘어진다. 깨달았을 때는 경계가 곧 마음임을 깨닫나니, 모든 것이 나로 비롯된다.

《157》 한 생각에서 진리를 증득하면 공덕이 여러 겁을 초월한다. 마치 찬 골짜기가 봄을 만나면 싹이 단박에 나오는 것과 같다. 그러므로 『화엄론』에서 "한 생각에서 무생(無生法忍)을 연기해서 저 삼승권학(三乘權學) 등의 견해를 초월한다는 것과는 같지 않다."⁵²⁰라고 하였다.

『화엄책림』에서 "묻기를, 공을 성취하고 덕을 수립하는 것은 삼교⁵²¹

---

518 위 문은 『이장자론(李長者論)』에 보이지 않고, 승조의 『보장론(寶藏論)』에서 보인다.
519 『寶藏論』「離微體淨品」第二. 大正藏 第45 [0145c13].
520 『新華嚴經合論』卷第一. 卍新續藏 第04 [0723c15].
521 삼교(三教)는 불교·유교·도교이다.

의 수행이 같은데, 어떻게 이 경에서는 무공용(無功用)을 찬탄하였는가? 답하기를, 닦음으로 인하여 덕을 쌓는 것을 '공을 세운다.'라고 한다. 지극함에 이르러 진리를 깨달으려면 반드시 공용을 잊어야 한다. 무공(無功)이 공(功)일 때, 미래에까지 흘러가도록 무용(無用)의 작용이 시방에 두루할 수 있다. 무공덕(無功德)이 공덕일 때 '참된 공용(功用)'이라 한다.

예를 들면, 배를 타고 바다에 들어가서 삿대질을 단박에 그만두고 돛을 올려 바람을 따르면 만 리가 멀지 않은 것과 같다. 공용의 행을 쉼은 삿대질을 그치는 것이고, 형상 없는 지혜가 원만함은 곧 비단 돛을 높이 올리는 것이다. 의지함이 없고 머무름이 없어 이미 공용이 없게 되면, 곧 법의 흐름에 처하여 오래도록 지혜의 바다에서 노닐 수 있다."[522]라고 하였다.

093
큰 법도를 지켜 그윽한 관문[523]을 비춰서
뜻을 환하게 보고
빠른 배를 저어 깊은 강을 건너서
홀연히 진리에 오르니 《158》

094
여래의 집에 태어나는 대요이고 《159》
보살도를 행하는 근본이네. 《160》

---

522 『大華嚴經略策』一卷. 大正藏 第36 [0709a04].
523 그윽한 관문은 마음을 뜻한다.

《158》 만약 한마음을 바로 깨달으면 보리를 손쉽게 이룰 수 있다. 마치 수레에 올라타서 먼 곳에 나아가고, 배에 올라앉아 천 리에 이르는 것과 같다.

《159》 만약 마음 밖에서 법을 행한다면 세속의 집에 태어날 것이고, 만약 '마음이 곧 부처'임을 깨달으면 여래의 집에 태어난다. 이 한마음의 법이 모든 부처님의 본종(本宗)이다. 말하거나 침묵하거나, 말거나 펴거나 간에 항상 하나의 참다운 도를 따르는 것이다. 생계를 도모하고 생산적인 사업을 하는 것이 실상의 문에서 어긋나지 않는다. 사물을 움직이거나 부리고 행동하는 것이 매 순간 법계를 여의지 않는 것이고, 행주좌와 걸음걸음이 항상 그 가운데 있다. 만약 믿지 않는 사람은 얼굴 앞에 마주하고도 천 리만큼 떨어져 있다. 마치 한산자[524]의 노래와 같다.

> 참으로 고귀하구나, 천연의 물건이여!
> 벗 없이 홀로 있네.
> 거두면 마음에 있고
> 늘이면 어디에나 있나니
> 그대가 만약 믿고 받아들이지 않으면
> 만나도 서로 알아보지 못하리라.[525]

저 지혜로운 자는 눈여겨보거나 마음에 두었다가 모두 다 먼저 알아볼 수 있다. 그리고 아직 만나지 못한 아들은 변고가 있어야 알 수 있다. 몸가짐이

---

[524] 한산자는 당나라 때의 승려이다. 천태산 국청사의 풍간 선사의 제자이다. 습득(拾得)과 함께 문수의 화신이라 불린다.
[525] 『寒山子詩集』. 嘉興藏 第20.

나 태도에서 잠시도 단절된 적이 없다.

채순의 자는 군중(君仲)이다.**526** 순이 어려서 아버지를 잃고 어머니를 봉양하기 위해 항상 나가 땔나무를 구하였다. 어느 날 객이 갑자기 찾아왔다. 어머니가 순을 기다리다 돌아오지 않으므로 그녀의 손가락을 깨물었다. 순이 바로 심장이 움직이는지라 나무를 버리고 급히 돌아와 꿇어앉아 그 까닭을 물었다. 어머니가 "갑자기 객이 찾아와서 내가 손가락을 깨물어서 네게 알렸을 뿐이다."라고 하였다.**527**

또 당나라 때 배경이의 아버지가 진왕 전에게 죽임을 당했다. 경이가 그때 성에 있다가 갑자기 느낌이 있어 눈물을 흘리고 음식도 먹지 않으며, 다른 사람에게 "내 아버지에게 대체로 아픈 곳이 있으면 내가 마음이 불안하곤 하였는데, 오늘 마음이 아프고 수족이 모두 마비되는 걸 보면 변고를 헤아리기 어렵다."라고 하였다. 마침내 돌아가 보니, 아버지가 정말로 이미 죽어 있었다.

또 당나라 때 장지안은 고향에서 효자라고 칭찬이 자자한 자였다. 임시직으로 이장이 되어 현에 있다가, 갑자기 "어머니 병환이 위급하시다."라고 하였다. 현령이 그 까닭을 물으니, 지안이 "어머니에게 병이 생기면 나도 역시 병이 생겼습니다. 제가 마침 심장이 아픈 것을 보면 어머니가 병이 난 것을 알 수 있습니다."라고 하였다. 현령이 심부름꾼을 보내 확인하도록 했다. 정말로 말한 바와 같았다. 마침내 상소하여 표를 올려 문려(門閭)**528**를 세우고 산기상시**529**를 배수하였다.**530**

---

526 채순은 한나라 때의 이름난 효자이자 관리로 여남(汝南) 안양(安陽) 사람이다.
527 『宋高僧傳』卷第三「唐京師大安國寺子隣傳」, 大正藏 第50 [0721c22] 참조.
528 문려(門閭)는 효자와 열녀를 표창하고 알리기 위해 마을 어귀에 세운 문이다.
529 산기상시는 정3품 관직이다.

《160》 『법화경』에서 "만약 아직 법화경을 듣지 못한 자는 반드시 알아야 한다. 이런 사람은 보살도를 잘 행하지 못할 것이다. 그러나 이 경전을 얻어 들은 자라면 능히 보살도를 잘 행할 수 있다."[531]라고 하였다. 또한 보살이 닦는 만행이 모두 불공여래장(不空如來藏)의 참마음의 불변(不變)인 성기공덕(性起功德)[532]이다.

그리고 『기신론』에서 "또한 진여는 언설로 분별하면 두 가지 뜻이 있다. 어떤 것이 두 가지인가? 하나는 여실공(如實空)이니, 능히 궁극적으로 진실을 밝힐 수 있기 때문이다. 둘은 여실불공(如實不空)이니, 자체에 허물이 없는 성품(無漏性)의 공덕을 구족했기 때문이다."[533]라고 하였다.

『화엄기』에서 "자성청정심이 망령되지 않은 것을 '공(空)'이라 하고, 성품에 만덕을 갖춘 것을 '불공(不空)'이라 한다. 만약 망령된 마음을 여읜다면 실로 공할 것이 없다. 곧 공여래장은 망령된 것으로 인해 드러나고, 불공여래장은 반드시 오염된 것을 뒤집어야 비로소 불공여래장이 드러난다. 마치 본래 보시바라밀(檀德)을 갖고 있으면서 지금은 인색하고 욕심내고, 본래 지계바라밀(尸德)을 갖고 있으면서 지금은 오욕을 따르며, 본래 선정바라밀(寂定)을 갖고 있으면서 지금은 어지럽게 생각하고, 본래 지혜바라밀(大智)을 갖고 있으면서 지금은 어리석은 것과 같다. 그렇다면 아끼고 탐하는 것이 보시에 간직되어 있고 내지 어리석음이 지혜에 간직되어 있다.

그러므로 논에서 '법성은 인색하고 욕심이 없음을 알기에 보시바라밀

---

530 『宗鏡錄』卷第九. 大正藏 第48 [0462b12].
531 『妙法蓮華經』卷第四「法師品」第十. 大正藏 第09 [0031c03].
532 성기공덕(性起功德)의 성기란, 원래 여래의 지혜인 여래의 성품이 그대로 드러난 것이다.
533 『大乘起信論』一卷. 大正藏 第32 [0576a24].

등을 수순하여 수행하며 (…).'⁵³⁴라고 하였다. 만행도 마찬가지다. 그러므로 '본래 진실한 앎을 갖고 있다.'라는 뜻이다. '만약 마음에 움직임이 있으면 참으로 아는 것이 아니다.'⁵³⁵라고 하였다. 망령된 마음의 움직임이 진여에 간직되어 있음을 밝힌 것이다. 까닭에 망령된 것에 의한 공(空)이 불공(不空)의 만덕을 간직하고 있다.

그러므로 경에서 '망령된 것이 본래 참된 것임을 앎이 부처가 곧 청정임을 보는 것이다.'⁵³⁶라고 하였다. 궁극에 진실을 드러내어 '공(空)'이라 하였다. 그러므로 공장(空藏)이 불공장(不空)을 간직하고 있음을 알 수 있다. 능장(能藏)이 이미 공하면 불공장(不空藏)이 본래 갖추어져 있음을 알 수 있다."⁵³⁷라고 하였다.

또 "보현행이 시방에 한가하게 들어가는데 대략 열 가지 문이 있다. 첫째는 세계에 들어가니, 법계연기로 들어가기 때문이다. 둘째는 중생계에 들어가니, 중생계와 부처님의 세계가 두 가지 본체가 없기 때문이다. 셋째는 공양이니, 낱낱의 공양구가 모두 진리에 부합하기 때문이다. 넷째는 청법을 밝혔으니, 법계의 지혜를 궁구하여 청하지 않은 때가 없으며, 모든 부처님이 법의 비를 내리지 않은 때가 없기 때문이다. 다섯째는 큰 지혜로 중생을 섭수하니, 중생이 미혹되고 전도되었으나 본래 중생이 없음을 알아서 교화하는 데 장애가 없기 때문이다. 여섯째는 신통을 밝게 드러내니, 시방의 한없는 국토가 서로 겹겹으로 들어가서 진동하는 현상이 쉼이 없기 때문이다. 일곱째는 항상 선정에 들어 있으니, 일찍이 한 생각도 동요된 적이

---

534 『大乘起信論』一卷. 大正藏 第32 [0580c12].
535 『大乘起信論』一卷. 大正藏 第32 [0579a23].
536 『大方廣佛華嚴經』卷第十六「須彌頂上偈讚品」第十四. 大正藏 第10 [0082b13].
537 『大方廣佛華嚴經隨疏演義鈔』卷第二十四. 大正藏 第36 [0185c03].

없기 때문이다. 여덟째는 광대한 출생이니, 매 순간 털구멍에서 모든 경계가 출현함이 끝이 없기 때문이다. 아홉째는 설법이니, 매 순간 항상 끝없는 법의 비가 내려와 모두를 윤택하게 하기 때문이다. 열째는 총설(總說)을 밝히니, 위의 아홉 가지 뜻에서 하나를 들면 전체가 따라와 앞뒤가 없기 때문이다."⁵³⁸라고 하였다.

---

538 『大方廣佛華嚴經隨疏演義鈔』卷第九十. 大正藏 第36 [0697a02].

29
평등한 마음은
부처님의 법을 창성하게 하네

✦

참과 거짓

095
천차만별이
허공의 본성에서 벗어나지 않고
높고 낮은 것이
평등한 나루에서 달아나기 어렵나니 《161》

《161》 일체법의 성품이 곧 중생 마음의 성품이고, 중생 마음의 성품이 곧 허공의 성품이다. 묻는다. 참됨과 망령됨이 서로 어긋나 마치 물과 불 같은데, 어떻게 이 두 가지가 서로 통할 수 있는가?
　　답한다. 참되고 망령된 두 법이 같은 한마음이기 때문에 서로 통할 수 있다. 마치 연야달다처럼 미쳤기 때문에 머리를 잃어버린 것이다.[539] 다시 본심을 회복하면 머리는 잃어버리지 않았다는 것을 알 수 있다. 설사 미쳤을 때도 머리는 잃어버린 적이 없다. 미친 생각을 잠시 쉬기만 하면 된다. 쉼이 곧 보리이다. 성품이 깨끗하고 밝은 마음은 사람에 따라 얻어지는 것이 아니다. 만약 진실에 미혹하고 망령된 것에 집착하더라도 미혹한 생각이라는 것을 잠시라도 깨닫기만 하면 곧 참마음을 회복할 수 있다. 설사 미혹한 때라도 진실을 잃어버린 적이 없기 때문이다.

096
미혹과 의심을 끊어 버리고
참되고 바름을 드러내어 밝혀서
불법을 드날리고
종도의 문을 창성하게 하나니

097
마치 가을 강에 수많은 그림자가 뒤섞여 늘어서고 《162》
차가운 얼음 방에 천 개의 등불이 서로 비치며 《163》
새가 은하수에 가닿을 듯이 비상하고
물고기가 깊은 연못에서 유영하는 것 같네. 《164》

《162》 경에서 열 가지 비유[540]를 설명하였다. 첫 번째가 그림자 비유이

---

539 『大佛頂如來密因修證了義諸菩薩萬行首楞嚴經』卷第四. 大正藏 第19 [0121c12].
540 열 가지 비유는 모든 법이 공하다는 열 가지 비유이다. ① 환유(幻喩) ② 염유(焰喩) ③ 수중월유(水中月喩) ④ 허공유(虛空喩) ⑤ 향유(響喩) ⑥ 건달바성유(揵闥婆城喩) ⑦ 몽유(夢喩) ⑧

다. 하나는 (그림자) 본체의 성품은 비어서 실체가 없다는 것을 비유한다. 둘은 (그림자의) 작용은 덮어 가린다는 뜻을 비유한다. 까닭에 『화엄기』에서 "밝고 깨끗한 물질에 햇빛이 비치면 집의 벽에 빛의 영상이 나타나는 것과 같다. 여래가 근기에 응해 몸을 나타내는 것도 마찬가지다"[541]라고 하였다. 햇빛은 여래를 비유하고, 몸이나 나무 등의 바탕은 중생을 비유하였다. 햇빛은 다른 본체의 성품이 없으나 영상은 수많은 차별이 있다. 나무가 기울어지면 그림자도 비스듬하고 형상이 단정하면 그림자도 바르다. 그림자는 햇빛 안에서는 나타나지 않고, 단지 바탕에서만 그림자가 여러 가지로 희롱할 뿐이다. 마음과 만물도 이와 다름이 없다.

《163》 하나의 방에 천 개의 등불은 빛과 빛이 서로 어울려 받아들인다. 한마음이 만 가지 경계이고, 만 가지 경계가 한마음이다. 마치 광명이 걸림 없는 것과 같다.[542]

《164》 『입능가경』에서 "만약 모든 것이 유심(唯心)이라면 세간에 어느 곳에 머물고, 가고 옴에 어떤 법에 의지하며, 어떻게 땅을 볼 수 있는가? 마치 새가 허공에서 바람에 의지해서 날아가는데, 머무르지 않고 살피지 않으며 땅 위를 날아가는 것과 같다. 이처럼 모든 중생이 분별심에 의해 움직이는 듯하지만 자신의 마음에서 가고 온다. 마치 공중에서 날아다니는 새와 같다. 몸과 자생기(資生器)[543]를 보고 부처님이 마음이라 말씀하신 것과 같

영유(影喩) ⑨ 경중상유(鏡中像喩) ⑩ 화유(化喩).

541 『大方廣佛華嚴經隨疏演義鈔』卷第二十, 大正藏 第36 [0154c13].
542 『宗鏡錄』卷第二十. 大正藏 第48 [0526b01].
543 자생기(資生器)는 생활에 필요한 도구이다.

다."⁵⁴⁴라고 하였다.

그러므로 발을 들거나 발을 내리는 것이 자신의 마음을 벗어나지 않는다는 것을 알 수 있다. 새가 허공을 벗어나서 어떻게 훨훨 날며, 물고기가 물을 떠나서 어떻게 뜨고 가라앉을 수 있겠는가? 그러므로 미차가⁵⁴⁵ 조사가 파수밀⁵⁴⁶ 조사에게 "어디서 왔으며, 가려고 하는 곳이 어디인가?"라고 물으니, "자신의 마음에서 왔으며, 가고자 하는 곳은 없습니다."라고 대답한 것과 같다.⁵⁴⁷

---

544 『入楞伽經』卷第十「總品」第十八之二. 大正藏 第16.

545 미차가는 서토(西土) 법장(法藏)을 부촉한 제6조(祖)이다. 중인도 출신으로 출가하여 제다가(提多迦)의 제자가 되고, 불타난제(佛陀難提)에게 불법(佛法)의 유지와 전파를 부탁하고 입적하였다.

546 파수밀은 세우(世友)·천우(天友)라고도 하는데, 설일체유부(說一切有部)의 논사이다. 당나라 지거의 『조계보림전』에서는 부법장인연전(付法藏因緣傳)의 23조 바수밀(婆須蜜)에 이어 바사사다(婆舍斯多)·불여밀다(不如密多)·반야다라(般若多羅)·보리달마(菩提達摩)를 더하여 선종(禪宗) 28조(祖)를 처음으로 주장하였다.

547 『建中靖國續燈錄』卷第一. 卍新續藏 第78 [0642a05-0642a07].

30
세상 모든 일이 내 마음에 달렸네

✢

지금 내 마음의 總持門

098

울거나 웃거나 부처의 지혜가 분명하고

가든지 앉든지 깨달음의 근원이 청정하네. 《165》

오묘하게 알지만, 오직 나에게 달렸으니

역대 조사의 종요이고 《166》

마음을 꿰뚫지만, 다른 생각이 없으니

여러 성현의 성명(性命)[548]이네. 《167》

---

[548] 성명(性命)이란 유도(儒道)에서 '性은 하늘로부터 부여받은 본바탕이요, 命은 하늘이 만물에 그렇게 행하라고 내려 준 임무이다.'라고 한다. 따라서 이를 풀면 성명은 원천적인 생명(生命)을 가리킨다.

《165》『장자론』에서 "바로 지금 이 생각을 어기지 않고 공덕을 쌓으면 곧 부처다. 대체로 시간은 변화하는 형상이 없고 참된 자신의 성품에 응하여 항상 법륜을 굴린다."549라고 하였다. 또 "가는 티끌이 시방에 막혀 있지 않으니, 털구멍이 어찌 온 국토를 거부하랴."550라고 하였다. 또한 "삼세가 한 생각이다. 고금이 바로 지금이고, 과거 미래의 다함없는 시간이 동시여서 걸림이 없다. 한 생각이 정각을 이루는 순간이다."551라고 하였다.

(또) "삼현보살이 매 순간 법이 흘러가는 물에 들어가 자유롭게 부처에 이른다. 처음 물과 나중 물이 하나의 성품인 물이기 때문이며, 인행의 부처와 과보의 부처가 한 성품의 부처이기 때문이다. 그 가운데는 처음과 중간과 나중이 없다. 한 생각에 막혀 있지 않기 때문이며, 근본의 법을 의지하기 때문이다. 막힌 법이 없어서 인과가 바로 끝난다. 한 생각이 일념불(一念佛)과 상응하는 것이니, 상호와 신통을 논하지 않는다. 상호와 신통은 이 정각에서 얻어지는 것이다. 만약 정각을 증득하면 여러 상호에 집착하지 않고 다만 도를 깨달음과 상응할 뿐이다. 그러므로 신통과 상호는 구하지 않아도 저절로 따라오게 된다."552

또 "('법계문이 기원정사에 있다.'는 것은) 중생의 세간이 곧 법계이기 때문이고, 중생의 성품이 곧 부사의하기 때문이며, 중생의 분별이 곧 여래의 지혜이기 때문이다."553 또 "여래의 근본지가 중생의 분별심인 것은 서로 하나여서 둘이 아니기 때문이고, 법계가 자재하기 때문이라는 것을 설명하였

---

549 『新華嚴經論』卷第六. 大正藏 第36 [0757b16].
550 『新華嚴經論』卷第六. 大正藏 第36 [0757b16].
551 『新華嚴經論』卷第七. 大正藏 第36 [0762c03].
552 『新華嚴經論』卷第七. 大正藏 第36 [0763c16].
553 『新華嚴經論』卷第八. 大正藏 第36 [0770c26].

다."⁵⁵⁴라고 하였다.

《166》 이『심부』는 오직 참마음만을 설하고 망령된 식(識)은 말하지 않는다. 참마음과 망령된 식에는 각기 성품과 형상이 있다. 우선 참마음은 신령한 앎과 고요한 비춤으로 마음을 삼고, 불공(不空)과 무주(無住)로 본체를 삼으며, 실상으로 형상을 삼는다.

망령된 마음은 육진이 반연한 영상으로 마음을 삼고, 무성(無性)으로 본체를 삼으며, 생각을 반연하는 것으로 형상을 삼는다. 이 연려(緣慮)와 깨달음의 요인과 앎의 주체인 망령된 마음은 자신의 본체가 없고, 다만 경계를 앞에 두고 있을 뿐이다. 경계가 있고 없음에 따르니 경계가 오면 곧 나왔다가 경계가 가면 곧 사라진다. 경계를 인연하여 일어나니, 경계 그대로가 마음이다. 또한 마음을 인연해서 경계를 비추니, 마음 그대로가 경계이다. 각기 자신의 성품이 없고 오직 인연일 뿐이다.

그러므로『법구경』에서 "아지랑이에는 물이 없고 다만 양기뿐이다. 그늘에는 색이 없고 다만 연기(緣氣)⁵⁵⁵뿐이다. 더울 때는 뜨거운 기운이 햇볕으로 뜨거워져 멀리서 보면 물인 것 같으나, 단지 생각에서 생겨난 현상으로 오직 햇볕의 따뜻한 기운일 뿐이다. 이 허망한 물질과 마음도 마찬가지다. 자신의 업으로 인(因)이 되고 부모 밖의 경계로 조건(緣)이 되어 화합해서 물질과 마음이 나타난 것 같으나 오직 연기일 뿐이다."⁵⁵⁶라고 하였다. 그러므로『원각경』에서 "물질과 마음이 망령되게 육진이 반연한 그림자(六

---

554 『新華嚴經論』卷第八. 大正藏 第36 [0770b22].
555 연기(緣氣)는 연려심(緣慮心)의 작용으로 대상을 생각하는 마음의 작용이다.
556 『佛說法句經』「觀三處空得菩提品」第四. 大正藏 第85 [1432c19] 참조.

塵緣影)인 줄 알아 자기 마음의 성품을 삼는다."**557**라고 하였다. 그러므로 이 따지고 있는 주체의 마음에 만약 인연이 없다면 곧 생기지 않을 것이다. 다만 인연을 좇아 생겨날 뿐이다. 인연을 좇아 생겨나는 법은 모두 무상(無常)하다. 마치 거울 속의 형상이 실체가 없어서 완전히 밖의 경계에서 비롯하는 것과 같다. 마치 물속의 달은 실체가 없으나 공중의 달을 거짓으로 나타낸다. 이것을 오인하여 진짜라 여기니 심히 어리석다.

그러므로 경희(慶喜)**558**는 집착하여 아무 근거 없이 일곱 곳에서 멍하니 정신을 잃었고, 2조**559**는 깨달아 한 생각도 일으키지 않고 한마디 말에 도에 계합했다. 그렇다면 2조는 이 생각에서 불안한 마음을 찾고자 하였으나 찾지 못하다가, 곧 참마음이 일체처에 두루함을 깨닫고서 존귀한 근본(宗)으로 삼았다. 마침내 최초로 조사의 자리를 잇게 되었다. 아난은 여래가 망령된 마음을 추궁하여 타파해 주셨다. 오음·육입·십이처·십팔계와 칠대의 성품**560**에 이르기까지 낱낱이 미세하게 추궁하여 물어서 철저하게 오직 공(空)일 뿐 모두 자신의 성품이 없음을 깨닫게 되었다. 인연과 너와 내가 화합하여 있는 것이 아니고, 자연적으로 원인 없이 생겨나는 것이 아니

---

557 『大方廣圓覺修多羅了義經』, 大正藏 第17 [0913b19].

558 경희(慶喜)는 '아난'이라고도 하는데, 여래를 곁에서 모신 제자로 '다문제일(多聞第一)'이라 한다. 기쁨, 환희라는 뜻이어서 중국에서 '경희(慶喜)'라고 번역하기도 한다. 아나율과 더불어 석가모니의 사촌 형제이다.

559 2조는 혜가 대사(487~593)이다. 무뢰(武牢, 허난성 낙양 부근)에서 출생하여 어릴 때 이름을 광(光) 또는 신광(神光)이라 하였다. 성은 희씨(姬氏)다. 젊었을 때는 노장의 전적과 불전을 공부하고 후에 낙양의 용문(龍門) 향산(香山)에 가서 보정선사(寶靜禪師)를 따라 출가하여 영목사(永穆寺)에서 계율을 받았다. 그 후 520년 숭산 소림사를 찾아 선종의 제1대조인 보리달마의 제자가 되어 이곳에서 8년 동안 수도에 정진하였다. 552년에 법을 승찬(僧璨)에게 전수하였다.

560 칠대의 성품은 지(地)·수(水)·화(火)·풍(風)·공(空)·견(見, 능엄경에서는 根)·식(識)이다.

다. 모두 마음속 생각과 식의 상념으로 분별한 것임을 깨달았다. 이로 인해 오묘하게 밝은 참마음이 광대하게 머금고 있어서 일체처에 두루함을 활짝 깨달았다. 곧 대중과 함께 이 마음을 통달하고 이구동성으로 부처님을 찬탄하였다.

> 오묘하고 맑으며 모든 것을 지니신 부동존(不動尊)이시여,
> 수능엄왕은 세상에 희유하시네.
> 저희의 억겁 동안 전도된 망상을 소멸케 하시고
> 아승지겁을 거치지 않고도 법신을 얻게 하시네.[561]

곧 초조[562]가 '사람의 마음을 바로 가리켜서 성품을 보고 부처를 이루게 한 것'과 같다. 이 하나의 참마음이 바로 역대 조사의 종요(襟喉)이다.

《167》 『부증불감경』[563]에서 "'깊고 깊은 뜻'이란 곧 제일의제(第一義諦)이고, '제일의제'란 곧 중생계이며, '중생계'란 곧 여래장이고, '여래장'이란 곧 법신이다."[564]라고 한 것과 같다.

해석한다. 마음은 모든 법의 총지문(總持門)이고 만유의 진실한 자성이

---

561 『大佛頂如來密因修證了義諸菩薩萬行首楞嚴經』 卷第三. 大正藏 第19 [0119b03].

562 초조는 달마 대사이다.

563 『부증불감경』은 보리유지가 525년에 낙양에서 번역한 『불설부증불감경』이다. 여래장 사상을 설하고 있다. 모든 중생은 시작이 없는 이래로 6도(道)를 돌며 3계(界)를 왕래하면서 4생(生) 가운데 윤회하여 생사의 괴로움을 끊임없이 받고 있는데, 이러한 중생의 모임과 바다에는 증감이 있는지 없는지에 대한 사리불의 질문에 대한 부처님의 설법 내용을 구체적으로 다루고 있다.

564 『佛說不增不減經』. 大正藏 第16 [0467a10].

므로 '제일의제'라고 한다. 마음이 뒤죽박죽 하므로 '중생'이라 부르고, 이 마음의 세계가 곧 중생계이다. 진여의 성품에서 일어났으므로 '여래'라 하고, 조금도 모자라는 것이 없으므로 '창고(藏)'라 한다. 능히 항하사 공덕을 쌓고 있으므로 '법신'이라 한다. 그러므로 『인왕경』[565]에서 "최초의 한 생각에 팔만사천 바라밀을 구족한다."[566]라고 하였다. 여러 신체 부위 중에 목숨(命根)이 중요하고, 여러 법문 중에 마음이 그 이상이다.

卷第一 終

---

565 『인왕경』은 구마라집이 번역한 『불설인왕반야바라밀경(佛說仁王般若波羅蜜經)』과 불공(705~774)이 번역한 『인왕호국반야바라밀다경(仁王護國般若波羅蜜多經)』이 있다. 이 경에서는 국왕이 반야바라밀을 행하는 공덕으로 국토를 보호할 수 있다고 하여 왕이 직접 반야바라밀을 외우고 법회를 열었다.

566 『仁王護國般若波羅蜜多經』「觀如來品」第二. 大正藏 第08 [0835c23].

2장

주심부

권제 2

1
수행이 될 때나 되지 않을 때나
꾸준히 정진해야 하네

✢

旋轉陀羅尼, 嚬呻三昧, 無爲法

099

역경계와 순경계의 귀착지가 같으니

행주좌와를 여의지 않으며

보배 비를 내리지만 마니보는 생각이 끊어졌고

가르침을 펼치나 하늘 북은 사사로움이 없네.《168》

《168》 '마니보'**1**와 '하늘 북'**2**은 모두 공용이나 사사로움 없이 일을 성취

---

1 『大方廣佛華嚴經』卷第一「世主妙嚴品」第一之一. 大正藏 第10 [0001b26] 참조.
2 『大方廣佛華嚴經』卷第五十一「如來出現品」第三十七之二. 大正藏 第10 [0268c19]. 하늘 북은 도리천 선법당(善法堂)에 있는 북이다. 치지 않아도 저절로 울려 묘(妙)한 소리를 낸

한다. 하물며 참마음의 고요함과 공용이 막힘 없음이겠는가. 『환원관』에서 "'정광현현무념관(定光顯現無念觀)'³은 일승교(一乘敎)의 희고 깨끗한 보배 그물과 만자륜왕(萬子輪王)의 보배 구슬을 말한다. 이 구슬의 본체가 명철하여 시방을 가지런히 비추는데 사사로움 없이 일을 성취한다. 잡념은 모든 것에 따라 비록 특별한 공용을 드러내지만, 마음은 아무런 걱정이 없다."⁴라고 하였다. 만약 사람이 이 크고 미묘한 지관문(止觀門)에 들어가면 잡념이나 걱정 없이 자유롭게 일을 성취한다. 마치 저 보배 구슬이 멀고 가까운 곳을 가지런히 비추어 분명하게 드러내니 훤하게 트인 허공과 같다.⁵

『화엄경』에서 "그때 하늘 북에서 소리를 내어 알리되 '여러 천자여, 보살마하살은 이 목숨을 마치고 저기에 태어나는 것이 아니다. 다만 신통으로 여러 중생의 마음에 맞추어 그들이 볼 수 있게 한 것이다. 여러 천자여, 내가 지금 눈으로 보게 할 수는 없지만 소리를 낼 수는 있다.'"⁶라고 하였다. 『보현행원』「서품」에서 "원음은 두드리지 않고도 길게 연주되고, 과보의 바다는 생각을 여의고도 마음으로 전해지며, 만행은 비춤 없이도 가지런히 닦고, 돈교 수행이든 점교 수행이든 걸림 없이 쌍으로 들어간다."⁷라고 한 것과 같다.

다. 오욕(五欲)이 무상(無常)함을 알려 삼십삼천이 제멋대로인 마음을 없애고, 선법(禪法)을 닦게 하며, 적이 오고 감을 알리고, 천인(天人)의 마음을 북돋우며, 아수라를 겁나게 한다.

3   정광현현무념지(止)는 정광(定光)이 나타나되 염려(念慮)가 없는 지관(止觀)이다.

4   『修華嚴奧旨妄盡還源觀』. 大正藏 第45 [0639b25].

5   『宗鏡錄』卷第十二. 大正藏 第48 [0481a17].

6   『大方廣佛華嚴經』卷第四十八「如來隨好光明功德品」第三十五. 大正藏 第10 [0256b09].

7   『華嚴經行願品疏』(『貞元新譯華嚴經疏』卷第一). 卍新續藏 第05 [0048b08].

100
겹겹에서 이치와 현상이 어우러져
언제나 본체(體)이고 언제나 작용(用)이며
낱낱에서 있음(有)과 공(空)이 가지런히 드러나니
언제나 고요하고 언제나 알아차리네. 《169》

《169》 이치(理)는 마음으로 인해 이루어지고, 현상(事)은 이치에 맞게 드러나며, 본체(體)는 이치에 부합하고, 작용(用)은 현상에서 일어난다. 본체에 의거한 작용이므로 본체를 잃어버리지 않고, 작용에 의거한 본체이므로 작용이 없지 않다. 그러므로 "언제나 본체이고 언제나 작용이며"라고 하였다.

또한 유(有)는 마음에서 작용하고 공(空)은 마음에서 나타난다. 공(空)함으로 언제나 고요하고, 유(有)함으로 언제나 알아차릴 수 있다. 고요함에 의한 앎이므로 앎이 고요함을 잃지 않고, 앎에 의한 고요이므로 고요가 앎을 잃지 않는다. 그러므로 "언제나 고요하고 언제나 알아차린다."라고 하였다. 그런 까닭에 "유위법(有爲法)은 마음에서 생겨나고 무위법(無爲法)은 마음에서 드러난다."라고 하였다.

101
맞이하나 앞에 있지 않고
따라가나 뒤에 있지 않으며
작은 겨자에 감춰져 있더라도 없는 것이 아니고
시방에 펼쳐졌더라도 어찌 있다 하겠는가.

102

선전다라니[8]에는
항상 보살의 마음이 담겨 있고 《170》
사자빈신삼매에서는
이승(二乘)의 손에 무너지지 않네. 《171》

《170》 『법화경』에서 "그때 법화경을 수지독송하는 자는 저의 몸을 보고 매우 환희하고 더욱더 정진하게 될 것이오며, 저를 본 까닭으로 곧 삼매와 다라니를 얻으니, 이름이 선다라니·백천만억선다라니[9](법음방편다라니)[10] 등입니다."[11]라고 하였다. 이『법화경』은 일대사인연을 위해 세상에 출현하여 바로 중생의 마음에서 부처님의 지견을 열어 준다. 부처님의 지견은 곧 일체중생의 참마음이다. 만약 이 경을 지니면 곧 큰마음의 보살이다. 그러므로 "언제나 보살의 마음이다."라고 하였다.

《171》 '사자빈신삼매'[12]라고 하였는데, 여래의 작용에 즉한 본체로 법계

[8] 선전다라니는 범부의 집착의 상(相)을 돌이켜 공(空)의 도리를 깨닫게 하는 지혜력이다.
[9] 선다라니·백천만억선다라니는 천태학에 의하면, 선다라니가 가(假)에서 공(空)으로 들어가는 다라니이다. 이것은 공(空)에서 다시 가(假)로 나와 백천만억 사물의 도리에 통달하는 지혜이다. 가(假)는 현실을 말한다.
[10] 본문에는 "법음방편다라니 등 이와 같은 다라니를 얻게 되오리다."라는 부분이 빠져 있다. '법음방편다라니'라 함은 온갖 음성에 교묘한 다라니이다. 천태학에서는 설법에 자재한 방편을 얻는 능력이라 하여, 이것을 공(空)·가(假)·중(中) 삼관 중에서 중관(中觀)에 배대한다.
[11] 『妙法蓮華經』卷第七「普賢菩薩勸發品」第二十八. 大正藏 第09 [0061a22].
[12] 사자빈신삼매(師子嚬伸三昧)는 사자위삼매(師子威三昧), 사자분신삼매(獅子奮迅三昧)라고도 한다. 생략하여 분신삼매(奮迅三昧)라고도 한다. 소의(所依)의 정(定) 중에서 사자왕의 분신용맹(奮迅勇猛)과 같이 부처님의 대위신력(大威神力)을 나타내는 것을 말한다.

아님이 없고, 본체에 즉한 작용으로 연기함이 천차만별이다. 그 이치와 현상이 모두 장애됨이 없으므로 '사자빈신'이라 한다. 『화엄경』에서 "그때 세존이 여러 보살 마음의 생각을 아시고, 큰 자비로 으뜸을 삼으사 사자빈신삼매에 들어가셨다. (…) 그때 서다림(逝多林)[13]의 보살 대중이 일체 온 법계 허공계 일체 불찰을 모두 보았으며, (…) 혹은 부처님이 머무시는 삼매와 차별이 없는 큰 신통 변화에 들어갔다. 곧 서다림의 대중은 단박에 증득하였으나 여러 성문 등은 알지 못하고 보지 못하여 마치 귀먹고 눈먼 것과 같았다."[14]라고 하였다.

---

[13] 서다림은 '기원정사'를 말한다.
[14] 『大方廣佛華嚴經』卷第六十「入法界品」第三十九之一. 大正藏 第10 [0320a10-0323a22] 참조.

2
시방 허공도 겨자 구멍의 허공과 한가지라네

✢

'心賦'의 一心法과 끝없는 行願의 근원

103
하나의 이치 칼날을 마주하여
온갖 경계를 모두 융섭하니
지혜의 근원 밑바닥까지 망라하고
법 바다의 존귀한 근본을 높이 받드네.《172》

《172》 한마음을 깨달으면 통달하지 못할 현상이 없고 통하지 않는 이치가 없다. 고금을 통틀어 그렇지 않은 적이 없다. 『보장론』「본제허현품」에서 "경에 '부처님의 품성은 평등하고 광대하여 헤아리기 어렵다.'라고 하였다. 범부와 성인이 차별되지 않게 모두가 원만하게 갖추고 있다. 초목도 모두 갖추고 땅강아지나 개미에게도 두루하며 내지 가는 티끌이나 머리털까지도 이 하나(佛性)를 머금어 갖추고 있지 않은 것이 없다. 그러므로 경에 '하나(一)를 알 수 있으면 온갖 일을 마칠 수 있다.'라고 하였다. 그러므로 일체중생은 모두 이 하나에 올라 살아간다. 그러므로 '일승(一乘)'이라 한다. 만약 미혹하다면 그 때문에 다르고(異), 깨달았다면 그 때문에 하나이다. 그러므로 '앞생각은 범부이고 뒷생각은 성인이다.'라고 하였다. 또 '한 생각에 일체법을 안다.'라고도 하였다. 이런 까닭에 하나(一)가 곧 일체이고, 일체가 곧 하나이다. 그러므로 모든 것이 하나의 법 공덕으로 만 가지 형상을 이룬다.

그러므로 경에 '모든 것이 있다고 한다면 마음이 곧 미혹하고, 모든 것이 없다고 한다면 마음이 곧 시방에 두루한다.'라고 하였다. 그러므로 '진리의 하나(一)가 만 가지 차별이고 만 가지 차별이 진리의 하나이다. 비유하면 바다에 수많은 파도가 솟구치는데, 수많은 파도가 바로 바다인 것과 같다. 그러므로 일체가 모두 하나이지 다른 것이 없다.'라고 하였다.

대체로 하나(一)라고 하는 것은 저 다르다는 생각을 상대한 것이다. 다른 것[15]이 이미 다른 것이 아니라면 하나라는 것도 하나가 아니다. 하나도 아니고 하나가 아닌 것도 아닌 것을 부득이 이름하여 '진리의 하나'라고 하였다. 저 하나란 이름마저 붙일 수 있는 것이 아니다. 그러므로 하나로써 하나를 보지 못한다. 만약 보이는 것이 있으면 둘[16]이 있게 된다. 그러므로 '진리의 하나'라고 할 수도 없다."[17]라고 하였다.

---

15 본문의 '情'은 '異'의 오식(誤植)이다.
16 둘은 보는 능(能)과 보이는 소(所)이다.
17 『寶藏論』「本際虛玄品」第三. 大正藏 第45 [0148a01].

104

거울에서
천 겹의 영상이 나타남을 보는 것과 같고
창틈으로
끝없는 허공을 보는 것과 같네. 《173》

《173》 이것들도 모두 이러하거늘, 하물며 한마음이 큰 작용을 갖추었음이야 말할 나위가 있겠는가. 마치 파도를 보고 바다를 알고 흙을 보고 산을 아는 것과 같다.

105

만물이 비록 나누어져 있으나
다시 하나로 돌아가니 《174》
큰 바다의 물도 찻잔의 물[18]과 다르지 않고
시방 허공도 겨자 구멍의 허공과 한가지네. 《175》

《174》 이 한마음의 법을 펼치면 법계에 두루하고 거두면 하나의 티끌에도 들어간다. 곧 '심부'의 주된 뜻은 만법의 본바탕과 모든 지혜의 근본, 그리고 행원의 근원에 이르는 데 있다. 이 글을 통달하지 못하면 성불할 길이 없다. 나가려면 반드시 이 문을 통과해야 한다는 말이다. 모든 대승 경전에서 증명한 것이 한두 군데가 아니다. 모두 "한마음을 비추는 하늘(玄極)이

---

18 찻잔의 물은 '양쯔강 같은 큰 하천의 근원도 잔(盞)을 띄울 만큼 가늘게 흐르는 시냇물에서 비롯한다'라는 뜻으로, 사물의 처음이나 기원을 이르는 말이다.

며, 만법을 담는 뿌리이다."¹⁹라고 하였다. 『화엄경』에서 "보살은 일체법이 모두 자신의 마음이라는 것을 안다."²⁰라고 하였다. 또 "세간이 모두 환으로 변화한 것임을 이해하고, 중생이 오직 하나의 법이라는 것을 분명히 안다."²¹라고도 하였다. 이어서 노래한다.

> 헤아리고 헤아릴 수 없는 모든 겁이
> 보살은 한마음인 줄 알아서
> 보리행에 잘 들어가
> 언제나 부지런히 닦아 익혀서 물러나지 않네.²²

또 노래하였다.

> 모든 부처님이 근기에 맞춰 짓는 업이
> 무량무변하여 법계와 동등하니
> 지혜로운 자는 하나의 방편으로
> 모든 것을 깨닫지 못함이 없네.²³

《175》 젖는 성질과 공(空)의 성품이 모두 크고 작음이 없다. 하물며 평등한 참마음이겠는가. 뛰어나고 열등함이 없다.

---

19 『大方廣佛華嚴經隨疏演義』卷第一. 大正藏 第36 [0001a06].
20 『大方廣佛華嚴經』卷第十八「明法品」第十八. 大正藏 第10 [0096b16].
21 『大方廣佛華嚴經』卷第二十四「十迴向品」第二十五之二. 大正藏 第10 [0132a16].
22 『大方廣佛華嚴經』卷第三十一「十迴向品」第二十五之九. 大正藏 第10 [0169c10].
23 『大方廣佛華嚴經』卷第三十一「十迴向品」第二十五之九. 大正藏 第10 [0169c10].

3
중생의 마른 흙을 파니
부처의 지혜 샘이 솟아나네

✢

反魂香과 還丹藥, 여우의 의심

106
지금이나 예전의 해가
그 비춤에 밝음이 다르지 않고
거듭되는 과거 현재의 바람이
그 울림에 진동이 다르지 않네. 《176》

《176》 햇빛이 사사로움이 없는 것과 움직이는 자신의 성품이 다르지 않은 것은 모두 참마음의 덕을 나타낸 것이다.

107
진실(實際)의 땅[24]을 밟으니
열반의 하늘로 치솟고
중생의 마른 흙을 파내니
부처의 지혜 샘이 솟아나네. 《177》

《177》 『법화경』에서 "비유하면 어떤 사람이 목이 말라 물을 찾아 저 고원에서 땅을 팠다. 마른 흙을 보고는 물이 아직 먼 줄 알아 시공을 그만두지 않았다. 점점 습해지는 흙을 보다가 마침내 진흙에 다다르면, 그 마음에 물이 가깝다는 것을 확실하게 아는 것과 같다."[25]라고 하였다. 중생은 마른 흙과 같고, 성문은 습한 흙과 같으며, 보살은 진흙과 같고, 모든 부처는 물과 같다.

108
성문의 불에 탄 싹이 꽃술을 틔우고 《178》
꽃 중 왕의 지극한 열매가 공덕을 원만히 하네. 《179》

《178》 『정명경』에서 "이승(二乘)은 불에 그슬린 싹, 썩은 종자와 같아 위없는 도의 마음을 발현할 수 없다."[26]라고 하더니, 나중에 법화회상에서 일승(一乘)에 깊이 들어가 참된 수기를 받고서 원만한 믿음의 싹을 틔우고 보

---

24 진실의 땅은 실제지(實際地)이다. 이는 허망을 떠난 열반의 깨달음, 또는 진여의 이체(理體)를 의미한다.
25 『妙法蓮華經』卷第四「法師品」第十. 大正藏 第09 [0031c09].
26 『維摩詰所說經』卷中「佛道品」第八. 大正藏 第14 [0549b16] 참조.

리의 과실을 맺었다.

《179》 중생의 마음이 모든 부처님 과덕의 근원이다. 그러므로『화엄소』에서 "시방 모든 부처님이 중생의 본체를 증득하고 중생의 작용을 썼다."[27]라고 하였다. 또한 경에서 "시방의 모든 부처님은 하나의 작은 중생의 마음에서 순간마다 정각을 성취하사 법륜을 굴린다."[28]라고 하였으나, 중생은 알아차리지도 못하고 깨닫지도 못한다.

109
마치 반혼향[29]을 얻은 것과 같이
마른 뿌리가 다시 살아나고
환단약[30]을 마신 것과 같이
얼어붙은 불꽃이 다시 타오르네. 《180》

《180》 저 반혼향의 공력은 시체마저도 살려 낼 수 있고, 환단약의 공능은 범부의 뼈를 고쳐 놓는다. 더욱이 한마음의 공력은 말해 무엇하겠는가. 범부의 몸에 처하나 성인의 몸을 이루고, 생사에 머무르면서 열반에 들어간다. 마

---

27 『大方廣佛華嚴經疏』卷第三. 大正藏 第35 [0517c21].
28 『大方廣佛華嚴經』卷第四十九「普賢行品」第三十六. 大正藏 第10 [0259a20] 참조.
29 반혼향은 동양의 전설에 나오는 향이다. 피우면 그 연기 속에 망자의 모습이 나타난다고 한다.
30 환단약이란, 이 약을 먹으면 신선이 된다고 한다. 책 벌레 중에 특별한 맥망(脉望)이라는 벌레가 있는데, 책 속에서 신선(神仙)이란 글자를 세 차례 이상 갉아 먹으면 변화해서 되는 벌레이다. 밤하늘 별에다 이 벌레를 꿰어 비추면 별이 내려와 환단약(還丹藥)을 구할 수 있게 된다. 이 약을 물에 타서 먹으면 그 자리에서 환골탈태하여 하늘로 날아오르게 된다고 한다.

치 마른 고목에서 꽃이 피고 식어 버린 재에서 불꽃이 일어나는 것과 같다.

성문이 법화회상에서 여래의 성품을 깨닫고 부처님의 수기를 얻었다. 마치 불에 그슬린 곡식에서 싹이 나고, 눈멀고 귀먹은 이가 보고 듣게 되며, 시체가 다시 일어나고, 꺼진 불꽃이 다시 살아나는 것과 같다.

110
깨달아 의심이 없으니
어찌 조목조목 따져 보려 하는가.
소 수레[31]를 타고 곧바로 기원정사[32]에 다다르고
자비의 배를 타고 앉은 채로 피안에 오르네.《181》

《181》 다만 자신의 마음을 믿기만 하면 다른 의심이 단박에 끊어진다. 그러므로 『신심명』에서 노래한다.

여우 같은 의심을 맑게 씻어 내면
올바른 믿음이 조화롭고 곧아지네.[33]

또 마음을 믿으면 일체법을 믿지 않게 된다. 그러므로 고덕이 "자신 마음에

---

31 소 수레는 『법화경』「비유품」에 나오는 수레 가운데 하나이다. 여기에 양거(羊車), 녹거(鹿車), 우거(牛車)의 비유는 각각 성문승, 연각승, 보살승 삼승(三乘)을 말한다. 우거는 일불승(一佛乘), 즉 부처의 경지에 이르게 하는 오직 하나의 궁극적인 가르침을 말한다.
32 기원정사는 기수급고독원정사(祇樹給孤獨園精舍)이다.
33 『信心銘』. 大正藏 第48.

있는 지혜의 믿음으로 다시 자신의 마음을 믿는 것이다. 요컨대 마음 밖에 따로 믿게 하는 이유가 있는 것은 아니다."[34]라고 하였다. 또한 믿되 만약 자신의 마음을 믿지 못하면 올바른 믿음이라 할 수 없다. 마음이 곧 본체니, 이것은 본체와 믿음이 둘이 아니기 때문이다. 그러므로 『기신론』에서 "스스로 자신의 마음을 믿고 마음이 망령되게 움직이는 줄 알아 멀리 여의는 법을 닦는다."[35]라고 하였다. 이를 보면 설한 일체 이치와 지혜 등의 일이 모두 다 마음을 벗어나지 않음을 알 수 있다. 그러므로 '나(我)' 등도 실로 모두 마음의 일부이다.

111
천 년의 어두운 방도 하나의 등불에 밝아지나니
오랜 겁에 갇힌 처지도 묘관(妙觀)에 달렸도다. 《182》

《182》 천 년의 어두운 방도 하나의 등불로 밝힐 수 있듯이, 시작을 알 수 없는 결업(結業)[36]을 실관(實觀)으로 소멸시킬 수 있다.[37] '실관(實觀)'이란 곧 정관(正觀)이고, '정관'이란 마음을 관하는 것이다. 그러므로 "자신의 마음을 관하는 것을 '정관'이라 한다. 만약 다른 것을 관한다면 '삿된 관(邪觀)'이라 한다."[38]라고 하였다.

---

[34] 『新華嚴經論』卷第二十三. 大正藏 第36 [0874b23] 참조.
[35] 『大乘起信論』一卷. 大正藏 第32 [0578a14].
[36] 결업(結業)은 백팔번뇌를 백팔결(百八結) 또는 백팔결업(百八結業)이라고 한다.
[37] 『大方等大集經』卷第一「瓔珞品」第一. 大正藏 第13 [0004c18].
[38] 杭州南山興教寺惟一禪師, 『天聖廣燈錄』卷第三十. 卍新續藏 第78 [0570c08].

4
고요한 부처님의 나라에
어찌 하나의 티끌인들 어지럽겠는가

✥

내 마음의 비밀 창고

112
법의 국토에 나아가면
작은 경계도 없고 경계에 떨어짐도 없나니
고요한 부처님의 나라에
어찌 하나의 티끌인들 어지럽겠는가. 《183》

《183》 『화엄경』에서 "삼계가 유심(唯心)이고 삼세도 유심이다."[39]라고 하였다. 그렇다면 어찌 하나의 경계나 하나의 티끌인들 서로 어긋나겠는가?

---

[39] 『大方廣佛華嚴經』卷第五十四「離世間品」第三十八之二. 大正藏 第10 [0288b18].

또 『화엄경』에서 노래하였다.

법왕의 진실법을 깨달으니
그 가운데서 집착하지도 매이지도 않으며
이처럼 자재하여 마음에 걸림이 없으니
일찍이 한 법도 일어남을 본 적이 없네.[40]

113
망령된 마음을 초탈하고 분별심을 끊어 버리니
이에[41] 대응하는 언어도 사라지고
뜻이 지극한 참됨에 부합하니
도가 현묘한 근원에 계합하네. 《184》

《184》 한마음을 바로 깨달으면 진실하지도 않고 망령되지도 않으며, 의지하지도 않고 여의지도 않는다. 왜냐하면 진실한 것과 망령된 것은 자신의 성품이 없어서 항상 하나의 근원에 계합하기 때문이다. 어찌 두 마음이 서로 의지하겠는가? 자기 성품의 근원이 본래 물든 적이 없으니 망령될 수가 없다. 마치 환의 칼로 돌을 자를 수 없고 짙은 안개가 허공을 물들이지 못하는 것과 같다.

---

40 『大方廣佛華嚴經』卷第三十「十迴向品」第二十五之八. 大正藏 第10 [0164b27].
41 이는 망정(妄情)의 분별(分別)이다.

한마음을 깨닫지 못한 사람을 위해 서로 의지함을 설하였다. 천태교[42]에서 "묻는다. '무명이 법의 성품이다.'[43]라고 한다면 무명이 없는데, 무엇과 서로 의지한다는 것인가?

답한다. 얼음을 알지 못하는 사람을 위해 물을 가리켜 얼음이라 한 것이다. 물을 가리켜 얼음이라 한 것은 이름만이 있을 뿐, 어찌 두 가지 사물이 존재해서 서로 의지한 것이겠는가?"[44]라고 하였다. 이로써 때를 달리해서 인연 따라 녹기도 하고 얼기도 하지만 젖는 성질은 항상 그대로여서 변동한 적이 없음을 알 수 있다. 더 나아가 범부에 의지하고 성인에 의지하는 것도 마찬가지다. 범부나 성인은 다만 이름일 뿐이고 하나의 본체이어서 다름이 없다.

그러므로 선덕이 『화엄경』을 해석하면서 '하나의 세계와 모든 법계가 (허공계 등 모든 세계도) 마찬가지다.'[45]라고 한 것은, 하나의 안목과 같이 모든 안목도 같다면 모두 다 그런 줄 알 수 있다는 것이다. 비유한다면, 한 사람의 몸에 손과 발이 있듯이 일체 모든 사람에게도 모두 손과 발이 있다. 이로써 이 한마음을 깨닫지 못한 까닭에 모두가 분별의 견해를 갖게 되었음을 알 수 있다.

범부는 이 마음에 집착하여 윤회하며 업을 짓고, 이승(二乘)은 이 마음을 싫어하여 벗어나려고 해서 열반(灰斷)[46]의 과보를 구하는 것과 같다. 또

---

42   천태교의 주장은 담연의 『지관보행전홍결(止觀輔行傳弘決)』의 내용이다.

43   唐毗陵沙門湛然述, 『止觀輔行傳弘決』 卷第三之一. 大正藏 第46 [0216c13].

44   『删定止觀』 卷中 「破法徧者」. 卍新續藏 第55 [0712b21].

45   『大方廣佛華嚴經疏鈔』 會本第三十二之一. 乾隆藏 第131 [0692a11].

46   열반(灰斷)은 회신멸지(灰身滅智)의 의미이다. '몸을 재로 만들고 알음알이 지혜를 없앤다.'라는 뜻으로, 무여열반(無餘涅槃)의 경지이다.

한 범부는 눈이 없어 보리의 지혜로 비추어 보아야 하는데 번뇌의 불로 태워 버린다. 마치 매우 부유한 맹인이 보배 창고에 있으면서도 행동거지가 자유롭지 못해서 보배를 잃어버리는 것과 같다. 이승은 여래의 네 가지 덕[47]의 비밀 창고를 무상(無常)의 오음으로 여겨 도둑이나, 범이나, 용이나, 뱀이라 하며 두려워 달아나는 것과 같다. 얽매이고 벗어나는 것은 비록 다르나 취하고 버리는 것을 모두 잃었다. 만약 이를 깨닫고 통달한 자라면 일어나지도 않고 멸하지도 않으며, 얽음도 없고 태어남도 없어서, 이 망령된 마음은 본체가 없음을 순간마다 알아차린다. 어디에 집착하겠는가? 순간마다 스스로 여의었으니 끊거나 멸할 필요가 없어서 오히려 하나도 붙잡을 수가 없다. 더욱이 두 가지이겠는가!

　그러므로 모든 법이 진여에 수순하면 원성실성(圓成實性)을 증득하나니, 망령된 마음으로는 없으나 이치로는 있다. 여러 가지 망령된 마음이 종지(宗旨)를 어기고 변계소집성(遍計所執性)에 집착하니, 망령된 마음으로는 있고 이치로는 없다. 그런데 수순하는 것이 언제나 어긋나는 것에 있으니, 하나의 도인들 어찌 본체를 잃은 적이 있으며, 망령된 마음이 이치를 어기지 않아서 천 갈래 길이 잠시도 갈림길로 벗어난 적이 없다는 것을 알 수 있다. 이를 통달하면 망령된 마음과 이치의 개념이 사라지고, 이를 깨달으면 수순하고 어긋나는 것이 몸 둘 곳이 없다. 그러므로 법과 법이 모두 말로 할 수 없는 도에 계합하고, 생각과 생각이 모두 획득할 수 없는 존귀한 근본으로 돌아간다. 천진한 자연으로 조작의 우를 범하지 않는다.

47　네 가지 덕은 상(常)·락(樂)·아(我)·정(淨)의 열반사덕(涅槃四德)이다.

114

이제(二諦)에서 따져도 알 수 없으니

이치 가운데 제일이고

삼제(三際)에서 찾아도 얻을 수 없으니

법 가운데 존귀하다고 하네. 《185》

《185》 이 한마음은 속제(俗諦)는 아니지만 속제를 여의지도 않았으며, 진제(眞諦)는 아니지만 진제를 여의지도 않았다. 또한 비록 진제도 아니고 속제도 아니지만 진제일 수도 있고 속제일 수도 있다. 속제에서도 찾을 수 없고 진제에서도 취할 수 없으므로 "이제(二諦)에서 따져도 알 수가 없다."라고 하였다.

또한 이 한마음은 과거법이 아니므로 전생에도 머무르지 않고, 미래법이 아니므로 후생에도 머무르지 않으며, 현재법이 아니므로 현생에도 머무르지 않는다. 그러므로 "삼세에서 찾아도 얻을 수가 없다."라고 하였다.[48] 만약 마음에 믿음이 없다면 만행이 헛된 도모일 뿐이다.

그러므로 『대지도론』에서 "만약 모든 법에 차별상이 없음을 알지 못하면 삼귀의와 오계에 이르기까지 성취할 수 없다. 모든 수행의 근본을 알지 못하기 때문이고, 모든 법의 본체를 알지 못하기 때문이며, 모든 경계의 진실을 알지 못하기 때문이다."[49]라고 하였다.

그러므로 선덕이 "보살이 비로소 일체법의 성품이 평등함을 깨달았다. 왜냐하면 평등하게 모든 법의 진실한 성품에 들어갔기 때문이다. 진실한

---

48   『宗鏡錄』卷第十二. 大正藏 第48 [0481a17].
49   『大乘入楞伽經』卷第五「現證品」第四. 大正藏 第16 [0618b17] 참조.

성품에는 차별상이 없고, 가지가지 형상(種種相)도 없으며, 헤아릴 수 없는 형상(無量相)도 없어서 만법이 한결같다. 어찌 평등하지 않겠는가? (평등하지 않다면) 이 진실한 성품은 무엇에 의해 성립하는가?

다음으로 의지함이 없는 법(無依法)을 증득했음을 밝혔다. 이를테면 색(色)에도 의지하지 않고 공(空)에도 의지하지 않는다. 만약 만법이 공에 의지한다면 공은 의지하는 대상이 없고, 만법이 진제에 의지한다고 하면 진제도 의지하는 대상이 없다. 곧 의지함 없이 자리 잡은 법문이기 때문에 세간을 벗어나게 된다. 세간의 갖가지 차별된 것들을 떠나서는 성품도 오히려 성립되지 않는데, 어찌 형상이 있겠는가? 또한 공을 의지해서 색을 세우지도 않고 색을 의지해서 공을 세우지도 않는다. 또한 다름이 없고 다르지 않음도 없으며, 의지함이 없고 의지하지 않음도 없다."[50]라고 하였다. 이러한 견해는 절묘하여 억지로 '내증(內證)'[51]이라 하였다.

그러므로 『화엄경』에서 노래하였다.

설사 매 순간
무량한 부처님께 공양하더라도
진실한 법을 알 수 없으면
공양이라 할 수 없네.[52]

이어서 노래한다.

---

50 『大方廣佛華嚴經隨疏演義鈔』卷第八十八. 大正藏 第36 [0681b06] 참조.
51 내증(內證)은 마음속으로 진리를 깨달아 아는 일이다.
52 『大方廣佛華嚴經』卷第二十三「兜率天宮菩薩雲集讚佛品」第二十四. 大正藏 第10 [0122a22].

비록 미래제가 다하도록
불국토를 두루 돌아다니더라도
이 미묘한 법을 구하지 못하면
결코 보리를 이룰 수 없네.[53]

또 노래하였다.

설사 헤아릴 수 없는 겁에
재물과 보물로 부처님께 보시하더라도
부처님의 실상을 알지 못하면
이 또한 보시라 할 수 없네.[54]

그러므로 육바라밀의 만행을 닦아 나아가되, 만약 한마음을 알지 못하면 하나의 바라밀 문도 성취할 수 없다는 것을 알 수 있다.

---

[53] 『大方廣佛華嚴經』 卷第二十三 「兜率天宮菩薩雲集讚佛品」 第二十四. 大正藏 第10 [0124a02].

[54] 『大方廣佛華嚴經』 卷第二十三 「兜率天宮菩薩雲集讚佛品」 第二十四. 大正藏 第10 [0122a22].

5
원종(圓宗)의 사자후를 토하여
사구(四句)와 백비(百非)를 몰아내네

✧

나라연의 화살과 금강역사의 쇠망치

115

(一心法은) 깨달음의 나무 밑동이요
교문(敎門)의 초입이라 《186》
평온한 코끼리 왕의 걸음을 옮기고
결정설의 사자후를 토하네. 《187》

《186》 이 일심법은 모든 부처님이 도를 이룬 근본이며 보살이 깨달아 들어간 초입이다. 『대집경』에서 "부처님이 현호[55]에게 고하시되, 내가 생각해

---

55   현호는 발타바라(Bhadra-pāla)보살이다. 『대방광보살십지경』, 『대보적경』, 『수능엄경』, 『묘

보니 예전에 부처님 세존이 계셨으니 '수파일'이라 하는 분이었다. 그때 어떤 사람이 길을 가다 광야에서 배고프고 목마르고 괴로워 마침내 잠이 들었다. 꿈속에서 여러 가지 아주 맛있는 음식을 골고루 얻어먹고는 배가 불러 다시는 허기지고 배고프지 않았다. 이로부터 잠에서 깬 후에는 다시 배고프고 목말랐다. 이 사람이 스스로 '이처럼 모든 법이 모두 공(空)하여 실재하지 않는다. 마치 꿈에서 본 것과 같이 본래 진실한 것이 아니구나!'라고 생각하였다. 이처럼 관찰할 때 무생법인을 깨닫고 아뇩다라삼먁삼보리의 불퇴전을 얻었다."[56]라고 한 것과 같다. 또 사람이 보배를 유리 위에 올려놓으면 거기에 그림자가 나타나는 것과 같다.

비구가 뼈를 관할 때 갖가지 광명이 나오는데, 이 광명은 가지고 온 자도 없고 뼈에 있던 것도 아니니 생각으로 지은 것일 뿐이다. 또 『대방등대집경』에서 "또한 현호여, 비유하면 비구가 부정관을 닦아 죽은 시신이 변하기 시작하는 것을 보니 어떤 것은 푸르기도 하고, 어떤 것은 누렇기도 하며, 혹은 검고, 혹은 붉기도 하다. 또 뼈가 흩어지는 것을 관할 적에 흩어지는 저 뼈는 온 곳도 없고 가는 곳도 없다. 오직 마음으로 지은 것이니 돌이켜 자신의 마음을 보아야 한다."[57]라고 하였다.

또한 "거울 속 형상이 밖에서 온 것이 아니고 (거울) 속에서 생긴 것도 아니다. 거울이 깨끗하여서 저절로 그 형상이 드러나듯 수행하는 사람의 색신이 청정하면 보이는 대상도 청정하다. 부처님을 뵙고자 하면 곧 부처님을 뵙고, 뵙고는 곧 질문하고, 질문하면 곧 대답해 주신다. 경을 듣고 크게

법연화경』, 『대지도론』, 『불설천불인연경』, 『십주비바사론』, 『제세경』 등에 등장한다. 16대 보살 가운데 한 분으로 선수(善守), 인현(仁賢), 현호(賢護) 등으로 풀이한다.

56 『大方等大集經賢護分』卷第二「思惟品」第一之二. 大正藏 第13 [0876c11].
57 『大方等大集經賢護分』卷第二「思惟品」第一之二. 大正藏 第13 [0877a04].

기뻐 스스로 '부처님은 어디서 오셨을까. 나 또한 온 곳이 없다. 내가 생각한 것을 곧장 본다.'라고 생각한다. 그리하여 마음이 부처를 만들고, 마음이 스스로 보며, 마음이 부처를 보니, 마음이 곧 부처다. 마음이 나(我)이지만, 마음은 스스로 마음을 알지 못하고, 마음은 스스로 마음을 보지 못한다. 마음에 생각이 있으면 어리석고, 마음에 생각이 없으면 열반이다."[58]라고 하였다. 이 법은 볼 수가 없고 모두 생각으로 하는 것이다. 설사 그 생각이 있더라도 또한 소유할 수 없는 공(空)한 것이라고 알 뿐이다. 이것을 부처님의 법인이라 한다.

《187》 코끼리 왕의 행은 위의가 평온하니, 보현의 행을 표현한 것이다. '사자후'란 무엇인가. 사자후에는 네 가지 뜻이 있다. 첫째는 온갖 짐승의 머리가 깨지니, 보살이 법을 설하면 백 가지 법이 모두 파괴됨을 비유하였다. 둘째는 향상(香象)[59]이 항복하니, 보살이 법을 설하면 하늘의 마구니가 항복함을 비유하였다. 셋째는 날아가는 새가 땅에 떨어지니, 외도의 사견이 추락함을 비유하였다. 넷째는 수족(水族)이 물속으로 가라앉아 숨으니, 번뇌가 가라앉아 숨는 것에 비유하였다.

또한 『열반경』에서 "사자후는 '일체중생에게 부처의 성품이 있다.'라는 결정설이다."[60]라고 하였다. 또한 "마음이 있는 자는 누구나 부처가 될 수 있다."[61]라고도 하였다. 또한 "얻을 것이 있다는 것은 여우의 소리이고 얻을 것이 없다는 것은 사자후다. 마음 밖에 법이 없으므로 얻을 것이 없

---

58 『大方等大集經賢護分』卷第二「思惟品」第一之二. 大正藏 第13 [0877a26] 참조.
59 향상(香象)은 푸른빛에 향기가 나는 코끼리이다.
60 『大般涅槃經』卷第二十七「獅子吼菩薩品」第十一之一. 大正藏 第12 [0523a03] 참조.
61 『大般涅槃經』卷第二十七「獅子吼菩薩品」第十一之一. 大正藏 第12 [0524b25].

다."⁶²라고 하였다.

116
묵묵히 전해 온 법을 이어 가고자 하면
말 이전에 계합해야 하나니
비밀의 문을 펼치고자 하면
어찌 생각한 후에 기회가 있겠는가. 《188》

《188》 달마 대사가 서쪽에서 와서 묵묵히 마음의 법인(心印)을 전하되, 오직 '앎'이라는 한 글자에 침묵하였다. 만약 기연을 만나지 않았다면 끝내 세상에 드날리지 못했을 것이다. 굽히지 않고 계승자를 기다려서 비로소 인가하였다. 이것이 스스로 증득한 법문이다. 마치 사람이 물을 마시면 차가운지 더운지를 스스로 알지만 말해 줄 수 없는 것과 같다. 또한 깨달았더라도 두 번째(第二頭)⁶³로 밀릴 수 있다. 기연을 만나기 이전에는 가르침이 없고, 가르침을 펼친 이후에는 실다움이 없다.

117
원종(圓宗)의 불꽃은

---

62 『大般涅槃經』卷第二十七「獅子吼菩薩品」第十一之一. 大正藏 第12 [0522b24] 참조.
63 두 번째(第二頭)는 제일의제(第一義諦)와 상대되는 개념으로 제이의(第二義)의 뜻이다. 향상(向上)의 제일의로부터 향하(向下)의 차별문으로 후퇴하여 여러 가지 방편에 의해 중생의 미망을 깨어 깨달음으로의 도를 나타내는 것이다.

손을 대기 어렵나니 《189》

텅 빈 허공 밖으로 사구(四句)를 몰아내고

적막한 틈에서 백비(百非)를 모조리 끊어 내라. 《190》

《189》 논에서 "반야바라밀은 마치 큰 불덩이와 같아서 사방에서 접촉할 수 없다. 접촉하면 바로 손을 덴다."[64]라고 하였다. 만약 있다고 설하거나, 없다고 설하거나, 있기도 하고 없기도 하다고 설하거나, 있지도 않고 없지도 않다고 설하는 사구(四句)이거나, 내지 중복된 사구이거나, 구족한 사구이거나, 말이 끊어졌다(絶言)는 따위라도 모두 반야를 비방하는 것이다. 마치 사방에서 불을 접촉하면 어디서나 손을 데는 것과 같다. 그러므로 "사구를 여의고 백 가지 부정(百非)이 끊어졌다."[65]라고 하였다. 만약 사실단(四悉檀)[66]의 뜻을 얻는다면 청량한 연못과 같은 네 문으로 들어갈 수 있으니 어디서나 도를 얻을 수 있다.

---

64 『大智度論』. 大正藏 第25. "是實知慧 四邊叵捉 如大火聚 亦不可觸 法不可受 亦不應受."

65 『大方廣佛華嚴經隨疏演義鈔』卷第四十五. 大正藏 第36 [0349b16]. ① 사구(四句)는 하나의 개념(A), 또는 서로 대립되는 두 개념을 기준으로 해서 모든 현상을 판별하는 네 가지 형식이다. 곧 제1구 'A이다', 제2구 '非A이다', 제3구 'A이면서 또한 非A이다', 제4구 'A도 아니고 非A도 아니다'. 예를 들어 有와 無를 기준으로 하면, 有·無·亦有亦無·非有非無의 사구가 성립되고, 그 외 一과 異, 常과 無常, 自와 他 등의 경우에도 사구가 성립된다. ② 백 가지 부정(百非)은 有와 無 등의 모든 개념 하나하나에 非를 붙여 그것을 부정하는 것을 말한다. 결국, 진리는 사구의 분별도 떠나고 百非의 부정도 끊어진 상태라는 뜻이다.

66 사실단(四悉檀)이란 부처님이 중생을 교화하고 인도하는 교법을 네 가지 범주로 나눈 것이다. 세계실단(世界悉檀), 인실단(人悉檀), 대치실단(對治悉檀), 제일의실단(第一義悉檀) 등이 있다. 세계실단은 세간의 법에 수순하여 설하는 것이다. 인실단은 중생 각각의 근기와 성향에 따라 설하는 것이다. 대치실단은 중생의 병세에 따라 설하는 것이다. 제일의실단은 제일의의 실상을 곧장 일러 주는 것이다.

《190》 사구(四句)에 떨어지면 모두 치우친 견해(邊見)를 이룬다. 만약 하나의 법을 보더라도 모두 백 가지 부정(百非)에 처한다. 만약 마음의 근본 진리를 단박 깨달아 망견(妄見)의 그물에서 자연스럽게 멀리 벗어날 수 있다면, 있는 현재의 자리에서 도를 얻고 일으키는 생각마다 모두 근본의 진리이다. 그러므로 "하나의 색, 하나의 향이 중도(中道) 아닌 것이 없다."[67]라고 하였다.

『화엄경』에서 "두 변(二邊)을 멀리 여의어 중도에 계합한다."[68]라고 하였다. 고인이 해석해서 "두 가지 변에 네 가지가 있다. 하나는 물듦과 깨끗함이고, 둘은 미혹에 매임(縛)과 벗어남(脫)에 준거하니 미혹의 업(惑業)에 통한다. 셋은 있음(有)과 없음(無)이니, 현상(事)과 이치(理)에 통한다. 넷은 하나(一)와 다름(異)이니, 마음(心)과 경계(境)에 준거한다. 어찌하여 이런가? 보리를 성취하여 이미 미세한 생각을 여의고 망령된 미혹을 없앤다면 법신의 순수하고 맑은 지혜가 드러났다고 말한다. 만약 이런 견해를 일으킨다면 치우친 견해를 면하지 못할 것이다. 그러므로 경에서 노래하였다.

만약 정각을 보고 해탈하여
여러 가지 번뇌를 여의고
모든 세간에 집착하지 않는다고 한다면
이는 도를 증득한 안목이 아니네.[69]

---

67 『妙法蓮華經玄義』卷第二上. 大正藏 第33 [0694b20].
68 『大方廣佛華嚴經疏』卷第八十三. 卍新續藏 第07 [0826a05].
69 『大方廣佛華嚴經』卷第十三「光明覺品」第九. 大正藏 第10 [0062b16].

지금은 미혹의 본체가 본래 공(空)함을 깨달아서 이후에 청정히 해야 할 것도 없다. 그러므로 두 변(二邊)을 여의어야 한다. 또한 더럽고 깨끗한 것이 서로 통하므로 머무르고 붙잡을 것이 없다. 이를 '두 변을 여의었다.'라고 한다.

매임(縛)과 벗어남(脫)에 대해서 말하겠다. 예전에는 언제나 미혹의 업에 얽매여 끝없이 흘러가더니, 지금은 보리를 얻어 환하게 해탈하였다고 한다. 이러한 견해도 치우친 견해에 머무는 것이라고 할 수 있다. 보살의 지혜는 본래 스스로 얽매임이 없음을 알아야 하는데 다시 무슨 해탈할 것이 있겠는가? 매임도 없고 벗어남도 없으니 집착도 없다. 그러므로 여읠 뿐이다.

'있음(有)과 없음(無)이니, 현상과 이치에 통한다.'라는 것은, 예전에는 있다고 하다가 지금은 깨달아서 공(空)하다고 한다. 두 가지 말도 공하다. 여기에서 묘유(妙有)를 알아야 한다. 또한 참된 즐거움(眞樂)은 본래 갖고 있는데 잃어버려서 알지 못하고, 망령된 고통(妄苦)은 본래 공한데 얻고서도 깨닫지 못하더니, 오늘에야 비로소 알게 되었다고 한다. 만약 이처럼 안다면 둘 다 치우친 견해를 여의지 못한 것이다.

또한 번뇌업의 고통은 본래 있다가 지금은 없다고 하거나, 보리와 부처의 몸은 본래 없다가 지금은 있다고 하는 것 등은 모두 삼세의 유위법(有法)이다. 보리의 성품은 삼세에 속하지 않기 때문에 삼세가 있다거나 없다는 것이 모두 치우친 견해(邊見)에 속한다. 참된 지혜 있는 사람은 이치에 계합해서 삼세를 끊고서 있음과 없음의 두 변을 여의어야 한다.

하나(一)와 다름(異)에 두 가지가 있다. 첫째는 마음과 경계를 깨닫지 못하면 둘(二)이고 계합하면 하나(一)이니, 또한 치우친 견해이다. 두 번째는 중생과 부처가 다른데 지금은 하나의 성품임을 깨달았다고 하니, 또한 치우친 견해이다. 지금은 이 가운데 있음과 없음이 둘이 아니고 둘이 아닌 것도 또한 아님을 바로 깨달아서 큰 지혜로 잘 보는 자는 이치에 맞게 머문다. 그러므로 이 치우친 견해를 여의어야 한다.

그런데 '예전에'라고 말한 것은, 단견(斷)·상견(常), 옴(來)·감(去), 생(生)·멸(滅), 의보(依)·정보(正)라는 두 법을 비록 거두어도 모두 치우친 견해라 한다. 또한 두 가지라고 하거나 두 가지가 아니라고 하는 것도 역시 치우친 견해라 한다. 여기에서 하나(一)가 보리에 계합하고 일체가 모두 적멸하므로 '멀리 여의었다.'"[70]라고 하였다.

118
나라연 화살의 공력과 같이
위세가 쇠북을 뚫고 《191》
금강역사 쇠망치의 힘과 같이
삿된 산을 부수어 버리네. 《192》

《191》 나라연의 화살은 쇠북을 뚫을 수 있다.

《192》 금강역사[71]의 쇠망치는 무쇠로 된 산을 부술 수 있다.

---

70 『大方廣佛華嚴經隨疏演義鈔』卷第八十. 大正藏 第36 [0626a03].
71 금강역사는 불법의 수호신으로 인왕역사(仁王力士)라고도 한다. 손에 금강저(金剛杵)를 지닌 수호신이자 보살이다.

6
일체 만물은 모두
참된 마음의 힘을 갖고 있네

✢

七辯才와 四無畏, 五運

119

칠변재(七辯才)를 성취하고 《193》

사무외(四無畏)를 갖춤은 《194》

사람들이 날마다 쓰는 병법이며

세상 그 시기⁷²마다 중생들의 살림살이다. 《195》

《193》 칠변재(七辯才)⁷³라는 것은, 첫째는 매우 빠른 변재이니, 재빨리 대

---

72 시기(時機)란 정법(正法), 상법(像法), 말법(末法) 따위의 시(時)와 각 시에 따른 자질(資質)의 중생이다.

73 『大方廣佛華嚴經隨疏演義鈔』卷第七十七. 大正藏 第36 [0606c02-0606c2] 참조.

답하여 생각하지 않는다. 둘째는 예리한 변재이니, 음성이 청아하고 교묘하다. 셋째는 다함이 없는 변재이니, 묻고 답하는 것이 끝이 없다. 넷째는 단절함이 없는 변재이니, 물 흐르듯이 이어진다. 다섯째는 근기에 따라 응하는 변재이니, 근기에 따라 약을 준다. 여섯째는 제일의 변재이니, 실상을 잘 설한다. 일곱째는 세상에서 최상의 변재이니, 여러 가지 종류를 초월한다. 이상 일곱 변재는 모두 마음의 지혜로부터 나온다.

《194》 사무외(四無畏)[74]란, 첫째는 일체의 지혜를 지니고 있어서 두려움이 없고, 둘째는 번뇌가 다하여 두려움이 없으며, 셋째는 장애를 벗어나는 도(障道)를 설하되 어떤 비난에도 두려움이 없고, 넷째는 고통을 벗어나는 도(苦道)를 설하되 두려움이 없다. 『화엄경』에서 노래하였다.

> 하나(一)에서 헤아릴 수 없는 양(無量)을 알고
> 헤아릴 수 없는 양에서 하나를 알아
> 서로 연기하여 일어남을 깨달으면
> 마땅히 두려움 없음(無所畏)을 성취하네.[75]

곧 마음을 깨달아 부처를 이루니 마음 밖에 법이 없다. 그러므로 어떠한 곳에서나 두려움이 없다.

《195》 중생은 날마다 쓰면서 알지 못한다. 마치 물고기가 물속에 있으면

---

74 『佛說處處經』. 大正藏 第17 [0523c16] 참조.
75 『大方廣佛華嚴經』卷第十三「光明覺品」第九. 大正藏 第10 [0062b16].

서 물을 보지 못하고, 새가 공중에서 날아다니면서 공중을 보지 못하듯이 사람도 도에 있으면서 도를 알지 못한다.

120
삼라만상에서 틔워진 싹이
온 대지를 거두고 있듯이 《 196 》
만물에서 발생한 생명이
다 같이 하나의 기운을 머금고 있듯이 《 197 》

《 196 》 일체 만물이 대지로부터 자라나고, 일체 만법이 마음의 땅으로부터 나온다.

《 197 》 『주역』[76]「구명결」에서 "천지가 나누어지기 이전을 '하나의 기운(一氣)'이라 한다. 그 가운데 태역(太易)과 태초(太初)와 태시(太始)와 태소(太素)와 태극(太極)이 있어 오행의 운행(五運)이 된다. '운(運)'이란 운수(運數)[77]니, 때가 바뀌는 것을 말한다. 처음(太易)은 바꾼다(易)는 뜻을 취하였고, 원기(元氣)가 처음 흩어지는 것을 '태초'라 하며, 기형(氣形)의 발단을 '태시'라 하며, 형체가 변하여 외모가 있는 것을 '태소'라 하고, 외모와 형체가 이미 갖추어진 것을 전변(轉變)[78]이라 한다. 다섯 가지 기운이기 때문에 '오운(五

---

[76] 『주역』은 복희씨가 썼다고 하는 서주 시대의 점(占)에 관해 서술한 책이다. 원제는 단순히 역(易)이다. 후에 경전을 의미하는 뜻을 담아 '역경(易經)'이라 하였다.
[77] 운수(運數)는 이미 정해져 있어 인간의 힘으로는 어쩔 수 없는 천운(天運)과 기수(氣數)이다.
[78] 전변(轉變)은 태극(太極)의 뜻이다.

運)'이라 한다. 모두 하늘의 도가 나누어진 것이다."라고 하였다.**79**

121
현묘하고 아득한 깊고 깊은
힘을 스스로 갖추고 있나니 《 198 》
달빛 어린 물가 안개 낀 숲이 언제나 신묘한 뜻을 이야기하고
높이 솟은 누각과 보배 그물이 모두 원음(圓音)을 연설하네. 《 199 》

《 198 》 일체중생이 모두 참마음의 힘을 지니고 있다. 『기신론』에서 "본래부터 자신의 성품이 스스로 일체 공덕을 만족하고 있다. 이른바 자신의 본체에 큰 지혜광명을 갖고 있다는 내용의 사례이다."**80**라고 하였다.

《 199 》 『화엄경』에서 이른다.

대광명의 그물 구름대에서 노래하였다.

부처님은 같거나 견줄 수 없는 분(無等等)**81**이어서 마치 허공과 같아
시방의 무량하고 뛰어난 공덕이어라.

---

79 『大方廣佛華嚴經隨疏演義鈔』卷第十六. 大正藏 第36 [0124a13].
80 『大乘起信論』一卷. 大正藏 第32 [0579a12].
81 같거나 견줄 수 없는 분(無等等)이란 현수법장의 『반야심경소』에 의하면 두 가지로 해석된다. 첫째는 '등등(等等)이 없다.', 둘째는 '무등(無等)의 지위와 같은 것이 없다.' '무등의 지위'는 묘각(妙覺)을 말한다.

> 인간 중에 가장 수승하고 세상에서 가장 높은데,
> 석사자(釋師子)[82]의 법이 그에 더해지네.[83]

또한 모든 공양구의 구름이 자연스러운 음성으로 노래하였다.

> 신통의 힘은 헤아릴 수 없나니
> 원하옵건대 중생 마음의 즐거움을 따라 설해 주소서.[84]

또 부처님의 광명에서 법회 대중의 일체 보살들에게 노래하였다.

> 신통이 자재하여 끝이 없으사
> 한 생각에 모두 해탈을 얻게 하시네.[85]

『장자론』에서 "묻는다. 대중이 어찌하여 스스로 묻지 않고, 무엇 때문에 묵묵히 생각으로 의심을 내며, 어찌하여 자신의 말로 찬탄하고 권청하지 않고, 어찌하여 공양구의 구름이 소리를 내어 부처님에게 청하는 것입니까?
　　답한다. 부처님은 법계의 마음을 얻으사 일체중생과 같은 마음이라는 것을 밝히는 까닭이다. 마음이 다르지 않기 때문에 저들의 마음에 의심하는 것을 알고 있다. 공양구[86]가 노래하는 것은, 모든 법이 모든 법계의 본체

82　석사자(釋師子)는 석가모니를 뭇짐승의 왕으로 불리는 사자에 비유한 말이다.
83　『大方廣佛華嚴經』卷第三十四「十地品」第二十六之一. 大正藏 第10 [0180b21].
84　『大方廣佛華嚴經疏演義鈔』卷第六「如來現相品」第二. 卍新續藏 第05 [0026b07].
85　『大方廣佛華嚴經疏演義鈔』卷第六「如來現相品」第二. 卍新續藏 第05 [0026b29].
86　공양구는 불보살님에게 바치는 음식물·향·꽃 등의 물건, 또는 그 물건을 바칠 때 사용하

이니, 법계가 부사의하고 일체법이 부사의하기 때문이다. 성인의 무리는 마음과 경계가 둘이 없지만 범부는 법계를 미혹하여 스스로 마음과 경계가 둘이라고 본다. 그러므로 전도가 일어난다."[87]라고 하였다.

122
향적세계의 요리를 먹고서
참다운 율행에 들어가고 《200》
나뭇가지에 이는 바람 소리를 들어 보니
비밀스러운 마음을 전하네. 《201》

《200》 『정명경』에서 "향적세계의 저 나라 보살은 향기를 맡고서 청정 율행에 들어가 일체 공덕장삼매(功德藏三昧)를 얻었다."[88]라고 하였다. 만약 향으로부터 법계에 들어간다면 자신의 몸이 곧 향내 나는 대중의 세계이고, 자신의 마음이 곧 향적여래(香積如來)이다. 무량공덕을 한마음에 원만히 한다. 이것을 깨달아 들어간 자는 어찌 다른 것을 빌릴 필요가 있겠는가? 향적여래의 세계가 이미 그렇다면 십팔계도 또한 그러하다. 모두 다 열반(棲神)의 땅이며 모두 도를 얻은 도량이다.

《201》 『아미타경』에서 "물새나 수풀이 모두 염불하고 염법하고 염승한

는 기구이다.
87 『新華嚴經論』卷第十二「如來現相品」第二. 大正藏 第36 [0798c18].
88. 『維摩詰所說經』卷下「香積佛品」第十. 大正藏 第14 [0552c21-0552c22].

다."⁸⁹라고 하였다. 이로써 경계는 마음에 의거한 경계이고 마음은 경계에 의거한 마음이다. 주체와 객체가 나누어진 것 같으나 하나의 본체이어서 다르지 않음을 알 수 있다. 만약 경계를 보고 마음을 안다면, 곧 이것이 비밀리에 전하는 뜻이다. 끝끝내 남에게 줄 수 있는 어떤 법도 없다.

---

89 『佛說觀無量壽佛經』. 大正藏 第12 [0344b14].

7
일대사인연의 정원에 마음의 꽃이 피네

✢

오직 마음

123
다른 종지를 숭상하지 말고
반드시 이 법령을 준수할지니
세간을 벗어나서 일대사 공능을 끝마치고
입선(入禪)해서 근본 수행을 마칠 수 있으리라. 《202》

《202》 석가는 세상에 출현하시어 일대사의 인연을 위해 중생심에서 부처의 지견을 여셨고, 달마는 서쪽에서 오셔서 오직 마음으로 마음을 전했을 뿐이다. 지금 다만 한마음을 깨달아 자신도 깨닫고 남도 깨닫게만 한다면 이미 본원을 갖춘 것이다.

『고승전』의 석담수[90]가 "늘 말하지만 삼계가 허망하여 다만 한마음뿐이니, 바깥 경계를 추구한다면 깨닫지 못하고 쉬기 어렵다."[91]라고 하였다.

또한 고승 해탈 화상⁹²이 화엄에 의지해 불광관(佛光觀)을 닦고 있었는데, 어느 맑게 갠 달 밝은 밤에 빛 속에서 홀연히 화신불(化身佛)을 보고 노래하였다.

> 모든 부처님의 비밀한 깊고 깊은 법을
> 오랜 겁에 수행하여 지금에야 비로소 얻었나니
> 만약 사람이 이 법문에 지혜가 열리고 밝아지면
> 일체 모든 부처님이 모두 따라서 기뻐하리라.⁹³

해탈 화상이 이에 예배하고 묻기를 "이 법문을 어떻게 사람들에게 열어 보이면 됩니까?"라고 하였다. 화신불이 몸을 숨겨 나타나지 않은 채 공중에서 노래로 답하셨다.

> 방편의 지혜로 등불을 삼아
> 마음 경계를 자세히 살필지니
> 진실한 법을 알고자 하면
> 일체 보는 바가 없어야 하네.⁹⁴

---

90 석담수는 수나라 경사(京師) 진적사(眞寂寺)의 스님이다.
91 『續高僧傳』卷第二十六. 大正藏 第50 [0672b28].
92 해탈 화상은 당나라 스님으로 성은 형(邢)씨, 대주(代州) 오대현(五臺縣) 사람이다.
93 『續高僧傳』卷第二十五. 大正藏 第50 [0603b11].
94 『續高僧傳』卷第二十五. 大正藏 第50 [0603b27].

124
정직한 말은 그릇되지 않나니
지남(指南)⁹⁵의 수레바퀴처럼 헛되지 않고 《203》
적확하게 보면 의심이 없으니
해계서⁹⁶ 베개 무늬처럼 항상 반듯하네. 《204》

《203》 만약 마음을 사람에게 보여 준다면 모두 정법으로 돌아가고 삿된 견해에 떨어지지 않는다. 마치 지남의 수레가 모두 바른 도로 돌아가는 것과 같다.

《204》 해계서 베개 무늬는 사방에서 바라보아도 그 모양이 늘 똑바르다. 정법으로 마음을 관하는 사람은 일체 모든 것이 똑바르다. "삿된 사람이 정법을 보면 정법도 삿된 것에 떨어지고, 바른 사람이 삿된 법을 관하면 삿된 법도 따라서 바르다."라고 한 것과 같다. 어떤 학인이 신풍개 화상에게 "무엇이 불법의 큰 뜻입니까?" 하고 물으니, "꼭 해계서 같지!"라고 대답하였다.

125
상대가 끊어진 마음자리⁹⁷가
한순간에 가지런해지면

---

95 지남(指南)은 이끌어 가르치거나 가리킴 또는 교수(教授)함이다.
96 해계서는 코뿔소의 뿔이다.
97 '마음자리'로 옮긴 '영령(英靈)'은 죽은 사람의 영혼을 높여 이르는 말이다.

천지를 변화시키고
신명을 감동하게 하네
누군들 보고 기뻐하지 않고
누군들 듣고 놀라지 않으랴.

126
마음의 빛을 널리 드러내니
인간 세상의 만 가지 이름으로 나타나고《205》
식(識)의 성품을 두루 갖추니
제석의 천 가지 이름과 같네.《206》

《205》 만법은 본체가 없어서 마음으로 인하여 이름을 얻는다. 내지 다른 사람의 마음을 보고 미세하게 살펴볼 수 있는 것도 모두 마음으로 마음을 아는 것이다. 주체와 객체로 나누어진 것과 같다. 4조[98]가 "모든 신통 작용이 모두 자신의 마음이다."[99]라고 하였다. 그러므로 경에서 "모든 부처님이 불이법(不二法)에서 큰 신통 변화를 나타내었다."[100]라고 하였다.

『화엄기』에서 "타심통을 해석한다. (첫째) '경계를 거두어들이고 마음을 따름으로써 경계를 무너뜨리지 않는다.'라고 한 것은 곧 마음과 경계의 있음과 없음을 보인 것이다. 호법[101]이 '만약 본질을 얻으면 혹시 유심(唯

---

[98] 4조는 청량징관(清涼澄觀) 선사이다. 선사는 8세기 중국 당나라 때 승려로 화엄종의 제4조이다.
[99] 『大方廣佛華嚴經疏鈔會本』第十八之一「明法品」第十八. 乾隆藏 第131 [0070a10].
[100] 『宗鏡錄』卷第二十五. 大正藏 第48 [0559c17].
[101] 호법은 다르마빨라(Dharmapāla, 530~561)로 인도 대승불교 유가행파의 승려이다. 유상유

心)마저도 무너뜨릴까 두려운데, 아직 경계를 무너뜨리지 않았다. 얻은들 무슨 장애가 되며 무너뜨린들 무슨 잘못이 있겠는가? 만물에는 마음이 없으나 만물은 일찍이 없었던 적이 없다.'라고 하였다. 여기서 얻음은 정신이 고요함에 있고, 잃음은 사물이 공(空)함에 있다. 사물이 실재한다고 말하는 까닭이다.

만약 유심으로 경계를 무너뜨린다면, 얻음은 경계가 공허한 데 있고 잃음은 마음이 있는 데 있다. 그러므로 경계는 마음으로 인하여 변하기 때문에 유심을 설하였다.

변화되는 경계(所變)가 없지 않으니, 어찌 굳이 무너뜨려야 할 필요가 있겠는가? 인연으로 생겨난 것은 자신의 성품이 없으니 마음과 경계가 둘 다 없다. 그러므로 '마음에 의지해서 경계를 버리고, 경계가 버려짐으로 마음이 없다.'라고 하였다. 마음이 홀로 존재하지 않는 까닭이다.

둘째, '주체와 객체가 둘 다 없어지나니 홀로 있지 못하는 까닭이다.'라고 한 것은, 위에서는 경계를 무너뜨리지 않는 것으로 두려움의 근본 병을 떨쳐 냈다. 여기서는 공함(空)과 있음(有)의 이치를 풀어헤침으로써 마음과 경계의 존망(存亡)을 둘 다 허용하였다. 마음과 경계가 서로 의지하기 때문에 공이다. 서로 인연하여 생겨나기 때문에 유(有)이다. 유는 곧 존(存)이고, 공은 곧 망(亡)이다. 공과 유가 서로 통하기 때문에 존망이 둘 다 완전하다.

(셋째) '제일의 유심(唯心)은 하나도 아니고 다르지도 않다.'라고 한 것은

식파(有相唯識派)의 계보를 이은 유식 논사로, 인도의 유식 10대 논사 중 한 사람이다. 유식 사상을 연구하기 위해서 나란다사에 들어갔으며, 여기에서 계현(戒賢)·실라바드라(Silabhadra)·최승자(最勝子) 등 많은 제자를 육성하였다. 또한 중관파에 속한 청변(清辯, Bhavyaviveka, 490?~570?)과 동시대인이었는데, 이들의 공유논쟁(空有論爭)은 불교사에서 유명한 일이다.

바로 구분유심(具分唯心)의 이치를 드러내었다. (위의 첫 번째 해석은) 비록 유심의 뜻이 있으나 오히려 생멸유심(生滅唯心)에 통하고, (두 번째 해석은) 비록 둘 다 사라짐(兩亡)은 아무런 속박도 받지 않으나 마음과 경계가 서로 섭수함은 아직 말하지 않았다. 여기서는 구분유식(具分唯識)을 밝힌다. 그러므로 '제일의유심(第一義唯心)'이라고 하는 것이다. 제일의(第一義)와 같기 때문에 다른 것이 아니고(非異), 주체와 객체를 파괴하지 않았기 때문에 하나가 아니다(非一). 하나가 아니기 때문에 주체와 객체가 있으니 다른 것에 반연한다는 뜻이 성립된다. 다른 것이 아니기 때문에 주체와 객체가 평등하여 유심(唯心)의 뜻이 성립된다.

'바로 다른 것을 반연할 때 곧 자신의 마음에 즉한다.'라고 한 것은, 본질을 얻으면 마음 밖의 허물이 없음을 설명한 것이다. 바로 자신의 마음에 즉했기 때문에 유식(唯識)을 잃어버리지 않는다.

'부처의 마음에 즉한 중생심'이라고 한 아래는 제2에서 법의 성품이 다른 마음의 형상임을 바로 설명하였다. 여기에는 두 가지 상대가 있다. 앞에서는 상대한 것이 반연의 대상(所緣)임을 설명하였고, 뒤에서는 상대한 것이 반연의 주체(能緣)임을 설명하겠다. 여기서 처음에는 '부처의 마음에 즉한 중생심'이라고 말한 것은 반연의 대상인 중생심이 바로 부처의 마음이라는 것을 설명한 것이다. 이는 (佛心과 衆生心이) 다르지 않음을 설명한 것이다.

다음은 '중생심에 즉하지 않은 부처의 마음'이다. 이 구절은 중생심과 부처의 마음이 즉하지 않음을 설명한 것이다. 즉하지 않기 때문에 반연의 대상이 있다. 다르지 않기(非異) 때문에 유심의 뜻이 파괴되지 않는다. '반연의 대상이 된다.'라고 말한 것은 반연의 대상이 반연의 주체와 구별됨을 설명한 것이다.

다음 아래에서는 반연의 주체를 설명하겠다. '중생심에 즉한 부처의 마음이기 때문이다.'라고 하였다. 이 구절은 반연의 주체인 부처의 마음이 바로 중생심이어서 다르지 않다는 것을 설명한 것이다.

다음 아래는 '부처의 마음에 즉하지 않은 중생심'이다. 이것은 부처의 마음과 중생심이 하나가 아닌 뜻을 설명한 것이다. 하나가 아니기 때문에 반연의 주체가 되고 다르지 않기 때문에 유식의 뜻을 파괴하지 않는다. '반영의 주체가 된다.'라고 말한 것은 반연의 주체가 반연의 대상과 구별됨을 설명한 것이다.

다시 비유로 설명하겠다. 물과 우유를 섞으면, 우유는 섞여진다(所和). 중생심이 반연의 대상임을 비유하였다. 물은 섞는 주체(能和)이다. 부처의 마음이 반연의 주체임을 비유하였다. 이 두 가지가 화합하면 하나의 맛인 것과 같다. 거위가 이를 마시면 우유가 없어지고 물만 남는 것과 같다. 곧 하나가 아님을 알 수 있다. 그러나 이 물을 '우유에 즉한 물'이라 부르거나, 또 이 우유를 '물에 즉한 우유'라고 한다. 두 가지가 비록 서로 즉하나 하나가 아닌 뜻이 있다. 그러므로 비유하면, 물에 즉한 우유와 우유에 즉하지 않은 물로 섞임의 대상(所和)을 삼는다. 우유에 즉한 물과 물에 즉하지 않은 우유로 섞임의 주체(能和)를 삼는 뜻을 잘 알 수 있을 것이다."[102]라고 하였다.

《206》 하늘의 제석에게 천 가지 이름이 있다. 첫째는 '제석'이라 하고, 둘째는 '교시가'라 하는 등이다.[103] "보리와 열반과 진여와 해탈과 현주(玄珠)[104]와 영성 등이 모두 마음의 별칭이다."라고 한 것과 같다.

---

102 『大方廣佛華嚴經隨疏演義鈔』卷第七十四「十通品」第二十八. 大正藏 第36 [0584a11-0584b08].
103 『法華玄義釋籤』卷第三. 大正藏 第33 [0835a21].
104 현주(玄珠)는 도가에서 '검은 주옥(珠玉)'이라는 뜻으로 깊은 진리를 이르는 말이다.

127

묘각(妙覺)은 아득하지 않고

감당할 이도 멀리 있지 않아서 《207》

법의 성품을 따르니 구름이 흩어져 하늘이 맑아지고

지혜의 작용에 나아가니 꽃이 피고 앞뜰이 아름답네. 《208》

《207》 마음이 보리를 증득한 것은 곧 마음에 즉한 것일 따름이다. 마음을 여의고는 부처가 없고 부처를 여의고는 마음이 없다. (그래야만) 분명히 마음을 알고 뚜렷하게 부처를 본다.

『대집경』에서 "또한 현호여, 어떤 사람이 건장하고 용모가 단정하며 엄숙하였다. 자기 몸이 고운지 미운지 잘났는지 추한지를 보고자 하였다. 곧 그릇을 취하여 거기에 깨끗한 기름을 담기도 하고, 혹은 깨끗한 물을 담기도 하며, 혹은 수정을 취하기도 하고, 혹은 밝은 거울을 잡기도 하였다. 이 네 가지 물건을 사용하여 자기 얼굴이 선한지 악한지 고운지 추한지를 분명히 보게 되었다. 현호여, 그대 생각은 어떠하냐? 저 보이는 모습이 이 기름과 물과 수정과 맑은 거울의 네 곳에서 드러날 때 이것이 먼저 있었던 것이냐?" 현호가 "그렇지 않나이다."라고 대답하였다. "이것이 본래 없었던 것이겠느냐?" "그렇지 않나이다." "이것이 안에 있었던 것이겠느냐?" "그렇지 않나이다." "그렇다면 이것이 밖에 있었던 것이겠느냐?" "그렇지 않나이다. 세존이시여, 오직 저 기름과 물과 수정과 거울의 여러 가지 물건이 맑고 환하여 탁함이 없고 때가 없었으므로 그 형상이 앞에 있어 저 형상이 나타났습니다. 저 나타난 형상은 네 가지 물건에서 온 것이 아니고, 또한 다른 곳에서 온 것이 아니며, 자연적으로 있는 것이 아니며, 사람이 조작한 것이 아닙니다. 반드시 알아야 할 점은 저 형상은 어디서 온 것이 아니고, 또한 가는 곳도 없으며, 나지도 않고, 멸하지도 않으며, 머무는 데가 있는 것도 아니옵니다."라고 하였다.

그때 (현호가 대답하고 나니) 부처님이 말씀하시되, "현호여, 참으로 그러하다. 그대가 말한 바와 같다. 여러 가지 물건이 청정하고 저 용모가 밝고 환하므로 영상이 저절로 나타난 것이지 여러 가지 공(功)을 쓴 것이 아니다. 보살도 한마음으로 잘 염(念)해서 여래를 뵙고, 뵙고 나서는 곧 머무르며, 머무르고 나서는 뜻을 묻고, 해석해 주심을 얻고는 기뻐한다. 곧 다시 '지금 이 부처님은 어디에서 왔으며, 나의 이 몸은 또한 어디에서 나왔는가?'라고 생각하고는 '저 여래는 결코 온 곳이 없고 가는 곳도 없다. 나의 몸도 또한 그러하여 본래 벗어날 곳이 없는데 어찌 전환이 있겠는가?'라고 관찰한다.

저는 다시 응당 이와 같이 '지금 이 삼계에는 오직 자신의 마음만이 있다. 왜냐하면 저 마음에 따라 다시 스스로 마음을 보니, 지금 내가 마음으로 부처를 보는 것이다. 내 마음이 부처를 만들었으니 내 마음이 부처이고, 내 마음이 여래이며, 내 마음이 나의 몸이다. 나의 마음이 부처를 보지만, 마음은 마음을 알지 못하고 마음은 마음을 보지 못한다. 마음에 상념이 있다면 곧 생사를 이루고 상념이 없으면 열반이다. 모든 법은 실재하지 않고 생각으로 연기한다. 생각의 대상인 경계(所思)가 이미 고요하면 생각의 주체(能想)도 또한 공하다.'라고 생각하였다. '현호여, 모든 보살이 이 삼매로 인하여 대보리에 들어가는 줄을 반드시 알아야 한다.'"[105]라고 하였다.

《208》『장자론』에서 "법의 성품을 따르면 만법이 모두 고요하고, 지혜 작용을 따르면 만법이 모두 생겨난다. (이런 까닭으로) 하나의 참됨을 여의지 않고 화의(化儀)[106]가 수없이 변화한다."[107]라고 하였다.

---

[105] 『大方等大集經賢護分』卷第二「思惟品」第一之二. 大正藏 第13 [0877a15-0877a26].
[106] 화의(化儀)는 부처님이 중생을 교화하기 위해 설한 가르침의 형식이나 방법이다.
[107] 『新華嚴經論』卷第十三「華藏世界品」第五. 大正藏 第36.

8
모든 종교는
한마음으로 근본을 삼는다네

✝

阿賴耶識과 原身, 中陰, 二氣, 三才, 四大, 四蘊, 三身

128
깨달음의 나무를 붙잡았으나 영화롭지 않고
철위산[108]에 떨어져도 손상됨이 없어
경계에 부딪혀도 종지를 보고 깨달으니
모든 부처님 과덕의 근원이고
눈을 짓눌러도 뜻을 얻어 진리에 통하니
중생 이치의 근본이네. 《209》

---

108 철위산은 수미산에서 가장 멀리 떨어져 있는 산으로, 그 사이에는 오무간지옥(五無間地獄)이 있다.

《209》 진제와 속제의 법과 삿되고 바른 법의 문이 모두 한마음으로 근본을 삼는다. 「안심법문」109에서 "미혹하면 사람이 법을 좇고 깨달으면 법이 사람을 좇는다. 알면 식(識)이 색을 거두고 미혹하면 색이 식을 거둔다. 다만 마음으로 분별하여 계교하는 자기 마음의 현량(現量)이 모두 꿈일 뿐이다. 만약 식심(識心)이 적멸하여 한 생각도 동요하지 않으면 '정각(正覺)'이라 한다.

묻는다. 어떻게 자신의 마음이 드러나는가?

답한다. 일체법이 있다고 보는 것은, 있다는 것은 본래 있는 것이 아닌데 자신의 마음이 있다고 계교하는 것이다. 일체법이 없다고 보는 것은, 없는 것은 본래 없지 않은 것인데 자신의 마음이 없다고 계교하는 것이다. 또 만약 사람이 모든 죄악을 지었더라도 스스로 자신이 법왕임을 보게 되면 곧 벗어날 수 있는 것과 같다.

만약 현상에서 이해가 생긴 자는 기력이 굳세고, 현상에서 법을 보는 자는 처처에서 생각을 잃지 않는다. 문자로부터 아는 자는 기력이 약하고, 현상(事)에 의지하고 법(法)에 의지한 자는 기력이 강하다. 너희가 갖가지로 행동하는 것과 제멋대로 날뛰고 어지러운 업이 모두 법계에서 벗어나지도 않고 또 법계에 들어가지도 않는다. 만약 법계가 법계에 들어간다고 하면 곧 어리석은 사람이다. 모든 행동거지는 결코 법계의 마음에서 벗어나지 않는다. 왜냐하면 마음의 본체가 법계이기 때문이다."110라고 한 것과 같다.

또한 중생 이치의 근본일 뿐만 아니라 또한 산하대지의 근본이고, 나

---

109 「안심법문」은 달마 대사의 저술이라 일컬어지는 『소실육문(少室六門)』 중 하나이다. 『소실육문』은 「심경송(心經頌)」, 「파상론(破相論)」, 「이종입(二種入)」, 「안심법문(安心法門)」, 「오성론(悟性論)」, 「혈맥론(血脈論)」이다.
110 『小室六門』「第四門安心法門」. 大正藏 第48 [0370b01-0370b04].

와 남과 중생의 근본이다. 종밀 선사[111]는 『원인론』[112]에서 사람의 본원을 분명하게 궁구하였다. 유가에서는 목숨이 하늘에서 비롯되었다고 하고, 시운에 대해 도교에서는 원기에서 생겨났다고 하며, 소승교에서는 나(我)가 근본이 된다고 하고, 방편교에서는 공(空)만을 설하여 근본을 삼았다.[113]

(『원인론』에서) "유·도 두 교는 '사람의 근본을 밝혀 사람이나 축생 등의 무리는 모두 허무라고 한다. 천도가 생성하고 양육하며, 도는 자연을 본받아서 원기에서 나고, 원기는 천지를 생성하고, 천지는 만물을 생성한다. 그러므로 어리석고 지혜로운 것이 모두 하늘로부터 받았으니 운명에서 비롯된다. 그러므로 죽은 후에 도로 천지로 돌아가 그 허무를 회복한다.

이에 부처님 방편교의 설인 『중관론』[114]에서 노래하였다.

일찍이 한 법도
인연에서 생겨나지 않은 것이 없으므로
모든 법이

---

[111] 종밀 선사(780~841)는 9세기 당나라 승려이다. 사천성 과주 출신이다. 28세에 과거 시험을 보러 가다가 수주도원(遂州道圓)의 법회에 참석하게 되었다. 수주도원의 법문에 감동을 받아 머리를 깎고 출가하여 구족계를 받았다. 교종과 선종을 모두 공부하여, 어느 하나에 치우치지 말자는 교선일치를 주장하여 『선원제전집도서(禪源諸詮集都序)』를 저술했다. 교종으로는 화엄종 4조 청량징관을 계승하여 화엄종 5조가 되었고, 선종으로는 하택신회의 사상을 계승하여 하택종 7대 조사가 되었다. 또한 법성종의 승려이기도 하다.

[112] 『원인론』은 인간이란 무엇인가를 原(근원을 밝힌다는 뜻)한 논서이다. 이 책은 규봉종밀이 만년에 원융무애한 사상으로 각각의 학설을 회통하였다.

[113] 『原人論』「斥偏淺」第二, 大正藏 第45 [0708c12-0710a06] 참조.

[114] 『중관론』은 Madhyamakakārikā인데 용수 보살의 저술이다. 구마라집이 번역하였다. 줄여서 『중론(中論)』이라 하는데 27품 446게(偈)로 되었고, 구마라집이 여기에 범지(梵志) 청목(青目)의 해석을 붙였다. 『십이문론(十二門論)』·『백론(百論)』과 함께 삼론종(三論宗)의 소의론(所依論)이다.

공하지 않은 것이 없네.¹¹⁵

이 입장에서 몸(身)을 설명한다면, 마음과 경계가 모두 공하고 몸도 원래 공하다. 공이 곧 근본이다. 만약 마음과 경계가 모두 없다면 없는 줄 아는 자는 누구인가? 또 만약 모두 진실한 법이 없다면 무엇에 의거하여 여러 가지 허망을 드러내는가? 또 현재 보고 있는 세간의 허망한 사물은 진실한 법에 의지하여 일어나지 않은 것이 없다. 예를 들면, 젖는 성질을 가진 불변(不變)의 물이 없다면 어떻게 가상의 허망한 파도가 있겠는가? 만약 깨끗하고 맑은 불변의 거울이 없다면 어떻게 푸르고 누르며 길고 짧은 영상이 있겠는가?

이런 까닭에 공교(空敎)는 다만 집착하는 망정을 파할 뿐이다. 『법고경』에서 '일체 공경(空經)은 남음이 있는 교설(有餘說)이다.'¹¹⁶라고 한 것과 같다. '남음이 있다.'란 남아 있다는 뜻으로 아직 완전히 깨닫지 못했다는 것이다. 『대품경』에서 '공은 대승 초입의 문이다.'라고 하였다. 아직 구경의 설은 아니다.

지금부터는 성교(性敎)인 불요의경(佛了義經)¹¹⁷의 설에 의거해 진원을 바로 밝히겠다. 일체 유정에게는 모두 본각(本覺)의 참마음이 있다. 무시이래로 항상 청정에 머무르고 어리석지 않아서 분명하게 아나니, 또 '부처의 성품'이라고도 하고 '여래장'이라고도 한다. 무시이래로 망상에 덮여 스스로 깨달아 알지 못하고 범부인 줄로만 알아서 번뇌의 업을 탐착하여 생사의 고통을 받는다. 부처님이 이들을 불쌍히 여겨서 모든 것이 공하다고 설

---

115 『中論』卷第四 「觀四諦品」 第二十四. 大正藏 第30 [0033b10]. "諸法有定性。則無因果等諸事。如偈說…."
116 求那跋陀羅譯, 『大法鼓經』卷下. 大正藏 第09 [0296b08].
117 불요의경(佛了義經)은 부처의 깨달음을 그대로 드러낸 경이다.

하시고, 또 신령하게 깨어 있는 참마음이 청정하여 완전히 모든 부처님과 같음을 알려 주셨다.

그러므로 『화엄경』에서 '불자여, 한 중생도 여래 지혜를 갖추지 않은 자가 없다. 다만 망상과 집착으로 증득하지 못할 뿐이다. 만약 망상을 버리면 일체의 지혜와 자연의 지혜와 장애 없는 지혜가 바로 앞에 나타난다.'[118]라고 하였다. 이에 알맞은 하나의 티끌이 삼천대천세계의 경권을 함유한다는 비유를 들었다. 티끌은 중생을 비유하고 경은 부처의 지혜를 비유한다.

다음 뒤에서 '그때 여래가 법계의 일체중생을 널리 보시고 이런 말씀을 하셨다. 기이하고 기이하구나, 모든 중생이여! 어떻게 여래 지혜를 갖추었으면서 미혹하여 보지 못하는가? 내가 반드시 성스러운 도로써 그들을 가르쳐서 영원히 망상을 버리고 여래의 광대한 지혜가 부처와 다름없이 자신에게도 있음을 보게 하겠다.'[119]라고 하였다.

평한다. 우리가 여러 겁에 참된 존귀한 근본(宗)을 만나지 못하여 자신의 원래 몸(原身)으로 되돌아갈 줄 모른다. 단지 허망한 형상에만 집착하여 열등한 범부라고 기꺼이 인정하니, 혹은 축생이 되고 혹은 인간이 되었다. 오늘에야 지극한 가르침의 근원을 따르니 비로소 본래 부처임을 깨닫게 되었다. 그러므로 반드시 행은 부처님의 행에 의지하고, 마음은 부처님의 마음에 계합해야 한다. 근본을 되돌려 본원으로 돌아가 범부의 습기를 끊어 제거해야 한다. 덜어 내고 또 덜어 내어 더 덜어 낼 것이 없는 데에 이르면 자연히 응용이 항하사와 다름없게 될 것이다. 이를 '부처'라 한다. 반드시 알아야 할 것은 미혹과 깨달음은 똑같이 참마음이란 점이다! 크도다, 미묘한

---

[118] 『大方廣佛華嚴經』卷第五十一「如來出現品」第三十七之二. 大正藏 第10 [0272c04].
[119] 『大方廣佛華嚴經』卷第五十一「如來出現品」第三十七之二. 大正藏 第10 [0272c04].

문이여! 근원의 사람이 여기에 이르렀구나!

이는 근본(本)과 지말(末)을 회통한 것이다. 우선 참마음의 자성이 비록 자신의 근본이기는 하지만 지말을 발생시키는 것은 대체로 까닭이 있다. 다만 앞의 종지를 깨닫지 못하기 때문에 비판하는 것이다. 이 점에서 근본과 지말을 회통한 것이다.

이어서 유교나 도교도 마찬가지다. 왜냐하면 모두 다 한마음에서 벗어나지 않았기 때문이다. 이를테면 처음에는 한마음의 참되고 신령한 자성이 불생불멸할 뿐이다. 중생은 미혹하여 스스로 깨달아 알지 못한다. 숨겨져 덮여 있기에 '여래장'이라 한다. 여래장에 의거하기 때문에 생멸심의 형상이 있다. 이른바 불생불멸인 참마음이 생멸하는 망상과 화합하여 하나인 것도 아니고 다른 것도 아닌 것을 '아뢰야식'[120]이라 한다.

이 식(識)에는 각(覺)과 불각(不覺)[121]의 두 가지 측면이 있다. 불각에 의지해서 최초의 생각이 움직이는 것을 '업상(業相)'이라 한다. 또 이 생각이 본래 없음을 불각이라 한다. 때문에 보는 주체의 식과 보이는 대상인 경계의 형상이 다르게 변화하여 드러난다. 또한 이 경계가 자신의 마음으로부터 망령되게 드러난 것임을 깨닫지 못해서 반드시 있다고 집착한다. 이것을 '법집(法執)'이라 한다.

이들에 '집착'한 까닭에 마침내 나와 남을 분별해서 보고는 '아집(我執)'

---

120 아뢰야식의 아뢰야는 ālaya의 음사로 거주지·저장·집착을 뜻한다. 식(識)은 vijñāna의 번역이다. 진제(眞諦)는 아뢰야(阿賴耶)를 a(無)+laya(沒)로 보아 무몰식(無沒識), 현장(玄奘)은 ālaya로 보아 장식(藏識)이라 번역한다. 과거의 인식·행위·경험·학습 등에 의해 형성된 인상(印象)·잠재력, 곧 종자(種子)를 저장하고, 육근(六根)의 지각 작용을 가능하게 하는 가장 근원적인 심층 의식이다.

121 불각(不覺)은 중생이 존재의 실상을 깨닫지 못하는 단계이다. 또는 그런 중생의 밝지 못한 마음을 이른다.

을 갖게 된다. 아상(我相)에 집착하기 때문에 어기고 수순하는 '망정(妄情)'이 생겨서 미워하고 사랑하는 '업(業)'이 일어난다. 선악의 업에 따라 '중음(中陰)'에 옮겨 가서 모태에 들어가 '기운'을 내려 받고 '몸'을 받는다. 이를 근거해서 일찍이 유교와 도교에서 '기(氣)로 근본을 삼는다.'라고 설한 것이다. 기는 '사대(四大)'를 하나로 엮어서 점차 여러 가지 '근(根)'을 갖추고, 마음은 '사온(四蘊)'[122]을 한꺼번에 갖추어 점차로 여러 가지 '식(識)'을 이루며, 열 달이 차면 태어나서 '사람'이라 한다. 곧 우리들의 몸과 마음이 이것이다. 그런데 물려받은 '기(氣)'의 근본을 하나하나 따져 보면 곧 섞어서 하나가 된 '원기'이고, 일어난 '마음'의 근원을 점차 궁구하면 참된 하나의 '신령한 마음'이다.

진실하게 말한다면 마음 밖에 절실한 별다른 법이 없다. 원기도 마음에서 변화한 것이라서 앞의 전식(轉識)에서 본 경계에 속한다. 아뢰야의 상분(相分)에 포함된다. 처음 '한 생각의 업상(業相)'에서 나누어져 '마음과 경계' 두 가지가 된다. 마음은 이전의 미세한 것에서부터 거친 것에 이르러서 점차 망령되게 계교한다. 이어서 업을 지어 '육추(六麤)의 형상'을 이루고 고통을 받음이 무궁하다. 경계 또한 미세한 것에서부터 드러난 것에 이르기까지 점차적 변화가 일어난다. 이어서 '하늘과 땅의 이룸(成)·머묾(住)·무너짐(壞)·사라짐(空)'을 두루 거치고서 다시 시작한다. 또한 업이 이미 성숙함에 곧 부모로부터 '이기(二氣)'[123]를 받아 업식과 화합하여 '사람 몸'이 이루어지게 된다.

이에 따라서 심식에서 변화한 경계는 두 가지로 나누어진다. 한 부분

---

122 사온(四蘊)은 수(受)·상(想)·행(行)·식(識)이다.
123 이기(二氣)는 음(陰)과 양(陽)이다.

은 돌아가서 심식과 화합하여 사람이 된다. 다른 한 부분은 마음과 화합하지 않고 하늘이나 땅이나 산이나 강이나 나라나 읍이 된다. 삼재(三才)¹²⁴에서 오직 사람만이 신령한 것은 마음과 정신이 화합하였기 때문이다. 부처님이 '몸 안의 사대(內四大)가 몸 밖의 사대(外四大)와 같지 않다.'라고 설한 것이 바로 이것이다. 단, 마음의 근원을 반조하여 영성이 드러나서 통달하지 못하는 법이 없게 되면 '법보신(法報身)'이라 한다. 자연히 응하여 현현함이 무궁하면 '화신불(化身佛)'¹²⁵이라 한다."라고 하였다.

이로써 한마음을 깨달으면 삼신이 단박에 현현함을 알 수 있다. 그러므로 『반야음』에서 노래하였다.

깨달으면 삼신불이고,
미혹하면 만권의 경을 의심하네.¹²⁶

곧, 삼교(三敎)가 모두 하나의 참마음으로 사람(原人)의 근본으로 삼는 줄 알 수 있다.

---

124 삼재(三才)는 하늘과 땅과 사람이다.
125 『原人論』「斥迷執」第一. 大正藏 第45 「斥偏淺」第二, 「直顯真源」第三, 「會通本末」第四 [0708a26-0710c21] 참조.
126 『禪門諸祖師偈頌』下之上「丹霞和尚翫珠吟」二首. 卍新續藏 第66 [0743c18].

9
털 짐승도 본성은 지극히 신령하네

✣

종잡을 수 없는 마음

129
조사와 부처는 도가 아니고
아버지나 어머니는 나와 가까운 이가 아니니 《210》
삼계가 나와 다르다고 알다가 부처의 성품을 밝히고서야 《211》
만물이 자신임을 회통하여 성인이 되네. 《212》

《210》 제8조 불타난제가 불타밀다[127]에게 물었다.

---

127 불타밀다는 제8조이다. 불타난제의 가르침을 받고 뛰어난 방편으로 국왕과 대중을 교화하고 외도의 그릇된 견해를 깨뜨렸다. 협존자에게 법을 전하였다.

부모는 나의 가까운 이가 아니니 누가 가장 가까운 자인가.
모든 부처님은 나의 도가 아니니 누가 가장 큰 도인가?[128]

(불타밀다가) 노래로 답하였다.[129]

너의 말이 마음과 가까우니
부모에 비할 것이 아니고
너의 행이 도와 합하니
모든 부처님의 마음이 곧 이것이네.
밖에서 형상의 부처를 구하면
너와 일치하지 않으니
너의 본래 마음을 알고자 하면
합하지도 말고 여의지도 말라.[130]

《211》 『대열반경』에서 "가섭 보살이 부처님에게 물었다. '25유[131]에 참나(我)가 있습니까?' '참나'가 있나니, 곧 부처의 성품이다."[132]라고 하였다. 이것이 참나이니, 여덟 가지 대자재의 뜻을 갖추고 있다. 곧 항상함(常)·즐거움(樂)·참나(我)·깨끗함(淨) 네 가지 덕의 열반이니, 외도나 범부가 집착

---

128 『景德傳燈錄』卷第一「七佛天竺祖師」. 大正藏 第51 [0208c02].
129 이 게송은 도언(道彦)의 『경덕전등록(景德傳燈錄)』(1004년)에도 비슷한 기록이 있다. 불타난제가 스스로 게송을 지어 묻고 풀어 해석해 주니, 불타밀다가 7걸음을 걸었다고 한다.
130 『景德傳燈錄』卷第一「七佛天竺祖師」. 大正藏 第51 [0208c13].
131 25유는 생사에 윤회하는 미계(迷界)를 스물다섯 가지로 나눈 것이다.
132 『大般涅槃經』卷第八「如來性品」第十二. 大正藏 第12 [0648b06].

하는 나(我)가 아니다.

『화엄기』에서 "부처 성품의 본체에서, 본체는 인과가 아니지만, 인(因)에서 이를 취하여 '인(因)의 성품'이라 하고, 과(果)에서 이를 취하여 '과(果)의 성품'이라 한다. 하지만 부처의 성품이 인과로 나누어진 것은 아니다. 예를 들면, 병에서 허공을 취하면 병 속의 허공이고, 세계에서 허공을 취하면 세계 속의 허공이니, 허공에는 차이가 없는 것과 같다. 그러므로 중생의 지혜가 부처 성품의 인이고 보리 열반이 부처 성품의 과이지만, 부처의 성품이 인과로 나누어진 것은 아니다. 그러므로 '부처의 성품은 인이 아니고 과가 아니다.'라고 결론지었다.

만약 무장애법계(無障礙法界)로 존귀한 근본(宗)을 삼는다면 법의 성품이 곧 부처의 성품이다. 일체법이 곧 마음의 자성임을 알 수 있다. 만약 심성으로 부처의 성품을 삼는다면 심성 아닌 법이 없다. 그렇다면 안팎이 나누어지지 않는다. 본체는 안팎이 없다. 안팎은 형상에 속하고 성품은 형상과 같지 않으니, 어찌 안팎이 있겠는가?

그러나 하나의 성품에 미혹하여 밖으로 변하지만, 밖은 오직 마음일 뿐이다. 어찌 부처 아닌 것이 있겠는가? 변하는 것은 진실하지 않다. 그러므로 장벽을 설하여 부처의 성품이 없다고 말하지만, 성품이 형상을 갖추고 있으므로 성품 아닌 것이 없다. 예를 들면, 연기는 불로 인하여 일어나므로 연기가 곧 불이지만 연기가 불을 가리고 있는 것과 같다. 성품에 의해 형상을 일으키지만 형상이 성품을 가린다. 마치 물에 의해 파도가 이루어지니, 파도가 곧 물인 것과 같다. 경계가 마음으로 인해 변화하므로 경계가 마음과 다르지 않다. 마음에 성품이 있다면 경계에 어찌 없겠는가? 더욱이 마음과 경계가 모두 참 성품이고, 참 성품은 둘이 아니다. 마음과 경계가 어찌 어긋나겠는가?

만약 성품이 형상에 나아간 것이라면 안팎의 경계에 장애되지 않는다.

이런 사례로써, 마음에 지금 지각과 앎이 있으니 수행하여 부처가 된다고 한다면 곧 삿된 견해의 외도법이다. 그러므로 반드시 항상 비추어서(觀照) 즉하지도 않고 여의지도 않으며 하나도 아니고 다르지도 않아야만 미혹되지 않는다. 이런 이유로 (疏에서) '안도 아니고 밖도 아니지만, 중생이 미혹하고 깨달은 바에 따라 억지로 오르고 가라앉는다고 한다.'"[133]라고 하였다.

또한 『화엄책림』[134]에서 "묻는다. 중생과 부처가 미혹하고 깨달음이 같지 않아서 중생은 육도에 순환하고 부처는 만덕이 원만하다. 어찌해서 중생에 즉하고 부처에 즉해서 둘 다를 거두어서 인연을 혼란케 하고 법계와 완전히 어긋나게 하는가?

답한다. 본바탕의 원기(眞元)는 두 가지가 없고, 오묘한 뜻은 항상 균등하지만, 미혹과 깨달음이 같지 않으므로 중생과 부처가 있다. 진리에 미혹하여 망령됨을 일으키는 것을 임시로 '중생'이라 하고, 망령됨이 곧 진리임을 몸소 깨달으면 '부처'라 한다. 망령되면 진리에 온전히 미혹된다. 비록 진리는 미혹됨이 없으나, 깨달으면 망령됨이 본래 진리이지 새로운 것이 아니다. 미혹은 가로막힌 것으로 인하여 일어나니, 동쪽을 집착하여 서쪽이라고 하는 것과 같다. 깨달음은 진리에 부합하여 일어나니, 동쪽은 본래 변한 적이 없는 것과 같다. 형상에 나아가서 임시로 '중생과 부처'라 하고 본체를 잡아 짐짓 '서로 거둔다.'라고 한 것이다. 근원을 보지 못하는 것은 미혹하여 아직 깨닫지 못하였기 때문이다. 이 근원의 깊은 이치(玄妙)[135]를 깨달으면 부처를 잠깐 사이에 이룰 수 있다. 경에서 노래하였다.

---

133 『大方廣佛華嚴經隨疏演義鈔』卷第三十七. 大正藏 第36 [0281b14-0281c06].
134 『화엄책림』은 징관의 『대화엄경약책(大華嚴經略策)』이다.
135 현묘(玄妙)는 도리나 이치가 깊고 미묘함이다.

> 법계와 중생계는
> 궁극적으로 차별이 없어
> 일체에서 모두 깨달으니
> 이것이 여래의 경계네.¹³⁶

여래는 정각을 이루자마자 중생이 이미 정각을 이루고 있음을 널리 보았으나, 중생은 부처의 마음속에서 스스로 그 고통을 받고 있다. 근원의 현묘함을 구하는 보살은 망령됨을 버리고서 진리를 구하려고 하지 말라."¹³⁷라고 하였다.

《212》 승조 법사가 "만물이 자신임을 아는 자는 오직 성인뿐이시네!"¹³⁸라고 하였다. 또 "성인이 멀리 있겠는가? 깨닫고 보니 신비하네. 도가 멀리 있겠는가? 일마다 모두 진리이네."¹³⁹라고 하였다. '성인'이라 할 때 '성스러움'은 바르다는 뜻이다. 마음을 알아 도를 깨닫는 것은 바른 사람이고, 마음을 미혹하여 도를 등지는 것은 삿된 사람이다. 삿되고 올바른 것은 마음으로 비롯하고 깨끗하고 더러운 것은 나에게 달렸다.

---

136 『大方廣佛華嚴經』卷第十三「菩薩問明品」第十. 大正藏 第10 [0069a09].

137 『大華嚴經略策』一卷. 大正藏 第36 [0704c07].

138 『肇論』「涅槃無名論」第四 '通古' 第十七. 大正藏 第45 [0161a07]. 『벽암록』 제40칙에 "석두희천(石頭希遷, 700~790) 선사가 『조론』을 보다가 '만물이 자신임을 아는 者'라는 구절에 이르러 크게 깨치고 그 뒤 「참동게」를 저술하였다."라고 하였다.

139 『肇論』「不眞空論」第二. 大正藏 第45 [0152a28].

130

한 냥의 진금(眞金)이

첩화(氎花)¹⁴⁰ 천 근의 가치보다 높고 《213》

반 토막 전단목이

40유순의 이란 숲¹⁴¹을 바꿔 놓네. 《214》

《213》 고승 석도세¹⁴²가 "부지런하고 용기 있게 참회하는 자는 비록 이치에 의지해서 알았더라도 반드시 마음이 망동하는 줄 알아야 한다. 만약 참으로 마음을 깨달아 앞의 경계를 멀리 여읜다는 것은, 경에서 '천 근이나 되는 올의 고운 모직물이 한 냥의 진금만 못하다.'라는 비유와 같다. 관(觀)하는 마음이 더 뛰어나서 곧바로 죄를 사라지게 하는 힘이 강한 것을 비유하였다."¹⁴³라고 하였다.

또한 『화엄책림』에서 "묻는다. 두 가지 장애가 티끌이나 모래에도 오히려 비유할 것이 못 되고, 아승지겁에도 개념(名字相)을 끊지 못하여 십지 성인(十地聖人)도 조금씩 점차 덜어 가는데, 어떻게 한 번에 끊어서 모든

---

140 첩화(氎花)는 백첩화(白氎花)이다. 大唐中天竺三藏輸波迦羅, 『蘇悉地羯囉經』 卷上 「分別然燈法品」에서 "연등법을 설명하겠다. 법에 의지해야 모든 천신(天仙)을 기쁘게 할 수 있다. 金으로 등잔을 만들거나, 혹은 은으로 만들고, 혹은 숙동(熟銅)으로 만들며, 혹은 진흙으로 빚은 기와로 만든다. 이 다섯 가지 중에서 법에 맞게 하나를 취해서 사용하면 그에 따라 본존이 기뻐한다. 등심지를 만드는 법은 다음과 같다. 흰 모직물(白氎花)로 만들거나 새 모직물(新氎布)로 만들거나 누구라수(耨句羅樹) 껍질의 실로 만들거나 깨끗한 새 베(新淨布)로 심지를 만든다."라고 하였다.

141 이란(伊蘭)은 eraṇḍa의 음사이다. 악취가 나는 나무 이름이다. 이란 숲(伊蘭林)은 악취가 모여 있는 숲을 뜻한다. 이란의 악취는 번뇌에 비유하고 전단의 향기는 깨달음에 비유한다.

142 석도세는 당나라 경사 서명사에서 『법원주림』을 저술하였다.

143 『法苑珠林』 卷第八十六 「懺悔篇」 第八十六 '會意部' 第四. 大正藏 第53 [0916a11-0916c02] 참조.

죄를 끊을 수 있겠는가? 이미 일반적인 상식을 뛰어넘었으니 믿기가 어렵다.

답한다. 미혹은 본래 따르는 것이 없다. 미혹은 진정 홀연히 일어난다. 미혹하지만 돌이키지 않으면 흩어져 어수선하기가 끝이 없다. 마치 조그만 구름이 공중에 깔리면 온 곳은 없지만 금방 가득 차는 것과 같다. 천지가 컴컴하다가 장풍이 불면 갑자기 구름이 사라져서 천 리에 구름 한 점 없고 만상이 환하게 드러난다. 방편의 바람이 일어나 미혹이 자성 없음을 비추어 본다. 본래 공(空)이 앞에 나타나면, 여러 가지 덕이 원만해져서 팔만 번뇌가 모두 바라밀이고 항하사 미혹(惑障)이 모두 다 진리의 근원이다. 눈병이 낫지 않아 공중에 꽃이 어지럽게 일어나는 것이니, 법의 눈(法眼)이 맑아지기만 하면 무슨 미혹인들 제거하지 못하겠는가? 집착에 빠지면 견고한 감옥이니, 오랜 겁 동안 빠져 있게 되느니라."**144**라고 하였다.

《214》 경에서 "한 그루 전단나무가 능히 40유순의 이란 숲을 변화시킨다. 더욱이 하나의 참마음의 법이 모든 염법(染法)**145**을 파괴할 수 있음이랴!"**146**라고 하였다. 천태교에서 무생(無生)의 한 법을 세워 일체법을 두루 부수는 것과 같다.

---

144 『大華嚴經略策』一卷. 大正藏 第36 [0704c29].

145 염법(染法)은 무명에 의하여 생기는, 맑은 마음을 더럽히는 여러 법이다.

146 東晉天竺三藏佛陀跋陀羅譯, 『佛說觀佛三昧海經』卷第一「六譬品」第一. 大正藏 第15 [0646a21].

131
최상의 진실한 기틀이
법의 바다에 넘쳐흐르니
무명에 떨어져도 무너뜨리지 못하고
신비로운 힘으로도 어찌하지 못하네. 《215》

《215》 이 한마음의 법은 보안문(普眼門)[147]이다. 오직 상근기만이 비로소 믿어 들어갈 수 있다. 오취(五趣)[148]에 빠지나 떨어지지 않고, 일상(一相)[149]에 오르나 오르는 것이 아니다. 고쳐서 바뀌는 법이 아니기 때문이다.

132
설령 뿔을 달고 털을 걸친 짐승이라도
본성은 다르지 않고
형상이 무너지고 뼈가 흩어진 사람이라도
지극한 신령은 언제나 갖고 있네. 《216》

《216》 『반야음』에서 노래하였다.

백 마디의 해골이 비록 무너져 흩어지더라도

---

147 보안문(普眼門)은 번뇌와 혹업을 끊어 제거하는 평등한 눈이다.
148 오취(五趣)는 중생이 선악의 업보에 따라 태어나는 다섯 세계이다. 곧 인간(人), 수라(修羅), 축생(畜生), 아귀(餓鬼), 지옥(地獄).
149 일상(一相)은 모든 상이 절대평등한 모양이다.

한 물건은 길이길이 신령하네.¹⁵⁰

『수능엄경』에서 "비록 너의 형체가 소진하여 목숨이 옮겨 간들, 이 자성이야 어찌 너와 소멸하겠는가?"¹⁵¹라고 하였다.

133
등각은 움직이지 않으면서
사물을 따라 주선하니 《217》
출세간의 참다운 자비하신 아버지이시고
종가에 귀의한 이들이 공경할 하늘이네. 《218》

《217》 경에서 "움직이지 않는 등각(等覺)이 모든 법을 건립하여 거짓 이름(假名)을 파괴하지 않고도 실상을 이야기하네."¹⁵²라고 하였다. 만약 등각의 마음이 흔들리지 않는다면 오염되고 깨끗함을 지각하면서 인연을 따라 모든 법을 만들고, 모든 법을 파괴하지 않고서도 실상을 이야기한다. 모든 법은 본체가 없어서 파괴할 수 없다. 만약 파괴되는 것이라면 모든 법의 본래 공(空)을 잃어버리기 때문이다.

《218》 마치 『종경록』에서 참마음을 세워 근본의 진리로 삼고,¹⁵³ 부처와

---

150 『景德傳燈錄』卷第三十「丹霞和尚翫珠吟」'二首'. 大正藏 第51 [0463b29].
151 『大佛頂如來密因修證了義諸菩薩萬行首楞嚴經』卷第四. 大正藏 第19 [0124a13].
152 『大方廣佛華嚴經隨疏演義鈔』卷第三十二. 大正藏 第36 [0248b21].
153 『宗鏡錄』卷第三. 大正藏 第48 [0430a26].

조사가 다 같이 이를 증명하는 것과 같다.¹⁵⁴ 중생의 연려망심(緣慮妄心)을 세우지 않았다. 이 마음(緣慮妄心)은 본체가 없으므로 모든 경에서 타파하였다. 그런데 이 망령된 마음에 본체가 없는 것이 진리이다. 그러므로 타파할 필요가 없는 것인데, 중생이 진실하다고 집착하기 때문에 반드시 타파해야 한다.

『종경록』에서 "마음에 두 가지가 있다. 하나는 오염된 인연에 따라 일어난 망령된 마음이다. 자신의 본체가 없고 다만 앞의 경계(前塵)¹⁵⁵뿐이다. 경계의 있고 없음을 좇고 경계(塵)의 생멸을 따르므로 오직 이 마음을 타파할 뿐이다. 비록 법은 타파할 수 있으나 타파할 대상은 없다. 자성이 없기 때문이다. 『백론』¹⁵⁶ 「파정품」에서 '비유하면, 어리석은 사람이 더울 때 아지랑이를 보고 엉뚱하게 물이라는 생각을 내어 이를 쫓아 피로하니, 지혜로운 자가 '이것은 물이 아니다.'라고 알려 준다. 이것은 저 생각을 끊기 위한 것이지 물을 파하기 위한 것이 아니다. 이처럼 모든 법의 성품이 공(空)하건만 중생이 형상을 취하여 짐짓 집착하므로 파한다. 전도되었기 때문에 파한다고 말한 것이지, 실제로는 파하는 대상은 없다.'¹⁵⁷라고 하였다.

둘은 상주하는 참마음이다. 변하여 달라지지 않으므로 곧 이 마음을 세워 존귀한 근본의 거울(宗鏡)을 삼은 것이다. 『유식론』¹⁵⁸에서 '마음에 두

---

154 『宗鏡錄』卷第四十一. 大正藏 第48 [0660a07].
155 앞의 경계(前塵)는 망심 앞에 나타나는 육진(六塵)이다.
156 『백론』은 3세기 무렵의 인도 중관파 아랴데바의 저서이다. 산스크리트본이나 티베트본은 전해지지 않고, 구마라집의 한역본만 현존한다. 대승불교의 공무아설(空無我說)에 대하여 나가르주나[龍樹]의 『중론』설만을 채택하여 다른 철학과 종교의 설은 논파하였다.
157 『百論』卷下「破空品」第十. 大正藏 第30 [0181a07].
158 『유식론』은 천친 보살의 『대승유식론(大乘唯識論)』이다.

종류가 있다. 하나는 상응심(相應心)¹⁵⁹이니, 무상한 망령된 식이 허망하게 분별하여 번뇌결사(煩惱結使)¹⁶⁰와 상응한다. 둘은 불상응심(不相應心)¹⁶¹이니, 이른바 상주하는 제일의제(第一義諦)¹⁶²이다. 고금에 일상(一相)이며 자성청정심이다.'¹⁶³라고 하였다. 여기에서 파한다고 말한 것은 상응심이고, 불상응심으로 존귀한 근본의 뿌리로 삼는다."¹⁶⁴라고 하였다.

---

159 상응심(相應心)은 번뇌와 함께하는 미혹한 마음이다.
160 번뇌결사((煩惱結使)는 번뇌를 뜻한다. 번뇌는 중생을 결박하여 미혹에서 벗어나지 못하게 함으로 結, 중생의 마음을 마구 부려 산란하게 하므로 使라고 한다.
161 불상응심(不相應心)은 번뇌와 함께하지 않는 본디 청정한 마음이다.
162 제일의제(第一義諦)는 산스크리트 paramārtha-satya이다. 제(諦)는 진리를 뜻한다. 분별이 끊어진 상태에서 있는 그대로 파악된 진리, 분별이 끊어진 후에 확연히 드러나는 진리, 직관으로 체득한 진리, 궁극적인 진리, 가장 깊고 묘한 진리를 뜻한다.
163 『大乘唯識論』序. 大正藏 第31 [0070a28].
164 『宗鏡錄』卷第三十二. 大正藏 第48 [0601b21]

10
정관(正觀)에 들어 현묘한 문을 두드리고 여여의 지름길을 밟아 가네

✝

三密加持, 『유가의궤』의 觀 수행법(염불하는 법)

134
한줄기 비는 사사로움이 없으나
뭇 나무에 따라 달기도 하고 쓰기도 하며
큰 허공은 헤아릴 수가 없으나
그릇에 따라 모나기도 하고 둥글기도 하네. 《219》

《219》 『법화경』에서 삼초이목(三草二木)¹⁶⁵은 똑같은 비에도 물기를 받

---

165 삼초이목(三草二木)은 상초(上草)·중초(中草)·하초(下草) 세 가지 약초와 대수(大樹)·소수(小樹) 두 가지 나무이다. 『법화경』 「약초유품(藥草喩品)」에 나오는 이야기로, 약초와 나무가 크기는 달라도 비가 오면 다 같이 혜택을 입고 자라듯이 근기(根機)가 다른 중생도 똑

아들임이 같지 않다는 것을 잘 설명하고 있다.[166] 『능엄경』에서는 "네모난 그릇은 네모난 허공을 나타내고 둥근 그릇은 둥근 허공을 나타낸다."[167]라고 하였다. 만약 네모나거나 둥근 그릇을 제거하면 허공은 있을 곳이 없다는 것을 설명하고 있다.

135
이미 정관(正觀)에 들었으면
반드시 정신으로 들을 수 있나니 《220》
고요한 현묘의 문을 두드려
여여의 지름길을 밟아 가네.

《220》 상근기(上士)는 정신으로 듣고, 중근기(中士)는 마음으로 들으며, 하근기(下士)는 귀로 듣는다. 정신으로 들으면 근원의 깊은 이치(玄妙)에 들어가 마음의 성품에 계합할 수 있다.[168]

136
저 파려수정은 사물에 따라 색을 나타내지만
자신의 본체를 잃어버리지 않으며 《221》

같이 부처님의 가르침을 받아 깨달을 수 있음을 비유한 말이다.

166 『妙法蓮華經』 卷第三 「藥草喩品」 第五. 大正藏 第09 [0019a27].
167 『大佛頂如來密因修證了義諸菩薩萬行首楞嚴經』 卷第四. 大正藏 第19 [0123a24].
168 『彌陀經疏鈔演義定本』 卷一. 卍新續藏 第22 [0718a19] 참조.

저 금강주는 해를 마주해서 형상을 펼치니
앞의 티끌에 따라 정해져 있지 않네. 《222》

《221》 파려주¹⁶⁹는 비록 표면의 색인 청·황·적·백을 나타내지만, 구슬의 본체는 잃지 않는 것과 같다.

《222》 금강주가 햇빛에서는 색이 일정하지 않은 것과 같다. 이것은 모두 마음이 수연불변(隨緣不變)¹⁷⁰하고 불변수연(不變隨緣)¹⁷¹함을 표현한 것이다. 비록 자성을 지키지 않으나 자성을 잃지 않는다. 자성을 지키지 않는 것은 수연이고, 자성을 잃지 않는 것은 불변이다.

137
보리의 집이고
해탈의 총림이니
맑고 깨끗하여 지혜의 눈으로나 볼 수 있을까
아득하여 큰 지혜로도 찾기 어렵기는 하지만
오악(五嶽)이 가파르나 높지 않고
사해(四溟)가 아득하나 깊지 않네. 《223》

---

169 파려주는 산스크리트 sphaṭika의 음사로 수정(水晶)이다.
170 수연불변(隨緣不變)은 인연에 따르지만 본질·근원은 변하지 않는다는 뜻이다.
171 불변수연(不變隨緣)은 진리의 본질은 변함이 없지만 인연, 즉 상황에 따라 다양하게 변화하여 대응한다는 뜻이다.

《223》 한마음이 높고 넓어서 시간과 공간을 헤아리기 어렵다. 산도 높은 것이 아니고 바다도 깊은 것이 아니다. 또한 온 세계가 허공에 가득하나 드러낼 만한 법이 없다. 산은 산이 아니고 바다는 바다가 아니다. 유심(唯心)이기 때문이다. 『화엄경』에서 노래하였다.

> 알아야 한다네, 하나도 둘도 아니며
> 더러운 것도 아니고 깨끗한 것도 아니며
> 또 뒤섞여 어지럽지도 않으니
> 모두 자신의 생각에서 일어난 것일 뿐이네.[172]

138
전륜왕이 묘보상(妙寶牀)에 앉을 때
비로소 선정에 들고 《224》
보살이 법성관(法性冠)을 쓰고서
바야흐로 마음이 밝아지네. 《225》

《224》 전륜왕이 묘보상(妙寶牀)에 앉았을 때 4선에 들어 5욕을 여의었다.

《225》 보살이 법성관(法性冠)을 쓰고서 일체법이 모두 마음에서 나타난 것임을 보았다.[173]

---

[172] 『大方廣佛華嚴經』卷第四十九「普賢行品」第三十六. 大正藏 第10 [0259a20].
[173] 『觀心玄樞』卷一. 卍新續藏 第65 [0432b08].

139
막힌 생각이 통하자마자
고요한 마음에 몰록 다다르니
바로 이 자리에서 좌참(坐參)으로 이룰 수 있는데
부질없이 번거롭게 두루 떠돌아다니네. 《226》

《226》 이 한마음을 이루어 나타난 법문은 한 점 몸과 마음의 힘을 쓰지 않고도 거리낌 없고 분명하다. 선덕이 "사문이 보물을 캠에 안색(神情)을 움직이지 않고도 그 보배가 저절로 나타난다."¹⁷⁴라고 하였다. 또 "마음을 깨끗이 하여 스스로 비추어서 마음의 힘을 허비하지 않는다."¹⁷⁵라고도 하였다. 또 "바로 이 자리를 여의지 않고 항상 고요하니, 찾으려 하면 그대가 볼 수 없다는 것을 알아야 한다."¹⁷⁶라고 하였다.

『유가의궤』[177]에서 "대저 삼업(三業)에 한꺼번에 들어가고자 하면 비로자나법신관(毘盧遮那法身觀)을 수습해야 한다는 것을 풀이하였다. 『유가의궤』에서 해석한 '여래법신관(如來法身觀)'이란, 먼저 보현보살의 미묘한

---

174 『宗鏡錄』卷第十一. 大正藏 第48 [0476b29]. "若入宗鏡。不動神情。刹那之間。其寶自現."
175 『信心銘』. 大正藏 第48. "虛明自然 不勞心力 非思量處 識情難測."
176 『永嘉證道歌』. 大正藏 第48. "體若虛空勿涯岸 不離當處常湛然 覓即知君不可見 取不得捨不得."
177 『유가의궤』는 『大方廣佛花嚴經入法界品頓證毘盧遮那法身字輪瑜伽儀軌』의 약칭이다.

행원을 일으키고 다시 삼밀(三密)**178**로 몸과 마음을 가지(加持)**179**함을 관해야 한다. 그러면 문수사리의 큰 지혜의 바다에 들어갈 수 있다.

그래서 수행하는 처음에는 텅 비고 한가한 처소에서 생각을 거두어 마음을 편안히 하고, 눈을 감고 몸을 단정히 하여 결가부좌하고 마음을 운용한다. 널리 무변찰해(無邊刹海)를 의지해서 삼세의 일체 여래를 자세히 관(觀)한다. 두루 낱낱의 불보살 앞에 간절하게 그리워하고 공경하며 예배하면서 돈다. 또한 갖가지 공양구로 일체 성스러운 대중에게 널리 공양 올린다.

그리고 다시 응당 자신의 마음을 관하되, '마음은 본래 일어나지 않으나 자성을 성취함에 광명이 두루 비추는 것이 허공과 같다.'라고 관(觀)한다.

다시 응당 연민의 마음(悲心)을 깊이 일으켜 중생이 자신의 마음을 깨닫지 못하고 육도에 윤회하는 것을 불쌍히 여겨, '나는 마땅히 널리 교화하고 구제하여 그들이 모두 남김없이 깨달음을 얻게 하리라.'라고 관(觀)한다.

다시 자신의 마음과 여러 중생의 마음과 제불의 마음이 본래 다르지 않고 평등하여 하나의 형상이다. 이러한 대보리심(大菩提心)을 갖고 '환하게 맑고 청정하게 탁 트여 두루하며 밝고 깨끗한 대월륜(大月輪)을 성취하되, 양(量)이 허공과 같아 끝이 없다.'라고 관(觀)해야 한다."**180**라고 한 것과 같다.

---

178 부처님의 신(身)·구(口)·의(意)의 삼업(三業)은 불가사의하므로 삼밀(三密)이라 한다. 중생의 본성(本性)은 부처의 삼밀과 같으므로, 중생은 수행해서 삼업(三業)을 부처의 삼밀과 합일되게 한다. 그 수행 방법으로 입으로 진언(眞言)을 외우고, 손으로 수인(手印)을 맺으며, 마음으로 불보살의 존상(尊像)을 떠올린다. 이를 통틀어 삼밀이라고 한다.

179 가지(加持)란 ① 불·보살이 불가사의한 힘을 가지고 중생을 돌보아 주는 신변가지(神變加持)이다. ② 밀교에서는 불타가 대비(大悲)와 대지(大智)로 중생에게 응(應)하는 것이 加이고, 중생이 그것을 받아서 가지는 것을 持라고 한다.

180 『大方廣佛花嚴經入法界品頓證毘盧遮那法身字輪瑜伽儀軌』. 大正藏 第19 [0709b07].

140

통달하면 옳지 않음이 없는지라
온 법계로서 집을 삼고 《227》
작용하면 헛되지 않은지라
대지로 표적을 삼네. 《228》

《227》 마음은 법계의 집이며 또한 열반의 주택이다. 『법집경』[181]에서 "모든 것이 오직 한마음뿐임을 알 수 있으면 '심자재(心自在)'라 하고, 손바닥 안에서 여러 가지 진기한 보배가 생겨나고, 허공으로 창고를 삼으면 '물자재(物自在)'라 한다. 모든 몸·입·의식의 업이 지혜로 근본을 삼으면 '지자재(智自在)'라 한다."[182]라고 하였다.

또 "관세음보살이 부처님에게 사뢰어 '보살이 만약 하나의 법을 수지하면 일체 모든 부처님의 법이 자연히 손바닥 안에 있는 것과 같나이다. 어떤 것이 하나의 법인가 하면, 이른바 큰 연민심(大悲)입니다."[183]라고 하였다. 해석한다. 이것은 동체대비(同體大悲)이다. 이 큰 연민심의 성품이 일체 중생계에 두루한다. 그러므로 한줄기 비가 널리 적시면 난초나 쑥이 다 같이 파랗게 자라나듯이, 한 생각에 모두 거두어들이면 삿되거나 바른 것이 모두 구제된다.

---

[181] 『법집경』은 『불설법집경』이다. 515년 보리유지(菩提流支) 번역본이 전해진다. 불경에는 분단(分段)을 위해 경 안에 품(品)을 두는 것이 전통적인 상례인데, 이 경에는 품의 구별이 없고 다만 6권으로 분단되어 있어서 전편의 흐름을 한눈에 살펴보기 어려운 점이 있다. 이 경에서는 불교에서 강조하는 여러 단계의 수행법과 보살행을 법수(法數)로 설명하고 있는 점이 이채롭다.

[182] 『佛說法集經』卷第三. 大正藏 第17 [0621b24].

[183] 『佛說法集經』卷第六. 大正藏 第17 [0643c16].

『보운경』184에서 "일체 모든 법에 마음이 으뜸이다. 만약 마음을 알면 일체 모든 법을 알 수 있다."185라고 하였다.『대관정경』186에서는 "선사 비구는 다른 생각이 없다. 오직 하나의 법만을 지킨다. 그런 후에 진리를 본다."187라고 하였다. 해석한다. 하나의 법은 근본의 진리여서 번뇌가 의지할 데가 없다. 다른 인연들이 저절로 끊어지면 미묘한 자성이 드러난다. 뜻이 하나로 돌아가면 어떤 지혜인들 밝지 않을 것이며, 흐름을 살펴서 근원을 얻으면 어떤 의심인들 풀리지 않겠는가. 요점을 간추린 뜻은 이보다 큰 것이 없다.188

또한 세존이 최후에 보이신「응진환원품」189의 세 번 일러 주신(三告) 문장과 같다. 경190에서 "그때 세존이 이러한 역순으로 모든 선정(禪)에 들어가시고 나서 대중에게 널리 고하셨다. (第一告) 내가 깊고 깊은 반야로 삼계의 일체 육도와 산과 바다와 대지의 중생을 두루 관찰해 보니 이러하였다. 삼계는 근본성(根本性)을 떠나 있으나 필경에 적멸하여 허공의 형상과 같아서 이름도 없고 식(識)도 없으며, 영원히 모든 유위법을 끊고 본래 평등

---

184 『보운경』은 梁扶南三藏曼陀羅仙共僧伽婆羅譯,『大乘寶雲經』이다.
185 『大乘寶雲經』卷第五「安樂行品」第五. 大正藏 第16 [0266a16].
186 『대관정경』은 東晉天竺三藏帛尸梨蜜多羅譯,『佛說灌頂七萬二千神王護比丘呪經』이다.
187 『佛說灌頂七萬二千神王護比丘呪經』卷第一. 大正藏 第21 [0497a12].
188 『宗鏡錄』卷第九十四「引證章」第三. 大正藏 第48 [0925c23-0926a05]. "法集經云…."
189 「응진환원품」은『대반열반경(大般涅槃經)』「應盡還源品」이다.
190 『대반열반경』후분(後分)은 모두 2권이다. 당나라 때 야나발타라(若那跋陀羅)가 번역하였다. 또한『대반열반경다비분(大般涅槃經茶毘分)』,『대반열반경후역다비분(大涅槃經後譯茶毘分)』이라고도 하니, 부처님이 입멸하기 전후의 사적을 서술하였다. 한역본으로 전역한 자가 4품 반으로 나누었다. 곧「교진여품여(憍陳如品餘)」,「유교품(遺教品)」,「응진환원품(應盡還源品)」,「기감다비품(機感茶毘品)」,「성구곽윤품(聖軀廓潤品)」이다.

해서 높고 낮은 생각이 없으며, 봄도 없고 들음도 없으며, 깨우침도 없고 앎도 없으며, 묶을 수도 없고 풀 수도 없으며, 중생도 없고 수명도 없으며, 생겨나지도 않고 일어나지도 않으며, 사라지지도 않고 멸하지도 않으며, 세간도 아니고 세간 아닌 것도 아니며, 열반과 생사가 모두 없어서 이제(二諦)가 평등하였다. 모든 법이 평등하므로 한가히 거처하고 고요히 머물러서 펼쳐진 적이 없으나 끝내 안치될 수도 없었다. 무주법(無住法)에서 법성이 펼쳐져서 일체의 형상을 끊었다. 하나의 무소유상(無所有相)도 이와 같았다. 이를 아는 자를 '출세인(出世人)'이라 부르고, 이런 일을 알지 못하는 것을 '생사의 시작'이라 하는 줄 알 수 있었다. 너희 대중들은 응당 무명을 끊고 생사의 시작을 멸하여야 한다.

　이어서 대중에게 이르셨다. (第二告) 내가 마하반야로 삼계의 유정무정인 일체 사람과 법을 두루 관찰해 보았다. 모두 다 끝내는 묶여 있는 자도 없고 해탈한 자도 없으며, 주인도 없고 의지처도 없으며, 잡아 매여 있지도 않고 삼계를 벗어나 있지도 않으며, 육도에 들어가지 않아서 본래 청정하며, 때도 없고 번뇌도 없어서 허공과 똑같으며, 평등하지도 않고 평등하지 않은 것도 아니며, 모든 움직이는 생각이 없어서 생각과 마음이 쉬어 있었다. 이와 같은 법의 형상을 '대열반(大涅槃)'이라 하고, 진실로 이 법을 보면 '해탈'이라 한다. 범부는 알지 못하니 '무명'이라 한다."라고 하였다.

　이 말을 하고 나서는 초선(超禪)[191]에 들어가셨다. (…) 초선(初禪)에서

---

[191] 초선(超禪)이란, 북량 담무참의 『대반열반경(大般涅槃經)』「응진환원품應盡還源品」에서 세존이 반열반에 드시는 과정을 묘사하고 있는데, 초선정(初禪定)으로부터 멸진정(滅盡定)에 이르기까지 전 과정을 차례대로 또는 역순으로 들어가고 나오기를 세 번 반복하고 대중들에게 마지막 설법을 하신다. 이때 들어가고 나오는 선정의 전 과정을 '뛰어넘는 선정(超禪)에 드셨다.'라고 하였다.

나와서는 (…) 멸진정(滅盡定)에 들어가며, 멸진정에서 나와서는 (…) 초선에 들어갔다. 이와 같이 역순으로 초선에 들어가고 나서는 다시 대중에게 이르셨다. (第三告) "내가 부처님의 눈으로 삼계의 일체 모든 법을 두루 관찰해 보니, 무명의 근본 자성은 본래 해탈이어서 시방에서 찾을 수가 없다. 근본이 없기 때문이다. 인이 되는(所因) 지엽무명(枝葉無明)도 모두 해탈이며, 무명이 해탈이기 때문에 노사에 이르기까지(12緣起)도 모두 해탈이다. 이러한 인연으로 내가 지금 상적멸광(常寂滅光)에 안주하나니 '대열반'이라 한다."[192]라고 하였다.

이상은 진실한 부처님(慈父)이 광대한 자비심과 불가사의로 세 번 일러주신 말씀이다. 어쩌다 이러한 가르침을 만난 자는 뼈를 부수어 붓을 만들고 가죽을 벗겨 종이를 만들며 피를 뽑아 먹을 만들어, 이를 베끼고 써서 잠시도 잊지 말고 찰나에도 살핌을 잃지 않아야 한다.[193]

《228》 대지로 과녁을 삼아서 활을 쏘면 적중하지 않는 것이 없다. 마음을 관(觀)하는 사람이 본 바가 마음 아닌 것이 없다. 결국 하나의 티끌도 벗어난 것이 없다는 것이다. 『입능가경』에서 노래하였다.

차별 지위나 모든 진리도 없고
국토나 화현도 없으며
부처나 벽지불이나 성문도 없으니
오직 마음의 분별일 뿐이요

---

192 『大般涅槃經』「應盡還源品」第二. 大正藏 第12 [0904b19-0904c13].
193 『宗鏡錄』卷第八十. 大正藏 第48 [0859a26]. "如世尊最後垂示…."

사람의 본체나 오음이나
모든 인연이나 미진을
수승한 사람이나 자재천이 만들었다고 하나
오직 마음의 분별일 뿐이네.

마음이 일체처에 두루해서
일체처가 모두 마음이건만
마음으로 잘 관찰하지 못하네.
마음의 성품은 아무런 형상이 없으므로!¹⁹⁴

---

194 『入楞伽經』卷第九「總品」第十八之一. 大正藏 第16 [0565b09].

11
지극한 도는 막힘이 없네

✝

信心, 大乘의 옷, 正覺의 法床

141
지극한 도는 막힘이 없으나
오직 이치로만 가까이할 수 있으니 《229》
각막을 긁어내리려면 금비(金錍)가 날카로워야 하듯 《230》
관정(灌頂)¹⁹⁵을 하려면 감로의 광명이 새로워야 하네. 《231》

《229》 만약 한마음을 통달하면 능히 만물에 통할 수 있다. 마치 창틈으로 끝없는 허공을 보는 것과 같고, 조그만 거울에서 천 리의 영상을 보는 것과 같다.

---

195 음정(霪頂)은 관정(灌頂)으로 수기를 내리면서 정수리에 물이나 제호를 붓는 일을 말한다.

《230》 『대열반경』에서 "(백 명의 맹인이 눈을 치료하기 위해 뛰어난 의사(良醫)에게 가니, 그때 양의가 금비(金錍)로 그들의 안막(眼膜)을 터놓으며) 처음 (손가락 하나를 보이며 '보이느냐?'라고) 설한 것은 '첫 번째 지시(指示)'라 하고, 중간에 (손가락 두 개를 보이며) 거듭 ('보이느냐?'라고) 설한 것은 '두 번째 지시'라 하며, 경의 마지막에 다시 (손가락 세 개를 보이며 '보이느냐?'라고) 설한 것은 '세 번째 지시'라 한다. 아래로 중간과 마지막을 합하여도 부처님의 성품을 보지 못하니 모두 눈먼 것과 같다."[196]라고 하였다.

『화엄소』에서 설명하였다. "삼제(三諦)를 '손가락'이라 하였는데, 손가락에 담겨 있는 뜻이 있다. 뜻이 깊고 분명하여 한꺼번에 공간적으로 관하면 모두 삼제를 관할 수 있고, 시간적으로 십지(十地)에 이르면 삼제를 증득할 수 있다. 첫 번째 손가락은 속제(俗諦)를 보였다. '무릇 마음이 있는 이는 반드시 부처가 되나니, 모두 부처님의 성품이 있다.'라고 한 것이다. 두 번째는 진제(眞諦)를 보였으니 두 번째 손가락이다. '부처님의 성품이란 제일의 공(第一義空)이다.'라고 한 것이다. 세 번째는 중도(中道)를 보였으니 세 번째 손가락이다. 『화엄경』에서 '부처님의 성품이 위없는 보리도(菩提道)의 종자다.'라고 하였기 때문이다. 있지 않음(非有)이 허공과 같고 없지 않음(非無)이 토끼뿔과 같다. 그러므로 삼제를 세 손가락에 비유한 것이다."[197]라고 하였다.

《231》 한마음을 단박에 깨달을 때는 마치 제호가 마음에 들어가고 감로수를 머리에 붓는 것(灌頂)과 같다.

---

196 『大般涅槃經』卷第八「如來性品」第四之五. 大正藏 第12 [0411c20].
197 『大方廣佛華嚴經隨疏演義鈔』卷第二十一. 大正藏 第36 [0164b03].

142
적묵한 침묵은
유마 거사에게 뜻을 드러내게 하고 《232》
허공처럼 형상 없음은
아사세왕을 교화하여 진리를 깨닫게 하였네. 《233》

《232》 문수가 유마 거사에게 "어떤 것이 불이법문(不二法門)에 들어간 것입니까?"라고 물었다. 거사가 침묵하였다.[198] 이는 한마음 불이법문의 미묘한 요지를 보이신 것이다.

《233》 문수보살이 아사세왕[199]을 교화할 때, 왕에게 가사로 직접 문수의 몸을 감싸게 하니 문수의 몸이 보이지 않았고, 대중을 감싸게 하니 또한 몸이 보이지 않았으며, 다시 자신을 감싸게 하니 또한 몸이나 옷이 보이지 않고 다만 허공만 보였다. 이로 인하여 도를 깨달았다.

143
지혜의 해가 눈부시게 빛나고
신심이 조화롭고 정직하니
대승의 옷을 입고 정각의 법상에 앉아서
보리의 음료를 마시며 선열의 음식을 맛보네. 《234》

---

[198] 『維摩詰所說經』卷中 「入不二法門品」 第九. 大正藏 第14 [0551c22-0551c25].
[199] 아사세왕은 산스크리트 ajātaśatru의 음사이다. 미생원(未生怨·未生寃)이라 번역한다. 부왕 빔비사라를 감옥에 가두어 죽이고 즉위한 마가다국의 왕이다. 후에 부처님에게 귀의한다.

《234》 『대열반경』200에서 "너희들이 비록 가사(染衣)를 입고 출가했으나 아직 여래의 대승법의 옷은 입지 못했다."라고 하였다. 『법화경』에서는 "여래의 자리는 일체법이 공하다."201라고 하였다. 출가인은 마음을 알아 근본을 통달한다. 그러므로 '사문'202이라 부른다. 발을 들거나 발을 내리고 내지 승가리203를 입을 때도 생각 생각이 모두 마하연(大乘)과 상응하며, 정법의 음료를 마시고 열반의 음식을 먹는다. 그러므로 아난 존자가 마음의 존귀한 근본(宗)을 알지 못하고 참회하며 "저 자신이 비록 출가했으나 마음은 도에 들어가지 못했나이다."라고 하였다.

황벽 화상204이 "달마 대사가 서천에서 와서 오직 한마음의 법만을 전하시어 일체중생의 마음이 본래 부처임을 바로 가리켰다. 수행이 필요하지 않다. 지금 자신의 마음을 알고 자신의 본성만을 살펴서 별달리 법을 구하지 마라.

(배휴가) 묻는다. 어떻게 자신의 마음을 알 수 있습니까?

답한다. 지금 말하는 자가 바로 그대의 마음이다. 만약 말하지 않고 작

---

200 『大般涅槃經』卷第二「壽命品」第一之二. 大正藏 第12 [0376b09].
201 『妙法蓮華經』卷第四「法師品」第十. 大正藏 第09 [0031c21].
202 사문은 산스크리트 śramaṇa의 음역이다.
203 승가리는 산스크리트 sanghati의 음역이다. 삼의(三衣)로 되어 있는 승려들이 입는 가사이다.
204 황벽 화상(?~850)은 시호가 단제(斷際)이고 황벽단제선사(黃檗斷際禪師)로 불렸다. 복건 민 사람으로, 어려서 홍주(洪州) 황벽산(黃檗山) 산사(山寺)에 들어가 승려가 되었다. 이마가 볼록 튀어나와 있어 육주(肉珠)로 불렸다. 강서(江西)로 마조(馬祖)를 찾아갔는데, 마조가 이미 입적하고 없자 석문(石門)에 가서 백장회해(百丈懷海)의 지도를 받고 이치에 통달했다. 대중(大中) 2년(848년) 관찰사 배휴(裵休)의 청으로 종릉(鍾陵)의 용흥사(龍興寺)에 가 머물렀다. 완릉(宛陵)의 개원사(開元寺)에도 머물면서 찾아드는 학인들을 맞이했다. 황벽산에서 입적해 황벽희운(黃檗希運)으로도 불린다. 저서에 『황벽산단제선사전심법요(黃檗山斷際禪師傳心法要)』1권이 있다.

용하지 않는다면 마음의 본체가 허공과 비슷하여 실로 생김새가 없고 방소가 없다. 그렇다고 한결같이 없기만 한 것이 아니고, 있지만 보지 못할 뿐이다." 이어서 "한마음을 깨닫기만 하면 다시 조그만 법도 얻을 것이 없다. 이것이 참 부처이다. 부처와 중생이 다시 차이가 없다. 말을 하자마자 스스로 근본의 법을 아는 것만 못하다. 이 법이 곧 마음이다. 마음 밖에 법이 없고, 이 마음이 곧 법이다. 법 밖에 마음이 없다."[205]라고 하였다.

또 앙산 화상[206]이 "자신의 마음은 형상이 없어서 마치 허공과 같음을 단박에 깨달아서 근(六根 작용)을 밝게 알면, 본심에 항하사 미묘한 작용을 갖추어서 별다르게 가질 것도 별달리 안치할 것도 없다. 곧 근본의 대지이고 곧 근본의 토양이다."[207]라고 하였다.

144
선재동자가 깨닫고 보니
보이는 것마다 모두 법에 들어가는 문이요
화장세계의 산하에
세워져 있는 형상마다 덕을 갖추지 않은 것이 없었네. 《235》

《235》 선재동자가 산에 올라 누각에 들어갈 때마다 법문을 증득하였다.

---

[205] 『黃檗斷際禪師宛陵錄』. 大正藏 第48 [0386b02].
[206] 앙산 화상(803~887)은 작은 석가모니 부처라는 뜻으로 '소석가(小釋迦)'라고 불렸다. 15살에 출가를 하려고 했으나 부모의 반대로 무산되자, 2년 뒤 부모 앞에서 손가락 2개를 자르고 출가하였다. 위앙종을 창시하였고 스승은 위산영우이다. 위앙종이란 이름은 위산영우의 '위'와 앙산혜적의 '앙'을 딴 것이다.
[207] 『宗鏡錄』卷第九十八. 大正藏 第48 [0944a16].

참마음이 일체처에 두루하기 때문이다. 머무는 곳에서 마음을 밝혀 모든 도를 볼 수 있었다. 그러므로 『환원관』에서 "화장세계(華藏海)에서 산이나 강을 묻지 말지니, 모두 여래의 지혜 덕상을 갖추고 있다."[208]라고 하였다.

145
여러 몽매한 이들조차 모두 올바르고
하나같이 평등하네.
자취가 티끌 세계로 흩어졌으나 혼탁하지 않고
성품이 진공(眞空)과 일치하지만 깨끗하지 않으며
체성(體性)이 한 맛에 응축되었으나 오그라들지 않고
작용이 만물에 두루하나 넘치지 않네. 《236》

《236》 이 한마음의 법은 고요하여 동요하지 않는다. 비록 사물에 따라 열리고 합해지며 사물을 마주해서 펼쳐지기도 하고 오므라들기도 하지만, 그 본체는 일찍이 더해지거나 줄어든 적이 없다. 설사 근기에 맞춰서 법을 설하되 자세하게 하거나 생략하거나, 열거나 막더라도 방편의 말을 지켜서 종지를 미혹하지 않는다. 『화엄경』에서 노래하였다.

언어로 설한 법을
작은 지혜로 망령되게 분별하므로
장애가 일어나

---

[208] 『修華嚴奧旨妄盡還源觀』. 大正藏 第45 [0637c22].

자신의 마음을 알지 못하네.

자신의 마음을 알지 못하니
어떻게 바른 도를 알며
저 전도된 지혜로
모든 악을 증장시키네.[209]

---

[209] 『大方廣佛華嚴經』卷第十六「昇須彌山頂品」第十四. 大正藏 第10 [0082a20].

12
사람을 여의고는 법이 없고, 법을 여의고는 사람이 없네

✢

세상 만물은 모두 부처님의 마음

146
하늘의 여의수 숲이
언제나 하늘 따라 흘러가듯 《237》
인간 마음의 처소(法)²¹⁰는
사람 따라 이루어지네. 《238》

《237》 하늘 가운데 여의수가 있어서 항상 여러 하늘의 뜻에 따라 돈다.

210 처소는 의근(意根)의 법(法)이다.

《238》　모든 경계는 생각으로 생겨난다. 그러므로 경에서 "모든 국토가 오직 상념으로 유지된다."[211]라고 하였다.『화엄경』에서 노래하였다.

일체 모든 국토는
상념의 그물로 나타난 것이니
환상의 그물 방편으로
잠깐 사이에 모두 들어갈 수 있네.[212]

또한 논에서 "사람을 여의고는 법이 없고, 법을 여의고는 사람이 없다."[213]라고 하였다.

147
가난은 여의주로 구제되고
어둠은 밝은 등불로 밝아지듯
여래의 보배 눈은 미세(번뇌)도 저절로 끊어지게 하고《239》
금사대하[214]는 굽이쳐 흐르지 않네.[215]《240》

---

[211]　『大方廣佛華嚴經』卷第七十七「入法界品」第三十九之十八. 大正藏 第10 [0419c19]. "一切國土皆幻住 想倒 心倒 見倒無明所現故."

[212]　『大方廣佛華嚴經』卷第四十九「普賢行品」第三十六. 大正藏 第10 [0259a20].

[213]　『大方廣佛華嚴經疏』卷第十九「梵行品」第十六. 大正藏 第35 [0640b15]. "離法無人離人無法"(참조:『楞伽經合轍』「一切佛語心品」一切佛語心品之一. 卍新續藏第14 [0804c11]. "如夢幻故曰一切無涅槃無有佛涅槃者以因法顯人故離法無人亦無涅槃佛者以因人顯法故離人無法.")

[214]　『妙法蓮華經玄義』卷第五上. 大正藏 第33 [0738a17]. "一切江河 悉有迴曲…金沙大河 直入西海."

《239》 부처님의 눈(佛眼)은 밖이 없으니 어찌 가는 털끝인들 존재하겠는가.

《240》 금사대하는 바로 바다로 들어간다. 정견이 마음의 바다로 바로 들어감을 표현하였다.

148
바다의 짠맛을
물물마다 빠짐없이 알고 있듯이
색채의 교청216을
집집마다 갖고 있듯이 《241》

《241》 부 대사가 『심왕명』에서 노래하였다.

형태도 모양도 없지만
크나큰 신령한 힘 갖추어서
천 가지 재앙을 잘 소멸시키고
만 가지 덕을 성취하네.

215 '굽이쳐 흐르지 않네'는 직입(直入)이라 한다. 다른 곳을 들르지 않고 곧장 목적지로 들어가거나 들어옴을 뜻한다. 여기서는 방편문(方便門)에 의지하지 않고 바로 진실도(眞實道)에 들어가는 일을 의미한다.
216 교청은 아교이다. 동물의 가죽이나 뼈를 원료로 하여 짐승에서 얻은 것을 동물아교, 어류에서 얻은 것을 부레풀이라고 한다. 목기, 먹, 채색 등을 제작 및 수리하는 용도로 다양하게 쓰였기에 집집마다 꼭 갖추고 있는 필수품이었다.

본체는 비록 텅 비었지만
법칙을 잘 시행하니
살펴보면 형태가 없는데
부르면 소리가 있네.

위대한 법을 펼치는 장수라서
계를 지니고 경을 전하니
물속의 소금 맛과
채색 속에 교청이네.

분명히 있지만
그 형태는 볼 수가 없어
마음의 왕(心王)도 이와 같이
몸 안에 머물러 있네.

얼굴 앞을 드나들며
세상 실정을 따르는데
자재하고 걸림 없이
하는 것마다 모두 이루어지네.[217]

'색깔 속의 교청'이란, 『서』[218]에서 "푸른 물감은 쪽에서 나온 것이지만 쪽보다 더 푸르고, 얼음은 물이 언 것이지만 물보다 더 차다."라고 하였다. 또

---

[217] 『善慧大士錄』卷第三「心王銘」. 卍新續藏 第69 [0115b05].
[218] 『서』는 『순자(荀子)』 「권학편(勸學篇)」이다.

"일체법 가운데 모두 안락한 성품이 있다."²¹⁹라고 한 것은 색의 총지문(總持門)²²⁰이다.

『대반야경』에서 "일체법²²¹이 색을 향해 나아가지만 색은 오히려 얻을 수 없다. 어찌 나아가거나(趣) 나아가지 않음(非趣)이 있겠는가?"²²²라고 한 것과 같다. 이와 같이 구체적으로 살펴보면²²³ 모든 법이 모두 그러하다.

『반야경』의 뜻은 '모든 법의 자성은 색의 자성과 다르지 않다는 것이다. 그래서 모두 색에 나아가지만(趣) 색을 얻을 수가 없다. 법의 성품이 공(空)하니 이미 나아갈 대상(所趣色)이 없는데, 어찌 나아가는 주체(能趣性)가 있겠는가?'라는 데 있다. 지자 대사²²⁴의 뜻으로는 '일체법이 색에 나아간다.'라는 것은 가관(假觀)²²⁵이고, '색도 오히려 얻을 수 없다.'라는 것은 공관(空觀)²²⁶이며, '어떻게 반드시 나아감과 나아가지 않음이 있겠는가.'라고

---

219 『大方廣佛華嚴經隨疏演義鈔』卷第五十六. 大正藏 第36 [0438b06].

220 색의 총지문은 색(色)이 능히 무량한 불법을 총섭억지(總攝憶持)한다는 뜻이다.

221 일체법(一切法)은 오온(五蘊)이다. 위 『大方廣佛華嚴經隨疏演義鈔』卷第五十六. 大正藏 第36 [0438b06]의 앞에 "即大品經意。具歷諸法且初歷五蘊。云了色是般若一切法趣色."라고 하였다.

222 『大般若波羅蜜多經』卷第四百四十七「第二分眞如品」第五十二之二. 大正藏 第07 [0255b14].

223 『大般若波羅蜜多經』卷第三百一十五「初分眞善友品」第四十五之三. 大正藏 第06 [0608c20].

224 지자 대사는 천태지의(天台智顗, 538~597)이다. 『법화경』 강설로 이미 이름을 떨치고 있던 지자 대사가 광주 대소산에 있는 혜사 대사의 제자로 들어가 8년 동안 수학하고 법화삼매를 실천하였다. 그 이유는 혜사가 기존의 법화학자들과 달리 『법화경』을 실천법문을 대표하는 구경의 경전으로 이해했기 때문이다. 이는 『대지도론(大智度論)』에 근거한 이해라고 할 수 있다. 『대지도론』은 『대품반야경』의 주석서로서, 대승불교의 이론적 토대를 제공했던 용수의 저술이다. 이러한 행적은 후일 오시교판(五時敎判)의 사상적 토대가 된다.

225 가관(假觀)은 삼관(三觀)의 하나이다. 모든 존재는 공(空)한 것으로서 실제로 있는 것이 아니므로, 모양을 분명히 갖춘 것도 실체가 없는 임시적인 존재라는 것이다.

226 공관(空觀)은 삼관의 하나이다. 곧 만유는 모두 인연에 따라 생긴 것으로 그 실체가 없고

한 것은 중도관(中道觀)²²⁷이다.

여기서는 다만 처음 구절인 '색과 성품을 취하여 모든 법의 의지처로 삼았다.'라는 것만이 필요하다. 성품이 널리 거두기 때문에 모두 색에 나아간다. 그렇게 되면 하나의 색에 일체법을 갖추어 사사무애(事事無礙)의 뜻이 이루어진다. 왜냐하면 하나의 법에 모든 법계를 거두기 때문이다.²²⁸

149
고고하게 홀로 걷고
맑고 투명하게 생각을 펼치나니
의식이 깨끗하면 불국토²²⁹가 깨끗하고 《242》
마음이 평온하면 세계가 평화롭네. 《243》

《242》 『정명경』에서 "마음이 청정하면 불국토가 청정하다."²³⁰라고 하였다. 또한 "마음이 깨끗하기 때문에 중생이 깨끗하고 마음이 더럽기 때문에 중생이 더럽다."²³¹라고도 하였다. 일체 더럽고 깨끗한 세계와 천태교에서 말한 네 가지 국토²³²가 다만 하나의 자성청정심(自性清淨心)일 뿐이다. 이

자성이 없는 것이라고 본다.
227 중도관(中道觀)은 삼관의 하나이다. 본래 중생이 부처라고 하는 사실을 알고 그 부처인 중생을 제도한다고 한다.
228 『大方廣佛華嚴經隨疏演義鈔』卷第八十六. 大正藏 第36 [0670b08]. "如大般若經云…"
229 불국토를 보방(寶坊) 혹은 금지(金地)라 한다. 절을 아름답게 이르는 말이다.
230 『維摩詰所說經』「佛國品」第一. 大正藏 第14 [0538b26].
231 『維摩詰所說經』「弟子品」第三. 大正藏 第14 [0541b10].
232 네 가지 국토란 범성동거토(凡聖同居土), 방편유여토(方便有餘土), 실보무장애토(實報無障礙

마음이 청정하면 일체 불국토가 모두 청정하다. 마치 거울이 깨끗하면 멀리 비추고 방울이 우렁차면 소리가 높은 것과 같다. 그러므로 『화엄경』에서 노래하였다.

 부처님의 국토에서는 분별이 없어

 미워함도 사랑함도 없건만

 중생의 마음에 따라

 이처럼 다르게 볼 뿐이네.²³³

또한 『섭론』에서 "모든 정토에서는 모든 부처님과 보살의 유식(唯識)의 지혜로 본체를 삼는다."²³⁴라고 하였다. 곧 『금강반야론』²³⁵에서는 "지혜로 유식을 익혀 통달해서 의심 없이²³⁶ 정토로 받아들인다."²³⁷라고 하였다.

『불지론』²³⁸의 경우는 "부처님의 자재한 허물없는 마음(無漏心)으로 본체를 삼는다. 부처님의 깨끗한 마음을 떠나 밖에 따로 실재하는 깨끗한 마음의 색이 있지 않다."²³⁹라고 하였다. 또 "색 등은 곧 부처님의 깨끗한 마음으로 감득한 것이다."라고 하였다. 부처님 자신의 마음을 떠난 밖에 따로 감득하는 주체가 있지 않다. 이처럼 거짓(假)과 실재(實)의 색이 모두 부처님

 土), 상적광토(常寂光土)를 말한다.

233 『大方廣佛華嚴經』卷第十三「菩薩問明品」第十. 大正藏 第10 [0068c10].
234 『攝大乘論』卷上「應知勝相」第二之一. 大正藏 第31 [0118a21] 참조.
235 『금강반야론』은 天親菩薩造 元魏天竺三藏菩提流支譯, 『金剛般若波羅蜜經論』이다.
236 여시(如是)의 뜻에는 '이와 같이', '있는 그대로', '그릇됨이 없이', '의심 없이' 등이 있다.
237 『金剛般若波羅蜜經論』卷上. 大正藏 第25 [0786a12].
238 『불지론』은 親光菩薩等造 大唐三藏法師玄奘奉 詔譯, 『佛地經論』이다.
239 『佛地經論』卷第一. 大正藏 第26 [0294a27].

의 깨끗한 마음을 떠나 있는 것은 아니다. 곧 이 깨끗한 마음에서 거짓과 실재의 색이 드러난다.[240] 그러므로 경에서 "푸른색에는 푸른 광명이고 누런색에는 누런 광명이며 (…)."[241]라고 하였다.[242]

《243》 『수능엄경』에서 "비사여래가 지지보살의 머리를 쓰다듬으며 '반드시 마음의 땅이 평탄해야 세계의 땅이 모두 평탄하다.'"[243]라고 하였다.

150
안개가 걷히면 하늘이 열리듯
마음이 단박에 상쾌하고
구름이 사라지면 해가 보이듯
법의 눈이 언제나 청정하네.《244》

《244》 마음을 깨달을 때 쌓인 것을 단박에 녹인다. 미륵의 성도게(成道偈)[244]에서 노래하였다.

오랫동안 중생을 제도하여
건져 내고자 하였으나 벗어날 길이 없었는데

---

[240] 『佛地經論』卷第三. 大正藏 第26 [0304b03] 참조.
[241] 『佛說阿彌陀經』. 大正藏 第12 [0347a07].
[242] 『宗鏡錄』卷第二十一. 大正藏 第48 [0532a26].
[243] 『大佛頂如來密因修證了義諸菩薩萬行首楞嚴經』卷第五. 大正藏 第19 [0127b06].
[244] 성도게(成道偈)는 구마라집이 번역한 『불설미륵대성불경』에 실려 있다. 축법호가 번역한 『불설미륵하생경』과 내용이 비슷하다.

오늘 보리를 증득하고 보니
활연히 있는 바가 없네.²⁴⁵

151
하나의 도에 한가로이 거니노라니
뭇 사람들이 마음으로 우러러 사모하네.
보증이 옥새의 또렷한 무늬와 같으니 《245》
간직한 마음이 극락세계(瓊林)²⁴⁶의 보배 창고와 같네. 《246》

《245》 일체 만법이 모두 마음이 도장 찍은 것이다. 마치 왕의 보배 보장이 앞뒤가 없는 것과 같다. 그러므로 『법구경』에서 "삼라와 만상은 하나의 법이 도장 찍은 것이다. 어떻게 하나의 법에서 갖가지가 있다고 보겠는가?"²⁴⁷라고 하였다.²⁴⁸

《246》 제8식이 감싸서 머금는 것이 마치 창고와 같아서 십법계(十法界)의 종자를 머금고 간직하는데 부족한 법이 없다.

---

245 『佛說彌勒大成佛經』. 大正藏 第14 [0430c01].
246 극락세계를 경림(瓊林)이라 하기도 한다.
247 『佛說法句經』「普光問如來慈偈答品」第十一. 大正藏 第85 [1434c26]. "參羅及萬像 一法之所印 云何一法中 如生種種見."
248 『大方廣佛華嚴經隨疏演義鈔』卷第三十九「梵行品」第十六. 大正藏 第36 [0300c25] 참조.

13
정념(正念)이 촉발하면
여우의 의혹인 줄 바로 깨우치네

✝

念과 無念

152
오랫동안 수행해서 깨달으니
보현보살[249]의 밝고 존귀한 근본(宗)을 구족하고 《 247 》
처음 배우는 이들도 쉽게 가까이하니

---

[249] 편길(遍吉)은 보현보살(普賢菩薩, Samantabhadra)이다. 산스크리트 'Samanta'는 '넓다(遍)'는 뜻으로, 덕이 두루 온 누리에 미친다는 뜻이니, 普이다. 산스크리트 'Bhadra'는 '상서롭다'는 뜻으로 지극히 원해서 善을 가다듬는다는 뜻이니, 賢이다. 또한 '넓게 뛰어남', '보편적인 수승(殊勝)', '두루 길(吉)하다.'라는 뜻이다. 그래서 '편길' 또는 '보현'이라고 한역하거나 음역해서 삼만다발타라(三曼多跋陀羅)라고도 한다. 보살은 이치·선정·실천을 맡고 있는데, 특히 실천의 상징이다. 대웅전 협시로 연화대에 앉거나, 흰색 이빨이 6개인 코끼리를 타고 있다. 관세음보살, 문수보살, 지장보살과 더불어 4대 보살이라고 한다.

미륵보살²⁵⁰의 진입로를 성취하네. 《248》

《247》 '편길(遍吉)'은 보현보살이다. 『수능엄경』에서 노래하였다.

마음으로 시방세계를 방문하여 꿰뚫고
큰 인연의 힘을 일으키나니
초심으로는 들어갈 수 없는데
어떻게 하면 원만히 알 수 있사오리까?²⁵¹

《248》 『수능엄경』에서 "미륵보살이 이른다. (연등불이 세상에 출현하심에 이르러 내가) 비로소 무상묘원식심삼매(無上妙圓識心三昧)와 온 (허공에 가득 찬) 여래 국토의 깨끗함과 더러움, 있고 없음이 모두 내 마음에서 변화하여 나타난 것임을 알 수 있었습니다. (세존이시여) 저는 이러한 유심(唯心)의 식(識)을 깨달은 까닭에 식의 성품에서 무량한 여래를 유출하였으며 (…)."²⁵²라고 하였다.

153
바른 생각이 촉발하자마자
여우의 의혹인 줄 스스로 깨우쳐야 하지만

---

250 미륵보살의 미륵(Maitreya)을 의역하여 자씨(慈氏)라 한다. 현재는 보살이지만 다음 세상에 부처로 나타날 미래 부처다.
251 『大佛頂如來密因修證了義諸菩薩萬行首楞嚴經』卷第六. 大正藏 第19 [0130a14].
252 『大佛頂如來密因修證了義諸菩薩萬行首楞嚴經』卷第五. 大正藏 第19 [0128a10].

다섯 눈²⁵³으로도 볼 수 없는데
어찌 두 귀로 들을 수 있겠는가. 《249》

《249》 '다섯 눈(五眼)'이란 육안·천안·혜안·법안·불안이다. 부처님이 말씀하시되 "나는 다섯 눈으로도 오히려 보지 못하는데, 어떻게 눈이 없는 범부가 본다고 말하는가?"라고 하였다. '두 귀'는, 하나는 범부의 귀이고 둘은 하늘의 귀²⁵⁴이다.『도서』²⁵⁵에서 "상사(上士)는 정신으로 듣고, 중사(中士)는 마음으로 들으며, 하사(下士)는 귀로 듣는다."라고 하였다.²⁵⁶

154
유(有)하지도 않으면서 공(空)하지도 않으므로
아주 탁월하다고 할 수 있고
벗어나지도 않았고 머물러 있지도 않으니
실로 신령한 마음이라고 할 만하네. 《250》

《250》 『수능엄경』에서 "너의 신령한 마음이 모든 것을 분명하게 안

---

253 다섯 개의 눈은 육안(肉眼)·천안(天眼)·혜안(慧眼)·법안(法眼)·불안(佛眼)을 말한다.
254 하늘의 귀는 세상 사람의 일을 듣고 안다고 한다. 또는 색계(色界)의 제천인(諸天人)이 지닌 귀이다. 육도중생(六道衆生)의 말과 모든 소리를 듣는다고 한다.
255 『도서』는 도교(道敎)의 책이다. 노자·장자·태평청령서(太平淸領書)·영보경(靈寶經)·삼황교(三皇敎)를 비롯하여 논리(說理)에 관한 동현(洞玄), 법체실상(法體實相)에 관한 통진(洞眞), 부주(符呪)의 책인 통신(洞神) 등 3통(洞) 36부(部)로 분류한다.
256 『彌陀經疏鈔演義定本』卷一. 卍新續藏 第22 [0718a19].

다."²⁵⁷라고 하였다. 이를 보면 자성이 자신의 신비로운 이해로 고요하게 비추어 냉철함을 알 수 있다.

영변 화상²⁵⁸이 "한마음은 불가사의하고 미묘한 뜻은 고정된 형상이 없다. 시기에 맞춰서 작용하니 단정적으로 집착해서는 안 된다."라고 하였다. 경에서 "일체 어진 성인이 모두 무위법(無爲法)으로 차별이 있다."²⁵⁹라고 하였다. 작용이 차별되어 처소에 따라 이름을 얻지만, 구경에는 자신의 마음을 여의지 않는다. 이 마음은 모든 것을 파괴할 수도 있고 모든 것을 성취할 수도 있다. 그러므로 "일체 법이 모두 부처님의 법이다."²⁶⁰라고 하였다.

마음이 하늘을 만들고, 마음이 사람을 만들며, 마음이 귀신을 만들고, 축생과 지옥이 모두 마음으로 이루어진 것이며, 좋고 나쁜 것이 모두 마음으로 비롯하고, 태어날 수도 있고 태어나지 않을 수도 있다. 이것이 걸림 없다는 뜻이다.

지금 우리가 하는 모든 행동인 행·주·좌·와가 곧 마음의 형상이다. 마음의 형상은 형상이 없으므로 '진실한 형상(實相)'이라 한다. 본체는 변동이 없으므로 '여래'라고 한다. '여(如)'란 변하지 않고 달라지지 않는다는 뜻이다. 없음(無)에 있음(有)이 나타나고 있음에 없음이 나타나니, '신비한 변화(神變)'라고도 하고 '신통'이라고도 한다.

결론적으로 말하면, 한마음의 작용이 처소에 따라 작용하는 것이 곧 '많음(多)'의 뜻이다. '하나(一)'에서 무량을 알고 '무량(無量)'에서 하나를 안다.

---

257 『大佛頂如來密因修證了義諸菩薩萬行首楞嚴經』卷第一. 大正藏 第19 [0107a29].
258 영변 화상은 북위 때 스님이다. 태원 진양(山西) 사람이다. 어려서 출가하여 항상 대승경을 독송하여 『화엄경』을 주석하였다.
259 『金剛般若波羅蜜經』. 大正藏 第08 [0749b13].
260 『金剛般若波羅蜜經』. 大正藏 第08 [0751a27].

저들이 서로 일어남을 깨달으면 반드시 두려움 없음(無所畏)을 성취한다.

또한 동방에서 바른 선정(正定)에 들어가고 서방에서 선정에서 나온다. 만약 마음 밖에 법이 없고 모든 것이 오직 마음임을 깨달으면 곧 하나의 법도 마음에 두지 않는다. 좋고 나쁜 것과 옳고 그른 것이 없으며 생사를 두려워하지 않는다. 일체처에서 모두 이러하다. 그러므로 '반드시 두려움 없음(無所畏)을 성취한다.'라고 하였다.[261] 두려움 없음은 곧 부처다. 부처는 네 가지 두려움 없음(四無所畏)[262]을 갖추었다.

155

온갖 생각에서 벗어나서
번뇌의 기틀을 한꺼번에 씻어 버리니《251》
만행의 선두를 훌쩍 뛰어넘고
법 근원의 밑바닥까지 깊이 꿰뚫네.

《251》 아직 도를 깨닫지 못했을 때는 허망한 생각이 수없이 일어나다가, 겨우 마음을 깨달았을 때라야 생각이 일어나지 않는다. 그러므로 경에서 "식(識)의 활동이 멈추면 고요하고, 생각이 없어지면 아무 일도 일어나지 않는다."[263]라고 하였다. 또한 『수능엄경』에서 "생각의 형상(想相)은 망령된 경계(妄塵)이고, 식의 마음(識情)은 온갖 번뇌(垢染)이다. 두 가지를 멀리 여

---

261 『宗鏡錄』卷第九十八. 大正藏 第48 [0946c20]. "如靈辯和尚云 …."
262 네 가지 두려움 없음(四無所畏)은 諸法現等覺無畏, 一切漏盡智無畏, 障法不虛決定授記無畏, 爲證一切具足出道如性無畏이다.
263 『法華經玄贊攝釋』卷第四. 卍新續藏 第34 [0104a03] 참조.

의면 너의 법안(法眼)이 적절한 시기에 청명해질 것이다. 어찌 위없는 지각을 이루지 못하겠느냐?"²⁶⁴라고 하였다.

또한 대승의 이치로 살피면, 모든 부처님을 생각하지 않는 것이 곧 깨달음을 생각하는 것이다. 그러므로 "옛사람이 진여는 무생(無生)이다. 법을 생각하는 것으로는 오를 수 없다. 실상은 무생이다. 어찌 마음을 일으킨다고 다다를 수 있겠는가. 무념(無念)으로 염(念)²⁶⁵하는 것은 진여를 염하는 것이고, 무생으로 생(生)하는 것은 실상을 생하는 것이다."²⁶⁶라고 하였다. 그러므로 『기신론』에서 "만약 생각할 줄 알지만 생각하는 주체가 없으면 '수순'이라 하고, 만약 생각을 여의면 '들어갈 수 있다(得入)'라고 한다."²⁶⁷라고 하였다. 『정명경』에서는 "생각 없는 실상(實相)의 지혜를 항상 구하라."²⁶⁸라고 하였다. 그러므로 『반야경』에서 "만약 모든 법을 생각하면 반야바라밀을 염(念)하는 것이 아니고, 모든 법을 생각하지 않으면 반야바라밀을 염하는 것이다."라고 하였다.²⁶⁹

---

264 『大佛頂萬行首楞嚴經』卷第四. 大正藏 第19 [0124a13].
265 염(念)은 산스크리트 smṛti, 빨리어 sati이다. 집중, 주시, 기억, 어떠한 것을 잊지 않고 마음속으로 기억함, 마음을 고요히 가라앉히고 어떠한 것을 떠올림을 뜻한다.
266 『大方廣佛華嚴經隨疏演義鈔』卷第六十三. 大正藏 第36 [0502c06].
267 『大乘起信論』一卷. 大正藏 第32 [0576a21]. "若知一切法雖說 無有能說可說 雖念亦無能念可念 是名隨順 若離於念 名為得入."
268 『維摩詰所說經』卷下「菩薩行品」第十一. 大正藏 第14 [0554b06].
269 『大方廣佛華嚴經隨疏演義鈔』卷第六十三. 大正藏 第36 [0502c06].

14
만물이 모두 색신삼매(色身三昧)를 드러내네

✢

不二法門, 九居와 七大, 六根과 六處

156

월광보살은
자신의 마음을 맑은 물로 변화시켰고 《252》
허공장보살은
본체를 큰 허공으로 드러내었네. 《253》

《252》 『수능엄경』에서 "월광동자가 (옛 항하사겁) 처음에 물의 선정(水定)을 익혔다. 제자가 창틈으로 방안을 엿보니 오직 맑은 물만이 보였다. 하나의 기왓장을 취하여 물속으로 던졌다. (월광동자가) 선정에서 나온 후에 갑자기 마음의 통증을 느꼈다."[270]라고 하였다. 그러므로 정과색(定果色)[271]이

---

[270] 『大佛頂如來密因修證了義諸菩薩萬行首楞嚴經』卷第五. 大正藏 第19 [0127b24].

모두 선정 가운데 의식으로 변한 것임을 알 수 있다.

《253》 『수능엄경』에서 "허공장보살이 (자리에서 일어나 부처님 발에 정례하고 부처님에게) 사뢰었다. '저는 (여래와 더불어 정광불의 처소에서) 가없는 몸(無邊身)을 얻었더니, 그때 손에 네 가지 큰 보주를 들고 시방의 미진수 부처님의 국토를 비추어 허공으로 변화시켰으며, 또 자신의 마음에서 크고 둥근 거울을 꺼내어 그 안에서 열 가지 미묘한 보배 광명을 놓아 시방의 온 허공세계를 비추니 (…)."[272]라고 하였다.

157
밝고 분명한 뜻을 살펴서
깨달아 들어가니 상쾌한 정신이
가뭄에 단비가 흠뻑 내리는 것 같고
시든 풀이 갑자기 따뜻한 봄을 맞이한 것 같네. 《254》

《254》 『열반경』에서 "순타가 부처님에게 아뢰되, '세존이시여, 바라옵건대 세존은 감로비를 내리시어 저의 마음 밭을 적셔 주소서.' 또 '대지가 봄비를 만나 초목이 흠뻑 젖어 움트는 것과 같게 하여 주소서.'"[273]라고 하였다. 그러므로 "만물이 땅을 얻어 생장하고 만행이 이치를 얻어 성취된

---

271 정과색(定果色)은 업과색(業果色)의 대칭으로, 定의 결과로 나타난 색이다.
272 『大佛頂如來密因修證了義諸菩薩萬行首楞嚴經』卷第五. 大正藏 第19 [0127c29].
273 『大般涅槃經』卷第二「壽命品」第一之二. 大正藏 第12 [0371c14-0372b13] 참조.

다."²⁷⁴라고 하였다. 그러므로『반야경』에서 "한마음에 만행을 구족하였다."²⁷⁵라고 하였다.

158
물총새 깃과 금붕어 비늘이
널리 색신삼매(色身三昧)를 드러내고
노을 진 봉우리와 안개 낀 모래톱이
다 함께 근본 법륜을 굴리네.《255》

《255》 모든 소리가 부처님의 소리이고 모든 색신이 부처의 색신이다.²⁷⁶ 또한 산하대지 하나하나가 모두 존귀한 근본(宗)이다.²⁷⁷

159
지혜가 어두운 네거리를 밝히니
긴 밤 꿈속에서 깨어나고《256》
가난한 집에 금고가 활짝 열리며《257》
불난 집 아이들이 흰 소 수레에 올라타네.《258》

274 『妙法蓮華經文句』卷第八下「釋安樂行品」. 大正藏 第34 [0119b27].
275 『維摩經略疏』卷第三. 大正藏 第38 [0573b11]. "故大品云(諸法雖空而)(…)."
276 『宗鏡錄』卷第八十. 大正藏 第48 [0861a25].
277 『宗鏡錄』卷第六十一. 大正藏 第48 [0763c24].

《256》 『논』에서 "일체중생이 제7식으로 긴긴밤을 보내니, 꿈꿀 때는 꿈인 줄 모르다가 꿈에서 깨었을 때 비로소 깨닫는 것과 같고, 미혹할 때는 자신의 마음이 부처인 줄 모르다가 깨달았을 때 비로소 아는 것과 같다."²⁷⁸라고 하였다. 그러므로 경에서 "부처는 깨달음이다. 마치 꿈에서 깬 것과 같고 연꽃이 핀 것과 같다."라고 하였다.²⁷⁹

《257》 『대열반경』에서 "가난한 여인의 집안에 수많은 진금이 금고에 있으나 가족 대부분 아는 자가 없었다. 그때 어떤 기인이 방편을 잘 알아 (…) 그의 집에서 진금이 든 금고를 파내었다. 여인이 보고서 마음으로 기뻐하며 기특한 생각을 내었다. 중생의 부처 성품도 마찬가지다. 만약 선지식을 만나 부처의 성품을 계발해서 밝고 분명하게 보아 마음이 열리고 뜻으로 이해하면 크게 환희심을 일으킬 것이다."²⁸⁰라고 하였다.

《258》 『법화경』에서 하나의 큰 수레를 똑같이 나누어 주어 불나는 집에서 벗어나게 하였다.²⁸¹ 만약 일체처가 오직 한마음의 실상일 뿐이라는 것을 깨달으면 불난 집에서 벗어난다는 뜻이다.

160
분주하게 작용을 일으키나

---

278 沙門基撰,『成唯識論述記』卷第九. 大正藏 第43 [0547b10-0547b19]에 유사한 내용이 있다.
279 『宗鏡錄』卷第五十六. 大正藏 第48 [0740a01].
280 『大般涅槃經』卷第七「如來性品」第四之四. 大正藏 第12 [0407b09].
281 『妙法蓮華經』卷第二「譬喻品」第三. 大正藏 第09 [0012c04].

그윽해서 진여는 바뀌지 않고
활짝 열려서 텅 비기도 하고 엉기기도 하나
역력해서 언제나 사물을 따라 변화하네. 《259》

《259》 『조론』에서 "회오리바람이 산을 넘어뜨리려 하지만 언제나 고요하고, 강물이 다투어 흐르지만 흘러가지 않으며, 야생마가 질풍처럼 달리지만 동요하지 않고, 일월이 하늘을 돌지만 두루하지 않다."[282]라고 하였다. 이 네 가지가 변하지 않는 것이 '사물은 움직이지 않는다(物不遷).'라는 것이다. 그렇다면 움직임을 여의고는 고요함이 없고, 고요함을 여의고는 움직임이 없다. 한마음에서 움직임과 고요함이 어찌 벗어날 수 있겠는가?

161
큰 형상은 형태가 없고
큰 음성은 소리가 끊어졌으며
삼광(三光)[283]은 빛을 숨기고
강산은 가지런히 평탄하네. 《260》

《260》 『조론』에서 "큰 형상은 형태 없는 자리에 숨고 큰 소리는 소리 없는 데에 숨었다."[284]라고 하였다. 이 한마음의 빛이 공간적으로 만상을 삼

---

[282] 『肇論』「物不遷論」第一. 大正藏 第45 [0151a20].
[283] 삼광(三光)은 해·달·별이다.
[284] 『肇論』「涅槃無名論」第十九. 大正藏 第45 [0161b01].

켜 조그만 털끝도 없으나 다시 그 가운데 발현한다. 그러므로 부 대사가 노래하였다.

> 수미산은 겨자의 젊은 아버지이고
> 겨자는 수미산의 늙은 아버지이니
> 산과 바다가 평온하고 평탄함에
> 얼음을 깨어 차를 달이네.[285]

그러므로 만법이 모두 불이법문(不二法門)에 들어가니 일시에 차별 없이 평등한 것을 알 수 있다. 다시는 산을 평탄하게 하거나 골짜기를 메우고, 오리 다리를 늘이거나 학의 다리를 자르고 나서야 비로소 가지런해지기를 기다리지 않는다.

162
구거(九居)와 육합(六合)에서
색(色)·공(空)과 명·암의 본체가 시작되고 《261》
칠대(七大)[286]와 사미(四微)[287]에서
색·향·미·촉의 이름으로 나누어지네. 《262》

---

[285] 『善慧大士語錄』卷第三. 卍新續藏 第69 [0120b21].
[286] 칠대(七大)는 모든 현상을 구성하고 있는 일곱 가지 요소이다. 바로 뒤 주심부 (262) 참조.
[287] 사미(四微)는 지수화풍을 말한다. 칠대사미(七大四微)는 일곱 가지 큰 것과 네 가지 작은 것을 말한다. 일곱 가지와 네 가지가 따로 있는 것이 아니라, 전체적으로 말하면 일곱 가지이고 간단하게 말하면 네 가지이다.

《261》 '육합(六合)'은 사유(四維)²⁸⁸와 상·하를 말한다. '구거(九居)'는, 첫째는 욕계천이고, 둘째는 초선천이며, 셋째는 이선천이고, 넷째는 삼선천이며, 다섯째는 사선천이고, 여섯째는 공처천이며, 일곱째는 식처천이고, 여덟째는 무소유천이며, 아홉째는 비상비비상천이다. 자세히 말하면 25유(有)와 42거처이다. 모두 다 유정이 생을 받아 거주하는 곳이다. 이는 모두 생각으로 생사의 몸을 받는다. 업으로 25유의 처소에 묶인다. 모두 마음으로부터 나오는 것이다.

그러므로 『능가경』에서 "삼계의 상·하 법을 나는 모두 마음이라 설하노라."²⁸⁹라고 하였다. 또 "마음이 모든 장소에 두루 미치고, 모든 장소는 마음에 두루 미친다."²⁹⁰라고도 하였다. 『법화경』에서는 "삼방(三方)²⁹¹과 사유와 상하도 또한 그러하네."²⁹²라고 하였다. 『수능엄경』에서도 "묘각의 밝은 마음은 본래 물도 불도 아니니, (…) 네가 공(空)으로 드러내고자 하면 공이 나타나고, 지·수·화·풍으로 각각 드러내고자 하면 그대로 나타나며, 한꺼번에 드러내고자 하면 한꺼번에 나타난다."²⁹³라고 하였다.

그래서 '만법은 다만 마음이 본체일 뿐이다. 업에 따라 발현하여 보이는 것이 같지 않으니 자신의 상념에 따라 차별을 일으킴'을 알 수 있다. 까닭에 "여래장은 색이나 공(空)이 되어서 법계에 두루한다."²⁹⁴라고 하였다.

---

288 사유(四維)는 동서남북이다.
289 『入楞伽經』卷第七「無常品」第八. 大正藏 第16 [0554b22].
290 『入楞伽經』卷第九「總品」第十八之一. 大正藏 第16 [0565b09].
291 삼방(三方)은 삼계이다.
292 『妙法蓮華經』卷第三「化城比喩品」第七. 大正藏 第09 [0026a13].
293 『大佛頂如來密因修證了義諸菩薩萬行首楞嚴經』卷第四. 大正藏 第19 [0120c09].
294 『大佛頂如來密因修證了義諸菩薩萬行首楞嚴經』卷第四. 大正藏 第19 [0120c29].

이런 까닭에 자신의 참마음을 여의고는 한 법도 없으니, 소유한 경계는 모두 마음의 빛이다.

《262》 '칠대(七大)'는, 첫째는 지대(地大)이고, 둘째는 수대(水大)며, 셋째는 화대(火大)이고, 넷째는 풍대(風大)이고, 다섯째는 공대(空大)이고, 여섯째는 견대(見大)이고, 일곱째는 식대(識大)이다. 『수능엄경』에서 "네가 원래 알지 못하는구나! 여래장 가운데 성품이 색인 진공(眞空)과 성품이 공인 진색(眞色)은 청정하고 본래 그러하다. 법계에 두루하여 (…)."**295**라고 하였다.

이어서 칠대가 모두 자성(自性)과 타성(他性)과 공성(共性)과 무인성(無因性)이 없음을 헤아렸다. 그러므로 부처님이 아난에게 고하셨다. "(아난아) 만약 너의 식의 성품(識性)이 견(見)에서 생겨난다면 밝음·어두움과 색·공은 없을 것이다. 이 네 가지가 없다면 원래 너의 견도 없다. 견의 성품이 없다면 무엇으로 식이 일어나겠느냐? 만일 너의 식의 성품이 대상인 형상에서 나오고 견으로부터 나오지 않는다면 아직 밝은 것(明)을 보지 못했을 때 어두운 것(暗)도 보지 못할 것이다. 밝음과 어둠을 보지 못했다면 색과 공도 없다. 형상도 없거니와 식이 무엇으로 일어나겠느냐?

만일 허공에서 생긴 것이라면 형상도 아니고 견(見)도 아니다. 견이 아니면 구분할 수 없어서 밝음·어둠과 색·공을 알 수도 없다. 형상이 아니면 인연이 일어나지 않아서 보고·듣고·지각하고·앎이 이루어질 곳이 없다. 이 형상도 아니고(非相) 견도 아닌(非見) 데 처한다면 공도 없는 것과 같다. 있다 하여도 물상과는 같지 않다. 비록 너의 식이 일어난들 무엇을 분별할 수 있겠느냐? 만일 인연의 대상이 없이 돌연히 생겨난다고 하면 어찌하여

---

295 『大佛頂如來密因修證了義諸菩薩萬行首楞嚴經』卷第三. 大正藏 第19 [0117b24].

낮에는 밝은 달을 보지 못하는가?

네가 다시 자세하게 생각하고 미세하게 살펴보아라! 견(見)은 네 눈에 의지하였고 형상은 눈앞의 경계로 놓여 있다. 형상이면 있음(有)이 되고, 형상이 없으면 없음(無)이 된다. 이와 같은 식의 조건은 무엇을 인연해서 생겨나느냐? 식은 움직이고 견은 고정되어서 섞이지도 않고 합해지지도 않는다. 듣고 지각하고 앎도 또한 그러하다. 식은 의지하는 대상 없이 스스로 출현하지 않는다.

만일 이 식심(識心)이 본래 의지한 데가 없다고 한다면, 마땅히 알아야 한다. 요별하는 보고·듣고·지각하고·앎은 원만하고 맑아서 그 본성이 어디에서 온 것이 아니고, 저 허공이나 지·수·화·풍을 모두 칠대(七大)라 하는데 그 본성이 참되고 원융하다. 모두 여래장이어서 본래 생멸이 없다.

아난아, 너의 마음이 거칠게 떠다녀서 보고·듣고·지각하고·앎이 본래 여래장인 줄을 깨닫지 못하는구나. 네가 응당 이 육처에서 식심(識心)을 보아라. 같으냐? 다르냐? 공이냐? 있느냐? 같은 것도 아니고 다른 것도 아니며, 공도 아니고 있음도 아니냐? 네가 원래 알지 못하는구나! 여래장의 성품은 식인 밝은 앎(明知)과 깨달음의 밝음(覺明)인 참된 식(眞識)이 묘하게 깨어 있으면서 맑고 법계에 두루해 있다. 시방 허공을 머금기도 하고 뱉어내기도 한다. 어찌 방소가 따로 있겠느냐? 업에 따라 발현하는 것인데 세간 사람들이 무지하여 인연이라거나 자연성이라고 의혹을 품는다. 모두 식심으로 분별하고 계탁하는 것이다. 다만 언설이 있을 뿐이고 도무지 진실한 뜻이 없다."296라고 하였다.

또한 본래 하나의 참마음이 나누어져 여섯 가지 화합이 이루어졌다.

---

296 『大佛頂如來密因修證了義諸菩薩萬行首楞嚴經』卷第三. 大正藏 第19 [0119a06].

눈으로 보는 것은 색이고, 귀로 듣는 것은 소리며, 코로 냄새 맡는 것은 향이고, 혀로 맛보는 것은 맛이며, 몸으로 받는 것은 촉이고, 의식으로 아는 것은 법이다.[297]

또 조사가 "태에 처한 것을 '몸'이라 하고, 세상에 나온 것은 '사람'이라 하며, 눈에 있는 것은 '본다'라고 하고, 귀에 있으면 '듣는다' 하며, 코에 있으면 '냄새를 맡는다' 하고, 혀에 있으면 '이야기를 나눈다' 하며, 손에 있으면 '붙잡는다' 하고, 다리에 있으면 '걷는다' 한다. 변하여 나타나면 법계를 모두 거두고 거두어 섭수하면 티끌만큼도 벗어나지 못한다. 아는 자는 '부처의 성품'이라 부르거니와 알지 못하는 자는 '정백(精魄)'[298]이라 부른다."[299]라고 하였다. 그러므로 "하나의 색이나 하나의 향기가 중도(中道) 아닌 것이 없다."[300]라고 하였다.

---

297 皇宋首楞大師可度箋, 『楞嚴經箋』. 卍新續藏 第11 [0989b04].

298 정백(精魄)은 산천초목이나 무생물 따위의 여러 가지 사물에 깃들어 있다는 혼령이다.

299 『景德傳燈錄』卷第三. 大正藏 第51 [0217a26].

300 『大般涅槃經疏』卷第八 金剛身品. 大正藏 第38 [0082b14].
『妙法蓮華經玄義』卷第一下. 大正藏 第33 [0682c13].

15
처음 발심한 도량에서
조사의 지위에 오르네

✧

나의 보물과 세상의 보물

163

덕은 신주(神州)³⁰¹를 지키고

위의는 법우(法宇)를 신령스럽게 하니

지혜의 바다로 통하는 큰 나루이고

우리 종가를 세우는 바른 주인이네.《263》

《263》 마음은 만법의 존귀한 근본이다. 종(宗)이란 존귀하다는 뜻이며 주

---

301 신주(神州)는 중국을 가리킨다. 송대에는 경기(京畿)를 일컫던 말이다. 중국 전국 시대에 추연(騶衍)이라는 학자가 중국을 '적현신주(赤縣神州)'라고 했는데, 이후로 후세 사람들이 중국을 신주라고 했다. 여기서는 '마음'을 신주(神州)라 하였다.

인(주체, 주장)이라는 뜻이다. 『능가경』에서 "부처님 말씀은 마음으로 존귀한 근본을 삼고, 무문(無門)으로 법의 문을 삼는다."302라고 하였다. 『불퇴법전륜경』303에서는 "(보살마하살은) 일체중생은 형상이 없어서 모두 다 법계와 같으며, 보는 것이 아니고 보지 않는 것도 아님을 잘 안다. 왜냐하면 법계는 일체중생의 마음세계이기 때문이다. 이를 '신행(信行)'이라 한다."304라고 하였다. 남악혜사 대사305는 "만약 배우는 자라면 먼저 반드시 마음에 통해야 한다. 마음에 만약 통할 수 있으면 일체법을 일시에 다 통한다."라고 하였다.306

164

마음이 어긋나면 믿기 어렵나니
마치 연근의 실로 수미산을 매다는 것과 같고 《264》
깨달음에 들어서면 설할 수 있으니

---

302 『楞伽經纂』卷第一「一切佛語心品」第一. 卍新續藏 第17 [0284c16].

303 『불퇴법전륜경』은 산실된 경전이다. 『개원석교록』에서 『장방록(長房錄)』 등의 목록에는 위·오의 실역(失譯)이 총 110부 191권이 있는데, 모두 『고록(古錄)』과 『구록(舊錄)』의 두 목록에서 역자를 알 수 없는 여러 경들이다. 이제 이 경들을 여기에 덧붙이는 것은 세월이 오래되어 어디에도 근거할 것이 없음을 밝힌다.'라고 하는 목록에 『불퇴전법륜경』이 들어 있다.

304 僧祐錄云安公涼土異經在北涼錄第二譯, 『不退轉法輪經』卷第一. 大正藏 第09 [0230b13].

305 남악혜사는 남북조 시대 천태종 제2조(515~577)이다. 성은 이(李)씨, 남예주(南豫州) 무진(武津) 출생으로, 15세에 승려가 되어 『법화경』만을 전공하고 혜문(慧文)의 가르침을 받아 일심으로 연구 정진한 공으로 법화삼매(法華三昧)를 얻었다. 그 뒤에 그의 이름을 시기하는 무리들의 강력한 박해를 받으면서도 곳곳에서 『법화경』을 강하다가 남악(南岳)에 들어가 강석을 펴고 선양하였다. 도사(道士)들의 참소함을 여러 번 받다가 진(陳) 대건 9년에 사망하였다. 흔히 남악대사(南岳大師)라 일컫는다.

306 『宗鏡錄』卷第九十七. 大正藏 第48 [0941a13].

한 손에 사천하 빗물을 담아내는 것과 비슷하네. 《265》

《264》 『열반경』에서 "부처님이 (가섭에게) 말씀하시되 '만약 어떤 사람이 능히 연근 실로 수미산을 매달 수 있다고 하면, (이런 일을) 생각할 수 있겠느냐?', '그럴 수 없나이다. 세존이시여' 부처님이 말씀하시되, '보살에게는 능히 한 생각에 생사를 헤아릴 수 있는 불가사의한 이치가 있다. 그러나 (중생은) 다만 믿고 우러러볼 뿐 한 생각에 여래장에 나아가지 못한다. 그러므로 원만한 의식이 아니다.'"307라고 하였다.308

《265》 『불장경』에서 "이름과 형상이 없는 가운데서 이름과 형상을 빌려 설하는 것은 모두 여래의 부사의한 힘이다. 비유하면 어떤 사람이 수미산을 물고 허공을 비행하고, 돌 뗏목으로 바다를 건너며, 사천하와 수미산을 등에 지고 모기 다리로 사다리를 만들어 범궁에 오르고, 겁이 다하여 불 탈 때 한 번 침을 뱉어 겁의 불을 끄고 한 번 불어 세계를 성취하며, 연근 실로 수미산을 매달고, 손으로 사천하의 빗물을 담아내는 것과 같다. 여래가 설한 일체 모든 법이 형상이 없고 함이 없으며, 남이 없고 죽음이 없는 것을 사람들에게 믿고 이해시킨다는 것은 매우 어려우며 매우 드문 일이다."309라고 하였다. 또 경에서 "훌륭하십니다, 세존이시여. 다름이 없는 법에서 모든 법이 다름을 설하나이다."310라고 하였다. 그러므로 "설법이 큰 신변(神

---

307 『大般涅槃經』卷第十八「梵行品」第八之四. 大正藏 第12 [0471b17-0471b21] 참조.
308 『妙法蓮華經玄義釋籤』卷第十. 乾隆藏 第116 [0182a02].
309 姚秦龜茲三藏鳩摩羅什譯, 『佛藏經』卷上「諸法實相品」第一. 大正藏 第15 [0782c19-0783b20] 참조.
310 姚秦龜茲三藏鳩摩羅什譯, 『佛藏經』卷上「諸法實相品」第一. 大正藏 第15 [0782c19-

變)³¹¹이다. 없음에서 있음을 설하고 있음에서 없음을 설하시니, 어찌 신변이 아니겠는가?"³¹²라고 하였다.

165
혼돈의 시작에 머무르다
황홀한 사이에 빠져나오니 《266》
법의 우레가 사생의 겨울잠 자는 벌레를 흔들고
지혜의 해가 삼계의 무거운 문빗장을 비추네. 《267》

《266》 '혼돈의 시작'이란, 시작을 알 수 없는 무명을 알지 못하는 최초의 한 생각이 갑자기 일으키는 것이다. 제8 장식이 절반은 감각기관³¹³이 없어서 무정세간인 산하대지 등이 되고, 절반은 감각기관이 있어서 유정세간인 중생의 오음의 몸 등이 된다. 모두 한 생각에서 만들어진 것이다. 이러한 이치를 깨닫지 못한 자는 『주례』³¹⁴에는 '혼돈(混沌)'³¹⁵이라 하고, 서천의

0783b20] 참조.

311 신변(神變)은 부처님이나 보살이 중생을 구제하기 위해 불가사의하고 자유자재한 능력으로 일으키는 신비로운 변화이다.
312 鳩摩羅什譯, 『佛藏經』卷上 「諸法實相品」第一. 大正藏 第15 [0782c19-0783b20] 참조.
313 집수(執受)는 외부의 자극을 받아들이는 감각기관 또는 육체이다.
314 『주례』는 주 왕실의 관직 제도와 전국 시대 각국의 제도를 기록한 책이다. 후대 중국과 우리나라에서 관직 제도의 기준이 되었다.
315 혼돈(混沌)은 천지만물이 형성되기 이전의 원초의 상태이다. 또는 사물이 섞여서 하나로 되어 있는 모양이다. 『열자』「천서편」에서는 기(氣)와 형(形)과 질(質)의 3자가 섞여 있는 상태를 혼돈이라고 하며, 마침내 거기에서 천(天)·지(地)·인(人)이 분화되어 간다고 하였다. 한편 삼국 시대 오나라 서정(徐整)의 『삼오역기(三五曆紀)』에서는 천지 미분의 혼돈 상

외도는 '명초(冥初)'³¹⁶라고 하였다.

『노자』에서 "아득하고 캄캄한 그 가운데 정신이 있고, 미묘하여 추측할 수 없는 그 가운데 사물이 있다."³¹⁷라고 하였다.

《267》 이 한마음의 존귀한 근본(宗)을 깨달았을 때는 마치 빠른 우레가 높고 먼 하늘을 진동하는 것과 같고 천 개의 해가 광야를 비추는 것과 같다. 능히 업의 속박에 떨어진 사람으로 하여금 삼계의 감옥에서 나오게 하고, 생사에 침몰한 자로 하여금 육도(六趣)의 울타리에서 빠져나오게 한다.

166
세상에 보기 드문 보물이니
현문(玄門)을 품고서 적적하고
예사롭지 않은 도이니
법의 성품에 나아가 고요하고 한가롭네.《268》

《268》 '세상에 보기 드문 보물'이라 한데서, 이 마음의 보물은 세상의 보물이 아니다. '평범하지 않은 도'라 한데서, 이 한마음의 대도(大道)는 보통 생각으로는 이해할 수 있는 것이 아니다.

태를 계란에 비유하고 있다. 이어서 '반고(盤古)'라는 인간이 그 알 속에서 태어났는데, 하늘과 땅이 갈라짐에 따라서 그 신체가 천지에 닿을 정도로 거대화되었다고 한다.
316 명초(冥初)는 우주가 발생한 시초이다. 또는 명제(冥諦)라고 하는데, 상캬 학파에서는 물질의 근원이라고 한다.
317 『道德經』第二十一章.

167

깨달음의 뿌리에서 싹을 틔우고

신령한 근육과 뼈를 이어받으니 《269》

마치 곡신(谷神)³¹⁸이 안정되어 고요하고

환의 구름이 나타났다 사라지는 듯하네. 《270》

《269》 마음으로 인해 도를 깨달았다는 것은, 발심한 처음 도량에 앉은 그대로 조사의 지위에 올랐다는 의미이다.

《270》 『조론』에서 "법신은 형상이 없으나 사물에 응해 형상이 있고, 반야는 앎이 없으나 인연을 만나 비춘다. 만기(萬機)³¹⁹가 번거롭게 알리지만 그 신(神)을 흔들지 못하고, 수많은 어려움이 다양하게 다가오지만 염려하는 생각이 없다. 움직이는 것은 구름이 흐르는 것과 같고, 그친 것은 곡신(谷神)과 같다. 어찌 마음이 저기나 여기에 있으며, 망정이 움직이고 고요함에 얽매이겠는가?"³²⁰라고 하였다. 『주(註)』에서 "법신은 형상이 없으나 여러 가지 형상을 나타낼 수 있고, 성스러운 지혜는 앎이 없으나 만기를 비출 수 있다. 무심히 사물에 응하므로 비록 번거로우나 그 신(神)을 흔들지 않는다. 어려움이 있으나 모두 통하고, 비록 통하나 그 생각을 어지럽히지 않는다. 무심히 움직여서 움직이는 것이 흘러가는 구름 같고, 마음은 정해진 방소

---

318 곡신(谷神)은 만물의 근원, 골짜기의 빈 곳, 현묘(玄妙)한 도(道)를 비유하는 말이다. 곡(谷)은 허(虛)로 사람의 정신이 빈 데서 나왔으므로 늘 존재하여 없어지지 않는다.

319 만기(萬機)는 임금의 정무(政務) 또는 여러 가지 정사(政事)이다. 여기서는 많은 사건이나 일들을 의미한다.

320 『肇論』「涅槃無名論」第四. 大正藏 第45 [0158b11].

가 없어서 마치 곡신이 죽지 않는 것과 같다. (그러니) 저것이나 이것이나 움직이거나 고요한 마음이 끊어졌다."³²¹라고 하였다.

노자(老聃)은 "곡신은 죽지 않나니 이를 '현빈(玄牝)'³²²이라 하고, 현빈의 문은 '천지의 뿌리'라 한다."³²³라고 하였다.『주』³²⁴에 "'곡(谷)'은 기른다는 뜻이다. 사람이 능히 신(神)을 기를 수 있다면 죽지 않으니, 신(神)은 오장(五臟)의 신이다. 만약 오장이 모두 상한다면 다섯 신이 떠날 것이다."라고 하였다.

'이를 현빈(玄牝)이라 한다.'라고 한 것은,『주』³²⁵에서 "'현(玄)'은 하늘이고 '빈(牝)'은 땅이다. 코에서 출입하는 것을 주관하여 하늘과 통한다. 그러므로 코가 현이고, 입에서 출입하는 것을 주관하여 땅과 통하므로 입이 빈이다. '현빈의 문은 천지의 뿌리라 한다.'라고 한 것은, '뿌리'는 근원이니, 코와 입의 문이 하늘과 땅에 통하는 원기라는 것을 말한다."라고 하였다.

168
현상은 이치로 드러나니
금까마귀³²⁶가 만 리의 노정을 비추는 것 같고 《 271 》

---

321 唐 元康撰,『肇論疏』卷中. 大正藏 第45 [0179b06] 참조.
322 현빈(玄牝)은 도가에서 사유 활동하는 뇌수(腦髓)를 이르는 말이다.
323 『道德經』第六章.『列子』卷一「天瑞」.
324 『하상공주』에서 치신(治身)의 원리와 치국(治國)의 원리가 결국 같다는 논리를 펼치고 있다. 하상공(河上公, ?~?)은 전한 문제(文帝, BC202 ~ BC157) 때 사람인데 생졸(生卒)과 성명(姓名)을 알 수 없어서, "황하 물가에 사는 사람"에 존칭인 공(公)을 붙여서 하상공이라 불렀다고 한다. 황제가『노자』를 읽다가 모르는 곳에 대답할 사람이 없었는데, 하상공에게 가서 물어보고서 의심스러운 곳이 풀렸다고 한다.
325 위의『하상공주』.
326 금까마귀는 태양이다.

작용은 본체로 펼쳐지니
옥토끼³²⁷가 천 강의 달을 거둬들이는 것 같네. 《272》

《271》 『화엄소』에서 "이치는 현상을 따라 변하니 하나와 많음이 연기함이 가없고, 현상은 이치를 얻어 원융하니 천차만별이 서로 어울려 받아들여 장애가 없다."³²⁸라고 하였다.

《272》 『증도가』에서 노래한다.

하나의 달이 모든 물에 널리 드리우고
모든 물의 달은 하나의 달에 거두어지듯
하나의 법이 모든 법을 두루 머금으니
나의 자성이 항상 여래와 계합하네.³²⁹

---

327 옥토끼는 달이다.
328 『大方廣佛華嚴經疏』卷第一. 大正藏 第35 [0503a06].
329 『永嘉證道歌』. 大正藏 第48.

16
현묘한 바람이 불어 법의 장수가
삿된 소견을 물리치네

✢

四魔와 六賊, 十軍과 三惑

169
형상도 아니고 이름도 아니어서
홀로 고요하고 그윽이 맑지만
한마디 말로 드러내지 못하는 것이 없고
다르게 설하더라도 다시 다르지 않은 것으로 채워지네. 《273》

《273》 '한마디 말'이란, 요약하여 설하는 것과 이치를 준거해서 설하는 것이다. '수많은 언설'이란, 자세하게 설하는 것과 현상을 준거해서 설하는 것이다. 그러므로 한마음을 움직이지 않고도 여러 가지 뜻을 설명하고, 여러 가지 뜻을 무너뜨리지 않고도 한마음을 드러낸다. '마는(卷) 것에 의거해 항상 펴는 것(敍)'은 여래가 한마디 말로 가없는 경의 바다를 연설하는 것이다. '편 것에 의거해 마는 것'은 일체 법문의 끝없는 바다가 다 함께 하나의 법의 도량으로 회귀하는 것이다. 초목의 네 가지 미세(四微)³³⁰가 땅에서 나서 도로 땅으로 돌아가 없어지는 것과 같고, 파도가 고동치는 것이 물에 의해 일어나 도로 물의 근원으로 돌아가는 것과 같다. 이는 법이 마음에서 일어나서 다시 마음으로 돌아가 사라지는 것이다. 그러므로 경에서 "바로 이 자리에서 났다가 바로 이 자리에서 멸한다."³³¹라고 하였다. 또 『화엄경』에서 노래하였다.

부처님의 지혜를 통달하여 청정하고 걸림이 없으니
한마음에 삼세의 법을 두루 알고
모두 심식(心識)에서 연기하나
생멸법은 무상하여 자성이 없네.³³²

그러므로 『청량소』에서 "『화엄경』은 유일의 진법계(唯一眞法界)를 총괄한다."³³³라고 하였는데, '만유를 모아 갖춘 것이 한마음이다.'라는 것을 말하고 있다.³³⁴

---

330 네 가지 미세(四微)는 색미(色微)·향미(香微)·미미(味微)·촉미(觸微)이다.
331 『大佛頂如來密因修證了義諸菩薩萬行首楞嚴經』卷第二. 大正藏 第19 [0114a15].
332 『大方廣佛華嚴經』卷第八十「入法界品」第三十九之二十一. 大正藏 第10 [0442c10].
333 『大方廣佛華嚴經疏』卷第一. 大正藏 第35 [0503b15-0503c10]에 '大方廣佛華嚴經'을 해석하는 데서 뜻으로 인용하였다.
334 『宗鏡錄』卷第二十五. 大正藏 第48 [0555c10].

170

고통의 안개를 삼키고 삿된 봉우리를 침몰시키려면

반드시 성품의 바다를 맑혀야 하고 《274》

네 마구니를 항복받고 여섯 적군[335]을 무찌르려면

응당 마음의 성을 단단히 해야 하네. 《275》

《274》 자성의 바다는 깊고 맑으며 고요하고 밝아 깨끗하다. 마음을 깨달을 때 능히 고통의 근원을 없애고 한꺼번에 삿된 견해를 소멸할 수 있다. 그러므로 『반야심경』에서 "깊은 반야를 행할 때 오온이 공(空)한 것을 비추어 보고 온갖 고통에서 벗어나느니라."[336]라고 하였다.

《275》 '네 마구니'란, 첫째는 하늘의 마구니이고, 둘째는 음행의 마구니이며, 셋째는 삿된 마구니이고, 넷째는 번뇌의 마구니이다. 『수능엄경』에서 "(너의 눈앞에 있는 眼·耳·鼻·舌·身·心(意)) 여섯 가지가 도적의 매개가 되어 스스로 가보를 빼앗아 간다."[337]라고 하였다.

'마음의 성'이란, 『화엄경』「입법계품」에서 보안주성신(寶眼主城神)이 선재를 위해 말하되, "마음의 성을 수호해야 한다. 요컨대 아낌과 질투와 아첨하고 속이는 것을 끊어 제거함을 말한다. 마음의 성을 청량하게 해야 한다. 일체 모든 법의 진실한 성품을 사유함을 말한다. 마음의 성을 점점 넓혀야 한다. 모든 수행에 도움 되는 법(助道法)을 성취함을 말한다. 마음의 성을

---

[335] 여섯 적군은 안(眼)·이(耳)·비(鼻)·설(舌)·신(身)·의(意)이다.

[336] 『般若波羅蜜多心經』. 大正藏 第08 [0848c07].

[337] 『大佛頂萬行首楞嚴經』卷第四. 大正藏 第19 [0122c03].

장엄해야 한다. 모든 선(禪)의 해탈 궁전을 세움을 말한다. 마음의 성을 비춰 빛나게 해야 한다. 일체 모든 부처님의 도량에 널리 들어가서 반야바라밀법을 들음을 말한다. 마음의 성을 더욱 넓혀야 한다. 모든 부처님의 방편도를 널리 섭수함을 말한다. 마음의 성을 견고하게 해야 한다. 항상 부지런히 보현의 행원을 수습함을 말한다. 마음의 성을 방호해야 한다. 항상 나쁜 벗과 마구니의 군을 방어하는 것을 말한다. 마음의 성을 확실하게 꿰뚫어 알아야 한다. 일체 모든 부처님의 지혜 광명을 열어 인도함을 말한다. 마음의 성을 잘 보수해야 한다. 일체 부처님이 설하신 법을 듣고 받아들임을 말한다. 마음의 성을 거들어 도와주어야 한다. 일체 부처님의 공덕의 바다를 깊이 믿음을 말한다."[338]라고 하였다.

 해석한다. '성'은 외적을 방호하고 나라를 보호하고 사람들을 편안케 할 수 있다. 견고하고 촘촘하게 둘러싸고 강성해야 여러 가지 환난이 없다. 더욱이 마음의 성은 반드시 보호하여야 한다. 관문과 나루를 촘촘하게 지켜 밖의 인연인 여섯 경계의 마구니의 군대와 도둑으로 하여금 침입할 수 없게 하고, 안으로 쌓여 있는 번뇌의 간신으로 하여금 혼란함이 없게 하며, 그릇된 것을 막고 악을 금하여 항상 밝고 깨끗한 공덕을 베풀어 덕을 쌓고, 자비를 행하여 널리 장엄한 일을 갖추어야 한다. 마침내 네 문이 막힘없이 하나의 길로 항상 통하고, 힘은 대천세계를 대적하며, 위엄은 법계에 군림하게 된다. 그래서 약하고 상처 입은 이들을 어루만지고 이끌며 일으켜 세워 빠짐없이 거두어들여서 교화하며, 외도를 복종시키고 마구니의 군대를 항복받는다면 참된 초석을 영원히 견고하게 다질 수 있다.[339]

---

[338] 『大方廣佛華嚴經』卷第七十六「入法界品」第三十九之十七. 大正藏 第10 [0413c24-0414a29].

[339] 『宗鏡錄』卷第八十七. 大正藏 第48 [0891a07].

171

현묘한 바람을 널리 연설하고
법의 이로움을 길이 펼치니 《276》
여러 성인이 그 위의를 바꾸지 않아도 《277》
수많은 삿된 무리가 그 이치를 되돌리지 못하네. 《278》

《276》 사문은 오직 널리 가르치고 법을 설파해야만 부처님 은혜를 갚을 수 있다. 『수능엄경』에서 노래하였다.

이 깊은 마음을 가지고 헤아릴 수 없는 국토를 받드나니
이를 부처님 은혜를 갚는 것이라 하네.[340]

『증도가』에서 노래한다.

묵묵할 때 설하고
설할 때도 묵묵함이여
크게 베푸는 문이 열리어
옹색함이 없네.[341]

《277》 이 한마음의 법은 고금에 수많은 성인의 변함없는 도이다.

---

[340] 『大方廣佛華嚴經』卷第三. 大正藏 第19 [0119b03].
[341] 『永嘉證道歌』. 大正藏 第48.

《278》 삿된 것이 올바른 것을 범하지 못하니, 하늘 마구니가 능히 파괴하지 못하고 외도도 어지럽힐 수 없다. 그러므로 "하늘 마구니와 외도가 모두 법의 도장이고, 마구니의 세계가 부처님의 세계이며, 외도의 경서가 모두 부처님의 말씀이다. 이미 같은 수레에 함께 탔으니 어찌 파괴할 수 있겠는가?"[342]라고 하였다.

172
열 군사와 세 가지 미혹[343]을 맞이하고
환의 도량에서 그림자와 메아리를 쓸어버리려면 《279》
지혜의 칼을
진실의 땅에서 창끝보다 더욱 날카롭게 해야 하네. 《280》

《279》 '열 가지 군사'란, 부처님이 (마왕에게) 노래하였다.

욕망이 너의 첫째 군사이고
근심하는 것이 두 번째 군사며
주리고 목마른 것이 세 번째 군사이고
애정에 목마른 것이 네 번째 군사며
다섯 번째는 수면의 군사이고
두려움이 여섯 번째이며

342　唐毘陵沙門湛然述,『止觀輔行傳弘決』卷第八之三. 大正藏 第46 [0406a13] 참조.
343　세 가지 미혹은 견사혹(見思惑), 진사혹(塵沙惑), 무명혹(無明惑)이다.

의심이 일곱 번째 군사이고

악의가 여덟 번째며,

아홉 번째는 이양의 군사니 부질없고 허망한 명성에 집착하고,

열 번째 군사는 스스로 잘난 체하며 출가인을 업신여기는 것이네.

여러 하늘이나 세간인은 파괴할 수 있는 자가 없으나,

나는 지혜의 힘으로 너희 군사 무리를 꺾어 굴복시키노라.

너는 비록 (나를) 놓아주고 싶지 않겠으나

(나는) 너희(十軍)가 이르지 못하는 곳에 이르렀노라.[344]

이를 보면 싸우고 있는 마구니 군대가 자기 마음의 마구니 군대라는 것을 알 수 있다. 결코 마음 밖의 경계가 마음과 더불어 인연할 수 없다. 다만 자신의 마음에서 생겨나서 다시 그 마음으로 형상을 삼는다.

'세 가지 미혹'이란, 첫째는 견사혹(見思惑)이고, 둘째는 진사혹(塵沙惑)이며, 셋째는 무명혹(無明惑)이다. 만약 바로 마음을 깨달은 자는 열 가지 군사나 세 가지 미혹뿐만 아니라 더 나아가서 팔만사천 번뇌 문을 모두 소멸시킨다. 그러므로 게송에서 "너희가 이르지 못하는 곳에 이르렀노라."[345]라고 하였다.

'환의 도량에서 그림자와 메아리를 쓸어버린다.'라고 한 것은, 『보적경』[346]에서 "그때 세존이 요술사에게 이르시되 '일체중생과 모든 생활 도

---

344 『大智度論』卷第五. 大正藏 第25 [0099b22]. "雜法藏經中, 佛說偈語魔王…." 『잡법장경(雜法藏經)』은 『잡보장경(雜寶藏經)』, 『잡장경(雜藏經)』이라고도 하는데, 472년에 북대(北臺)에서 길가야(吉迦夜)와 담요(曇曜)가 함께 한역한 경전이다. 121가지의 짧은 설화로 이루어져 있다.

345 『大智度論』卷第五. 大正藏 第25 [0099b22].

346 『보적경』은 대승의 경들을 한데 모은 경이다. 총 49회로 27회는 보리유지의 번역이고, 나

구가 모두 환(幻)이다. 업으로 말미암아 변화하였기 때문이다. 여러 비구 대중도 역시 환이다. 법으로 말미암아 변화하였기 때문이다. 나의 몸도 역시 환이다. 지혜로 말미암아 변화하였기 때문이다. 삼천대천의 일체 세계도 역시 모두 환이다. 일체중생이 함께함으로 말미암아 변화하였기 때문이다. 무릇 모든 법이 환 아닌 것이 없다. 인연화합으로 말미암아 변화하였기 때문이다."347라고 한 것과 같다. 단지, 한마음을 깨닫기만 하면 여러 가지 환들이 저절로 소멸한다.

그러므로 『보장론』에서 "모든 것이 모두 환이다. 이 환은 진실하지 않다. 환이 환인 줄 알아 진실을 지키고 이 하나(一心)를 꼭 손에 넣어야 한다."348라고 하였다.

《280》 지혜의 칼로 번뇌의 도적을 죽인다.

173
한마디 말이 이치에 합하면
천하가 다 함께 귀의하니《281》
본체는 기묘함을 드러내고
작용은 넓은 허공을 품고 미세한 티끌까지 꿰뚫네.

머지는 축법호·현장·의정·구마라집 등이 번역하였다. 회마다 별도의 경이어서 정토·반야·밀교 등 내용이 다양하다.
347 『大寶積經』卷第八十五「授幻師跋陀羅記會」第二十一. 大正藏 第11 [0487c18].
348 『寶藏論』「廣照空有品」第一. 大正藏 第45 [0143b18].

《281》 한마디 말이 이치에 계합하면 천하가 음율을 아는 사람(知音者)³⁴⁹이다. 그러므로 "명성은 날개가 없으나 멀리 날고, 도는 뿌리가 없으나 영원히 견고하다."³⁵⁰라고 하였다.

174
참으로 적국을 진압하는 보배 구슬이라
천금으로도 바꾸기 어렵고
사람을 놀라게 하는 빼어난 법의 장수라
만고에 전해지며 빛나네. 《282》

《282》 '적국을 진압하는 보배 구슬'이란, 이 마음이 어떨 때는 값을 알 수 없는 보배(無價寶)가 되고, 어떨 때는 전륜왕의 머리 위에 있으며, 어떨 때는 가난한 자의 옷 속에 있다. 용녀가 직접 바쳐서 성불하는 것은 찰나이고, 좋은 벗이 이를 구하여 남을 구제하는 일은 끝이 없다.

'사람을 놀라게 하는 법의 장수'란, 심지법문(心地法門)을 설할 때 천마의 심장을 떨어뜨리고 외도의 혼을 놀라게 하는 것이다. 사리불은 지혜제일이다. 석가의 오른편 제자로 '법의 장수'라고 부른다.

---

349 음율을 아는 사람(知音者)은 '소리를 알아듣는 자'라는 뜻으로 자기의 속마음을 알아주는 친구를 이르는 말이다. 『열자(列子)』「탕문편(湯問篇)」에 나오는 말인데, 춘추 시대 거문고의 명수 백아(伯牙)와 그의 친구 종자기(鍾子期)의 고사(故事)에서 비롯된 말이다.
350 『續高僧傳』卷第四. 大正藏 第50 [0456c02].

17
지관(止觀)을 잘 닦으면
영원히 윤회에서 벗어나네

✣

마음의 빛과 나의 몸(四大)

175
움직이지만 조작이 없고
고요하나 항상 비추니
부처님의 법도를 바로 세우는 담장이고
수행을 수립하는 대요(大要)라네. 《283》

《283》 대체로 수행은 선정과 지혜의 한마음에서 벗어나지 않는다. 진여의 미묘한 성품이 고요한 것을 '지(止)'라 하고, 고요하되 항상 비추는 것을 '관(觀)'이라 한다. 그런데 관하는 주체와 관하는 대상으로 나누어지는 두 개의 법은 아니다.[351]

176
산·하·국·토를 그려 내는 것은
거침없는 의식의 붓이고
적·백·청·황으로 나누어지는 것은
밝게 빛나는 마음의 등불이네. 《284》

《284》 『화엄경』에서 노래하였다.

마음은 화가와 같아서
여러 가지 세간을 그려 낼 수 있나니
오음이 모두 그것에서 나오니
무슨 법이든 만들어 내지 못함이 없네.³⁵²

'마음의 광명이 밝게 빛난다.'라는 것은, 『대반야경』에서 "만약 유명세계³⁵³와 낱낱 세계 가운데 해와 달 등의 빛이 비치지 않는 곳에 광명이 되려면 응당 반야를 배워야 한다. 반야는 마음의 지혜광명이다."³⁵⁴라고 하였다.

『화엄론』에서 "광명각품」에서 신심을 내어서 자신의 마음 광명으로 모든 세간을 비추어서 한없는 세계가 모두 부처님 경계임을 깨닫게 하고,

---

351 『摩訶止觀』卷第一. 大正藏 第46 [0001a07] 참조.
352 『大方廣佛華嚴經』卷第十九「夜摩天宮偈讚品」第二十. 大正藏 第10 [0102a09].
353 유명세계는 그윽하고 어두운 세계이다. 저승 또는 사람이 죽은 뒤에 그 혼이 가서 산다고 하는 세상이다.
354 『大般若波羅蜜多經』卷第三「初分學觀品」第二之一. 大正藏 第05 [0015b29].

자신도 역시 똑같이 마음으로 광명을 따라 낱낱이 비추어 보게 하였다."³⁵⁵
라고 하였다.

177
본성은 본디 신비로운 앎이어서
허공과는 같지 않으니
때론 근본에 기울어져 있으면서 자취를 드러내고
때론 변방에 있으면서 중앙을 놓치지 않네.

178
사자가 사람의 기미를 알아채듯이
이치가 곧바로 드러나고 《285》
왕이 한 번 두드려 만든 그릇(一鎚之器)을 찾듯이
말이 떨어지자마자 온 천하에 알려지네. 《286》

《285》 어리석은 개는 흙덩이를 쫓고 사자는 사람을 문다. 이것은 상근기가 법을 듣고 바로 마음의 존귀한 근본(宗)을 깨닫는다는 것을 비유하였다. 문답하면서 말을 좇아 알음알이를 내지 않아야 한다.

《286》 왕이 보배 그릇을 찾으면 반드시 한 번 두드려 금방 완성해야 한다. 두 번째나 세 번째 두드려 완성하는 진상품은 온당하지 않다. 이것은 한

---

355 『新華嚴經論』卷第十四. 大正藏 第36 [0808a18].

마디 말이 떨어지자마자 무생법인(無生法印)에 계합해야 함을 비유한 것이다. 거듭된 물음으로 어둠의 세계에 떨어지지 않도록 해야 한다.

179
지혜 바다의 요새이며
신령한 숲356의 자손이라
두루 번성하고 널리 거두어서 높고 낮은 지위를 가리지 않고
시공을 관통해서 성글고 세밀함이 하나로 뒤섞이네. 《 287 》

《 287 》 한마음에 모든 것을 널리 갖추어 상·중·하의 근기를 가리지 않으니 차별 없는 평등한 법문이다. 그러므로 시간상으로 삼세에 통하고 공간적으로 시방에 걸쳐 있다. 바라보면 유실된 것이 없고 거두면 다하지 않음이 없다. 거친 곳에서는 거칠게 나타나고 미세한 곳에는 미세하게 나타난다. 거칠고 미세함이 인연을 따르나 법의 본체는 언제나 고요하니, 유심(唯心)의 뜻은 늘 변함이 없다.

180
한 가닥 빛이 되고
만 길 나루터가 되니 《 288 》
어둠의 귀신은 밝은 등불에 없어지고 《 289 》

---

356 신령한 숲(靈園)은 공동묘지를 달리 이르는 말이다. 수행자들이 주로 수행하던 곳이다.

모륜(毛輪)은 눈병의 장막에서 사라지네. 《290》

《288》 『대장엄경론』[357]에서 "'유식(唯識)을 찾음'에 대해 노래하였다.

> 취하는 주체와 취하는 대상
> 이 둘은 오직 마음의 빛일 뿐이고
> 탐욕의 빛과 믿음의 빛
> 두 광명은 두 가지 본체가 없네.

해석한다. 유식(唯識)을 찾는 사람은 취하는 주체와 취하는 대상이 오직 마음의 빛인 줄 알아야만 한다. 이처럼 탐욕을 비롯한 번뇌의 빛과 믿음을 비롯한 선한 법의 빛이라는 두 광명도 역시 더럽고 깨끗한 두 법이 없다. 왜냐하면 마음의 빛을 떠나서 별달리 탐욕과 믿음 등의 더럽고 깨끗한 법이 없기 때문이다. 두 광명도 역시 형상이 없다. 노래한다.

> 갖가지 마음의 빛에서
> 이 같은 갖가지 형상을 일으키니
> 빛의 본체는 실체가 아닌 까닭에
> 저 법의 진실을 얻지 못하네.

해석한다. '갖가지 마음의 빛'은 갖가지 현상의 형상이다. 어떤 경우는 때를

---

[357] 『대장엄경론(大莊嚴經論)』은 『대승장엄경론大乘莊嚴經論』이다. 무착이 지었다고도 하고 미륵이 지었다고도 한다. 13권은 당나라 파라파밀다라(波羅頗蜜多羅)가 번역하고, 15권은 요진(姚秦) 구마라집이 번역하였다.

달리하여 일어나고 어떤 경우는 동시에 일어난다. 때를 달리하여 일어난다는 것은 탐욕과 성냄의 빛을 말하고, 동시에 일어난다는 것은 믿음과 정진의 빛을 말한다. '빛의 본체는 실체가 아니다.'라고 한 것은, 이와 같은 염위(染位)의 심수(心數)**358**와 정위(淨位)의 심수에는 오직 빛의 형상만이 있고 빛의 본체는 없다. 그러므로 어떨 때는 세존께서 그것은 진실한 법이라고 설하지 않는다."**359**라고 하였다.

《289》 어떤 사람이 어둠 속에서 귀신이라고 의심하다가 촛불로 비추면 의심이 환하게 풀린다. 이는 마음 밖에서 법을 보다가 마음을 깨달으면 경계가 없다는 것을 비유하였다.

《290》 사람이 눈에 눈병이 있으면 공중에서 모륜(毛輪)을 본다. 이는 마음을 깨닫지 못한 사람이 망령되게 마음 밖에서 경계를 보는 것을 비유하였다. 『밀엄경』에서 노래하였다.

> 환의 현상인 모륜 등
> 곳곳의 여러 가지 물상은
> 모두 마음이 변이한 것이어서
> 본체도 없고 이름도 없네.**360**

---

358 심수(心數)는 심소유법(心所有法)을 말한다. 의식 작용의 본체를 심왕(心王)이라 하고, 객관 대상을 인식할 때 그 일반상(一般相)을 인식하는 심왕의 종속으로 일어나는 정신 작용, 분별, 생각이다.

359 『大乘莊嚴經論』卷第五「述求品」二. 大正藏 第31 [0613b11].

360 『大乘密嚴經』卷中「阿賴耶建立品」第六. 大正藏 第16 [0738a18].

181
확고하여 뽑히지 않으니
변화의 문을 훌쩍 뛰어넘고 《291》
담담해서 오직 견고하니
영원히 윤회에서 벗어나네. 《292》

《291》 만법은 변천하지 않고 한마음에 항상 머무르니, 단지 자신의 성품을 보기만 하면 저절로 여우의 의심이 끊어진다. 내가 일찍이 직접 규명하여 이 뜻을 보인 듯하다.

『종경록』에서 「불천론」을 인용하여 "회오리바람이 산을 쓰러뜨리나 항상 고요하고, 강이나 냇물이 다투듯이 흐르나 흘러가지 않으며, 아지랑이가 표류하여 출렁거리나 동요하지 않고, 일월이 하늘을 돌지만 두루하지 않다."[361]라고 하였다.

소(疏)에서 "앞의 바람은 뒤의 바람이 아니므로 산을 쓰러뜨리나 항상 고요하다. 앞 물은 뒤의 물이 아니므로 다투듯이 흐르나 흘러가지 않는다. 앞 기운은 뒤의 기운이 아니므로 표류하여 출렁거리나 동요하지 않는다. 앞의 해는 뒤의 해가 아니므로 하늘을 돌지만 두루하지 않는다."[362]라고 하였다.

초(鈔)에서는 "그러나 자체가 매 순간 같지 않으니, 처음 한 생각이 움직일 때는 두 번째 생각이 움직일 때가 아니다. 내지 최후에 (바람이) 불어 땅(산)에 부딪힐 때는 처음 움직일 때가 아니다. 그렇다면 앞바람의 본체가 반드시 저기에서 와서 그 산에 분 적이 없다. 또한 산이 처음 움직일 때부터

---

361 『肇論』「物不遷論」第一. 大正藏 第45 [0151a20].
362 元康, 『肇論疏』卷上「物不遷論」. 大正藏 第45 [0168a15].

무너져 땅에 누울 때까지 산 자체는 매 순간 같지 않다.

곧 처음 한 생각이 움직일 때가 두 번째 생각이 움직일 때가 아니다. 내지 최후에 땅에 부딪힐 때가 처음 움직일 때가 아니다. 그렇다면 처음 산의 본체가 움직일 때 반드시 저기에서 와서 땅에 부딪힌 때가 아니다. 이것은 모든 바람은 산에 이르지 않았고, 산은 땅에 붙어 있지 않다는 것이다. 비록 회오리바람이 산을 쓰러뜨렸더라도 일찍이 움직인 적이 없다.

이 네 물건[363]을 세상 사람들은 옮겨 가고 움직인다고 한다. 그러나 (四物은) 비록 산을 넘어뜨리고 하늘을 지나가더라도 모두 서로 알지 못하고 각기 서로 이르지 않아서 매 순간 스스로 머무르고 각기 옮겨 가지 않는다. 또한 세상에서 크다고 하는 것이 사대(四大)보다 더한 것이 없다. 사대 중에서 움직이는 것이 풍륜을 지나가는 것이 없으나, 자신의 성품을 따져 보면 근본은 실로 움직이지 않는다."[364]라고 하였다.

『의해』[365]에서 "움직(動)이고 고요(靜)한 것을 티끌을 예로 살펴보겠다. 티끌이 바람에 따라 흘러가는 것은 움직임이고 잠잠하여 일어나지 않는 것은 고요이다. 그러나 지금 고요할 때는 움직임이 없어지지 않은 채 움직임 그대로 고요를 유지하고 있다. 지금 움직일 때는 고요함이 없어지지 않은 채 고요함 그대로 움직임을 유지한다. 본체 그대로인 채 서로가 유지된다. 그러므로 움직일 때가 바로 고요할 때고, 고요할 때가 바로 움직일 때이다. 또한 바람은 본래 움직이지 않지만 모든 물건을 움직이게 할 수 있는 것과 같다. 만약 먼저 움직임이 있었다면 자신의 본체를 잃어 다시 움직이지 않

---

363 네 물건은 일념(一念)·바람·산·땅이다.
364 『釋淨土群疑論探要記』卷第四. 國家圖書館善本佛典 第44 [0166b07].
365 『의해』는 『화엄경의해백문(華嚴經義海百門)』이다.

을 것이다."**366**라고 한 것과 같다.

　여기에서 법계에 두루한 바람을 관찰해 보면, 맑고 깊어서 움직이지 않고 고요해서 형상이 없다. 이 움직이는 원인을 따져 보면 모두 인연으로 인하여 일어났다. 우선 밀실 가운데 만약 바람이 있다고 한다면, 바람은 어찌하여 움직이지 않는가? 만약 바람이 없다가도 인연을 만나면 곧 일어난다. 혹은 온 법계에 바람이 불면 법계에 가득 일어난다. 그러므로 풍대(風大)는 움직이지 않고, 움직이는 것은 여러 가지 인연에 따르는 줄 알 수 있다.

　만약 밖의 시방 허공에서 설사 사람으로 인하여 불지 않거나, 혹은 스스로 일어날 때라도 또한 용이나 이무기나 귀신이 하는 것이다. 귀신은 음(陰)에 속하므로 해 질 무렵에 이르면 바람이 많은 이유이다. 더 나아가서 겁의 초(劫初)나 겁의 말(劫末)의 형성되고 사라지는 바람이라도 모두 중생의 업감(業感)으로 비롯된 것이다. 세간의 한 법도 인연으로부터 일어나지 않는 것이 없다. 인연이 모이면 생기고 인연이 흩어지면 멸한다.

　만약 자연적으로 일어난다는 견해에 집착해서, '다만 (緣이) 합하면 언제든 생길 것인데, 어찌 긴장하고 느슨함이 정해져 있지 않겠는가.'라고 한다면, 움직이고 고요함은 항상하지 않다. 그러므로 모두 다 인연으로 일어난 것인 줄 알아야 한다. 또 여러 가지 인연을 따져서 '화합하여 현상을 이루니 각기 있지도 않고 화합하지도 않는다.'라고 한다면, 인연과 인연에는 모두 자성이 없고 다만 마음이 움직일 뿐이다. 자신의 마음을 반추해서 '마음도 또한 움직이지 않는다.'라고 한다면, 마음은 형상이 없으므로 일어나는 곳이 있을 수 없다. 그렇다면 모두 참 성품에서 일어나는 것임을 알아야 한다.

---

366 『華嚴經義海百問』「緣生會寂門」第一. 大正藏 第45 [0628a27].

참 성품은 일어나지 않는다. 바야흐로 마음의 성품이 사대(四大)의 성품에 두루하여 본체는 진공(眞空)에 합하고, 자성은 움직임과 고요함이 없음을 본다. 형상에서 움직임을 드러내고 움직임에서 고요함을 마주한다. 움직임의 형상이 이미 없으면 고요함의 티끌(경계)도 또한 멸한다. 그러므로 『수능엄경』에서 "(네가 완연히 알지 못하는구나! 여래장 중에) 성품의 바람이 진공(眞空)이고, 성품의 공(空)이 진풍(眞風)이다. (…)."[367]라고 한 것이 곧 이러한 뜻이다.[368]

《292》 이 마음은 예전에도 생겨나지 않았고, 중간에도 머무르지 않으며, 나중에도 멸하지 않는다. 그러므로 『법화경』에서 "이 법이 법위(法位: 法性, 眞如)에 머무르니 세간상(世間相)이 항상 머무르네."[369]라고 하였다. '세간상'이란 중생 오음의 마음이다. 오음을 여의고 세간이 없다. 왜냐하면 무정세간(無情世間)도 중생심이 변한 것이기 때문이다. 이미 마음에서 변화하였으니, 하나하나 마음을 따라 진여의 법위에 항상 머무른다.

---

367 『大佛頂如來密因修證了義諸菩薩萬行首楞嚴經』卷第三. 大正藏 第19 [0118a21]
368 『宗鏡錄』卷第三十三. 大正藏 第48 [0606a17].
369 『妙法蓮華經』卷第一「方便品」第二. 大正藏 第09 [0007c09].

18
원각의 살운로를 밟아
선문의 설족구(齧鏃句)를 설하네

✣

앎과 법

182
미묘함이 온갖 형상에 다다르고
이치가 어디든지 관통하니
마치 바다가 모든 물을 받아들이고
태양이 천 갈래 광명을 비추는 것과 같네. 《293》

《293》 이 한 점 신령한 누대에서 자성의 광명이 법계를 두루 비추니, 어떤 법이고 거두지 않음이 없다. 그러므로 『수능엄경』에서 "생겨난 모든 법은 마음에서 나타난 것이며 (…)."[370]라고 하였다. 나타난 처소가 마음이지 다른 본체가 없다.

『원각경소』 「서문」[371]에서 "대저 혈기 있는 무리는 반드시 앎(知)이 있고, 무릇 앎이 있는 자는 반드시 본체가 있다. 말하자면 참되고 깨끗하고 밝고 미묘하며 텅 비어 통하고 신령하게 비치어 우뚝 홀로 존재하는 것이다. 중생의 본원이므로 '마음의 땅'이라 하고, 모든 부처님이 얻은 것이므로 '보리'라 하며, 서로 통하여 융섭하므로 '법계'라 하고, 적적하고 고요하며 항상 즐거우므로 '열반'이라 하며, 탁하지 않고 허물이 없으므로 '청정'이라 하고, 허망하지 않고 변하지 않으므로 '진여'라 하며, 허물을 여의고 잘못이 끊어졌기 때문에 '불성'이라 하고, 선을 보호하고 악을 차단하기 때문에 '총지(總持)'라 하고, 숨어 있고 덮여 있으며 품고 섭수하기 때문에 '여래장'이라 하고, 초월하여 깊고 비밀스러워서 '밀엄국(密嚴國)'이라 하며, 여러 가지 덕을 모아 두루 갖추었고 여러 가지 어리석음을 녹여 홀로 비추기 때문에 '원각(圓覺)'이라 한다. 그 실제는 모두 한마음이다.

    이를 등지면 '범부'이고 따르면 '성인'이며, 미혹하면 '생사가 시작'되고 깨달으면 '윤회가 멈춘다.' 가까이하여 구하면 '지(止)·관(觀)'과 '선정·지혜'이고, 추구하여 넓게 하면 '육도의 보살행(萬行)'이다. 끌어당겨 지혜를 이룬 뒤에는 '바른 지혜'가 되고, 의지하여 씨앗으로 삼은 후에는 '바른 인연'이 된다. 그 실제는 모두 하나의 법이다.

    종일 원각(圓覺)에 있으면서 원각인 적이 없는 자는 '범부'이고, 원각을 증득하고자 하나 원각을 아직 궁구하지 못한 자는 '보살'이며, 원각에 살고 지니며 원각을 구족한 자는 '여래'이다. 원각을 여의고는 육도가 없고, 원각을 버리고는 삼승(三乘)이 없으며, 원각이 아니면 여래가 없고, 원각이 없으면 참된 법이 없다. 그 실제는 모두 하나의 도이다.

---

370 『大佛頂萬行首楞嚴經』卷第一. 大正藏 第19 [0109a01].
371 『원각경소』「서문」은 규봉(圭峰)의 『원각경소』에 있는 배휴(裵休)의 서문이다.

삼세의 모든 부처님이 증득한 것이 대개 이것이다. 여래가 큰일을 위해 세상에 출현하신 것이 대개 이 일을 위해서다. 삼장 십이부(三藏十二部)와 모든 수다라(修多羅)가 대개 이것을 설하신 것이다."³⁷²라고 하였다.

해석한다. 마음이란 하나의 법을 '광대한 법(普法)'이라 한다. 이 마음을 비추고자 하면 응당 보안(普眼)으로 마음을 텅 비워 비추어 보아야 한다. 고요히 비추고 신령하게 아는 것은 편벽되고 작은 것이 아니어서 궁구할 수가 있고 원만하여 능히 깨달을 수 있다. 그러므로 '원각'이라 한다. 이것은 증득의 주체(能證)에 준거한 것이다. 진여의 묘한 성품은 적멸무위(寂滅無爲)하며 구족하고 두루 미쳐서 모자라거나 줄어듦이 없다. 그러므로 '원각'이라 한다. 이것은 증득의 객체(所證)에 준거한 것이다.

주체와 객체가 합하여 하나가 되는 것은 오직 한마음뿐이다. 이 한마음이 능히 일체 만법의 자성이 되고, 또 능히 삼승육도(三乘六道)의 형상을 드러낸다. 형상을 거두어서 성품으로 돌아가는 데는 일찍이 다른 길이 없다. 세간과 출세간의 오르내림이 비록 다르나 무릇 갖가지 행위가 모두 마음 아닌 것이 없다. 이것을 여의고는 위로는 삼보(三寶)와 일승(一乘)이 없고, 아래로는 사생(四生)과 구유(九有)³⁷³가 없다.³⁷⁴

---

372 『大方廣圓覺修多羅了義經略疏』序. 大正藏 第39 [0523b10].
373 구유(九有)는 구류중생(九類衆生)이다. 『금강경』에서 일체중생의 종류를 4생, 즉 난생(卵生)·태생(胎生)·습생(濕生)·화생(化生)과 유색(有色)·무색(無色)·유상(有想)·무상(無想)·비유상비무상(非有想非無想)의 아홉 가지로 분류하였다.
374 『宗鏡錄』卷第一百. 大正藏 第48 [0952b29].

183
문자는 밭이고 뜻은 울타리라
말을 하려고 하면 말이 손상되고
정신과 생각을 맑고 고요하게 하니
의근(意根)이 반연하고자 하나 생각이 일어나지 않네. 《294》

《294》 '말을 하려고 하면 말이 손상된다.'라는 것은, 『수능엄경』에서 "세상의 말로써 부처의 지견에 들어가려는 것이다. 마치 손바닥으로 허공을 만지는 것과 같이 한갓 피로만 더할 뿐이다. 허공이 어떻게 네가 만지는 것을 허락하겠느냐?""[375]라고 하였다.

'의근이 반연하고자 하나 생각이 일어나지 않는다.'라는 것은, 『반야경』에서 "마치 태말충(파리)이 처처에 머물 수 있으나 불꽃 위에는 머물지 못하는 것처럼, 의근(意根)이 두루 모든 경계에 반연하나 반야에는 반연하지 못한다."라고 하였다.[376] 마음의 지혜 길이 끊어졌기 때문이다.

184
대중에 처하나 무리에 끼지 않고
높은 데 거처하나 외롭지 않으니《295》
큰 도를 널리 알리는 토대이고
가르침의 바다를 전파하는 소용돌이며

---

[375] 『大佛頂萬行首楞嚴經』卷第四. 大正藏 第19 [0120c29].
[376] 『宗鏡錄』卷第三十八. 大正藏 第48 [0637c13]. "大智度論言…"

우유를 알고 말하는 참다운 비결이고 《296》
코끼리를 온전히 본 밝은 눈이네. 《297》

《295》 지공 화상[377]이 노래하였다.

대중에 처하나
시끄러운 것을 보지 아니하고
혼자라도
적막하지 않네.[378]

《296》 『대열반경』에서 "눈먼 시각장애인에게 우유의 색깔을 묻는 것과 같다."[379]라고 하였다. 우유의 바른 색깔을 알지 못한다. 자신의 안목 없이 남의 문답을 따라가면 자신의 마음을 알지 못하는 것과 같다. 만약 최상의 근기(上上根機人)라면 하나를 듣고 천 가지를 깨달아 대총지(大總持)를 얻는다.

《297》 『대열반경』에서 여러 눈먼 이들이 코끼리를 만지며 각기 다른 말을 할 뿐 코끼리의 진짜 몸을 알지 못한다는 것을 밝혔다.[380] 이는 반야를 잘못 아는 사람이 대략적인 견해로 상사반야(相似般若)[381]를 설하는 것에

---

377 지공 화상은 남북조 양나라 무제 때 스님이다. 『대승찬(大乘讚)』의 저자이다. 스님은 寶誌, 寶誌公, 寶志, 保志, 保誌, 寶公, 誌公 화상 등으로 전해진다. 고구려 왕이 스님에게 공양물을 보내기도 했다고 전한다.
378 『宗鏡錄』卷第七十九, 大正藏 第48 [0852a18].
379 『大般涅槃經』卷第三十四. 大正藏 第12 [0568c28].
380 『大般涅槃經』卷第三十四. 大正藏 第12 [0568c28] 참조.
381 상사반야(相似般若)는 옳은 듯하지만 비슷하게 알 뿐 그릇된 반야이다.

비유한 것이다. 96종 외도와 삼승 학자와 선종의 종지를 얻지 못한 사람들이 모두 코끼리의 진짜 몸을 보지 못한 것이다. 오직 바로 마음의 성품을 본 사람만이 마치 대낮에 사물을 보는 것과 같이 분명하게 알아 미혹되지 않는다. 자신의 눈을 가진 사람만이 상응할 수 있다.

185
살운로(薩薩雲)를 밟음이여!
가깝지도 않고 멀지도 않으며
청량한 연못에 다다름이여!
더디지도 않고 빠르지도 않으며 《298》
한마디 말을 내뱉음이여!
바다가 마르고 산이 무너지며
묘한 뜻을 제창함이여!
하늘이 뒤집히고 땅이 전복되네.

《298》 '살운로(薩雲路)'[382]는 중생의 마음을 말한다. 이를 깨달으면 그만이지 원근을 논하지 않는다. '청량지'란, 한마음이 뚜렷하고 밝아서 더러움과 심한 고뇌가 없으므로 '청량'이라 한다. 『지론』[383]에서 "눈이 있지만 발이 없으면 청량지에 이르지 못하고, 발이 있지만 눈이 없어도 청량지에 이

---

382 살운로는 sarva-jña의 음사이다. 일체지(一切智)라고 번역한다. 薩婆若, 薩般若, 薩云若라고도 한다.

383 『지론』은 용수 보살의 『대지도론(大智度論)』이다. 구마라집이 번역한 『마하반야바라밀경(摩訶般若波羅密經)』을 풀이한 논서이다.

르지 못한다. 눈과 발이 서로 도와야 비로소 이를 수가 있다."[384]라고 하였다. 자신의 마음을 단박에 깨닫는 것이 '눈'이고, 설한 바와 같이 수행하는 것이 '발'이다. 그러므로 반드시 이치와 현상을 함께 행하고 선정과 지혜를 쌍으로 수행해야 비로소 한마음의 지혜 바다에 들어갈 수 있다.

186
원종(圓宗)을 듦이여!
지극한 이치를 펼치는 법계의 관문이요
뭇 의미를 담음이여!
뭇 해석을 바로잡는 선문의 설족구(禪門齧鏃句)이네. 《299》

《299》 존귀한 근본의 문(宗門)에는 설족구(齧鏃句)가 있어서 문답이 통하지 않는다.

---

[384] 『大智度論』卷第八十三. 大正藏 第25 [0640c08].

19
허망함의 본 성품은 본래 텅 비었고, 중생은 원래 부처라네

✢

내 마음의 꽃과 열매

187

생각생각 영취산에서 세상으로 나오고

걸음걸음 도솔천에서 하생하며 《300》

사바세계에 화장세계의 바다를 드러내니 《301》

뜰 앞의 숲이 (부처님이 계신) 왕사성이네.

《300》 『화엄론』에서 "한 생각에 상응하면 일념불(一念佛)이고 (…)."[385]라고 하였다. 『대집경』에서는 "탐진치에서 벗어난 것이 곧 부처님이 세상에

---

[385] 『新華嚴經論』卷第二. 大正藏 第36 [0732c03].

출현하신 것이고 (…)."³⁸⁶라고 하였다. 또 『여래장경』³⁸⁷에서는 "나는 부처의 눈으로 일체중생의 탐욕과 분노인 모든 번뇌 중에서 여래의 지혜와 여래의 눈과 여래가 결가부좌를 하고 엄연히 움직이지 않음을 본다. 선남자여! 일체중생이 비록 육도에 있으나 번뇌의 몸속에 여래장이 있어 항상 물듦이 없고, 덕상이 구족되어 나와 다름이 없다."³⁸⁸ 라고 하였다. 또한 경에서 노래하였다.

> 내가 지금 여래의 성품을 분명히 깨달았나니
> 여래가 지금 나에게 있네.
> 나와 여래가 차별이 없어서
> 여래가 곧 나의 진여라네.³⁸⁹

또한 성불의 뜻이 문에 따라 같지 않으니, 고인의 해석에 네 가지가 있다. 첫째는 성품에 준거하니, 곧 하나의 참된 법계(一眞法界)이다. 둘째는 형상에 준거하니, 곧 다함없는 현상의 법계이다. 셋째는 성품과 형상이 서로 통하니, 이 두 가지 문이 즉하지도 여의지도 않음을 드러내었다. 넷째는 성품으로 형상을 융합하니 덕의 작용이 넓게 펼쳐졌다.

처음은 본체의 문에 준거한다. 묻는다. 본체는 부처인가? 답한다. 이는 장애 없음에 준거하여 네 구절로 이루어졌다. 첫째는 부처이니, 법성신

---

386 『大方等大集經』卷第十「海慧菩薩品」第五之三. 大正藏 第13 [0066c24].
387 『여래장경』은 『대방등여래장경』 또는 『대방광여래장경』이라고도 부른다. 서진의 법거(法炬, 290~312)가 한역하였다고 전해지므로 늦어도 3세기 초에는 성립된 것으로 보인다.
388 『大方等如來藏經』. 大正藏 第16 [0457b25].
389 『大方廣佛華嚴經隨疏演義鈔』卷第四十六. 大正藏 第36 [0358c03].

은 이르지 않는 곳이 없기 때문이다. 경에서 "성품이 공(空)함이 곧 부처이다."390라고 한 까닭이다. 둘째는 부처가 아니다(非佛). 깨달음의 주체(能覺)와 깨달음의 객체(所覺)를 단절해서 그 성품으로 삼았다. 평등한 진여법의 성품은 부처도 아니고 중생도 아니기 때문이다. 셋째는 부처이기도 하고 부처가 아니기도 하다. 법의 성품은 자성이 없기 때문이다. 넷째는 둘 다 아니다(雙非). 성품과 성품 없음(無性)이 둘 다 끊어졌기 때문이다. 경에서 노래하였다.

없음(無)에는 둘이 없고
둘 없는 것도 또한 없으니
삼세가 모두 공(空)한 것이
곧 모든 부처님의 안목이네.391

둘째는 형상의 문(相門)에 준거하는데, 두 가지가 있다. 첫째는 정(情)이고, 둘째는 정 아님(非情)이다. 참마음이 인연에 따라 주체와 객체로 변화하기 때문이다. 그래서 이 두 문이 각기 모두 더럽기도 하고 깨끗하기도 하다. 이를테면 무명이 진여를 훈습하여 물듦의 연기(染緣起)가 이루어지기도 하고, 진여가 무명을 훈습하여 청정한 연기(淨緣起)가 이루어지기도 한다. 물듦의 연기로 많은 중생계를 이루고 청정한 연기로 성불한다. (그러므로) 깨끗한 인연을 닦아 저 물듦의 인연을 끊어야 비로소 성불할 수 있다.

    이 두 가지 뜻에 의하면 중생과 부처가 같지 않다. (왜냐하면) 청정한 연

---

390 『大方廣佛華嚴經』卷第十六「須彌頂上偈讚品」第十四. 大正藏第10 [0081c05].
391 『大方廣佛華嚴經』卷第十六「須彌頂上偈讚品」第十四. 大正藏第10 [0083b14].

기(淨緣)에 다시 씨앗(因)이 있고 열매(果)가 있으며, 순수함(純)이 있고 어지러움(雜)이 있기 때문이다. 만약 순수함의 문(純門)에 준거하면, 한 보살을 따라서 미래가 다하도록 오직 하나의 수행만을 닦는 것이다. 낱낱이 모두 그렇게 한다. 만약 어지러움의 문(雜門)에 준거하면, 만행을 가지런히 닦아 미래가 다하도록 수행해야 한다. 만약 씨앗의 문(因門)에 준거하면, 미래가 다하도록 항상 보살이고, 만약 열매의 문(果門)을 닦는다면 미래가 다하도록 항상 여래이다. 경에서 "중생을 위하기 때문에 매 순간 새록새록 등정각을 이룬다."라고 하였다. 만약 쌍변문(雙辯門)³⁹²이면, 미래가 다하도록 인(因)을 닦아 과(果)를 이루지만, 만약 둘 다 부정하는 문(雙非)에 준거하면 미래제가 다하도록 인도 아니고 과도 아니어서 곧 참 성품과 한가지이다.³⁹³

여기에서 바로 성품으로 형상을 융합함에 준거하면, 하나가 이루어짐에 일체가 모두 이루어진다. 이루어짐(成)과 이루어지지 않음(不成)과 정(情)과 무정(無情)은 두 가지 자성이 없기 때문이고, 법계가 한계가 없기 때문이며, 부처의 본체가 널리 두루하기 때문이고, 색과 공(空)이 둘이 아니기 때문이며, 법에 고정된 성품이 없기 때문이고, 열 가지 몸이 원융하기 때문이며, 연기가 서로 인연을 맺기 때문이고, 중생계가 다함이 없기 때문이며, 인과가 두루 미치기 때문이고, 단견과 상견을 멀리 여의었기 때문이며, 만법이 텅 비어 융통하기 때문이다. 그러므로 '하나가 이루어짐에 일체가 이루어진다.'라고 하였다.

무정(無情)에도 또한 깨달음의 성품이 있어서 유정과 같이 성불한다고 말하는 것은 아니다. 만약 (無情도) 성불함을 허용한다면, 성불하기 위해서

---

392 쌍변문(雙辯門)은 아뢰야식 종자식(種子論)의 십문(十門) 중의 쌍변생인이인문(雙辯生引二因門)이다.
393 『大方廣佛華嚴經隨疏演義鈔』卷第八十. 大正藏 第36 [0627b21].

는 인행(因行)을 닦는 주체가 있어야 한다. 무정이 유정으로 변하고 유정이 무정으로 변해야 하니 삿된 견해와 다름없다.

또한 이 중생은 형상에 본떠진 자394이다. 자신이 성취함을 보면 곧 타인이 성취함을 본다. "자신의 마음에서 매 순간 항상 부처가 정각을 이루고 있다."395라고 한 것과 같다. 여기에 세 가지 뜻이 있다. 첫째, '성품이 없다는 것이 동일하기 때문에 지금 성취할 수 있다.'라고 하였다. 이미 두 개의 성품이 없으니, 부처는 하나의 자성을 증득해서 성불할 수 있고 중생도 하나의 자성에서 성불할 수 있다.

둘째, '망령된 성품은 본래 허망하고, 중생은 원래 부처다.'라고 하였다. 중생은 스스로 망령되어서 중생이 부처가 아니라고 본다. 부처는 망령됨이 허망한 것임을 깨달았다. 중생이 어찌 부처가 아니겠는가?

셋째, 참 성품은 얻기가 어렵다. 지금 비로소 성취하는 것이 아니다. 만약 얻을 수가 있다면 지금 성불할 수 있지만, 성품을 증득하기는 어렵다. 부처는 이제 성취된 것이 아니다. 부처는 본래 부처다. 부처는 본래 부처이기 때문에 어찌 중생과 부처가 다르겠는가?

그러므로 하나가 이루어짐에 일체가 모두 이루어진다. 또한 하나를 이루지 못한다면 모든 것을 이룰 수 없다. 동일한 성품이기 때문이다. 지금은

---

394 이 중생은 모양을 본뜬 자(又此眾生乃是像上之摸者)라 한 것은, 『화엄경』 「화장세계품」에서 "비유하면 여러 가지 수놓은 형상이 화가가 만든 것이듯이, 일체 이 모든 세계는 마음의 화가가 이룬 것이다. 한량없는 모든 세계는 중생심을 따라서 일어난다."라는 뜻이다. 따라서 『주심부』의 '상상(像上)'은 『화엄경』의 수놓아진 형상인 중궤상(眾繢像)으로 이해할 수 있다. 『주심부』의 '摸'는 『화엄경』의 '화사지소작(畫師之所作)'으로 이해할 수 있다. 즉 "眾生乃是像上之摸"의 의미를 풀어 보면 "중생은 이 (수놓아진) 형상 위에 (마음의 화가에 의해) 본떠진 것"으로 이해할 수 있다.

395 『大方廣佛華嚴經』卷第五十二「如來出現品」第三十七之三. 大正藏 第10 [0274c28].

성불문(成佛門)이기 때문에 일체가 모두 성불하는 것이다.³⁹⁶

《301》 『환원관』에서 "그러므로 큰 지혜가 원만하게 밝아지면 작은 티끌까지 볼 수 있다. 성품의 바다를 관찰하여 진리의 근원이 환하게 드러나면 작은 티끌의 처소에서 온몸을 드러낼 것이다. 만법은 반드시 동시에 드러나고, 한때의 이치는 전후가 없다."³⁹⁷라고 하였다.

『화엄기』에서는 "화장세계는 맑은 인연이 성숙하여 사바세계가 화장세계가 된 것이고, 사바세계는 오염된 인연이 성숙하여 화장세계가 사바세계로 드러난 것이다. 이것은 모두 이름을 바꾼 것이지 본체를 바꾼 것은 아니다. 다만 마음을 따라 나타나는 것이다."라고 하였다. 이는 『법화경』에서 세 번 정토가 변화한 것이 다만 마음의 변화일 뿐이라고 한 것과 같다.

또한 "화장세계의 바다라고 하는 것은, 다함없는 큰 원(大願)의 바람이 큰 자비(大悲)의 물을 지탱하여 가없는 보살행의 꽃을 피운 것이다. 법의 성품인 허공은 능히 많은 경계를 용납하여 중첩되어도 걸림이 없다. 그 물 위에서 하나의 큰 연꽃을 피워 법공계(法空界)에 두루하다. 이름하여 '가지가지 꽃술에 향내 나는 깃발(種種蘂香幢)'이라 한다. 근본지에서 차별지를 일으키고 차별행을 행한다."³⁹⁸라고 하였다. 이를 '꽃술'이라 한다. 경에서 노래하였다.

비유하면 마음 왕의 보물은
마음 따라 여러 가지 색깔을 나타내나니

---

396 『大方廣佛華嚴經隨疏演義鈔』卷第八十. 大正藏 第36 [0627b21-0628a25].
397 『修華嚴奧旨妄盡還源觀』. 大正藏 第45 [0638a14].
398 『新華嚴經論』卷第十三 「華藏世界品」第五. 大正藏 第36 [0803b13].

중생의 마음이 청정하므로
청정한 세계를 본다네.**399**

여러 가지 비단에 그려진 형상은
화가가 그린 것과 같이
이러한 모든 세계는
마음의 화가가 그려 놓은 것이네.**400**

한없는 모든 세계가
중생의 마음에서 일어나고
낱낱의 마음에서
한없는 세계가 탄생하네.**401**

188
보고 듣고 지각하고 아는 일상에서
보현의 다함없는 행을 드러내고
오고 가고, 굽어보고 올려다봄에
문수의 근본 지혜를 갖추었네.《302》

《302》 선덕이 "문수는 중생이 지금 행하고 있는 분별심(分別心)이고, 보

---

399 『大方廣佛華嚴經』卷第十「華藏世界品」第五之三. 大正藏 第10 [0051b13].
400 『大方廣佛華嚴經』卷第十「華藏世界品」第五之三. 大正藏 第10 [0051b13].
401 『大方廣佛華嚴經』卷第十「華藏世界品」第五之三. 大正藏 第10 [0051b13].

현은 중생이 고뇌하는 업혹심(業惑心)이다."[402]라고 하였다. 또한 보현의 몸은 허공의 성품과 같건만 일체중생이 '생사'라고 여긴다. 왜냐하면 마주하고 있는 색신(色身)이 똑같은 허공의 성품이기 때문이다. 또 "육근과 삼업이 모두 문수의 진실한 형상이다. 본체가 삼라만상에 두루하니 반야 아닌 것이 없다. 어떤 한 곳인들 문수와 보현이 없는 곳이 있겠는가?"[403]라고 하였다.

189
실교(實敎)에서 방편교(權敎)로 나누어지고 《303》
별상(別相)에서 총상(總相)을 드러내나니
세상 밖으로 대천세계를 던져 버리고
모공으로 바닷물을 마시네. 《304》

《303》 일승의 실교(實敎)에서 삼승의 권교(權敎)로 나누어지고, 삼승의 권교에서 일승의 실교로 회귀한다. 그렇다면 마음에서 세 가지를 열고 마음에서 하나에 합한 것이다. 또한 하나에 의지하나 세 가지 형상이 같지 않고, 세 가지에 의지하나 하나의 본체가 다르지 않다.

《304》 '별상(別相)에서 총상(總相)을 드러낸다.'란, 작용으로 본체를 드러내고 경계로 인해 마음을 안다는 것이다. 총상이 아니면 별상이 나오지 못하고 별상이 아니면 총상을 드러내지 못한다. 『정명경』에서 "세계 밖에 사

---

[402] 『宗鏡錄』卷第二十四. 大正藏 第48 [0548c20]. "華嚴私記云 (…)."
[403] 『大方廣佛華嚴經疏』卷第十三「光明覺品」第九. 大正藏 第35 [0594c11].

바를 던지고 이 세계에 묘희를 옮긴다."⁴⁰⁴라고 한 것은, 가깝고 멀고 더럽고 깨끗한 것이 한마음에서 벗어나지 않음을 설명하였다.

또한 "바닷물이 털구멍에 들어간다."⁴⁰⁵란, 천태교에서 "바닷물의 참 성품이 곧 털구멍의 참 성품임을 안다."라고 하였다.⁴⁰⁶ 그러므로 '바닷물이 털구멍에 들어간다.'라고 한 것이다.

또한 "'겨자가 수미산을 받아들인다.'란, 일체중생의 무명심이 곧 부처의 마음이다.⁴⁰⁷ 이를 '수미산이 겨자에 들어간다.'"라고 한 것이다. 설령 가없고 불가사의한 신통 변화의 일이 있더라도 모두 이러한 해석과 같다. 『화엄기』에서 "부처의 지혜는 평등하여 마치 허공과 같다. 곧 중생의 세계가 모두 여래지의 물건이다. 둘째는 지혜가 포함해서 받아들일 수 있는 것들은 지혜의 무리와 같다. 지금 털구멍에서 갑자기 드러났다가 미세하거나 거대한 것이 갑자기 거두어진다. 참으로 색과 성품이 원융하여 걸림이 없기 때문이다. 성품으로 형상을 융합한 것은 근본 참마음의 힘이다."⁴⁰⁸라고 하였다.

---

404 『維摩詰經』卷下「見阿閦佛品」第十二. 大正藏 第14 [0555b18].

405 『維摩經義疏』卷第四「不思議品」第六. 大正藏 第38 [0961c09]. "又以四大海水入毛孔."

406 『維摩經略疏』卷第二十三「不思議品」. 大正藏 第38 [0670c05]. "故法華明六根淸淨云. 唯獨自明了餘人所不見. 又以四大海水入一毛孔者. 海對須彌入一毛孔者. 正報自在. 若會海水眞性卽是一毛眞性者. 卽能以海入於一毛. 於正報身無所妨也."

407 『大方廣佛華嚴經隨疏演義鈔』卷第一. 大正藏 第36 [0009b12] 참조.

408 『大方廣佛華嚴經隨疏演義鈔』卷第二十二. 大正藏 第36 [0170a23].

20
무생(無生)의 꽃비가 무명의 땅에서
진여의 싹을 틔우네

✝

**보살의 四位, 五乘과 八藏, 智慧와 眞如,
因陀羅網境界門과 微細相容安立門**

190
묘각의 위를 처음 이루었을 때
하늘에서 네 가지 꽃비가 내리고
무명을 깨뜨리려 할 때
땅이 6종으로 동요하였네. 《305》

《305》 '하늘에서 네 가지 꽃비가 내렸다.'라는 것은, 천태교에서 '보살의 네 가지 지위'[409]를 표현한 것이다. 첫째는 십주위이고, 둘째는 십행위며, 셋째는 십회향위이고, 넷째는 십지위이다. '꽃'이란 부드러움의 뜻이며, 또 '행(行)'과 '선근'을 표현한다. 보살이 행으로 지위에 들어간다. 그러므로 하늘에서 꽃비가 내렸으니 모두 마음의 꽃이다. 『반야경』에서는 "이것은 하늘 꽃도 아니고 또한 여의수의 꽃도 아니다. 곧 무생(無生)의 꽃이다."[410]라고 하였다.

'땅이 6종으로 동요하였다.'라고 한 것은, 무명을 파괴하여 육근의 견고한 집착이 동요한 것이다. 집착은 마음에서 생겨난다. 또한 마음의 땅에서 동요한 것이다.

191
이치와 현상이 걸림 없고 《306》
근본과 지말이 하나의 길이니 《307》
오승(五乘)의 정수를 자유자재로 삼키고 《308》
팔장(八藏)의 기묘한 가르침을 원만히 펼치네. 《309》

《306》 이치(理)는 현상(事)을 이룰 수 있고, 현상은 이치를 밝힐 수 있다. 이치와 현상이 걸림 없고, 현상과 현상이 걸림 없다. 『화엄기』에서 "주편함용관(周遍含容觀)에 사사무애(事事無礙)가 있다."[411]라는 것은, 보살은 설령 현상을 보더라도 곧 이치를 관한다. 그러나 '이 현상이 이치에 즉하지 않는다.'라고 설한다. 현상은 텅 비어 본체가 없으니 형상을 파괴하지 않는다. 그러므로 중생을 살펴서 모든 부처님을 보고 생사를 살펴서 열반을 보는 것

409　胡吉藏撰, 『法華玄論』卷第五. 大正藏 第34 [0403b28].
410　『仁王般若波羅蜜護國經』卷下 「受持品」第七. 大正藏 第08 [0833a23] 참조.
411　『大方廣佛華嚴經隨疏演義鈔』卷第十. 大正藏 第36 [0071c02] 참조.

이다. 완전한 이치의 현상으로서 언제나 드러난다. 그러므로 현상은 이미 완전한 이치이기 때문에 이치를 즉하지 않는다. 만약 이치를 즉한다면 완전하지 않다. 예를 들면, 금으로 십법계의 형상을 만들면 낱낱의 형상 전체가 금이다. 다시 금에 즉한다고 말하지 않는 것과 같다.[412]

《307》 근본에서 지말(末)을 보이고, 지말은 도로 근본으로 돌아간다. 마음은 자신의 성품이 없어서 경계로 인해 생겨나고, 경계는 자신의 성품이 없어서 마음으로 인해 드러난다. 주체와 객체가 서로 성립시키니, 하나의 본체이고 다름이 없다

『백문의해』에서 "만약 티끌(경계)이 유심(唯心)에서 나타난 것이라면 밖의 티끌(外塵)[413]이 모두 없어진다. 만약 마음 전체가 티끌로 나타낸다면 내심(內心)[414]이 모두 없어진다(泯). '없어진다'라는 것은 그 본체 밖의 견(見)이 없어진 것이다. '존재한다'라는 것은 그 이치를 온전히 갖춘 현상이 존재하는 것이다. '없어진다'에 즉해서 항상 존재하고, '존재한 것'에 즉해서 항상 없어진다."[415]라고 하였다.

《308》 '오승(五乘)'[416]이란, 첫째는 인승, 둘째는 천승, 셋째는 성문승, 넷째는 연각승, 다섯째는 보살승이다. 오계를 지키면 인승을 얻고, 십선을 가지면 천승을 얻으며, 사제법을 닦으면 성문승을 얻고, 십이인연법을 닦으면

---

412 『宗鏡錄』卷第十三. 大正藏 第48 [0484a05].
413 밖의 티끌(外塵)은 육진(六塵) 중 전오진(前五塵)을 말한다.
414 내심(內心)은 육진 중 법진(法塵)을 말한다.
415 『華嚴經義海百門』「實際斂跡門」第二. 大正藏 第45 [0629a16].
416 오승(五乘)은 중생을 깨달음으로 인도하는 부처님의 다섯 가지 가르침이나 수행법이다.

연각승을 얻으며, 육도행을 닦으면 보살승을 얻는다. 또한 삼승과 사승과 일승이 모두 한마음으로부터 나온다. 그러므로 『능가경』에서 노래하였다.

> 모든 하늘의 수레(天乘)와 인승과 성문승과 연각승과 모든 부처님의 여래승 등
> 내가 이 모든 수레(乘)를 설하는데
> 모든 수레를 굴린다는 마음이 있다면 구경이 아니고
> 만약 저 마음이 없다면 수레나 수레에 오른 자도 없네.[417]

그러므로 삼승(三乘)과 오승(五乘)이 모두 자신의 마음에서 나온 줄 알 수 있다. 만약 마음이 없으면, 이미 수레에 오른 자(能乘者)도 없고 또 수레에 오르는 법(所乘法)도 없다. 그러므로 "수레이나 수레에 오른 자도 없다."[418]라고 하였다.

《309》 '팔장(八藏)'이란, 첫째는 점교이고, 둘째는 돈교며, 셋째는 부정교이고, 넷째는 비밀교며, 다섯째는 장교이고, 여섯째는 통교며, 일곱째는 별교이고, 여덟째는 원교이다. 경에서 "십이분교는 진여법계에서 유출되었다. 마음이 본체가 되어 무궁하게 연출한다. 어떻게 하였는가? 만약 마음의 공(空)이면 성문장을 연출하고, 만약 마음의 거짓(假)이면 보살장을 연출하며, 만약 마음의 중도(中)이면 불장(佛藏)을 연출한다."라고 하였다.

---

417 『入楞伽經』卷第四「集一切佛法品」第三之三. 大正藏 第16 [0540a20].
418 『入楞伽經』卷第四「集一切佛法品」第三之三. 大正藏 第16 [0540a20].

192
마음에서 마음을 드러내네.
난초에서 난초잎이 나오듯이
의식에서 의식을 드러내네.
전단나무에서 전단 가지가 뻗어 나오듯이 《310》

《310》 경계는 마음에서 변한다. 변한 것은 자신의 마음이다. 마음으로부터 마음을 드러내나니, 다시 다른 물건은 없다. 『보적경』에서 노래한다.

나무를 비벼 불을 내려면
반드시 여러 가지 인연의 힘을 빌려야 하나니
만약 인연이 화합하지 않으면
불이 끝내 일어나지 않는 것과 같네.

마음을 기쁘게 하지 않는 소리는
끝내 소유하려고 하지 않듯이
소리의 자성이 공함을 알기에
성냄을 또다시 일으키지 않네.

성냄은 소리에도 있지 않고
자신에게도 있지 않아
인연이 화합하여 일어났으니
인연을 여의면 (성냄의) 인연이 일어나지 않네.

마치 우유의 인연이

화합하여 수락이 생기듯이
성냄의 자성은 일어난 적이 없는데
추악한 일로 비롯되네.

어리석은 자는 알지 못해
심하게 괴로워하며 스스로 애태우지만
마땅히 이렇게 알아야 한다네
결국에 (성냄은) 소유할 수 없다고!

성냄의 자성은 본래 고요하고(空)
다만 가명(假名)으로만 있으며(假)
성냄은 곧 실제(實際)이니(中)
진여에 의해 일어났기 때문이네.
진여법계를 알면
이를 '성냄의 삼매(瞋三昧)'라 하네.[419]

이어서 노래한다.

이 커다란 야차의 몸은
자신의 마음에서 생겨나서
여기에는 실다움이 없거늘
망령되게 두려움을 내네.

---

[419] 『大寶積經』卷第二十九「文殊師利普門會」第十. 大正藏 第11 [0161a21].

두려워하는 마음도 없는데
두려움을 냈으니
법이 실답지 않음을 관하면
형상도 없고 얻을 것[420]도 없네.

텅 빈 고요한 데서
야차의 몸을 드러냈으니
이렇듯 허망한 줄 앎이
'야차삼매(夜叉三昧)'라네.[421]

또 야차의 한 몸은 겉모습이 매우 추악하여 사람들이 두려워한다. 성냄의 문은 근본번뇌로 가장 번란(煩亂)[422]하다. 이 안팎의 두 법[423]도 오히려 삼매를 이룬다. 한가지로 여러 가지 예를 들었다. 한마음의 귀감으로 삼는다면 경계나 마음이 모두 삼매(正受)를 이룰 것이다.『화엄경』에서 노래하였다.

선정으로 마음을 지키니 항상 하나의 인연이고
지혜로 경계를 깨달으니 한가지 삼매이네.[424]

---

420 법은 두려워하는 마음이다.
421 『大寶積經』卷第二十九「文殊師利普門會」第十. 大正藏 第11 [0160a18].
422 번란(煩亂)은 번요뇌란(煩擾惱亂)의 준말이다. 마음을 흔들어서 어지럽게 한다는 뜻이다.
423 두 법이란 내법(內法)은 번뇌, 외법(外法)은 몸이다.
424 『大方廣佛華嚴經』卷第三十三「十迴向品」第二十五之十一. 大正藏 第10 [0177b08].

193

불공(不空)인 공(空)이며

비유(非有)인 유(有)라 《311》

진여 밖에 지혜가 없으니 알 수가 있고

지혜 밖에 진여가 없으니 지킬 수가 있네. 《312》

《311》 마음이 공(空)하면 자성 없는 공이니, 공하면서 공하지 않다. 마음이 있음(有)이면 자성이 없는 있음이니, 있음이면서 있음이 아니다. 있음이 아닌 있음이어서 있음이 한결같음(一如)을 드러내고, 공이 아닌 공이어서 공이 만덕을 이룬다. 참으로 '성품의 공(性空)에서 모든 존재(萬有)를 꺾어 버리고, 마지막에는 하나의 없음(無)마저 쓸어 낸다.'라고 할 만하다.[425]

그렇다면 마음을 펼치면 마음 밖의 경계가 없고, 경계를 펼치면 경계 밖의 마음이 없다. 만약 서로 빼앗아 둘 다 없으면 마음과 경계가 모두 없어진다. 만약 서로 도와서 둘 다 세우면 마음과 경계가 분명하다. 또한 둘이지만 둘이 아니어서 마음과 경계가 그윽이 하나가 된다. 둘이 아니지만 둘이어서 마음과 경계가 분명하다. 또한 마음 밖의 경계가 없으므로 들어가기 어렵고, 경계 밖의 마음이 없으므로 깊고 깊다.

《312》 『화엄경』에서 "지혜 밖에 진여(眞如)가 없으니 지혜로 들어갈 수 있고, 진여 밖에 지혜가 없으니 진여를 증득할 수 있다. 지혜가 곧 진여이고, 진여가 바로 지혜이다. 법계가 고요한 것을 '진여'라 하고, 고요하되 항상 비추는 것을 '지혜'라 한다. 어찌 고요한 것을 여읜 밖에 따로 지혜가 있겠는

---

[425] 『宗鏡錄』卷第五十一. 大正藏 第48 [0715a06].

가? 만약 지혜 밖에 진여가 있다면 지혜는 법을 거둘 수 없다. 만약 진여 밖에 지혜가 있다면 진여는 지혜에 두루할 수 없다. 하나와 전체를 들어 거두지만 서로 병립하는 것은 아니다."⁴²⁶라고 하였다. (이어서) 경에서 "보잘것없는 법일지라도 다른 법과 함께 머문다는 것은 있을 수 없다. 곧 법성(法性)이 진여와 병립할 수 없음을 드러내었다. 두 가지가 이미 존재하지 않는데 하나인들 어찌 성립하겠는가. 이처럼 단적으로 증명하는 데는 오직 실교종(實敎宗)뿐이다."라고 하였다.[427] 또한 "이 진여는 증득의 대상(所證)이고, 지혜는 증득의 주체(能證)이다. 주체와 대상이 그윽이 합한다."[428]라고 하였다. 마음과 경계가 하나이다.

194
제석천 그물의 구슬이 겹겹으로 서로 비추니
하나도 아니고 여럿도 아니며 《313》
병에 든 겨자가 뚜렷하게 분명하니
앞뒤가 없네. 《314》

《313》 이것은 십현문(十玄門) 가운데 제7 인다라망경계문(因陀羅網境界門)이다. (演義鈔에) "천제의 궁전에는 구슬 달린 그물이 그 위를 덮고 있는데, 하나의 밝은 구슬 안에 만상이 모두 나타나고 다른 구슬에도 모두 그러

---

[426] 『大方廣佛華嚴經疏』卷第二十七. 大正藏 第35 [0706a13].
[427] 『大方廣佛華嚴經疏』卷第二十七. 大正藏 第35 [0706a13]. "此即迴向經文. 更有文云…".
[428] 『大方廣佛華嚴經疏』卷第五十三. 大正藏 第35 [0899b23].

하다. 또 서로서로 영상을 나타내고 영상도 또한 영상을 나타내어 겹겹으로 끝이 없다. 그러므로 천 가지 광명이나 만 가지 색깔이 비록 겹겹으로 서로 비추고 있으나 뚜렷이 구분되는 것과 같다. 또한 두 개의 거울이 서로 비추어 겹겹으로 서로 아울러 받아들이고, 차례대로 비치고 서로 본떠서 번갈아 비춤이 무궁한 것과 같다."[429]라고 하였다. 이것은 일심진여(一心眞如)의 끝없는 자성이 만법을 유출하고 법계를 밝게 드러내는데 끝없이 무궁함을 비유한 것이다.

《314》『화엄소』에서 "밝고 환하게 가지런히 드러나는 것이 마치 저 겨자가 들어 있는 병과 같다."[430]라고 한 것은, "곧 십현문(十玄門) 중의 제3 미세상용안립문(微細相容安立門)이다. 하나가 능히 많은 것을 함용하는 것을 '상용(相容)'이라 하고, 하나와 많은 것이 섞이지 않기 때문에 '안립(安立)'이라 한다. '병(炳)'은 밝다는 뜻이고, '하나(一)'란 머금고 있는 미세(微細)이다. 유리병에 많은 겨자를 담으면 밝고 환하게 가지런히 드러나지만 서로 장애하지 않아서 앞도 아니고 뒤도 아니다."[431]라고 하였다. 이것은 한마음이 만법을 함용하고 있는데 성품과 형상의 분명함을 비유한 것이다.

卷第二. 終

---

[429] 『大方廣佛華嚴經隨疏演義鈔』卷第二. 大正藏 第36 [0010b25].
[430] 『大方廣佛華嚴經疏』卷第一. 大正藏 第35 [0503a06].
[431] 『大方廣佛華嚴經隨疏演義鈔』卷第二. 大正藏 第36 [0010a16].

3장

주심부

권제 3

1
중생의 마음 거울에
전륜왕의 밝은 구슬이 드러나네

✢

覺의 體와 相, 그리고 네 가지 맑은 거울

195
마음을 잊고서 비추고
생각 없이 알아차리네
상서로운 풀들이 기운이 좋을 때 싹을 틔우고
숲의 아름다운 꽃들이 기운이 번성할 때 열매를 맺듯이《315》

《315》 '마음을 잊고서 비춘다.'라는 것은, 『보장론』에서 "유일한 도는 뿌리가 없으나 신령하고 단단하여 항상 존재하고, 도는 몸이 없으나 미묘하고 항상 진실하며, 도는 하는 일이 없으나 고금에 한결같이 존귀하고, 도는 마음이 없으나 만물에 원만히 갖추어져 있다."[1]라고 하였다.

'생각 없이 알아차린다.'라는 것은, 중생은 생각이 있어서 알고, 성문은 생각이 없으니 앎이 없으며, 보살은 생각 없이 안다. 『서』²에서 "하늘이 언제 말을 할까마는 사계절을 순시하여 봄이 낳으면 여름이 기르니 응당 때를 잃지 않는다."³라고 하였다.

196
의심을 몰록 쉼에
이마의 구슬이 밝은 거울에 나타나고 《316》
어지러운 생각을 모두 다 맑게 하니
봄 못에서 진실한 보물을 얻네. 《317》

《316》 『대열반경』에서 "왕가에 힘이 센 역사가 있었다. 미간에 금강주가 있었는데 싸우다가 함몰되었다. 나중에 좋은 의사가 거울을 들어 그의 이마를 비추니, 구슬이 함몰해서 피부 속에 들어가 있는 것을 알 수 있었다. 이러하듯이 일체중생의 몸속에 부처의 성품이 있지만 지혜로 비추어 보는 힘이 없으면 숨어서 드러나지 않는다. 나중에 훌륭한 선지식을 만나 마음의 거울을 깨달아 자성을 분명하게 보게 되는 것도 마찬가지다."⁴라고 하였다.

1　『寶藏論』「廣照空有品」第一. 大正藏 第45 [0143b18].
2　『서』는 『논어(論語)』「양화(陽貨)」이다. 전한 시대에 처음 출현한 것으로 알려져 있다. 초기에는 '논어'라는 명칭 대신 전(傳), 기(記), 논(論), 어(語) 등의 이름으로 불렸고, 지역에 따라 조금씩 다른 판본이 전해지고 있었다. 이후 전한의 6대 경제~7대 무제 기간인 기원전 2~3세기경 모여서, 후한에 이르러 현재와 같은 上 10권, 下 10권의 형태로 정리되었다.
3　『論語集注』「陽貨」17-19.
4　『大般涅槃經』卷第七「如來性品」第四之四. 大正藏 第12 [0408a09] 참조.

내가 일찍이 『심경록』⁵ 일백 권을 모았는데, 마음으로 거울을 삼아서 시방을 통철하였다. 첫째 법상종은 제8식으로 거울을 삼고, 둘째 법성종은 여래장의 성품으로 거울을 삼는다. 『능가경』에서 "비유하면 밝은 거울이 여러 가지 색상을 나타내는 것과 같이 현식처(現識處)⁶에서 나타나는 것도 마찬가지다."⁷라고 한 것과 같다.

'여래장으로 거울을 삼는다.' 한 것은, 『기신론』에서 "또한 깨달음의 본체와 형상에 네 가지 큰 뜻이 있는데 허공이나 깨끗한 거울과 같다. 네 가지란 무엇인가? 첫째는 여실하게 공한 거울(如實空鏡)이다. 일체 경계의 형상을 멀리 여의어 나타날 만한 법이 없기 때문이다. 각조(覺照)의 뜻은 아니다.

둘째는 인행에서 훈습한 거울(因熏習鏡)이다. 여실하여 공하지 않은(不空) 일체 세간의 경계가 모두 그 가운데 나타남을 말한다. (이 마음은 밖의 六境에 있지 않기 때문에) 밖으로 나가지 않고, (안의 六根에 있지 않기 때문에) 안으로 들어오지 않으며, (외부에 감응하지만) 잃지 않고, (외부의 세계가 감응해도) 파괴되지 않아서 항상 한마음에 머문다. 일체법이 곧 진실한 성품이기 때문이다. 또한 (이 마음은 중생이 오염된 세계에 있다 해도) 일체 오염된 법(染法)이 능히 더럽히지 못한다. (왜냐하면) 지혜의 본체(智體, 覺性의 體)는 움직이지 않기 때문이며, (이 覺性에) 허물 없음(無漏, 淨德)을 구족하여 중생을 훈습하기(종자가 되기) 때문이다.

셋째는 진여법의 멀리 벗어나는 거울(法出離鏡)이다. 공하지 않은 법(不空法)이 번뇌의 장애(煩惱障)와 알음알이의 장애(智礙, 所知障)를 벗어나고, 화

---

5   『심경록』은 『종경록(宗鏡錄)』의 이명이다.
6   현식(顯識)은 아뢰야식의 별명이다.
7   『楞伽阿跋多羅寶經』卷第一 「一切佛語心品」第一之一. 大正藏 第16 [0483a11].

합식(眞妄和合識)의 형상을 여의어 순수하고 깨끗하고 밝기 때문이다.

넷째는 인연의 훈습 거울(緣熏習鏡)⁸이다. 진여법에 의해 (二障에서) 벗어나기 때문에 중생의 마음을 두루 비추어 선근을 닦게 하되, (중생의) 생각에 따라 (갖가지 공덕의 몸을) 시현한다고 말하였기 때문이다."⁹라고 하였다.

해석한다. "네 거울의 이름은, 첫째 빈 거울(空鏡)이다. 일체 밖의 사물을 여읜 본체를 말한다. 둘째 공하지 않은 거울(不空鏡)이다. 본체가 없지 않아서 능히 만상을 나타내기 때문이다. 셋째 깨끗한 거울(淨鏡)이다. 이미 깨끗이 닦아 먼지와 때를 여의었음을 말한다. 넷째 수용하는 거울(受用鏡)이다. 높은 집에 안치하여 필요한 자는 수용함을 말한 것이다.

네 가지 중에 앞의 두 가지는 자성이 청정한 것이고, 뒤의 두 가지는 때를 여의어 청정한 것이다. 또한 앞의 두 가지는 인(因)이 숨었을 때 나아가 설한 것이고, 뒤의 두 가지는 과(果)가 드러났을 때 나아가 설한 것이다. 또한 앞의 두 가지는 공(空)과 불공(不空)을 준거해서 두 가지가 되고, 뒤의 두 가지는 본체와 작용을 준거해서 설한 것이다. 또한 앞의 두 가지는 본체이고 뒤의 두 가지는 형상이다."¹⁰라고 하였다.¹¹

《317》 『대열반경』에서 "어떤 사람이 봄날 연못에서 놀다가 유리 보배를 잃어버렸다. 다투듯이 물속에 들어가 기와 조각이나 조약돌을 집어 돌아왔다. 어떤 지혜 있는 사람이 천천히 물속에 들어가 진짜 보배를 얻었

---

8   인연의 훈습 거울이란『기신론』에서 원만한 지혜가 중생의 마음을 두루 비추어 깨달음에 이르게 함을 연훈습(緣熏習)이라 하고, 이는 지혜의 그림자이므로 거울에 비유하였다.
9   『大乘起信論』一卷. 大正藏 第32 [0576c20].
10 『大乘起信論義記』卷中末. 大正藏 第44 [0261a08].
11 『大方廣佛華嚴經隨疏演義鈔』卷第三十三. 大正藏 第36 [0253c03].

다."¹² 라고 하였다. 그러므로 "구슬을 찾으려면 반드시 물결이 고요해야 한다. 흔들리는 물에서 얻기는 참으로 어려운 일이다. 선정의 물이 맑고 깨끗하면 마음의 구슬이 저절로 나타난다."¹³ 라고 하였다.

또한 『장엄경론』¹⁴에서 "어떤 사람이 우박을 보고 '유리다' 하고서 병 속에 넣었더니 모두 물이 되고 말았다. 나중에 진짜 유리를 보고 '우박이다'라고 하면서 버리고 취하지 않았다. 세상 사람들은 모두 응당 취하지 말아야 할 것은 취하고 응당 취해야 할 것은 취하지 않는다."라고 하였다.¹⁵ 응당 취하지 말아야 할 것을 취하는 것은 밖의 경계만을 따르고 안으로 관(內觀)하지 않는 것과 같다. 응당 취해야 할 것을 취하지 않는 것은 자신의 마음을 믿지 않고 도리어 다른 배움을 구하는 것과 같다.

197
본체가 넓고 작용이 깊으며 《318》
글이 풍부하고 이치에 나아가니
깨달음의 나무에서 가지가 뻗어 나오고
전륜왕이 상투를 풀어 건네준 명주를 받네. 《319》

《318》 용은 한 방울 물로도 구릉과 계곡을 잠기게 할 수 있고, 사람은 하나의 깜부기불로도 아방궁을 태울 수 있다. 이렇듯 눈앞에 있는 것이 모두

12　『大般涅槃經』卷第二「壽命品」第一之二. 大正藏 第12 [0377c22].
13　『重雕補註禪苑淸規』第八卷「坐禪儀」. 卍新續藏 第63 [0544c20].
14　『장엄경론』은 무착의 『대승장엄경론』이다.
15　『大方廣佛華嚴經隨疏演義鈔』卷第四十二. 大正藏 第36 [0322b01].

유심(唯心)이 변한 것인데, 날마다 쓰면서도 알지 못한다. 스스로 하열하다고 여겨서 성인에 이를 수 없다고 한다. 얼마나 슬픈 일인가! 지공 화상이 노래한다.

법성(法性)의 양은 허공과 같은데
중생이 스스로 작다는 마음을 일으키네.[16]

《319》 『법화경』에서 "비유하면 힘이 강성한 전륜성왕은 병사가 싸움에서 공을 세우면 여러 가지 물건으로 상을 준다. 만약 날쌔고 튼튼하여 어려운 일을 하는 이가 있으면 왕이 상투 가운데 밝은 구슬을 꺼내 주는 것과 같다. (여래도 마찬가지로 …)."[17] 라고 하였다. 능히 마음의 마구니와 싸울 수 있으면 마음의 구슬이 저절로 나타난다. 그러므로 법융 대사가 말하되 "만약 용감하게 싸워 공훈이 있으면 상투 가운데 명주가 전혀 아깝지 않다."라고 하였다.

---

16 『景德傳燈錄』卷第二十九「梁寶誌和尚大乘讚」'十首'. 大正藏 第51 [0449b01].
17 『妙法蓮華經』卷第五「安樂行品」第十四. 大正藏 第09 [0038c22].

2
왜 부처를 보지 못하는가

✢

眞諦와 俗諦, 보살의 근심

198
처음과 마지막이 서로 사무치니
범부의 마음에서 부처의 마음을 보고
이치와 현상이 서로 거두고 펼치니
일상의 삶에서 진리의 이치를 밝히네.《320》

《320》 '범부의 마음에서 부처의 마음을 본다.'라는 것은, 『화엄경』에서 노래하였다.

만약 위덕과 몸과 종족으로
사람 가운데 조어사를 보려 하면
이는 눈이 병든 전도된 견해이니

그는 최상승법을 알 수 없네.[18]

이어서 노래하였다.

> 가령 백천 겁에
> 언제나 여래를 보더라도
> 진실한 뜻에 의지하지 아니하고
> 세상을 구하는 자를 보려는 것은
> 모든 형상을 취하는 것이어서
> 어리석음의 그물만 넓혀서
> 생사의 감옥에 갇히고
> 눈이 멀어 부처를 볼 수 없네.[19]

왜 부처를 보지 못하는가? 첫째는 자신의 마음을 알지 못하기 때문이다. 둘째는 숨고 드러나는 것에 밝지 못하기 때문이다. 왜 그런가 하면, 중생의 인(因)은 본각(本覺)이 숨어 있는 것이고, 모든 부처님의 과(果)는 법신(法身)이 드러나 있는 것이다. 인(因)의 숨은 본각은 과(果)의 드러난 법신이다. 과가 능히 인을 성취할 수 있으면 부처인 중생이다. 과의 드러난 법신은 인의 숨은 본각이다. 인이 능히 과를 주관할 수 있으면 중생인 부처이다. 그러므로 '범부와 성인이 서로 통하고 이치와 현상이 서로 머금고 있다.'라고 하였다.
    또한 『화엄연의』에서 "진리는 망령된 지말을 갖추고, 망령됨은 진리의

---

18 『大方廣佛華嚴經』卷第十三「光明覺品」第九. 大正藏 第10 [0064b21].
19 『大方廣佛華嚴經』卷第十六「昇須彌山頂品」第十三. 大正藏 第10 [0081c05].

근원에 통한다. 마치 파도와 습기와 같아서, 젖지 않는 파도가 없고 파도치지 않는 습기가 없는 것과 같다. 그 진리와 망령됨이 서로 통하는 까닭은 한 마음을 여의지 않기 때문이다. 망령됨은 진리에 의해 이루어지니 특별한 망령됨이 없기 때문이다. 진리는 현상으로서 나타나는지라 특별한 진리가 없기 때문이다. 진리와 망령됨은 이름은 다르나 두 가지 몸이 아니다. 진리 밖에 망령됨이 있다면 이치가 두루하지 않기 때문이다. 망령됨 밖에 진리가 있다면 현상이 의지하지 않기 때문이다. 저 열반과 생사를 준거해서 설명한다면, 생사가 곧 열반이다. 망령됨이 진리에 통한 것이다. 이는 마치 파도가 물의 근원에 통하는 것과 같다. 열반이 곧 생사이다. 진리가 망령됨에 통한 것이다."[20]라고 하였다. 마치 물이 파도마다 닿아 있는 것과 같다. 그러므로 『중론』에서 노래하였다.[21]

> 생사의 진실한 경계(實際)가 곧 열반의 경계(涅槃際)이고
> 열반의 진실한 경계(實際)가 곧 생사의 경계(生死際)이니
> 이 같은 두 가지 경계(二際)는
> 털끝만큼도 차별 없이 서로 통하네.[22]

생사와 열반의 경계가 이미 그렇다면, 더 나아가서 마음과 경계, 주체와 객체, 더러운 것과 깨끗함, 자신과 타인 등 일체 만법이 모두 동일한 경계이다. 동일한 경계란 곧 경계가 없는 것이니, 진실한 경계(實際)이다. 일체 모든 법

---

20 『大方廣佛華嚴經隨疏演義鈔』卷第一. 大正藏 第36 [0008a24].
21 『大方廣佛華嚴經隨疏演義鈔』卷第一. 大正藏 第36 [0008a24].
22 『中論』卷第四「觀涅槃品」第二十五. 大正藏 第30 [0036a06].

이 모두 진실한 경계이니, 정해진 양(定量)이다. 지금과 예전, 범부와 성인이 바뀔 수 없다. 그러므로 "도제(道諦)와 속제(俗諦)가 둘이 아니면서 진제와 속제가 없지 않은 것이 보살의 근심이다."[23]라고 하였다.

또한 일체법이 모두 같은데 어찌 망령됨 밖에 진리가 있으며, 또 진여가 일체처에 두루한데 어찌 진리 밖에 망령됨이 있겠는가? 이를 보면 진리와 망령됨이 언제나 서로 통하되, 진리와 망령됨의 형상을 무너뜨리지 않음을 알 수 있다. 그렇다면 망령됨을 구족한 진리이므로 진리는 진리가 아니나 고요하고, 진리와 상통하는 망령됨이므로 망령됨은 망령됨이 아니나 무성하게 일어난다. 그러므로 '일상생활에서 진리의 이치를 밝히네.'[24]라고 하였다.

199
용궁의 경전이 심오하여
바다 서고에서 기묘한 뜻을 뽑아내니
허공에서 경문을 펼치는 시절이요 《321》
티끌에다 경권을 털어 내는 시절이네. 《322》

《321》 『보성론』에서 "어떤 지혜 있는 사람이 혹시나 여래의 교법이 장차 훼멸될까 싶었다. 마침내 대장경의 한 문장을 허공 가운데 우러러 쓰니, 아

---

23 『中論』卷第一「釋僧叡序」. 大正藏 第30 [0001a06].
24 釋吉藏撰,『中觀論疏』卷第一「因緣品」第一. 大正藏 第42 [0005b20].

는 자가 없었다."²⁵라고 하였다. 하물며 마음속에 일체 법문을 갖추고 있음은 말해 무엇하겠는가. 이는 공문(空門)에서 마음을 설명하고 있는 것에 준거한 것이다.

《322》 『화엄경』에서 "하나의 작은 티끌 속에 대천세계의 경권이 있는데, 어떤 눈 밝은 사람이 먼지를 털어 내고 경권을 끄집어내었다."²⁶라고 하였다. 하물며 중생의 망정의 티끌(情塵) 가운데 헤아릴 수 없는 교법을 갖추고 있음이겠는가. 이는 유문(有門)에서 마음을 설명하고 있는 것에 준거하였다. 천태교에서 "먼지를 털어 내고 책을 끄집어낸 것은 항하사 법문을 한마음에서 밝힌 것이다."²⁷라고 한 것과 같다.

200
깨달음의 꽃가지가 수려하고
인욕 풀의 싹이 늘어지니
태화산을 낮은 듯이 내려다보고
기미 이전에 붕새가 날아오르며 《323》
비람²⁸도 오히려 빠르지 않으니

---

25 『보성론』은 『구경일승보성론(究竟一乘寶性論)』이다. 6세기 초 인도 출신 늑나마제가 번역하였다.
26 『大方廣佛華嚴經』卷第五十一「如來出現品」第三十七之二. 大正藏 第10 [0272c04] 참조.
27 『摩訶止觀』卷第二. 大正藏 第46 [0020b04].
28 비람(毗嵐)은 선람(旋嵐)이라고도 하는데, 괴겁(壞劫)에 부는 바람이다.

언어 밖의 소식은 매의 날램과 다름이 없네.《324》

《323》 대붕이 날개를 펴 구만 구천 리를 날아오르니, 어찌 참새가 능히 미칠 수 있겠는가! 하물며 자신의 마음을 바로 깨달아 원만한 믿음을 성취함을 어찌 근기가 낮고 이해가 열등한 이가 미칠 수 있겠는가! '기미 이전(機前)'이란, 본심이 드러내고자 하는 뜻은 말 이전에 있다는 것이다. 미혹과 깨달음이 관계없고 묻고 답함을 기다리지 않는다. 경에서 "철저하게 깨달아 아는 자는 마음의 생각을 의지하지 않는다."[29]라고 하였다. 또한 조사가 "텅 비고 밝아 스스로 비추니 마음의 힘을 허비하지 않는다."[30]라고도 하였다.

《324》 눈이 마주치는 곳마다 도가 있으니 언설을 기다리지 않는다. 『법화경』에서 "그 빠르기가 바람과 같다."[31]라고 하였고, "재빨리 달려가 붙잡으니 (…)."[32]라고 하였으며, "이 보배 자리에 앉아 바로 도량에 이르게 하리라. (…)."[33]라고도 하였다. 모두 마음을 알아 도를 봄이 빠른 것을 비유하였다. 조사는 "마음에 즉하는 자는 빠르고, 발심하여 수행하는 자는 느리다."[34]라고 하였다.

---

29 『大佛頂如來密因修證了義諸菩薩萬行首楞嚴經』卷第四. 大正藏 第19 [0123b29].
30 『信心銘』. 大正藏 第48.
31 『妙法蓮華經』卷第二「譬喩品」第三. 大正藏 第09 [0012c18].
32 『妙法蓮華經』卷第二「信解品」第四. 大正藏 第09 [0016c22].
33 『妙法蓮華經』卷第二「譬喩品」第三. 大正藏 第09 [0013c18].
34 『宗鏡錄』卷第三十六. 大正藏 第48 [0626b18].

201
자신이 선정의 강을 건너
손으로 현묘한 도의 자물쇠를 여니
돌을 집어도 보배이고 《325》
풀을 잡아도 약이 되네. 《326》

《325》 아나율이 질그릇이나 조약돌을 집으면 모두 진주나 보물로 변하였다. 복덕인이 돌을 집으면 금이 되는 것과 같다. 망령된 마음이 본체가 없음을 깨달으면 곧 참마음이다. 번뇌의 자성이 공함을 깨달아 보리의 큰 도를 이룬다. 독을 집어도 약이 되고, 돌이 변하여 금이 되는 것과 같다.

《326》 기파[35]는 풀을 잡으면 약 아닌 것이 없었고, 깨달은 보살은 경계를 봄에 마음 아닌 것이 없었다.[36]

---

35 기파(耆婆)는 jīvaka의 음사이다. 활명(活命)이라 번역한다. 부처님을 담당하던 고대인도의 명의이다.
36 『大法鼓經』卷上. 大正藏 第09 [0292a25] 참조.

3
보리의 도장이 모든 중생의 마음에
분명하게 찍혀 있네

✢

중생이 空하다고 설하는 것이 진정한 자비

202
지혜의 불빛을 전함이여!
어찌 세상의 등불을 빌리랴. 《327》
부처의 직위를 받음이여!
어찌 천작(天爵)³⁷과 같으랴. 《328》

《327》 경에서 "빛이 있으면 법계를 비출 수 있는데, 어찌 어두운 곳에서

---

37 천작(天爵)은 하늘에서 받은 벼슬이다. 남에게서 존경받을 만한 선천적인 덕행이라는 뜻이다.

등불을 밝힐 필요가 있으랴?"³⁸라고 하였다. 지혜의 빛으로 어리석음의 어둠을 파하였다. 이 마음의 등불은 '꺼지지 않는 등불(無盡燈)'이라고도 하니, 어찌 끝이 있겠는가?

《328》 십지보살은 부처의 지위를 이어받음을 보여 주었다. 여래의 열 가지 이름이 부처의 직위³⁹이다. 『화엄경』을 읽지 않으면 어찌 부처님의 부귀를 알겠는가? 이 하나의 참마음은 부귀라 할 수 있고 지위가 높은 극치라 할 수 있다. 그러므로 '견줄 수 없는 위대함(無等等)'이라 하였다. '하늘의 벼슬'은 어질다는 의미이다.

203
여의주를 사들여서 스스로 살피니
여룡(驪龍)⁴⁰을 엿보지 않고《329》
비밀스러운 도장을 받아 지혜가 밝으니

---

38 姚秦涼州沙門竺佛念譯, 『菩薩瓔珞經』 卷第十 「賢聖集品」 第二十九. 大正藏 第16 [0090b02] 참조.

39 『화엄공목장』에서 이종(二種)의 십불(十佛)을 이야기하고 있다. 즉 ① 해경십불(解境十佛): 보살의 깨달은 지혜에 의해 세상의 모든 것을 부처님으로 본다. 『화엄경』 27권의 중생신(衆生身)·국토신(國土身)·업보신(業報身)·성문신(聲聞身)·벽지불신(壁支佛身)·보살신(菩薩身)·여래신(如來身)·지신(智身)·법신(法身)·허공신(虛空身)과 ② 행경십불(行境十佛): 보살의 수행이 완성된 부처님의 경계이다. 『화엄경』 37권의 정각불(正覺佛)·원불(願佛)·업보불(業報佛)·주지불(住持佛)·화불(化佛)·법계불(法界佛)·심불(心佛)·삼매불(三昧佛)·성불(性佛)·여의불(如意佛)이다. 이때 행경십불은 해경십불 중의 제칠여래신(第七如來身)을 자세하게 나열한 것이다.

40 여룡(驪龍)은 검은 용이다. 『장자(莊子)』 「잡편열어구(雜篇列禦寇)」에 등장한다. "夫千金之珠 必在九重之淵 而驪龍頷下."

건작(乾鵲)⁴¹을 찾지 않네. 《330》

《329》 『법화경』에서 "비유하면, 어떤 사람이 친구의 집에 가서 술에 취해 누워 있었다. 그때 친구가 공무로 외출하면서 값을 알 수 없는 보배 구슬을 그의 옷 안에 넣어 놓았다. 그 사람은 취해 누워 있어서 전혀 알지 못하였다. 그 후에 친구가 그를 만나게 되어 보주를 보여 주면서 '자네는 지금이라도 이 보물로 필요한 것과 바꾸어 늘 부족함 없이 살 수 있다.'"⁴²라고 한 것과 같다. 그러므로 검남 화상⁴³이 노래하였다.

이 밝은 구슬을 얻은 이후로는
제석·범천·전륜왕이 모두 필요치 않네.⁴⁴

《330》 부처님에게서 부처님에게로 직접 전하고, 조사에게서 조사에게로 서로 전할 적에 모두 묵묵히 심인(心印)을 전하였다. 또 『화엄경』에서 해인 삼매의 도장을 설하였는데, 향수해가 맑고 고요히 흔들리지 않으면 사천하에 색신의 형상에 모두 도장 자국이 찍혀 있다. 마치 도장을 사물에 찍어 놓은 것과 같다. 또한 맑은 파도가 한없이 펼쳐져 있는데 맑은 하늘에 구름이 없으면 뭇별과 달이 환하고 가지런하게 나타나는 것과 같다. 이는 옴도 없고 감도 없으며, 있지도 않고 없지도 않으며, 하나도 아니고 다르지도 않다

---

41 건작(乾鵲)은 하늘 까치이다. 전한(前漢) 회남왕유안찬(淮南王劉安撰)『회남자(淮南子)』에 등장한다. "猩猩知往而不知來 乾鵲知來而不知往."
42 『妙法蓮華經』卷第四「五百弟子受記品」第八. 大正藏 第09 [0029a05].
43 검남 화상은 염관제안(鹽官齊安, ?~842)의 제자 양주(襄州) 관남도상(關南道常) 선사이다.
44 『景德傳燈錄』卷第三十「關南長老獲珠吟」. 大正藏 第51 [0463c13].

는 것을 비유한 것이다.

반드시 알지어다. 여래 지혜의 바다도 마찬가지로 식(識)의 물결이 일렁이지 않아 매우 밝고 지극히 고요하면 일체중생 마음의 근본이 무심히 단박에 나타난다. 모두 다 지혜에 놓여 있는 것이 마치 바다가 모든 형상을 함유한 것과 같다."[45]라고 하였다. 경에서 노래하였다.

바다가 중생신을 널리 나타내듯이
이것을 '큰 바다'라 하네.
보리가 모든 (중생의) 심행에 널리 도장을 찍으니
그러므로 정각(正覺)을 '헤아릴 수 없다.'라고 하네.[46]

'건작(乾鵲)을 찾지 않네.'라고 한 것은, 『서』[47]에서 "까치가 땅에 떨어졌다. 이를 보고서 많은 사람이 다투어 이를 취하려 하니 곧 돌로 변하였다. 이를 보고 장호[48]가 망치로 쳐서 깨트렸다. 거기에 글이 도장에 새겨져 있었는데 '장호충효후인(張顥忠孝侯印)'이었다. 나중에 장호가 진나라에서 벼슬하게 되어 제후에 봉해졌다. 이것을 세상 사람들이 충효를 행하여 이 신표의 도장을 얻은 것이다."라고 하였다. 어찌 부처님과 조사가 전한 마음의 도장과 같겠는가!

---

45 『大方廣佛華嚴經疏序演義鈔』卷第一. 卍新續藏 第05 [0692a20].
46 『大方廣佛華嚴經』卷第五十二「如來出現品」第三十七之三. 大正藏 第10 [0275b29].
47 『서』는 당나라 이한(李翰)의 『몽구(蒙求)』이다. 어린아이들을 위해 유명한 고사(故事)와 설화 590여 편을 사자일구(四字一句)의 운문으로 썼다.
48 장호는 한의 상산 사람이다. 양나라의 정승이 되었을 때 산작(山鵲)이 날아와, 사람을 시켜 잡아 오게 하니 그 새가 돌로 변하였다. 장호가 그 돌을 깨뜨려 금인(金印)을 얻었는데, '충효후인(忠孝侯印)'이란 글이 새겨져 있었다. 곧 장수의 인장(印章)을 말한다.

204
미혹할 때는 덧없이 어리석지만
진리는 어려운 것이 아니어서
상념이 산처럼 부동하고
마음이 바다처럼 언제나 편안하네.《331》

《331》 미혹할 때는 마음 밖에서 경계를 보고 눈에 보이는 것마다 마음을 내어 취하고 버리느라고 모든 것에 잠시도 쉴 때가 없었다. 만약 마음이 경계임을 알고 마음 밖에 법이 없음을 본다면 어떤 인연을 만나더라도 저절로 고요하여서 몸과 마음이 편안할 것이다.

205
진여의 이치는 차별이 없는지라
삼세의 부처님과 더불어 일시에 도를 이루고
진공(眞空)은 평등한지라
십류 중생과 함께 같은 날 열반에 드네.《332》

《332》 천태교에서 "과거에 부처님이 계셨는데, '주무주(住無住)'라 하였다. 그분이 '자기 나라의 중생이 한 날 동시에 성불하고 당일 열반에 들게 하여지이다.'라고 발원하였다. 또한 현겁 전에 부처님이 계셨으니 이름을 '평등'이라 하였다. 이분도 또한 '자기 나라와 시방 중생이 같은 날 성불하고 당일 멸도하기'를 발원하였다."[49]라고 하였다.

그러므로 『정명경』에서 "일체중생이 곧 보리의 모습이라 다시 얻을 것이 없고, 일체중생이 곧 열반의 모습이라 다시 멸할 것이 없음을 관하라."[50]

라고 하였다. 『화엄경』에서 "여래가 처음 정각을 이루었을 때 자신에게서 일체중생이 이미 부처를 이루었고, 이미 열반에 들어 있으며, 모두 동일한 '자성'임을 보았다. 이른바 '자성이 없음(無性)'이다. 자성이 없으므로 모두 평등하다."⁵¹라고 하였다. 오염된 인연을 따를 때 중생이더라도 또한 자성이 없고, 청정한 인연을 따를 때 성불하였더라도 또한 자성이 없다. 모두 인연에 따라 일어나기 때문에 자성이 없음의 이치가 같은 것이다. 그러므로 '진실의 땅에서는 차별이 없다.'라고 하였다.

'참된 공(眞空)은 평등하다.'란, 경에서 노래하였다.⁵²

경계가 유심(唯心)임을 깨닫지 못하면
갖가지 분별이 일어나고
경계가 유심임을 깨닫고 나면
분별이 일어나지 않네.
경계가 유심임을 알고 나서
밖의 티끌 형상을 여의면
이로부터 분별을 쉬고
평등한 참된 공(空)을 깨닫네.⁵³

---

49 天台智者大師說, 『妙法蓮華經文句』 卷第四下. 大正藏 第34 [0055b12].

50 『維摩詰經』 卷上 「菩薩品」 第四. 大正藏 第14 [0542a28].

51 『大方廣佛華嚴經』 卷第五十二 「如來出現品」 第三十七之三. 大正藏 第10 [0274c28] 참조.

52 『修華嚴奧旨妄盡還源觀』. 大正藏 第45 [0640a09].

53 聖天菩薩本　護法菩薩釋 三藏法師玄奘奉詔譯, 『大乘廣百論釋論』 卷第十 「教誡弟子品」 第八. 大正藏 第30 [0248c02] "故契經言…."

묻는다. 위에서 설한 대로 일체중생이 이미 성불하여 마쳤다. 이미 열반에 들어 마쳤다면, 어찌 모든 부처님이 세상이 나오실 필요가 있었는가?

답한다. 이해가 부족한 중생을 위해 모태에서 세상에 나왔지만, 최상의 근기에게는 여러 부처님이 나오지도 않고 입적하지도 않는다. 또 일체중생이 이러한 일을 알지 못하기 때문에 여러 부처님이 세상에 나와서 이 진실한 법을 설했다. 『정명경』에서 "중생이 공(空)하다고 설하는 것이 진정한 자비이다."[54]라고 한 것과 같다.

또한 교화문에서 '성불하여 중생을 제도한다.'라고 설한 뜻은 교화에 준거해서 진리를 설명한 것이다. 또한 견해가 다르지 않다.

어떤 이가 "모든 부처님이 서원을 세우되 '일체중생을 모두 제도하고서 비로소 정각을 이루리라.' 하였다. 지금 중생이 아직 제도되지 않았는데 어떻게 먼저 성불할 수 있는가? 본원과 어긋나지 않는가?"라고 힐난하였다.

옛 스님이 "여실한 뜻으로 보면 모든 부처님에게 모두 자비와 지혜 두 문이 있다. 대비문(大悲門)에서 보면 미래가 다하도록 성불할 때가 없으므로 보살과 천제가 성불하지 않은 상태이다. 대지문(大智門)에서 보면 매 순간 성불한다. 또한 모든 중생계를 제도하고자 하면 자신이 속히 이루어야 비로소 널리 교화할 수 있다. 예전에 '모두 제도하겠다.'라는 정성스러운 마음으로 한 말에 어긋날까 두렵지 않다. 또한 중생이 본래 여여한 줄을 깨달으니 교화하되 교화함이 없다. 이것이 항상 성불하되 또한 항상 성불하지 않은 것이다. 또한 항상 중생을 교화하나 교화함이 없는 것이다. 자비와 지혜가 자재하거늘 어찌 국집하는가."[55]라고 하였다.

---

54 『維摩詰所說經』卷中「觀衆生品」第七. 大正藏 第14 [0547b14] 참조.
55 『大方廣佛華嚴經隨疏演義鈔』卷第三十八. 大正藏 第36 [0294b17].

4
마음이 분별하지 않으면
법은 결코 허물이 없네

✣

유교의 五常과 도교의 自然, 불교의 因緣

206
마음이 분별하지 않으면
법은 결코 허물이 없으니
이에 육음(六陰)과 칠정(七情)이
두 개의 머리와 세 개의 손이 아니네. 《333》

《333》 한마음의 참 경계에서 옳다거나 그르다고 말한다. 모두 망령된 알음알이를 일으킨 것으로 진실한 뜻이 없다. 그러므로『신심명』에서 "옳고 그름이 있으면 어지러워져서 마음을 잃는다."**56**라고 하였다.『대집경』에서 "제5대와 제7정과 19계가 나온 적도 들어간 적도 없고, 생겨난 적도 멸한 적도 없으며, 조작된 적도 없다. 제8식(心), 제7식(意), 제6식(識)도 없어야 비로소 허물이 없다."⁵⁷라고 하였다.

207
인연에서 일어난지라 《334》
토끼뿔이 없다는 것과 같지 않고
정법에 나아가 펼쳐졌는지라
어찌 건달바성⁵⁸이 있다는 것과 같겠는가. 《335》

《334》 삼교(三敎)가 우러러 존귀한 근본(宗)으로 삼는 것은 이렇다. 유교는 오상(五常)으로 근본을 삼고, 도교는 자연(自然)으로 근본을 삼으며, 불교는 인연(因緣)으로 근본을 삼는다. 그러나 노자는 비록 "도(만물의 근원)가 하나(도에서 파생된 원시의 혼돈한 氣)를 내고, 하나가 두 가지(兩儀)⁵⁹를 내며, 두 가지가 세 가지(天·地·人)를 내고, 세 가지에서 만물을 낸다."⁶⁰라고 하였다. 인연을 이야기하고 있는 것 같으나 올바른 인연은 아니다. '도가 하나를 낸다.'라고 할 때의 '도'는 허무한 자연이다. 그러므로 저들이 또한 "사람은 땅을 본받고, 땅은 하늘을 본받으며, 하늘은 도를 본받고, 도는 자연을 본받는다."⁶¹라고 하였다. 텅 비었으나 천지에 통함을 '도'라 하여 자연에 의해 그

---

56 『信心銘』. 大正藏 第48.
57 『大方等大集經』卷第十二「無言菩薩品」第六. 大正藏 第13 [0078b04].
58 건달바성은 건달바가 건립했다는 환상의 성곽으로 신기루를 뜻한다. 공(空)·허구·허망·일시적 존재 등을 비유한다.
59 두 가지(兩儀)는 음양(陰·陽), 천지(天·地)이다.
60 『道德經』第四十二章(沖和章, 道化章).
61 『道德經』第二十五章.

러함을 말한 것이다. 여기에 비록 인연이 있으나 또한 자연의 뜻으로 이루어진 것일 뿐이다. 불법에 비록 스승 없는 지혜(無師智)와 자연의 지혜(自然智)가 있으나, 이는 언제나 머무는 변함없는 진리로 반드시 인연을 빌려서 드러난다. 그렇다면 또한 인연이다.

그런데 불교에서는 삼세에 인(因)을 닦아야 과(果)에 계합한다고 설하였다. 선한 인(善因)과 악한 인(惡因)이 없는 것이 아니다. 그러므로 『능가경』에서 "대혜가 부처님에게 아뢰되, '부처님이 항상 부사의함(常不思議)을 설하셨고 저 여러 외도도 역시 항상 부사의함을 설하고 있습니다.' (어떻게 다르나이까? 부처님이 말씀하시되 '저 여러 외도들에게는 常不思議가 없다.) 이들에게는 인이 없다. 내가 설하는 항상 부사의함에는 인(因)이 있다. 안으로 증득함(內證)의 인이니, 어찌 저들과 같겠느냐?"[62]라고 하였다. 그렇다면 참된 항상 부사의함(眞常)도 또한 인연으로 드러난 것이다. 『정명경』에서 노래한다.

법이 있지도 않고 없지도 않다고 설하는데
인연으로 모든 법이 생겨났기 때문이다.[63]

『법화경』에서 노래하였다.

모든 부처님 양족존(兩足尊)의
모든 법은 언제나 자성이 없고
부처님의 씨앗은 인연으로 생겨나는 줄 아시므로

---

62 『大乘入楞伽經』卷第二「集一切法品」第二之二. 大正藏 第16 [0596c19-0597a04] 참조.
63 『維摩詰所經』卷上「佛國品」第一. 大正藏 第14 [0537b25].

일승(一乘)을 설하시네.⁶⁴

경에서 "일체 모든 법은 인연을 근본으로 한다."⁶⁵라고 하였다. 『중론』에서 노래한다.

　　일찍이 인연으로
　　생기지 않은 한 법도 없으니
　　그러므로 공하지 않은
　　어떤 법도 없네.⁶⁶

그렇다면 참된 공(眞空)인 중도도 역시 인연이다. 그러할진대 『열반경』 권16에서 "내가 보건대 모든 법이 모두 항상함이 없다. 어떻게 그런 줄 아는가? 인연이기 때문이다. 만약 일체법이 인연에서 나온 것이라면 항상함이 없는 줄 알 수 있다. 모든 외도도 '인연으로 생기지 않은 한 법도 없다.'"⁶⁷라고 하였다. 그러므로 항상함이 없다면 외도에게도 역시 '인연'이 있다.
　　해석한다. 이것은 외도가 인연 안에 있으면서 인연의 형상에 집착하여 항상 머무른다고 주장한다. 그러므로 이를 비판하여 '항상함이 없다.'라고 말하는 것이다. 여기서 부처님의 가르침에서 말씀하고 있는 인연의 묘한 이치가 항상함과 항상함이 없음을 모두 설명하고 있다. 어찌 같겠는가! 더욱이 존귀한 근본(宗)은 다양하게 설명할 수 있다. 그러므로 '인연'은 본받

64　『妙法蓮華經』卷第一「序品」第一. 大正藏 第09 [0007c09].
65　『大方廣佛華嚴經』卷第二十四「十迴向品」第二十五之二. 大正藏 第10 [0132a16].
66　『中論』卷第四「觀四諦品」第二十四. 大正藏 第30 [0033b10].
67　『大般涅槃經』卷第十四「聖行品」第七之四. 大正藏 第12 [0445b27].

을 만한 것이니, 응당 의구심을 내어서는 안 된다.⁶⁸

《335》 참된 공(眞空)은 공하지 않은 공(空)이니, 공은 있다는 용모(有表)를 갖고 있다. 묘한 있음(妙有)은 있지 않음의 유(有)니, 유는 진리의 근원을 꿰뚫고 있다. 모든 정법이 인연으로부터 나오니 의타기성(依他起性)이고, 토끼뿔 같은 전혀 없다는 무(無)와는 같지 않다. 건달바성이 햇빛에 잠시 나타나는 것을 중생의 변계소집성(遍計所執)으로 있다(有)고 하는 것이다.

무릇 있음(有)과 없음(無)은 이해하기 어려우므로 대부분 단견(斷見)이나 상견(常見)에 떨어진다. 『화엄기』에서 "첫째는 (어떤 宗에서는) 허망한 것은 공하고 진리는 있다고 설한다. 『열반경』에서 '공(空)이란 이른바 생사이고, 공하지 않음(不空)이란 이른바 대열반이다.'라고 한 것과 같다. 둘째는 허망한 것은 있고(有), 진리는 공이다. 참된 공(眞空)은 곧 성품이고, 속된 있음(俗有)은 곧 형상이다. 셋째는 모두 공(俱空)이니, 성품이 없음(無性)을 상대하기 때문이다. 넷째는 모두 있음(俱有)이니, 성품(性)과 형상(相)이 파괴되지 않기 때문이다."⁶⁹라고 하였는데, "진리(諦)에는 본디 진제(眞諦)와 속제(俗諦)가 있고, 이해(解)에는 본디 한 가지(心)이기 때문이다."⁷⁰라고 하였다.

208
공덕은 다함없고
지극한 이치는 논하기 어렵나니

---

68 『大方廣佛華嚴經隨疏演義鈔』卷第六十四. 大正藏 第36 [0513a13].
69 『大方廣佛華嚴經隨疏演義鈔』卷第三十. 大正藏 第36 [0225b05].
70 『大方廣佛華嚴經隨疏演義鈔』卷第二十四. 大正藏 第36 [0181b23].

언제나 하나이기도 하고 언제나 다르기도 하며
언제나 없기도 하고 언제나 존재하기도 하네. 《336》

《336》 이 한마음의 법은 다함없는 법의 창고(法藏)이며 위대한 법(大法)의 근원이다. 만약 깨달은 사람이라면 공덕이 묘각(妙覺)과 같다. 하나(一)와 다름(異), 단(斷)과 상(常)의 망정인 견해로는 이해할 수 없다.

209
깨달았다거나 알았다고 말하면
천진불을 저버리고 영원히 유(有)의 바다에 빠져서
관조하지도 않고 깨달음도 없으면
원만한 수행을 잃고 항상 공문(空門)에 갇히게 되네. 《337》

《337》 만약 참마음에서 수행하고 있다거나 깨달음이 있다는 것에 집착하면 천진불(天眞佛)을 위배한다. 만약 수행이나 비춤도 없다고 집착하는 것도 또한 원만한 수행을 잃어버린 것이다. 『이장자론』[71]에서 "부지런히 수행하여 수행해야 할 바가 없는 데 이르러야 비로소 만법이 수행할 것이 없음을 안다."[72]라고 하였다. 또한 "고요함을 좋아하는 것은 옳지 않고 게으

---

71 『이장자론』은 『신화엄경론』이다. 이통현은 하북 창주(滄州) 출신으로 조백대사(棗柏大士)라고도 불린다. 송 휘종(徽宗)에게 현교묘엄장자(顯敎妙嚴長者)의 시호를 받아 이장자(李長者)라고도 불린다.
72 『新華嚴經論』卷第六. 大正藏 第36 [0753a23].

른 것도 잘못이다. 짓는 자가 있기 때문이다."**73**라고 하였다. 그러므로 만약 있다는 것에 집착하거나 공(空)에 빠지면 모두 자기 마음의 한 색(一色)과 한 향(一香)의 중도의 뜻을 알지 못한다.

『화엄소』에서 "현상과 이치를 쌍으로 닦아 근본 지혜를 의지해 부처님의 지혜를 구해야 한다.**74** 선 수행만을 고집하는 자들은 근본 지혜의 자성에 의거해 (선행을) 지으려고 하지도 않고 수행을 닦으려고도 하지 않는다. 거울이 항상 스스로 밝으므로 닦으려거나 밝히려고 하지 않는 것과 같다. 법에 고집하는 자들은 현상적인 수행(事行)만을 닦아서 여래를 의지한 뛰어난 인연을 구해서 자신의 덕을 이루려 한다. 모두 다 치우친 집착이다.

그러므로 둘 다 수행(雙行)하여야 한다. '근본 지혜를 의지해야 한다.'라고 한 것은 이치(理)를 준거해서 치우침이 없다. 지혜의 성품에 본래 구족되어 있기 때문이다. '부처님의 지혜를 구해야 한다.'라고 한 것은 현상(事)을 준거해서 논한 것이다. 구할 것이 없는 가운데서 내가 일부러 구하는 것이다.

그러므로 마음의 거울이 본래 청정하나 오랫동안 번뇌에 덮여 있었으므로 항하사 성품의 덕(性德)이 모두 (塵沙의) 번뇌에 매몰되어 있는 것이다. 까닭에 법성에 수순하여 바라밀을 닦고 증득하여야 한다. 드러나도록 도울 수 있기 때문이다. 모든 부처님은 이미 증득하셨지만 우리는 아직 증득하지 못했기 때문이다. 또한 이치는 현상에 장애되지 않아서 구하는 데 어려움이 없기 때문이며, 현상은 이치에 장애되지 않아서 구하는 것이 구함이 없는 것이기 때문이다. 이처럼 닦아야 한다. 닦음이 닦음 없음이니, 참다운 수행이다."라고 하였다.**75**

---

73 『新華嚴經論』卷第五. 大正藏 第36 [0751a05].

74 『大方廣佛華嚴經疏』卷第一. 大正藏 第35 [0503a06].

75 『大方廣佛華嚴經隨疏演義鈔』卷第一. 大正藏 第36 [0009a14].

5
마음을 고요히 하면 어지러운 번민이 사라지고 지혜가 드러나네

✥

眞境의 형상과 眞智의 앎, 尋求心, 現量

210
위대한 본체가 어떻게 나누어지는가
근기에 따라 저절로 갈라지나니
갈래가 만 가지이지만 어찌 근원이 다르겠으며
수레가 천 대라도 결코 길이 다르지 않네. 《338》

《338》 마음이 만법의 근원이다. 『육묘문(六妙門)』[76]에서 "이것은 대근기

---

76 『육묘문(六妙門)』은 천태종에서 세운 문이다. '妙'는 열반을 가리키니, 열반에 들어가는 여섯 가지 문이다. 첫째는 수식문(數息門), 둘째는 수식문(隨息門), 셋째는 지문(止門), 넷째는 관문(觀門), 다섯째는 환문(還門), 여섯째는 정문(淨門)이다.

가 법요를 잘 알아 차제를 따르지 않고 모든 법의 근원을 살펴보니, 중생의 마음이었다. 일체법이 마음에서 일어난다. 만약 마음의 성품을 되돌아보면 마음의 근원을 찾을 수 없다. 곧 만법이 모두 근본이 없음을 알게 된다."[77] 라고 하였다.

211
숨지도 않고 드러나지도 않는지라
사방에 총명한 자라도 참다운 귀의처를 알 수 없고 《339》
성품도 없고 형상도 없는지라 《340》
교묘한 논변으로도 진실한 교설을 궁구하기 어렵네. 《341》

《339》 '사방에 총명한 자라도 참다운 귀의처를 알 수 없다.'라고 한 것은, 『절관론』[78]에서 "무릇 도란, 만약 한 사람이 이를 얻었다고 하면 도는 두루 하지 못한 것이고, 만약 여러 사람이 얻었다고 한다면 도는 한계가 있으며, 만약 각각 소유하였다고 한다면 도는 헤아릴 수 있고, 만약 전체가 소유하 였다고 한다면 방편이 공(空)하며, 만약 수행하여 얻는다고 한다면 꾸며 만

---

77 天台大師, 『六妙法門』 一卷. 大正藏 第46 [0553c20].
78 『절관론』은 달마의 저서로 알려진 선법(禪法)을 담은 문헌으로, 우두법융의 저서라는 주장이 대두되었다. 돈황(敦煌)에서 발견된 본의 논쟁이다. 원제는 『달마화상절관론(達摩和尙絶觀論)』이며 『보살심경상응일합론』, 『입리연문론』이라고도 한다. 스승과 제자 간의 대화 형식을 빌려 자신의 즉심(卽心)과 무심(無心) 사상을 제시하였다. 여래장 사상과 자연도 부처가 될 수 있다는 '초목성불(草木成佛)' 사상도 담겨 있다. 나아가 『절관론』의 성립은 법융과 도신의 관계가 창작되고, 보리달마에서 도신에 이르는 계보에 법융으로부터 우두혜충, 학림현소에 이르는 우두종 6조의 계보가 연결되어 우두종이 달마선의 정통으로 도식화되는 시기에 가능했다는 주장이 있다.

드는 것이므로 진실한 것이 아니다."⁷⁹라고 하였다. 만약 본래부터 있다고 한다면 만행은 부질없이 시설한 것이다. 왜냐하면 일정하게 한정을 지어 분별할 것이 아니기 때문이다.⁸⁰

《340》 '성품도 없고 형상도 없다.'라고 한 것은, 『화엄경』에서 노래하였다.

> 모든 것이 공하여 성품이 없거늘
> 망령된 마음으로 있다고 분별하네.⁸¹

또한 "부처님의 눈으로 보니, 일체중생이 이미 부처를 이루었고 이미 열반에 들어 있다. 모두 동일한 성품이니, 성품이 없는 것이고 대자비의 본체이다. 그러므로 자비를 일으킬 수 있다."⁸²라고 하였다. 중생은 성품이 없음을 알지 못하지만 부처는 성품이 없음을 깨달았다. 그러므로 교화하여 깨닫게 하는 것이다. 『정명경』에서는 "중생이 공하다고 설하는 것이 참된 자비이다."⁸³라고 하였다.

《341》 『조론』에서 "석가는 마갈타⁸⁴에서 방문을 닫았고, 정명(유마 거사)

---

79 『達摩和尙絶觀論』一卷. 大藏經補編 第18 [0694b13].
80 『宗鏡錄』卷第九. 大正藏 第48 [0463b08]. "所以牛頭初祖云…."
81 『大方廣佛華嚴經』卷第十三 「菩薩問明品」第十. 大正藏 第10 [0066b03].
82 『大方廣佛華嚴經』卷第五十二 「如來出現品」第三十七之三. 大正藏 第10 [0274c28].
83 『維摩詰所說經』卷中 「觀衆生品」第七. 大正藏 第14 [0547b14].
84 마갈타는 중인도 고국(古國) 마가다(Magadha)이다.

은 비야리[85]에서 입을 다물었으며, 수보리는 설하지 않음으로써 도를 밝혔고, 석범(제석과 범왕)은 들음을 마치고 나서 꽃비를 내렸다. 이는 이치에서 최상의 답변으로 침묵한 것이다. 어찌 논변이 없었다고 하겠는가? 말로 할 수 없음을 논변한 것이다."[86]라고 하였다.

212
마음을 고요하게 해야 도에 합해지나니
뜻으로 이해하려고 해서는 밝히기 어렵네.
깨달으려 하여도 오히려 지혜를 그릇되게 하는데
자세히 참구함이 어찌 망념에 있겠는가. 《342》

《342》 이 한마음의 법문은 모든 부처님의 비밀 창고이다. 지혜로도 알 수 없고 인식으로도 알 수 없다. 오직 친히 깨달을 수 있을 뿐 알 수 없다. 그러므로 조사의 전법게에서 노래한다.

마음의 성품을 깨달았을 때
불가사의하다고 말할 수밖에 없네.
너무나 분명하나 얻은 것이 없으니
얻었을 때 안다고 말하지 않네.[87]

---

85 비야리는 고대 중인도 고국(古國) 바이샬리(Vaiśāli)이다.
86 『肇論』「涅槃無名論」第四 '開宗' 第一. 大正藏 第45 [0157b29].
87 『景德傳燈錄』卷第二「天竺三十五祖」. 大正藏 第51 [0214a29].

「반야무지론」에서 "직설적으로 말하면, 진제(眞諦)를 찾는 것은 반야의 지혜인데, 반야의 지혜는 '앎(知)'이 아니다. 왜냐하면 진제가 반연하는 것은 오직 중도 제일의공(第一義空)인 무상(無相)의 이치뿐이기 때문이다. 아는 대상(所知)의 반연이 이미 형상이 없다면 아는 주체(能知)의 지혜가 어찌 앎이 있을 수 있겠는가? 그러므로 그렇지 않다."[88]라고 하였다.

　　어리석은 사람은 모두 색을 반연하여 인식을 일으킨다. 색을 마주하면 급작스럽게 눈의 식(眼識)과 동시에 의식이 찰나에 일어나 색을 본다. 이 색은 곧 제8식 가운데 의타성(依他性)의 상분(相分)으로 경계의 색이 있는 듯하지만, 이 색이 드러날 때 아직 모든 형상이 자리 잡힌 것은 아니다. 이 색의 경계를 반연하여 두 번째 생각인 심구심(尋求心)을 끌어당겨 일으킨다. 이 심구심은 곧 제6 의식이다. 그러므로 '색을 반연하여 인식을 일으킨다.'라고 하였다.[89]

　　이 '색을 본다.'라고 하는 것은 심구심이 일어났기 때문이다. 곧 이 심구심은 본래의 색 경계를 반연한 것이 아니라 변화의 영상(變影)에 반연한 것이다. 곧 일체 삼라만상의 형상이 변화되어서 드러난다. 이 영상의 형상에 나아가서 현량(現量)의 마음을 일으킨다. 본래 공(空)함을 알지 못하고 실제로 있다고 집착하여 색의 쪼가리를 취하여 밖에서 왔다고 계교한다. 그러므로 '이 인식이 색을 본다.'라고 한 것이다. 이것은 경계의 형상이 있다고 미혹하고, 지혜에 앎이 있다고 미혹하는 것이다.

---

[88] 釋元康撰, 『肇論疏』卷中「般若無知論」, 大正藏 第45 [0178a20-0179c08] 참조.
[89] 마음의 형성 과정은 다음과 같다. ① 솔이심(率爾心)은 홀연히 경계를 반연하는 첫 찰나의 마음을 말한다. ② 심구심(尋求心)은 반연하는 경계가 무엇인지 찾고 살피는 마음이다. ③ 결정심(決定心)은 찾고 살피는 마음에서 판단을 내리는 마음이다. ④ 염정심(染淨心)은 판단 내린 마음에 좋고 싫음이 개재되는 마음이다. ⑤ 등류심(等流心)은 좋아하고 싫어하는 마음이 세력을 가지고 같은 흐름으로 이어지는 마음이다.

이를 뒤집어 '참 지혜는 반연하지 않는다.'라고 한 것은, 깨달은 사람은 색을 반연하여 인식을 일으키지 않음을 밝힌 것이다. 왜냐하면 깨달은 사람은 모든 법의 본체가 모두 공하여 마치 환의 꿈과 같아 진실한 것이 없고 다만 자신의 인식에서 변한 것이다. 결국 앞의 경계는 실재하지 않음을 알 수 있다.

그러므로 『기신론』에서 "일체 모든 법은 오직 망념에 의해 차별이 있을 뿐이다. 만약 마음의 생각을 여의면 곧 일체 경계의 형상이 없다. 그러므로 일체 모든 법은 본래부터 언설의 형상을 여의었고, 개념의 형상을 여의었으며, 마음 인연의 형상을 여의었다. 마침내 평등하여 다른 것으로 변화하지 않아서 파괴할 수 없다. 오직 한마음뿐이므로 '진여'라 한다. 일체 언설은 거짓 이름이어서 진실한 것이 없다. 다만 망념을 따를 뿐이니 찾을 수 없기 때문이다."[90]라고 하였다.

반드시 만법은 오직 자기 마음의 현량(現量)으로 나타난 것일 뿐인데 망령되게 있다고 계교하는 줄 알아야 한다. 만약 마음에 망념이 없어서 법이 본래 공한 줄 알면 일체 경계의 형상이 없다. 어찌 반연하는 색이 있겠는가. 이미 반연하는 색이 없다면 색을 반연하여 인식이 일어나지 않는다. 까닭에 형상을 취함이 없다. 색을 반연하지 않으면 형상이 없다. 이미 형상의 미혹한 경계도 없다면 형상이 없는 참된 경계이다. 이미 형상을 취한 미혹함이 없는 지혜는 앎이 없는 참된 지혜이다. 이것이 바로 '참된 경계는 형상이 없고 참된 지혜는 앎이 없다.'라고 한 것이다. 이러한 뜻으로, 반연으로 지혜를 구하지만 지혜는 앎이 아니다.

---

90 『大乘起信論』一卷. 大正藏 第32 [0576a03].

213

귀신이 춤추고 마술사가 노래하니
누가 장례를 치르고
목마가 달리고 진흙소가 다투니
누가 진정 이기고 질 것인가. 《343》

《343》 어떤 학인이 신풍개 화상에게 묻되 "어떤 도리를 얻어야 이 산에 머물 수 있습니까?"라고 하니, "두 진흙소가 다투다 바닷속으로 들어갔는데, 아직 아무 소식이 없노라."라고 대답하였다.[91] 나무말과 진흙소는 심식(心識)으로 사량할 경계가 아니다.

---

91 『五燈會元』卷第三「潭州龍山和尚」. 卍新續藏 第80 [0087b03].

6
육근과 육진으로 쪼개진 생사의 종자는
열반의 바른 씨앗이네

✣

意言分別, 藏識의 相分, 八識, 天台敎의 三軌範

214

그러므로 유식(唯識)이고 유심(唯心)이어서

둘도 아니고 다르지도 않음을 알 수 있고 《344》

하나의 뜻이라서 이미 저울질하여 가늠할 수 없으니 《345》

만법이 헛되이 시설되었을 뿐이네. 《346》

《344》 『반야경』에서 "일체 지혜와 지혜가 청정하고 내지 모든 법이 청정하다. 두 가지가 없고 두 가지 분별이 없으며, 다름이 없고 단정적인 것이 없기 때문이다."**92**라고 하였다. 이를 보면 모든 법과 마음이 완전히 같아서 나누어지지 않는 동일한 것이다. 본체와 작용이 다름이 없어서 서로 연결되어 끊어지지 않는다. 주체와 대상이 나누어진 듯하나 철저하게 차별이 없음을 알 수 있다.

《345》 만법이 매우 성대하나 모두 무상(無相)을 존귀한 근본(宗)으로 삼고, 하나를 들어 전체에 본보기로 삼으니 말과 생각이 단박 끊어졌다.

《346》 모든 법이 본체가 없어서 다만 공(空)에서 생겨났다가 공에서 멸할 뿐이다. 설사 이름을 드러내어 본체를 세우더라도 모두 중생의 생각으로 이루어진 것이다. 그러므로 경에서 "만약 모든 국토가 모두 생각으로 지탱하는 것임을 아는 이러한 이를 '초발심보살(初發心菩薩)'이라고 한다."라고 하였다. 왜냐하면 마음을 깨닫는 것이 도에 들어가는 시작이기 때문이다. 또한 법융 대사가 "어지러운 만물이 공에서 나고 죽네."라고 하였다. 선덕이 "물에 비친 달과 같은 도량을 건립하고 허공꽃과 같은 만행을 익히며, 거울에 비친 형상과 같은 마군을 항복받아 꿈속의 불사를 성취하네."라고 하였다.[93]

215
터무니없이 태어났다가 터무니없이 죽는 것이
오직 망념의 분별로 이루어지고 《347》
유사한 뜻과 유사한 이름은

---

92 『大般若波羅蜜多經』卷第一百八十三「初分難信解品」第三十四之二. 大正藏 第05 [0985a17-0988c19].

93 『大方廣佛華嚴經隨疏演義鈔』卷第十八. 大正藏 第36 [0141c01].

단지 의중의 말[94]로 분별한 것일 뿐이네. 《348》

《347》 『수능엄경』에서 "생각의 형상(想相)은 망령된 경계이고, 식정(識情)은 더러운 오염이다. 이 두 가지를 모두 멀리 여의면 그대 법의 눈이 시절인연에 응하여 맑고 밝아질 것이다. 어찌 위없는 지각을 이루지 못하겠는가!"[95]라고 하였다. 이를 보면 모든 생사가 모두 생각에서 생겨난다. 만약 생각이 없어지면 마음의 도가 저절로 드러나는 줄 알 수 있다. 그러므로 경에 "인식이 쉬면 한가하고 고요하며 생각이 멸하면 무위(無爲)이다."라고 하였다.

《348》 『금강삼매경』에서 "부처님이 말씀하시되, '선하고 선하지 않은 법이 마음에서 변화하여 생겨난 것이다. 모든 경계를 의중의 말(意言)로 분별한다. 이를 한 곳에 제지하면 여러 가지 반연이 끊어져 없어진다. 왜냐하면 하나의 근본(一本)이 일어나지 않으면 세 가지 작용(三用)이 행하지 않고, 이치에 맞게 머무르면 육도의 문이 닫히기 때문이다.'"[96]라고 하였다.

또한 『섭론』에서 "원락위(願樂位)로부터 내지 구경위(究竟位)에 이르기까지[97] 만약 유식관(唯識觀)에 들어가 여실행(如實行)을 닦고자 하면 어떤 경계에 반연하여야 하는가? 의중의 말(意言)에 반연해 분별하여 경계로 삼아야 한다. 이것을 여의고 특별한 밖의 경계가 없다. 왜냐하면, 이 의언분별

---

94 의중의 말인 의언(意言)은 유의미언(有意未言)이다.
95 『大佛頂萬行首楞嚴經』卷第四. 大正藏 第19 [0124a13].
96 『金剛三昧經』「眞性空品第六」第六. 大正藏 第09 [0370c20].
97 『섭대승론』에 "四位가 있다. 一은 願樂位(信樂正位·願樂行地), 二는 見位, 三은 修位, 四는 究竟位니, 願樂位, 見位, 修位, 究竟位를 말한다. 처음 願樂位는 地前이요, 다음은 初地이요, 다음은 修位요, 마지막은 구경위이다."라고 하였다.

(意言分別)로 유사한 문자언설과 유사한 의리(義理)가 나타난다. 오직 의언분별만이 있고 특별한 개념이 없다. 보살이 이름은 소유할 수 없다는 것을 깨달으면 밖의 경계(外塵)에 대한 삿된 집착에서 벗어나게 된다. 또한 이 의리(義)는 개념에 따른 의언분별일 뿐이다.

　앞에서는 이름을 버렸고, 이 아래에서는 이름에 의거해서 의리를 버린다. 의리(義)란 곧 육식이 반연하는 경계이다. 이름을 여의면 특별한 경계가 없다. 개념이 오직 의언분별뿐이다. 그러므로 의리도 또한 특별한 본체가 없다. 보살이 소유할 수 없다는 것을 깨달으면 이 밖의 경계(外塵)에 대한 삿된 집착에서 벗어나게 된다. 또한 이 이름(名)과 의리와 자성과 차별은 오직 가설로 양(量)을 삼았다. 앞에서 이미 이름과 의리를 버려서 이름과 의리가 이미 없으니 자성과 차별이 어떻게 성립할 수 있겠는가. 만약 가설을 여의면 특별한 이름과 의리의 자성과 이름과 의리의 차별이 없다. 이 두 법을 얻을 수 없음을 증험하여 보게 됨을 '통달'이라 한다."[98]라고 하였다.

　또한 『육행집』[99]에서 『유식론』을 인용하여 "범부가 본래부터 의언분별에 두 가지가 있다. 하나는 유사한 이름이고, 둘은 유사한 의리이다.[100] 이름과 의리가 일체법을 모두 섭수한다. 이 이름과 의리는 모두 의언분별로 지은 것이어서 이것을 여의고 특별히 다른 법이 없다."[101]라고 하였다. 이 문장으로 증명하건대, 범부가 망령되게 보는 경계인 이름이나 혹은 의

---

98 『攝大乘論釋』卷第七「釋應知入勝相」第三之一 '入資糧章' 第六. 大正藏 第31 [0203b15-0203c03].

99 『육행집』은 지정선사(智整禪師)가 지었다.

100 『攝大乘論』卷中「應知入勝相」第三. 大正藏 第31 [0123a12] 참조.

101 『攝大乘論釋』卷第七「釋應知入勝相」第三之一 '入資糧章' 第六. 大正藏 第31 [0203c26].

리가 모두 그때의 의언분별임을 알 수 있다. 마치 낭탕¹⁰²을 마시면 망령되게 불꽃을 보는 것과 같다. 저 망정에 따라 실제로 있다고 여기고 망령된 견해임을 알지 못하고 밖으로 불이 있다고 말한다. 사실에 입각하여 본다면 오직 마음에서 불이라는 생각을 일으킨 것일 뿐이다. 불은 오직 의중의 말로 분별한 것일 뿐이어서 불이라는 이름도 의중의 말이고, 불이라는 사건도 의중의 말이다.

중생은 자기의 몸과 타인의 몸과 지·수·화·풍 등이 모두 또한 저와 같다고 망령되게 본다. 사실에 입각하면 오직 의식일 뿐이다. 밖이 없으나 범부의 망정에 따라 주체와 대상이 있다고 하는 것이다. 고덕이 "색 등 다섯 경계의 세계는 현량(現量) 경계이다. 다섯 가지 식(五識)으로 친히 증득하려고 하여도 도무지 경계의 형상(塵相)은 없다. 여래장 가운데 몰록 오근(根身)과 세계(器界)가 나타나되 경계의 형상이 없거늘 육·칠 식(妄想)이 나(我)와 법이 있다고 여긴다. 생각(想)에서 드러난 형상(相)이 분별변(分別變)¹⁰³이다. 분별변의 형상은 다만 경계가 될 뿐 실제 작용할 수는 없다. 이는 마치 해의 빛이 밝아지면 가는 티끌과 함께 붉어진 것이지 실제로 붉어지는 것이 아니고, 물이 맑으면 옅은 구름을 비추면서 모두 녹색을 띠는 것이지 실제로 녹색이 아닌 것과 같다. 본질을 관찰하여 그림의 형상(畫像)인 줄 알면 실제가 아닌 것과 같다. 만약 여래장의 성품을 알면 육진경계가 허망한 줄 알게 된다. 그러므로 경에서 '진여를 증득하면 모든 행이 모

---

102 낭탕은 독초의 일종이다. 미치게 하는 약초이다.

103 분별변(分別變)은 심(心)과 심소(心所)의 작의분별(作意分別)의 힘으로 인하여 생긴 대경(對境)이다. 변현(變現)에 인연변(因緣變)과 분별변(分別變)의 이종(二種)이 있다. 인연변의 세계는 임운자연(任運自然)에서 유출하는 세계이니, 즉 자연법(自然法)의 세계이다. 반면에 분별변은 개인적 주관(主觀)을 더하여 나타난 세계이다. 부정(不正)한 세계, 즉 망경계(妄境界)이다. 이 분별변은 '아(我)'와 '법(法)'이다.

두 환의 일(幻事)이어서 있는 듯하지만 실재하지 않는 줄 알 수 있다.'"**104**
라고 하였다.

216
하나의 원만하고 맑은 마음[105]에서
육근과 육진으로 쪼개져 유출되니
밖으로는 땅과 물이 뭉쳐 경계를 이루고
안으로는 바람과 불을 모아 몸이 되네. 《349》

《349》 『수능엄경』에서 노래하였다.

원래 하나의 총명한 정기에서
여섯 가지 화합으로 나누어지네.[106]

안팎의 사대(四大)가 합하여 몸이 된다. 중생의 제8 장식의 상분(相分)에서, 반은 세계(器世間)가 되니 집수(執受)[107]가 없기 때문이다. 반은 중생세간(內身)이 되니 자성을 갖고 지각하고 느낌을 일으키기 때문이다. 여래장식이

---

104 『大方廣佛華嚴經隨疏演義鈔』卷第二十五. 大正藏 第36 [0188c10].
105 원만하고 맑은 마음(圓湛)이란 『大佛頂萬行首楞嚴經』卷第四. 大正藏 第19 [0123a24]에서 원묘정명(圓妙淨明)의 담담(湛湛)한 마음이라 하였다.
106 『大佛頂如來密因修證了義諸菩薩萬行首楞嚴經』卷第六. 大正藏 第19 [0130a14].
107 집수(執受)는 외부의 자극을 받아들이는 감각기관 또는 육체이다. 유집수(有執受)는 산스크리트 upātta, 유정의 몸 중에서 감각이 있는 부분을 말한다. 무집수(無執受)는 산스크리트 anupātta, 머리카락이나 손톱처럼 몸 중에서 감각이 없는 부분을 말한다.

무슨 까닭으로 이와 같은가? 법이 으레 그렇기 때문이며, 행업(行業)[108]이 이끌기 때문이다. 또 노래한다.

망상이 맑아지면 국토가 생기고
지각하면 중생이 되네.[109]

『능엄경초』[110]에서 "또한 망견의 마음이 움직이기 때문에 밖으로 풍륜(風輪)을 느끼고 알고, 애착의 마음이 발하기 때문에 밖으로 수륜(水輪)을 느끼고 알며, 견고한 집착심(堅執心)으로 인하여 밖으로 지륜(地輪)을 느끼고 알고, 조심하는 마음(操心)으로 연구하고 탐색해서 밖으로 화륜(火輪)을 느끼고 알며, 사대(四大)로 인하여 육근이 일어나고, 육근이 일어나므로 육진을 본다. 그러므로 삼계는 유정의 마음을 여의고는 다시 별다른 본체가 없다. 만약 무명의 근본인 한 생각의 망령된 마음이 본체가 없음을 깨달으면 마음에서 생긴 삼계가 결국 없음을 알 수 있다."라고 하였다.[111]

217
(업의) 종자를 지니고 있는 문이라 《350》
생사를 짓는 태초가 되고 《351》
총보(總報)의 주인이라 《352》

---

108 행업(行業)은 고락의 과보를 받을 선악의 행위이다. 몸, 입, 뜻에서 짓는 모든 행위이다.
109 『大佛頂如來密因修證了義諸菩薩萬行首楞嚴經』卷第六. 大正藏 第19 [0130a14].
110 『楞嚴經抄』는 『楞嚴經義疏釋要抄』이다.
111 『宗鏡錄』卷第十七. 大正藏 第48 [0504b16].

열반의 바른 씨앗[112]이 되네. 《353》

《350》 제8식은 '근본식'이라고도 한다. 모든 유위법의 종자가 의지한다. 또는 '택식'[113]이라고도 한다. 모든 종자가 깃든다. 또는 '장식'이라고도 한다. 모든 종자가 엎드려 숨는다.

《351》 『현양론』[114]에서 "'아뢰야식'이란, 전생에 지은 증상(增上)[115]의 업 번뇌로 조건(緣)을 삼고, 까마득히 먼 과거부터 오늘까지 희론의 습기로 씨앗(因)을 삼으며, 발생하는 일체 종자[116]의 이숙(異熟)[117]으로 본체를 삼는다. 이 의식은 능히 집수하고 분별하여 아는 색의 뿌리이고, 뿌리가 의지하는 곳이며, 희론하고 훈습한다. 언제나 한 종류의 생사도 알 수 없다."[118]라고 하였다.

《352》 제8식은 일체중생의 총보(總報)[119]의 주인이다. 이 식의 형상과 경계는 분별할 수 없는데 하나의 본체로 다르지 않다. 이 의식이 모든 번뇌와

---

112 바른 씨앗(正因)은 직접적인 원인이다.
113 택식은 아뢰야식이다. 현장(玄奘, 602~664)은 산스크리트 아뢰야(ālaya)에서 아(ā·阿)를 긴 음으로 읽는다. 그래서 '아뢰야'라는 낱말을 '집(家 또는 宅), 사는 곳[住所], 저장소(貯藏所)'의 의미로 해석하였다. 그래서 '宅識'이라 한다.
114 『현양론』은 『현양성교론(顯揚聖教論)』이다. 모두 20권이다. 무착 보살이 짓고 당나라 현장이 옮겼다. 『불광사전』p6924-下.
115 증상(增上)은 강성한 힘을 더하여 발전하게 하는 작용이다. 도움이 되고 방해되지 않는다.
116 일체 종자는 색법(色法)이나 심법(心法) 등 모든 현상의 인종(因種)이다.
117 이숙(異熟)은 구역에서는 과보라 하였다. 과거 선악에 의해 과보를 얻은 총칭이다.
118 『顯揚聖教論』卷第一「攝事品」第一. 大正藏 第31 [0480c03].
119 총보(總報)는 하나의 부류에 공통된 과보이다. 예를 들면 같은 사람이라도 빈부귀천의 차이가 있기는 하지만, 그래도 사람으로 태어나는 과보는 같은 것이다.

업과인 과보의 일(報事)을 낳을 수 있다. 또 '총보의 업'¹²⁰이란, 계(戒)를 받으면 사람 몸을 받게 되는 것이 총보의 업이다. 인(因)에서 화를 내느냐 참느냐에 따라서 총보로 사람이 잘나기도 하고 못나기도 한다. 이를 '별보의 업'¹²¹이라 한다.

《353》『아비달경』¹²²에서 노래하였다.

    아득한 예로부터 지금까지 세계와
    일체법의 의지처이니
    이로 인해서 육도가 있고
    열반을 증득하여 전할 수도 있네.¹²³

218
    실다운 지혜의 존귀한 근본(實慧宗)을 나타내고《354》
    참 성품의 궤범을 이루니《355》
    본체를 갖추어서 어떤 법도 모두 존귀한 근본(宗)이고《356》
    절대여서 비교할 어떤 대상도 없네.《357》

---

120 총보의 업(總報業)이란 총보를 불러오는 업인(業因)이다.
121 별보의 업(別報業)이란 별보를 불러오는 업인(業因)이다.
122 『阿毘達經』은 『阿毘達磨大乘經』이다. 산스크리트 Abhidharma-sūtra으로 異名인 大乘阿毘達磨, 本經之梵本, 藏譯本, 漢譯本俱不存(失存된 경전)이 있다.
123 『攝大乘論』卷上「依止勝相中眾名品」第一. 大正藏 第31 [0113c16].

《354》 『법화경』에서 "중생의 마음속에서 부처의 지견이 나오네."[124]라고 하였다. 고인의 해석에 "'부처의 지견'은 곧 중생의 참마음이다. 이 마음은 또한 '실다운 지혜'라고도 하고 '부처의 지혜'라고도 한다."[125]라고 하였다.

《355》 천태교[126]에서 한마음에 세 가지 궤범[127]이란, "첫째는 진성궤(眞性軌)이고, 둘째는 관조궤(觀照軌)이며, 셋째는 자성궤(資成軌)이다. 곧 한마음의 세 가지 덕이다. 진성궤는 일승의 본체니, 곧 법신이다. 관조궤는 반야의 덕이니, 단지 참 성품이 고요하면서 항상 비추고 있음을 지적한 것이다. 이를 '보신'이라 한다. 자성궤는 해탈의 덕이니, 단지 참 성품의 법계에 무량한 뭇 선을 함장하고 있음을 지적한 것이다. 이를 '응신'이라 부른다."[128]라고 설명하였다.

《356》 참마음은 고요히 항상 존재하여 공(空)하지 않은 본체이다. 만법의 근원이다. 그러므로 『수능엄경』에서 "생겨난 모든 법은 오직 마음이 나타난 경계다."[129]라고 하였다.

---

124 『妙法蓮華經』卷第一「方便品」第二. 大正藏 第09 [0007a15].
125 胡吉藏撰, 『法華玄論』卷第一. 大正藏 第34 [0367a24].
126 담연(湛然)이 『지관보행전홍결(止觀輔行傳弘決)』에서 주장하였다. 『마하지관(摩訶止觀)』의 주석서이다.
127 세 가지 궤범이란, '① 진성궤(眞性軌): 만유 제법의 본체로서 거짓 없고 변하지 않는 본성. ② 관조궤(觀照軌): 범부의 미혹한 마음을 없애고 본성을 응시하는 지혜의 작용. ③ 자성궤(資成軌): 지혜로써 본성을 응시하고 진리를 나타내는 데 도움이 되는 수행.'이다.
128 唐毘陵沙門湛然述, 『止觀輔行傳弘決』卷第五之二. 大正藏 第46 [0284c05].
129 『大佛頂如來密因修證了義諸菩薩萬行首楞嚴經』卷第一. 大正藏 第19 [0109a01].

《357》 신성한 성품은 독립된 절대여서 비교할 수 없다.

219
높고 높은 법좌이니
성문의 단신으로는 오를 수 없고 《358》
환하게 빛나는 태양이니
어찌 외도나 젖먹이가 쳐다볼 수 있겠는가. 《359》

《358》 『정명경』에서 "높이가 팔만사천 유순이나 되는 수미등왕사자좌를 거사의 방에 들이니, 새로 뜻을 낸 보살이나 큰 제자들도 모두 오를 수가 없었다."[130]라고 하였다. 일승 원교를 깨달음은 천박한 근기가 이해할 수 있는 것이 아니라는 것을 비유하였다.

《359》 경에서 "마치 갓 떠오른 아침 해를 일곱 살 어린애가 쳐다보면 곧 시력을 잃는 것과 같다."[131]라고 하였다. 외도는 눈이 없으니 여래 지혜의 태양을 쳐다볼 수 없다. 정견(正見)의 광명을 상실하였다는 것을 비유한다.

---

130 『維摩詰所說經』卷中「不思議品」第六. 大正藏 第14 [0546b01-0546b11].
131 『大寶積經』卷第一百一十九「勝鬘夫人會」第四十八. 大正藏 第11 [0675a04].

7
업식의 근본을 어떻게 가르치고 깨우칠 수 있겠는가

✢

頓教五位門, 九心輪, 意識三顚倒, 三細識, 四分

220
공정하여 치우침이 없어
더할 수 없이 지극하고 존귀하니
천 갈래 갈림길을 모아 뜻을 얻고
모든 것을 찾아내어 근본으로 돌아가네. 《360》

《360》 『절관론』에서 "무엇이 근원인가? 답한다. 마음이 근원이다. 무엇이 근본인가? 답한다. 마음이 근본이다. 무엇이 본체이고 무엇이 작용인가? 답한다. 허공이 법의 본체이고, 삼라만상이 법의 작용이다."[132]라고 하였다.
　돈교의 오위문(頓教五位門)에서 "첫째 식심(識心)이란, 말하는 것이 마음이고, 보는 것이 마음이며, 듣는 것이 마음이고, 감각이 마음이며, 아는 것이 마음이다. 이것이 제일가는 깨달음이다. (이렇게) 허다한 마음을 낱낱이 알 수 있는 것이 모두 한마음이다. 한마음은 어느 곳에서나 두루 다다를 수 있다.

둘째는 몸이 돌덩이(無情)와 같아서 몸이 아프고 가렵고 좋고 나쁨을 지각하지 못함을 아는 것이다. 일체가 모두 마음일 뿐이어서 몸의 일이 아니다. 마음이 사람을 만들고, 마음이 축생을 만들며, 마음이 물고기를 만들고, 마음이 새를 만든다.

셋째는 사대(四大)의 몸을 타파하였다. 몸은 공(空)이고 공은 생명이 없고(無生), 공은 내외와 중간이 없으니 모든 형상을 여의었다. 넷째는 오음을 타파하였다. 색음이 만약 있다면 네 가지 음(四陰)이 허망하지 않겠지만, 색음이 만약 없다면 네 가지 음인들 어디에 있겠는가. 다섯째는 자성을 보고 성불해서 고요히 항상 머무른다."[133]라고 한 것과 같다.

221
눈에서 광명을 놓아
시방 찰토를 비추고《361》
의근으로 가르침을 펼쳐서
일대 법문을 여니《362》

《361》 『법화경』에서 노래하였다.

---

132 『達摩和尚絶觀論』一卷. 大藏經補編 第18 [0706a03-0706a08, 0695b09-0695b13] 참조.
133 『宗鏡錄』卷第九十九. 大正藏 第48 [0949c20].

하나의 청정한 광명을 놓아

한없는 국토를 비추네.¹³⁴

마음의 빛이 널리 비추니 어찌 가장자리가 있겠는가?

《362》 여래의 일대시교(一代時敎)는 모두 중생의 마음을 어루만지고자 설하셨다. 마음을 여의고는 한 글자도 설할 수가 없다. 그러므로 『금강경』에서 "설할 법이 없으니, 이를 '설법'이라 한다."¹³⁵라고 하였다.

222
눈이 마주쳐 서로 뜻이 맞으면
가슴 한가득 채워지고
맑고 깨끗한 것에 뒤섞여도
물과 우유처럼 섞임이 없네.

223
이치는 현상을 따라 변하니
있고 없음이 모두 인연에서 나누어지고
현상은 이치를 얻어 융합하니
하나와 여럿이 항상 성품에서 합해지네.

---

134 『妙法蓮華經』卷第一「序品」第一. 大正藏 第09 [0002c03].
135 『金剛般若波羅蜜經』. 大正藏 第08 [0751c11].

224

생각의 그물이 두루 펼쳐지면

마음의 수레바퀴도 두루 생겨나서 《363》

온갖 무리와 어울려 몸체가 되고

만물에 나아가 이름이 붙네.[136]

《363》 '생각(意)의 그물이 두루 펼쳐진다.'라는 것은, 일체 모든 법이 생각에 따라 모습을 드러내는 줄 알 수 있다. 생각은 촘촘한 그물과 같아서 일체 중생이 벗어나기 어렵기 때문이다. 그러므로 경[137]에서 노래하였다.

모든 법은 견고하지 않아

다만 상념에서 존재할 뿐이니

공함을 잘 이해하고 보는 자는

모든 것에 상념이 없네.[138]

만약 법이 공함을 깨달으면 생각도 역시 고요하다. 그리하여 망념과 환의 경계가 텅 비워지면 한가지 도리인 참마음이 저절로 드러난다.

'마음의 수레바퀴가 두루 생겨난다.'라는 것은, 상좌부 논사들이 '아홉 가지 마음의 수레바퀴(九心輪)'[139]를 세웠다. 첫째는 있다는 마음(有分

---

[136] '이름이 붙네(安名)'는 선종에서 새로 출가한 사람에게 법명(法名)을 지어 주는 일이다.

[137] 『반주삼매경』은 후한의 지루가참이 번역하였다. 반주삼매로써 부처를 보는 법을 설한 경으로, 이 경의 번역으로 중국에 처음으로 아미타불이 알려졌다고 한다.

[138] 『般舟三昧經』卷上「行品」第二, 大正藏 第13 [0906a07].

[139] 『구심륜』은 『아비달마대비바사론』이다. 어떤 하나의 대상에 대해 작용하는 아홉 가지 마

心)¹⁴⁰이고, 둘째는 주체적으로 일어나는 마음(能引發心)이며, 셋째는 보는 마음(見心)이고, 넷째는 평등하게 탐구하는 마음(等尋求心)이며, 다섯째는 평등하게 관하여 꿰뚫는 마음(等觀徹心)이고, 여섯째는 안립하는 마음(安立心)이며, 일곱째는 형세 있는 작용의 마음(勢用心)이고, 여덟째는 돌이켜 반연하는 마음(返緣心)이며. 아홉째는 있다는 마음(有分心)이다.¹⁴¹ 그런데 실제로는 여덟 가지 마음일 뿐이지만 한 바퀴를 돌아 말해서 모두 아홉 가지가 있다고 설하는 것이다.¹⁴²

그러므로 아홉 가지 마음의 수레바퀴가 성립된다. 첫째, 처음 생을 받을 때는 아직 능히 분별하지 못하고 마음이 다만 자유롭게 경계에 반연하여 옮기기만 하니, 이를 '유분심(有分)'이라고 한다.

둘째, 마음이 만약 있다(有)는 경계에 이르러 마음이 반연하고자 할 때면 곧 감각(警覺)이 일어나니, 이를 '능인발심(能引發)'이라고 한다.

셋째, 그 마음이 감각하고 나면 이 경계 위에서 옮겨 저것에 붙어 '비춰 봄(見照)'이다.

넷째, 이미 저것을 보고 나면 곧 그 좋고 나쁨을 '평등하게 탐구(等尋求)'한다.

다섯째, 이미 저것을 살피고 나면 마침내 평등하게 속속들이 '관하여 꿰뚫는다.'

음이다. 연속하여 끊어지지 않고 순환하는 수레바퀴 같기 때문에 이렇게 말하였다.『불광사전』p128-中 참조.

140 유분심은 소승 상좌부의 개념으로, 대승 유식종에서는 '아뢰야식'이라 한다.『攝阿毘達磨義論』.漢譯南傳大藏經 第70 [0148a12] 참조.
141 『阿毗達摩攝義論』「分別攝心品」第一. 大藏經補編 第07 [0814a05].
142 『成唯識論述記』卷第四. 大正藏 第43 [0354a25-0354a25].

여섯째, 그 좋고 나쁨을 알고는 마음에 '안립(安立)'한다. 언어로 분별하여 그 선악을 말한다.

일곱째는 그 좋고 나쁨에 따라 바로 동작해서 '형세 있는 작용의 마음(勢用心)'이 일어난다.

여덟째는 동작이 일어나고 나면 좋고 나쁨이 물러나고 마침내 다시 앞에서 한 일을 '돌이켜 반연(返緣)'한다.

아홉째는 돌이켜 반연하고 나면 물러나서 '유분심'으로 돌아가 자유롭게 반연한다.

그러므로 '아홉 가지 마음'이라 하나니, 비로소 수레바퀴의 의미가 성립되었다.

225
**처음에는 본체[143]인 현량(現量)에 자리하여
떠도는 티끌[144]이 아직 일어나지 않다가 《364》
나중에는 명료한 의근의 땅에 떨어져
겉으로 모습을 가만히 드러내 보이네. 《365》**

《364》 전오전식(前五轉識)[145]과 제8식이 모두 현량(現量)에 있다. 현량(現

---

143 본체는 원성실성(圓成實性)을 의미한다. 원성실성은 현상의 본체이다. 즉 원만하게 모든 것을 성취시키는 진실한 진여(眞如)의 경지를 가리킨다.
144 떠도는 티끌(浮塵)은 일체유의법(一切有爲法)이다.
145 전식(轉識)이란 산스크리트 pravṛtti-vijñāna, 안식(眼識)·이식(耳識)·비식(鼻識)·설식(舌識)·신식(身識)·의식(意識)·말나식(末那識)을 통틀어 일컫는다.

量)이란 법의 자성을 얻어 개념에 얽매이지도 않고 헤아리고 계획하는 마음도 없다. 원성실성(圓成)의 말이다. 밖의 이해를 짓지 않아서 비량(比量)과 비량(非量)에 떨어지지 않는다.

『미자우론』[146]에 "오식의 현량(現量)은 두 가지 전도[147]가 없다. 마치 밝은 거울에 여러 가지 색상이 나타나는 것과 같다. 제7 염식(染識)은 상도(想倒)와 견도(見倒)가 있다. 제6 의식은 세 가지 전도가 있다. 아(我)와 법(法)의 형상을 취하는 것을 '상도(想到)'라 하고, 생각(想)에 애락심을 내는 것을 '심도(心倒)'라 하며, 생각에 계교와 집착을 건립하는 것을 '견도(見倒)'라 한다."라고 하였다.[148]

《365》 안식(眼識)이 동시명료의식(同時明了意識)과 반연할 때 분별심을 일으키고 외량해(外量解)[149]를 지어 비량(比量)이 이루어진다. 곧 마음 밖에서 법을 보는 것이다.

226
근원을 밝혀 보건대, 업식의 근본을
어떻게 가르쳐 깨우칠 수 있겠는가.
주체와 객체가 구분되지 않는데

---

146 『미자우론』은 『화엄소초』에서는 당삼장(唐三藏)의 『전자씨론(傳慈氏論)』이라 하였다.
147 두 가지 전도는 상도(想倒)와 견도(見倒)이다.
148 『大方廣佛華嚴經隨疏演義鈔』卷第四十七 「兜率宮中偈讚品」第二十四. 大正藏 第36 [0369a11].
149 외량해(外量解)는 외부의 것이라고 헤아리고 이해함이다.

옳고 그름을 어떻게 운용하리오. 《366》

227
전상(轉相)¹⁵⁰을 의지해서
홀연히 보는 마음이 일어나고 《367》
잠깐 현식(現識)에 관계하다가
홀연히 상분(相分)이 펼쳐지네. 《368》

《366》 세 가지 미세한 식(三細識) 가운데, 첫 번째 업식(業識)은 아직 주체와 대상이 나뉘지 않아서 지해(智解)가 일어나지 않았다. 『기신론』에서 "첫 번째 업식은 가장 미세하여 모든 식(識)의 근본이 된다. 그러므로 이 같은 업식은 아직 견분(見分)과 상분(相分)이 나누어지지 않았다. 그러나 모든 보살은 마음이 망령되게 움직인 것일 뿐 앞의 경계가 없음을 알고 모든 법이 오직 식의 분별(量)일 뿐임을 깨닫고서, 앞과 바깥의 집착을 버리고 업식의 뜻을 따른다. 이를 '업식'이라 한다."¹⁵¹라고 하였다.

'마음은 마음을 보지 못하는지라 형상을 만들어 낼 수가 없다.'라고 한 것은, 모든 법이 있는 것이 아니라는 뜻을 밝힌 것이다. 또한 『능가경』에서 노래한다.

---

150 전상(轉相)은 삼세(三細)의 하나이다. 삼세는 '① 무명업상(無明業相)은 업상(業相)이라고도 한다. 근본무명(根本無明), 즉 진여(眞如)가 일어나 움직이는 최초의 상태 곧 지말무명(枝末無明) 중의 첫 번째로서, 아직 주관과 객관과의 구별이 없는 상태이다. ② 능견상(能見相)은 견상(見相)이나 전상(轉相)이라고도 한다. 앞의 무명업상에 의해 일어나는 대상을 인식하는 마음(主觀)이다. ③ 경계상(境界相)은 현상(現相)·경상(境相)이라고도 한다. 능견상이 일어나는 것과 동시에 망현(妄現)하는 인식대상(客觀)'이다.
151 『大乘起信論』卷上. 大正藏 第32 [0585c03] 참조.

몸이나 재산이나 편안하게 자리 잡고 사는 삶은
마치 꿈속에서 일어난 것과 같아
두 가지 마음이 있는 듯하지만
마음은 두 가지 형상이 없네.
마치 칼이 스스로 베지 못하는 것과 같고
손가락이 스스로 만지지 못하는 것과 같으며
마음이 스스로 보지 못하는 것과 같이
그 일도 또한 이와 같네.[152]

만약 꿈속에서 본 여러 가지 일이 실제로 있다면 곧 보는 주체(能見)와 보이는 대상(所見)의 두 가지 형상이 있다. 그 꿈속에서는 실로 두 가지 법이 없다. 삼계의 여러 가지 마음이 모두 이 꿈과 같아서 마음을 여읜 밖에 것은 분별할 수가 없다.

그러므로 '일체 분별은 곧 자신의 마음을 분별하는 것이다.'라고 하였다. 자신의 마음에서 밖으로 나가서 자신을 볼 수 없는 것이 마치 칼이나 손가락과 같다. 그러므로 '마음이 마음을 보지 못한다.'라고 하였다. 이미 다른 것도 볼 수 없고 또한 자신도 볼 수 없다. 보이는 대상이 없으므로 보는 주체가 성립되지 않는다. 주체와 대상의 두 형상이 모두 있을 수 없다. 그러므로 '형상을 얻을 수가 없다.'라고 하였다.

《367》 두 번째 전식(轉識)에서 처음 견분(見分)을 일으킨다.

---

[152] 『入楞伽經』卷第十「總品」第十八之二. 大正藏 第16.

《368》 세 번째 현식(現識)에 이르러 상분(相分)이 성립된다. 마치 거울이 형상을 나타내는 것과 같다. 여러 논사¹⁵³들이 밝힌 한마음의 법에 모두 네 가지 분(四分)의 뜻이 있다. 첫째는 상분(相分)이고, 둘째는 견분(見分)이며, 셋째는 자증분(自證分)이고, 넷째는 증자증분(證自證分)이다.¹⁵⁴

상분(相分)에 네 가지가 있다. 첫째는 실상을 '형상(相)'이라 한다. 본체가 바로 진여이니, 진실한 형상이기 때문이다. 둘째는 경계의 모양을 '형상'이라 한다. 능히 근심(根心)¹⁵⁵의 경계가 되기 때문이다. 셋째는 모양을 '형상'이라 한다. 이것은 오직 유위법(有爲法)일 뿐이다. 형상이 있기 때문이다. 영상상분(影像相分)과 본질상분(本質相分)에 통하니 오직 식(識)의 변화한 대상(所變)일 뿐이다. 넷째는 뜻의 형상(義相)을 '형상'이라 한다. 설명하는 주체(能詮)에 따른 설명하는 대상(所詮)의 뜻이 상분이다. 위의 네 가지 상분에 오직 뒤의 세 가지 상분만을 취하여 '상분의 형상'이라 한다.

또 상분에 두 가지가 있다. 하나는 식(識)이 단번에 (직접적으로) 변화한 것이니, 곧 본질이다. 둘은 식이 경계를 가려서 반연할 때 오직 변화한 영상에만 반연하니, 본질이라 할 수 없다.¹⁵⁶

둘째 견분(見分)이란, 『유식론』에서 "소연(所緣)¹⁵⁷ 자체에 요별(了

---

153 여러 논사는 호법(護法)·안혜(安慧)·난타(難陀)·진나(陳那) 네 분의 스님을 말한다. 호법은 4분, 안혜는 1분(證自證分), 난타는 2분(見·相), 진나는 3분(見·相·自證)을 주장하였으므로 '안난진호일이삼사(安難陳護一二三四)'라 하였다.
154 『成唯識論』卷第二. 大正藏 第31 [0010b02] 참조.
155 근심(根心)은 근(根)의 마음인 견분(見分)을 말한다.
156 『大方廣佛華嚴經隨疏演義鈔』卷第六十五. 大正藏 第36 [0525c15].
157 소연(所緣)은 반연하는 대상이다.

別)¹⁵⁸하는 작용이 있다."¹⁵⁹라고 하였다. 이 견분에 다섯 가지 부류가 있다. 하나는 증견(證見)¹⁶⁰을 '견(見)'이라 한다. 곧 상·중·하 세 근기의 근본지(本智)인 견분이 이것이다. 둘은 밝게 비치는 것을 '견'이라 한다. 이것은 근(根)의 마음에 통하니, 모두 밝게 비치는 뜻이 있기 때문이다. 셋은 능연(能緣)¹⁶¹을 '견'이라 한다. 곧 내삼분(內三分)¹⁶²에 통하니, 모두 능연(能緣)이기 때문이다. 넷은 생각해서 이해함을 '견(見)'이라 한다. 설명하는 내용(所詮)의 뜻을 생각하고 이해하기 때문이다. 다섯은 추측하여 헤아림을 '견'이라 한다. 곧 비량(比量)하는 마음으로 모든 경계를 추측하고 헤아리기 때문이다. 이 다섯 가지 견(見) 가운데 다섯 가지 색근(五色根)¹⁶³과 내이분(內二分)¹⁶⁴을 제외하고 나머지는 모두 견분에 속한다.

　　셋째 자증분(自證分)은, 자신의 견분이 상분을 반연함이 그릇되지 않았음을 친히 증득하는 것이다. 증명할 수 있기 때문이다.¹⁶⁵

　　넷째 증자증분(證自證分)은, 이를테면 셋째 자증분이 견분을 반연함이 그릇되지 않음을 친히 증득하는 것이다. 증득되어진 것으로부터 이름을 얻는다.¹⁶⁶

158　요별(了別)은 분별의 주체이다.
159　『成唯識論』卷第二. 大正藏 第31 [0008c07].
160　증견(證見)은 깨달아서 봄이다.
161　능연(能緣)은 반연하는 주체이다.
162　내삼분(內三分)은 견분(見分), 자증분(自證分), 증자증분(證自證分)이다.
163　다섯 가지 색근(五色根)은 색온(色蘊)의 오근(五根)인데, 안근(眼根)·이근(耳根)·비근(鼻根)·설근(舌根)·신근(身根)이다.
164　내이분(內二分)은 자증분과 증자증분이다.
165　『成唯識論』卷第二. 大正藏 第31 [0010b17] 참조.
166　『成唯識論』卷第二. 大正藏 第31 [0010b17] 참조.

이 네 가지(四分)의 뜻은 모두 거울로 비유할 수 있다. 거울은 자증분과 같고, 거울이 밝은 것은 견분과 같으며, 거울에 비친 형상은 상분과 같고, 거울 뒤에 손잡이는 증자증분과 같다. 그러므로 '네 가지 분으로 마음을 이룬다.'라고 하였다.[167]

228
광명은 오래된 음산함을 소멸하고
그림자는 깊은 어둠을 넌지시 암시하니 《369》
옛것을 꿰뚫어서 진리의 근원이 흩어지지 않고
오늘에 이르기까지 묘한 작용이 있네.

《369》 지금 깨닫는다는 것은, 자신의 마음을 단박에 환하게 하면 비로소 지각한 경계가 각기 마음에서 드러난 것임을 알게 되는 것이다. 이는 마치 병든 눈으로 밝은 구슬을 보면 흠이 있는 것처럼 보이겠지만, 지금 맑은 눈으로 보면 구슬이 맑고 깨끗하여 흠이 없는 것과 같다. 아름답고 추한 것은 다만 자신의 견해로 다른 것일 뿐이다. 구슬의 본체는 처음부터 끝까지 한결같다.[168] 깨달았을 때는, 창고를 열어 보물을 취하고 큰 조개를 쪼개어 구슬을 얻는 것과 같이 광명이 마음에서 나오고 영상은 법계를 머금고 있다.[169]

---

167 『翻譯名義集』六「心意識法篇」第五十七. 大正藏 第54 [1155b16].
168 『宗鏡錄』卷第六十五. 大正藏 第48 [0781b13].
169 『宗鏡錄』卷第六. 大正藏 第48 [0445a10].

8
팔만사천 가르침이 자성의 땅에서 움트네

✣

三十七品法, 大悲十義, 三界의 원인

229
팔만사천 가르침의 수레는
그 싹이 자성의 땅에서 움트고
삼십칠품 도의 나무는
그 과실이 신령한 뿌리에서 열리네. 《370》

《370》 '삼십칠품법(三十七品法)'은, 사념처(四念處)[170]와 사정근(四正勤)[171]과

---

[170] 사념처는 산스크리트 catvāri smṛty-upasthānāni로 사념주(四念住), 사의지(四意止), 사지념(四止念), 사념(四念), 사념처관(四念隨觀)이라고도 한다.

[171] 사정근은 산스크리트 catvāri prahāṇāni로 깨달음에 이르기 위한 네 가지 바른 노력이다. 단단(斷斷), 율의단(律儀斷), 수호단(隨護斷), 수단(修斷)이다.

사신족(四神足)¹⁷²과 오근(五根)¹⁷³과 오력(五力)¹⁷⁴과 칠각지(七覺支)¹⁷⁵와 팔정도(八正道)¹⁷⁶이다. 이것은 모든 보살의 도를 돕는 법이다. 낱낱이 닦고 익히는데 모두 마음에서 일어난다. 왜냐하면 저 몸(身)·느낌(受)·마음(心)·법(法)이 모두 자성이 없으므로 항상하지 않다는 것을 앎이 '사념처'이고, 선과 선하지 않은 법(不善法)이 마음에서 변화하여 생긴 것임을 관하는 것이 '사정근'이며, 마음의 성품이 영통하여 숨고 드러남이 자재한 것이 '사신족'이고, 믿음이 견고하여 허공과 같이 고요한 것이 '오근'과 '오력'이며, 깨달아야 한다는 마음(覺心)이 일어나지 않는 것이 '칠각지'이고, 마음의 성품을 바로 깨달아 삿됨과 바름에 막히지 않는 것이 곧 '팔정도'이다. 삼십칠품의 도를 돕는 법(助道法)뿐만 아니라 수많은 불법이 모두 마음에서 일어난다. 『입능가경』에서 노래한다.

그때 부처님이 신력으로 다시 산성을 변화시키시니
모든 대중이 자신의 몸에서 변화한 능가성에 들어가는 것을 보았네.
여래의 신력으로 만든 것도 또한 저 능가성과 같이

---

172 사신족은 신통(神通)을 얻기 위한 뛰어난 선정(禪定)에 드는 네 가지 기반이다. 욕신족(欲神足), 정진신족(精進神足), 심신족(心神足), 사유신족(思惟神足)이다.
173 오근은 번뇌를 씻고 깨달음으로 이끄는 다섯 가지이다. 신근(信根), 정진근(精進根), 염근(念根), 정근(定根), 혜근(慧根)을 이른다.
174 오력은 깨달음에 이르게 하는 다섯 가지 활동이다. 신력(信力), 정진력(精進力), 염력(念力), 정력(定力), 혜력(慧力)을 이른다.
175 칠각지는 칠보리분(七菩提分)·칠각분(七覺分)·칠각의(七覺意)라고도 한다. 수행함에 있어서 지혜로써 참된 것, 거짓인 것, 선한 것, 악한 것을 살펴 골라내는 일곱 가지이다. 염각지(念覺支), 택법각지(擇法覺支), 정진각지(精進覺支), 희각지(喜覺支), 제각지(除覺支), 정각지(定覺支), 사각지(捨覺支)이다.
176 팔정도는 깨달음의 경지인 열반에 이르기 위한 여덟 가지 수행 덕목이다.

모든 산과 원림과 보배로 장엄한 것도 역시 그러하네.
낱낱 산중의 부처님에게 대혜가 물으니
여래가 모두 그를 위해 몸 안에서 증득한 법을 설하시고
백천의 미묘한 음성을 내어 이 경의 법을 설하시고 나니
부처님과 부처님 제자가 모두 숨어 나타나지 않았네.

나파나야차가 홀연히 자신의 몸이 자신의 궁전에 있음을 보고
다시 여타의 물건을 보이지 않았네.
그리하여 이러한 생각을 하되
이전에 본 것들은 누가 만들었고
법을 설한 자는 누구며
누가 법을 들었을까?
내가 본 것은 어떤 법이건대
이러한 여러 가지 일이 있을까?
저 모든 부처님의 국토와 모든 여래의 몸
이러한 여러 가지 미묘한 일이 지금은 모두 어디로 간 것인가?
꿈에서 생각한 것일까? 환으로 만든 것일까?
진실한 성읍일까? 건달바성일까?
눈병으로 된 망념일까? 아지랑이가 일어난 것일까?
꿈이 낳은 것일까? 석녀가 낳은 것일까?
내가 불의 바퀴(火輪)를 본 것일까? 화륜의 연기를 본 것일까?
내가 본 것이 무엇일까?

다시 스스로 곰곰이 생각해 보니
모든 법의 본체가 이와 같아서 다만 자기 마음의 경계일 뿐이네.

내심으로 능히 깨달아 알 수 있는데
여러 범부들은 무명에 덮이고 장애되어
허망한 마음으로 분별하니 깨달아 알 수가 없네.
보는 주체와 보이는 대상 모두는 얻을 수 없고
설하는 자와 설해지는 법들도 역시 얻을 수 없네.
불법의 진실한 본체는 있는 것도 아니고 없는 것도 아니어서
법의 형상이 항상 이와 같아서 다만 자신의 마음에서 분별할 뿐이네.[177]

230
미혹에서 벗어나는 나루며
현묘한 도에 이르는 시초라 《371》
뜻은 꽃이 피어나는 듯하고
행은 구름이 일어나는 듯하네. 《372》

《371》 마음으로 인해 미혹하고 마음으로 인해 깨달으며, 마음으로 인해 태어나고 마음으로 인해 죽는다. 땅으로 인해 넘어졌다가 땅으로 인해 일어나는 것과 같다. 미혹에서 깨닫는 시초가 될 뿐만 아니라 자신이 수행하고 남을 교화할 적에도 반드시 이러한 뜻을 잘 알아야 한다.

고덕[178]이 말하되 "대승을 구하는 자가 의심하는 데 두 가지가 있다.

---

177 『入楞伽經』 卷第一 「請佛品」 第一. 大正藏 第16 [0515a25].

178 신라 태현(太賢)은 대현(大賢) 또는 청구사문(靑丘沙門)이라고도 불렸다. 경덕왕 때 남산 용장사에 주석하며 유식학을 전공한 승려이다. 고려 전기에 유식업의 종조로 추숭(追崇)되었다. 경덕왕의 명으로 가뭄을 해소하기 위해 궁에서 『금광명경』을 강론하기도 하였다.

'대체로 대승법의 본체는 하나인가, 많은가? 만약 하나라면 다른 법이 없다. 다른 법이 없기에 중생이 없다. 보살은 누구를 위해 큰 서원을 일으키는가? 만약 많은 법이라면 하나의 본체가 아니다. 하나의 본체가 아니기에 다른 이와 내가 각기 다른데 어떻게 한 몸이라는 큰 자비의 마음(同體大悲)을 일으킬 수 있을까?' 이러한 의혹으로는 발심하지 못한다.

지금 이 두 가지 의심을 풀어 주겠다. 한마음의 법(一心法)을 세운 것은 저 처음의 의심을 풀어 준 것이다. 대승법(大乘法)에서 밝힌 것은 오직 한마음뿐이다. 한마음 밖에 아무런 다른 법이 없다. 다만 무명으로 인하여 자신의 한마음을 미혹하여 여러 물결을 일으켜 육도(六道)에 유전한다. 그러나 비록 육도의 물결을 일으켰으나 한마음의 바다를 여의지 않았다. 참으로 한마음을 연유해서 육도에 움직였으므로 큰 서원을 발할 수 있고, 육도는 한마음에서 벗어나지 않으므로 한 몸이라는 큰 자비의 마음(同體大悲)을 일으킬 수 있다. 이처럼 한마음에 의해 두 가지 의심을 풀고 큰마음을 발하여 부처님의 도를 구족할 수 있다."[179]라고 하였다.

《372》 한마음의 무궁무진한 뜻은 마치 비단 위에 꽃이 핀 것과 같고, 한마음의 진여의 행은 마치 높고 먼 하늘에 구름이 일어난 것과 같다. 『화엄금관』에서 "'법계 공덕의 큰 자비의 구름'이라 한 것은 법과 비유를 쌍으로 든 것이다. 그런데 큰 자비에 열 가지 뜻이 있기에 구름과 같다고 하였다. 첫째는 법의 성품에서 일어나는 것이 구름이 허공에서 일어나는 것과 같고, 둘

용장사에 있던 미륵장육상을 돌며 수행하였다. 『성유식론학기』, 『대승기신론내의약탐기』, 『범망경고적기』, 『약사본원경고적기』 등 많은 저술을 남겼다.

[179] 新羅國太賢, 『大乘起信論內義略探記』. 大正藏 第44 [0410c12] 참조. 釋元曉撰 『起信論疏』 上卷. 大正藏 第44 [0202a25]에도 같은 내용의 글이 보인다.

째는 감응이 일어나는 것이 용이 울부짖어 구름이 일어나는 것과 같으며, 셋째는 성품과 형상의 본체를 여읜 것이 마치 구름이 무심한 것과 같고, 넷째는 법계에 충만한 것이 허공에 구름이 가득한 것과 같으며, 다섯째는 작용이 끝없는 것이 마치 구름이 끝없는 것과 같고, 여섯째는 가만히 덮는 것이 마치 구름이 높이 덮여 있는 것과 같으며, 일곱째는 땅을 움직이고 사물을 놀라게 하는 것이 마치 구름이 벼락과 우레를 치는 것과 같고, 여덟째는 광명을 놓는 것이 구름에서 번개를 치는 것과 같다. 만약 삼매를 우레라 하고 지혜를 번개라 해도 마찬가지다. 아홉째는 위대한 법을 널리 설하는 것이 구름이 비를 내리는 것과 같고, 열 번째는 작용이 그치면 곧 고요한 것이 마치 구름이 의지처가 없는 것과 같다. 이러한 열 가지 뜻을 갖추었기 때문에 구름에 비유한 것이다."라고 하였다.

231
한 삼태기 흙을 덮는 날
산은 천 길이나 솟아나고
첫걸음을 내디딜 때
길은 만 리에 통하네. 《373》

《373》 백 척이나 되는 산이라도 한 움큼 흙에서 일어나고, 천 리 길도 첫걸음에서 시작하며, 아름드리나무도 새싹에서 자라난다.[180] 도도한 강물도 술잔만 한 샘물에서 비롯된다. 한 생각에서 선이나 악이 생겨나는 것도 이

---

[180] 『道德經』第六十四章.

와 같다. 선은 멀리 부처님의 과를 기대하고, 악은 영겁의 윤회에 깊이 빠져 있게 한다. 마땅히 첫 생각을 보호해야 한다.

232
진제와 속제가 걸림이 없어
도가 그 가운데 있으니
즉한 것도 여읜 것도 아니고
언제나 뒤섞이기도 왕래하기도 하네.

233
항하사만큼 응용되니
이를 구하나 어찌 비밀스러운 자취를 찾을 수 있으며
갖가지 기교를 갖고 있으니
이를 엿보려고 하지만 수승한 공덕을 드러내지 않네.《374》

《374》 『유마경』에서 "저 법을 구하는 자는 응당 구하는 바가 없어야 한다."[181]라고 하였다. 발자취로 찾을 수 없기 때문이다. 또한 한마음에 구족되었으니 만약 밖에서 구한다면 안이 부족하다는 것이 된다. 이 한마음의 오묘한 도는 공덕 없는 공덕이어서 유위(有爲)로는 닦을 수 있는 것이 아니다. 그러므로 그 공덕을 자랑하지 않는다.

---

[181] 『維摩詰所說經』卷中「不思議品」第六. 大正藏 第14 [0546a08].

234

삿된 길을 말하기는 쉬우나
올바른 혈도를 찾기는 어렵나니
들으려는 자는 찾지도 듣지도 못하고
연설하려는 자는 드러내지도 설하지도 못하네. 《375》

《375》 모든 부처님은 색과 소리의 공덕이 없으시고 오직 여여와 여여한 지혜만이 뚜렷할 뿐이다. 무릇 보고 듣는 것이 모두 중생 자신의 마음 영상이다. 설한다면 오직 마음이 설할 뿐이고, 듣는다면 오직 마음이 들을 뿐이다. 마음을 여읜 밖에 어디에 법이 있겠는가!

고덕이 "여래가 여덟 가지 말씀(八辯)의 큰 음성을 연출하심에 듣는 자는 자신의 마음에서 나타난 것에 의탁한다. 마치 모양의 변화가 붓끝에서 일어나는 것과 같다."라고 하였다. 본질은 이미 없으나 영상은 여전히 있다.

여러 성현의 결집(結集)이 스스로 보고 들은 것에 따른다. 듣고 본 것에 의해 자신의 말을 결집한다. 참으로 자신의 마음을 여의고는 원래 밖의 경계가 없고, 경계를 여의고는 또한 안의 마음을 얻을 수 없다. 여러 법을 전(傳授)하는 자도 다른 사람에게 주는 것이 아니다. 다만 수승한 인연에 따라 스스로 법을 얻을 뿐이다. 자신의 이해가 일어나지 않으면 남을 깨닫게 하지 못한다. 자신의 이해는 남에게서 오지 않는다. 다른 사람의 이해가 어찌 자신에게서 일어난 것이 아니겠는가? 그러므로 결집과 전수는 모두 영상을 얻었을 뿐 본질은 얻지 못한다. 자신의 마음이 다른 경계에서 얻어지는 것이 아니다. 그러므로 결집은 자신의 마음에서 변한 경전이고, 전수할지라도 자신의 마음에서 변한 법을 전수하는 것인 줄 알아야 한다. 영상을 얻어도 본질이 아니라는 것을 생각해 보면 알 수 있다.

만약 항상 자신의 마음에서 나타난 것임을 잘 분별하면 모든 밖의 성품이 밖의 성품이 아님을 잘 알 수 있다. 이 사람의 지견은 가히 부처님과 같고 설한 법도 부처님과 차이가 없다. 깨달아 들어가서 믿음과 지혜의 즐거움을 자각하였기 때문이다.[182]

235
'묘봉'이 성품의 땅에서 솟아나니
우러러볼수록 더욱 높고 《376》
'법의 물'이 진여의 근원에서 샘솟으니
퍼낸들 어찌 마르겠는가. 《377》

《376》 『화엄경』에서 "선재가 남쪽으로 가서 승락국 묘봉산에 올라 덕운 비구를 뵈었다."라고 하였다. '묘봉'이란, 마음이 절대적으로 미묘하여 높이 드러나 산과 같으므로 '묘봉'이라 한 것이다. "덕운 비구가 선재에게 말하되 '나는 자재심(自在心)의 염불문(念佛門)에 머물렀는데, 자기 마음의 소유한 욕락을 따라 일체 모든 부처님이 그 형상을 나타낸다는 것을 알았기 때문이다.'"[183]라고 하였다.

《377》 이 한마음의 상주하는 법은 사용하여 없어지지 않지만 본체를 알 수가 없다. 한번 얻으면 미래제가 다하도록 영원하다.

---

[182] 『宗鏡錄』卷第二十九. 大正藏 第48 [0582c05].
[183] 『大方廣佛華嚴經』卷第六十二「入法界品」第三十九之三. 大正藏 第10 [0334a15].

236
허공을 싸안아 두루하고
세계를 둘러 골고루 퍼져 있으니
이런 까닭에 천하를 크게 버려야
비로소 만사에 구함이 없네.

9
세계가 이루어지려 할 때
한 생각에 모두 거두어들이네

✣

四生의 시작, 二覺, 二明, 同異, 三相, 산하대지의 형성

237

겁의 불길에 괴멸되려 할 때
한 번 불어 단박에 끄고 《378》
세계가 장차 이루어지려 할 때
한 생각에 모두 거두어들이네. 《379》

《378》 『반야경』에서 "삼천대천세계가 겁의 불길(劫火)로 텅 비었을 때, 보살이 한 번의 숨을 불어 단박에 끄고자 하면 마땅히 반야를 배울지니라."[184]

---

[184] 『大般若波羅蜜多經』卷第三「初分學觀品」第二之一. 大正藏 第05 [0013c08].

라고 하였다.

《379》 묻는다. 삼계의 최초 원인과 사생(四生)의 시작하는 처음 그 본말을 알 수 없고 내력을 설명하지 못한다. 노자나 장자는 이를 가리켜 '자연'이라 하고, 주공이나 공자는 이를 '혼돈'이라 불렀다. 최초에 시작한 곳을 어떻게 가리킬 수 있겠는가?

답한다. 유정의 몸과 국토의 진실을 알고자 하면 그 실마리가 나의 마음보다 앞선 것은 없다. 결코 다른 법은 없다. 이를테면 마음의 법이 찰나에 자신이 속한 부류에 상속하여 시작이 없는 때와 세계가 부단하게 흘러 단절하지 않고 항상하지도 않는다. 인연에 의지하고 상대에 의지한다. 기(氣)도 아니고 내려 받은 것도 아니라 유식(唯識)일 뿐이고 유심(唯心)일 뿐이다.

『조론초』에서 "노자가 말하기를 '이름 없는 것은 천지의 시작이고, 이름 있는 것은 만물의 어머니이다.'"[185]라고 했다. 또한 부처님 가르침의 뜻은 '여래장의 성품이 전변하여 식장(識藏)이 되고, 식장에서 남의 몸(根身)과 세계(器世間)의 일체 종자를 다투어 출현하게 한다.'라고 하였다. 그 변화의 근본을 추구하면 곧 여래장의 성품으로 사물의 시초가 된다. 태어남이 없고 시작이 없는 것이 사물의 성품(物之性)이고, 태어남과 시작이 성품을 움직일 수 없다는 것이 법의 성품(法性)이다. 남제(南齊)[186] 때 심약(沈約)[187]의 『균성론』[188]에 "그렇다면 이 천하가 있고 난 이후에는 오직 한 생각뿐이

---

[185] 『道德經』一章.
[186] 남제(南齊)는 소도성(427~482)이 창건한 왕조(479~502)이다. 남조 시대의 두 번째 왕조이다.
[187] 심약(沈約)은 남조 시대 양무제(梁武帝) 때의 문사(文士)로, 자(字)는 휴문(休文)이다. 궁체시(宮體詩)의 선구자로 불교에 능통하고 음운(音韻)에도 밝아 시의 팔병설(八病說)을 제창했다.
[188] 『균성론』은 『백흑론(白黑論)』, 『균선론(均善論)』으로도 불린다.

다."¹⁸⁹라고 하였다.

융 대사가 "묻는다. 삼계와 사생(四生)은 무엇으로 도의 근본을 삼고, 무엇으로 법의 작용을 삼는가?

답한다. 허공이 도의 근본이 되고 삼라만상이 법의 작용이 된다. 묻는다. 그 가운데 누가 조작하는 자인가? 답한다. 이 가운데 실로 조작하는 자가 없고, 법계의 성품이 자연히 생겨났다. 가히 총지문(總持門)이며 만법의 도읍이라 할 만하다. 광명이 빛나기 전에는 오히려 그 이름이 없었다. 생각이 일어나려 할 때 그 그림자가 나누어지는 것과 같다. 처음 인연이 억지로 감각하여 점점 앎을 일으키고, 견분(見分)과 상분(相分)이 나누어지자마자 마음과 경계가 단박에 나타난다."라고 하였다.¹⁹⁰

『수능엄경』에서 "모두 다 '각명(覺明)의 명료한 지각의 성품'이 앎으로 인해서 형상을 드러낸다. 망견(妄見)에서 생긴 산하대지의 모든 유위의 형상(有爲相)이 차례로 변천하여 흘러가게 된다. 이 허망함으로 인하여 마치고 다시 시작한다."¹⁹¹라고 하였다.

해석한다. 이것은 모두 최초의 원인이 하나의 법계(一法界)를 미혹했기 때문에 어리석은 생각(不覺念)이 일어난다. 생각이 일어나는 것이 곧 형상이 움직이는 것이고, 형상이 움직이는 것은 곧 첫 번째 업식(業識)이다. 아직 주체와 객체가 나누어지기 이전이지만 각명의 허물이 있다. 이로부터 인연의 주체(能緣)가 변천하여 흘러가서 마침내 앎의 형상(了相)을 이루게 된다. 곧 앎(了知)이 분명해진 자성이 제2 견분인 전식(轉識)이다. 나중에 견분

---

189 『廣弘明集』卷第五「均聖論」. 大正藏 第52 [0121b24].
190 『宗鏡錄』卷第六十九. 大正藏 第48 [0803b12].
191 『大佛頂萬行首楞嚴經』卷第四. 大正藏 第19 [0120b05].

으로 인하여 상분이 일어나게 된다. 곧 앎으로 인하여 형상이 일어나니, 제3 상분인 현식(現識)이다. 주체와 객체가 나누어지자마자 모두 다 허망하게 된다. 왜냐하면 견분이 눈병을 생기게 하고 상분이 환의 형상으로 나타나기 때문이다. 그리하여 비밀히 육근과 육경(根塵)으로 유정(有情)이라고 여기는 견고한 집착을 일으키게 된다.

이로부터 참 성품(眞性)에서 떨어져 나와서 맑고 원만한 것이 나누어진다. 안으로는 집수(執受)의 지각으로 유식(有識)의 몸이 만들어지고, 밖으로는 집수(執受)와 떨어져 나와 생각이 정지되어 무정(無情)의 국토가 성립된다. 마침내 거울 속 영상에서 없어졌다가 또다시 드러나고, 꿈속의 산하에서 종말을 맞았다가 다시 시작한다.

다만 본원인 성품의 바다는 주체와 객체로부터 생겨난 것이 아니어서 맑고 원명하며 비추면서 언제나 고요하다. 다만 중생이 자성을 거슬러서 깨닫지 못하고 근본의 원명(圓明)함을 등져 있다. 밝혀야 할 것(所明)에 집착하여 망령된 견해를 갖게 된다. 밝힘(明)을 인하여 볼 대상(所觀)의 경계를 세우고, 볼 대상의 경계로 인하여 보는 주체(能觀)의 마음을 일으켜서 주체와 객체의 형상이 생겨난다. 마음과 경계가 상대해서 인연을 따르니, 자성을 잃어 처음의 근원을 돌이키지 못하며 깨닫지 못하고 알지 못한 채 항하사 겁(塵劫)을 지난다.[192]

그러므로 『수능엄경』에서 부처님이 부루나에게 말씀하셨다.[193] Ⓐ "네 말대로 청정하여 본래 그렇다면 어떻게 산하대지가 홀연히 나왔겠는가? 너는 여래가 '성품의 각(性覺)은 묘하게 밝고 본각(本覺)은 밝고 오묘하다.'

---

[192] 『宗鏡錄』卷第七十七. 大正藏 第48 [0842b12].
[193] 이하는 『수능엄경』의 문장을 반복적으로 이끌어서 설명하기 때문에 독자가 혼란할 수 있다. 그래서 번호와 밑줄을 그어 혼란을 방비하고자 하였다.

라고 한 것을 항상 듣지 않았느냐?" 부루나가 대답하였다. "그렇사옵니다. 세존이시여, 저는 부처님이 이러한 이치를 설하신 것을 늘 들었나이다." ⓑ "네가 각(覺)이라 명(明)이라 하는 것은 성품이 명(明)한 것을 일컬어 각(覺)이라 하는 것이냐? 각(覺)이 불명(不明)한 것을 일컬어 명각(明覺)이라 하는 것이냐?" ⓒ 부루나가 말하되 "만일 불명(不明)을 각(覺)이라 한다면 밝힐 것이 없나이다."¹⁹⁴라고 하였다.

　　부처님이 ① '같고 다름을 밝혀서 삼상(三相)을 결론지었다.'라는 것은, 경에 부처님이 말씀하시되 "② 만약 밝혀야 할 대상(所明)이 없다면 명각(明覺)이 없다. ③ 대상이 있으면 각(覺)이 아니고, ④ 대상이 없으면 명(明)이 아니며, ⑤ 명(明)이 없으면 또한 각(覺)이 맑고 밝은 성품이 아니다. ⑥ 성품의 각(覺)은 반드시 밝거늘 망령되게 각을 밝히려 한다. ⑦ 각(覺)은 밝힐 것이 아닌데 밝힘으로 인하여 그 대상이 성립된다. ⑧ 대상이 이미 망령되게 성립되어서 너의 망령된 주체를 낳는다. 같고 다름이 없는 데서 치열하게 다름이 성립된다. ⑨ 저 다른 것을 다르다고 여겨 다름으로 인하여 같음이 성립되고, ⑩ 같고 다른 것이 분명해진다. 이로 인하여 다시 같음이 없고 다름도 없는 것을 성립한다.

　　이렇게 요란함에 상대하여 피로함이 생기고, ⑪ 피로함이 오래되어 경계(塵)가 발생해서 자신의 형상(自相)이 혼탁하게 된다. ⑫ 이로 말미암아 진로와 번뇌를 끌어낸다. ⑬ 일어나면 세계가 되고 고요하면 허공이 된다. ⑭ 허공은 같음이 되고 세계는 다름이 된다. ⑮ 저 같고 다름이 없는 것이 참다운 유위법(有爲法)이다. ⑯ 각명(覺明)이 허공(空)에 어두운 것을 상대하여 요동이 생긴다. 그러므로 풍륜(風輪)이 있어 세계를 붙들어 유지한다.

---

194 『大佛頂萬行首楞嚴經』卷第四. 大正藏 第19 [0120a02-0120a07].

⑰ 허공(空)으로 인하여 요동이 생기고, 명(明)이 굳어져서 장애가 이루어진다. ⑱ 저 금보(金寶)는 명각(明覺)이 장애되어 성립된 것이다. 그러므로 금륜(金輪)이 있어 국토를 보호하고 지탱시킨다. ⑲ 각(覺)이 장애되어 금보가 되고 명(明)이 흔들려 풍(風)이 생겨나서는 풍과 금(金)이 서로 마찰한다. 그래서 수광(水光)이 있어 변화의 성품(變化性)이 된다. ⑳ 보배가 밝은 것은 윤기를 내고 불빛(火光)은 위로 증발한다. 그러므로 수륜(水輪)이 있어 시방세계를 머금어서 윤택하게 한다.

불(火)은 올라가고 물(水)은 내려와서 주고받음이 멈추게 된다. 젖은 것은 큰 바다가 되고 마른 것은 모래톱이 된다. 이런 이치로 바다 가운데는 물빛(水光)이 항상 일어나고 모래톱에서는 강과 하천이 항상 흐른다. 물의 세력이 불보다 못하면 응결하여 높은 산(高山)이 된다. 그러므로 산의 돌이 부딪치면 불꽃이 나고 녹으면 물이 된다. 흙(土)의 세력이 물보다 못하여 쥐어짜면 초목이 된다. 그러므로 숲이 타면 흙이 되고 쥐어짜면 물이 된다. ㉑ 망(妄)과 섞여서 발생하여 번갈아 서로 종자가 되나니, 이런 인연으로 세계가 상속한다."[195]라고 말씀하셨다.

해석한다. 이 두 가지 각(二覺)[196]의 뜻은 깊어 밝히기 어렵다. 만약 지적하여 진술하고자 하면 반드시 흑백을 구분해야 한다. 경론의 대략적인 뜻에 의하면 2종의 각(覺)이 있으니, 하나는 성각(性覺)이고, 둘은 본각(本覺)이다. 2종 반야(般若)가 있으니, 하나는 본각반야(本覺般若)이고, 둘은 시각반야(始覺般若)이다. 2종의 마음(心)이 있으니, 하나는 자성의 청정한 마음(自性淸淨心)이고, 둘은 허물을 여읜 청정한 마음(離垢淸淨心)이다. 2종 진여

---

195 『大佛頂萬行首楞嚴經』卷第四. 大正藏 第19 [0120a07].
196 두 가지 각(二覺)은 각(覺), 반야(般若), 심(心), 진여(眞如)에 두 가지를 들어 설명하고 있다.

가 있으니, 하나는 번뇌와 함께하는 진여(在纏眞如)¹⁹⁷이고, 둘은 번뇌를 벗어난 진여(出纏眞如)¹⁹⁸이다. 이 8종의 이름이 뜻에 따라 다르게 분류하나 본체는 항상 같다.

지금 일체중생은 다만 성각과 본각반야와 자성의 청정한 마음과 번뇌와 함께하는 진여 등을 갖추었을 뿐이다. 청정한 본연(本然)에서 망령되게 홀연히 산하대지가 생겨나는 것은 번뇌에 묻혀 있어서(在纏) 아직 장애를 여의지 못했기 때문이며, 아직 번뇌를 벗어난 진여 등을 얻지 못했기 때문이다.

시방 모든 부처님은 두 가지 각(二覺)이 모두 원만하고 이미 번뇌를 벗어난 진여 등을 갖추고 망상과 번뇌가 없어서 영원히 청정한 본연에 계합한다. 그렇게 되면 다시 산하대지와 모든 유위의 형상(有爲相)이 생겨나지 않는다. 이는 마치 금이 쇳돌에서 나온 다음에는 다시는 티끌이나 진흙에 물들지 않는 것과 같으며, 나무가 재가 되는 것과 같다. 어찌 다시 지엽적인 일이 있겠는가? 이 두 가지 각에 대한 의혹이 분명하게 해결되었을 것이다.¹⁹⁹

소(疏)의 해석에 '세계상속(世界相續)'이라는 글에 세 가지 뜻이 있다. 첫째는 두 가지 참됨(二眞), 둘째는 세 가지 형상(三相), 셋째는 네 바퀴(四輪)를 설명하겠다. 우선 첫째로 두 가지 참됨을 설명하면, 경(앞의 경문)에서 Ⓐ "부처님이 말씀하시되 '부루나여, 네가 말한 것과 같이 청정하여 본래 그렇다면 어떻게 홀연히 산하대지가 생겼느냐? 그대는 여래가 성각(性覺)이 묘하

---

197 번뇌와 함께하는 진여(在纏眞如)는 유구진여(有垢眞如)의 다른 이름으로, 중생이 갖춘 바 眞如를 有垢라 한다.

198 번뇌를 벗어난 진여(出纏眞如)는 무구진여(無垢眞如)의 다른 이름으로, 모든 부처님이 나타낸 바의 眞如를 無垢라 한다.

199 『宗鏡錄』卷第七十七. 大正藏 第48 [0842b12].

게 밝고 본각(本覺)이 밝고 오묘하다고 설한 것을 늘 듣지 않았느냐?' 부루나가 대답하였다. '그렇사옵니다. 세존이시여, 저는 부처님께서 이런 이치를 설하신 것을 늘 들었나이다.'"²⁰⁰라고 하였다.

해석한다. '두 가지 참됨(二眞)'이라 말한 것은, 하나는 성각이 오묘하게 밝음(性覺妙明)이고, 둘은 본각의 밝고 오묘함(本覺明妙)이다. 성각이 오묘하게 밝음은 자성청정심이니, 곧 여래장의 성품(如來藏性)과 번뇌와 함께하는 진여(在纏眞如) 등이다. 본성이 청정하여 번뇌에 물들지 않았으므로 '성각(性覺)'이라 한다. 본각의 밝고 오묘함이란 번뇌를 벗어난 진여(出纏眞如)이다. 무분별지(無分別智)로 시작을 알 수 없는 망념을 깨달아 없앴으니 '구경각(究竟覺)'이라 한다. 시각(始覺)이 곧 본각이니, 근본을 깨달은 각(覺)이므로 '본각(本覺)'이라 한다. 그러므로 『기신론』에서는, 진여문(眞如門)에서는 성각이라 하고 생멸문(生滅門)에서는 본각이라 하였다. 이 성각을 미혹해서 망념이 있으니, 만약 망념이 없어지면 본각이 이루어진다. 성각은 주체와 객체에서 생겨나는 것이 아니며, 닦고 증득해서 얻어지는 것이 아니다. 본래부터 스스로 오묘하면서 항상 밝다. 진여의 성품을 자성이 스스로 깨닫기 때문이다. 그러므로 '성각이 오묘하게 밝다.'라고 한 것이다. 시각반야(始覺般若)로 성각이 오묘하게 밝으므로 '본각이 밝고 오묘하다.'라고 한 것이다. 또한 시각(始覺)의 지혜로 본성을 깨닫기 때문에 '본각이 밝고 오묘하다.'라고도 하였다.²⁰¹

그러므로 경에서 언제나 "진여가 미혹과 깨달음의 의지처가 된다."라고 한 것이다. 그러므로 "저는 부처님이 이러한 이치를 설하시는 것을 늘 들

---

200 『大佛頂萬行首楞嚴經』卷第四. 大正藏 第19 [0120a02-0120a04].
201 『宗鏡錄』卷第七十七. 大正藏 第48 [0842b12].

었나이다."라고 한 것이다. 본성이 청정한 것이 성각의 뜻이다. 다만 성품에서 설하는 각(覺)은 나무에 있는 불의 성품(火性)과 같다. 깨닫고 나서는 다시 미혹을 일으키지 않는다. 그러므로 깨달았을 때 비로소 본각이라는 명호가 성립된다. 본각을 깨닫고 나서 다시 미혹되지 않는다. 그러므로 두 가지 각(二覺)의 이름으로 부루나의 의문에 대답하였다.

이상으로 비록 미혹과 깨달음의 두 문(二門)에서 두 가지 각에 대해서는 설했으나, 아직 망(妄)이 일어나는 원인에 대해서는 자세하게 설하지 않았다. 앞의 진(眞)과 뒤의 망(妄)에 대해서는 다음 아래에서 설명하였다.

이제 둘째 세 가지 형상의 문(三相門)을 설명하겠다. 문장을 둘로 나눈다. 처음은 인상(因相)을 세우고 다음은 과상(果相)을 세웠다. 곧 『기신론』의 삼세(三細)의 뜻이다. 처음 인상을 세 문장으로 나누어 설명하겠다. ❶ 첫 번째는 각명(覺明)의 개념을 전체적으로 물었고, ❷ 두 번째는 주체와 객체로 나누어진 까닭에 답했으며, ❸ 세 번째는 같고 다름을 설명해서 세 가지 형상(三相)을 결론지었다.

우선 ❶ 처음에 '각명(覺明)의 개념을 전체적으로 묻는 대목'(경)에 부처님이 ⒝ "네가 각(覺)이라 명(明)이라 하는 것은 성품이 명(明)한 것을 일컬어 각(覺)이라 하는 것이냐? 각(覺)이 불명(不明)한 것을 일컬어 명각(明覺)이라 하는 것이냐?"[202]라고 물으셨다.

해석한다. 무엇 때문에 이러한 질문을 하였는가? 앞에서 두 가지 각(二覺)의 개념을 제시하였다. 자성의 본체는 각명(覺明)이다. 망(妄)이 일어났지만 반드시 참(眞)에 의탁한다. 그러므로 참에 의거하여 질문하게 한 것이다. 또한 부처님이 질문한 뜻은, "네가 각명(覺明)이라 하였는데, 각성(覺性)이

---

[202] 『大佛頂萬行首楞嚴經』卷第四. 大正藏 第19 [0120a05].

스스로 밝은 것을 각명이라 한다. 아니라면 각(覺)의 본체가 불명(不明)하다. 명(明)을 능각(能覺)할 수 있기 때문에 각명을 칭하여 명각(明覺)이라 한다." 라고 하는 데 있다.

❷ 두 번째는 '주체와 객체로 나누어진 까닭에 답하겠다.'라고 하였다. 경에서 ⓒ 부루나가 말하되 "만일 이 불명(不明)을 각(覺)이라 한다면 밝힐 것이 없나이다."라고 하였다.

해석한다. 부루나가 답한 뜻에 따르면, 반드시 마음에 밝힐 것이 있어서 깨달음의 대상(所覺)이 된다. 만약 각의 명이 없다면 각명이라고 할 수 없다. 다만 각이라 부를 뿐 밝힐 대상이 없으므로 '곧 밝힐 것이 없나이다.'라고 한 것이다. 부처님의 본뜻에 의하면, 성각(性覺)은 본체가 스스로 밝으니, 깨닫는 주체(能覺)와 밝힐 대상(所明)을 인연하지 않아야 비로소 각명(覺明)이라 한다. 왜냐하면 진여 자체에 대지혜광명(大智慧光明)의 뜻이 있기 때문이다. 다만 하나의 법계(一法界)를 미혹해서 억지로 주체와 객체로 나누었다. 그러므로 망(妄)이 이루어진 것이다.

❸ 세 번째는 '① 같고 다름을 밝혀서 세 가지 형상(三相)을 결론지었다.'라고 하였다. 경에서 부처님이 말씀하시되 "② 만약 밝힐 대상(所明)이 없다면 명각(明覺)이 없다. ③ 대상(所)이 있으면 각(覺)이 아니고, ④ 대상(所)이 없으면 명(明)이 아니며, ⑤ 명(明)이 없으면 또한 각(覺)이 맑고 밝은 성품(性)이 아니다. ⑥ 성각(性覺)은 반드시 밝거늘 망령되게 각(覺)을 밝히려 한다. ⑦ 각(覺)은 밝힐 대상(所明)이 아닌데 밝힘으로 인하여 대상이 정립된다. ⑧ 대상(所)이 이미 망령되게 정립되어서 너의 망령의 주체(能)를 낳는다. 같고 다름(同異)이 없는 데서 치열하게 다름(異)이 성립된다. ⑨ 저 다른 것(異)을 다르다고 여겨 다름(異)으로 인하여 같음(同)이 정립되고, ⑩ 같고 다른 것(同異)이 분명해진다. 이로 인하여 다시 같음(同)이 없고 다름(異)도 없는 것을 정립한다."라고 하였다.

해석한다. 이 문장은 참(眞)을 미혹해서 망(妄)이 일어나는 것에 대해 바로 해석하였다. ② '만약 밝힐 대상(所明)이 없다면 명각(明覺)이 없다.'라는 것은 부루나의 말을 거듭한 것이다. ③ '대상(所)이 있으면 각(覺)이 아니고, ④ 대상(所)이 없으면 명(明)이 아니다.'라고 한 것은 바로 비판한 것이다. '만약 반드시 밝힐 대상(所明)으로 인해서 비로소 각명(覺明)이라 한다.'라고 한 것은, 이것은 다른 것(異)으로 인하여 정해진 것이지 자성의 각(自性覺)은 아니다. 그러므로 ③ '대상(所)이 있으면 각(覺)이 아니다.'라고 하였다. 예를 들어, 경계(塵)를 반연하여 분별하면 망령된 마음(妄心)이 있다가 경계를 여의면 본체가 없다. 어찌 참된 각(眞覺)이 성립되겠는가.

또한 ⓒ '만약 불명(不明)으로 각(覺)이라 한다면 곧 밝힐 것이 없다.'라고 한 것을 해석한다. 그러므로 각의 본체(覺體)는 본래 밝힐 형상이 없음을 알 수 있다. 부처님은 진제(眞際)를 증득하사 실로 명(明)을 보지 않으신다. 만약 명을 본다면 곧 명의 대상(所明)이고, 이미 명의 대상이 성립되면 곧 각의 주체(能覺)가 있다. 다만 명의 주체(能明)와 명의 대상(所明)을 제거해야만 비로소 묘명(妙明)이라 한다. 이 묘명은 불명(不明)의 명(明)이다. 명의 대상과는 같지 않기 때문이다. 『화엄경』에서 "봄이 없는 것이 봄이니, 능히 모든 법을 볼 수 있다."[203]라고 하였다. 『조론』에서는 "반야는 앎이 없으나 알지 못하는 것이 없다."[204]라고 하였다. 만약 명으로 인하여 비춤(照)이 일어난다면 비춤을 따라 존귀한 근본(宗)을 잃는다. 그렇다면 원래 각명(覺明)으로 인하여 비춤이 일어나 생겨난다. 대상(所)이 성립되면 비춤의 성품이 마침내 없어진다. 다시 "식정(識情)의 원명(元明)이 여러 가지 인연을 낳았는데

---

203 『大方廣佛華嚴經』卷第十六「須彌頂上偈讚品」第十四. 大正藏 第10 [0082a20].
204 『肇論』「般若無知論」第三. 大正藏 第45 [0153a24].

그 인연으로 유실하는 것이다."²⁰⁵라고 하였다. 곧 인연의 주체(能緣)인 형상을 따라 참 유식성(唯識性)을 덮어 버리고 한결같이 주체와 객체의 형상이 생겨난다. 마치 바람이 물을 쳐서 물결이 이어지는 것과 같다. 맑고 고요한 자성(自性)이 숨어서 나타나지 않는다. 이후에 미망이 허공의 형상을 만들고, 다시 허공으로 인하여 세계의 형상이 성립된다. 진공(眞空)의 한마음(一心)인 같고 다름(同異)이 없는 데서 치열하게 건립하여 모든 법(諸法)이 끝내 다름(異)을 성립하게 된다. 모두 정상(情想)이 요란함으로 인하여 세계의 경계(塵)를 힘들게 발생시키고, 미망과 혼침이 허공의 세계를 일으킨다. 그리하여 세계의 차별을 나누어 다름(異)이 되고, 허공의 청정함을 성립하여서 같음(同)이 된다.

분별식(分別識)에서 같음(同)이 없고 다름(異)이 없음을 정립한다. 모두 유위법(有爲法)으로 생멸의 인연이 이루어지게 된다. 본심(本心)을 통달하지 못하면 끝내 희론일 뿐이다.

④ '대상(所)이 없으면 명(明)이 아니다.'라고 한 것은, 각의 주체(能覺)인 본체는 반드시 명의 대상(所明)으로 인해서 비로소 각명(覺明)이라 한다는 것이다. 만약 각의 대상(所覺)인 명이 없다면 각의 주체의 본체는 명이 아니므로 ④ '대상이 없으면 명이 아니다.'라고 하였다. 그러므로 앎의 각(知覺)과 명(明)이 서로 거짓으로 성립(假立)하였으니 본래 자신의 본체(自體)가 없음을 알 수 있다. 어찌 자성의 각(自性覺)을 이루겠는가? 그러므로 ③ '대상이 있으면 각(覺)이 아니고, ④ 대상이 없으면 명이 아니다.'라고 한 것이다. 이 문장은 비록 간단하나 도리는 분명하다.

⑤ '명(明)이 없으면 또한 각(覺)의 맑고 밝은 성품이 아니다.'라고 한

---

205 『大佛頂如來密因修證了義諸菩薩萬行首楞嚴經』卷第一. 大正藏 第19 [0108b28].

것은 긍정하면서 비판했다. 망각(妄覺)의 본체에 맑고 밝은 작용이 없음을 설명하였다. 만약 '다만 명(明)을 각(覺)하기만 하면 구태여 각의 본체(覺體)가 스스로 밝을 필요가 있는가?'라고 말한다면, 자성(自性)은 명(明)이 아니어서 곧 각(覺)의 맑은 작용이 없다. 그러므로 '명(明)이 없으면 또한 각(覺)의 맑고 밝은 성품이 아니다.'라고 한 것이다.

⑥ '성각(性覺)은 반드시 밝거늘 망령되게 각(覺)을 밝히려 한다.'라고 한 것은, 망각(妄覺)이 참(眞)에 의탁한 형상임을 해석한 것이다. 어찌 망각이 처음 일어남에 각명(覺明)의 형상을 알 수 있겠는가? 다만 성각에 반드시 진명(眞明)이 있기 때문이다. 그러므로 망각이 이 성명(性明)에 의탁하여 영명(影明)의 각(覺)을 일으키고 영상의 명(影明)을 집착한다. 반연의 각(覺)을 일으켜 참(眞)을 미혹하고 영상(影像)을 인식하여 견분(見分)과 상분(相分)의 두 가지 분(二分)이 여기에서부터 생겨난다. '각명(覺明)'이라는 이름이 이로부터 성립한 것이다.

묻는다. 이 망각(妄覺)이 성명(性明)을 보고 일어나는가? 명(明)을 보지 못하여 일어나는가? 만약 진명(眞明)을 본다면 망(妄)이 이루어짐이 합당하지 않고, 만약 참(眞)을 보지 못한다면 '각명(覺明)'이라 하지 못한다.

답한다. 본성인 진명은 망으로 보는 것이 아니라 망심(妄心)으로 상상하여 영상(影像)을 변화시켜 반연한다. 자신의 영상으로부터 생겨난 것임을 알지 못하고 망령되게 명(明)을 본 각(覺)이라 말하지만, 처음부터 별다른 형상이 없고 오직 진명만이 있어서 망심으로 이 명(明)을 상상한다. 그러므로 '각명(覺明)'이라고 하였다.

⑦ '각(覺)은 밝힐 것이 아닌데 밝힘으로 인하여 대상(所)이 성립된다.'라고 한 것은, 아래에서 세 가지 형상(三相)이 서로 인연하여 일어남을 바로 밝혔다. 저 하나의 참(一眞)의 각(覺)은 본체가 비록 밝으나 주체와 객체로 나누어지지 않는다. 그러므로 '각(覺)은 밝힐 것(所明)이 아니다.'라고 하였

다. 영상의 명(影明)으로 말미암아 각(覺)을 일으켜 주체와 객체로 나누어진다. 그러므로 '밝힘(明)으로 인하여 대상이 성립된다'라고 하였다.

⑧ '대상(所)이 이미 망령되게 성립되어서 너의 망령된 주체(能)를 낳는다. 같고 다름(同異)이 없는 데서 치열하게 다름(異)이 성립된다.'라고 한 것은, 최초로 다른 형상(異相)이 성립된 것이다. 『기신론』에서 "진여의 법이 하나임을 여실히 알지 못함으로 불각의 마음(不覺心)이 일어나서 그러한 망념이 있다."[206]라고 하였다. 이를 움직임의 형상(動相)이라 하니 곧 업상(業相)이다. 이미 '하나의 법계상(法界相)을 알지 못하여 불각(不覺)이 일어났다'라고 하였다. 곧 같고 다름(同異)이 없는 데서 치열하게 다름(異)이 성립된다.

⑨ '저 다른 것(異)을 다르다고 여겨 다름(異)으로 인하여 같음(同)이 성립되고'라고 한 것은 곧 전상(轉相)이다. 저 움직임의 형상(動相)을 다르다고 여기므로 '저 다른 대상을 다르다고 여긴다.'라고 하였다. 처음 움직임의 형상은 하나의 참(一眞)과 다르기 때문이며, 이 같음의 형상(同相)은 움직임의 형상과 다르기 때문이다. '다름(異)으로 인하여 같음(同)이 정립된다.'라고 한 것은, 앞의 처음 일어난 것을 '움직임(動)'이라 한다. 움직이면 반드시 고요함(靜)이 있다. 서로 함께 성립하므로 '다름(異)으로 인하여 같음(同)이 성립한다.'라고 하였다. 고요한 형상(靜相)이 참(眞)과 같으므로 '같음의 형상(同相)'이라 한다.

⑩ '같고 다름(同異)이 분명해진다. 이로 인하여 다시 같음(同)이 없고 다름(異)도 없음이 성립한다.'라고 한 것은 곧 현상(現相)이다. 앞의 두 형상과 서로 함께 성립하므로 '같음과 다름(同異)이 분명해진다.'라고 하였다. 앞의 두 형상을 부정하므로 '이로 인하여 다시 같음(同)이 없고 다름(異)이

---

206 『大乘起信論』一卷. 大正藏 第32 [0576c20].

없음이 성립한다.'라고 하였다.

『기신론』에서 '업상(業相)과 전상(轉相)과 현상(現相)'[207]이라 한 것을 이 경(『능엄경』)에서는 '다름의 형상(異相)과 같음의 형상(同相)과 같음과 다름의 형상(無同異相)'이라 하였다. 이는 무명(無明)이 각(覺)을 억지로 압박해 주체와 객체가 처음으로 나누어지고 차츰 형상이 갖추어져서 이 세 가지 형상(三相)이 성립되었다. 찰나의 생주이멸(生住異滅)이다. 본체는 비록 모두 아뢰야식이지만 생명이 서로 훈습함을 준거하므로 그 종자(因種)가 있고, 종자(因)에는 반드시 열매(果)가 있다. 현행(現行)에서 감득한 위별(位別)은 과상(果相)을 설명하면서 자세하게 핵심을 살펴보겠다.

두 번째 '과상(果相)'은, 경(『능엄경』)에서 "⑪ 이와 같이 요란하게 상대하여 피로함이 생기고, 피로함이 오래되어 경계(塵)가 발생해서 자상(自相)이 혼탁하게 된다. ⑫ 이로 말미암아 피로함(塵勞)과 번뇌를 끌어낸다. ⑬ 일어나면 세계가 되고 고요하면 허공이 된다. ⑭ 허공은 같음이 되고 세계는 다름이 된다. ⑮ 저 같고 다름이 없는 것이 참다운 유위법(有爲法)이다."[208]라고 하였다.

해석한다. 저 앞의 세 가지 형상(三相)이 서로서로 어울려 상대하여 찰나 찰나에 생주이멸(生住異滅)한다. ⑪ 움직이고 쉼이 멈추지 않아 서로 기다려 피로함이 생기고, '피로함이 오래되어 경계(塵)가 발생해서 자상(自相)이 혼탁하게 된다.'라는 것은, '피로(勞)'는 노동에 지쳐 피곤해짐의 뜻이고, '경계(塵)'는 먼지와 때이다. 이미 청정한 본체를 미혹하여 경계의 생각(塵想)을 어지럽게 이루고, 경계의 생각(塵想)이 서로 혼탁하여 능히 참 성품(眞

---

[207] 『大乘起信論』一卷. 大正藏 第32 [0576c05-0577b03].
[208] 『大佛頂萬行首楞嚴經』卷第四. 大正藏 第19 [0120a07].

性)을 덮어 버린다. 그러므로 '혼탁'이라 한 것이다.

⑫ '이로 말미암아 피로와 번뇌를 끌어낸다.'라고 한 것은, 각명(覺明)을 훈습하여 망(妄)을 쌓아 경계(塵)를 이루어 요란한 번뇌가 서로 훈습한다. 그러므로 '번뇌'라 한 것이다.

⑬ '일어나면 세계가 되고 고요하면 허공이 된다.'라고 한 것은 과상(果相)이 현전한 것이다. 일어난다는 것은 움직임의 형상(動相)이고, 움직이는 것은 곧 바람(風)이다. 네 가지 바람이 동요하고 쌓여서 세계가 이루어진다. 그러므로 '일어나면 세계가 된다.'라고 하였다. 동요가 쉬는 곳은 곧 '고요함(靜)'이라 한다. 앞의 같음의 형상(同相)이 허공을 결성하므로 ⑭ '허공은 같음이 되고 세계는 다름이 된다.'라고 하였다.

⑮ '저 같고 다름(同異)이 없는 것이 참다운 유위법(有爲法)이다.'라고 한 것은, 저 앞의 같고 다름(同異)이 없는 형상(相)이 유정의 제8식(含藏識)을 결성한다는 것이다. 이 식의 본체(識體)는 분별성(分別性)이 없으므로 '같고 다름(同異)이 없다.'라고 하였다. 일체 형상(一切相)을 능히 변화시킬 수 있으므로 '참다운 유위법(有爲法)이다.'라고 하였다. 이후로 일체 육진경계(塵境界)는 훈습의 주체(能熏)와 훈습의 대상(所熏)이 드러나는 데에 따라서 모두 이 식(識)에서 생겨난다. 그러므로 『기신론』에서 '현식(現識)'이라 하였다. 육진경계를 능히 나타내기 때문이다.

묻는다. 『기신론』의 세 가지 형상(三相)이 모두 아뢰야식인데 무엇 때문에 여기서는 현식(現識)을 따로 배대하였는가?

답한다. 여기서 세 가지 형상(三相)은 모두 무명이다. 앞뒤로 서로 훈습해서 주체(能)를 나누고 대상(所)을 성립한다. 『기신론』은 앞의 종자(因種)가 모두 아뢰야라는 입장이지만, 이 경(『능엄경』)에서는 과상(果相)의 현행(現行)으로 변화의 주체(能變)와 변화의 대상(所變)을 나누었다. 곧 세계가 변화의 대상이고, 현식(現識)은 변화의 주체이다. 변화의 주체가 이미 아뢰야식이므로 현식에 배대한 것이다. 또한 『기신론』에서 "불생불멸이 생멸과 화합하여 한 가지도 아니고 다른 것도 아닌 것을 아뢰야식이라 한다."[209]라고 하였다. 곧 이 경의 '같음이 없고 다름이 없는 형상(無同無異相)'을 아뢰야식이라 한 것이다. 『기신론』은 처음을 들어 나중을 섭수하였고, 이 경(『능엄경』)에서는 나중을 들어 처음을 섭수하였다. 인문(因門)과 과문(果門)의 본체는 역시 다르지 않다.

마지막 셋째 사륜(四輪)이 세계를 이루고 있음을 밝혔다. 곧 앞의 '세 가지 형상(三相)이 일어나면 세계가 되고 고요하면 허공이 된다. 저 같고 다름이 없는 것이 참다운 유위법(有爲法)이다.'라고 한 것이다. 이미 세계와 허공과 유정의 형상(有情相)을 말했다. 세계는 곧 땅·물·불·바람 사륜(四輪)이다. 차례대로 어떤 망상으로부터 이처럼 변하게 된 것인가. 같지 않은 유정이 내근(內根)과 외진(外塵)에 사생(四生)의 업과(業果)로 과보를 받아 윤회한다. 이것의 나뉘진 위(分位)에는 곧 중생상속(衆生相續)과 업과상속(業果相續)이 있다.

이 아래에서는 낱낱이 자세하게 설명하겠다. 여기서는 우선 사륜(四輪)으로 세계가 이루어짐을 밝힌다. 문장은 두 가지로 나눠진다. 먼저 ⓓ 사륜(四輪)으로 세계가 이루어짐을 설명하고, 뒤에서 ⓔ 초목산천을 이야기하겠다.

우선 ⓓ '사륜(四輪)으로 세계가 이루어진다.'라는 것은, 경에서 ⑯ "각명(覺明)이 공(空)에 어두운 것을 상대하여 요동이 생긴다. 그러므로 풍륜(風輪)이 있어 세계를 붙들어 유지한다. ⑰ 공(空)으로 인하여 요동이 생기고, 명(明)을 굳혀서 장애가 이루어진다. ⑱ 저 금보배는 명각(明覺)이 장애

---

[209] 『大乘起信論』卷上, 大正藏 第32 [0585a04].

되어 성립된 것이다. 그러므로 금륜(金輪)이 있어 국토를 보호하고 지탱시킨다. ⑲ 각(覺)이 장애되어 금보배가 되고 명(明)이 흔들려 풍륜(風)이 생겨나서는 풍륜(風)과 금륜(金)이 서로 마찰한다. 그래서 물빛(水光)이 있어 변화의 성품(變化性)이 된다. ⑳ 보배가 밝은 것은 윤기를 내고 불빛(火光)은 위로 증발한다. 그러므로 수륜(水輪)이 있어 시방세계를 머금어서 윤택하게 한다."²¹⁰라고 하였다.

해석한다. ⑯ '각명(覺明)이 공(空)에 어두운 것을 상대하여 요동이 생긴다.'라는 것은 풍륜(風輪)과 공계상(空界相)을 해석한 것이다. 처음의 망각(妄覺)을 말미암아 영상의 밝음(影明)임을 알지 못해서 마침내 공에 어두움(空昧)을 이룬다. 마치 밝은 것을 가려서 어둠이 생기는 것과 같다. 두 가지 형상(二相)의 형상이다. 각명(覺明)은 동요한 형상(相)이고, 공에 어두움(空昧)은 고요한 형상(靜相)이다. 한 번 밝고 한 번 어두우며, 한 번 동요하고 한 번 고요한 것이 찰나에 상대해서 생겨난다. 마치 바람과 물결의 파도가 상대함을 쉬지 않는 것과 같다. 안에서 처음 일어남에 '동요'라 하고, 밖에서는 풍륜세계(風輪世界)를 이룬다. 그러므로 세계의 처음이 풍륜으로 시작되는 것이다. '공에 어두움(空昧)'은 허공이다. 이미 형상이 없으므로 세계라 하지 않는다.

⑰ '공(空)으로 인하여 요동이 생기고, 명(明)이 굳어져서 장애가 이루어진다.'라는 것은, 땅의 형상을 해석한 것이다. 공(空)으로 인하는 것과 명(明)이 달라지는 것이 상대하여 요동하게 된다. 요동은 명(明)이 굳어져서 장애가 이루어지게 한다. 마치 태에서 바람을 만나면 견고의 장애가 이루어지는 것과 같다. 또한 명(明)에 집착하여 장애의 나(礙我)를 생기게 한다.

---

210 『大佛頂萬行首楞嚴經』卷第四. 大正藏 第19 [0120a07].

안에서는 각명(覺明)을 굳게 집착하고 밖에서는 금보배(金寶)를 이룬다. 그러므로 ⑱ '저 금보배(金寶)는 명각(明覺)이 장애되어 성립된 것이다.'라고 하였다. 그러므로 보배의 성품(寶性)이 각명으로 인하여 있음을 알 수 있다. 그러므로 여러 가지 보배에 모두 광명이 있다. 소승은 단지 업감(業感)만을 알고 어떤 종자(因種)인 줄은 알지 못한다.

　⑲ '각(覺)이 장애되어 금보배(金寶)가 되고 명(明)이 흔들려 바람(風)이 생겨나서는 바람(風)과 금(金)이 서로 마찰한다. 그래서 물빛(水光)이 있어 변화의 성품(變化性)이 된다.'라는 것은, 불의 성품(火性)을 해석한 것이다. 각성(覺性)을 굳게 집착하여 보배를 이루고, 명(明)이 요동하여 바람(風)이 생겨난다. 동요한 것과 고요한 것이 쉬지 않는 것이 바람(風)과 금(金)이 서로 마찰하는 것이다. 밖에서는 불빛(火光)을 이루어 능히 만물을 성숙시킨다. 그러므로 '변화의 성품(變化性)'이라 하였다.

　⑳ '보배가 밝은 것은 윤기를 내고 불빛(火光)은 위로 증발한다. 그러므로 수륜(水輪)이 있어 시방세계를 머금는다.'라고 한 것은, 수륜(水輪)을 해석한 것이다. 보배의 밝은 본체(寶明體)에는 자성에 광명과 윤기가 있기 때문이다. 불이 뜨거워지면 물이 증발한다. 또한 각명(覺明)이 애착(愛)을 낳는다. 애착은 윤기(潤)이다. 안에서는 애명(愛明)이고 밖에서는 보윤(寶潤)을 이룬다. 불의 성품(火性)이 위로 증발하면 애착과 융화하여 물(水)이 된다. 일체 업의 종자(一切業種)가 애착이 아니면 생하지 않고, 일체 세간이 물이 아니면 유지하지 못한다. 그러므로 사대(四大)의 자성이 서로서로 답습하고 모방한다. 본체를 서로 여의지 않고 동일한 망령된 마음에서 변화하여 일어난 것이기 때문이다. 마치 허공의 꽃이 마음을 여의지 않는 것과 같다. 어리석은 사람은 알지 못하니, 마음 밖의 법을 집착하는 전도된 견해 때문이다.

　다음 아래에서 Ⓔ '초목산천이 다름을 이야기한다.'라고 한 것은, 경(『능엄경』)에서 "불은 올라가고 물은 내려가는 교차로 견고해지는 장애가 성립한다. 습기는 바다가 되고 건조함은 모래톱이 된다. 이러한 이치로 바다 가운데는 불빛(火光)이 항상 일어나고, 모래톱 중에서는 강과 내가 항상 흐른다. 물의 세력이 불보다 못하면 응결하여 높은 산이 된다. 그러므로 산의 돌이 부딪치면 불꽃이 나고 녹으면 물이 된다. 흙의 세력이 물보다 못하여 쥐어짜면 초목이 된다. 그러므로 숲이 타면 흙이 되고 쥐어짜면 물이 된다. ㉑<u>망(妄)과 섞여서 발생하여 번갈아 서로 종자가 되나니, 이런 인연으로 세계가 상속한다.</u>"[211]라고 하였다.

　　해석한다. 망(妄)의 자성이 항상하지 않아서 전후로 변이하기 때문에 느낌(所感)의 겉모습이 우열이 같지 않다. 애착의 마음(愛心)이 많으면 큰 바다가 되고, 집착하는 마음(執心)이 많으면 모래톱이 된다. 바람의 성품(風性)은 교만(憍慢)을 내고, 불의 성품(火性)은 화의 마음(瞋心)을 낸다. 색에 애착심(愛心)을 내면 모래톱에서 물이 흘러가고, 애착(愛)을 어겨서 화의 마음(瞋心)을 내면 바다에서 불이 일어난다. 물가의 평지를 '모래톱'이라 한다. 아만(我慢)이 자라나고 애착이 약해지면 맺혀서 높은 산이 되고, 애착이 자라나고 아만이 가벼워지면 쥐어짜서 초목이 된다. 혹은 화의 마음(瞋心)과 애착(愛)과 아만(我慢) 세 가지가 서로서로 무성해져서 다른 종족(異類)이 형상을 이루되 초목산천은 천차만별이다. 처음에는 망상으로부터 맺혀서 사대(四大)가 되고, 사대의 자성(自性)과 애착과 아만이 점점 불어난다. 유정의 마음을 여의면 다시 별다른 본체(別體)가 없다. 그러므로 ㉑'<u>망(妄)과 섞여서 발생하여 번갈아 서로 종자가 되나니, 이런 인연으로 세계가 상속한다.</u>'라고 하였다. 그러므로『심부(心賦)』에서 노래하였다.

---

[211]　『大佛頂萬行首楞嚴經』卷第四. 大正藏 第19 [0120a07].

장차 세계가 이루어지려 할 때
온 생각으로 모두 거두어들이니
오직 세계가 이루어지고 파괴될 뿐만 아니라
만법이 모두 마음에서 생겨나네.

그런 까닭에 경[212]에 "성겁(成劫)의 바람과 괴겁(壞劫)의 바람이 모두 중생의 공업(共業)으로 감득한 것이다. 업은 마음으로 인하여 지어졌으니, 어찌 마음이 아니겠는가?"라고 하였다.

---

212 『능엄경』에서 인용문을 찾을 수 없다.

10
일심대승 씨앗의 지혜와 재능이
맑게 무르익어 가네

✢

'色空章'의 十門止觀, 十玄門, 六相

238
대승이 빠르고 계율이 원만해져서 《380》
(보리의) 인과가 성만해지면 《381》
유(有)와 공(空)을 포괄하고 《382》
주인과 짝이 서로 섞이네. 《383》

《380》 '대승(乘)이 빠르다.'라는 것은, 한마음 대승의 종성에 지혜와 재능이 맑게 무르익고, 이해하는 마음이 밝고 예리하다는 것이다. '계율(戒)이 원만하다.'라는 것은, 대승의 계법을 굳게 지키고 범함이 없는 것이다. 그러므로 『영락경』에서 "모든 계율은 마음으로 본체를 삼으니, 마음이 다함이 없기에 계율도 역시 다함이 없다."[213]라고 하였다.

《381》 처음 보리심을 발한 것이 '인(因)'이고 뒤에 구경의 마음을 이룬 것이 '과(果)'이다. 그러므로 "처음에는 실상과 더불어 인을 삼고, 나중에는 실상으로 과를 삼는다."라고 하였다.

《382》 유(有)는 공(空)의 근원을 꿰뚫고 공은 유로 드러난다. 마치 파도가 물이라는 근원을 꿰뚫고 물은 파도인 지말(枝末)에 다다르는 것처럼, 모두 한마음의 본체와 작용이 교차하여 통하는 것과 같다. 『색공장』[214]의 열 개 문의 지관(止觀)에서 "첫째는 형상을 모아 성품으로 돌아간 문(會相歸性門)이다. 그 가운데 두 가지가 있다. 하나는 인연의 대상인 경계에서 현상(事)을 모아 이치(理)로 돌아간다. 둘은 인연의 주체(能緣)인 마음의 산란함(散)을 거두어 지(止) 수행을 닦는다.

둘째는 이치(理)에 의지해 현상(事)을 일으킨 문(依理起事門)이다. 또 두 가지가 있다. 하나는 돌아가야 할 이치(所歸理)가 단멸공(斷空)이 아니기 때문에 현상의 형상(事相)이 분명히 현전하는 것에 장애되지 않는다. 둘은 들어간 지(止) 수행의 고요함(所入止寂)에 머물지 않고 다시 현상(事)에 나아가 묘관(妙觀)을 닦는다.

셋째는 이치(理)와 현상(事)이 무애한 문(理事無礙門)이다. 또한 두 가지가 있다. 하나는 앞의 이치와 현상을 닦음으로 말미암아 융통하고 서로 꿰뚫어 없애는 것이다. 둘은 두 가지(理事)가 눈앞에 현전하므로, 마침내 지관(止觀) 수행으로 똑같이 한 생각에 비추는 것이다.

넷째는 이치(理)와 현상(事) 두 가지가 끊어진 문(理事雙絶門)이다. 이치

---

213 『菩薩瓔珞本業經』 卷下 「大眾受學品」 第七. 大正藏 第24 [1021b01].
214 『색공장』은 『화엄발보리심장(華嚴發菩提心章)』이다.

와 현상이 둘 다 나타나 서로서로 형상을 빼앗기 때문에, 마침내 두 가지 형상이 모두 없어지게 된다. 이치도 아니고 현상도 아니어서 고요히 끊어진다. 그러므로 지관 수행으로 둘 다 없애서 확실히 기댈 수 없게 하는 것이다.

다섯째는 마음과 경계가 융통한 문(心境融通門)이다. 저 이치(理)와 현상(事)이 끊어져 무애한 경계가 저 지관 수행으로 없애서 걸림 없는 마음과 더불어 두 가지이면서 두 가지가 아니게 된다. 그러므로 걸림 없는 마음과 경계가 깊숙이 하나의 맛이어서 둘이 아니지만 둘이다. 그러므로 하나의 맛이 파괴되지 않으면서 마음과 경계로 양분된다.

여섯째는 현상과 현상(事事)이 서로 존재하는 문(事事相在門)이다. 이치(理)가 여러 가지 현상(事)을 묶음으로 말미암아, 완전한 하나의 현상이 (모든 事에) 두루 미친다. 그러므로 지(止) 수행에 의지한 관(觀)을 닦는다. 하나의 현상에서 모든 법을 보되 마음이 산란하게 움직이지 않는다. 하나의 현상에서와 같이 모든 현상에서도 또한 그러하다.

일곱째는 피차(彼此)가 서로 인정하는 문(彼此相是門)이다. 모든 현상(事)이 이치(理)와 다르지 않고, 또한 하나의 현상과도 다르지 않다. 그러므로 지(止) 수행과 다르지 않은 관(觀) 수행을 닦는다. 하나의 현상이 곧 모든 현상임을 보되 생각이 혼란하지 않다. 하나의 현상과 같이 모든 현상에서도 그러하다.

여덟째는 즉(卽)과 입(入)이 무애한 문(卽入無礙門)이다. 하나가 아님(非一)에 서로 나아가고 다르지 않음(非異)을 서로 머금어서 본체가 둘이 아니기 때문이다. 그러므로 지관 수행의 둘 없는 지혜로 세 개의 문(三門)이 동일한 법계임을 단박에 보고 바로 들어가 마음이 산란하게 움직이지 않는다.

아홉째는 제석천의 그물(帝網)이 겹겹으로 드러난 문(帝網重現門)이다. 하나의 현상(事)에 모든 것을 갖추고 있는 것과 같이, 이 모든 것 안에 다시 각기 모든 것을 갖추었다. 이처럼 겹겹으로 끝이 없다. 하나의 현상에서 이미 그러한 것과 같이 나머지 모든 현상에서도 그러하다. 지와 관(止觀), 마음과 경계(心境)가 다르지 않은 지혜로 모든 것들이 각각 겹겹으로 다함이 없음을 단박에 본다. 넓은 눈(普眼)으로 보는 것들이 분명하게 눈앞에 나타나 있되 분별이 없고 산란하게 움직이지 않는다.

열째는 주체와 짝(主伴)이 원만하게 갖춰진 문(主伴圓備門)이다. 보살이 넓은 문(普門)의 지혜로 이 넓은 문의 법계를 단박에 비추는 것이다. 그러나 하나의 문을 들어 주체(主)를 삼으면 반드시 모든 것을 받아들여 짝(伴)으로 삼는다. 모든 것들이 또한 그러하다. 그러므로 주체와 짝, 짝과 주체가 다함이 없음을 이루 다 설할 수가 없다. 보살의 삼매의 바다 문(三昧海門)이 모두 이렇듯 안립한다. 자재무애(自在無碍)하여 달리 생각할 것이 없다."[215]라고 하였다.

《383》 한마음이 주체(主)가 되고 만법이 짝(伴)이 된다. 혹은 만법이 주체이고 한마음이 짝이 되기도 한다. 서로 주체와 짝이 되어 성품과 형상이 융통하다. 마치 "이 국토의 문수가 설하면 시방 국토의 문수가 한꺼번에 똑같이 설한다."[216]라고 한 것과 같다.

239
'십현문'의 돕고 거두어들임은
무궁무진하고 《384》

---

215 魏國西寺沙門法藏述, 『華嚴發菩提心章』. 大正藏 第45 [0654a29-0654b25].
216 『華嚴經探玄記』卷第四「如來光明覺品」第五. 大正藏 第35 [0172b16].

'육상'의 뜻이 융통함은
상견(常見)도 아니요 단견(斷見)도 아니네. 《385》

《384》 '십현문(十玄門)'²¹⁷이란,²¹⁸ 하나는 동시에 구족하여 서로 응하는 문(同時具足相應門)²¹⁹이다. 이것은 모든 법이 상응하여 전후가 없음을 들어 설하였다. 마치 바다의 한 방울 물이 수많은 강물의 맛을 포함한 것과 같다.

둘은 하나와 많은 것이 서로 용납하나 같지 않은 문(一多相容不同門)이다. 이 문은 이치를 준거해서 설하였다. 마치 하나의 방안에 천 개의 등불이 있으면 빛과 빛이 섭입하는 것과 같다.

셋은 모든 법이 상즉(相卽)하여 자재한 문(諸法相卽自在門)이다. 이 문은 작용을 준거해서 설하였다. 마치 삼세간이 원융하게 즉입(卽入)함이 끝이 없다. 마치 금과 금의 색깔이 서로 다르지 않은 것과 같다.

넷은 숨어 있는 것과 드러난 것이 비밀스럽게 모두 이루어지는 문(隱顯祕密俱成門)이다. 이 문은 인연을 준거해서 설하였다. 조각달이 허공에서 맑으나 어둠과 밝음이 서로 어우러져 있는 것과 같다.

다섯은 미묘하게 서로 용납하고 안립하는 문(微妙相容安立門)이다. 이 문은 형상을 준거해서 설하였다. 한꺼번에 가지런히 나타나는 것이, 마치 묶은 화살이 머리가 가지런하고 유리병에 많은 겨자를 담아 놓은 것과 같다.

여섯은 인다라망의 경계문(因陀羅網境界門)이다. 이 문은 비유를 준거해서 설하였다. 법이 상즉(相卽)하여 서로 비추어 겹겹으로 나타남이 끝이

---

217 『華嚴經探玄記』卷第一. 大正藏 第35 [0123a27]. (十玄門: 화엄 2조 智儼(602~668) 『搜玄記』의 十玄門).
218 『大方廣佛華嚴經隨疏演義鈔』卷第十. 大正藏 第36 [0074c12] 참조.
219 『大方廣佛華嚴經隨疏演義鈔』卷第十. 大正藏 第36 [0074c12].

없다. 이는 두 개의 거울을 서로 비추면 서로 끌어들여 빛나고 서로 옮기고 서로 갈마듦이 무궁한 것과 같다.

일곱은 순수하고 잡스러운 것을 모두 간직하여 덕을 갖춘 문(諸藏純雜具德門)²²⁰이다. 이 문은 여러 가지 수행을 준거해서 설하였다. 그리고 '넓고 좁은 문(廣狹門)'과 '주인과 벗의 문(主伴門)'²²¹으로 나뉜다. 북두칠성이 있는 곳에 여러 가지 별이 이를 마주하여 읍하는 것과 같다.

여덟은 십세(十世)의 떨어진 법이 나누어져 다르게 이루는 문(十世隔法異成門)이다. 이 문은 삼세를 준거해서 설하였다. 하룻저녁 꿈에 백 년을 노니는 것과 같다.

아홉은 유심(唯心)이 회전하여 잘 이루어지는 문(唯心回轉善成門)이다. 이 문은 마음을 준거해서 설하였다. 길이가 한 자 되는 거울에서 천 리의 형상을 보는 것과 같다.

열은 사실에 의탁해 법을 드러내어 이해하는 문(託事顯法生解門)이다. 이 문은 지혜를 준거해서 설하였다. 서 있는 모습이나 팔을 세운 모습, 눈에 보이는 어떤 것이든 모두 법을 설하고 있는 것과 같다.

이 십현문(十玄門)은 낱낱의 법을 구족해서 모두 한마음의 다함없는 뜻으로 들어간다. 마치 바다에 뭇 파도가 용솟음침에 뭇 파도가 곧 바다이고, 금으로 여러 가지 그릇을 만듦에 여러 가지 그릇이 모두 금인 것과 같다.

만약 평등심이 하나(一)의 뜻이라면 차별심은 많다(多)는 뜻이다. 한마음이 곧 일체 마음인 것이 '상즉(相卽)'의 뜻(諸法相卽自在門)이고, '동시(同時)'

---

220 제장순잡구덕문(諸藏純雜具德門)은 신십현(新十玄)의 광협자재무애문(廣狹自在無碍門)이다.
221 주반문(主伴門)은 고십현(古十玄)의 유심회전선성문(唯心廻轉善成門)이다. 신십현에서, 제장순잡구덕문에서 나뉘어 유심회전선성문과 합쳐져서 별문(別門)인 주반원명구덕문(主伴圓明具德門)이 된다.

와 '상응(相應)'의 뜻(同時具足相應門)이다. 일체 마음이 한마음에 들어가는 것이 '상입(相入)'의 뜻(一多相容不同門)이다. 한마음이 일체의 마음을 섭수하는 것이 '숨어 있다(隱)'라는 뜻이고, 일체 마음이 한마음을 돕는 것이 '드러난다(顯)'라는 뜻(秘密隱顯俱成門)이다.

차별심을 파괴하지 않고 평등심을 나타내는 것이 '많은 가운데 하나'의 뜻이고, 평등심을 숨기지 않고 차별심을 나타내는 것이 '하나 가운데 많음'의 뜻(一多相容不同門)이다. 또한 미세한 마음이 광대한 마음과 장애되지 않고 광대한 마음이 미세한 마음에 장애되지 않는 것이 '하나와 많은 것이 같지 않다.'라는 뜻이면서 '서로 용납한다.'라는 뜻(微細相容安立門)이다.

한마음이 '주체(主)'가 되고 일체 마음이 '짝(伴)'이 되니, 이것이 '주체와 짝(主伴)'의 뜻(主伴圓明具德門)이다. 하나의 진실한 마음이 '순수함(純)'의 뜻이고, 차별심이 '섞임(雜)'의 뜻이다. 차별심이 곧 하나의 진실한 마음이어서 섞임이 항상 순수함이고, 하나의 진실한 마음이 곧 차별심이어서 순수함이 항상 섞임이다. '제장순잡구덕문(諸藏純雜具德門)'의 뜻이다.

한마음이 일체 마음을 갖고서 도로 한마음으로 들어가는 것이 '제석천의 그물(帝網)'의 뜻(因陀羅網境界門)이다. 마음으로 인해 경계를 나타내고 경계를 보고 마음을 아는 것이 '현상에 의탁해서 법을 드러낸다(託事顯法生解門)'라는 뜻이다. 오랜 겁과 짧은 겁, 길거나 짧은 시간의 양은 모두 생각이 쌓여서 이루어졌다. 한마음이 드러난 것이 '십세(十世)'의 뜻인데, 한마음의 바른 뜻으로 헤아리기 어려운 법문(十世隔法異成門)을 펼친다. 구경에 주된 뜻으로 돌아가면 말이 없고 생각이 끊어지니, 이것이 곧 '유심회전(唯心迴轉善成門)'[222]의 뜻이다. 자신의 마음이 이미 그렇다면 다른 마음도 역시 그러

---

222 유심회전(唯心迴轉)은 고십현(古十玄)의 유심회전선성문(唯心迴轉善成門)으로, 주반원명구

하다. 서로 어울려 받아들이고 뒤섞어 진열함이 겹겹으로 다함이 없다.

《385》 모든 글자나 모든 법이 이 육상(六相)을 갖고 있다. 만약 잘 보는 자는 지혜의 걸림 없는 총지문(總持門)을 얻어 모든 법에서 유(有)와 무(無), 단(斷)과 상(常) 등의 견해에 얽매이지 않는다. 이 여섯 자[223]의 뜻에서 하나라도 빠지면 곧 이치의 지혜가 원만하지 않다. 이것은 초지위(初地位)에서 세간의 일체 법문을 관찰해서 회통한 것이기 때문에 하나를 폐하거나 하나를 취해서는 안 된다. 둘 다 세워지거나 둘 다 없어진다. 비록 모두 동시에 성대하게 일어나더라도 있는 것이 아니고, 비록 각기 분리되어 있어서 아득하고 고요하여도 없는 것이 아니다. 그러니 유심(有心)으로 알지 못하고 무심(無心)으로도 알지 못한다.

　이 육상(六相)의 뜻은 낱낱 법에 모두 갖추어져 있다. 지금 한마음에 갖춰진 것으로 보면 마음이 '총상(總相)'이다. 세간이나 출세간의 일체법을 출생할 수 있기 때문이다. 한마음에서 선·악의 마음을 내는 것은 '별상(別相)'이다. 마음의 왕(心王)과 마음부수(心所)는 모두 참 성품(眞性)과 같아 동일하게 법을 모으니 이것은 '동상(同相)'이고, 생각 생각이 서로 일어나 각각 차별된 것은 '이상(異相)'이다. 모든 법이 마음으로 말미암아 회전하여 마음이 생겨나면 갖가지 법이 생겨나니 이것이 '성상(成相)'이고, 얻을 수 없는 마음과 마음이 '괴상(壞相)'[224]이다.

덕문(主伴圓明具德門)이다.
223　여섯 자는 '유무단상등견(有無斷常等見)'이다.
224　괴상(壞相)은 성상(成相)이 해체되어 자신을 회복하는 상(相)이다.

11
녹야원의 지혜 바람이
언제나 어디에나 불어오네

✛

四分, 四緣, 三量, 五種心, 三類境, 理事

240
영축산의 바른 혈맥이고
녹야원의 큰 터전이니
진리의 바람이 언제나 불고
지혜의 모범이 항상 펼쳐지네. 《386》

《386》 이 한마음의 법(一心法)은 시방삼세 모든 부처님이 도를 얻은 장소이고 법을 설한 근본이다. 원시의 처음과 마지막이 이 법을 여의지 않고 지금과 옛날을 망라한다. 어찌 이 문을 초월하겠는가? 『백문의해』에서 "멀고 가까운 세계와 부처와 중생과 일체 사물이 한마음에서 나타나지 않는 것이 없다. 왜냐하면 모든 현상법(事法)이 마음에 의해 나타나니, 생각이 이미 장애가 없으면 법도 역시 따라서 원융하기 때문이다. 그래서 한 생각에서 삼세의 일체 사물이 명백하게 나타남을 본다."²²⁵라고 하였다. 그러므로 만법이 한마음에서 벗어나지 않음을 알 수 있다.

마음의 법(心法)이란 대략 세 가지가 있다. 하나는 네 가지 분(四分)으로 마음이 이루어지고, 둘은 마음의 법이 네 가지 인연(四緣)으로 드러나며, 셋은 세 가지 양(三量)으로 마음을 밝힌다.²²⁶

'네 가지 분(四分)으로 마음이 이루어진다.'라는 것은, 하나는 자증분(自證分)이니 마음의 본체이고, 둘은 견분(見分)이니 마음의 작용이며, 셋은 상분(相分)이니 마음의 형상이고, 넷은 증자증분(證自證分)이니 마음의 뒤쪽에서 양과(量果)²²⁷가 된다. 제8식 마음의 왕(心王)이 각기 네 가지 분의 뜻을 갖추었다.

'마음의 법이 네 가지 인연(四緣)으로 생겨난다.'라는 것은, 하나는 인연이니 종자로부터 생겨나는 것이고, 둘은 소연연(所緣緣)²²⁸이니 경계가 마음의 작용을 끌어내는 것이며, 셋은 등무간연(等無間緣)²²⁹이니 생각과 생각이 상속하는 것이고, 넷은 증상연(增上緣)이니 서로 장애되지 않는 것이다. 만약 하나라도 모자라면 마음의 법이 생겨나지 않는다.

---

225 『華嚴經義海百門』「鎔融任運門」第四. 大正藏 第45 [0630c09].
226 『大方廣佛華嚴經隨疏演義鈔』卷第三十三. 大正藏 第36 [0251b16] 참조.
227 양과(量果)는 산스크리트 pramāṇa-phala이다. 인식 작용의 결과인 인식 내용이다.
228 소연연(所緣緣)은 육식(六識)의 대상이 되는 육경(六境)의 인연으로, 바깥 대상을 인식 주관으로 끌어들여 인식이 이루어지도록 하는 인식 주관의 지향 작용이다.
229 등무간연(等無間緣)은 사연(四緣)의 하나이다. ① 육식(六識)에 의해 식별된 전·후 두 현상이 동등하게 끊임없이 생멸하는 관계에서 전 현상을 말한다. ② 생각과 생각이 끊임없이 일어나게 하는 인식 주관의 지향 작용이다. 즉, 한 생각이 일어났다가 사라지면서 다음 생각으로 연결시켜 주는 인식 주관의 지향 작용이다.

'세 가지 양(三量)으로 마음을 밝힌다.'라는 것은, 하나는 현량(現量)이니 법의 자성을 얻어 이름을 갖지 않는다. 둘은 비량(比量)이니 견주어 아는 것이다. 셋은 비량(非量)이니 경계가 현전하지 않는 것이다.

산하대지가 제8 아뢰야식의 상분(相分)이다. 안식(眼識)은 제8식의 상분에서 변화를 일으켜 처음으로 상분과 겹치는데, 명료한 의식과 더불어 첫 생각인 솔이심(率爾心)[230]과 똑같이 반연할 때가 현량(現量)이다. 후에 두 번째 생각인 의식이 이해를 내는 것에 떨어질 때가 비량(比量)이다. 만약 경계가 눈앞에 있지 않으면 과거의 독영경(獨影境)에 반연하는 것이 비량(非量)이다.

무릇 부처님의 일대시교(一代時敎)에서 심지법문(心地法門)을 설하신 것이 네 가지 분(四分)과 세 가지 양(三量)의 범주에서 벗어나지 않는다. 자세한 것은 『종경록』에서 설하였다.[231]

또한 망령된 마음을 잡으면 5종의 마음이 있다. 하나는 솔이심(率爾心)이니, 법을 들은 처음에 경계를 만나 곧 일어난다. 둘은 심구심(尋求心)이니, 경계에 이르지 못하고 한쪽만을 찾고 구한다. 셋은 결정심(決定心)이니, 법의 본체를 훤히 알아서 결정된 마음을 일으킨다. 넷은 염정심(染淨心)이니, 법의 도리에 기뻐하거나 싫어하는 마음을 말한다. 더럽고 깨끗한 마음을 일으킨다. 다섯째는 등류심(等流心)이니, 생각 생각마다 경계를 반연하되 앞뒤가 평등하기 때문이다.

또한 경계를 준거하면 세 가지가 있다. 하나는 성품의 경계(性境)이니, 현량심(現量心)에서 얻는다. 둘은 대질경(帶質境)이니, 비량심(比量心)에서 나타난다. 셋은 독영경(獨影境)이니, 비량심(非量心)의 반연이다.

---

230 솔이심(率爾心)은 객관 대상, 바깥 경계를 상대해서 처음으로 일어나는 마음이다.
231 『宗鏡錄』卷第四. 大正藏 第48 [0434a22-0436c08] 참조.

241

숨고 드러남이 끝이 없고 어둡고 밝음이 함께 어울리며 《387》
한순간과 오랜 겁이 융통하고 길고 짧음이 동시이네. 《388》

《387》 『백문의해』에서 "만약 마음이 일체법을 섭수한다면 저것은 숨고 이것은 나타나며[232], 만약 일체법이 마음을 섭수한다면 저것은 나타나고 이것은 숨는다. 왜냐하면 나타날 때 숨은 것 전체가 나타남을 이루고, 또한 나타난 것 전체가 숨은 것을 이루어서 서로에 따라서 이뤄지기 때문이다. 그러므로 숨었을 때 바로 드러나고 드러날 때 바로 숨는다."[233]라고 하였다. 마치 해와 달이 어우러져 어둡고 밝은 것이 서로 따르는 것과 같다.

또한 십현문(十玄門)에서 '비밀은현구성문(祕密隱顯俱成門)'은, 모든 법이 서로 섭수할 때 거두는 주체(能攝)가 나타나니 이것을 '드러남(顯)'이라 하고, 거두는 대상(所攝)은 드러나지 않으니 이를 '숨음(隱)'이라 하며, 숨은 것에 의해 항상 드러나고 드러난 것에 의해 항상 숨으니 이를 '함께 이룸(俱成)'이라 하고, 일반적인 생각으로는 알지 못하므로 '비밀(祕密)'이라 하였다.

다음에 '서로(相)'를 설명한다면, 우선 하나(一)와 많음(多)이 서로 섭수함을 준거해서 숨고 드러남(隱顯)을 설명하면 거기에 6구(六句)가 있다. 하나, 하나(一)가 드러나면 많음(多)이 숨으니 하나(一)가 많음(多)을 거두어들이기 때문이다. 둘, 많음이 드러나면 하나가 숨으니 많음이 하나를 거두어들이기 때문이다. 셋, 위의 두 구절을 갖춤은 동시(同時)여서 장애가 없기 때문이다. 넷, 없어짐(泯)은 서로의 형상을 준거해서 뺏으니, 모두 세우지 않

---

[232] '저것은 숨고 이것은 나타난다.'라는 것은 '법(法)은 숨고 마음은 나타난다.'라는 뜻이다.
[233] 『華嚴經義海百門』「緣生會寂門」第一. 大正藏 第45 [0627c23].

기 때문이다. 다섯, 위의 네 구(四句)를 구족하니, 이는 이해의 경계이기 때문이다. 여섯, 위의 다섯 구(五句)를 끊으니, 이는 수행의 경계이기 때문이다. 그러나 하나가 드러난 것과 많음이 드러난 것이 함께하지 않고, 하나가 숨은 것과 많음이 숨음이 함께하지 않으며, 숨음(隱)에 드러남(顯)과 드러남에 숨음은 동시여서 장애가 없다.

『삼매장』에서 "또한 현상의 형상(事相)이 이치(理)에 따라 존망(存亡)이 자재한데, 열 가지 뜻이 녹아 있다. 하나는 현상(事) 전체가 이치이기 때문에 현상이 없어지고, 둘은 이치 전체가 현상이기 때문에 현상이 존재하며, 셋은 앞의 두 가지가 서로 여의지 않기 때문에 존재하기도 하고 없기도 하다. 넷은 두 형상(相)이 빼앗기 때문에 존재하지도 않고 없지도 않으며, 다섯은 본체(體) 그대로 이치여서 현상의 형상이 비로소 이루어지기 때문에 없어진 것에 즉해서 존재한다. 여섯은 현상은 본체 그대로 온전히 이루어져서 모두 없어지지 않음이 없기 때문에 존재(存)하는 것에 즉해서 없어진다(泯). 일곱째는 두 뜻이 서로 수순하기 때문에 존재에 즉하거나 없는 것에 즉해서 모두 존재한다(存). 여덟째는 서로 빼앗기 때문에 존재에 즉하거나 없는 것에 즉해서 모두 없다(泯). 아홉은 앞의 여덟 가지 뜻이 동일한 현상의 법(事法)이니 존망이 자재하여 장애가 없이 모두 나타난다. 열 번째는 동시에 서로 빼앗는다는 뜻이다. 그러므로 다하지 않음이 없어서 원융하고 출중하여 마음으로 표현할 수 있는 것을 멀리 뛰어넘었다. 깊이 생각해 보면 알 수 있을 것이다."[234]라고 하였다.

---

[234] 『華嚴發菩提心章』, 大正藏 第45 [0654c20].

《388》 『백문의해』에서 "한 생각과 겁(念劫)이 융통하다는 것은, 티끌을 볼 때 한 생각의 마음에서 나타난 것이어서 한 생각의 시간 그대로 백천 대겁(大劫)이다. 왜냐하면 백천 대겁이 근본 한 생각으로 말미암아 비로소 대겁이 이루어지기 때문이다. 이미 서로 성립하여 모두 본체가 없다. 한 생각은 본체가 없으므로 곧 대겁에 통하고, 대겁은 본체가 없으므로 곧 한 생각에 갖추어진다. 한 생각과 겁은 본체가 없으므로 길고 짧은 형상이 저절로 융통하다."[235]라고 하였다. 그러나 길고 짧은 형상을 파괴하지 않는다.

그러므로 티끌에 법계를 머금어도 크고 작은 것이 모자람이 없고, 한 생각에 구세(九世)를 포함하여도 길고 짧은 것이 동시이다. '구세'란 과거 세상에 현재와 미래가 있고, 미래 세상에 과거와 현재가 있으며, 현재 세상에 과거와 미래가 있어서, 삼(三)에 삼(三)이어서 구세가 이루어진다.

---

[235] 『華嚴經義海百門』「鎔融任運門」第四. 大正藏 第45 [0630c09].

12
광대한 가르침의 바다를 건너서
선방의 문고리를 잡네

✣

因果, 佛菩薩名號, 萬法唯識

242
미묘한 경계는 그윽이 깊어
형상으로 펼칠 수 없고
태초의 고향은 까마득하여
마음으로 알 수 없으며
우뚝하여 무리에 섞이지 않고
맑아서 한결같아라.

243
하늘이 이루고 신령함[236]이 제수[237]하여 생겨났으니
만 가지 덕과 천 가지 보물이 모두 여기서 나오고 《389》

**여러 가지 뜻이 모두 이 존귀한 근본(宗)으로 돌아가니
온갖 꽃이 똑같이 하나의 꿀을 만드네.《390》**

《389》 일체중생의 마음에 본래 허물없는 공덕을 갖추고 있다. 매 순간 안으로 훈습하여 성불에 이르면 곧 성기(性起)의 공덕이다. 나찬 화상[238]이 노래한다.

> 나에게 한마디 말이 있으니
> 과정 없이 바로 주리라.
> 가늘기는 티끌보다 더하고
> 크기는 범위가 없어
> 본래 스스로 원만하게 이루고 있으니
> 수고롭게 베를 짜지 않네.[239]

또한 고덕이 "지극히 미묘하여 영통하니, 이를 '도'라고 한다."[240]라고 하였다. 만약 마음을 비춰 보지 않는다면 헛되이 성령(性靈)만 업고 있게 된다.

---

236 신령은 여러 가지 신비로운 힘을 지닌 초인간적·초자연적·초합리적인 존재를 가리킨다.
237 제수(除授)는 추천의 절차를 밟지 않고 임금이 직접 벼슬을 내리던 일이다.
238 나찬 화상은 명찬선사(明瓚禪師)의 이명이다. 『송고승전』에 의하면 그는 당나라 때 승려로서 숭산보적(嵩山普寂)을 참알(參謁)하여 심계(心契)를 증명받고 그 법을 이었다. 형암사(衡巖寺)에 한거(閑居)할 때 나찬(懶瓚), 나잔(懶殘)이라 불렸다. 『남악나찬화상가(南嶽懶瓚和尙歌)』를 남겼다.
239 『景德傳燈錄』卷第三十「南嶽懶瓚和尙歌」, 大正藏 第51 [0461b16].
240 『大方廣佛華嚴經隨疏演義鈔』卷第十三, 大正藏 第36 [0099b27].

《390》 묻는다. '여러 가지 뜻이 모두 이 존귀한 근본(宗)으로 돌아가니, 온갖 꽃이 똑같이 하나의 꿀을 만드네.'라는 것은, 성불의 근본 이치는 다만 한마음일 뿐인데, 어찌하여 다시 문수나 보현의 행위(行位) 인(因)이나 석가나 미륵의 명호 과(果), 내지 시방 모든 부처님 국토에서 일어난 신통 변화와 갖가지 법문 등을 세웠는가?

답한다. 이것은 이름과 지위가 없는 이름과 지위이며 인과가 없는 인과이다. 이 마음이 인(因)을 짓고 이 마음이 과(果)를 이루며, 이 마음이 이름을 표하고 이 마음이 지위를 세운다. 『석론』241에서 "처음 실상을 관(觀)하는 것을 인이라 하고, 관이 이루어진 것을 과라 한다."라고 하였다.242 그러므로 처음과 마지막이 모두 마음이고, 인과가 동시에 증득되는 것임을 알 수 있다. 다만 근기가 같지 않고 보는 것이 같지 않으니, 만약 하나의 법으로 근기에 맞추면 해탈을 끝내 이루지 못한다. 그러므로 각각 보여 줘서 중생을 이끌어 마음으로 돌아가게 하는 것이다.

비록 갖가지 이름을 나열하였으나 모두 한마음의 뜻이다. 만약 자신의 마음에서 벗어나 밖에서 부처 형상의 뛰어나고 묘한 경계를 취한다면 전도된다. 그러므로 『화엄경』에서 노래하였다.

만약 위덕을 갖춘 모습과 종족으로
사람 가운데 부처님(調御師)을 본다면
이는 병든 눈으로 전도되어서 보는 것이니

---

241 『석론』은 『석마하연론(釋摩訶衍論)』이다. 인도 불교 중관파 논사 마명(馬鳴)의 『대승기신론(大乘起信論)』의 주석서이다.
242 『妙法蓮華經文句』卷第八上「釋法師品」. 大正藏 第34 [0110c05].

그 사람은 가장 수승한 법을 알 수가 없네.²⁴³

이어서 노래한다.

가령 백천 겁에
항상 여래를 보더라도
진실한 뜻에 의지하지 않고
부처님(救世者)을 본다면
이 사람은 여러 가지 모양을 취하여
어리석음의 그물만 증장하니
생사의 감옥에 갇혀
눈이 어둡고 캄캄하여 부처를 보지 못하리라.²⁴⁴

왜 부처를 보지 못하는가? 하나는 자신의 마음을 알지 못하기 때문이고, 둘은 감추고 드러나는 것이 분명하지 못하기 때문이다. 왜냐하면 중생의 인(因)은 본각(本覺)을 감추고 있고, 모든 부처님의 과(果)는 법신을 드러내고 있기 때문이다. 인에 감추어진 본각이 과에서 드러난 법신이다. 그러므로 "범부와 성인이 서로 통하고 이치(理)와 현상(事)이 서로 포함한다."라고 하였다.²⁴⁵

이른바 석가모니란, '석가'는 우리말로 능인(能仁)이라 하고 '모니'는 우리말로 적묵(寂默)이라 한다. 능인이란 마음의 성품이 무변하여 모든 것을

---

243 『大方廣佛華嚴經』卷第十三「光明覺品」第九. 大正藏 第10 [0064b21].
244 『大方廣佛華嚴經』卷第十六「須彌頂上偈讚品」第十四. 大正藏 第10 [0081c05].
245 『宗鏡錄』卷第二十四. 大正藏 第48 [0547c15].

함용하는 것이고, 적묵이란 마음의 본체가 본래 고요하여 움직이고 고요한 것에 관계하지 않는 것이다. 그러므로 이름을 석가모니라 하였다. 이것을 깨달아야 부처라 한다.

미륵은 우리말로 '자씨(慈氏)'라 한다. 한마음의 진실한 자비이다. 마음이 자신의 성품을 지키지 않고 사물의 펴고 오므리는 것에 따라서 응하여 나타나지 않는 곳이 없다. 인연 없는(無緣) 교화를 이루니 '자씨'라 한다. 아미타불은 우리말로 '무량수(無量壽)'라 한다. 이치와 같음(如理)이 수명이다. 한마음의 진여는 자신의 성품이 다함없으므로 '무량수'라 한다. 아촉불[246]은 우리말로 '부동(不動)'이라 한다. 한마음의 묘한 성품이 고요히 부동하여 묘각(妙覺)의 지위에서도 더하지 않고 무명의 땅에서도 없어지지 않는다.

문수보살은 자기 마음의 성품이 없는 근본 이치(本理)이고, 보현보살은 자신 마음의 무진한 묘한 행(妙行)이며, 관음보살은 자신 마음의 큰 자비이고, 세지보살은 자신 마음의 큰 지혜이다. 더 나아가서 신통 변화는 모두 한마음이다. 그러므로 『반야경』에서 "한마음에 만행을 구족하였다."[247]라고 한 것이 곧 이 뜻이다.

244
홀로 자미성을 뛰어넘는
광대한 가르침의 바다이고

---

246 아촉불은 산스크리트 Aksobhya-Tathāgata의 음역이다. 의역하여 부동(不動)·무동(無動)·무노불(無怒佛)이라 한다. 분노를 가라앉히고 마음의 동요를 진정시키는 역할을 한다.

247 隋天台智者大師說 弟子法慎記, 『釋禪波羅蜜次第法門』「修禪波羅蜜大意」第一. 大正藏 第46 [0476c04].

세밀하게 텅 빈 고요의 틈을 여는
선방 문고리의 올바른 법령이네.

245
오직 스스로 부동할 뿐이라
저기에서 말씀하셨으니《391》
도는 마음에 있고 현상에 있지 않으며
법은 나에게서 비롯하고 그대에게서 비롯하지 않네.《392》

《391》 『조론』에서 "이미 움직임과 고요함(動靜)에는 마음이 없고, 가고 옴(去來)에는 형상이 없다. 가고 옴을 형상으로 하지 않기 때문에 그릇에 따라 형태를 나타내지 않음이 없고, 움직이고 고요함은 마음으로 하지 않기 때문에 감응해서 응하지 않음이 없다. 그렇다면 마음은 유심(有心)에서 나오고 형상은 유상(有像)에서 나온다."[248]라고 하였다. 『주』에서 "달이 만약 그릇에 들어간다면 하나의 그릇에만 있고 여러 그릇에는 없다. 참으로 달의 본체가 그릇에 들어가는 것이 아닌 까닭에 천 개의 그릇이나 만 개의 그릇에도 한꺼번에 두루 응할 수 있다. 성인은 형상으로 사물에 응하지 않으면서 티끌 같은 국토에 널리 그 몸을 나타낸다. 움직임과 고요함에 그 마음이 흔들리지 않으므로 감응이 있으면 모두 통한다."라고 하였다. 『주역』에서 "고요히 부동하다가 감응하면 마침내 통한다."[249]라고 하였다.

---

248 『肇論』「涅槃無名論」第四 '位體' 第三. 大正藏 第45 [0158b11].
249 『周易』「繫辭傳」第十章.

'마음은 유심에서 나고 형상은 유상에서 나온다.'라고 한 것은, 모든 성인의 마음과 부처님의 형상이 모두 중생의 유심(有心)에서 나타난다. 성인은 마음도 없고 형상도 없다. 다만 본원력(本願力)으로 증상연(增上緣)을 삼아 각기 근기가 무르익은 중생에게 스스로 이와 같은 일을 보게 한다.

《392》 만법유식(萬法唯識)에는 모두 네 가지 의식이 있다. 하나는 명료의식(明了意識)이니, 경계가 나타나 앞에 있는 것이다. 둘은 독산의식(獨散意識)[250]이니, 경계가 앞에 있지 않지만 홀로 일어난다. 마치 과거 등의 경계에 반연하는 것과 같다. 또한 고정되어 있지 않고 산란한 마음으로 반연하므로 '독산의식'이라 한다. 셋은 몽중의식(夢中意識)이니, 이 세 가지 의식은 모두 중생의 자신 마음의 업(心業)의 영상으로 나타난 색이다.

넷은 정중의식(定中意識)[251]이니, 나타난 경계가 곧 좌선하는 사람의 선정에서 나타난 것이므로 '정과색(定果色)'이라고도 한다. 『섭론』에서 관수행을 닦는 사람(觀行人)이 선정에서 본 "색상 경계는 식(識)에서 나타난 것

---

250 독산의식(獨散意識)은 단독으로 일어나 헤매고 있는 의식을 말한다. 의식이 안정되지 못하고 다른 심식과는 관계없이 단독으로 헤매는 것을 뜻한다. 이 상태가 지속되면 마음이 안정을 잃고 인식의 대상과도 일치시키지 못하며 결국 분열 증세까지 보이는 의식을 말한다. 이렇게 독산의식이 일어나게 되면 의식이 정처 없이 달려가서는 산란한 마음 작용을 야기하게 되는데, 산란한 마음 작용이 일어나기 때문에 기억력이 감소하고 극도로 산만하게 되면 비정상의식으로 변하게 되는데, 이렇게 된 의식을 광식(狂識)이라고 한다.

251 정중의식(定中意識)은 산란함이 정지된 선정 상태의 의식을 말한다. 즉, 선정 가운데 유지되는 안정된 의식을 말하며, 동시에 입정(入定) 가운데 나타나는 지혜로운 마음을 뜻한다. 이와 같이 정중의식은 마음이 가장 잘 안정되고 정화된 상태의 청정심에서 나타나는 의식을 말한다. 무루법을 제육식에서 인식할 수 있다고 하는 것은 바로 이 정중의식의 작용을 말하는 것이다. 정중의식에서 존재의 겉모습뿐만 아니라 내면의 체성(體性)까지 볼 수 있다고 하는데, 그 체성이란 존재의 무상함, 비어 있음을 본다는 말이다.

이다."²⁵²라고 한 것과 같다. 선정에서는 경계가 없다. 이것은 구상(九想)²⁵³에서 변한 청·황 등 색상으로 선정의 경계이어서 기억하여 잊지 않는 식(憶持識)은 아니다. 기억하여 잊지 않는 식은 더러움이 있지만, 이 경계가 앞에 나타나면 보는 것이 분명하고 청정하다. 그러므로 유식(唯識)의 뜻이 여기에서 더욱 드러난다.²⁵⁴ 거울 면을 보면 단지 자체의 면만이 있고 다른 영상이 없다. 왜냐하면 모든 법이 화합한 도리는 헤아리기 어려우며 볼 수 없는 법이지만 보게 할 수 있는 것과 같이, 선정의 마음(定心)도 마찬가지다.

선정의 마음에 두 가지가 있다. 한 가지는 식(識)과 같고 한 가지는 티끌과 같다. 이 두 가지는 실로 유식일 뿐이다. 만약 기억하여 잊지 않는 식이라면 과거의 색(色)인 것이다. 이 선정 속의 색이 만약 산란한 마음의 오식(五識)에 있다면 '현재 밖의 경계(外塵)에 반연하여 일어난다.'라고 말할 수 있겠다. 만약 산란한 의식이라면 과거의 경계(塵)에 반연하여 일어난 것이라고 할 것이다. 만약 관(觀) 수행을 닦는 중에는 반드시 밖의 색(外色)을 반연하여 경계를 삼지 않고 색이 눈앞에 있다. 또한 과거 경계에 반연한 것이 아니다. 반드시 알아야 할 것은, 선정의 마음으로 반연한 색은 자신의 마

---

252 『攝大乘論』卷上「應知勝相」第二之一. 大正藏 第31 [0118a21].

253 구상(九想)은 탐욕과 육신에 대한 집착을 버리기 위해 변해 가는 시체의 모습을 주시하는 아홉 가지 수행법이다.

254 『攝大乘論釋』卷第五「釋應知勝相」第二之一. 大正藏 第31 [0182c26] 참조. "이 억지식(憶持識)은 염오(染汚)가 있지만, 이것이 일어나 눈앞에 드러나서 보여지는 것은 분명히 청정하다. 만약 여러 차례 익혔던 문혜(聞慧)와 사혜(思慧)의 두 가지 경계를 지금은 이미 잊혀졌지만 다시 사유하여 예전에 보았던 것처럼 지금 다시 본다고 말한다면, 이러한 정의는 옳지 않다. 왜냐하면 이 문혜와 사혜의 두 가지 경계는 지나가 버렸기 때문에 지금은 있지 않다. 이것이 있지 않을 때 예전처럼 일어났지만 예전에 본 것이 아니라고 한다면, 여기에 두루 밝혀진 오직 '표상(表象)'[識]만이 있다는 것[唯識]의 뜻이 있다. 이런 이유로 오직 '인식되어진 결과물'(表象)[識]만이 있다는 것[唯識]의 정의와 塵(境)이 있지 않다는 정의가 이루어질 수 있다."라고 하였다.

음을 보고 별다른 경계(別境)를 보지 않는다는 점이다. 선정 중의 색으로 선정 밖의 색과 비교하면 또한 별다른 경계가 없음을 꼭 알아야 한다.

이를 보면 한마음이 곧 만법(萬法)이며, 만법이 곧 한마음임을 알 수 있다. 왜냐하면 한마음이 움직이지 않지만 본체 그대로 만법이 되기 때문이다.『기신론초』에서 "본체 그대로'란 진여 그대로 생멸을 이루는 것을 말한다. 생멸에 자성이 없음이 곧 진여이다."[255]라고 하였다. 일찍이 진여처(眞如處)에서 생멸하지 않은 적이 없었고, 일찍이 생멸처(生滅處)에 진여가 있지 않은 적이 없었다. 오직 스스로 부동할 뿐이다.

'저기에서 말씀하였다.'라고 한 것은,『장자론』에서 "일체중생의 근기는 밝은 거울과 같다. 부처님이 일체중생 마음의 바다에서 중생이 스스로 보고 각기 자신의 법을 얻어, 모두 선(善)을 향하고 보리를 얻게 하였다."[256]라고 하였다.

---

255 長水沙門子璿錄,『起信論疏筆削記』卷第六. 大正藏 第44 [0330a14].
256 『新華嚴經n論』卷第八. 大正藏 第36 [0772c09].

13
중생은 생사의 바다에 빠지지 않았네

✢

마음과 함께 생겨나는 죄업

246
참된 성품과 연기가 수명이 같으니
부사의하지만 헤아릴 수 있고
헤아릴 수 있고 헤아릴 수 없음이 평등하게 운용되니
보고 들으며 살고 있지만 보고 듣는 것이 아니네. 《393》

《393》 더럽고 깨끗한 모든 법은 참 성품에서 연기하고, 한마음은 연기하는 참 성품이다. 참 성품은 부사의하여 사량할 수 없고 연기는 생각하여 헤아릴 수 있다. 모두 한마음과 동시이기 때문에 부사의하나 곧 사의할 수 있다. 사량할 수 없으나 곧 사량할 수 있다. 궁극적으로 논한다면 둘 다 적멸이다.

『화엄경』에서 노래하였다.

보살은 부사의(不思議)에 들어가
그 가운데서 끝없이 사의(思議)하네.
이 부가사의처(不思議處)에 들어가면
사의(思)와 사의하지 않음(非思)이 모두 적멸하네.²⁵⁷

또 "사의한 부사의를 '생각하기 어렵다.'라고 한다."²⁵⁸

247
세상사 밖의 상서로운 구름이요
법 가운데 한가한 기운이니
매우 기묘하여 시대를 뛰어넘는 빼어난 보물이고
넓고 크니 종도가 부귀하네. 《394》

《394》 고인이 "『화엄경』을 읽지 않으면 어찌 부처님의 부귀를 알랴."²⁵⁹ 라고 한 것은, '화엄'은 마음을 존귀한 근본(宗)으로 삼았기에 '무궁무진한 종취'라고 불린다고 한 것이다. 경에서 "일체법이 한 생각에 있음을 안다."²⁶⁰라고 하였다.

---

257 『大方廣佛華嚴經』卷第三十「十廻向品」第二十五之八. 大正藏 第10 [0164b27].

258 『華嚴經義海百門』「種智普耀門」第三. 大正藏 第45 [0629b24].

259 圭峯草堂寺沙門宗密述, 『大方廣佛華嚴經普賢行願品別行疏鈔』卷第二. 卍新續藏 第05 [0242b12].

260 『大方廣佛華嚴經』卷第五十三「離世間品」第三十八之一. 大正藏 第10 [0282c19].

또한 『대장엄법문경』²⁶¹에서 "또한 장자시여, 보살은 응당 다른 일을 깨달을 것이 아니라 자신의 마음만을 깨달아야 한다. 왜냐하면 자기 마음을 깨달은 자는 일체중생의 마음을 깨닫기 때문이다. 만약 자신의 마음이 청정하면 곧 일체중생의 마음이 청정하기 때문이다. 자기 마음의 본체가 곧 일체중생 마음의 본체와 같고, 자기 마음의 때를 버리는 것이 곧 일체중생 마음의 때를 버린 것과 같으며, 자기 마음의 탐심을 버리는 것이 일체중생 마음의 탐심을 버리는 것과 같고, 자기 마음의 화를 버리는 것이 곧 일체중생 마음의 화를 버리는 것과 같으며, 자기 마음의 어리석음을 버리는 것이 곧 일체중생 마음의 어리석음을 버리는 것과 같고, 자기 마음의 번뇌를 버리는 것이 곧 일체중생 마음의 번뇌를 버리는 것과 같다. 이처럼 깨닫는 것을 '일체지(一切智)의 지각'이라 한다."²⁶²라고 한 것과 같다.

또한 『화엄경』에서 노래하였다.

마음으로 가없는 업을 모아
모든 세간을 장엄하고
세간이 모두 마음임을 깨달아
중생과 똑같은 몸을 나투네.²⁶³

---

261 『대장엄법문경』은 산스크리트 Mañjuśrīvikrīitasūtra로 서진(西晉) 축법호(竺法護)가 314년에 번역하였다. 별칭으로 『大淨法門品經』・『大淨法門品上金光首女所問溥首童眞所開化經』이라고도 한다. 문수사리보살이 방편으로 음녀인 상금광수(上金光首)를 위하여 보리심・방편 법문 등의 의미를 설하고, 상금광수는 자신에게 애욕을 품고 있는 장자의 아들을 교화한다는 내용이다.

262 『大莊嚴法門經』卷下. 大正藏 第17 [0832c16].

263 『大方廣佛華嚴經』卷第七十一「入法界品」第三十九之十二. 大正藏 第10 [0387c14].

248
처음을 얻은 것이 곧 뒤를 얻은 것이니
둥근 구슬이 간격 없는 모양과 같고
하나를 깨달으면 곧 나머지도 깨달으니
바다의 물방울이 모든 강물의 맛과 같네.《395》

《395》 하나(一)가 곧 많음(多)이어서 하나가 능히 많음에 두루하고, 많음이 곧 하나이어서 많음이 능히 하나에 두루한다. 또한 털구멍은 작고 찰토는 크니, 털구멍에서 깨달음이 드러나고 찰토는 미혹에서 생겨난다. 미혹은 범위가 한정되고 깨달음은 가없다.

또한 저 구족한 찰토와 털구멍의 자성은 부합함과 형상을 파괴하지 않는다는 뜻을 모두 갖고 있다. 여기서는 털구멍이 자성에 부합한다는 뜻을 취하였으므로 법의 성품이 가없는 것과 같다. 찰토가 형상을 파괴하지 않는다는 뜻을 취하였으므로 자성에 부합한 털구멍이 두루하지 않는 것과 같다.

또한 안팎의 연기가 즉하지도 않고 여의지도 않는(非卽非離) 까닭에 두 가지 뜻이 있다. 하나는 안팎이 모두 연기함을 준거했다. 즉하지 않기(不卽) 때문에 들어가는 주체(能入)와 들어가는 대상(所入)이 있고, 여의지 않기(不離) 때문에 서로 들어갈 수 있다.

둘은 안팎의 연기가 진여법의 성품과 더불어 즉하지도 않고 여의지도 않음(不卽不離)을 준거한다. 여기에 다시 두 가지 뜻이 있다. 하나는 안팎이 법의 성품에 즉하지 않음으로 말미암아 들어가는 주체와 들어가는 대상이 있다. 법의 성품을 여의지 않았으므로 털구멍이 찰토를 포함해서 두루 들어갈 수 있다. 둘은, 털구멍이 법의 성품을 여의지 않음을 준거하면 이치와 함께하고, 찰토가 법의 성품에 즉하지 않음을 준거하면 털구멍에 두루하지 않는다. 생각해 보면 살필 수 있을 것이다.

249
한 법을 꿰뚫기만 하면
만물에 모두 통하니
도에 들어가는 곳을 바로 논하려면
청정한 뜻을 여의지 않아야 하네. 《396》

《396》 경에서 노래하였다.

미혹할 때는 삼계가 있고
깨달으면 시방이 공하니
도를 성취한 곳을 알고자 하는가?
다만 청정한 마음에 있다네.

250
모든 부처님은 진리의 문을 증득하지 않았으니
깨달은 적이 없고
중생은 죽음의 바다에 빠지지 않았으니
미혹된 곳이 텅 비었네. 《397》

《397》 범부와 성인이 하나여서 본래 미혹과 깨달음이 없다. 다만 부처는 마음이고 만법은 거울과 같음을 깨달을 뿐이다. 그러므로 『사익경』[264]에서

---

[264] 『사익경』은 『사익범천소문경(思益梵天所問經)』이다. 요진의 구마라집이 번역하였다.

"사익보살이 오른쪽 손바닥에 보배 광명을 놓으니 일체 사부대중이 모두 부처님 모습과 같아 각기 보연화좌에 앉았다. 하방에서 네 보살이 솟아올라 세존에게 예배를 드리고자 하여 '지금 여기 모인 대중의 얼굴빛이 (부처님과) 다름이 없으니, 일체 모든 법도 마찬가지라는 것을 간절히 알고자 합니다. 이 말이 헛되지 않다면, 원하옵건대 석가여래가 평소와 다른 모습을 나타내시어 저희가 예경할 수 있도록 하시옵소서.'라고 발원하였다. 그때 석가여래가 일곱 길이의 다라나무²⁶⁵ 높이만큼 솟아올라 사자좌에 앉으셨다."²⁶⁶라고 하였다.

251
심오한 뜻은 다 궁구하기 어려워
얕은 근기로는 믿기 어렵나니
유정의 견해로는 이르지 못할 만큼 이치가 깊고
지식의 알음알이로는 밝히지 못할 만큼 기틀이 뛰어나네.

252
업의 열매는 청정한 땅에서 시드나니
고통의 바다에 파도가 그치고
죄의 꽃은 자비의 바람에 사라지나니

---

265 다라나무는 산스크리트 tāla의 음사이다. 길고 넓은 잎으로 부채·모자·우산 등을 만들고, 특히 고대 인도인들은 이 잎에 경문(經文)을 침으로 새기거나 대나무로 만든 붓으로 썼다. 또 이 나무의 높이를 길이의 단위로 쓰기도 한다.
266 『思益梵天所問經』卷第二「難問品」第五. 大正藏 第15 [0043b18-0043c12].

칼산의 칼날이 꺾이네. 《398》

《398》 업은 마음에서 짓고 죄는 마음에서 생긴다. 만약 나와 다른 이가 유심(唯心)임을 깨달으면 역순으로 대치함이 없어서 다시 업을 짓지 않는다. 아사세왕과 앙굴마라[267] 비구 등이 부처님을 만나 죄의 자성이 공(空)함을 깨닫고 성인의 지위에 들어간 것과 같다. 그러므로 "도를 얻으면 업이 없다."[268]라고 하였다. 또한 "마음이 일어나면 바로 죄가 생긴다."[269]라고 하였다. 지금 만약 경계가 마음임을 깨달으면 마음이 일어나지 않고, 마음이 멸하면 곧 죄가 소멸하는 때이다. 자연히 죄의 산이 무너지고 업의 바다가 고갈되며, 확탕지옥[270]이 쉬니 뜨거운 동 기둥이 차가워진다.

---

[267] 앙굴마라는 산스크리트 Aṅgulimālya이다. 央掘摩羅, 鴦掘摩羅, 鴦仇摩羅, 鴦掘摩, 鴦掘 등으로 불린다. 그의 이름을 번역해서 일체세간현(一切世間現), 지만(指鬘, 손가락 목걸이) 등으로 부르기도 한다.

[268] 『宗鏡錄』 卷第九十二. 大正藏 第48 [0916a22].

[269] 『宗鏡錄』 卷第三十八. 大正藏 第48 [0637c13].

[270] 확탕지옥은 쇳물이 끓는 솥에 삶기는 고통을 받는 지옥이다. 금계를 깨뜨리고 다른 중생을 죽이거나 불을 질러 많은 생물을 태워 죽인 이가 가는 지옥이다.

14
한 번이라도 본다면 천금을 바칠 만하네

✢

근기에 맞는 설법

253
가르침의 뜻을 보지 못하고
그 의미를 살피지 못해서
이치가 짧기에 감내해야 하고,[271] 시체를 채찍질하며, 바위가 울부
짖으니 《399》
설법을 청하여 발원하고 부처님의 발을 받들어 마음을 기울이네.
《400》

《399》 '시체를 채찍질했다.'라는 것은, 부처님이 돌아가신 후 8백 년 경에

[271] '외도의 이치가 짧았으나 여의 논사가 감내하고'의 뜻이다.

여의 논사(如意論師)가 세상에 나왔다. 담론을 잘하여 왕이 예배하고 스승으로 삼았다. 결국에는 외도를 불러 여의 논사로 하여금 올바른 이치(義)를 세우게 하였다. 논사가 처음은 인(因)이고 나중은 과(果)인 고통의 원인(集)·고통(苦)·고통을 벗어나는 길(道)·고통의 사라짐(滅)을 세웠다. 고통의 원인은 유루(有漏)의 인이고, 고통은 유루의 과이며, 고통을 벗어나는 길은 무루(無漏)의 인이고, 고통의 사라짐은 무루의 과라고 하였다.

외도가 마침내 와서 잘못을 지적하였다. 외도가 "그대의 스승은 세상에 나와서 고통·고통의 원인·고통의 사라짐·고통을 벗어나는 길의 사성제를 설하였는데, 어찌 제자는 원인(集)·고통(苦)·고통을 벗어나는 길(道)·고통의 사라짐(滅)을 설하는가? 스승의 가르침과 어긋나는 잘못이 있다."라고 하였다. 여의 논사가 "나는 스승의 가르침과 어긋나지 않는다. 부처님이 세상에 계실 때 먼저 과(果)를, 나중에 인(因)을 설하신 것은 인과를 믿지 않는 유정을 상대하기 위해 먼저 고통인 과를 설하시고 나중에 그 원인인 인을 설하셨다. 오늘 나는 인과에 수순하여 설한다. 또한 서로 어긋난 것이 아니다."라고 하였다. 이때 외도 무리가 웅성거리는데 대중 가운데서 뜻을 증명하는 사람이 없었다. 왕이 외도에게 금 70량을 주고 외도의 논을 받들어 '금칠십론'이라 하였다. 여의 논사가 이때 승부에 져서 혀를 깨물고 죽었다.

불멸 후 9백 년 경에 세친 보살이 세상에 나와서 외도의 삿된 논을 찾아 읽어 보았다. 정말로 여의 논사가 승부에 굴복한 것을 보고, 마침내 『논궤(論軌)』와 『논식(論式)』 등을 지어 임금에게 올려 여의 논사를 구제하였다. 왕이 공경하고 더욱 우러러보면서 세친 보살에게 금 70냥을 주고 봉하여 '승금칠십론'이라 하였다. 왕이 풀을 묶어서 만든 채찍으로 시체를 때리게 하고 외도가 삿된 가르침이라는 것을 공표하였다. 풀로 만든 채찍으로 시체를 때리니 피가 나왔다. 그래서 "세친 보살에게 시체를 채찍질한 덕이 있다."라고 하였다. 그러므로 설법은 반드시 근기에 맞아야 함을 알 수 있다.

뜻을 증명하는 자가 없으면 질 수밖에 없다. 고인이 혀를 깨문 것은 법을 위해 몸을 버린 것이라고 할 수 있다.

'풀로 채찍질하니 피가 나왔다.'라는 것은, 이치로 본보기를 삼고, 삿된 법은 부지하기 어려운 줄을 알 수 있다. 무정에서 피가 나온 것은 마음과 경계가 하나임을 드러낸 것이다.

'바위가 울부짖었다.'라는 것은, 옛날 겁이 시작할 때 외도가 있었는데 이름이 가비라[272]였다. 도를 닦아 다섯 가지 신통을 얻고 간략한 『수론(數論)』을 지었다. 세상은 무상하고 몸은 오래 머물지 않는 줄 알아 혹시나 나중에 어떤 사람이 자기가 지은 논을 파기할까 두려웠다. 결국 몸을 머물게 해서 미래에 파기하는 자를 막으려고 자재천의 처소에 가서 목숨을 연장하는 법을 구하였다. 자재천이 "내가 지금 너를 변화시켜 하나의 물건이 되게 하면 최고로 장수할 수 있다."라고 하였다. 그 선인이 문도들에게 두루 알리되 "내가 지금 변화하여 바위가 되니, 만약 다른 가르침의 논사들이 와서 나의 법을 힐난하는 자가 있거든 가르침을 바위 위에 쓰도록 하여라. 내가 스스로 대답하여 주리라."라고 하였다. 자재천이 마침내 선인을 변화시켜 하나의 네모난 바위가 되게 하였다. 길이가 1장 남짓 되는데 빈타여감 숲[273]에 있다.

나중에 진나 논사[274]가 『인명론(因明論)』[275]을 지어 완성하여 종(宗)·인

---

272 Kapila.
273 빈타여감 숲은 산스크리트 Vindhyāṭavi인데, 그 위치는 정확하지 않다. 석난(스리랑카)의 천애제수왕(天愛帝須王)의 대신인 아율타(阿栗咤)가 일찍이 아육왕의 명을 받들어 사신으로 나가 이 산을 넘었다고 한다.
274 진나는 디그나가(Dignāg)의 음사인데, 인도의 불교 논리학이다. 마드라스 주 바라문의 아들로 출가하여 대소승 불교를 연구하고, 유식(唯識)과 인명(因明)에 관한 많은 글을 저술했다. 또 인도 남부를 여행하여 불교 외의 여러 학파와 논쟁했다. 저서 『집량론(集量論)』은 인도 논리학상 극히 중요한 것이다.
275 『인명론』이란, 인(因) 즉 원인과 이유에 대한 학문이란 뜻이다. 불교의 논리학이다. 인명은

(因)·유(喩) 삼지(三支)로 비량(比量)하여 그『수론』을 타파하였다. 제자가 답할 수 없자 진나 논사의 비량을 가지고 여감 숲에 가서 바위 위에 썼다. 이윽고 글을 살펴서 답을 내놓았다. 나중에 또 바위에 비량을 써 놓으면 제자에게 똑같이 답장을 내주었다. 다음 날 가서 보니 바위 위에 글로 써서 답하였다. 이렇듯 진나 논사가 또 바위 위에 비량을 써서 저 외도를 힐난하였다. 이삼일이 지나서 비로소 답을 하기도 하고, 진나 논사가 다시 쓰면 이레 후에 비로소 답하기도 하였다. 이렇듯 계속해서 그 바위에 써 놓았는데, 마침내 글을 써서 답하지 못하였다. 진나 논사에게 힐난을 당하자 그 바위에서 땀이 나더니 크게 울부짖고는 쪼개져 공중에 흩어졌다. 그러므로 세상에서 "진나 논사는 바위를 울부짖게 하는 능력이 있다."라고 하였다. 몸이 변화하여 바위가 되고 문자로 표현하여 대답할 수 있는 것은, 마음과 경계가 같은 근원이고, 자신이나 타인이 하나며, 유정이나 무정이 동일한 본체라고 할 수 있겠다.

「선복송」에서 노래한다.

> 어떤 이가 참된 공(空)의 이치를 알고자 하면
> 마음속의 진여가 밖에도 두루해야 하고
> 유정과 무정이 하나의 본체이니
> 처처를 참된 법계라 하네.[276]

또한『수능엄경』에서 "육근·육진이 같은 근원이고, 묶임과 해탈이 두 가지가 없으며, 식의 성품(識性)이 허망하여 마치 허공꽃과 같다. (…) 지견에 앎

불교의 학문 체계인 5명의 한 분야이다. 5명은 내명(內明), 성명(聲明), 의방명(醫方明), 공교명(工巧明), 인명(因明)이다. 논증의 전개상 원인을 규명하는 인명은 불교 논리학을 대표한다.

[276] 杜順法師作,『漩澓偈』.房山石經 第28.

(知)을 세우면 무명의 근본이고, 지견에 견(見)이 없는 것이야말로 열반인 허물 없는 참된 청정이다. 어찌 이 가운데서 다시 다른 물건을 용납하겠는가."²⁷⁷라고 하였다.

'바위가 울부짖고 쪼개졌다.'라고 한 것은, 미묘한 이치는 이지러지기 어렵고 참마음은 변하지 않음을 알 수 있다. 참으로 삿된 것을 꺾어 바른 것으로 고쳐 놓고, 거짓을 제거하여 참되게 한 것이다. 또한 쇠나 돌이 지극히 단단할지라도 오히려 부서지고 파괴될 수 있겠지만, 어찌 근거 없는 말이나 보잘것없는 앎으로 바꿀 수 있겠는가?

《400》 서천에 진나 보살이라는 분이 있었는데, 세상 사람들이 '일세에 탁월한 인재(命世)'라 하였다. 현겁²⁷⁸ 천불 가운데 한 분이다. 산신이 보살의 발을 받드니 높이는 백 척이나 되었다. 산신이 "부처님이 설하신 인명(因明)은 현묘하여 궁구하기 어렵습니다. 여래가 돌아가신 후에 큰 뜻이 단절되었는데, 지금 다행히 복과 지혜가 아득하고 깊은 분이 성인의 뜻인 인명론(因明論)의 도를 깊이 통달하셨습니다. 바라건대 거듭 널리 설해 주시기를 청하나이다."라고 큰소리로 외쳤다. 그로 인하여 청을 허락하사 마침내 『인명정리문론』²⁷⁹을 지었다.

---

277 『大佛頂如來密因修證了義諸菩薩萬行首楞嚴經』卷第五. 大正藏 第19 [0124c06].
278 현겁(賢劫)은 현재의 1대겁(大劫)에 수많은 현인(賢人)들이 나타나 중생을 구제한다고 하여 이와 같이 일컫는다. 세계가 성립되는 지극히 긴 기간을 성겁(成劫), 머무르는 기간을 주겁(住劫), 파괴되어 가는 기간을 괴겁(壞劫), 파괴되어 아무것도 없는 상태로 지속되는 기간을 공겁(空劫)이라 한다. 이 네 겁을 1대겁이라 한다.
279 『인명정리문론』은 인도의 논사 대역룡이 지은 것을 8세기 초 당나라의 학승 의정이 번역하였다. 1권으로 된 이 논은 진나에 의해 개혁된 새로운 인명론의 기본 문제들을 서술하고 있다.

또한 석가여래가 처음 도를 얻었을 때 범왕이 법륜을 굴러 주시기를 청하였다. 또 사리불이 부처님에게 『법화경』을 설해 주시기를 청하는 등이 모두 다 마음을 기울이고 정성을 바쳐 세 번 청하고서야 비로소 설하신 것과 같다.

254
장광설로 펼쳐 놓으셨으니 《401》
잠시라도 펼쳐 보면 종자를 훈습할 수 있고 《402》
다섯 가지 진실한 말씀을 명확하게 밝혔으니 《403》
한 번이라도 본다면 천금을 바칠 만하네. 《404》

《401》 부처님이 『법화경』을 설하실 적에 혀를 내미니 범천에 이르렀고, 『아미타경』을 설할 때는 혀가 대천세계를 덮었다. 범부의 혀가 코끝을 지날 정도이면 3생에 거짓말을 하지 않았다는 표식이다. 성인은 혀를 내밀면 머리카락이 있는 데까지 이른다. 부처님이 법화일승(法華一乘)의 심지법문(心地法門)을 설하실 때 혀를 내미니 범부나 성인의 자리를 넘어가는 것은, 설하신 심지법문이 진실함을 보게 하여 중생들에게 믿음을 일으키게 하고자 한 까닭이다.

《402》 『법화경』에서 "잠깐만 들어도 아뇩다라삼먁삼보리를 얻는다."[280]라고 하였다. 또 "한 구절이라도 정신에 물들면 오랜 겁도록 잊지 않는

---

[280] 『妙法蓮華經』 卷第四 「法師品」 第十. 大正藏 第09 [0031a03].

다."²⁸¹라고도 하였다.

『화엄책림』에서 "묻는다. 죄에는 얕고 깊은 것이 있고 지위에는 높고 낮은 것이 있다. 아비지옥의 극악 죄인이 어떻게 단박에 초월하여 십지(十地)에 오를 수 있는가? 만약 경전의 힘이라거나 부처님 광명이라고 한다면, 어찌하여 지옥에서는 경전을 설하지 않고, 어찌하여 광명을 언제나 비추지 않는 것인가? 바라건대 그 까닭을 밝혀 크게 어긋남을 바로잡아 주소서.

답한다. 원돈교(圓頓敎)의 바다는 덕과 작용이 헤아리기 어렵고, 모든 부처님의 위신력은 이롭고 즐거움을 헤아리기 어렵다. 그러나 중생을 교화하려면 반드시 인연이 있어야 한다. 지옥 죄인이라도 예전에 원만한 법을 듣고 금강의 종자를 갖추었기 때문에 부처님 광명을 만날 수 있었다. 광명이 흘러 도를 이룰 때는 근기가 이미 성숙하고 깊은 근기가 성인에 나아가 감응의 도가 교차하기 때문이다. 마치 새싹이 오랫동안 양기를 품었다가 봄바람이 한 번 불면 단박에 가지를 쭉쭉 뻗어나가는 것과 같다.

지위는 비록 단박에 원만해지지만, 오랫동안 선(善)을 쌓아야 한다. 만약 그러한 그릇이 아니면 이러한 광명을 만나지 못한다. 여러 가지 보살의 지위를 오랫동안 닦더라도 결과는 단박에 얻어지는 것이 아니다. 그 까닭에 그림자는 그 본바탕을 따라 미묘하고, 메아리는 소리를 좇아 짝한다. 이치가 그러하니 어찌 의심하겠는가?"²⁸²라고 하였다. 선악의 법이 모두 훈습하여 이루어진다.

---

281 『國淸百錄』卷第二 「讓請義書」第四十九. 大正藏 第46 [0807b22].
282 『大華嚴經略策』一卷. 大正藏 第36 [0706b05].

《403》 다섯 가지 말이란,『금강경』에서 "하나는 진리의 말이고, 둘은 진실한 말이며, 셋은 여실한 말이고, 넷은 속이지 않는 말이며, 다섯은 다르지 않은 말이다."283라고 하였다. 이것은 설한 한마음의 금강반야의 법이 허망하지 않음을 표현한 것이다. '금강'은 파괴하지 못한다는 뜻이고, '반야'는 분별이 없다는 뜻이다.

《404》 『인명초』에서 "현감 거사는 호법 보살의 제자이다. 호법이 『유식고본(唯識藁本)』 1백 권을 짓고 죽을 때에 이르러 현감 거사에게 부촉하되 '중국에서 보살이 오거든 이를 나누어 주고, 이곳에서 혹시 빌려 볼 사람이 있거든 다만 돈 1백 냥만을 받고 빌려주어 한 번 보게 하라.'"라고 하였다. 삼장(현장)이 거사의 처소에서 이 『고본(藁本)』을 얻어서 돌아와 10권으로 번역하였으니, 바로 『성유식론』이다.

또 천친 보살284이 『유식삼십송』을 짓고 한 거사에게 주며 부촉하기를 "만약 보고자 하는 자가 있거든 돈 1냥을 받아라."라고 하였다. 얼마 후에 문정(門庭)285을 찾아와서 보고자 하는 자들이 금을 가져와 붐비는 것이 시장과 같았다. 이를 보면 고인은 가르침을 중하게 여기고 돈을 가볍게 여겼

---

283 『金剛般若波羅蜜經』「離相寂滅分」. 大正藏 第 08[0750b27].
284 천친 보살(316~396)은 북인도 건타라국의 학승으로 바수반두라 음역하거나 세친(世親)이라고도 한다. 바라문족 출신으로 처음에는 형(무착)과 함께 소승의 설일체유부로 출가해 가슴미라국에 가서 설일체유부의 교의를 배우고 『대비바사론』을 강의했다. 많은 저술을 내어 대승을 비방하다가 마침내 무착의 권유로 대승 논사가 되었다. 무착 및 스승 마이트레야(미륵)의 저서에 주석을 붙여 유가유식설(瑜伽唯識說)의 완성에 힘썼고, 『유식삼십송(唯識三十頌)』을 저술하였다. 소승에서 5백 부, 대승에서 5백 부의 논을 지어 천부논사(千部論師)라 한다.
285 문정(門庭)은 대문이나 중문 안에 있는 뜰이란 뜻으로, 같은 스승을 모시고 수행하는 문중이나 종파를 말한다.

으며, 사람을 공경하고 법을 사랑하였음을 알 수 있다. 하물며 이를 듣고 도에 들어가 출가한 수행자이겠는가. 어찌 세상의 귀하다는 보배로 값을 비교하겠는가! 그러므로 『법화경』에서 노래한다.

> 만약 이 법을 듣는 자가 있으면
> 한 사람도 성불하지 못하는 이가 없네.[286]

---

[286] 『妙法蓮華經』卷第一「方便品」第二. 大正藏 第09 [0007c09].

15
행은 언제나 순리를 따르고
도는 언제나 두루하네

✣

三身, 四智, 一多, 六相

255

행동거지나 행위에서
위대한 신통 변화를 나타내는데 《405》
이치는 치우치지 않고, 현상은 멀리 떨어져 있지 않으며
행은 언제나 순리를 따르고, 도는 언제나 두루하네.

《405》 『증도가』에서 노래한다.

삼신(三身)과 사지(四智)가 본체에서 원만하고,
팔해(八解)와 (六通)이 마음 땅의 도장이네.[287]

지금 중생 몸속 삼신(三身)의 고요함은 법신(法身)이고, 지혜는 보신(報身)이며, 작용은 화신(化身)이다. 사지(四智)란 앞의 안(眼) 등 5식(五識)은 성소작지(成所作智)이고, 제6 의식은 묘관찰지(妙觀察智)이며, 제7 말나식은 평등성지(平等性智)이고, 제8 아뢰야식은 대원경지(大圓鏡智)이다. 중생으로 있을 때는 지혜가 하열하고 의식이 강성하므로 단지 식(識)이라고만 부른다. 부처의 지위에서는 지혜가 강성하고 의식은 하열하므로 지혜라고 한다. 그 이름만 바뀌고 그 본체는 바뀌지 않았다.

  이어서 『증도가』에서 노래한다.[287]

  여섯 가지 신통 작용이 공(空)하나 공하지 않고,
  한 알의 둥근 빛(圓光)이 색이나 색이 아니네.[288]

또 지공 화상의 『십이시가』에서 노래한다.

  운용이 원래 소리나 색에서 왔는데,
  범부는 알지 못하고 다투어서 분별하네.[289]

---

287 『永嘉證道歌』. 大正藏 第48.
288 『永嘉證道歌』. 大正藏 第48.
289 『禪門諸祖師偈頌』上之下「誌公和尚十二時歌」. 卍新續藏 第66 [0726b05].

256
여러 작용이 하나의 본체를
동시에 갖추고 있어서 나누어지지 않고
하나의 본체가 여러 문의
앞뒤로 펼쳐져서 가지런히 드러나네. 《406》

《406》 세간을 벗어나는 도의 이치(理)도 마음에서 이루어지고, 세간에 머무는 문의 현상(事)도 마음에서 만들어진다. 만약 유심(唯心)의 현상이라면 하나의 법이 곧 일체법(一切法)이다. 이를 펼치면 끝이 없다. 유심의 이치라면 일체법이 곧 하나의 법(一法)이다. 거두면 자취가 없다. 거두어서 하나(一)를 설하나 이 법은 일찍이 하나인 적이 없다. 펼쳐서 많음(多)을 설하나 이 법은 일찍이 많은 적이 없다. 하나도 아니고 많음도 아니니 존재(有)하지만 실재하지 않고, 많으면서 하나이니 실재하지 않지(無)만 존재하지 않는 것(無)은 아니다.

『화엄기』에서 "하나(一)와 많음(多)을 열 가지 문으로 분별한다. 하나는, 홀로 독립되어 있음을 드러낸다. 노래한다.

많음에는 하나인 자성이 없고
하나에도 많음이 없네.[290]

두 법이 서로 뺏기 때문에 독립되어 있다. 또 하나가 많음이어서 오직 많음뿐이고, 많음이 곧 하나이어서 오직 하나이다. 자기를 버리고 다른 것과 함

---

[290] 『大方廣佛華嚴經』卷第十三「光明覺品」第九. 大正藏 第10 [0064c23].

께 한다. 그러므로 '독립(獨立)'이라고 하였다.

둘은, 쌍으로 드러나 동시이다. 노래한다.

하나로써 많음을 알고
많음으로써 하나를 아네.²⁹¹

하나가 없으면 많음이 없고, 많음이 없으면 하나도 없다. 그러므로 둘이 쌍으로 드러나니 앞뒤가 없다. 마치 소의 두 뿔과 같다.

셋은, 두 형상이 없으니, 곧 앞에 두 가지를 모두 버린 것이다.

넷은, 자재하여 무애한 것이다. 하나이고자 하면 곧 하나니, 형상을 파괴하지 않기 때문이다. 많음이고자 하면 곧 많음이니, 하나가 곧 많음이기 때문이다. 하나가 이미 이와 같으면 많음도 역시 이에 준한다. 항상 하나이고, 항상 많음이며, 항상 서로 즉한다. 그러므로 '자재(自在)'라 하였다.

다섯은, 가고 오되 동요하지 않는 것이다. 하나가 많음을 받아들이나 하나로 있고, 많음이 하나를 받아들이나 많음으로 있다. 마치 두 거울이 서로 받아들이되 본래 형상이 동요하지 않는 것과 같다. 서로 즉하는 것도 마찬가지다.

여섯은, 서로 지탱해 주는 힘이 없는 것이다. 하나로 인하여 많음이 있으니, 많음은 힘이 없고 하나로 지탱한다. 많음으로 인하여 하나가 있으니, 하나는 힘이 없고 많음으로 지탱한다.

일곱은, 저것과 이것이 서로 알지 못하는 것이다. 두 가지가 서로 의지하고 있어서 모두 본체가 없다. 그러므로 서로 알지 못한다. 각수 보살이 말

---

291 『大方廣佛華嚴經』卷第十六「須彌頂上偈讚品」第十四. 大正藏 第10 [0083a21].

하되 '모든 법은 작용이 없고 또한 본체가 없다. 그러므로 저 모두가 각기 서로 알지 못하네.'라고 하였다.

여덟은, 힘의 작용(力用)이 서로 통하는 것이다. 노래한다.

하나(一)에서 무량(無量)을 알고
무량에서 하나를 아네.²⁹²

아홉은, 자성이 있지 않은 것이다. 서로 원인이 되어 일어나서 온 본체의 자성이 공(空)하다.

열은, 궁극적으로 말을 여읜 것이다. 하나라고 말할 수도 없고 하나가 아니라고 말할 수도 없으며, 하나이기도 하고 하나가 아니라고도 말할 수 없고, 하나가 아니고 하나가 아닌 것도 아니라고 말할 수도 없다. 서로 즉한다고 말할 수도 없으니 서로 받아들이기 때문이고, 서로 받아들인다고 말할 수도 없으니 서로 즉하기 때문이며, 서로 받아들인다고 말할 수 없으니 형상을 파괴하지 않기 때문이고, 서로 받아들이지 않는다고 말하지 못하니 서로 통하기 때문이다. 입으로 말하고자 하면 말이 손상되고, 마음으로 반연하려 하면 생각이 없다. 오직 증득한 지혜로만이 알 수 있다. 동일한 과(果)의 바다이기 때문이다. 하나와 많음이 이미 그렇다면 더러움과 깨끗함도 마찬가지여서 모두 그렇지 않은 것이 없다."²⁹³라고 하였다.

또 선재가 여러 가지 선지식의 법(事)을 두루 찾는 것은 이 하나가 곧 많음의 하나이기 때문이다. 그러므로 보현보살에 이르러 한꺼번에 몰록 원

---

292 『大方廣佛華嚴經』卷第十三「光明覺品」第九. 大正藏 第10 [0062b16].
293 『大方廣佛華嚴經隨疏演義鈔』卷第三十. 大正藏 第36 [0231b07].

만한 것은, 곧 하나에 의지한 많음이어서 하나와 많음이 무애하다. 그러므로 '헤아리기 어렵다(難思).'라고 하였다.

또 『삼매장』에서 "하나는, 여러 가지 문을 융합한다. 원만하게 밝아서 단박에 드러나 모든 것을 구족한다. 둘은, 하나의 문으로 들어가서 모든 것을 갖춘다. 셋은, 하나의 뜻에 들어가서 모든 것을 갖춘다. 넷은, 하나의 글귀를 듣고서 모든 것을 갖춘다. 다섯은, 이 원만하게 나누어진 것이 모두 총상(總相)이다. 그러므로 모든 것을 융섭한다. 여섯은, 모두 다 별상(別相)이다. 모두 다 모든 것을 섭수하지 못한 것이 없다. 일곱은, 모두 다 동상(同相)이다. 거두는 주체(能攝)와 거두는 대상(所攝)의 뜻이 나란히 균일하여 동등하기 때문이다. 여덟은, 모두 이상(異相)이다. 뜻은 각기 다르나 서로 여의지 않기 때문이다. 아홉은, 모두 성상(成相)이다. 연기 뜻의 문이 바로 서서 모두 드러나기 때문이다. 열은, 모두 괴상(壞相)이다. 연기하지 않아서[294] 똑같이 하나의 맛이기 때문이다."[295]라고 하였다.

---

294 '연기(緣起)하지 않았다.'라는 것은 '본체(本體)를 지키고 있다.'라는 의미이다.
295 『華嚴發菩提心章』. 大正藏 第45 [0655c17].

16
성냄의 불은 자신에게서 발화하여 도로 자신을 태우네

✣

三報에서 피는 참마음의 꽃

257
아름답고 추한 실체가 없어서
오직 생각에 달렸네.
소리와 메아리가 가만히 합하고
형체와 그림자가 서로 따르듯이 《407》

《407》 저 열 가지 악업(十惡業)의 인(因)은 마음에서 생겨나고, 과(果)는 다시 마음이 받는다. 생보(生報)[296]와 후보(後報)[297]와 현보(現報)[298]인 세 가

---

[296] 생보(生報)는 현세에 선악의 행위를 하여 내세에 받는 고락(苦樂)의 업보이다.

지 과보에서 생보와 후보인 두 과보의 일(事)은 다른 생(隔生)에 있고, 현보에서는 보고 들으며 친히 경험한다. 이것은 증상(增上)의 업과(業果)로 총보(總報)나 별보(別報)299에 몸을 나타내어 곧 변화한다.

『자경록』에 의하면, "신라국 대흥륜사300에 어른이신 노스님이 계셨는데, '도안'이라 했다. 어려서 출가하여 이 절에 머물렀고 또한 경론을 널리 이해하여 젊은이나 늙은이의 존경을 받았다. 그러나 음식에 까탈스러워 한 맛이라도 마음에 맞지 않으면 몽둥이질이 번갈아 조석으로 다그치니 조금도 한가한 날이 없었다. 대중이 이를 걱정하였으나 못 하게 할 자가 없었다. 나중에 병을 앓았는데 전보다 더욱 극심하여 욕하고 꾸짖고 화내고 때리며 물건을 휘두르고 던지니, 안팎의 가까운 이나 이웃들이 차마 쳐다보지 못할 지경이었다. 며칠 후에 결국 산 채로 변하여 뱀이 되니 길이는 백여 자나 되었다. 울부짖으며 방에서 나가 숲속에서 기어 다니거나 누워 있었다. 스님이나 신도들이 보고 듣고는 마음 아파하며 경계하지 않는 이가 없었다."301라고 한다. 이것은 성냄의 불길이 자기 마음으로부터 발화하여 도로 자기 몸을 불태운 것이다. 성냄이라는 하나의 법이 이미 그렇다면 팔만 사천 번뇌도 역시 마찬가지다.

---

297 후보(後報)는 지금 세상에 지은 선악에 따라 삼생(三生) 이후에 받는 과보이다.
298 현보(現報)는 현세에 업을 지어 현세에서 받는 과보이다. 순현보(順現報)라고도 한다.
299 총보(總報)는 제8식의 업보이다. 별보(別報)는 전6식의 업보이다.
300 대흥륜사는 신라 미추왕 때 불교 수용 단계에서 고구려 승려 아도화상이 지은 것으로 전하는 신라 최초의 사찰이다. 이차돈의 순교로 불교가 공인된 후 진흥왕 때 다시 지어 '대왕흥륜사'라 하였다. 이후 흥륜사는 대법회를 주관하고 왕실과 국가의 평안을 기원하는 신라의 큰 절이 되었다. 또 신라 법흥왕은 왕비 보도부인과 함께 흥륜사에서 출가해서 법호를 법운(法雲)이라 하였다.
301 『釋門自鏡錄』卷上「唐新羅國興輪寺僧變作蛇身事」. 大正藏 第51 [0809a22].

258

지옥이나 극락의 연못에 태어나니
과보를 받아 스스로 우열을 나누고
옥같이 아름다운 숲이나 가시밭에서
생을 받아 각기 영화와 쇠퇴를 겪네. 《408》

《408》 『정명경』에서 "마음이 깨끗하기 때문에 중생이 깨끗하고, 마음이 더럽기 때문에 중생이 더럽다."302라고 하였다. 『기신론』에서 "더럽고 깨끗한 모든 법이 모두 서로 상대하여 이루어진다."라고 하였다. 그러므로 더럽고 깨끗한 것이 마음에서 비롯하고 다시 별다른 본체가 없음을 알 수 있다.

『장엄론』303에서 "'모든 행(諸行)이 찰나에 강성하다.'라는 것은, 부처님이 설하시되 '마음이 세간을 떠나고 마음이 세간을 끌어온다. 마음이 자재하므로 세간이 따라서 전환한다. 식(識)이 이름(名)과 색(色)을 반연한다는 이 이야기도 그러하다.'라고 한 것과 같다. 그러므로 모든 행(諸行)이 마음의 과보(果)라는 것을 알 수 있다. 또한 '깨끗함을 따른다.'라는 것은, 깨끗한 것은 선정을 닦는 사람의 마음이다. 그 사람의 모든 행(諸行)은 깨끗한 마음에서 전환하니, 선정(禪)을 닦는 비구는 신통을 구족하여 마음에 자재를 얻는다. 만약 나무로 금을 만들고자 하면 마음먹은 대로 된다. 그러므로 모든 행이 모두 마음의 과보라는 것을 알 수 있다. 죄를 지은 중생은 밖에서 사물을 얻을 수 있으나 모든 것이 하열하고, 복을 지은 중생은 밖에서 사물을 얻어

---

302 『維摩詰所說經』卷上「弟子品」第三. 大正藏 第14 [0541b10].
303 미륵의 『장엄론』에서 찰나찰나 멸(滅)의 뜻을 15종으로 설명하였다. "一은 由起, 二는 從因, 三은 相違, 四는 不住, 五는 無體, 六은 相定, 七은 隨轉, 八은 滅盡, 九는 變異, 十은 因, 十一은 果, 十二는 執持, 十三은 增上, 十四는 隨淨, 十五는 隨生이다."

서 모든 것이 훌륭하고 좋다. 그러므로 모든 행이 모두 마음의 과보라는 것을 알 수 있다."³⁰⁴라고 하였다. 반드시 알지니, 일체 만법이 이미 마음으로 인(因)이 되었다면 또한 마음으로 과(果)가 된다. 비록 깨끗하고 더럽게 나타나는 것이 같지 않으나, 마음의 거울 속에서는 빛과 같고 그림자와 같아서 마침내 얻을 수가 없다.

259
명확한 판단은 사람에 달렸다고 하니
이 말은 참으로 들을 만하고
뜻을 내면 반드시 바른 근본의 진리에 계합해야 하나니
발을 내디딜 때는 다른 길로 빠지지 말라. 《409》

《409》 『심경록』³⁰⁵에서 "묻는다. 참마음은 변하지 않고, 묘한 성품은 태어남이 없으며, 범부나 성인은 같은 무리이다. 어떻게 허망하다고 설하는가?

답한다. 근본의 마음은 맑고 고요하여 형상이 끊어지고 말을 여의었다. 자신의 성품이 비록 스스로 그러하나 자신의 성품을 지키지 않기 때문에 인연의 더럽고 깨끗한 것을 따른다. 우선 하나의 물을 예로 들면, 구슬을 넣으면 맑고 먼지에 섞이면 탁한 것과 같다. 하나의 허공을 예로 들면, 구름이 가리면 어둡고 달이 나타나면 깨끗한 것과 같다.

그런 까닭에 『대지도론』에서 '비유하면 청정한 못의 물과 같다. 미친

---

304 『大乘莊嚴經論』卷第十一「覺分品」第二十一之二. 大正藏 第31 [0646b06].
305 『심경록』은 『종경록』의 이명(異名)이다.

코끼리가 그 속에 들어가면 혼탁하게 하지만, 만약 물을 맑히는 구슬을 넣으면 물이 금방 청정해진다. 물 밖에 코끼리가 없고 구슬이 없다고 말해서는 안 된다. 마음도 또한 이와 같아서 번뇌가 들어가기 때문에 마음을 탁하게 할 수 있고, 자비 등 선법이 마음에 들어가면 마음을 청정하게 한다.'[306]

그러나 더럽고 깨끗한 것이 일정하지 않고 참(眞)과 망령됨(妄)이 인연을 따른다. 만약 이것에 어리석으면 순간순간 윤회하여 참 성품을 잃어버리게 된다. 만약 이를 관조(觀照)하면 마음과 마음이 적멸하여 열반을 원만히 증득할 수 있다. 그러므로 참과 망령됨은 원인이 없는데 공연히 말로써 설명하고 있다. 참을 준거하면 말할 수 없고, 설(說)을 준거하면 참일 수 없다. 모두 미치고 미혹한 생각으로 건립한 것이다. 천 갈래 길이 일어나서 공연히 연야달다의 머리를 미혹하게 하고, 하나의 법이 생기자마자 건달바의 영상이 나타날 뿐이다."[307]라고 하였다.

260
물살 빠른 여울이
남북으로 나뉘어 흐르는 것과 같고 《410》
자벌레 몸 빛깔이
푸르고 누런 잎을 먹는 것에 따라서 정해져 있지 않음과 같네. 《411》

---

[306] 『大智度論』卷第三十六「釋習相應品」第三之餘. 大正藏 第25 [0325c17].
[307] 『宗鏡錄』卷第五. 大正藏 第48 [0439a05-0439a06].

《410》 사람의 성품은 물살이 빠른 여울이 동쪽으로 결정되면 동으로 흘러가고, 서쪽으로 결정되면 서로 흘러가며, 모가 나거나 둥근 것이 그릇에 달렸고, (그림자가) 구부러지고 곧은 것은 형상을 따르는 것과 같다. 마음의 성품이 부드러운 것도 또한 이와 같다.

《411》 자벌레가 푸른 잎을 먹으면 몸이 푸르고 누런 잎을 먹으면 몸이 누런 것과 같다. "마음이 크면 반야(般若)가 크고 마음이 작으면 반야가 작다."[308]라고 한 것과 같다. 점차 변화하는 것도 마음을 연유한다.

---

308 唐 慧海撰,『諸方門人參問語錄』卷下. 卍新續藏 第63 [0027a22] 참조.

17
마음은 여래의 창고요, 만덕의 숲이네

✤

내 삶의 한가지 답

261
여래의 창고요
만덕의 숲이라
맑고 끝이 없는데
어찌 추적해서 찾을 수 있겠는가.

262
목각 어머님의 얼굴색이 변할 때는
효의 마음이 생기고 《412》
부처님의 형상에서 광명이 빛나는 날은
정성의 마음에서 비롯되었네. 《413》

《412》 정란309은 지극히 효성스러워 나무를 깎아 어머니 형상을 만들어서 아침저녁으로 공경히 봉양했더니, 어머니 얼굴상이 기뻐하고 좋아하는 기색을 띠었다. 흙이나 나무는 변하지 않는다. 오직 마음으로 감동한 것일 뿐이다.310 또한 세간에서 생사당(生祠堂)311에 모시는 경우는 (살아서) 선정의 덕이 백성에게 미치는 데 있다. 때때로 그리운 분이 떠나고 나면 사모하는 마음을 잊어버리기도 하기에, 사당을 세우고 소상(塑像)을 모셔서 사시로 제향한다. 그분(塑像)이 제향을 받는 날 술기운이 배에 가득한 경우가 있는 것과 같다.

《413》 지극한 마음으로 존상에 공양하여 광명이 비치는 것은 모두 지성을 느끼고 받아들인 것이다. 경에 "모든 화신불이 공경심으로부터 일어난다."312라고 하였다. 또한 『서』에서 "강이나 산이 신령하지 않으나 다만 사람이 감득한 것이다."313라고 하였다.

263
비유를 드는 것이 어찌 끝이 있겠는가.
증명할 것이 한둘이 아니니
이치마다 모두 원만하고 변함없으며

---

309 정란(丁蘭)은 하남(河南) 진주(陳州) 사람으로 '동한(東漢)의 효자'로 유명하다.
310 『宗鏡錄』卷第七十九. 大正藏 第48 [0852c24].
311 생사당(生祠堂)은 관찰사나 수령의 선정을 기려 그 사람이 살아 있을 때부터 받들어 제사를 지내는 사당이다.
312 『大方廣佛華嚴經』卷第七十七「入法界品」第三十九之十八. 大正藏 第10 [0423a01].
313 『宗鏡錄』卷第二十一. 大正藏 第48 [0533c08].

현상마다 모두 진실을 이야기하네. 《414》

《414》 『법화경』에서 노래한다.

> 오직 이 하나만이 실답고
> 나머지 둘은 진실하지 않네.[314]

한마음이 만법의 진실한 성품이기 때문이다. 이어서 노래한다.

> 비록 갖가지 도를 설하였으나
> 진실한 것은 일승(一乘)뿐이네.[315]

그러므로 『석마하연론』에서 "일체 모든 법은 한마음의 양(量)이어서 마음 밖에 법이 없다. 마음 밖에 법이 없으므로 어찌 한마음의 법(一心法)이 한마음의 법과 더불어 장애하는 일을 지으며, 또한 한마음의 법이 한마음의 법과 더불어 해탈하는 일을 짓겠는가? 장애함이 없으며 해탈함이 없다. '한마음'의 법은 하나(一)가 곧 마음이며 마음이 곧 하나(一)이다. 하나가 마음과 다름이 없고 마음이 하나와 다름이 없다. 일체 모든 법이 평등하여 하나의 맛이고 하나의 형상이어서 형상이 없다. 한 줄기 광명도 마음의 바다이다. (바람이 영원히 그치고 파도는 모두 잠잠하다.)"[316]라고 하였다.

---

314 『妙法蓮華經』卷第一「方便品」第二. 大正藏 第09 [0007c09].
315 『妙法蓮華經』卷第一「方便品」第二. 大正藏 第09 [0007c09].
316 『釋摩訶衍論』卷第九. 大正藏 第32 [0658c24].

264
요술사가 재주를 보고도 욕심이 없나니
마음에서 생기는 줄 알기 때문이고
말 조련사가 그림자를 보고도 놀라지 않으니
몸에서 나온 줄 알기 때문이네.《415》

《415》 요술사가 환(幻)으로 남녀의 형체를 내놓지만, 마음에 집착이 없다. 환술하는 이의 마음에서 나온 줄 알기 때문이다. 말 조련하는 사람은 그림자를 보고도 놀라지 않는다. 그림자가 나의 형체에서 나온 줄 알기 때문이다. 그렇다면 마음은 마음을 보지 못하니 형상을 얻을 수 없다.[317]

265
모든 티끌끼리 떨어져 있지 않다는
이 뜻은 존중되어야 하나니
변화는 헤아릴 수 없으니
면밀하게 논하기 어렵네.

266
선재가 도량을 벗어나지 않고
백 개 성의 법을 두루 편력하고《416》
해당 비구는 항상 고요한 선정에 들고서

---

[317] 延壽述,『觀心玄樞』一卷. 卍新續藏 第65 [0429b15].

불사의 문을 활짝 열어 놓았네. 《417》

《416》 『이장자론』에서 "선재가 여러 선지식을 두루 참예하며 1백 10성의 법을 거쳤으나 살라(śāla) 숲을 벗어나지 않았고, 미륵이 일생에 성불하는 공덕을 수기 받았으나 한 생각도 일어나지 않은 성품의 바다(無生性海)에서 벗어나지 않았다."[318]라고 하였다.

《417》 『화엄경』에서 "해당 비구가 가부좌를 하고 삼매에 드니, 출식(出息)과 입식(入息)을 여의었으므로 별다른 생각이나 감각이 없고 몸이 편안하고 부동하였다. 그의 발바닥에서 무수한 백천 억 장자와 거사와 바라문 대중이 출생하였다. 모두 갖가지 장엄구로 그의 몸을 장엄하고 보관을 쓰고 머리에 밝은 구슬을 묶고서, 시방 일체 세계에 널리 가서 모든 보물과 모든 영락과 모든 의복과 모든 음식과 여법하게 맛있는 음식과 모든 꽃과 모든 머리 장식과 모든 향과 모든 바르는 향과 모든 욕락의 생활필수품을 비 오듯이 내렸다. 어느 곳에서나 가난하여 생활이 어려운 모든 중생을 거두어 고뇌하는 중생들을 안위하니 모두 환희하고 마음이 청정해져 위없는 보리도를 이룰 수 있게 하였다."[319]라고 하였다. 『금강삼매경』에서 "허공 같은 마음으로 동요하지 않으면 6바라밀을 구족한다."[320]라고 한 것과 같다.

---

[318] 『新華嚴經論』 卷第三十三. 大正藏 第36 [0951a04].
[319] 『大方廣佛華嚴經』 卷第六十三 「入法界品」 第三十九之四. 大正藏 第10 [0340b10-0340b13].
[320] 『金剛三昧經』 「無相法品」 第二. 大正藏 第09 [0367a08].

267
최상의 존귀한 근본(宗)이며
제일가는 설법이라
크게 깨달으면 어찌 다른 데서 구하겠는가.
안으로 증득하여 응당 스스로 결정지어야 하네.

268
얼음이 물을 머금고 있듯이
풀리고 나서야 어찌 같은 것이겠는가 《418》
금과 가락지와 같이
되풀이되나니 다시 차별이 없네. 《419》

《418》 겨울에는 물이 얼어 얼음이 되고 봄에는 얼음이 풀려 물이 된다. 때가 다름이 있을 뿐 젖는 성질은 움직이지 않는다. 중생의 부처 성품도 또한 그러하다. 범부의 몸에 있으면 물이 얼어 얼음이 된 것과 같고, 성인의 몸에 있으면 얼음이 풀린 물과 같다. 다만 미혹되고 깨달음의 시절이 차별이 있을 뿐 한마음은 움직이지 않는다.

《419》 『밀엄경』에서 노래한다.

여래의 청정장(淸淨藏)이
세상의 아뢰야식이니
마치 금가락지와 같아서
변화하나 차별이 없네.[321]

여래장은 자성을 지키지 않고 인연인 육도에 따른다. 마치 금(金)이 장인의 인연에 따라 병이나 소반 등 여러 가지 그릇을 만들면 비록 인연에 따라 변화하지만, 금의 본체는 잃지 않는 것과 같다. 여래장도 마찬가지로 비록 오염된 인연을 따라 중생에게 불사를 짓는 것은 수연(隨緣)의 뜻이고, 자기 본체를 잃지 않는 것은 불변(不變)의 뜻이다.

卷第三 終

---

321 『大乘密嚴經』卷下「阿賴耶微密品」第八. 大正藏 第16 [0746b16].

4장

주심부

권제 4

1
어떻게 마음의 분별이 일어나는가

✢

十心, 九識, 三細六麤, 三相

269

공(空)이 색(色)을 잉태하는 것은

쪽이 청색을 내놓는 것과 같아서 《420》

마명 보살이 이로써 논을 지으시고

석가가 이로써 가르침을 널리 펴시었네. 《421》

《420》 마명 보살[1]은 서천 제12 조사이시니, 일천 부의 논을 지었다. 그

---

[1] 마명 보살은 마가다국 태생으로서 정통 바라문 출신이었으나 불교 승려인 부나야사, 혹은 협존자와의 대론에서 패배하여 그의 제자가 되었다고 전해진다. 후에 카니시카왕에 의해 간다라에 가서 그의 위호 아래 불법을 크게 선양하였다. 또 다른 저술로 석가모니의 행적을 기술한 『불소행찬(佛所行讚)』이 전해진다.

많은 논에는 『일심변만론』²과 여러 가지가 있는데, 모두 '마음'을 연구하는 것들이다. 중생의 마음을 여의고는 한 글자도 설할 수가 없다. 그러므로 "설할 수 있는 법이 없다는 것이 설법이다."³라고 하였다. 또한 천친 보살은 송(頌)과 논을 지어서 불경을 성립하여 여러 학자에게 만법이 모두 마음을 여의지 않음을 알게 하였다. 그러므로 "자신의 마음에서 믿음을 일으켜서 돌이켜 자신의 마음을 믿는다."⁴라고 하였다.

《421》 모든 부처님은 마음을 증득하여 부처를 이루고는, 마음으로 가르침을 설파하고 마음으로 사람을 제도하였다. 만약 마음을 떠나서는 삼보와 사성제와 세간이나 출세간 등의 법이 없다. 『조론』에서 "함(爲)이 이보다 큰 함(大)⁵이 없으므로 이룸이 없음(小成)으로 돌아간다. 베풂이 이보다 넓은 베풂(廣)이 없기 때문에 이름 없음(無名)으로 돌아간다."⁶라고 하였다. '이룸이 없음(小成)'이란 무엇을 말하는가? 백천 항하사 법문을 관통하는 것이 털끝만 한 마음(心地)에 있다. '이름 없음(無名)'이란 무엇을 말하는가? 형교(形敎)⁷가 삼천대천세계에 두루하나 얻을 수 있는 이름과 형상(名相)이 없다.

---

2   『일심변만론』에 대해 『석마하연론(釋摩訶衍論)』에서 언급하였다. "바른 이해를 내게 하기 위해 오묘한 이치를 망라해서 지은 논을 말한다. 宗을 중심으로 하느냐 釋을 중심으로 하느냐에 따른 구분이다. (…) [釋] 무엇이 열 가지인가? 첫째는 『일심변만론』, 둘째는 『융속귀진론』, 셋째는 『법계중장론』, 넷째는 『비밀미묘론』, 다섯째는 『중명합일론』, 여섯째는 『진여삼매론』, 일곱째는 『심성청정론』, 여덟째는 『부동본원론』, 아홉째는 『심심현리론』, 열째는 『대승기신론』 이상을 열 가지 논이라 한다."라고 하였다.

3   『金剛般若波羅蜜經』. 大正藏 第08 [0751c11].

4   『宗鏡錄』卷第二十六. 大正藏 第48 [0564a29].

5   함(爲)은 작위(作爲), 의도된 행위이다.

6   『肇論』「涅槃無名論」第四 '位體' 第三. 大正藏 第45 [0158b11].

7   형교(形敎)는 형상의 가르침, 말로 드러낸 진리의 가르침이다.

오직 한마음뿐이기 때문이다.

　부대사의 「행로난」에서 노래한다.

그대 보지 못했는가?
마음의 형상이 미세하여 가장 기묘하고 정미로우니
인(因)도 아니고 연(緣)도 아니며
색이나 이름(名)도 아니네.

비록 고요하여 형상이 없지만
범부나 성인이 이미 신령하고
이 신령은 형상이 없으나 항상 응하고
비록 항상 응하나 실로 형상이 없네.

마음의 성품은 옴도 없고 또한 감도 없으나
육도(六趣)에 유전하여 실로 멈춤이 없고
정각은 이 참되고 항상한 각(覺)을 깨달으니
방편으로 녹야원에서 존귀한 경을 지으셨네."[8]

270
외도가 해골을 두드릴 때
길흉의 지난 일을 살피고 《422》

---

[8] 『善慧大士錄』卷第三「行路難」二十篇 '第三章明心相實相'. 卍新續藏 第69 [0117c24].

관상가가 사람 얼굴을 점칠 때
귀천의 다른 모습을 판단하듯《 423 》

《 422 》 『증일아함경』에서 "부처님이 녹두범지⁹와 함께 길을 가다가 대외림에 다다라 사람의 해골을 주워 녹두에게 주셨다. 이 외도가 여러 가지 소리를 잘 아는지라 (부처님이) '이것은 어떤 사람의 해골인가?' 하고 물으셨다. 녹두가 두드려 한 소리를 내고는 '이것은 남자인데 온 뼈마디가 시큰시큰 쑤시는 병 때문에 죽어 지금 삼악도에 태어났습니다.'라고 하고, 또 한 해골을 두드려 보고는 '사람에게 해를 입어 죽었으나 이 사람은 열 가지 선을 행하여 지금 하늘에 태어날 수 있었습니다.'라고 하였다. 부처님이 낱낱이 물으니 모두 대답하여 조금도 틀리지 않았다."¹⁰라고 하였다. 이처럼 소리에 본래 모든 법을 갖추었는데 중생은 날마다 쓰면서도 알지 못한다. 그러므로 (범지가) 소리 나는 곳에 귀를 기울인 것은 온갖 법이 모두 마음임을 알았기 때문이다.

《 423 》 『정혜론』에서 "사람의 얼굴색에 모든 좋고 나쁜 일을 갖추고 있는 것과 같다. 만약 (얼굴에 좋고 나쁜) 형상이 (갖추어져) 있다고 말하면 묻는 자는 알지 못하고, 만약 (얼굴에 좋고 나쁜) 형상이 없다고 말하더라도 점을 치는 자는 바닥까지 안다. 반드시 형상을 잘 보는 자를 따라야 한다."¹¹라고 하였다. 사람의 얼굴에 모든 형상을 갖추었음을 알 수 있다. 마음도 역시 그러하여 (마음에) 모든 형상을 갖춘지라 중생의 형상이 숨으면 미륵의 형상이 드

---

9 녹두범지는 머리가 사슴같이 생긴 외도이다.
10 『增壹阿含經』卷第二十「聲聞品」第二十八. 大正藏 第02 [0650c13-0652b11].
11 『摩訶止觀』卷第五. 大正藏 第46 [0052b01] 참조.

러남을 여래는 잘 아시기 때문에 멀고 가까운 이들에게 모두 수기를 주었다. (相을) 잘 보지 못하는 자는 마음에 모든 형상을 갖추었음을 믿지 않으니, 반드시 여실하게 보는 자를 따라서 마음에 모든 형상이 갖추어져 있음을 믿어야 한다. 또한 『미륵상골경』에서 "잠깐 동안에 얼굴색에서 삼백억 오음의 생멸함을 보았다. 낱낱의 오음은 곧 중생이다."라고 한 것과 같다.[12]

271
위대한 본체에서 평등하게 나누어지고
현묘한 토대에서 우뚝하게 솟으니 《424》
열 가지 마음과 아홉 가지 식(識)의 근본 진리요
삼세(三細)와 육추(六麤)의 주지(主旨)네. 《425》

《424》 열 가지 마음이란, 『화엄소』에서 "이 한마음에 성(性), 상(相), 체(體), 용(用), 본(本), 말(末), 즉(卽), 입(入) 등을 준거하면 열 가지 마음의 문이 있다. 하나는, 한마음을 가설하였다. 곧 이승(二乘)의 사람은 실로 외도의 법이지만 마음으로 말미암아 변하여 움직였을 뿐이다. 그러므로 한마음을 설하였다.

둘은, 상분(相分)과 견분(見分)이 모두 존재하기 때문에 한마음을 설하였다. 이것은 8식과 여러 마음부수(心所)와 소변(所變)[13]인 상분과 본체와 영상(本影)에 구족된 유지(有支)[14] 등의 훈습력으로 말미암아 삼계의 의보

---

12 『摩訶止觀』卷第七. 大正藏 第46 [0100b16].
13 소변(所變)은 인식 작용으로 드러난 대상, 즉 분별에 의해 드러난 대상이다.
14 유지(有支)는 십이인연(十二因緣)을 십이유지(十二有支)라고도 한다. 12개의 각 항은 윤회의 생존을 구성하는 부분이라는 의미에서 有支라고 한다.

와 정보(依正報)를 변화시켜 드러냄을 말한다.

셋은, 상분을 거두어서 견분으로 돌아가기 때문에 한마음을 설하였다. 또한 심왕심수(心王心數)에 통한다. 다만 소변인 상분은 별다르게 생겨난 것이 아니라 능견(能見)인 식(識)이 일어나면 저 영상을 가지고 일어난다.

넷은, 심수(心數)를 거두어서 심왕(心王)으로 돌아가기 때문에 한마음을 설하였다. 오직 8식에 통할 뿐이다. 저 마음부수는 심왕에 의지하므로 본체가 없다. 또한 마음이 변하였기 때문이다.

다섯은, 지말(枝末)이 근본에 돌아가기 때문에 한마음을 설하였다. 칠전식(七轉識)[15]은 모두 근본 식(本識)의 차별적인 공능이어서 별다른 본체가 없기 때문이다. 경에서 노래한다.

> 비유하면, 거대한 바다의 파도는
> 약간의 형상도 없는 것과 같이
> 여러 식심(識心)도 마찬가지로
> 다른 그 어떤 것도 없네.[16]

여섯은, 형상을 거두어서 성품으로 돌아가니 한마음을 설하였다. 이 8식은 모두 자신의 본체가 없고 오직 여래장만이 평등하게 드러나서 다른 어떤 형상도 없다. 일체중생이 곧 열반상이다. 경에서 노래하였다.

> 무너지지 않는 형상(不壞相)에 여덟 가지가 있는데

---

15 칠전식(七轉識)은 팔식(八識) 가운데 아뢰야식을 제외한 육식(六識)과 말나식(末那識)을 말한다. 이 칠식(七識)은 아뢰야식에서 발생하여 작용한다.
16 『楞伽阿跋多羅寶經』卷第一「一切佛語心品」第一之一. 大正藏 第16 [0484b07].

무상(無相) 또한 무상(無相)이다.**17**

일곱은, 성품(性)과 형상(相)이 모두 원융하니 한마음을 설하였다. 여래장은 본체 그대로 인연에 따라 여러 가지 현상을 이루되, 그 자성은 본래 생멸하지 않는다. 곧 이 이치(理)와 현상(事)이 혼융하여 장애가 없다. 그러므로 한마음과 이제(二諦)가 모두 장애가 없다.

여덟은, 현상에 녹아들어서 서로 받아들이니 한마음을 설하였다. 이를테면, 성품과 형상이 원융무애함으로 성품으로 현상을 이루고, 현상에 녹아들어서 서로 장애하지 않으니 하나가 일체에 들어간다. 낱낱의 경계(六塵)에서 각각의 법계를 본다. 하늘·인간·아수라 등이 하나의 경계(一塵)를 여의지 않았다.

아홉은, 현상이 서로 즉(相卽)하니 한마음을 설하였다. 성품에 즉한 현상이기 때문에 현상에 별다른 현상이 없다. 마음의 성품(心性)은 이미 저것과 이것(彼此)에 다름이 없고, 현상 또한 일체가 곧 하나이다. 경에서 노래한다.

하나(一)가 곧 많음(多)이고
많음이 곧 하나이며 (…).**18**

열은, 제석천의 그물(帝網)이 걸림 없으니 한마음을 설하였다. 하나(一)에 일체(一切)가 있고, 저 일체에 또한 일체가 있어서 겹겹으로 다함이 없다. 모두 심식(心識)의 여래장성(如來藏性)이 원융하여 다함이 없기 때문이

---

17 『楞伽阿跋多羅寶經』卷第一「一切佛語心品」第一之一. 大正藏 第16 [0484b07].
18 『大方廣佛華嚴經』卷第十六「十住品」第十五. 大正藏 第10 [0085c28].

다."¹⁹라고 하였다. 진여의 성품이 필경에 다함이 없기 때문이고, 일체법이 곧 진여이기 때문이며, 일체 시간이나 장소가 모두 제석천의 그물이기 때문이다.

　　9식이란, 하나는 안식(眼識)이고, 둘은 이식(耳識)이며, 셋은 비식(鼻識)이고, 넷은 설식(舌識)이며, 다섯은 신식(身識)이고, 여섯은 의식(意識)이며, 일곱은 말나식이고, 여덟은 아뢰야식이며, 아홉은 진식(眞識)이다. 제9식은 제8식이 오염된 것과 청정한 것으로 따로 나누어 둘이 되니, 유루(有漏)는 오염되고 무루(無漏)는 청정한 것이 된다. 앞의 제7식은 더럽고 깨끗함을 나누지 않는데 모두 전식(轉識)에 섭수되기 때문이다. 제8식은 이미 전식이 아니고, 하나를 나누어 두 가지가 되는데 더럽고 깨끗한 것을 말한다. 앞의 일곱 가지를 합하므로 제9식이 이루어진다. 또한 제9식을 '아타나식'이라고도 한다. "『해심밀경』에서²⁰ 설하고 있는 제9식은 순수하게 깨끗해서 더러움이 없는 식이다. 마치 거세게 흘러가는 물에 여러 가지 물결이 일어나지만 여러 가지 물결들이 물을 의지하고 있는 것과 같다. 제5·6·7·8 등의 식이 모두 아타나식에 의지하는 까닭이다."²¹라고 하였다.

《425》　　삼세(三細)란, "첫째는 업상(業相)이다. 곧 무명업상(無明業相)이다. 불각(不覺)에 의지하므로 마음이 움직이니 '업(業)'이라 부른다. 각(覺)은 움직이지 않지만 움직이면 고통이 따른다. 과(果)가 인(因)을 여의지 않았기 때문이다. 둘째는 전상(轉相)이다. 곧 능견상(能見相)이다. 움직임에 의지하

19　『大方廣佛華嚴經疏』卷第四十. 大正藏 第35 [0806b10].
20　『밀엄경』은 『해심밀경(解深密經)』으로 보인다.
21　『新華嚴經論』卷第一. 大正藏 第36 [0722b13]. "第四解深密經爲不空不有爲宗者…."라고 전하고 있다. 이로 보아 『해심밀경』을 『밀엄경』이라 잘못 옮기고 있는 것으로 보인다.

므로 능견(能見)이 있다. 움직이지 않으면 봄(見)이 없다. 셋째는 현상(現相)이다. 곧 경계상(境界相)이다. 능견(能見)에 의지하므로 경계가 망령되게 나타난다. 봄(見)을 떠나서는 경계가 없다."[22]라고 하였다.

첫째의 업상(業相)에서는 아직 주체(能)와 객체(所)가 나누어지지 않았다. 둘째의 전상(轉相)에서는 점차 견분(見分)을 세운다. 셋째의 현상(現相)에서는 상분(相分)이 불현듯 나타난다. 논에서 "깨닫지 못했기 때문에 마음이 움직인다."[23]라고 한 것의 '움직임(動)'은 업상이다. 이치가 지극히 미세(細)하다. 이를테면 본각(本覺)의 마음이 무명의 바람으로 인해 본체 그대로 미세하게 움직(細動)인다. 미세하게 움직인 형상(相)은 아직 밖으로 반연하지 않는데, 곧 불각(不覺)이기 때문에 정미하게 움직이고 비밀스럽게 흐른다는 뜻이다. '정미롭다.'라는 것은 미세(細)의 뜻이고, '비밀스럽다.'라는 것은 비밀(密)의 뜻이다. 곧 미세하게 움직이고 비밀스럽게 흘러서 알아차리기 어려우므로 '불각(不覺)'이라 한다. 이를테면 본각으로부터 불각이 일어나는 것이 곧 업상이다. 비유하면 바다의 미세한 파도가 고요하고 미세한 파도로 비롯하지만, 아직 이 본처(本處)에서 변화하여 움직이지 않은 것과 같다.

전상(轉相)이란, 무명의 힘이 업상을 도와 전환하여 인연의 주체(能緣)가 되어, 봄의 주체적 작용이 밖을 향하여 점차로 일어나니, '전상(轉相)'이라 한다. 비록 전상이 있으나, 아직 다섯 경계(五塵) 인연의 대상인 경계상(境界相)을 드러내지는 않았다. 예를 들면 바다의 파도가 바람의 힘을 빌려 미세한 움직임을 도우면, 이로부터 파도가 쳐서 점차로 움직여서 일어나는 것과 같다.

---

22 『大乘起信論』一卷. 大正藏 第32 [0577a07].
23 『大乘起信論』一卷. 大正藏 第32 [0577a07].

현상(現相)이란, 전상으로부터 현상(事)을 이루어서 비로소 색을 띤 경계 대상(色塵)인 산하대지의 기세간(器世間)이 이루어지게 된다. 『인왕경』에서 "처음 찰나식(刹那識)은 목석과 다르다."²⁴라고 한 것을 어떤 이는 "최초의 식(識)은 어떤 취(趣)를 따라서 생위(生位)²⁵로 상속하는 최초 찰나의 제8식이다. 식에는 바깥 사물을 보고 생각하는 마음(緣慮)이 있어 목석과는 다르다.

최초의 식은 『능가경』에서 '여러 가지 식에 세 가지 형상(相)이 있다. 이를테면 전상(轉相)과 업상(業相)과 진상(眞相)이다.'²⁶라고 한 것과 같다. 진상이라는 것은 본각인 참마음이 망령된 인연에 반응하지 않은 상태이다. 자신의 참된 형상(自眞相)이라고 한다. 업상은 근본무명이 고요함에서 일어나 움직이도록 한다. 움직이도록 하는 것이 업식(業識)이다. 매우 미세한 상태이다. 전상이란 봄의 주체인 형상(能見相)이다. 앞의 업상에 의지하여 점차로 인연의 주체(能緣)가 된다. 비록 인연의 주체는 갖추어졌으나 아직 인연의 대상(所緣)인 경계가 드러나지는 않았다.

현상(現相)이란 곧 경계의 형상(境界相)이다. 앞의 전상에 의지하여 능히 경계를 드러낸다. 또 자신의 마음과 몸을 안립하고 수용한 경계를 불현듯 분별하여 안다.

차례와 같이 육근의 몸(根身)과 밖의 기세간의 색(器色)인 다섯 경계(五境)가 언제나 자유롭게 인연한다. 이상의 삼세(三細)가 본식(本識)이기 때문이며, 최초의 업식이 처음으로 생기문(生起門)에 의지하여 점차로 이루어지기 때문이다. 또한 오랜 겁 이래로, 시간은 최초의 시작도 없고 과거와 미

---

24 『仁王護國般若波羅蜜多經』卷上 「菩薩行品」第三. 大正藏 第08 [0838b27].
25 생위(生位)는 태어나서 받는 위(位)로, 중생이 어떤 몸을 받고 태어난다는 의미이다.
26 『楞伽阿跋多羅寶經』卷第一 「一切佛語心品」第一之一. 大正藏 第16 [0483a11].

래도 없다. 훈습하는 것은 오직 마음뿐이다. 망념이 최초로 생겨서 참(眞)을 어기고 활동하기 때문이다."27라고 하였다.

또한 "고요함으로부터 움직임을 일으킨 것을 '업(業)'이라 하며, 안으로부터 밖으로 향한 것을 '전(轉)'이라 하며, 진여의 자성은 늘어나거나 줄어들지 않으니, '진상(眞相)'이라 하고 '진식(眞識)'이라 한다."28라고 하였다. 이 진식은 업(業)·전(轉)·현(現) 등 세 가지 성품이니, 곧 신비롭게 아는 성품(神解性)이다. 허공과는 같지 않으므로 통틀어 '식(識)'이라 하고, 또는 '자상(自相)'이라 하며, 다른 것을 빌려 이루어지는 것이 아니므로 '지상(智相)'이라 부르니, 각조(覺照)하는 성품이기 때문이다. 그러므로 "본각의 참마음(本覺眞心)은 망령된 인연을 빌리지 않는다."라고 한다.29 참마음의 본체는 곧 본각이어서 움직이고 점차로 변하는 형상이 아니다. 깨달음의 성품(覺性)이기 때문이다.

또한 해석에서 "처음 찰나식이 목석과 다르다."30라고 한 것은, 한 생각의 식(識)에 지각의 느낌이 있으므로 목석과는 다르다. 곧 앞생각에 따른 지말(枝末)의 마음부수(心所)가 작동하여 붉고 흰 두 가지 더러움31을 본다. 곧 외부 기세간의 목석 같은 것들도 이와 같다. 이 식이 생겨날 때 저것을 붙잡아 몸이라 하므로 목석과는 다르다.

묻는다. 오랜 겁은 시작이 없는데, 무엇을 최초의 식(識)이라 하는가?

---

27 唐青龍寺翻經講論沙門良賁述,『仁王護國般若波羅蜜多經疏』卷中二. 大正藏 第33 [0478c19]. 海東法師(원효 스님)의 말을 인용하여 '삼세(三細)'에 대하여 설명하고 있다.
28 『注大乘入楞伽經』卷第二「集一切法品」第三. 大正藏 第39 [0443c10].
29 『仁王護國般若波羅蜜多經疏』卷中二. 大正藏 第33 [0478c19].
30 『仁王護國般若波羅蜜多經疏』卷中二. 大正藏 第33 [0478c19].
31 두 가지 더러움이라 한 것은 지말번뇌(支末煩惱)를 일으키기 때문에 '더러움'이라 하였다.

답한다. 과거와 미래는 본체가 없으나 찰나에 훈습함이 오직 현재에서만 이루어진다. 현재에 망념이 일어날 때 망념이 참(眞)을 어기는 것을 '최초 식'이라 한다. 과거에 식이 있어 처음으로 일어난 것을 최초 식이라 한 것이 아니다.

응당 알아야 할 것은, 공간적으로는 일체 처소를 갖추고 시간적으로는 무량한 시간에 통하는 것이 모두 지금의 '현재 한마음'이지 결코 별다른 법이 없다. 그러므로 『법화경』에서 "나는 영원의 시간이 지금과 같음을 관한다."[32]라고 하였다. 곧 삼세의 망령된 생각이 소멸하면 시간 없는 올바른 법(正軌)에 계합한다. 하나의 참된 도가 현현하여 유식의 원만하고 존귀한 근본(圓宗)을 증득한다. 이상으로 삼세상(三細相)에 대한 해석을 마친다.

다음에는 육추상(六麤相)을 해석한다. 논에서 "뒤에 경계의 인연으로 다시 여섯 가지 형상이 생겨나니, 이름을 '추(麤)'라 한다. 육추(六麤)란, 하나는 계교가 일어남이니, 첫째인 지상(智相)이다. 경계를 의지해서 마음이 분별에 따른 애착(愛)과 애착하지 않음(不愛)을 일으키는 까닭이다.

둘은 나라는 애착(我愛)을 일으킴이니, 두 번째인 상속상(相續相)이다. 지상(智相)을 의지한 까닭에 괴로움과 즐거움이 생긴다. 지각의 마음(覺心)에서 생각이 일어나 멈추지 않고 계속되기 때문이다.

셋은 집착이니, 세 번째 집취상(執取相)이다. 상속상에 의지하여 생각의 경계(念境界)를 반연해서 괴로움과 즐거움에 붙잡힌다. 마음이 집착을 일으키기 때문이다.

넷은 이름(개념)을 정하니, 네 번째 계명자상(計名字相)이다. 망령된 집착으로 이름을 가립해서 말의 형상(假名言相)을 분별하기 때문이다.

---

[32] 『妙法蓮華經』卷第三「化城喩品」第七. 大正藏 第09 [0022a28].

다섯은 업을 지으니, 기업상(起業相)이다. 명자상(名字相)에 의지하여 개념을 정하고 집착하여 갖가지 업을 짓기 때문이다.

여섯은 과보를 받으니, 업계고상(業繫苦相)이다. 업에 의해 과보를 받아 과(果)가 자재하지 않기 때문이다."[33]라고 하였다.

이상의 삼세(三細)와 육추(六麤)는 모든 오염된 법(染法)을 거두어들인다. 모두 근본무명(根本無明)을 원인으로 진여의 한마음(眞如一心)을 알지 못해서 일어난다.[34]

---

33 『大乘起信論』一卷. [0577a07].
34 『大乘起信論義記』卷中末. 大正藏 第44 [0263c02].

2
어떻게 세상의 경계가 생겨나는가

✢

顯識, 分別識, 轉識, 五識 제六識의 분별 세 가지, 一水四見

272
육근의 몸[35]과 국토[36]가
근본 식(識)에서 먼저 생겨나고 《 426 》
아름답고 추하며 높고 낮음이
분별로부터 살며시 일어나네. 《 427 》

《 426 》 육근의 몸(根身)과 기세간(器世間)이 제8식으로부터 건립된다. 『유식론』에서 "모든 삼계는 오직 식(識)이 있을 뿐이다. 식에는 2종이 있다. 하

---

35 육근의 몸은 오음세간(五陰世間)을 의미한다.
36 국토는 기세간(器世間)을 의미한다.

나는 현식(顯識)이니, 곧 근본식(本識)이다. 이 근본식이 전환하여 다섯 경계(五塵)와 사대(四大) 등이 된다. 둘은 분별식(分別識)이니, 곧 의식이다. 현식이 분별하여 사람과 하늘, 길고 짧음, 크고 작음, 남자와 여자 등의 여러 가지 만물을 만들어 내고 일체법을 분별한다. 마치 거울에 영상의 색이 드러나는 것과 같다. 이처럼 현식을 반연하여 분별식이 일어난다."[37]라고 하였다.

또한 "전식(轉識)이 회전하여 갖가지 식법(識法)을 조작하되, 어떨 때는 전환하여 근(根)을 만들고, 어떨 때는 전환하여 경계(塵)를 만들며, 전환하여 나라는 관념(我)을 만들며, 전환하여 식(識)을 만든다. 이처럼 갖가지로 다양한 것을 유식(唯識)이 지어낸다. 어떨 때는 자신이나 타인에게 서로서로 뒤따르되, 자신의 경우에는 전환하여 오음(五陰)이 되고, 타인의 경우에는 전환하여 원수나 친한 사람이 된다. 낱낱의 식(識)에 모두 주체와 대상을 갖추었으니, 분별의 주체는 식이고 분별의 대상은 경계이다. 주체는 의타성(依他性)이고 대상은 분별성(分別性)이다. 이와 같은 뜻에 따라 식을 떠난 밖에 다시 별다른 경계가 없고, 오직 식이 있을 뿐이다."[38]라고 하였다.

또한 『전식론』에서 반연의 대상인 식(識)을 설명하고 있다. "전환(轉)에 2종이 있다. 하나는 전환하여 중생(我)이 되고, 다른 하나는 전환하여 법(法)이 된다. 일체 반연하는 대상(所緣)이 이 두 가지를 벗어나지 않는다. 이 두 가지가 실제로는 없고 다만 식이 전환하여 두 가지 형상을 만들었을 뿐이다."[39]라고 설명하였다.

또한 논에서 "비록 색이 없는 것은 아니지만 식이 변한 것이다. 이를테

---

37 眞諦三藏譯, 『顯識論』一卷. 大正藏 第31 [0878c06].
38 陳代眞諦譯, 『轉識論』. 大正藏 第31 [0062b29].
39 陳代眞諦譯, 『轉識論』. 大正藏 第31 [0061c06].

면 식이 생겨날 때 내부의 인연의 힘(因緣力)으로 변사(變似)⁴⁰하여 눈 등(眼耳鼻舌身)과 색 등(色聲香味觸)의 형상이 나타난다. 곧 이 형상으로 대상(所依緣)을 삼는다. 그런데 눈(眼) 등의 근(根)은 형량(現量)으로 얻는 것이 아니다. 발현의 주체(能發)인 식이 이것이 있을 것이라고 견주어 안다. 이것은 다만 공능일 뿐이지 밖에서 만든 것은 아니다. 밖의 유대색(有對色)⁴¹은 이치로는 아직 성립되지 않았다. 그러므로 응당 내식(內識)이 변하여 드러난 것일 뿐이다."⁴²라고 하였다.

해석한다. "눈 등이 의지하는 대상(所依)과 반연하는 대상의 색(色)이 있으나, 이는 식(識)이 변하여 드러난 것이다. 마음 밖에 따로 극미한 것이 있어서 근(根)과 경(境)을 이룬 것이 아니다. 다만 제8식이 생겨날 때 안의 인연과 종자의 힘 등으로 제8식이 오근(五根)과 오진(五塵)을 변사(變似)한다. 안(眼) 등 전오식(前五識)은 저 변현하는 대상(所變)인 오근에 의지하고, 저 본질인 오진경계(塵境)를 반연한 것을 직접 얻을 수는 없고, 반드시 저것(제8식)에 의탁하여야 생겨난다. 실로 근본식(本識)이 색진(色塵)으로 변화하여 오진의 형상(相)으로 나타난다. 곧 저 오근이 의지하는 대상이 된다. 저것과 이 2종(變似의 塵과 本質의 塵)의 오진이 소연연(所緣緣)이 된다. 전오식이 만약 제8식에 의탁하여 변화한 것이 아니면 곧 소연연은 없다. 소연연 중에는 친소가 있기 때문이다.

---

40 변사(變似)는 산스크리트 pratibhāsa로, 마음이 일시적으로 대상과 닮은 형상을 본뜨는 작용이다.
41 유대색(有對色)이란, 설일체유부에서는 11가지의 색법을 가견성(可見性)과 대애성(對礙性)이 있는가의 기준에 따라 다시 분별하여 유견유대색(有見有對色)[五根]·무견유대색(無見有對色)[五境]·무견무대색(無見無對色)[無表色]의 3종의 위(位)로 나누었는데, 이들을 통칭하여 삼색(三色)이라 한다.
42 『成唯識論』卷第一. 大正藏 第31 [0004a27].

그러나 안(眼) 등의 근(根)이 현량(現量)이 아닌 것은, 색(色) 등의 오진(五塵)은 세간이 함께 보아서 현량으로 얻은 것이지만, 안(眼) 등 오근(五根)은 현량으로 얻는 것이 아니다. 제8식의 반연(緣)과 여래의 반연(緣)을 제외한 현량으로 얻은 것인데, 세상 사람들은 모두 다 믿지 않는다. 여타의 산란한 마음으로는 현량으로 얻는 것이 없다. 이것은 다만 발식(發識)[43]의 작용으로 '있다'라고 견주어서 알 수 있을 뿐이다. 이것은 다만 공능(作用)이 있을 뿐이고 마음 밖에 따로 대종(大種)[44]으로 만들어진 색(本體)이 있는 것은 아니다. 이 '공능(功能)'이라는 말은 오식(五識)을 발생하는 작용이니, 작용을 보고 본체를 아는 것은 마치 싹이 난 것을 보면 종자의 본체가 있다고 견주어서 아는 것과 같다."[45]라고 하였다.

그러므로 『밀엄경』에서 노래한다.

눈(眼)과 색(色) 등이 인연하여
식(識)이 생겨나나니
마치 불이 땔나무로 인하여 치성한 것과 같이
식이 일어난 것도 또한 그러하네.

경계가 망령된 마음을 더욱더 따르는 것이
마치 쇠가 자석을 좇는 것과 같고
건달바성과 아지랑이 같은데

---

43 발식(發識)은 분명히 안다는 식(識)이다.
44 대종(大種)은 대상의 특성을 형성하는 네 가지 성질, 곧 지수화풍의 사대(四大)를 말한다.
45 『成唯識論述記』卷第二. 大正藏 第43 [0268b06-0268b14].

어리석고 목마름으로 취하려고 하네.

그 가운데는 조물주가 없고
다만 마음에서 변이한 것이어서
건달바성의 사람들이
가고 옴이 모두 사실이 아닌 것과 같네.

중생의 몸도 또한 그러해서
나아가고 멈추는 것이 모두 진실이 아니니
꿈속에서 본 것은
꿈을 깬 후에는 있지 않은 것처럼

망령되게 오온 등의 법을 보다가
깨고 나면 본래 적연(寂然)하고
사대(四大) 미진의 무더기도
마음을 여의고는 얻을 수 없네.[46]

《427》 무릇 분별이란 제6 의식에 속한다. 분별에 세 가지가 있다. 하나는 자성분별(自性分別)이고, 둘은 수념분별(隨念分別)이며, 셋은 계탁분별(計度分別)이다. 조사[47]가 노래한다.

---

46 『大乘密嚴經』卷中「自作境界品」第四. 大正藏 第16.
47 법융 선사(法融禪師)이다.

경계의 인연은 좋고 미운 것이 없는데
좋고 추한 것은 마음에서 일어난다네.
마음이 만약 억지로 이름 붙이지 않으면
망령된 마음이 어디에서 일어나겠는가?
망령된 마음이 일어나지 않는다면
참마음으로 두루 알 수 있다네.[48]

273
바르고 곧게 높이 솟아
세월을 따르지 않으니
덕용의 도는 광대하고
좋은 방편의 문은 매우 간절하네. 《428》

《428》 만약 진여의 한마음을 먼저 알아서 자신이 행하고 남을 교화하는 것을 근본으로 삼지 않으면, 어찌 본원(本願)에 보답하여 교화의 바퀴를 굴리며, 재주 좋은 방편문을 드리워 가없는 덕용(德用)을 갖출 수 있겠는가. 『십주경』[49]에서 "신령하게 비추기 때문에 통틀어 '한마음(一心)'이라 하고, 반연하는 것이기 때문에 통괄하여 '한 법(一法)'이라 한다. 만약 이름(名)[50]이 수(數)를 따라 변화한다면 넓고 큰 꼴이 끝이 없으나, 마음과 법(心法)을

---

48 『景德傳燈錄』卷第四. 大正藏 第51 [0226c26].
49 『십주경』은 『십지경(十地經)』의 이명이다. 『화엄경』의 「십지품(十地品)」만을 별본으로 편집한 경이다.
50 이름(名)은 일심(一心)과 일법(一法)을 말한다.

종합하면 처음부터 하나 아닌 것이 없다."라고 하였다.⁵¹

또한 『십이문론』⁵²에서 "이를 논한 것은 마음의 근원(心源)을 궁구하고 마음의 지극한 이치를 드러내고자 한 것이다. 만약 하나의 이치를 드러내지 않으면 갖가지 이론이 분분해서 내용에 미혹하여 어긋날 것이다. 하나의 근원을 궁구하지 않으면 여러 가지 길이 무성하여 뜻을 잘못 이해하는 일들이 있을 것이다. '뜻을 잘못 이해하는 일들이 없을까, 이치에 어긋나는 일들이 없을까.'라는 것이 보살의 근심이다."⁵³라고 하였다.

274
황금 땅과 수락⁵⁴의 강이
교화의 근원적인 뜻에서 벗어나지 않고 《429》
사람에게는 파도이지만 도깨비에겐 불로 보이니
어찌 업식의 마음을 벗어나 있겠는가. 《430》

《429》 『백법초』⁵⁵에서 "십지보살이 대지를 변화시켜 황금을 만들고, 긴 강을 저어 수락을 만들며,⁵⁶ 육고기나 물고기, 쌀로 변화시키는 등"의 사건

51　釋僧衛作, 『出三藏記集』「十住經含注」序第二. 大正藏 第55 [0061a10] 참조.

52　『십이문론』은 산스크리트 Dvādaśanikāya Śāstra로, 용수(龍樹) 보살이 썼다고 전하는 불교 논서이다. 후진(後秦, 408년)에 구마라집이 한역했으며, 별칭으로 『십이문관론(十二門觀論)』・『십이품목(十二品目)』이라고도 한다.

53　『十二門論』序. 大正藏 第30 [0159b04].

54　수락은 치즈 또는 연유이다.

55　『백법초』는 세친의 『대승백법명문론(大乘百法明門論)』이다.

56　『大方廣佛華嚴經疏』卷第十一「世界成就品」第四. 大正藏 第35 [0573b20].

은, 중생에게 실용을 얻도록 하는 데 있다. 이것은 모두 대보살의 마음을 벗어나지 않는다. 이렇듯 본 자리에서 움직이지 않았지만, 제도받는 중생들에게 마음에 감동을 주고자 보여 주는 것일 뿐이다. 보살의 본원력이 증상연(增上緣)이 되어 중생들에게 이 같은 일을 보도록 한다.

《430》 『유식론』에서 "하나의 물을 네 가지로 차별되게 보는 것(一水四見)과 같다. 하늘이 보면 보배로 장엄된 땅이고, 사람이 보면 물이며, 아귀가 보면 불이고, 물고기가 보면 굴택이다."[57]라고 하였다. 그러므로 눈앞에 경계(前塵)는 일정한 형상이 없고, 전변하는 것은 사람에게서 연유하는 줄 알 수 있다. "경계는 업식(業識)에 따라 전변하므로 유심(唯心)을 설한다."[58]라고 하였다.

『유식이십론』[59]에서 "몸이 정해져 있지 않아서 귀신과 같다."[60]라고 한 것은, 세차게 타는 불로 보거나 혹은 고름, 강 등으로 보지만 실제로는 깨끗한 강이어서 밖의 다른 경계가 없다. 그러나 아귀들은 모두 고름이 가득 찬 강이 흘러가는 것으로 똑같이 본다. 탐욕의 업이 똑같이 익어서 이처럼 보는 것이다. 만약 예전의 동업(同業)으로 말미암아 각기 자신의 본체(自體)를 훈습할 때 다르게 익어서(異熟) 모두 나란히 현전한다. 저 많은 유정이 똑같이 이러한 현상을 보이지만 실재하는 밖의 경계(外境)는 없다. 의도

---

57 唐華嚴寺沙門大覺撰, 『四分律鈔批』卷第十四本 '瞻病送終篇' 第二十六. 卍新續藏 第42 [1041b16].

58 『宗鏡錄』卷第十六. 大正藏 第48 [0500c26].

59 『유식이십론』은 세친이 짓고, 당 현장이 번역하였다. 20개의 게송으로 유식학(唯識學)을 해명한 저술로, 주로 외도와 소승의 비판이나 의문에 답하는 형식으로 되어 있다.

60 『唯識二十論』一卷. 大正藏 第31 [0074c05].

(思)⁶¹와 기억으로 그러한 것이다. 이러한 도리에 기준하면 세간도 또한 그러하다. 공동으로 지어서 소유한 훈습이 성숙할 때 다시 별상(別相)이 없고 색 등의 상분(相分)이 식(識)으로부터 생겨난다. 그러므로 밖의 경계에서 비롯되지 않고 식에서 일어나는 줄 분명하게 알 수 있다. 현생에 양반집이나 천한 집이나 가난하거나 부유한 등의 차이를 보는 것과 같이, 그 색(色) 등이 차별이 있다고 보게 된다. 저 아귀가 보게 되거나 보지 못하는 등과 같다.

그런데 모든 아귀가 비록 동일한 아귀의 무리이지만 보는 데 또한 차별이 있다. 업(業)의 차별로 말미암아 보는 것도 또한 그러하다. 저들이 어떨 때는 매우 뜨거운 철위산이 펄펄 끓고 분출하는 것으로 보기도 하고, 어떨 때는 똥오줌이 넘실대고 흘러가는 것으로 보기도 한다. 업의 형상(業相)이 똑같지 않기 때문이다. 어떨 때는 비록 똑같이 사람의 무리이지만, 박복한 사람은 금허리띠(金帶)가 앞에 나타날 때 쇠사슬로 보기도 하고, 혹은 뱀이 맹렬한 불을 토하는 것으로 보기도 한다. 그러므로 비록 사람의 무리이지만 똑같이 보지 않음을 알 수 있다.

다만 유식(唯識)이 변한 것이지 법에는 차별이 없다. 선덕이 "사람은 물로 보고 귀신은 불로 보는 것이 어찌 다른 데 있으며, 털이 큰 바다를 삼키고 겨자가 산을 거두나니, 누가 크고 미세함을 논하리오. 하나의 티끌이 하나의 식(識)이고, 만 가지 경계가 만 가지 마음이다."⁶²라고 한 것과 같다.

양읍현 뢰향(賴鄕)이라는 마을에 사당이 있는데, 사당에 아홉 개의 우물이 있었다. 깨끗이 재계하고 사당에 들어간 자가 물을 길면 따뜻하고 맑았으며, 더럽게 나쁜 짓을 저지른 자가 물을 길면 흐리고 탁하였다. 또 한

---

61 의도(思)는 산스크리트 cetanā이다. 마음을 움직여 행위를 일으키게 하는 의지의 작용이다. 의도, 사고, 분별, 생각, 추론의 의미가 있다.
62 『宗鏡錄』卷第二十一. 大正藏 第48 [0532b28].

나라 때 정홍[63]이 밤에 교외의 한 냇가에서 자다가 갑자기 옛 친구를 만났는데, 사방을 둘러보니 황폐하고 덤불이 우거져 아무 데도 술집이 없었다. 그래서 물속에 돈을 던져 각기 물을 마시고 취했다고 한다. 그러므로 경계는 업식(業識)에 따라 전환하고 사물은 감정(情感)을 좇아 생겨나는 줄 알 수 있다. 만약 마음을 여의면 만법이 어찌 있겠는가?

275
자취는 많은 진리의 문을 드러내고
광명은 진실을 숨기고 있나니 《431》
천안을 사용하지 않아도 시방이 환히 밝은데
어찌 신통을 써서 온 세계로 날아가리오. 《432》

《431》 『화엄소』에서 "보살이 너른 법(普法)을 깨달았기 때문에 '보안(普眼)'이라 하고, 눈 밖에 법이 없으므로 '보안'이라 한다."[64]라고 하였다. 이미 마음의 눈 밖에 털끝만 한 법도 없으므로 마음이 일체처에 두루함을 알 수 있다.

『능엄경』에서 "시방 허공이 너의 마음에서 생겨났다. 마치 조각구름이 허공에 점을 찍은 것과 같은데, 어찌하여 공중에서 시방국토를 분명하게 보지 못하는가?"[65]라고 하였다. 그러므로 지공 화상이 노래한다.

---

63   정홍은 후한 회계(會稽) 산음(山陰) 사람이다.
64   『大方廣佛華嚴經疏』卷第四十五「十定品」第二十七. 大正藏 第35 [0840b08] 참조.
65   『大佛頂如來密因修證了義諸菩薩萬行首楞嚴經』卷第九. 大正藏 第19 [0147b04].

보살은 육안(肉眼)으로 원만히 통달하였지만
이승(二乘)은 천안으로도 막혀 있네.⁶⁶

또한 『정명경』에서 "두 가지 형상으로 보지 않는 것을 '참된 하늘 눈(天眼)'이라 한다."⁶⁷라고 하였다. 한마음을 깨달으면 얻을 수 있는 형상이 없다. 형상이 없으므로 차별이 없다. 이를 '참된 하늘 눈'이라 한다.

《432》 움직이지 않는 한마음이 언제나 시방 국토에 두루하니, 오고 감이 없는 형상이 신족통(神足通)이다. 그러므로 경에서 "모든 부처님과 보살이 둘 없는 법(無二法)에서 큰 신변을 나타낸다."⁶⁸라고 하였다.

---

66 『景德傳燈錄』卷第二十九 '持犯不二'. 大正藏 第51 [0450c12].
67 『維摩詰所說經』卷上「弟子品」第三. 大正藏 第14 [0541a23].
68 『大方廣佛華嚴經』卷第四十四「十忍品」第二十九. 大正藏 第10 [0233b03] 참조.

3
사념처에서 시작하여
삼점(∴)으로 돌아가네

✢

四念處, 般若와 六波羅密, 三軌法

276
도솔천을 떠나지 않고
쌍림에서 열반에 드시고 《433》
보리수에서 일어나지 않고
육욕천 정상의 도리천에 오르시네. 《434》

《433》 『화엄론』에서 "여래가 여덟 가지 모습으로 성도(八相成道)하셨으나 제석천에서 내려오지 않았고, 모태에서 탄생하지 않으시고 쌍림에서 이미 열반에 드셨으니, 일 찰나도 삼매에서 벗어난 적이 없으셨다. 반드시 알아야 한다. 탄생할 때가 설법한 때이고 열반한 때이다."[69]라고 하였다. 한마음에서 벗어나지 않기 때문이다.

『조론』「열반론」에서 "도를 이룬 사람은 텅 비어 형상이 없어서 내가 아닌 사물이 없다. 만물을 모아 자신으로 삼은 자는 오직 성인뿐이다. 왜냐하면 이치에 맞지 않으면 성인이 아니고, 성인이 아니면 이치에 맞지 않는다. 이치에 맞아 성인이 된 자이니, 성인이 이치와 다르지 않다. 그러므로 제석천이 '반야를 어디에서 구해야 합니까?'라고 하니, 선길(善吉)[70]이 '반야는 색에서도 구할 수 없고 색을 여읜 데서도 구할 수 없다.'"[71]라고 하였다. 또 "인연이 일어남을 보면 법을 보고 법을 보면 부처를 본다."라고도 하였다. 이것은 사물과 내가 다르지 않다는 가르침이다. 그러므로 도를 이룬 사람은 조짐이 있기 전에 현기(玄機)[72]를 모으고, 교화를 펼칠 때 그윽한 운용을 숨긴다. 육합(六合)[73]을 모아 마음의 거울을 삼고, 가고 오는 것에 한결같이 본체를 벗어나지 않는다. 고금에 통하고 처음과 끝이 같으며, 근본과 지말(枝末)을 다하여 두 가지가 없고, 넓고 크게 균등하니 '열반'이라 한다."[74]라고 하였다.

《434》 『화엄경』에서 "보리수(覺樹)를 여의지 않고 제석천에 올랐다."[75]라고 하였다. 고인이 해석하되, "만약 상입문(相入門)에 준거하면 하나의 처소에 모든 처소가 있으므로 이 제석천의 궁전이 본래 보리수 자리이니 '일어

---

69 『新華嚴經論』卷第八. 大正藏 第36 [0769c23].
70 선길(善吉)은 수보리(須菩提)이다. 산스크리트 subhūti의 음사, 선길(善吉)·선현(善現)·선업(善業)이라 번역한다.
71 『肇論』「涅槃無名論」第四 '通古' 第十七. 大正藏 第45 [0161a07].
72 현기(玄機)는 깊고 묘한 이치이다.
73 육합(六合)은 천지(天·地)와 동·서·남·북, 곧 우주를 말한다.
74 『肇論』「涅槃無名論」第四 '通古' 第十七. 大正藏 第45 [0161a07].
75 『大方廣佛華嚴經』卷第九「初發心菩薩功德品」第十三. 大正藏 第09 [0453a11].

날' 필요가 없다. 그렇지만 저 작용으로 '오른다'라고 한 것이다. 만약 상입문에 준거하면 하나의 처소에서 모든 처소로 들어가기 때문에 보리수가 제석천의 궁전이니 또한 일어날 필요가 없다. 제석천의 궁전을 통해서 법(法)이 오름을 드러내고자 '올라갔다'라고 한 것이다."[76]라고 하였다. 그러하니 부처님의 본체는 두루하지 않음이 없지만 중생이 생각으로 보는 데 따른 것일 뿐이다.

『부사의경』[77]에서 "모든 부처와 모든 법이 평등하고 평등하여 모두 동일한 이치이다. 마치 아지랑이와 같다. 모든 중생과 모든 여래와 모든 부처님의 국토가 모두 생각(想)을 여의지 않는다. 더 나아가서 만약 내가 분별하면 부처가 현전하고, 만약 분별이 없으면 보이는 것이 전혀 없다. 그래서 생각(想)이 부처를 만들고 생각을 여의면 부처도 없다. 이처럼 삼계의 모든 법이 모두 마음을 여의지 않는다."[78]라고 하였다.

277
꿋꿋하고 곧은 이가 어울리기 어렵고
물거품과 같지 않으므로 《435》
형상 없는 형상을 세우고
공덕 없는 공덕을 운용하나니 《436》

---

76 『大方廣佛華嚴經疏』卷第十七「升須彌山頂品」第十三. 大正藏 第35 [0626b27].

77 『부사의경』은 실차난타의 『대방광여래부사의경(大方廣如來不思議境界經)』이다. 이역본으로 7세기 말 우전국 출신 제운반야가 번역한 『대방광불화엄경부사의불경계분(大方廣佛華嚴經不思議佛境界分)』이 있다.

78 『大方廣佛華嚴經不思議佛境界分』一卷. 大正藏 第10 [0908a13].

《435》 『금강경』에서 "만약 형상이 형상 아님을 보면 곧 여래를 본다."⁷⁹ 라고 하였다. 마음은 형상이 없으므로 '형상 없는 법문'이라 하며, 또 '형상 없는 도량'이라고도 한다. 만약 모든 형상에서 형상이 없는 이치를 보면 곧 유심여래(唯心如來)를 본다.

《436》 마음 밖에서 조작이 있으면 모두 공덕이 있거니와, 만약 한마음이 본래 허물없는 성기공덕(性起功德)을 구족하고 있음을 깨달으면 공용 없는 공용(無功之功)이다. 그러므로 "공용(功)이 있는 공용은 공용을 잃어버리는 데로 돌아가고, 공용이 없는 공용은 공용이 헛되지 않다."⁸⁰라고 하였다.

278
자비스러운 가르침이 분명하여
처음 사념처로 시작해서 《437》
가르침의 문장이 환히 선명해지니
마지막 삼점(∴)으로 돌아가네. 《438》

《437》 『대열반경』 최후의 가르침에서 앞의 가르침의 자취를 통괄하시었는데, 여기에 주된 뜻⁸¹은 사념처(四念處)와 다르지 않다. 곧 『심부』에서 밝힌 일체중생의 몸(身)·느낌(受)·마음(心)·법(法)이다. 경에서 "부처님이 아

---

79 『金剛般若波羅蜜經』. 大正藏 第08 [0749a23].
80 『新華嚴經論』 卷第一. 大正藏 第36 [0723c15].
81 지귀(指歸)는 많은 사람의 마음이 쏠리는 곳, 많은 사람이 숭배하는 사람이다.

난에게 고하시되 '네가 물은 대로 내가 열반한 후에 무엇에 의지해 머물러야 하는가. 아난아, 사념처에 의지하여 마음을 장엄해서 머물러야 한다. 몸의 성품과 형상(性相)이 허공과 같음을 관찰하는 것을 신념처(身念處)라 하고, 느낌이 안팎에도 있지 않고 중간에도 머물지 않음을 관찰하는 것을 수념처(受念處)라 하며, 마음은 개념으로만 있고 개념의 자성(自性)을 여의었음을 관찰하는 것을 심념처(心念處)라 하며, 법은 선한 법도 얻을 수 없고 불선법(不善法)도 얻을 수 없음을 관찰하는 것을 법념처(法念處)라 한다. 아난아, 모든 수행하는 사람은 응당 이 사념처에 의지해 머물러야 한다.'"[82]라고 하였다.

또 "비유하면 국왕이 자신의 나라에 안주하면 몸과 마음이 안락하지만, 만약 다른 나라에 있으면 여러 가지 고통을 얻는 것과 같다. 일체중생도 마찬가지로 만약 스스로 자신의 경계에 머무르면 곧 안락을 얻지만, 만약 다른 경계에 이르면 곧 악마를 만나 여러 가지 고뇌를 받느니라. 자신의 경계란 마음의 사념처를 말하고 다른 경계는 오욕을 말한다."[83]라고 하였다.

『화수경』에서 "부처님이 발타바라에게 고하시되, '그때 그 세상의 일체 선인은 응당 이러한 생각을 하되, 우리들은 반드시 스스로 사념처에 의지해야 하나니, 성스러운 법 가운데 일체 모든 법은 염처(念處)이다. 왜냐하면 일체 제법이 항상 자성에 머물러서 파괴할 것이 없기에 일체 모든 법을 모두 염처라 한다."[84]라고 하였다. 그러므로 법이 곧 마음이며, 마음이 법이

---

82 大唐南海波淩國沙門若那跋陀羅譯, 『大般涅槃經後分』卷上「大般涅槃經遺教品」第一. 大正藏 第12 [0901b29].

83 『大般涅槃經』卷第二十五「光明遍照高貴德王菩薩品」第十之五. 大正藏 第12 [0517a24].

84 後秦龜茲國三藏鳩摩羅什奉詔譯, 『佛說華手經』卷第二「念處品」第六. 大正藏 第16 [0134a08].

다. 모두 동일한 자성임을 알 수 있다. 어찌 능히 파괴할 수 있겠는가? 만약 두 가지 법이면 서로 파괴함이 있다.

『대보적경』[85]에서 노래한다.

움직임이 없는 처소(無動處)를 얻은 자는
언제나 처소가 없는 데 머무느니라.[86]

'움직임이 없는 처소(無動處)'란 곧 자기 마음의 경계이다. 이 경계는 곧 처소가 없다. 『금강삼매경』에서 "마음은 가없으므로 처소를 보이지 않는다."[87]라고 하였다. 논에서 "'마음은 가없다.'라는 것은 한마음의 근원으로 돌아간다는 것이다. 마음의 본체가 시방에 두루하기 때문에 가없고, 삼세에 두루하기 때문에 일정한 때가 없다. 비록 삼세에 두루하나 고금에 다름이 없고, 비록 시방에 두루하나 이것과 저것의 처소가 없다. 그러므로 '처소를 보이지 않는다.'"[88]라고 하였다.

『대법거다라니경』[89]에서 "염처(念處)란 어떻게 염(念)한다는 뜻인가? '이 염은 어김과 다툼이 없고, 여법하게 수순하여 평등하며, 여러 가지 삿된 생각을 여의었고, 바뀌거나 여러 가지 차별이 없다. 오직 한마음(不動定에 들어갈 수 있음)이라는 것'을 반드시 알아야 한다."[90]라고 하였다.

---

85 『대보적경』은 당의 보리유지가 번역·편집하였다. 대승의 경들을 한데 모은 경이다.
86 『大寶積經』卷第二十四「被甲莊嚴會」第七之四. 大正藏 第11 [0135c02].
87 『金剛三昧經』「眞性空品」第六. 大正藏 第09 [0371a23].
88 新羅國沙門元曉述, 『金剛三昧經論』卷下「眞性空品」. 大正藏 第34 [0993c25].
89 『대법거다라니경』은 수천축삼장(隨天竺三藏) 사나굴다가 번역하였다.
90 『大法炬陀羅尼經』卷第四「四念處品」第八. 大正藏 第21 [0678c22].

《438》 3점(三點)이란, 세상의 '∴' 자(字) 세 점이 가로도 아니고 세로도 아니며, 나란히 한 것도 아니고 다른 것도 아닌 것과 같다. 이른바 '해탈'과 '법신'과 '반야'를 말한다. 무릇 '법신'이란 사람마다 소유하였고, 신령스러운 지혜이기 때문에 '반야'라 하며, 반야를 얻으면 일체 처소에 집착이 없고 경계에 속박되지 않으니 곧 '해탈'이다. 또한 법신이 드러나면 해탈을 얻는다. 곧 공덕은 온전히 반야로부터 비롯한다. 이 두 법뿐만 아니라 모든 만행이 모두 반야로 인하여 성립한다.

그러므로 다섯 가지 바라밀만으로는 눈먼 것과 같고, 반야는 인도자와 같다. 만약 보시(布施) 수행을 닦되 반야가 없으면 오직 한세상의 영화만을 얻고 후세에는 남은 재앙의 빚을 받아야 한다. 만약 지계(持戒) 수행을 닦되 반야가 없으면 잠깐 욕계 이상 세계에 태어났다가 도로 지옥에 떨어진다. 만약 인욕(忍辱) 수행을 닦되 반야가 없으면 과보로 단정한 몸을 얻으나 열반(寂滅印)을 증득하지 못한다. 만약 정진(精進) 수행을 닦되 반야가 없으면 한갓 생멸의 공덕만을 일으키고 참된 항상함의 바다에 나아가지 못한다. 만약 선정(禪定) 수행을 닦되 반야가 없으면 단지 색계선(色界禪)을 얻고 금강정(金剛定)에 들어가지 못한다. 만약 보살행(萬善) 수행을 닦되 반야가 없으면 허무하게 유루인(有漏因)만을 이루고 무위과(無爲果)에 계합하지 못한다.

그러므로 반야는 험악한 길에 안내자이고, 어두운 방에 밝은 횃불이며, 생사 바다에 지혜의 노이고, 번뇌의 병에 좋은 의사이며, 삿된 산을 부수는 태풍이고, 마구니의 군대를 파괴하는 맹장이며, 어두운 길을 비추는 밝은 태양이고, 아둔한 정신을 깨우는 날쌘 우레이며, 어두워진 먼눈을 벗겨내는 금수술칼이고, 목마른 이에게 주는 감로수며, 어리석음의 그물을 절단하는 지혜의 칼이고, 가난한 이에게 공급하는 보배 구슬이다. 만약 반야가 밝지 않으면 만행을 헛되게 시설한 것이다. 조사가 "깊은 뜻을 알지 못하면 한갓 수고롭게 생각만을 깨끗이 할 뿐이다."라고 하였다. 찰나에도 비춤을 잊어서는 안 되며 경솔하게 서로 어긋나서도 안 된다. 이 세 가지 법이 가로가 아니고 세로가 아니며 하나가 아니고 다른 것도 아니다. 그러므로 능히 열반의 비밀스러운 창고이다.

『대열반경』에서 말하였다. "부처님이 말씀하시되, '내가 지금 반드시 일체중생과 나의 아들 사부대중으로 하여금 모두 비밀스러운 창고에 편안히 머무르게 하며, 내가 반드시 이 가운데 안주하여 열반에 들어가게 한다. 무엇을 비밀장(祕密藏)이라 하는가? 마치 ∴ 자의 세 점과 같아서, 만약 나란히 하면 ∴ 자가 이루어지지 않고, 가로로 하여도 ∴ 자가 이루어지지 않으니, 마혜수라[91] 얼굴의 세 눈과 같아야 비로소 ∴ 자가 이루어질 수 있다. ∴점이 만약 다르면 또한 이루어질 수 없는 것과 같이 나도 또한 그러하다. 해탈의 법도 열반이 아니고, 여래의 몸도 열반이 아니며, 마하반야도 또한 열반이 아니다. 세 법이 각기 다르면 또한 열반이 아니다. 나는 지금 이 같은 세 법(∴)에 안주하지만 중생을 위하기 때문에 '열반에 들어간다.'"[92]라고 하였다.

그러므로 법신이 상주하고 종지가 원만하며 "해탈이 구족되어 모든 것이 모두 부처님의 법이어서 우열이 없다. 까닭에 가로가 아니다(不橫). 세 가지 덕(三德)이 서로 합하여 한 법계이어서 법계 밖을 벗어나지 않는다. 어디에 별다른 법이 있겠는가? 그러므로 세로가 아니다(不縱). 능히 갖가지로 건립할 수 있으므로 하나가 아니고(不一), 다 같이 제일의(第一義)로 돌아가기 때문에 다르지 않다(不異)."[93]

---

91 마혜수라는 대천세계를 주재하는 신이다. 눈은 셋, 팔은 여덟이며, 흰 소를 타고 흰 불자(拂子)를 들고 있다.
92 『大般涅槃經』卷第二「壽命品」第一之二. 大正藏 第12 [0376c06].
93 『摩訶止觀』卷第三. 大正藏 第46 [0022c05].

"비록 셋이지만 하나이고, 하나지만 셋이다."⁹⁴ "하나면 삼제(三諦)⁹⁵를 파괴하고, 다르면(異) 하나의 진실(一實)에 미혹하며, 경계에 있으면 삼제가 원융하고, 마음에 있으면 삼관(三觀)을 모두 운행한다."⁹⁶ 인(因)에 있으면 삼도(三道)가 상속하고, 과(果)에 있으면 삼덕(三德)⁹⁷이 원만하다. 이와 같이 근본과 지말이 서로 거두어야 비로소 대열반인 비밀장(祕密藏)에 들어간다.

고덕이 말하기를 "이 삼덕이 일여(一如)를 여의지 않고 덕용이 나눠지니, 고요함에 의해 비추는 것이 반야이고, 비춤에 의해 고요한 것이 해탈이며, 고요하게 비추는 본체는 법신이다. 하나의 밝고 깨끗한 둥근 구슬과 같아서 밝은 것은 반야이고, 깨끗한 것은 해탈이며, 둥근 본체는 법신이다. 작용에서는 같지 않으나 본체는 서로 여의지 않는다. 그러므로 이 세 법이 가로도 아니고 세로도 아니며, 아우르지도 않고 구별되지도 않는다. 마치 하늘의 눈과 같으며, 세상의 ∴점과 같으므로 '비밀장(祕密藏)'이라 하며 '대열반(大涅槃)'이라 한다."⁹⁸라고 하였다.

또한 천태교에서 "삼궤법(三軌法)으로 설명하고 있다. 하나는 진성궤(眞性軌)이고, 둘은 관조궤(觀照軌)이며, 셋은 자성궤(資成軌)이니, 곧 삼덕이다. 진성궤는 일승의 본체이다."⁹⁹라고 하였다. 여기에서 법신이라 하는 것은 일체중생이 모두 일승(佛乘)이기 때문이다. 관조궤는 반야이다. 참 성품

---

94 『大方廣佛華嚴經隨疏演義鈔』卷第六. 大正藏 第36 [0039b02].
95 삼제(三諦)는, 천태종에서 모든 존재의 실상(實相)을 밝히는 세 가지 진리이다. 공제(空諦), 가제(假諦), 중제(中諦) 또는 진제(眞際), 속제(俗諦), 중제(中諦)이다. 『중론』「관사제품」에서 "衆因緣生法 我說卽是空 亦爲是假名 亦是中道義"라고 하였다.
96 『大方廣佛華嚴經疏』卷第二十二「十行品」第二十一. 大正藏 第35 [0660a17].
97 삼덕(三德)은 삼궤법(三軌法)의 법신, 해탈, 반야이다.
98 『大方廣佛華嚴經疏』卷第五十. 大正藏 第35 [0882c24].
99 『妙法蓮華經玄義』卷第五下. 大正藏 第33 [01b11].

이 고요하면서 항상 비추는 것이 곧 관조(觀照)의 제일의공(第一義空)이다. 자성궤는 해탈이다. 참 성품인 법계가 모든 행(諸行)과 무량한 뭇 선(衆善)을 머금고 있으니, 곧 여래장이다. 이 세 법이 하나가 아니고 다르지도 않은 것이 세 점(∴)과 같다. 여의주 중에서, 광명을 논하고 보배를 논함에 광명과 보배는 구슬과 하나가 아니면서 구슬과 다르지도 않은 것과 같다. 가로도 아니고 세로도 아닌 삼법(三法)도 또한 이와 같다.[100]

---

[100] 『宗鏡錄』卷第九十. 大正藏 第48 [0906a18].

4
눈병에서 삼계의 헛꽃과
육진의 환영이 생겨나네

✢

五神通, 三顚倒

279

성품은 조작한 것이 아니요 《439》

이치의 진실을 녹여 낸 것이니 《440》

지혜로우면 마음이 어찌 동요하겠으며

어리석으면 길에서 동쪽을 찾아 헤매네. 《441》

《439》 마음의 땅(性地)은 원만하게 이루어져서 의도적으로 만든 것이 아니다. 그러므로 원교(圓敎)에서 무작사제(無作四諦)[101]를 세웠다.

---

[101] 무작사제(無作四諦)는 천태종 지의 대사(智顗大師)가 세운 4종 4제(四諦) 가운데 하나이다.

《440》 '용(鎔)'은 녹인다는 뜻이고 '융(融)'은 화해의 뜻이다. 이치(理)는 능히 만 가지 일(萬事)을 녹이고 백 가지 법(百法)을 화해시켜 하나의 도(一道)로 돌아가게 한다.

《441》 『기신론』에서 "다음에는 생멸문(生滅門)에서 진여문(眞如門)으로 들어감을 밝히겠다. 이른바 오음(五陰)을 헤아려 보면 색(色)과 마음(心)이다. 육진(塵)경계는 생각이 없고, 마음에는 형상이 없으므로 시방에서 찾아보아도 끝내 찾을 수가 없다. 마치 사람이 미혹하기 때문에 동쪽을 서쪽이라 여기지만, 방위는 실로 바뀐 것이 아닌 것과 같다. 중생도 또한 그러하여 무명에 미혹하기 때문에 마음을 망념이라 하지만 마음은 실로 움직이지 않는다. 만약 관찰해 보면 마음에 망념이 없음을 알 수 있다. 바로 수순하여 진여문으로 들어갈 수 있는 이유이다."[102]라고 하였다.

280
바다를 마르게 하고 산을 옮기더라도
아직 무위(無爲)의 힘이 아니고
비록 허공을 밟고 물 위를 걷더라도
모두 유루(有漏)[103]의 신통이네. 《442》

《442》 『법화경』에서 노래하였다.

---

102 『大乘起信論』一卷. 大正藏 第32 [0579c20].
103 유루(有漏)는 번뇌에 얽매인 속세의 범부를 말한다.

수미산을 들어

　　다른 곳의 무수한 부처님의 나라(佛土)에 던지는 것도

　　어렵지 않고

　　발가락으로 대천세계를 흔들어

　　멀리 다른 나라에 던지는 것도

　　어렵지 않지만

　　부처님이 멸도 후

　　악한 세상(惡世)에서 이 경을 설하는

　　이것은 어렵네.[104]

또한 서천의 외도가 가지고 있는 주문의 힘으로 산을 옮기고 바다를 차갑게 하는 오신통을 얻더라도 모두 생사를 면할 수는 없다. 다만 마음이 부처임을 깨닫거나, 자신도 깨닫고 남도 깨닫게 함을 보여서 부처의 종자(佛種)를 잇는, 이 믿기 어려운 법은 미천한 근기가 이해하기 어렵다. 그러므로 '이 경을 설하는 이것은 어렵네.'라고 한 것이다.

　그러므로 『보장론』에서 "신통에 5종이 있다. 하나는 도통(道通)이고, 둘은 신통(神通)이며, 셋은 의통(依通)이고, 넷은 보통(報通)이며, 다섯은 요통(妖通)이다. 요통은, 여우가 늙어서 변하거나 나무나 바위의 정기가 사람 몸에 붙어서 총명과 지혜가 기이한 것을 '요통(妖通)'이라 한다. '보통'이란, 귀신은 미리 헤아려 알고, 하늘은 변화하며, 중음(中陰)은 태어날 것을 알고, 신용(神龍)은 숨어서 변화하니, 이것을 '보통(報通)'이라 한다. 무엇을 의통이라 하는가? 술법에 의해 알고, 몸에 의지하여 작용하며, 숨어서 왕래하고,

---

104 『妙法蓮華經』卷第四 「見寶塔品」第十一. 大正藏 第09 [0033c15].

약물로 신령스럽게 변화하는 것을 '의통(依通)'이라 한다. 신통은 무얼 말하는가? 마음을 고요히 하여 사물을 비추어 보고, 숙명을 기억하며, 갖가지 분별이 모두 선정의 힘(定力)을 따르니, 이것을 '신통(神通)'이라 한다. 도통이란 무엇인가? 무심히 사물에 응하고 인연 있는 만유를 교화하되, 물에 비친 달이나 공중에 헛것이 비치듯이 하고 그림자가 주인이 없는 것 같이 하니, 이것을 '도통(道通)'이라 한다."[105]라고 하였다.

281
옥을 가릴 때는 반드시 진짜여야 하고
구슬을 찾을 때는 의당 고요히 해야 하네.
다만 경계 밖에서 마음을 찾으면
어찌 둥근 빛이 눈병에 있음을 알랴. 《 443 》

《 443 》 '생(眚)'이란 눈병이다. 『수능엄경』에서 "마치 세간인에게 눈이 붉어지는 병(赤眚)[106]이 있는데, 밤에 등불을 보면 별도의 원광이 있어서 오색이 중첩되게 보이는 것과 같다."[107]라고 하였다. 이는 마음을 미혹하여 경계라 여기는 사람이 경계가 자신의 마음이라는 것을 알지 못하는 것을 비유하였다. 마치 등불의 원광이 눈을 떠난 다른 경계라고 오인하는 것과 같다.

---

105 『寶藏論』「離微體淨品」第二. 大正藏 第45 [0145c13].
106 눈이 붉어지는 병(赤眚)은 '도라호마'라고도 한다. 눈병이 생겨 눈이 붉게 충혈된 현상이다.
107 『大佛頂萬行首楞嚴經』卷第二. 大正藏 第19 [0113b06].

282

눈을 짓누른 곳에서
삼계의 헛꽃이 날리고 《444》
머리가 미혹될 때에
육진의 환영을 오인하네. 《445》

《444》 『수능엄경』에서 "삼계의 유위법(有法)은 눈을 짓눌러서 이루어진 것이다. 욕계와 색계와 무색계의 유위법이 모두 자극해서 나온 것이어서 본래 온 곳이 없고 철저하게 공(空)할 뿐이다."108라고 하였다. 또한 눈을 짓눌러서 꽃이 생기는 것과 같으니 어찌 진실이 있겠는가? 오직 참마음만이 일체 처소에 두루하여서 부처님이 계시거나 부처님 계시지 않을지라도 언제나 성품의 형상(性相)에 머무른다. 그러므로 경에서 "눈병으로 헛꽃을 보나니 병을 제거할 일이지 꽃은 제거할 일이 아니다. 망령된 마음으로 유위법에 집착하나니 집착을 버릴 일이지 법을 버릴 것은 아니다."109라고 하였다. 또한 모든 국토가 모두 관념(想)110으로 유지하는 것이다. 형상(相)을 관념이라 하나니 만약 관념이 없으면 경계가 없다. 마치 한창 더울 때 땅에서 염기가 증발하여 햇볕이 뜨거워져서 멀리서 바라보면 물처럼 보이지만 마음의 관념(心想)일 뿐이다. 세상에 보이는 것은 모두 아지랑이와 같아서 진실한 것이 없다. 『화엄경』에서 노래한다.

---

108 『大佛頂萬行首楞嚴經』卷第二. 大正藏 第19 [0113b06-0114b09] 참조.
109 『大佛頂萬行首楞嚴經』卷第二. 大正藏 第19 [0114a26] 참조.
110 상(想)은 산스크리트 saṃjñā, 팔리어 saññā이다. 대상에 이름을 부여하고, 다양한 개념을 지어내는 의식 작용이다. 생각, 관념, 의식 작용, 마음 작용의 의미가 있다.

용맹한 여러 불자들이여!
수순하여 묘법에 들어가
모든 관념(想)을 잘 관찰할지니
마음의 관념(心想)은 세상을 모방한다.

뭇 관념은 아지랑이와 같아서
중생으로 하여금 그릇되게 이해시키지만
보살은 관념을 잘 알아서
모든 전도됨을 버린다.

중생이 각기 다르고
형상은 한 가지가 아니지만
깨닫고 보면 모두가 관념이어서
어떤 것도 진실하지 않다.

시방의 여러 중생이
모두 관념에 덮여 있다.
만약 전도된 견해를 버리면
세간의 관념이 없어진다.

세간은 아지랑이고
관념으로 차별이 있다.
세간은 관념에 머물러 있음을 알아서
세 가지 전도(三顚倒)[111]를 멀리 여의어야 한다.

비유하면 더울 때 아지랑이를
세상 사람들이 보고는 물이라고 하지만
물은 실로 있는 것이 아니다.
지혜로운 사람은 응당 찾지 않는다.

중생도 그러하다.
세상의 무리는 모두 존재하지 않는다.
마치 아지랑이가 관념에 불과한 것과 같이
걸림 없는 마음의 경계이다.[112]

《445》『수능엄경』에서 "부처님이 말씀하시되, '부루나여, 너는 어찌 듣지 못했느냐? 실라성에 연야달다가 홀연히 이른 아침에 얼굴을 거울에 비추어 보고는 거울 속의 머리와 눈썹, 눈이 볼 만한 것을 좋아하였다. 자기 머리에서 얼굴을 보지 못하자 성내고 꾸짖어 도깨비라고 여겨 까닭 없이 미쳐 날뛰었다. 이 사람이 무슨 이유로 미쳐 날뛰었겠느냐?'라고 물었다. 부루나가 말하되, '이 사람은 마음이 미친 것이지 다른 까닭이 없나이다.'"[113]라고 하였다. 그러므로 삼계 가운데서 있다(有)고 보고 없다(無)고 보는 것이 모두 마음이 미친 것이다. 결코 실재하는 밖의 경계(外境)는 없다.

---

111 삼전도(三顚倒)는 상전도(想顚倒), 견전도(見顚倒), 심전도(心顚倒)이다.
112 『大方廣佛華嚴經』卷第四十四「十忍品」第二十九. 大正藏 第10 [0234c17].
113 『大佛頂萬行首楞嚴經』卷第四. 大正藏 第19 [0121b08-0121b14].

5
선악의 가지에 흔들리지 말고
지혜로 관조하라

✢

스스로 빛나는 나

283
법계의 성품에 수순하고
진여심에 합하면
지혜는 반드시 이치를 바탕으로 관조하니
이치는 드러나기를 기다려 본디 깊지 않네.

284
의식에 사유가 끊어지면
시방세계를 살펴 꿰뚫고
부처님은 설법하지 않으시나
다함없는 음성을 들려주시네. 《446》

《446》 '의식에 분별사유가 끊어졌다.'라는 것은, 『보우경』에서 "이치에 맞게 사유하는 것을 모든 여래에게 공양하는 것이라고 한다."¹¹⁴라고 하였다. '이치에 맞게 사유한다.'라는 것은 모든 분별사유가 끊어진 것이다. 육조가 말하되 "선이나 악을 모두 생각하지 않으면 자연히 마음의 본체(心體)에 들어갈 수 있다."¹¹⁵라고 하였다.

'부처님은 법을 설하지 않는다.'라는 것은, 『대열반경』에서 "만약 여래가 항상 법을 설하지 않는다는 것을 알면, 이를 '많이 들음(多聞)을 구족하였다.'"¹¹⁶라고 하였다. 그러므로 『법화현의』에서 "손에 책을 잡지 않으나 항상 경을 읽고, 입으로 말을 하지 않으나 여러 가지 경전을 두루 독송하며, 부처님은 법을 설하지 않으시나 항상 범음(梵音)이 들리고, 마음은 사유하지 않으나 법계를 널리 비춘다."¹¹⁷라고 하였다. 그러므로 참마음(眞心)이 동요하지 않으면 이러한 공덕을 얻을 수 있다는 것을 알 수 있다.

285
가지나 싹을 따지 말고
모름지기 옛 조상을 찾을지니
텅 비게 무명을 단박에 소멸하면
깨끗하게 마음의 티끌이 저절로 씻기리라.

---

114 唐天竺三藏達摩流支譯,『佛說寶雨經』卷第九. 大正藏 第16 [0320b04].
115 宋沙門釋契嵩編修『傳法正宗記』卷第六'震旦第三十三祖慧能尊者傳'. 大正藏 第51 [0747a04].
116 『大般涅槃經』卷第二十六「光明遍照高貴德王菩薩品」第十之六. 大正藏 第12 [0520a29].
117 『妙法蓮華經玄義』卷第八上. 大正藏 第33 [0777c22].

286
악은 마음에서 일어나네.
철에서 녹이 나와 스스로 철 형상을 훼손하듯
선은 마음에서 생겨나네.
구슬이 광채를 드러내어 도로 구슬 본체를 비추듯《447》

《447》 '마치 구슬이 광채를 드러내어 도로 구슬 본체를 비추듯'이라는 것은, 옛 해석에 "지관(止觀) 수행이 드러남이 없다는 것에 세 뜻이 있다. 하나는 마음 없이(無心) 드러나니 지(止) 수행을 준거한 것이다. 둘은 드러난 대상이 공(空)하니 관(觀) 수행을 준거한 것이다. 셋은 별다른 본체가 없으니 지관 수행을 함께 닦는 것을 준거하였다. 또 하나는 마음을 준거했고, 둘은 경계를 준거했으며, 셋은 마음과 경계 둘 다에 그윽이 계합하였다. 또 하나는 지혜를 준거했고, 둘은 이치를 준거했으며, 셋째는 이치와 지혜에 그윽이 계합하였다.

세 번째 뜻에 나아가서, 소(疏) 앞에서는 바로 해석하였고, 뒤에서는 '스스로 빛난다(自體顯照).'[118]라고 하였으므로 '각(覺)이라 한다.'라고 하였다. 통방(通妨)[119]이다. 이를테면 어떤 이가 힐난하여 '만약 별다른 본체가 없다면 어떻게 중생의 마음(心行)을 널리 드러낼 수 있겠는가?'라고 하였다. 그러므로 '스스로 빛난다(自體顯照)'라고 답한 것이다. 마치 구슬에 광명이 있어서 스스로 구슬의 본체를 비추는 것과 같다. 구슬의 본체는 마음에 비유하고, 광명은 지혜에 비유한 것이다. 마음의 본체는 곧 모든 법의 자성이니, 모든 법을 비출 때 스스로도 비추는 것이다.

---

118 자체현조(自體顯照)란 자신의 본성과 지혜를 드러내어 빛나게 한다는 말이다.
119 통방(通妨)은 방난(妨難)을 해결해 주는 것으로, 따지고 묻는 것에 답해 주는 것이다.

그러므로 『기신론』의 문장이 매우 분명하기에 인용한다. 논에서 이른다. '묻는다. 허공이 가없기에 세계가 가없고, 세계가 가없기에 중생이 가없으며, 중생이 가없기에 마음의 차별(心行差別)도 가없다. 이와 같은 경계는 한계가 없으며 알기 어렵고 이해하기 어렵다. 만약 무명이 끊어지면 마음의 관념(心想)이 없는데, 어떻게 알기에 일체종지(一切種智)라고 했는가?

답한다. 모든 경계가 본래 한마음이라서 관념(想念)을 여의었지만, 중생이 경계를 망령되게 보기 때문에 마음에 한계가 있다. 망령되게 관념을 일으켜 법의 성품(法性)에 알맞게 결합하지 못하였기 때문에 분명하게 알 수 없다. (그러나) 모든 부처님 여래는 견해의 관념을 여의어 두루하지 않은 곳이 없어서 마음이 진실하기 때문에 곧 모든 법의 본성(本性)이다. 자신의 본체(自體)는 일체 망령된 법을 비추는 대지혜의 무량한 방편을 갖고 있다. 중생이 관(觀)한 만큼 이해를 얻어 모두 갖가지 법의 뜻(法義)을 볼 수가 있다. 그러므로 일체종지라고 한다.'[120]"[121]라고 하였다.

287
학림(鶴林)[122]의 대의로
반드시 돌아가 의지해야 하나니
형상이 단정해야 그림자가 곧고
바람이 고요해야 물결이 맑은 것처럼 《 448 》

---

120 『大乘起信論』一卷. 大正藏 第32 [0581b17-0581b21].
121 『大方廣佛華嚴經隨疏演義鈔』卷第八十. 大正藏 第36 [0626b21].
122 학림(鶴林)은 부처님이 열반하실 때 쿠시나가라의 사라쌍수가 학의 무리가 내려앉은 것처럼 하얗게 변했다고 해서 붙여진 이름이다.

《448》『법화경』에서 노래한다.

세존의 법이 오래된 후에도
반드시 진실을 설해야 한다.[123]

288
거짓을 밝혀내어 진실을 아는 것은
금에서 얻은 아름다운 보석과 같고
어둠을 제거하고 사물을 보는 것은
세상을 비추는 밝은 등불과 같네.《449》

《449》『밀엄경』에서 노래한다.

밝게 빛남이 밝은 등과 같고
시금석과 같으니
바른 도(正道)의 표상이라
단멸(斷滅)[124]을 멀리 여의었네.[125]

대저 세간 출세간의 일체 만법은 다만 한마음으로 검증할 수 있다. 본래 차

---

123 『妙法蓮華經』卷第一「方便品」第二. 大正藏 第09 [0005c14].
124 단멸(斷滅)은 끊어져 없다(滅亡)는 뜻이다.
125 『大乘密嚴經』卷中「阿賴耶建立品」第六. 大正藏 第16 [0738a18].

별이 없는 것은 등불이 어둠을 파하는 것과 같고, 돌에서 금을 찾아내는 것과 같다. 모두 거짓을 제거하고 진실을 가려내며 삿된 것을 파하고 바른 것으로 돌아가게 한다. 그러므로 '바른 도(正道)의 표상'이라 노래하였다. 자연히 끊어짐(斷)과 항상함(常), 있음(有)과 없음(無)의 견해에 떨어지지 않으므로 '단멸(斷滅)을 멀리 여의었네.'라고 노래하였다.

289
현상은 가는 털끝도 붙일 수 없고
본체는 뭐라 부를 수 없으나
사용하여도 다함이 없으니
고귀하다고 찬탄하게 되네.《450》

《450》 마음은 본래 이름이 없고 본체도 역시 적멸하다. 사용하여도 다함이 없으니 덕을 찬탄하게 된다. 이것은 모두 전하여 알리기 위해 세간에 수순하는 것이다.

6
주체와 객체의 석벽을 투과하면
뜻의 하늘에 별빛이 찬란하리라

✝

삶은 수행의 시험장

290
뜻의 하늘이 펼쳐져서
별 무리가 찬란하고
법의 바다가 원융하여
가없이 넓은 물결이 한 맛이네. 《451》

《451》 『화엄경』에 두 개의 문이 있다. 하나는 항포문(行布門)이고, 둘은 원융문(圓融門)¹²⁶이다. 만약 나누고 벌리면 하나(一)에 무량(無量)이 있고,

---

126 총상(總相)·동산(同相)·성상(成相)은 모으고 거두는 측면에서 본 것으로 원융문(圓融門)이

만약 모으고 거두면 무량에 하나가 있다. 경에서 "하나 가운데서 무량을 알고 무량 가운데서 하나를 안다. 저것이 서로 일어남을 알면 반드시 무소외(無所畏)을 성취한다."^127라고 하였다. 또한 현상(事)의 항포문와 이치의 원융문을 준거하면 마음에서 벗어나지 않는다. 이를 알면 성불한다. 그러므로 '반드시 무소외를 성취한다.'라고 하였다.

291
육근과 육진이 뒤섞여 합해지고
주체와 객체가 둘 다 녹아드니
분명하여서 한 눈으로 보는 듯하고
낱낱이 다 마음의 표상이라네. 《452》

《452》 만약 확고부동한 믿음으로 이 유식(唯識)의 바른 이치에 들어간다면 속히 깨닫게 된다. 마치 수레에 오르면 당장 먼 지방에까지 이르고, 배를 타면 앉아서 저 언덕에 오르는 것과 같다. 경에서 '대승(大乘)'이라 말한 것은 보리살타가 걸어가는 길이며 부처님의 수승한 과덕(果德)이다. 이를 얻기 위하여 유식관(唯識觀)을 닦는다. 이는 허물이 없는 방편의 바른길이다.

이러한 무리^128를 위하여 저 방편을 써서 여러 가지 경전에서 갖가지

라 하고, 별상(別相)·이상(異相)·괴상(壞相)은 나누고 벌리는 측면에서 본 것으로 항포문(行布門)이라 한다.
127 『大方廣佛華嚴經』卷第十三「光明覺品」第九. 大正藏 第10 [0062b16].
128 방편을 알지 못하는 무리.

행상(行相)¹²⁹을 자세하게 살펴서 말씀하셨다. 예를 들면 땅·물·불·바람과 소지한 물건의 품질이나 종류는 다 헤아리기 어렵기에 그 방법도 끝이 없다. 그러므로 자기 마음의 형상이 드러난 것임을 자세히 알 수 있다. 마침내 여러 가지 처소에서 그 밖의 형상을 버리고 기쁨과 슬픔에서 멀리 벗어나게 된다. 또한 유위법의 바다(有海)가 시끄럽고 조용함에 차이가 없음을 관찰하여 저 소승의 길도 버리고 대승의 희망도 끊는다. 여러 가지 좋아하여 집착하는 것이 있다면 험한 벼랑에 서 있는 것과 같다고 관찰하여 깊이 두려움을 내어 중도(中道)로 바로 나아가야 한다.

만약 자신의 마음이 지은 것임을 안다면 한없는 수행에 유익한 것(資糧)들을 모아 많은 시간을 기다리지 않고 적은 공력을 쓰더라도 일대사인연법(삶의 전 과정의 일들)을 해결할 수 있다. 수행의 노정(行處)을 잘 유람할 수 있으리니 마치 손바닥과 같다. 이러한 이치로 말미암아 모든 원하고 구하는 것들을 반드시 원만하게 만족할 수 있을 것이다. 뜻에 따라서는 변화할 수 있다.

이 세계의 한 법이 마음임을 깨달으면 가없는 법계(無邊法界)가 모두 나의 마음임을 알 수 있다. 그러므로 '수행의 노정(行處)을 잘 유람할 수 있으리니 마치 손바닥과 같다.'라고 하였다. 또 『입능가경』에서 노래한다.

생겨나지 않는 것에서 생겨남을 나타내고
물러가지 않는 것에서 언제나 물러감을 나타내네.

---

129 행상(行相)은 산스크리트 ākāra이다. ① 사물의 형상·모습 ② 마음에 비친 객관의 모습, 주관에 형성된 대상의 모습, 지각된 대상의 모습 ③ 마음에 비친 객관의 모습을 인식하는 작용, 객관에 대한 주관의 인식 상태 ④ 관념.

동시에 물에 뜬 달과 같이
만 억 국토에서
하나의 몸과 무량한 몸
불과 단비를 보니
마음 마음의 본체가 다르지 않아
그러므로 '다만 마음뿐이다.'라고 설하네.

마음에는 다만 마음뿐이지만
마음은 무심(無心)이어서 갖가지 색의 형상을 생기게 하나니
보이는 것은 오직 마음뿐이네.
부처님과 성문의 몸과 벽지불의 몸 등
갖가지 색신(色身)은
단지 '마음(內心)뿐이다.'라고 설하네.[130]

또한 『조론』에서 "정명(유마 거사)이 '번뇌를 여의지 않고 열반을 얻는다.'라고 하였고, '천녀가 마구니 세계를 벗어나지 않고 부처님의 세계에 들어간다.'라고도 하였다. 그렇다면 큰 도(大道)는 미묘한 깨달음에 있고, 미묘한 깨달음은 진리에 의거한다. 진리에 의거하면 있음(有)와 없음(無)을 가지런하게 관찰하고, 유와 무를 가지런히 관찰해 보면 저것(彼)과 이것(此)이 둘이 없다. 그러므로 천지도 나와 같은 뿌리이고 만물도 나와 하나의 몸이다."[131]라고 하였다.

---

[130] 『入楞伽經』 卷第九 「總品」 第十八之一. 大正藏 第16 [0565b09].
[131] 『肇論』 「涅槃無名論」 第四 '妙存' 第七. 大正藏 第45 [0159b20].

징관 화상이 "실상(實相)인 마음의 세계는 이 마음에서 생긴 여러 가지 세계이다."라고 하였다. 비유하면 바다에서 생긴 여러 가지 생물이 모두 바다 아닌 것이 없는 것과 같다. 일체 모든 법이 실상의 마음에서 생겨난 것이다. 그러므로 마음 아닌 것이 없다. 그래서 반드시 알아야 한다. 눈으로 보는 색과 귀로 듣는 소리가 모두 참된 법(眞法)이다. 일체법이 오직 하나의 법이기 때문이다. 경에서 "일체법이 오직 하나의 형상이기 때문이다."[132]라고 하였다. 모든 법에서 마음을 관(觀)할 줄 알면 똑같은 눈으로 보는 것과 같다.

292
삼라만상을 비추어
생각을 따라 잠깐도 쉰 적이 없고
석벽을 투과함에
뜻을 두면 순간이라서 오래 걸리지 않네. 《453》

《453》 이 참마음의 본체는 고요하나 항상 비춘다. 마치 거울의 빛이 단절됨이 없는 것과 같다. 『고성화상가』에서 노래한다.

눈에 비칠 때
천 개의 해와 같이
만상은 그림자와 본질에서 달아나지 못하니
범부는 일찍이 본 적이 없을 뿐이거늘

---

[132] 『大方廣佛華嚴經』卷第七十一「入法界品」第三十九之十二. 大正藏 第10 [0385a24].

어찌 가벼이 스스로 퇴굴하는가?

귀에 들릴 때
깊은 골짜기의 소리와 같이
크고 작은 소리를 듣지 못한 적이 없으니
시방의 종소리 북소리는 일시에 울리고
신령한 광명은 어지럽게 언제나 이어지네.

의식에 반응할 때
분별을 끊고서
삼라만상을 관조하기를 끝내 쉬지 않으면
산하의 석벽을 투과하리니
반드시 관조할 때는 언제나 고요해야 하네.[133]

---

133 『祖堂集』卷第十四. 大藏經補編 第25 [0575a10].

7
뛰어난 관(觀)을 통달한 이가
법의 잔치를 열어 최상승의 노래를 부르네

✢

諸佛의 번뇌와 중생의 청정한 마음

293
관(觀) 수행을 끊고 통달한 이여!
마음의 번뇌를 타파한 상장군이여!
지혜 바다에 튼튼한 배를 띄워 놓고
법의 잔치를 열어 최상승의 노래를 부르네. 《454》

《454》 '관(觀) 수행을 끊고 통달한 사람'이란, 이를테면 보리·열반·진여·해탈은 모두 관(觀)에 머문 말인데, 만약 한마음을 증득하려면 여러 가지 관 수행마저 쉬어야 한다. 만약 한마음을 증득하면 여러 가지 관 수행이 모두 쉬어진다. 또한 이 유심법문(唯心法門)을 설할 때를 『법화경』에서는 "제일가는 말씀"[134]이라 하였고, 『금강경』에서는 "최상승자(最上乘者)를 위하여 설한다."¹³⁵라고 하였으며, 『화엄경』에서는 "부사의한 말씀"¹³⁶이라고 하였다. 그러므로 '법의 잔치를 열어 최상승의 노래를 부르네.'라고 하였다.

294
마치 등에가 날아가는 난조(鸞鳥)¹³⁷의 꼬리에 붙어
멀리 단수¹³⁸나 한수¹³⁹의 여정에 오르는 것과 같고
소리가 화각(畫角)¹⁴⁰에서
먼 하늘 위로 울려 퍼지는 것 같네. 《455》

《455》 『법성론』¹⁴¹에서 "묻는다. 근본의 진리(本際)¹⁴²를 들을 수가 있는

---

134 『妙法蓮華經』卷第五「安樂行品」第十四. 大正藏 第09 [0039a07].
135 『金剛般若波羅蜜經』. 大正藏 第08 [0750c12].
136 『大方廣佛華嚴經』卷第十四「賢首品」第十二之一. 大正藏 第10 [0072a28].
137 난조(鸞鳥)는 전설에 나오는 봉황과 비슷하다는 상상의 새이다. 깃은 붉은빛에 오채(五彩)가 섞여 있고, 그 소리는 오음(五音)에 해당한다.
138 단수(丹水)는 중국의 『산해경』에 나온다. "금과 옥이 많이 산출되는 동방의 단혈산(丹穴山)에 오색의 봉황이 사는데 …(중략)… 이 산에서 발원한 단수는 발해로 흘러든다. 이 새가 나타나면 천하가 평안해진다."
139 한수(漢水)는 중국 양쯔강 중부의 지류이다. 산시성 남부에서 발원하고, 관중 분지에서부터 '한수이'라고 한다.
140 화각(畫角)은 그림이 그려진 쇠뿔의 악기이다.
141 『법성론』은 남조(南朝) 유송(劉宋) 혜통(慧通)의 저술이다. 『종경록(宗鏡錄)』卷第七十八에도 인용하고 있다.
142 근본제(本際)란 ① 모든 현상의 근본·본성 ② 차별을 떠난 있는 그대로의 참모습 ③ 궁극적인 진리.

가? 답한다. 진리는 미묘하여 관하기 어려우므로 '알 수 없다.'라는 말이 있다. 깊은 뜻이 미묘하여 이해하기 어려우므로 '당영(幢英)의 질문'으로 설명하겠다. 어떤 하늘신이 있는데 '당영'이라 한다. 그가 문수사리에게 묻되 '말씀하신 근본의 진리(本際)라는 것은 어떤 것입니까?'

답한다. '중생의 근원이므로 근본의 진리라 한다.'

묻는다. '중생의 근원이란 무엇을 말하는 것입니까?'

답한다. '생사의 근본이 중생의 근원이다.'

묻는다. '그렇다면 무엇을 생사의 근본이라 하십니까?'

답한다. '허공의 근본이 생사의 근본이다.'

그러자 당영이 깊은 뜻을 깨닫고 질문을 멈췄다. '머물지 않는 근본'을 깨달은 것과 같다. 그렇다면 인연의 시작을 들을 수는 있었으나 밝힐 수는 없으며, 존재하기는 하지만 논할 수는 없다.

묻는다. '허공에 근본이 있습니까?'

답한다. '없다.'

묻는다. '만약 근본이 없다면 어찌 허공의 근본이 생사의 근본이라 하십니까?'

답한다. '이는 단지 근본 진리(本際)의 근원일 따름이다. 그렇듯 허공은 근본이 없되 여러 가지 근본의 근원이 되고, 교화하는 것은 교화함이 없음이 모든 교화의 곳간임을 드러내었다.'"라고 하였다.

그러므로 사람 마음이 범부나 성인의 근본임을 알 수 있다. 범부도 또한 마음이고 성인도 또한 마음이다. 평소의 습관을 벗어나서 자기의 수준을 향상시키기는 어렵다. 모든 부처님은 중생의 마음을 가지고 묘각(妙覺)에 오르고, 중생은 부처의 마음을 가지고 번뇌에 빠진다. 만약 마음이 현상(事)에 의탁하면 좁고 하열하며, 만약 현상이 마음을 따르면 광대하다.

무릇 세상 사람은 흔히 밖으로 드러난 현상만을 중히 여기고 안으로는 그 마음을 알지 못한다. 그러므로 하는 짓이 모두 구경의 이치에 맞지 않는다. 의지처가 비천하기 때문이다. 예를 들면 소에 붙은 등에는 날아 봐야 기껏 백 보이지만, 난조(鸞鳥) 꼬리에 붙으면 한 번에 만 리를 날아간다. 그 날개가 빠른 것이 아니라 의탁한 것이 빠르기 때문이다. 또한 담장 위의 풀과 뿔소라의 소리가 모든 고원에 이를 수 있는 것은 의탁한 것이 수승하기 때문이다. 마음 법에 들어가서 낱낱이 자신의 마음을 의지하면, 한 털이 큰 바다를 삼키고 티끌이 시방을 머금을 수 있는 것과 같다. 어찌 깊고 넓은 것이 아니겠는가?[143]

295
하는 말마다 도에 합하고
법과 법이 근기에 따르니
큰 마음의 보살을 마주하여
보안(普眼)의 법문을 말씀하시네. 《456》

《456》 마음은 본래 법이 없음을 '보안(普眼)'이라 한다. 『화엄경』에서 "해운 비구가 선재에게 말하되, '여래가 나를 위해 보안법문(普眼法門)을 설하시었다. 가령 어떤 사람이 큰 바다를 필묵으로 하고 수미산을 붓으로 해서 이 보안법문의 한 품 가운데 하나의 문이나, 하나의 문 가운데 하나의 법이나, 하나의 법 가운데 하나의 뜻이나, 하나의 뜻 가운데 한 구절을 쓰려고 하여도

---

[143] 『宗鏡錄』卷第七十八. 大正藏 第48 [0845b17-0845b17].

조그마한 부분도 가능하지 않은데, 어찌 다 쓰려 하는가.'"¹⁴⁴라고 하였다.

296
두터운 대지의 금강은
뚫어도 시종 파괴되지 않고《 457 》
설산의 순일한 맛은
세월이 흘러도 예나 지금이나 한결같이 변함없네.《 458 》

《 457 》 『대열반경』에서 "비유하면 어떤 사람이 복장(伏藏)¹⁴⁵을 알아 곧 날카로운 괭이를 가지고 땅을 곧바로 찍어 반석이나 자갈을 통과하는 데 어려움이 없으나, 오직 금강만은 뚫어 통과할 수 없는 것과 같다."¹⁴⁶라고 하였다. 이것은 마음의 성품(心性)이 견고하여 과거(前際)에도 나지 않았고 현재(中際)에도 머무르지 않으며 미래(後際)에도 없어지지 않고 변하지도 않으며, 달라지지 않는 성품과 형상이 언제나 존재함을 비유한 것이다.

《 458 》 『대열반경』에서 "설산 대숲의 약 맛은 항상 훌륭하다."¹⁴⁷라고 하였다. 이것은 일체중생의 하나의 참된 마음이 오염된 인연을 따를 때는 오도(五道)에 유전하나 그 자신의 성품은 줄어들지 않고, 청정한 인연을 따를 때는 부처의 몸을 성취하지만 자신의 성품이 더해지지 않는다. 인연에 따

---

144 『大方廣佛華嚴經』卷第六十二「入法界品」第三十九之三. 大正藏 第10 [0336a05].
145 복장(伏藏)은 땅속에 묻혀 있는 보물이다.
146 『大涅槃經』卷第七「如來性品」第四之四. 大正藏 第12 [0408c15].
147 『大般涅槃經』卷第六「如來性品」第四之三. 大正藏 第12 [0401b09] 참조.

르나 자신의 성품을 잃지 않음을 비유한 것이다. 그러므로 "일체중생이 일제히 성불하여도 부처의 세계가 늘어나지 않고 중생의 세계가 줄어들지 않는다."**148**라고 하였다. 부처의 세계가 곧 중생의 세계인 까닭이며 동일한 성품이기 때문이다.

---

148 『大方廣佛華嚴經隨疏演義鈔』卷第九. 大正藏 第36 [0065c01].

8
멀리 보이는 한 줄기 빛이
뭇 생각을 모두 맑게 하네

✦

西來의 절실한 뜻과 보살행

297
어느 때나 차별 없이
인연 따라 스스로 결정 짓고
오랜 세월에도 줄어듦 없이
시방 어디에서나 법문을 설하네.[149]

298
마치 하늘의 보배 그릇이
복에 따라 음식 색깔이 같지 않듯이 《459》

---

[149] 성품(心性)의 법문. 앞의 주(457) 참조.

하나의 무위(無爲)가
증득함에 따라 삼승(三乘)이 차별되듯이 《460》

《459》 삼십삼천은 똑같은 보배 그릇으로 음식을 먹지만, 그 복덕에 따라 음식의 색깔이 다르다.

《460》 『금강경』에서 "일체 현성이 모두 무위법(無爲法)으로 차별이 있다."[150]라고 하였다. 이 한마음의 법(一心法)이 삼현(三賢)과 열 성인(十聖)의 지혜가 얕고 깊은 데에 따라 깨닫는 시절이 각기 다르다. 『대열반경』에서 "12인연이 하나의 법이지만 지혜에 따라 네 가지 보리를 증득한다. 최상 근기가 닦는 지혜(上上智)의 관(觀) 수행으로는 모든 부처님의 보리를 얻고, 상근기가 닦는 지혜의 관 수행으로는 보살의 보리를 얻으며, 중근기가 닦는 지혜의 관 수행으로는 연각의 보리를 얻고, 하근기가 닦는 지혜의 관 수행으로는 성문의 보리를 얻는다."[151]라고 하였다. 비유하면 노란 돌에 금이 있으나 최상의 복덕인은 금을 뽑아내고, 뛰어난 복덕인은 은을 뽑아내며, 중간의 복덕인은 동을 뽑아내고, 하열한 복덕인은 쇠를 뽑아내는 것과 같다.

299
만 가지 법, 만 가지 형상이
모두 마음에 따라 이루어지며

---

150 『金剛般若波羅蜜經』「無得無說分」. 大正藏 第08 [0749b13].
151 『大般涅槃經』卷第二十七「獅子吼菩薩品」第十一之一. 大正藏 第12 [0524b01].

한 줄기 외로운 별빛이
여러 생각을 모두 맑게 하네.

300
병에 제호를 담으면
여러 가지 그릇에 따라 크기가 같지 않고
물이 강이나 바다로 갈라져
흐르는 곳에 따라 이름을 얻는 것과 같네. 《461》

《461》 이 한마음의 법(一心法)은 하나의 문이다. 제호는 한 맛이라 차이가 없으나 여러 가지 그릇에 따라 크고 작은 것으로 나누어지는 것과 같다. 물은 한 맛이라 다르지 않으나 강과 바다에 따라 다른 이름으로 나누어지는 것과 같다.

301
곧바로 깨달아 의심이 없어지면
마음속이 저절로 활달해지나니
졸렬한 알음알이로 마주하지 않으면
곧 상근기와 다투리라.

302
정원의 참새가
어찌 큰 백조의 마음을 꺾고
우물 속 개구리가

어찌 큰 바다의 광활함을 헤아리랴. 《462》

《462》 진여의 한마음은 바르게 믿고 이해하기 어렵다. 곧 재가 범부나 출가 외도 같은 이들은 모두 깨달음을 등져서 번뇌에 합하고 자기 마음의 경계를 알지 못한다. 그러므로 "바다가 마르면 결국 바닥을 볼 수 있지만, 사람이 죽으면 마음을 알지 못한다."[152]라고 하였다. 만약 성문이나 연각이라면 다만 중생의 공성(生空)[153]을 증득할 뿐 마음 밖에 실제 경계가 있다고 집착한다. 장교(藏)와 통교(通)의 보살들은 설사 자신의 마음이 모두 인연으로 생겨난 것이어서 자성이 없음을 알아 철저하게 공(空)하다고만 찬미한다. 대승 별교(別敎)의 보살들은 비록 언제나 상주하는 불공(不空)의 마음이 십법계성(十法界性)을 함유하고 있음을 알지만 지금은 아직 갖추지 못하였다. 바로 훈습하고 닦아서 차례대로 깨우쳐 감[154]을 기다려야 한다. 오직 원교(圓敎)의 보살들만이 자신의 마음에 십법계성을 갖추어 한 생각에 원만하게 구족하고 있음을 안다. 그래서 마음을 깨달은 보살은 비로소 원종(圓宗)을 깨달아 뜻의 하늘(義天)에 높이 날아올라 성품의 바다(性海)에서 깊숙이 노닌다. 어찌 범부나 소인이나 방편으로 점차 닦는 수행(漸修)으로 가능하겠는가?

또한 '큰 바다(大海)'란, 곧 여래의 지혜 바다에 비유한 것이다. 『화엄경』에서 "불자여, 이 염부제에 2천5백의 강이 있어서 바다로 흘러간다. 이 큰 바다에 물이 무량하고, 여러 가지 보물도 무량하며, 중생도 무량하고, 의지하

---

152 『龐居士語錄』, 卍新續藏 第69 [0144b08].
153 중생의 공성(生空)이란, 중생은 오온의 일시적인 화합에 지나지 않으므로 거기에 불변하는 실체가 없다는 의미이다.
154 차제생기(次第生起)란, 生起次第 ↔ 圓滿次第이다.

는 대지도 무량하다. 불자여, 너의 뜻은 어떠하냐? 저 바다가 무량하냐? 실로 무량하여 뭐라고 비유할 수 없나이다. 불자여, 이 바다가 무량하지만 여래의 지혜가 무량한 것에 비교하면 백 분의 일에도 미치지 못하고, 천 분에 일에도 미치지 못하며, 내지 우바니사타분[155]의 하나에도 미치지 못한다. 단지 중생의 마음에 따라 비유했으나 부처님 경계는 비유로도 미칠 수 없다.

불자여, 보살마하살은 여래의 지혜 바다가 무량함을 알아야 한다. 처음 발심할 때부터 모든 보살행을 끊임없이 닦았기 때문이다. 머무는 중생이 무량함을 알아야 한다. 일체 유학·무학·성문·독각이 받들어 닦아 가야 할 바이기 때문이다. 머무는 땅이 무량함을 알아야 한다. 처음 환희지(歡喜地)로부터 구경의 무장애지(無障礙地)에 이르기까지 모든 보살이 거처하는 곳이기 때문이다."[156]라고 하였다.

303
수많은 경전을 보관하는 관아이며
여러 가지 뜻을 간직한 도성이니
서천에서 오신 적실한 뜻을 옮겨 놓고
세간을 뛰어넘는 진정한 본보기네.

---

155 우바니사타분은 산스크리트 upaniṣadam의 음사이다. 분(分)은 산스크리트 api의 번역이다. 지극히 적은 수량을 말한다.
156 『大方廣佛華嚴經』卷第五十二「如來出現品」第三十七之三. 大正藏 第10 [0274a03-0274a24].

304
어떤 이가 다른 데서 구한다면
마치 얼음을 뚫어 불을 찾는 것과 같고
다만 자신에게 돌아가 알려고 해야 하나니
우유에서 연유가 생겨나는 것과 같네. 《463》

《463》 '얼음을 뚫어 불을 찾는다.'라는 것은 법의 성품에서 어긋났기 때문이다. 마음 밖에서 도를 구하는 것과 같다.

'우유에서 연유를 구한다.'라는 것은 법의 성품에 수순하기 때문이다. 경계를 등지고 마음을 관하는 것과 같다.

『환원관』에서 "깨달은 자는 덕이 가까운 날에 융성하고, 어리석은 자는 여러 생에 희망이 없다. 뜻을 아는 자는 산악도 쉽게 옮기지만, 종지에 어긋난 자는 치수(錙銖)[157]에도 들어가기 어렵다."[158]라고 하였다. 또한 『보현행원소』에서 "문수의 오묘한 지혜에 계합하는 것은 초발심 그대로이고, 보현의 그윽한 문에 들어가는 것은 일찍이 별다른 본체가 없다. 이 뜻을 놓치면 한갓 광겁에 인(因)을 닦을 뿐이고, 이 문을 얻으면 하루아침에 모든 부처님과 동등하게 될 것이다."[159]라고 하였다.

---

157 치수(錙銖)는 아주 가벼운 무게를 이르는 말이다. 옛날 중국의 저울눈에서 기장 100개의 낱알을 1수, 24수를 1냥, 8냥을 1치라고 한 데서 유래한다.
158 『修華嚴奧旨妄盡還源觀』. 大正藏 第45 [0637a13].
159 『大方廣佛華嚴經普賢行願品疏』. 卍新續藏 第05 [0048b08].

305

정업(正業)은 항상 새로우나
늘 본위(本位)에 머무르고
높고 넓은 한마음을 총괄하니 《464》
두루 갖춘 미묘한 말을 밝히고 있네. 《465》

《464》 『법화경』에서 "그 수레는 높고 넓다."[160]라고 하였다. 높다는 것은 시간적으로 삼세에 통하고, 넓다는 것은 공간적으로 시방에 걸쳐 있다. 남김없이 법을 섭수하고 예외 없이 법장을 감싼다. 무릇 보이는 것은 모두 자신의 마음이다.

『화엄경』에서는 "어떤 사람이 목숨이 다하려 할 때, 그 업에 따라 받는 과보의 형상을 보게 되었다. 악업을 행한 자가 지옥과 축생과 아귀로 받는 일체 갖가지 고통의 경계를 보았다. 어떨 때는 화를 내거나, 어떨 때는 때리고, 죄수로 잡혀가서 울부짖고 비탄하는 소리를 들었으며, 어떨 때는 재로 된 강을 보고, 어떨 때는 확탕지옥을 보며, 어떨 때는 도산지옥을 보고, 어떨 때는 검수지옥을 보았다. 갖가지 핍박으로 여러 가지 고뇌를 받고 있었다. 선업을 지은 자는 일체 여러 하늘 궁전의 무량한 하늘 대중과 하늘의 여러 아름다운 여인들이 갖가지 의복을 갖춰 입고 장엄하고 있고, 궁전과 원림이 매우 아름다운 것을 보았다. 몸은 비록 아직 죽지 않았으나 여러 가지 업력으로 이러한 일을 볼 수 있었다. 선재동자도 마찬가지로 보살 업의 부사의한 힘으로 일체 장엄경계를 본다."[161]라고 하였다.

---

160 『妙法蓮華經』卷第二「譬喩品」第三. 大正藏 第09 [0012c18].
161 『大方廣佛華嚴經』卷第七十九「入法界品」第三十九之二十. 大正藏 第10 [0437b16].

《465》 『수능엄경』에서 "생겨난 모든 법은 오직 마음에서 나타난 것이다."[162]라고 하였다. 『십지론』[163]에서는 "삼계가 별다른 법이 없고 다만 한마음으로 지었을 뿐이다."[164]라고 하였다. 그렇다면 한마디 말로 다하지 못할 것이 없고, 여러 가지로 설하더라도 다시 다른 길이 없다.

306
존귀한 근본(宗)을 깨달았을 때
시방의 허공이 사라지고 《466》
죄악을 참회할 때
끝없는 대지가 뒤집히나니 《467》

《466》 『수능엄경』에서 "만약 한 사람이 진심을 내어 근원으로 돌아가면 시방 허공이 모두 소실되어 소멸한다."라고 하였다.[165]

《467》 한마음으로 무생참회법(無生懺)[166]을 닦는 것은 마치 대지를 뒤집

---

162 『大佛頂萬行首楞嚴經』卷第一. 大正藏 第19 [0109a01].
163 『십지론』은 견혜와 금강군과 세친의 제론(諸論)이 있으나, 지론종(地論宗)에서는 세친의 저작을 선택하였다. 후에 지론종은 화엄종에 병합되기에 이른다. 지론종은 중국불교의 13종 가운데 하나로, 『화엄경』・『능가경』・『십지경론』・『금강선론』 등을 소의 경론으로 하는 종파이다. 특히, 화엄부(華嚴部)의 『십지경』에 세친이 주석을 단 『십지경론』을 연구 강술하는 학파이다. 이때 『십지론』은 『화엄경』 제16회 십지의 일품을 별행하여 『십지경론』이라 하고 석론한 논이다.
164 『妙法蓮華經玄義』卷第二上. 大正藏 第33 [0693b04].
165 『大方廣圓覺修多羅了義經略疏』. 大正藏 第39 [0542b03].
166 무생참(無生懺)은 삼종참법(三種懺法)의 하나이다. 마음으로 생(生)도 없고 멸(滅)도 없는

는 것과 같다. 노래한다.

> 만약 참회하고자 하면
> 단정히 앉아 실상을 염할지니라.¹⁶⁷

실상이란 곧 '무상(無相)'이고 '진실의 땅(實地)'이라고도 한다. 그러므로 『법화경』에서 노래하였다.

> 오직 이 하나의 현상(一事)¹⁶⁸만이 진실이고
> 나머지 둘¹⁶⁹은 진실하지 않다.¹⁷⁰

실상(實相)의 이치를 관(觀)하여 죄를 참회하는 방법이다. ※ 삼종참법: 작법참(作法懺)[身]·취상참(取相懺)[口]·무생참(無生懺)[意].

167 『大方廣佛華嚴經隨疏演義鈔』卷第七十八. 大正藏 第36 [0611c09].
168 하나의 현상(一事)은 일승(一乘)이다.
169 나머지 둘(餘二)은 이승(二乘)과 삼승(三乘)이다.
170 『妙法蓮華經』卷第一「方便品」第二. 大正藏 第09 [0007c09].

9
한 송이 꽃이 피니 온 세상이 봄이네

✢
三支作法

307

한 송이 꽃이 피니 온 세상이 봄이듯
하나의 이치가 드러나니 온 법계가 진실하고 《468》
이승(二乘)이 부처님의 수기를 받으니 《469》
가난한 아들이 집안의 보물을 물려받은 것과 같네. 《470》

《468》 양기의 부드러움이 발생하니 봄이 아닌 곳이 없는 것과 같다. 마음은 법계의 본체이니 모든 법이 마음 아님이 없다. 그러므로 경에서 노래하였다.

평등한 참 법계는
부처도 없고 중생도 없다.**171**

《469》 천태교에서 "8천 성문이 법화회상에서 여래의 성품을 보고 부처님의 수기를 받는다. 마치 가을에는 거두고 겨울에는 간직하는 것과 같아 다시 지을 것이 없다."172라고 하였다. '여래의 성품'이란 곧 자기 마음의 성품이다. 만약 마음을 아는 사람이라면 온갖 인연을 모두 갖추었다. 그러므로 "자기 일을 모두 갖추고 범행이 이미 이루어졌다."173라고 하였다.

《470》 한 생각 일어나면 오음(五陰)이 모두 생겨나서 깨달음을 등지고 번뇌에 합한다. 곧 아버지를 버리고 도망한 것이다. 오도(五趣)에 순환한 지 '50여 년'이다. 만약 한마음을 단박에 깨달으면 곧 아버지와 자식이 정해져 집안의 재산을 물려받는다. 이것이 하늘이 정해 놓은 타고난 아버지와 아들의 이치이듯이, 한마음 법의 재산을 물려받는다. 그러므로 경에서 "나는 실로 너의 아버지이고, 너는 진정 나의 아들이다."174라고 하였다. 반드시 분명하게 마음을 밝히는 날 종지로 돌아가 깨달음에 계합한다. 또한 "근원으로 되돌아간다."175라고 하였다.

---

171 『大乘理趣六波羅蜜多經』卷第十「般若波羅蜜多品」第十之餘. 大正藏 第08 [0911b21].

172 『妙法蓮華經玄義』卷第八下. 大正藏 第33 [0782b05]. "『涅槃』云…."(『大般涅槃經』卷第九「如來性品」第四之六. 大正藏 第12 [0420a15] 참조.)

173 『大般若波羅蜜多經』卷第三百八十「初分諸功德相品」第六十八之二. 大正藏 第06 [0966b04].

174 『妙法蓮華經』卷第二「信解品」第四. 大正藏 第09 [0017b18] 참조.

175 『原人論』「直顯真源」第三. 大正藏 第45 [0710a11].

308
물이 바다에 들어가기 전에는
짠맛이 되지 않으나 《471》
경계가 마음으로 돌아가는 날에는
비로소 균등하다고 말할 수 있네. 《472》

《471》 온갖 강물이 바다에 들어가면 모두 똑같이 하나의 짠맛이다. 모든 경계가 마음으로 돌아가면 모두 한 진리의 도로 나아간다.

《472》 고덕이 "물이 바다에 들어가기 전에는 짜지 않고 땔나무가 불에 들어가기 전에는 불타지 않듯이, 경계도 마음에 들어가기 전에는 똑같지 않다."라고 하였다.[176] 그러므로 경에서 노래한다.

일체 모든 법에
모두 평등한 관 수행으로 들어가면
지혜의 마음이 고요해지고
삼계에 견줄 이가 없네.[177]

309
꿈꾸는 집이 허무하고 《473》

---

176 『宗鏡錄』卷第十一. 大正藏 第48 [0477b22].
177 『妙法蓮華經玄義』卷第三下. 大正藏 第33 [0716b06].

변화의 근원이 적멸하니 《474》

의혹의 마음이 타파되어 등나무와 뱀이 나란히 사라지고

지혜의 대지가 확 트여 형상과 이름이 떨어지네. 《475》

《473》 삼계가 꿈꾸는 집이다. 그러므로 "오랫동안 삼계에 잠든 꿈의 경계가 모두 꿈속의 의식이다."[178]라고 하였다. 『유식론』[179]에서 "꿈속에서 여자의 몸을 접촉하면 부정한 물이 나온다. 잠에서 깨었을 때도 또한 그러하다. 여자의 몸을 접촉하지 않았을 때도 심하게 오염된 애욕이 드러나면 이처럼 흐르는 현상이 이루어진다. 꿈에 등무간연(等無間緣)의 차별된 힘이 있어서 마침내 올바른 도리에 어긋나는 생각을 끌어낸다. 이것이 인(因)이 되어 유설(遺洩)[180]을 보이는 것과 같다."[181]라고 하였다.

또한 어린아이가 꿈에서 오줌을 누는 등의 일과 같다. 비몽사몽에서는 비록 실제 경계가 아니지만 부정한 물을 내는 것과 같다. 또한 꿈에서 독약 등을 먹었을 때 반드시 몸에 병이 들어 기절하고 땀을 흘리는 일이 있는 것과 같다. 이것도 역시 유식(唯識)으로 작용하는 것이다.

또한 논에서 "지옥에 있는 옥졸이나 개, 까마귀 등이 하는 모든 동작은, 바깥 인연을 기다리지 않고 저 지옥에서 벌을 받은 중생이 전생에 지은 죄와 악업으로 책임을 떠맡는 데 따른다. 마치 나무 그림자가 춤추는 것이

---

178 西京福壽寺沙門如理集,『成唯識論疏義演』卷第十一本. 卍新續藏 第49 [0816a20].
179 『유식론』은 大唐三藏法師義淨奉制譯 護法菩薩造『성유식보생론(成唯識寶生論)』이다. 달리『이십유식순석론(二十唯識順釋論)』이라고도 한다.
180 유설(遺洩)은 유정(遺精)의 다른 이름이다. 성행위 없이 무의식에서 정액이 나오는 병이다.
181 『成唯識寶生論』卷第二. 大正藏 第31 [0084a14].

중생의 형상과 닮은 것과 같다."¹⁸²라고 하였다. 그러므로『수능엄경』에서 "낮에는 마음으로 생각했던 것이 밤에는 여러 가지 꿈이 된다."¹⁸³라고 하였다. 꿈이나 꿈에서 깬 것이 모두 마음을 벗어나지 않기 때문이다. 꿈속에서도 경계 없이 오직 마음에서 일이 이루어지나니 잠에서 깬 상태와 다름이 없다.

소승에서 '아홉 가지 힐난'에 입각해서 대승의 스님들을 비난하여 "나는 꿈속의 유식(唯識)은 믿지만 꿈에서 깨서는 실제 작용이 있으므로 믿지 않노라."라고 하였다. 그래서 꿈에서 부정한 물 등이 나오는 것이 실제 작용이 있는 것과 같다는 비유(喩)를 들었다. 마침내 저들의 의심을 타파하여 입량(立量)¹⁸⁴한다. 꿈에서 깨었을 때도 경계의 색(色)은 의식의 대상(法)으로 있으니, 유식임을 바로잡아 존귀한 근본(宗)으로 삼는다. 인론(因論)¹⁸⁵으로 "실제 작용이 있기 때문이다."라고 하였다. 동유(同喩)¹⁸⁶로 "너의 꿈속 경계의 색과 같다."라고 하였다.

그러므로『화엄경』에서 노래한다.

보살이 세상 법을 알되,
모든 것이 꿈과 같아서
처소가 있는 것도 아니고 처소가 없는 것도 아니어서

---

182 『成唯識寶生論』卷第二. 大正藏 第31 [0084b29].
183 唐天竺沙門般剌蜜諦譯,『楞嚴經要解』. 卍新續藏 第11 [0884b24].
184 입량(立量)은 인명(因明)에서 논법(論法)을 구성하고 뜻을 세우는 일이다.
185 인론(因論)은 결과가 생겨나게 하는 데 참여하는 모든 직접적·간접적 원인이다.
186 동유(同喩)는 삼지작법(三支作法)의 하나이다. 인도 논리학에서 종(宗)·인(因)·유(喩)에 의한 논증의 형식이다. 먼저 주장과 결론인 '종'을 세우고, 논거와 이유인 '인'을 밝히고, 종이 성립하는 데 도움을 주는 비유와 예증인 '유'를 든다.

본체가 언제나 적멸하네.

모든 법은 분별이 없어서
꿈과 같으나 마음과 다르지 않으며
삼세 세간의 모든 것도
모두 이와 같네.

꿈의 본체는 생멸이 없으며
또 방소가 없나니
삼세가 모두 이와 같아
보는 자는 마음이 해탈하네.

꿈은 세간에도 있지 않고
세간 아닌 것에도 있지 않으니
이 두 가지를 분별하지 않으면
인욕의 지위(忍地)에 들어갈 수 있네.[187]

또한 『대지도론』에서는 "부처님이 '모든 법은 근본적으로 정해진 실체가 없어서 마치 털끝만 한 어떤 것도 허락하지 않음이 없는 것과 같다.'라고 하셨다. 사실임을 증명하고자 꿈속에서 오욕을 받는다는 비유를 말씀하셨다. 수보리의 뜻은 '만약 일체법이 필경공(畢竟空)이어서 무소유의 성품(無所有性)이면 지금 어떻게 눈으로 보고 귀로 법을 들을 수 있습니까?'라고 하

---

[187] 『大方廣佛華嚴經』卷第四十四「十忍品」第二十九. 大正藏 第10 [0234c17].

는 데 있다. 그러므로 부처님이 꿈 비유를 설하셨다. 어떤 사람이 꿈의 힘으로 비록 사실은 없으나 갖가지 화가 나기도 하고 기쁘기도 한 상황을 듣고 보지만, 깨어 있는 사람은 곁에 있으나 어떤 것도 보이는 것이 없는 것과 같다. 이와 같이 범부에게는 무명의 전도된 힘으로 망령되게 보이는 것이 있으나 성인에게는 깨달았으므로 보이는 것이 없다. 일체법의 유루(有漏)와 무루(無漏), 유위(有爲)와 무위(無爲)가 모두 진실하지 않아서 허망하다. 그러므로 보고 듣는 것이 있다."**188**라고 하였다.

『유명록』에서 "초호의 사당에 한 그루 측백나무 그루터기가 있는데, 어떤 사람은 '옥 그루터기'라 말하기도 하였다. 그루터기에 갈라진 작은 틈이 있었다. 그 당시 선보(單父)현 사람 양림이라는 자가 고객(估客)**189**을 위해 사당에 가서 기도를 드렸다. 사당 무당이 '그대가 좋은 혼처를 얻고자 하는가?' 하니, 임이 '바라는 바요.' 하였다. 무당이 임에게 그루터기 옆에 가까이 다가가 터진 곳에 들어가게 하였다. 마침내 붉은 문에 옥으로 된 방을 보았다. 조 태위가 그 안에 있었다. 곧 딸을 시집보내 임에게 주었다. 임이 아들 여섯을 낳으니 모두 비서랑이 되었다. 수십 년이 지났으나 전혀 돌아갈 생각이 없었다. 홀연히 꿈에서 깨었는데, 여전히 그루터기 곁에 있는지라 임이 오랫동안 슬퍼해 마지않았다."**190**라고 한다.

또한 보살행은 상념으로 일어나는데, 여기에 두 가지 뜻이 있다. 하나는 반드시 상념을 빌려야 비로소 행을 일으킬 수 있다. 꿈이 생각을 연유한 것과 같다. 『지론』에서 "듣고 본 일을 많이 생각하고 오롯하게 생각하면 꿈

---

188 『大智度論』卷第九十五. 大正藏 第25 [0723b13-0723b23].

189 고객(估客)은 장사를 직업으로 하는 사람이다.

190 『유명록』은 중국 남북조 시대 송나라의 유의경이 편찬한 소설이다. 지괴소설에 해당하며, 당나라의 전기소설에 영향을 주었다. 현재는 일실되고 단편만 남아 있다.

에서도 보게 된다."라고 하였다. 두 번째는 크게 꿈에서 깬 분은 부처님이시고, 가까운 7지(七地) 이전은 꿈을 꾸는 것과 같고, 8지(八地)는 꿈에서 깨어서 꿈의 강을 건넌 것과 같다. 8지는 무명을 아직 완전히 벗어나지 못했기 때문이다. 또한 꿈속의 경계지만 오직 부처님 한 분만을 '대각(大覺)'이라 한다.

『화엄기』에서 "꿈에서 깬 것과 꿈은 서로 보완하고 있다. 그러므로 반드시 꿈에서 깬 것을 설해야만 한다. 처음은, 꿈에서 깨어야 꿈이 성립된다. 꿈에서 아직 깨지 않았을 때는 꿈인 줄 알지 못하기 때문이다. 그 가운데 처음에 '반드시 꿈에서 깬 상태여야만 비로소 꿈인 줄 안다.'라고 한 것은 반드시 깨어야 하는 이유를 설명한 것이다. 대몽(大夢)[191]에서 벗어나야 반드시 저 대각(大覺)의 밝음이 있다는 말이다. 우리 세존이 삼계가 모두 꿈과 같다는 것을 비로소 알았다고 하신 까닭이다. 위에서는 『능가경』을 인용하여 부처님이 꿈인 줄 깨달았음을 찬탄하였다.

다음에는 '꿈에 있을 때는 꿈임을 바로 알지 못한다.'라는 것은 실재한다고 여기기 때문에 범부가 밤새도록 오래 꿈꾸고도 싫어하는 마음을 내지 않음을 설명하였다. 그러므로 승예(僧叡) 법사[192]가 '꿈속에서 꿈을 말하는 것은 순전히 미혹된 마음이다.'라고 하였다.

다음에 '설사 꿈인 줄 알지만, 아직 꿈에서 깨어나지 못했기 때문이다.'라고 한 것은 짓궂은 힐난에 대한 대답이다. '또한 어떤 사람은 꿈에서 꿈인 줄 아는 경우도 있다. 사람이 깊이 잠들면 홀연히 꿈을 꾸면서 자신이 꿈꾸고 있다고 알기도 하지만, 깊이 잠들었기 때문에 꿈에서 깨지 못하는 것과

---

191 대몽(大夢)은 크게 길(吉)한 꿈이나 큰 이상(理想)이다.
192 승예(僧叡) 법사는 구마라집의 네 제자 중 한 분이다. 동진(東晉) 하남성 안양 출신으로, 18세에 출가하여 승예의 제자가 되고, 구마라집의 역장(譯場)에 참여하였다. 『성실론(成實論)』이 번역되자 곧바로 강의하였다고 한다.

같다. 보살이 처음 발심하여 곧 삼계가 모두 꿈임을 아나니, 어찌 꿈에서 깬 것이 아니겠는가. 어찌 다시 꿈에서 깰 때를 설해야 하겠는가?'라고 하였다. 그러므로 지금 해석하여 '또한 아직 각(覺)을 보지 못했으니, 아직 꿈에서 크게 깨어나지 못했기 때문이다.'라고 하였다. 그러므로 『기신론』에서 '만약 사람이 앞의 생각(前念)에서 악(惡)이 일어나고 있음을 알아차려[193] 그것을 일어나지 않게 하면 비록 각이라고 하지만 곧 깨친 것은 아니다.'[194]라고 하였다. 생멸이 있기 때문이다. 무명이 마음을 덮어서 자재하지 못하기 때문이다.

다음에 '깨었을 때 마침내 꿈이 '실제로 꿈이 없음'을 안다.'라고 한 것은, 꿈에서 깨었을 때 꿈인 줄 알 뿐만 아니라 또한 꿈이 없음을 안다.[195] 8지(八地) 보살이 꿈에서 강을 건너는 비유와 같다. 무생법인(無生忍)을 증득하면 생사의 차안과 열반의 피안을 분별하지 않는다. 건너가는 주체(能度)와 건너가야 할 곳(所度)이 모두 없기 때문이다. 더욱이 대각(大覺)이랴. 그러므로 경에서 노래하였다.

오랫동안 중생의 고통을 생각하되
제도해 주고자 하지만 벗어나게 할 길이 없다.
오늘 보리를 증득하니
무소유(無所有)임이 확연해졌다.[196]

---

193 『기신론』의 4각(覺) 중의 불각(不覺)이다.
194 『大乘起信論』一卷. 大正藏 第32 [0576a24].
195 '꿈이 없음을 안다.'라는 것은 꿈의 내용이 본래 없음을 안다는 의미이다.
196 姚秦龜玆國三藏鳩摩羅什譯, 『佛說彌勒大成佛經』. 大正藏 第14 [0430c01].

그러나 '꿈으로 인해 비로소 꿈에서 깨어남이 있기에 꿈에서 깰 때를 설명한다.'라고 한 것은, 위에서는 꿈에서 깨어남으로 인하여 꿈이 성립됨을 설명하였고, 여기서는 꿈으로 꿈에서 깨어남이 성립됨을 설명한다. 꿈을 상대해서 꿈에서 깨어남을 설하였으니 꿈이 없으면 깨어남도 없다. 이미 꿈은 본래 '없는 꿈'인 줄 알았으니 무엇을 상대해서 깨어남을 설하겠는가? 그러므로 깨어남과 꿈이 여기에서 끊어진다. 예를 들면 불각(不覺)이 없으면 시각(始覺)이 없는 것과 같다. 깨어남과 꿈이 둘 다 끊어져야 비로소 묘각(妙覺)이 된다."[197]라고 하였다.

《474》 범부나 성인의 경계가 모두 마음의 변화이다. 일체 만법이 마음을 여의지 않기 때문이다. 『금강삼매경』에서 "선(善)과 불선(不善)의 법이 마음에서 변화하여 일어난다."[198]라고 하였다. 또한 『화엄경』「십인품」에서 "불자여, 어떤 것이 보살마하살의 '여화인(如化忍)'[199]인가? 불자여, 이 보살마하살은 일체 세간이 모두 환의 변화인 줄을 안다. 이른바 일체중생의 의업(意業)으로 변화한 것이니 깨어 있는 생각(覺想)으로 일어나기 때문이며, 일체 세간의 제행(諸行)으로 변화하니 분별로 일어나기 때문이며, 일체 고통과 즐거움의 전도로 변화하니 망령되게 집착하기 때문이며, 일체 세간의 실답지 못한 법(不實法)으로 변화하니 언설로 나타나기 때문이며, 일체 번뇌의 분별로 변화하니 상념으로 일어나기 때문이다. 또한 청정한 조복으로 변화하니 무분별(無分別)로 현행하기 때문이며, 삼세에 전환하지 않는 변화

---

197 『大方廣佛華嚴經隨疏演義鈔』卷第七十五. 大正藏 第36 [0595c22].
198 『金剛三昧經』「眞性空品」第六. 大正藏 第09 [0370c20].
199 여화인(如化忍)은 일체가 허깨비와 같고, 거짓으로 나타낸 것으로 파악하여 아는 깨달음이다.

이니 무생(無生)으로 평등하기 때문이며, 보살의 원력으로 변화하니 광대하게 닦고 행하기 때문이며, 여래의 대자비로 변화하니 방편으로 시현하기 때문이다."²⁰⁰라고 하였다.

《475》 논에서 노래한다.

등나무에 뱀이 사는 줄 알다가
등나무라고 보면 경계가 없어지네.
만약 등나무에서 분별한 것인 줄 알고 나면
등나무라는 앎이 뱀이라는 앎과 한가지네.²⁰¹

그러면 등나무와 뱀이 아울러 공(空)하니, 형상과 이름이 모두 끊어진다. 이로써 알 수 있는 것은 천 명의 성인이 똑같이 증득한 것은 마음 밖에서 얻을 것이 없다는 사실이다.

---

200 『大方廣佛華嚴經』卷第四十四「十忍品」第二十九. 大正藏 第10 [0233c01].
201 陳那菩薩造,『解捲論』一卷. 大正藏 第31 [0883c07-0883c11].

10
언어의 길이 사라지면
본가로 돌아가는 날이네

✢

삶의 직접적인 원인과 간접적인 조건

310
마음 밖에서 깨달음을 구하는 것은
석녀에게 애 낳기를 바라는 것이요
마음에서 생각을 내는 것은
허공의 꽃에서 열매 맺기를 구하는 것이네.

311
근본은 지어내는 것이 아니고
성품은 본디 만들어진 것이 아니니
지혜로운 자는 그 뜻을 움직이지 않거니와
본뜬 형상이 어찌 그 본모습을 드러내리오. 《476》

《476》 아난이 능엄회상에서 여래의 자세한 개시를 받고서, 각기 참마음이 시방세계에 두루함을 깨달았다. 마침내 부처님에게 "저희들이 오늘에야 집으로 돌아가는 길을 분명히 알게 되었습니다. 그러므로 분명코 의심이 없나이다."라고 아뢰었다.[202]

312
언어의 길이 사라지면
길을 얻어 본가로 돌아가는 날이고
마음 가는 곳이 없어지면
반드시 몸을 내려놓고 목숨을 버리는 시간이네. 《477》

《477》 만약 마음 밖에서 다른 경계를 반연하면 물고기가 육지에 있는 것과 같아서 자재할 수가 없다. 만약 경계를 등지고 자신의 마음으로 돌아가면 새가 공중에 나는 것과 같아서 가리고 장애됨이 없다. 그렇게 되면 생각마다 참마음으로 돌아가고 마음마다 도(道)에 이른다.

　　천태교에서 "10법계와 3과와 18계는 장(丈)[203]과 같고, 1법계와 5음은 척(尺)[204]과 같으며, 오직 식심(識心)에 있는 것이라야 촌(寸)[205]과 같다. 지금 장을 버리고 척을 논하며 척을 버리고 촌을 논하여, 만약 마음이 일체법

---

[202] 『大佛頂如來密因修證了義諸菩薩萬行首楞嚴經』卷第十. 大正藏 第19 [0154a28-0154b24] 참조.
[203] 장(丈)은 일척(一尺)의 10배이다.
[204] 척(尺)은 일촌(一寸)의 10배이다.
[205] 촌(寸)은 손가락 하나 굵기이다.

을 갖추었음을 깨닫는다면 비로소 일체 색(色)·심(心)에 들어갈 수 있다. 여기에서 색을 버리고 심을 논하고 마음부수(心所)를 버리고 심왕(心王)을 논하면 마치 낱낱의 척이 촌 아닌 것이 없고 낱낱의 장이 척 아닌 것이 없으므로 장과 척 그대로 촌이다."[206]라고 하였다. 그러므로 진제(眞諦)와 속제(俗諦), 유위(有爲)와 무위(無爲), 하나의 국토(一刹)와 하나의 티끌(一塵)이 마음 아닌 것이 없음을 알 수 있다. 이미 한마음을 단박에 깨달아 원만한 믿음이 완전해지면 마음 밖에 하나의 법도 알 것이 없고 마음 안에 한 법도 생각할 것이 없다. 마음속이 환하게 밝아 조그마한 의심도 영원히 끊어진다.

313
자취에 집착하면 길의 갈래가 많고
근원을 궁구하면 홀로 멀리 가나니
세상의 장인이 만든 것이 아닌데
어찌 겁화가 파괴할 수 있으랴. 《478》

《478》 마음(心)은 본래 원만하게 이루어지고 자성(自性)은 조작한 것이 아니다. 공덕으로 이룰 수 없고 수행으로도 얻을 수 없다. 논에 "겁의 불길이 삼계를 태울 수 있으나 허공은 태우지 못한다."라고 하였다. 그러므로 『법화경』에서 노래하였다.

---

[206] 唐毘陵沙門湛然述,『止觀輔行傳弘決』卷第五之二. 大正藏 第46 [0284c05].

나의 정토는 훼손되지 않건만

중생은 불타 없어지는 것으로 보네.²⁰⁷

마음의 성품은 언제나 머물러 있으나 생인(生因)²⁰⁸으로 생겨나는 것이 아니고, 오직 요인(了因)²⁰⁹으로만 알 수 있기 때문이다.

314
백호 광명에서

헤아릴 수 없는 보살이 구름처럼 나오고 《479》

무생법인(無生法忍)의 일산에서

대천세계를 나타내나니 《480》

《479》 『화엄경』에서 "여래의 백호상에 보살마하살이 있다. 이름은 '일체법승음(一切法勝音)'이다. 세계 바다 미진수 여러 보살 대중들과 한꺼번에 나와서 여래를 오른쪽으로 둘러 수없이 돌았다."²¹⁰라고 하였다. 또한 "여래의 사자좌에 여러 가지 보배로 만들어진 미묘한 꽃과 법륜대(輪臺)의 계단과 여러 가지 창 등, 이러한 일체 장엄구에서 낱낱이 각기 불찰미진수의

---

207 『妙法蓮華經』卷第五「如來壽量品」第十六. 大正藏 第09 [0043b10].
208 생인(生因)은 어떠한 현상이 생기게 된 원인으로, 어떠한 결과를 초래한 원인이다. 예를 들면, 종자가 싹이 트는 것이다.
209 요인(了因)은 인식 근거이다. 예를 들면, 등(燈)으로 사물을 비추어 숨은 것을 나타나게 하는 것이다.
210 『大方廣佛華嚴經』卷第六「如來現相品」第二. 大正藏 第10 [0029c14].

보살마하살이 나온다."²¹¹라고 하였다.

풀이해 보면 보살은 인(因)이고, 모든 부처님은 과(果)이며, 공양구는 경계이고, 보살의 몸은 마음이다. 곧 인과가 동시이며 마음과 경계가 서로 받아들인다는 것이다. 경에서 노래한다.

모든 부처님은 한결같이 크고 둥근 거울(大圓鏡) 같으시고
나의 몸은 마치 마니주와 같아서
모든 부처님의 법신이 나의 몸으로 들어오고
나의 몸이 항상 모든 부처님의 몸으로 들어가네.²¹²

《480》 『유마경』에서 "장자의 아들 보적이 5백의 장자의 아들들과 함께 모두 칠보의 일산을 들고 부처님에게 공양하였다. 부처님은 위신력으로 여러 보개(寶蓋)를 합하여 하나의 일산으로 만들어서 삼천대천세계를 두루 덮으셨다. 이 세계의 넓고 긴 모습이 모두 그 가운데 나타났다."²¹³라고 하였다. 5백 개의 일산은 곧 오음(五陰)이고, 합하여 하나의 일산이 되게 한 것은 곧 한마음(一心)이다.

『화엄경』에서 "이 보개는 모두 무생법인(無生法忍)으로부터 생겨난 것이고, 내지 일체 공양구도 모두 자신의 마음에서 드러난 것이니라."²¹⁴라고 하였다. 마음 밖에 실로 한 법도 건립된 것이 없다. 만약 마음 밖에서 법을 본다면 이는 외도의 경서이지 불법의 뜻이 아니다.

---

211 『大方廣佛華嚴經』 卷第五 「世主妙嚴品」 第一之五. 大正藏 第10 [0022c29].
212 『宗鏡錄』 卷第二十. 大正藏 第48 [0526b01].
213 『維摩詰所說經』 「佛國品」 第一. 大正藏 第14 [0537b25].
214 『大方廣佛華嚴經』 卷第五十五 「離世間品」 第三十八之三. 大正藏 第10 [0290a05] 참조.

315

석가 문중의 최상의 보배요
법의 정원에서 베푼 잠언이니 《481》
소리 없는 연주는 고요하고도 고요하고 《482》
진여의 바다는 깊고도 깊네. 《483》

《481》 '석가 문중의 가장 값진 보배'는 용녀가 바친 마음의 구슬과 같다. 그러므로 '가치가 삼천대천세계만 하다.'라고 하였다. 또한 '값이 없는 보주'라 하였다.

'법의 정원에서 베푼 잠언'이란, 일체 모든 법은 마음의 정량(定量)[215]이다. 앞의 현인들이 받은 것이며 후학이 똑같이 준수해야 할 것이다. 참으로 만대의 잠규(箴規)[216]이고, 시방의 귀경(龜鏡)[217]이라고 할 만하다.

《482》 진심의 대적멸락(大寂滅樂)이 어찌 시끄럽고 동요한 것에 따르겠는가? 그러므로 선문(禪門)에서는 진흙 덩어리가 무현금(無絃琴)[218]이 된다.[219]

《483》 한마음 진여의 바다는 맑게 한다고 맑아지지 않고 휘젓는다고 탁해지지 않는다. 고요해서 적조하고 밝고 맑아서 흠이 없다. 그러므로 중생

---

215 정량(定量)이란 일체 제법은 마음의 업(業)이 정한다는 뜻이다.
216 잠규(箴規)는 잘못을 바로잡도록 경계하는 모범이다.
217 귀경(龜鏡)은 본받을 만한 모범이다.
218 무현금(無絃琴)은 줄 없는 거문고이다. 줄이 없어도 마음속으로는 울린다고 하여 이르는 말이다.
219 『景德傳燈錄』卷第二十. 大正藏 第51 [0366a04] 참고.

이 일념의 무명경계의 바람으로 인하여 진여의 바다를 고동쳐, 갖가지 식(識)의 물결을 일으켜 이어져서 끊어지지 않는다. 그러므로『능가경』에서 노래한다.

 장식(藏識)의 바다는 항상 머물러 있건만
 경계의 바람이 요동하여
 갖가지 식(識)의 파도가
 솟구쳐서 물결치네.[220]

---

220 『大乘入楞伽經』卷第二「集一切法品」第二之二. 大正藏 第16 [0594c10].

11
자신에 맞게 마음을 기울여
법의 등불을 밝혀야 하네

✢

四魔와 팔만사천 번뇌의 門과 諸佛의 법, 三明과 十力

316
깜냥에 응해 출생하는 것이
용왕의 비 내림이 차별되는 것과 같고 《484》
업에 수순하여 발현함이
인간의 복에 따라 얕고 깊은 것과 같네. 《485》

《484》 용왕의 비는 인간이나 천상이 느끼는 인연에 따르는 것과 같이, 자기 업으로 인해서 같지 않다. 맛을 달리해서 차별이 있게 된다. 경에서 노래한다.

비유하면 허공에

팔공덕수(八功德水)²²¹가 내리되
짠맛 등이 머무를 곳에 이르면
갖가지로 다른 맛을 내는 것과 같이

여래의 자비 구름이
팔성도의 물을 내리되
중생의 마음(心處)에 이르면
갖가지 알음알이의 맛을 내네.²²²

『화엄경』에서 "불자여, 비유하면 바다 가운데 큰 용왕이 있으니 이름을 '대장엄(大莊嚴)'이라 한다. 큰 바다에 비를 내릴 때나 타화자재천으로부터 땅 위까지 모든 곳에서 비를 내리는 것이 같지 않다. 이른바 큰 바다에서 맑고 찬 물을 내릴 때는 '무단절(無斷絶)'이라 하고, 타화자재천에서 퉁소나 피리 등의 갖가지 음악을 연주할 때는 '미묘(美妙)'라 하며, 화락천에서 대마니보를 내릴 때는 '방대광명(放大光明)'이라 하고, 도솔천에서 대장엄구를 내릴 때는 '수계(垂髻)'라 하며, 야마천에서 크고 미묘한 꽃을 내릴 때는 '종종장엄구(種種莊嚴具)'라 하고, 삼십삼천에서 여러 가지 보배 향을 내릴 때는

---

221 팔공덕수(八功德水)는 『아미타경(阿彌陀經)』의 이역본인 『稱讚淨土佛攝受經』에서 "팔공덕수란, 첫째 맑고 깨끗한 것이고, 둘째 맑고 차가운 것이며, 셋째 감미로운 것이고, 넷째 가볍고 부드러운 것이며, 다섯째 윤택한 것이고, 여섯째 편안하고 조화로운 것이며, 일곱째 마셨을 때 배고픔과 목마름 등의 한량없는 근심이 제거되는 것이고, 여덟째 마시고 나면 결정코 여러 근(根)과 사대(四大)를 북돋워 기르고 여러 가지 뛰어난 선근(善根)을 증익케 하는 것이다."라고 하였다.

222 後魏中印度三藏勒那摩提譯, 『究竟一乘寶性論』 卷第一 「自然不休息佛業品」 第十. 大正藏 第31 [0818c14].

'열의(悅意)'라 하며, 사천왕천에서 큰 보배 옷을 내릴 때는 '복개(覆蓋)'라 하고, 용왕궁에서 붉은 진주를 내릴 때는 '용출광명(涌出光明)'이라 하며, 아수라궁에서 여러 가지 병장기를 내릴 때는 '항복원적(降伏怨敵)'이라 하고, 북울단월[223]에서 갖가지 꽃을 내릴 때는 '개부(開敷)'라 하며, 나머지 삼천하에서도 모두 이와 같다. 그리하여 각기 그 장소에 따라 내리는 비가 같지 않다. 비록 저 용왕의 마음이 평등하여 피차가 없지만, 중생의 선근이 다르므로 비 내리는 것이 차별된다. 불자여, 여래 응정등각 무상법왕도 마찬가지다. 정법으로 중생을 교화하고자 먼저 신운(身雲)을 펼쳐 법계에 가득하지만, 그 좋아하는 것에 따라 나타내 보이는 것이 같지 않다."[224]라고 하였다.

《485》 복덕인이 돌을 집으면 보석이 되고, 탐욕을 행한 자는 금이 뱀으로 변화되는 것 같이, 법은 일정한 형상이 없고 마음에 따라 전변한다. 마치 미혹할 때는 보리가 번뇌가 되고, 깨달았을 때는 번뇌가 보리가 되는 것과 같다. 다만 미혹되고 깨달음의 마음을 따르기는 하지만 보리의 자성은 항상 동요하지 않는다. 한마음을 논한다면 독립하여[225] 절묘하니 어찌 문부(文賦)[226]나 사구(詞句)[227]로 자세하게 부연하겠는가. 다만 중생이 진심을 알지 못하고 망령되게 차별을 낼 뿐이다. 한 법이 생겨나면 마음의 병이 따르고, 유위법(有)에 집착하면 망령되고, 공(空)에 통달하면 진실이 이루어진다.

---

223 북울단월은 산스크리트 uttara-kuru의 음사이다. uttara는 북쪽, kuru는 종족 이름이다. 수미산 북쪽에 있다는 북구로주(北俱盧洲)를 말한다. 사주(四洲)에서 가장 살기 좋은 곳이라 한다.
224 『大方廣佛華嚴經』卷第五十一「如來出現品」第三十七之二. 大正藏 第10 [0269b29].
225 독립(獨立)은 오직 일심(一心)뿐임을 강조한 말이다.
226 문부(文賦)는 산문적인 기세의 흐름을 띤 것으로 송나라 때에 성행했던 한문 운문체이다.
227 사구(詞句)는 적당한 문구로 자신의 생각을 표현하는 시(詩)·사(詞)의 구(句)이다.

『정명경』에서 "네 마구니와 팔만사천 번뇌의 문을 중생은 피로하다고 여기지만, 모든 부처님은 이 법으로 불사를 지으신다. 이를 '입일체제불법문(入一切諸佛法門)'이라 한다. 이 문에 들어간 보살은 일체 청정하고 오묘한 불국토를 보더라도 기뻐하지도 않고 탐하지도 않으며 잘난 척하지도 않으며, 일체 청정하지 않은 불국토를 보더라도 근심하지도 않고 장애받지도 않으며 물러나지도 않는다."[228]라고 하였다. 도생 법사[229]가 말하되 "병에 알맞은 약을 지어 주더라도 잘못 투입하면 약이 도리어 독이 된다. 만약 병이 나았다면 독이 약이 된다. 그러므로 위대한 성인은 마음의 병에 의왕이시다. 하는 일마다 모두 법의 좋은 약이다.[230] 만약 그 한 가지를 알면 여러 가지 일이 모두 갖추어진다. 보살이 이미 이 문에 들어가면 불국토에 나아가서 부응한 뜻을 알게 된다. 좋고 나쁜 것이 저기에 있으니 나라고 어찌 다르겠는가?"[231]라고 하였다.

317
이미 마음의 근본 진리를 통달했으면
응당 갈고 다듬어서 장식해야 하나니

---

228 『維摩詰所說經』「菩薩行品」第十一. 大正藏 第14 [0553c28].

229 도생 법사는 구마라집의 4철(哲) 가운데 한사람이다. 어려서부터 영특하여 축법태(竺法汰)에게서 배워 승려가 되고 15세에 강석(講席)에 올랐다. 청원사에 있으면서 교법을 선양하였고, 융안 때(397~401)에 여산혜원(廬山慧遠)에게서 7년 동안 연구한 뒤, 혜예(慧叡)·혜엄(慧嚴)·혜관(慧觀) 등과 함께 장안에 가서 구마라집의 문하에 있었다. 『열반경』을 좋아하였는데, 호구산(虎丘山)에서 돌들을 모아 놓고 설법하니 돌이 머리를 끄덕였다고 한다.

230 後秦釋僧肇選, 『注維摩詰經』卷第九「菩薩行品」第十一. 大正藏 第38 [0404c08].

231 『大方廣佛華嚴經隨疏演義鈔』卷第十二. 大正藏 第36 [0093a19].

선행을 단련하여 지켜 나가고
법의 물을 맑혀서 윤택하게 해야 하네. 《486》

《486》 『화엄경』에서 이른다. "해탈 장자가 말하되, 나는 이미 여래의 무장애장엄해탈문(無障礙莊嚴解脫門)에 들어갔다 나왔고, (…) 나는 이와 같이 시방의 각 십불찰미진수 여래를 뵈었다. 저 모든 여래가 여기에 오시지 않았고 (나는 저기에 가지 않았으나) 내가 만약 안락세계의 아미타여래를 뵙고자 하면 마음에 따라 즉시 뵙고, (…) 모든 부처님과 나의 마음이 모두 다 꿈과 같음을 알며, 모든 부처님이 마치 영상과 같고 자신의 마음이 물거품과 같음을 알며, 모든 부처님이 소유한 색상과 자신의 마음이 모두 환과 같음을 알며, 모든 부처님과 자신의 마음이 모두 메아리와 같음을 알았다. 나는 이와 같이 알고 이와 같이 기억하니 뵈온 모든 부처님이 모두 자신의 마음에서 비롯하였다. 선남자여, 반드시 알지니, 보살이 모든 부처님의 법을 닦고 모든 부처님의 찰토를 깨끗이 하며, 묘행을 쌓고 중생을 조복하되 큰 서원을 세워 일체지에 자재 유희하는 부가사의해탈문(不可思議解脫門)에 들어가고, 부처님의 보리를 얻고 대신통을 나타내어 일체 시방 법계에 두루 가며, 자세한 지혜로 여러 겁에 널리 들어갔다. 이와 같은 모든 것이 모두 자신의 마음에서 비롯하였다.

그러므로 선남자여, 응당 선법으로 자신의 마음을 돕고, 응당 법의 물로 자신의 마음을 윤택하게 하며, 응당 경계로 자신의 마음을 깨끗이 다스려야 하고, 응당 정진으로 자신의 마음을 견고하게 하며, 응당 인욕으로 자신의 마음을 편안하게 하며, 응당 지혜의 깨달음으로 자신의 마음을 결백하게 하며, 응당 지혜로 자신의 마음을 총명하게 하며, 응당 부처님 자재로 자신의 마음을 계발하며, 응당 부처님의 평등으로 자신의 마음을 광대하게 하며, 응당 부처님의 열 가지 힘으로 자신의 마음을 비추고 살펴야 한다."²³²라고 하였다.

그러므로 알지니, 마니보가 흙 속에 빠지면 어떻게 보배를 비처럼 내릴 수 있으며, 밝은 거울이 먼지로 덮여 있으면 어떻게 사람을 비출 수 있겠는가? 중생의 마음이 오랫동안 번뇌에 쌓여 있으면 참 성품을 장애하는 것과 같다. 지금 비록 분명히 깨달았으나 반드시 참된 수행이 필요하다. 그러므로 "만약 남은 습기가 있거든 다시 부처님 지견으로 이를 다스려야 한다."²³³라고 하였다. 그렇게 되면 출전진여(出纏眞如)와 이구해탈(離垢解脫)과 구경청정(究竟淸淨)을 이룰 수 있다.

318
세상을 비추어 자비를 행하는 데 그릇되지 않으려면
먼저 삼명(三明)을 통달해야 하고《487》
근기를 살펴서 도(道)를 가르치는 데 잘못이 없으려면
반드시 열 가지 힘에 의거해야 하네.《488》

《487》 '세 가지 신통(三明)'이란, 하나는 과거 숙세의 삶에 밝은 것이고, 둘은 미래의 천안에 밝은 것이며, 셋은 현재 허물에 밝은 것이다. 비록 삼세를 들어 세 가지 신통을 밝혔으나 단지 마음이 밝을 뿐이다. 그러므로 『증도가』에서 노래한다.

---

232 『大方廣佛華嚴經』卷第六十三「入法界品」第三十九之四. 大正藏 第10 [0339b23-0340a07].

233 『新華嚴經論』卷第十六「昇須彌山頂品」第十三. 大正藏 第36 [0826c15].

마음 거울이 밝아
비춤이 무애하니
온 항하사 세계에
확연히 투영되네.²³⁴

《488》 '열 가지 힘(十力)'이란, 하나는 처비처력(處非處力)²³⁵이고, 둘은 업력(業力)²³⁶이며, 셋은 선정력(定力)²³⁷이고, 넷은 근력(根力)²³⁸이며, 다섯은 욕력(欲力)²³⁹이고, 여섯은 성력(性力)²⁴⁰이며, 일곱은 지처도력(至處道力)²⁴¹이고, 여덟은 숙명력(宿命力)²⁴²이며, 아홉은 천안력(天眼力)²⁴³이고, 열은 누진력(漏盡力)²⁴⁴이다. 이 열 가지 힘은 인과를 두루 알고 만법을 널리 비춘다. 만약 만법의 근본이 마음임을 궁구하여 한마음뿐임을 깨달으면 열 가지 힘이 거울과 같다.

---

234 『永嘉證道歌』. 大正藏 第48.
235 처비처력(處非處力)은 도리에 맞는지 맞지 않는지 아는 힘이다.
236 업력(業力)은 중생의 삼세 업연을 아는 힘이다.
237 선정력(定力)은 선정에 자재무애하여 중생을 두루 아는 힘이다.
238 근력(根力)은 중생의 근기를 확실하게 아는 힘이다.
239 욕력(欲力)은 중생의 욕락을 확실하게 아는 힘이다.
240 성력(性力)은 중생의 갖가지 계분(界分)이 다름을 분명히 아는 힘이다.
241 지처도력(至處道力)은 육도의 유루행과 열반의 무루행을 분명하게 아는 힘이다.
242 숙명력(宿命力)은 과거의 갖가지 일을 아는 힘이다.
243 천안력(天眼力)은 중생의 미래를 아는 힘이다.
244 누진력(漏盡力)은 모든 미혹과 습기를 영원히 끊어 두루 아는 힘이다.

319

업의 근원을 막아 버린 보살은
확고한 뜻이 높고 강해서 《489》
혹 가죽을 벗겨 골수를 내어 선사(繕寫)²⁴⁵하기를 서원하고 《490》
혹 몸을 바위에 던지고 불 속에 뛰어들어 널리 전파하기를 발원하며
《491》

《489》 참마음을 바로 깨달아 진실하게 관찰하는 사람은 업의 근원을 막아 버린 (杜源)보살과 같다. 점교(漸敎)의 법을 배우는 사람은 지류를 찾는 것과 같다. 그러므로 원교(圓敎)의 초심이 이미 방편 수행하는 권학(權學)보살보다 뛰어나다. "소승의 최고봉이라도 원교의 맨 아래 단계만 못하다."²⁴⁶라고 하였다. 그러므로 마음은 근원이 되고 만법은 지류와 같다. 마음에서 드러난 만법은 마음을 의지한다. 만법이 마음의 그림자이기 때문이다.

《490》 석가여래가 과거 전생 보살로서 수행할 때 부처님이 없는 세상을 만나 경의 가르침을 구하고자 하였다. 제석천이 나찰로 변하여 "네가 가죽을 벗겨 종이를 만들고 뼈를 쪼개 붓을 만들며 뼈를 부숴 골수를 내어 먹을 만들 수 있다면, 내가 너에게 부처님의 말씀을 알려 줄 수 있노라."²⁴⁷라고 하였다. 보살이 이 말을 듣고 환희하여 마침내 가죽을 벗기고 뼈를 부수었다. 나찰이 놀라 몸을 숨겨 나타나지 않고, 하방에서 부처님의 모습으로 법

---

245 선사(繕寫)는 잘못을 바로잡아 다시 고쳐 베낀다는 말이다. 여기서는 사경(寫經)의 의미로 쓰였다.
246 『摩訶止觀』卷第一. 大正藏 第46 [0008a06].
247 姚秦三藏鳩摩羅什譯, 『集一切福德三昧經』卷中. 大正藏 第12 [0995c16].

의 요지를 설하였다.**248**

《491》 『대열반경』에서 어떤 선인이 나찰에게 법을 구하였다. 나찰이 말하되 '그대가 몸을 버린다면 내가 반드시 설해 주겠노라.'라고 하였다. 선인이 마침내 높은 바위에 올라가 몸을 던져 바로 뛰어내렸다. 나찰이 몸을 받고는 노래하였다.

    모든 존재가 무상하니
    이것이 생멸법이라
    생멸(법)이 없어지면
    적멸의 즐거움이 되네.**249**

이는 마음의 성품을 깨달은 즐거움이다. 『지도론』에서 "송아지가 '음매 음매' 울며 어미를 부르다가 어미를 보면 금방 그치는 것과 같이, 모든 법도 마찬가지다. 법의 성품에 이르면 곧 머무른다."**250**라고 하였다. 만법도 마음에 이르면 여러 가지 인연이 아울러 끊어진다.

320
몸으로 천 개의 등불을 밝혀
간절하게 반 게송만이라도 구하거나 《492》

---

248 『集一切福德三昧經』卷中. 大正藏 第12 [0996a04] 참조.
249 『大般涅槃經』卷第十四「聖行品」第七之四. 大正藏 第12 [0450a12-0451a02] 참조.
250 『大智度論』卷第三十二「釋初品」中 '四緣義' 第四十九. 大正藏 第25 [0298b18].

이레 동안 한 발을 들고
마음을 다해 꽃의 왕을 찬탄하였네. 《493》

《492》 『대방편불보은경』²⁵¹에서 "예전에 전륜성왕이 바라문에게 나아가 법을 구할 적에, 몸을 도려 천 개의 상처를 내어 짜낸 기름을 가득 붓고, 매우 귀하고 섬세한 모직을 엮어 심지를 만들어서 천 개의 등불을 밝혀 저 스승에게 공양하고 절반의 게송을 구하였다."²⁵²라고 하였다. 이에 법사가 왕을 위해 노래하였다.

태어난 것은 반드시 죽게 마련이니
이렇듯 (生滅이) 사라진 것이 즐거움이네.²⁵³

이 즐거움이란 법의 즐거움(法樂)이고, 대적멸의 즐거움(大寂滅樂)이며, 선정의 즐거운(禪定樂)이다. 천상의 하늘 즐거움이나 인간 의식의 즐거움과는 비교할 수 없다. 천상의 즐거움은 움직이고 춤추는 것으로 즐거움을 삼고, 두 개의 쇠망치로 그림 북을 치고 마주 서서 자지무(柘枝舞)²⁵⁴를 추는 것은 인간 의식의 즐거움이다. 그러므로 『지도론』에서 노래한다.

251　『대방편불보은경』에 대해서는 『대자은사삼장법사전』에서 현경 5년(656년) 현장(玄奘)이 당 고종의 태자에게 '보은경변(報恩經變) 1부'를 헌상하였다는 기록이 있다.
252　『大方便佛報恩經』卷第二「對治品」第三. 大正藏 第03 [0133b13-0134b0] 참조.
253　『大方便佛報恩經』卷第二「對治品」第三. 大正藏 第03 [0134b19].
254　자지무(柘枝舞)는 당대(唐代)에 서역의 석국(石國, 타슈켄트)에서 전래된 중국 북서쪽 소수민족의 무용이다. 처음에는 여성 1인이 추는 독무였으나 뒤에는 2인이 추는 쌍자지(雙柘枝)로 발전하여 송대(宋代)에는 군무(群舞)가 되었다.

숲속에 홀로 앉아
고요히 여러 가지 악을 없애고
담박하게 한마음을 얻었나니
이 즐거움은 하늘의 즐거움이 아니네.²⁵⁵

《493》 석가여래가 과거 전생 보살로서 수행할 때 숲속에서 이레 동안 한 발을 들고 하나의 게송으로 저사여래를 찬탄하였다.

하늘 위나 하늘 아래 부처님과 같은 이가 없고,
시방세계에도 또한 견줄 자가 없네.
세상에 있는 것을 내가 모두 보았지만
일체가 부처님과 같은 이가 없었네.²⁵⁶

그러므로 "하늘 위나 하늘 아래에 오직 나 홀로 존귀하다."²⁵⁷라고 하였다. 또한 "이 일은 오직 나만이 알 수 있다."²⁵⁸라고도 하였다. 그러므로 마음이 비밀문(秘密門)이다. 부처님이 아니면 증득하기 어렵다.

321
또한 법을 생각하여 마음을 다해

---

255 『大智度論』卷第十三「釋初品」中'讚尸羅波羅蜜義'第二十三. 大正藏 第25 [0161a06].
256 隋天竺三藏闍那崛多譯,『佛本行集經』卷第四「受決定記品」下. 大正藏 第03 [0670a02].
257 三藏法師義淨奉制譯,『根本說一切有部毘奈耶雜事』卷第二十. 大正藏 第24 [0297c27].
258 『景德傳燈錄』卷第十八'福州雪峯義存禪師法嗣'. 大正藏 第51 [0343c27].

한마디 말씀만이라도 바랐으니

간절한 마음으로 침식을 몰록 잊고

우러러 사모하여 추위와 더위를 피하지 않았네.

322

온 세계 남쪽으로 법을 찾아서

보살의 큰 걸음으로 나아가고《494》

온몸을 던져서 동쪽에서 법을 청하여

반야의 참다운 근원을 깨달았네.《495》

《494》 선재동자는 남행하며 온 법계의 53 선지식을 친견하여 110성의 법문을 얻어 보살도를 구하였다. 가장 먼저 첫 선지식인 문수보살을 친견하여 이미 자신의 마음을 깨닫고, 나중에 점차 여러 선지식에 이르렀다. 모두 "나는 이미 보리심을 발했지만 보살의 차별지도(差別智道)를 구할 뿐이다."라고 하였다. 미륵에 이르러서 일생에 성불의 과덕(果德)을 증득하였다. 후에 미륵보살이 돌아가서 처음 선지식인 문수보살을 다시 만나 보도록 지시한 것은, 앞의 마음과 뒤의 마음이 똑같아서 다시 차별이 없고, 처음과 끝이 한마음에서 벗어나지 않았음을 드러낸 것이다. 이를 벗어나서 특별히 기특한 것이 없다.[259]

《495》 상제보살[260]이 동쪽으로 가서 법용보살에게 반야를 배우고자 하

---

259 『止觀輔行傳弘決』卷第一之一. 大正藏 第46 [0153c04] 참조.
260 상제보살은 『팔천송반야경』의 마지막 부분(제30장)에 등장하는 보살이다. 여기서 상제보살은 반야바라밀을 구하기 위해 한적한 곳에서 수행한다. 그때 모든 법은 공하고 모양이

였다. 상제보살이 한적한 곳에서 반야를 구할 적에, 반야를 얻기 전까지 항상 눈물을 흘리고 울었기 때문에 상제(常啼)보살이라고 불렸다. 어느 날 공중에서 "동쪽으로 가면 반드시 마음을 열어 주는 선지식을 만날 것이다."라는 말을 들었다. 마침내 몸을 팔아 공양물을 구하여 바로 법용보살 처소에 이르러 선정에 든 보살을 만나게 되었다. 서서 선정에서 나오기를 기다렸다가 이윽고 피를 뽑아 땅에 뿌렸다. (…) 그 후에 법의 말씀을 깨닫고 반야의 심요를 단박에 밝힐 수 있었다.**261**

323
담백하면서 심오하고 그윽하면서 기묘하여
문장으로 표현하기 어렵나니
몸으로 침상을 만들고 살로 등불을 밝히며
바다로 먹을 만들고 수미산으로 붓을 만들었네. 《496》

《496》 『법화경』에서는 제바달다를 위해 몸으로 침상을 만들고,**262** 전륜성왕이 몸을 도려 천 개의 등불을 밝혔다.**263** 『화엄경』에서 "수미산을 모아 붓을 만들고 사해의 물로 먹을 만들더라도 『보안경』의 한 품도 능히 쓰지

없고 원하는 대상이 아니며, 무생(無生)·무멸(無滅)이며, 실재하지 않는다는 붓다의 가르침을 듣게 된다.

261 『大般若波羅蜜多經』卷第三百九十八「初分常啼菩薩品」第七十七之一. 大正藏 第06 [1060b11-1061b21] 참조.

262 『妙法蓮華經』卷第四「提婆達多品」第十二. 大正藏 第09 [0034b24].

263 『大方便佛報恩經』卷第二「對治品」第三. 大正藏 第03 [0134b04-0134c16] 참조.

못한다."²⁶⁴라고 하였다. 이는 모두 법을 위해 몸을 버리고 도에 이르기를 구하는 서원이다. 어찌 경솔할 수 있겠는가!

> 324
> 약왕보살은 손을 태워
> 크고 깊은 은혜를 갚았고 《497》
> 보명왕은 머리를 잘라
> 헤아리기 어려운 묘한 술법을 구하였네. 《498》

《497》 『법화경』에서 "약왕보살이 온갖 복으로 장엄한 팔을 태워 7만 2천 세 동안 일월정명덕불에게 공양하고 (…) '나는 두 팔을 버리고 반드시 부처님의 금색 몸을 얻으리니, 만약 진실이고 허구가 아니라면 나의 두 팔이 예전과 같이 도로 회복하게 되리라.'"²⁶⁵라고 하였다. '내가 두 팔을 버린다.'라는 것은 곧 단견(斷見)과 상견(常見)을 버리고 성불하는 것이다. 『화엄경』에서 노래한다.

> 일체법은 생겨나지도 않았고
> 일체법은 멸하지도 않았네.
> 만약 이와 같이 알 수 있다면
> 모든 부처님이 항상 눈앞에 나타나리라.²⁶⁶

---

264 『大方廣佛華嚴經』卷第四十六 「入法界品」第三十四之三. 大正藏 第09 [0691b13] 참조.
265 『妙法蓮華經』卷第六 「藥王菩薩本事品」第二十三. 大正藏 第09 [0053c22-0054a01] 참조.
266 『大方便佛報恩經』卷第十六 「須彌頂上偈讚品」第十四. 大正藏 第10 [0081c05].

'생겨나지 않는다.'라는 것은 항상하지 않는다는 것이고, '멸하지 않는다.'라는 것은 끊어지지 않는다는 것이다. '단견과 상견'을 버리기만 하면 자연히 성불한다. 논에서 "견해가 있으면 범부이고 망령된 생각을 버리면 부처다."[267]라고 하였다.

《498》 『대방편불보은경』에서 "어떤 바라문이 보명왕에게 머리를 구걸하였다. 왕이 말하되 '나는 일체중생을 위해 내세에 대지혜의 머리를 얻어서 너희에게 보시한다.'라고 하였다. (…) 그때의 보명왕은 곧 석가여래이다. 부처님이 말씀하시되 '내가 전륜왕의 머리를 버려 보시한 적이 천 번이나 되는데 더욱이 나머지 몸이랴.'"[268]라고 하였다. 무릇 보살이 머리나 눈이나 골수나 뇌를 버린 것은 모두 무상정등정각(無上正等正覺)의 마음을 구하기 위함이다. 이 위없는 마음은 성불의 묘한 술법이다.

---

267 『新華嚴經論』卷第一. 大正藏 第36 [0726a25].
268 『大方便佛報恩經』卷第五「慈品」第七. 大正藏 第03 [0149b28-0150a25] 참조.

12
스스로 깨달은 성스러운 지혜를 증득하여 본도량에 들어가네

✢

自得法과 本住法, 顯了說과 祕密說,
眞實說과 方便說, 遮詮과 表詮

325

얼음 같은 집착을 버리고

행장(行藏)[269]을 정하면 《499》

스스로 깨달은 성스러운 지혜를 증득하고 《500》

본래 머물러야 할 도량으로 들어가네. 《501》

《499》 마음 밖에서 법을 보려고 하면 곧 집착에 걸리게 된다. 그러므로

---

269 행장(行藏)은 진로(進路), 진퇴(進退), 내력, 행적, 비밀, 내막의 의미이다.

『수능엄경』에서 노래한다.

> 보고 듣는 것은 환이나 안질과 같고
> 삼계는 허공꽃과 같네.270

만약 경계를 통달하고 마음을 밝히면 집착하는 생각이 없다. 그러므로 경에서 "부처님이 말씀하시되 '나는 모든 법에 집착이 없으므로 한 발(두 팔)의 항상한 광명(常光)271과 진금색의 몸을 얻었느니라.'"272라고 하였다.

《500》 『능가경』에서 "부처님이 대혜에게 말씀하시되, 예전의 성인이 아신 것을 차례로 서로 전수하시길 '망상은 자성이 없다.'라는 것이다. 보살마하살이 홀로 고요한 곳에서 스스로 깨어서 관 수행을 닦아서 다른 것으로 말미암지 않았다. 지견의 망상을 버리고 위로 위로 올라가서 여래지(如來地)에 들어가니, '스스로 깨달은 성스러운 지혜의 형상(自覺聖智相)'"273이라고 하였다. 이런 까닭에 자신의 마음을 깨달음으로써 성스러운 지혜를 이룰 수 있었다.『밀엄경』에서 노래한다.

> 땅은 분별이 없으나
> 만물이 여기에서 생겨나는 것과 같이

---

270 『首楞嚴義疏注經』卷第二. 大正藏 第39 [0856b20].
271 항상한 광명(常光)이란 불보살의 몸에서 밤낮으로 항상 비치는 광명이다.
272 『大般若波羅蜜多經』卷第三百九十八 「初分常啼菩薩品」第七十七之一. 大正藏 第06 [1062a02].
273 『楞伽阿跋多羅寶經』卷第二「一切佛語心品」之二. 大正藏 第16 [0497b02].

장식(藏識)도 마찬가지로
수많은 경계의 의지처가 되네.

마치 사람이 자기 손으로
다시 자신의 몸을 만지는 것과 같고
코끼리가 코로 물을 떠서
자기에게 끼얹는 것과 같네.

또한 아이들이
입으로 손가락을 빠는 것과 같이
이처럼 식(識)이 분별하여
경계를 드러내나 도로 자기를 반연하네.

마음의 경계가
널리 삼계(三有)에 두루하니
오랫동안 관 수행을 닦은 자는 잘 통달한다네.
안팎의 모든 세간은 오직 마음이 나타난 것임을.[274]

《501》 『능가경』에서 "대혜가 다시 부처님에게 사뢰되 '세존이 설하신 대로, 나는 어느 날 밤에는 최상의 정각을 얻었고, 어느 날 밤에는 열반에 들어갔지만, 그 중간에 한 자도 설하지 않았고, 또한 과거에도 설하지 않았으며, 미래에도 설하지 않을 것이다. 설함이 없는 것이 부처님의 설이라고 하

---

[274] 『大乘密嚴經』卷中「妙身生品」第二之餘. 大正藏 第16 [0730c21].

셨습니다. 어찌하여 설하지 않은 것이 부처님의 설이라 하시나이까?'라고 하였다.

부처님이 대혜에게 이르시되, '나는 두 가지 법 때문에 이렇게 말을 한 것이다. 하나는 스스로 얻는 법(自得法)²⁷⁵이고, 둘은 본래 머물러 있는 법(本住法)이다. 스스로 얻는 법(自得法)이란 무엇인가? 만약 저 여래가 얻은 것이라면 나도 역시 얻어서 더하거나 덜한 것이 없다. 스스로 얻는 법의 구경의 경계는 언설의 망상을 여의었고 문자의 이취(二趣)²⁷⁶를 여의었다.

본래 머물러 있는 법(本住法)이란 무엇인가? 이를테면 옛 성인의 성스러운 도는 금·은 등의 법과 같이 법계에 항상 머무른다. 여래가 세상에 나오시거나 세상에 나오시지 않거나 간에 법계에 항상 머물러서, 저 성으로 가는 길과 같다. 비유하면 장부가 광야를 가다가 예전 고성으로 난 평탄하고 똑바른 길을 보고 바로 성으로 들어가서 마음에 맞는 즐거움을 수용하는 것과 같다.'"²⁷⁷라고 하였다.

『인왕경』「관공품」에서 "(선남자여) 만약 수습하여 설한 것을 듣더라도 (들음이 없고 설함이 없어서) 허공과 같으니, (법이) 법의 성품과 같고 (듣는 것이 같고 설함이 같아서) 일체법이 모두 같다."²⁷⁸라고 하였다. 또한 "모든 부처님이 설한 것은 다만 옛 부처님이 설한 것을 전하여 기술했을 뿐이지 스스로 지어낸 것이 아니다."라고 하였다.²⁷⁹ 『반야론』에서는 "수보리가 말하되 '여래는 설하신 것이 없습니다.'라고 하였다. 이 뜻은 무엇인가? 오직 여래만이

---

275 자득법(自得法)은 자증법(自證法)이다.
276 이취(二趣)는 상대적인 이변(二邊)이다.
277 『楞伽阿跋多羅寶經』卷第三「一切佛語心品」之三. 大正藏 第16 [0498c17-0498c21].
278 『佛說仁王般若波羅蜜經』卷上「觀空品」第二. 大正藏 第08 [0826b03].
279 『大方廣佛華嚴經隨疏演義鈔』卷第九. 大正藏 第36 [0069b26].

설하시고 다른 부처님은 설하지 않은 어떤 법도 없다는 것이다."[280]라고 하였다.『밀엄경』에서 노래한다.

> 비유하면, 수많은 물이 흘러서
> 밤낮으로 바다로 돌아가는 것과 같이
> 땅에 여러 가지 보물과
> 갖가지 색깔과 형상과 맛이 있는데
> 모든 유정이 이를 수용하되
> 복에 따라 불러들이는 것과 같이
> 이렇듯 아뢰야식이
> 모든 분별과 함께하여
> 생사를 증장시키기도 하지만
> 전의(轉依)[281]하여 정각을 이루기도 하네.[282]

그러므로 생사의 바다에 빠진 것과 보리의 자리에 오르는 것은 모두 자신의 마음이 오르고 내림에 기인함을 알 수 있다. 그러므로 선덕[283]이 "지혜로운 사람은 마음을 구하고 부처를 구하지 않으며, 어리석은 사람은 부처

---

280 元魏天竺三藏菩提流支譯 天親菩薩造,『金剛般若波羅蜜經論』卷中. 大正藏 第25 [0787a07].

281 전의(轉依)는 산스크리트 āśraya-parāvṛtti로, 소의(所依)를 변혁한다는 뜻이다. 소의는 아뢰야식을 가리킨다. 이는 '번뇌에 오염되어 있는 아뢰야식을 청정한 상태로 변혁한다. 번뇌에 오염되어 있는 마음의 근원을 청정한 열반의 상태로 변혁한다. 분별하는 마음 작용을 분별하지 않는 상태로 변화시킨다. 분별하는 인식 주관의 작용을 소멸시킨다.'라는 의미이다.

282 『大乘密嚴經』卷下「阿賴耶微密品」第八. 大正藏 第16 [0742c03].

283 선덕은 당나라 대주혜해(大珠慧海)이다. 생졸년을 알 수 없다.

를 구하고 마음을 구하지 않는다."²⁸⁴라고 하였다.

326
걸음마다 강 밑바닥까지 이르고 《502》
화살마다 버들잎 과녁을 맞히니 《503》
옷깃을 가지런히 하려면 옷깃만을 생각해야 하고
벼리를 정리하려면 벼리만을 중요하게 여겨야 하네. 《504》

《502》 코끼리가 강을 건널 적에 걸음마다 밑바닥에 이른다²⁸⁵는 것은 원교(圓教)를 비유한 것이다. 방편이나 점차로 나아가는(權漸) 토끼나 말이 강을 건너는 것과는 같지 않다. 그러므로『이장자론』에서 "일념에 무생(無生)을 원만하게 증득한 것이 저 삼승권학(三乘勸學) 등의 소견을 뛰어넘는다."²⁸⁶라고 하였다.『보적경』에서 노래한다.

문수 대지혜인이
법원(法源)의 밑바닥까지 깊이 통달하였네.²⁸⁷

《503》 활을 쏘는 것과 같다는 것은, 과녁에 적중하려고 하면 대부분 어긋

---

284 唐沙門慧海撰,『頓悟入道要門論』卷上. 卍新續藏 第63 [0018a12].
285 隋天台智者大師說門人灌頂記,『菩薩戒義疏』卷上. 大正藏 第40 [0563a24].
286 『新華嚴經論』卷第一. 大正藏 第36 [0723c15].
287 『大寶積經』卷第一百五「善住意天子會第三十六之四破二乘相品」第七之二. 大正藏 第11 [0590b18].

나서 일부분만 맞추지만, 만약 땅으로 과녁을 삼으면 맞히지 못할 자가 없다.[288] 마음으로 과녁을 삼으면 근본에 계합하지 못할 리가 없다는 것이다. 또한 양유(養由)[289]가 활을 잘 쏘아서 백 개를 쏘아 백 개를 맞추었다. 그래서 백 보 밖에서도 나뭇잎을 맞추어 화살을 헛되게 쏜 적이 없었다. 그러므로 "대승의 이치로 상대한다면 만 가지 중에 하나도 잃어버리지 않는다."라고 하였다.

《504》 이 한마음의 비밀 법문은 마치 벼리를 들고 옷깃을 드는 것과 같음을 비유하였다. 중요한 것만을 뽑아 말하는 것을 '단도직입(單刀直入)'이라 한다. 교(敎) 중에 현료설(顯了說)과 비밀설(祕密說)이 있으며, 진실설(眞實說)과 방편설(方便說)이 있으며, 차전(遮詮)[290]과 표전(表詮)[291]이 있다. 이것은 현료설이며 진실설이며 표전이니, 곧바로 마음의 본체를 드러낸다. 잘못된 것을 막고 집착을 타파하는 방편의 말이 아니다. 그러므로 『법화경』에서 노래한다.

정직하여 방편을 버리고
오직 위없는 도(無上道)만을 설할 뿐이네.[292]

---

[288] 姚秦涼州沙門竺佛念譯, 『出曜經』 卷第十五 「利養品」 下. 大正藏 第04 [0690b23] 참조.

[289] 양유(養由)는 춘추 시대 초나라 대부이다. 백 보 밖에서 버들잎을 명중시켰다는 활의 명수로, 언릉(鄢陵) 싸움에서 진군(晉軍)의 추격을 저지하였고, 초 공왕(共王)이 죽은 틈을 타서 오군(吳軍)이 쳐들어오자 사마자경(司馬自庚)을 도와 대패시켰다.

[290] 차전(遮詮)은 사물의 뜻을 부정적으로 설명한다는 뜻이다.

[291] 표전(表詮)은 사물의 뜻을 긍정적인 표현을 써서 적극적으로 설명한다는 뜻이다.

[292] 『妙法蓮華經』 卷第一 「方便品」 第二. 大正藏 第09 [0007c09].

현료설이란, 『밀엄경』에서 노래한다.

> 마음이 없고 또한 경계도 없어서
> 헤아리는 주체(能量)와 헤아리는 대상(所量)이 모두 없네.
> 다만 한마음에 의해
> 이처럼 분별할 뿐이네.[293]

이어서 노래한다.

> 저 화륜(火輪)과 수발(垂髮)[294]과
> 건달바성과 같이
> 오직 자신의 마음인 줄 알지 못하고
> 망령되게 여러 가지 분별을 일으키네.[295]

327
**바다에서 목욕하면 이미 모든 강물을 쓴 것이고
한 티끌만이라도 사르면 여러 맛의 향기를 머금은 것이네. 《505》**

---

293 大興善寺三藏沙門不空奉詔譯, 『大乘密嚴經』 卷上 「入密嚴微妙身生品」 第二. 大正藏 第16 [0751a13].
294 수발(垂髮)이란 어린아이의 늘어뜨린 머리, 또는 보살의 늘어진 머리이다.
295 『大乘密嚴經』 卷上 「入密嚴微妙身生品」 第二. 大正藏 第16 [0751b29].

《505》 『대열반경』에서 "사람이 바다에 들어가 목욕하면 이미 여러 강물을 사용한 것과 같다."²⁹⁶라고 하였다. 『수능엄삼매경』에서는 "만 가지 향을 갈아 환을 만들어서 한 조각을 태우더라도 여러 가지 향기를 갖추고 있는 것과 같다."라고 하였다. 모두 한마음을 깨달으면 일체 법문에 모두 그윽이 계합한다는 것을 비유한 것이다.

---

296 『大般涅槃經』卷第二十四「光明遍照高貴德王菩薩品」第十之四. 大正藏 第12 [0509b02].

13
예로부터 변함없는
실상(實相)의 문으로 들어가네

✧

제7식과 제8식

328
도리천의 잡림원²⁹⁷에는
차별된 견해가 없고《506》
수미산 남쪽에는
금색 광명이 순일하게 펼쳐지는 것과 같네.《507》

---

297 잡림원은 도리천 서쪽의 원이다. 도리천의 동쪽에 중차원(衆車苑), 서쪽에 잡림원(雜林苑), 남쪽에 추섭원(麁涉苑), 북쪽에 환희원(歡喜苑)이 있다. 중차원은 천인이 이곳에 들어가면 보석으로 치장된 수레가 저절로 나온다. 잡림원에는 온갖 기이한 꽃과 나무들이 우거져 있다. 또한 추섭원에는 제석천이 싸우려고 하면 온갖 무기가 가득 차 있다. 환희원은 이곳에 들어서면 열락과 환희가 가득하다.

《506》 『불지론』²⁹⁸에서 "삼십삼천에 한 잡림원이 있는데, 여러 하늘의 화합과 복력을 느낄 수 있다. 만약 여러 하늘 대중이 이 숲속에 있지 않다면, 궁전에서 여러 가지 일로 즐거움을 누릴 때 뛰어나고 열등함이 다르고, 나(我)와 내가 소유한 것(我所)들도 차별되게 느끼게 된다. 만약 이 숲속에 있으면 일이나 수용하는 것이 모두 뛰어나고 열등함이 없어서 모두 똑같이 최상으로 오묘함을 느낄 수 있다. 나와 내가 소유한 것들이 없이 화합하여 수용하니 평등하다. 그러므로 '잡림원'이라 한다. 이것은 여러 하늘이 각기 평등화합한 복덕의 증상력(增上力)²⁹⁹을 닦음으로 연유한다. 저 여러 하늘의 아뢰야식이 이 숲을 변현하여 같은 장소와 같은 시간에 똑같은 형상을 띠게 된다. 이 잡림원의 증상력으로 저 전식(轉識)도 또한 똑같이 변현하게 된다. 비록 각각 수용하지만 다름이 없다고 하는 것이다."³⁰⁰라고 하였다. 그러므로 만약 제법이 모두 심상에서 생겨난 줄 통달하면 곧 세속문(世俗門)에서 성스러운 수행 처소(聖行處)로 들어갈 것이다.

《507》 수미산 남쪽에서 순수하게 금빛 광명을 비추니, 잡색의 새가 이 산으로 날아들 때 모두 똑같이 금색을 띠게 된다. 만법이 마음으로 돌아감에 모두 똑같은 마음의 법인 것과 같은 이유이다.

---

298 『불지론』은 친광(親光)이 짓고 현장이 번역한 『불지경론(佛地經論)』이다.
299 증상력(增上力)은 산스크리트 adhipatya로 뛰어난 자재력(自在力), 뛰어난 힘 또는 역량을 뜻한다. 증상(增上)은 산스크리트 aupacayika, adhipati로 어떤 일에 영향을 주는 힘을 뜻한다. 뿌리는 나무를 증상시킨다. 그래서 근(根)은 증상(增上)이라는 뜻을 갖는다. 이러한 증상의 뜻에는 자신을 존중하는 것에서 생겨나는 향상력인 자증상(自增上), 자신이 현재 배우고 있는 선법(善法)을 존중하는 것에서 생겨나는 향상력인 법증상(法增上), 그리고 세간의 도덕과 다른 사람들을 존중하는 것에서 생겨나는 향상력인 세증상(世增上)이 있다.
300 大唐三藏法師玄奘奉詔譯 親光菩薩等造, 『佛地經論』卷第六. 大正藏 第26 [0321c29].

329

술에 취했다가 깬 것과 같고
꿈꾸다 일어난 것과 같으니
외도가 하늘에서 주술을 받고
부인이 숲속에서 사내아이를 구하네. 《508》

《508》 서천에 한 외도가 범천에 공양하며 주술을 구하였는데, 마침내 꿈속에서 하늘이 주술을 주는 것을 보았다. 그러나 범천은 실로 내려 준 것이 아니고 다만 하늘에 부탁한 것이 증상력이 되었을 뿐이다. 모두 꿈속의 마음(夢心)에서 느끼는 일일 뿐이다. 또한 들어 보았는가? 자식을 구하는 자가 몰래 밀림에 숨었다가, 꿈에 사람들이 함께 성교(交集)하는 것을 보고 곧 자식을 얻었다.[301] 이것은 모두 몽중에서 의식이 변화된 것으로, 단지 자신의 마음이지 실재하는 외경은 없다.

330

무위(無爲)와 무사(無事)가
온전히 실상(實相)의 문에 해당하고
오직 고요하고 오직 깊음이
법공(法空)의 뜻을 단박에 깨닫네. 《509》

《509》 천 가지 논, 만 가지 경이 바로 아공(人空)과 법공(法空)을 말하여 한

---

[301] 『成唯識寶生論』卷第二. 大正藏 第31 [0084a14].

마음의 뜻과 팔식(八識)의 근원을 깨닫게 한다. 이 한마음과 팔식은 미세하여 알기가 어렵고 오직 부처님만이 알 수 있다.

우선 팔식 심왕(心王)은 제8 아뢰야식으로 근본을 삼아 능히 앞의 제7식을 일으킨다. 『기신론』에서 "생멸이 불생멸과 화합하여 하나도 아니고 다르지도 않은 것을 아뢰야식이라 한다."302라고 하였다. 고덕303이 해석하되 "생멸하지 않는 마음이 생멸과 화합하여 하나도 아니고 다르지도 않다.'라고 하였는데, 제7식인 염법(染法)은 '생멸'이라 하고, 여래장인 정법(淨法)은 '불생멸'이라 하였다. 불생멸의 마음 그대로 움직였기 때문에 마음이 생멸상(生滅相)을 여의지 않고, 생멸상이 신령하여 알지 못하는 것이 없으므로 생멸이 마음의 형상을 여의지 않는다. 이와 같이 서로 여의지 않기 때문에 화합한 것을 아뢰야식이라 하고, 화합하기 때문에 하나도 아니고 다르지도 않다. 만약 하나라 해도 화합이 없고 다르다 해도 화합이 없다. 하나도 아니고 다르지도 않기 때문에 화합할 수 있다.

또한 여래장청정심이 생멸상을 움직여서 서로 여의지 않기 때문에 '화합'이라 한다. 생멸상이 따로 있어서 진실과 화합하는 것이 아니다. 예를 들면 움직이는 물이 파도를 만든 것이지, 파도가 다른 외부에서 화합해 이루어진 것이 아니다. 이를테면, 생멸의 마음과 마음의 생멸이 형상이 없으므로 마음의 생멸이 무명으로 인하여 이루어진다. 생멸의 마음이 본각(本覺)에서 일어났으므로 두 가지 본체가 없다. 서로 버리고 여의지 않으므로 화합이라 한다. 예를 들면 바닷물이 바람으로 인해 파도치니, 물이나 바람이 서로 버리고 여의지 않는 것과 같다.

---

302 『大乘起信論』一卷. 大正藏 第32 [0576a24].
303 원효의 『기신론소』, 법장의 『기신론의기』, 신라 대현의 『기신론약탐기』가 대동소이하다.

생(生)과 무생(無生)이 하나라면, 나고 죽는 여러 가지 형상이 멸하여 다할 때 마음과 정신(心神)의 본체도 또한 응당 따라서 멸하여 단견의 변견(斷邊)에 떨어지게 된다. 만약 다르다면, 무명의 바람에 의해 움직일 때 고요한 마음(靜心)의 본체는 응당 인연을 따르지 않아서, 상견의 변견(常邊)에 떨어지게 된다. 이 두 가지 변견을 여의었기 때문에 한 가지도 아니고 다르지도 않다.

또한 위에서 설한 각(覺)과 불각(不覺)의 두 법은 서로 훈습하여 오염됨(染)·깨끗함(淨)을 이루고 있으나, 이미 자신의 본체(自體)가 없는 완전히 하나의 각(覺)이다. 왜냐하면 무명으로 인하여 불각을 이루고 있는데, 불각의 의미가 훈습된 본각이기 때문에 여러 가지 오염된 법(染法)을 생겨나게 한다. 또 본각이 훈습된 불각이기 때문에 여러 가지 깨끗한 법(淨法)을 생겨나게 한다. 이 두 가지 뜻에 따라 두루 모든 것을 생겨나게 한다. 그러므로 식(識)은 두 가지 뜻을 지니고 있어서 모든 법을 생겨나게 한다고 말하는 것이다."[304]라고 하였다.

331
제자백가가 그윽이 귀의하고
오랜 옛날부터 변함없는
눈앞 티끌의 본체 없음에 근거해 보면
오직 자신의 법[305]이 펼쳐 놓은 것일 뿐이네.

---

[304] 釋元曉撰, 『起信論疏』 上卷. 大正藏 第44 [0202a25] 참조.
[305] 자신의 법은 육근 가운데 의근(意根)의 대상인 법(法)을 의미한다.

악공이 희롱하는 꼭두각시와 같고
극장에서 연기하는 배우와 같네.《510》

《510》 『기신론소』에서 (『밀엄경』에서) 노래하였다.

> 부처님이 말씀하신 여래장은
> 아뢰야라고 한다.
> 지혜 없는 자는 제대로 알 수 없으니
> 여래장이 곧 아뢰야식이다.[306]

'아뢰야'는 범어이니 우리말로 '아애집장(我愛執藏)'[307]이라 한다. 곧 일체중생의 '제8근본식의 마음'이다. 제8식의 마음이 곧 여래장인데, 일체 외도와 중생이 알지 못하고 장식(藏識)이라 집착한다. 부처님이 말씀하시되 "대혜여, 제7식은 유전하지 않고 고락을 받지 않지만, 열반의 인(因)은 아니다. 대혜여, 여래장은 고락을 받되 인과 함께하여 생겨나기도 하고 사라지기도 한다."[308]라고 하였다.

해석한다. "제7식은 매 순간 생멸하여 무상하니, 반드시 일어나면 곧 사라지는데 어떻게 유전하리오? 자신의 본체가 없으므로 고락을 받지 않

---

[306] 『大乘密嚴經』卷下「阿賴耶微密品」第八. 大正藏 第16 [0746b16].

[307] 아애집장(我愛執藏)은 아애(我愛)라고 집착하는 장식이다. 제7식이 제8식 견분(見分)을 실아(實我)라고 망집(妄執)하여 아애를 낸다. 여기에서 제7식은 능집(能執)이고, 제8팔식은 소집(所執)이다. 그러므로 이 제8식을 또한 '아애집장'이라 한다. 아애는 네 가지 근본번뇌 가운데 하나다. 제7 말나식이 제8 아뢰야식을 '나'라고 집착하여 이 번뇌를 낸다. 아애는 아탐(我貪)을 말한다. 집착하는 나(我)에 깊이 집착을 내기 때문이다.

[308] 『楞伽阿跋多羅寶經』卷第四「一切佛語心品」之四. 大正藏 第16 [0512a29].

는다. 이미 오염된 법(染)에도 의지하지 않고 무루열반(無漏涅槃)에도 의지하지 않는다. 여래장은 항상하고 널리 두루하여 육도에 존재한다. 이를 미혹하여, 인연 따라 사건을 일으키고 고락의 과보를 받지만 제7식과 함께하므로 '인(因)과 함께한다.'라고 한다. 자성을 지키지 않고 존립하기 때문에 제7식이 이것에 의지해 생멸한다. 그러므로 '태어나거나 죽는다.'라고 하였다. 이것은 여래장이 곧 '진여이면서 인연을 따르기(眞如隨緣)' 때문에 고락 등을 받는다."309

또 "항상 무명인 제7식과 함께하여 단절됨이 없다. 여래장이 인연을 따라 반연하므로 아뢰야식이라 한다. 그러므로 '무명과 함께한다.'에서, '바다는 아뢰야와 같고 파도는 무명 제7식과 같으며 물은 여래장(如來藏)과 같음'을 설명하였다. '단절이 없다.'라는 것은 까마득한 옛날부터 상속하여 끊어지지 않기 때문이다. 여래장이란 훈습된 청정한 성품(淨性)이다. 오염된 인연(染緣)을 따라서 헛된 거짓 등을 이루는 것은 훈습 주체(여래장)의 오염된 환상(能熏染幻)이다. 식장(識藏)이 이루고 있는 아뢰야식이다.

'선(善)과 불선(不善)의 인(因)이 된다.'라는 것은, 이 자성이 선한 인연을 따르면 여러 가지 선한 법(善法)을 일으키니 자성이 곧 선의 인(善因)이다. 불선의 인연에 따르면 여러 가지 불선법(不善法)을 일으키니 자성이 곧 불선의 인(不善因)이기도 하다. '고락을 받아 인과 함께한다.'라는 것은, 선(善)을 따름으로 즐거움을 받으니 자성이 그 가운데 있고, 악(惡)을 따름으로 고통을 받으니 자성이 또한 그 가운데 있다.

'태어나거나 죽는다.'라는 것은, 육도(諸趣)에 순환하여 만 번 죽었다가 만 번 태어나는 것이다. 마치 배우(技兒)가 연극을 할 적에 복장을 바꾸어 입

---

309 『大方廣佛華嚴經隨疏演義鈔』卷第七十五. 大正藏 第36 [0593b14].

더라도 본 모습은 한 사람이니, 처음부터 일찍이 바뀐 적이 없다."[310]라고 하였다. 그러므로 『능가경』에서 노래한다.

> 마음은 주연 배우(工伎兒)와 같고
> 뜻은 조연 배우(和伎者)와 같으며
> 오식(五識)은 음악과 같고
> 망상은 연극을 관람하는 대중과 같네.[311]

그러므로 초당 화상[312]이 노래한다.

> 배우는 본래 하나의 몸이지만
> 잠깐 관인이 되기도 하고
> 잠깐 노비가 되기도 하니
> 이름이나 복장이 비록 바뀌지만
> 처음부터 끝까지 노비나 주인이 결코 다르지 않네.[313]

그러므로 청정한 여래장인 하나의 참마음은 더하거나 줄어들지 않아서 고요히 항상 머물지만, 자성을 지키지 않고 더럽고 깨끗한 인연을 따라 마침내 범부나 성인의 십법계(十法界)를 성취한다. 비록 인연을 따르기는 하지만 또한 자성을 잃지 않아서 범부에 있으나 줄어들지 않고 성인에 처하나

---

310 『起信論疏筆削記』卷第六. 大正藏 第44 [0329c17] 참조.
311 『大乘入楞伽經』卷第五「刹那品」第六. 大正藏第16 [0620a09].
312 초당(草堂) 화상은 규봉종밀이다.
313 『起信論疏筆削記』卷第六. 大正藏 第44 [0329c17].

더하지 않는다. 물이 바람에 따라 파도가 될 때 젖는 성질을 잃지 않듯이 일체중생의 참마음도 마찬가지로 형상에 따라 전변하나 자성은 언제나 움직이지 않는다. 그러므로 『환원관』에서 "진여의 성품이 본래 그대로 인연을 따르고, 인연을 따를 때 본래 그대로 성품으로 돌아간다."³¹⁴라고 하였다.

---

314 『修華嚴奧旨妄盡還源觀』. 大正藏 第45 [0639b20].

14
다른 이를 따르면 무사할지는 모르나
주인공의 삶은 아니라네

✝

不定說은 불타는 사바세계를 벗어나는 문

332
얕거나 깊으나
한마음 경계를 벗어나지 않고 《511》
길거나 짧거나
다만 유식의 시간에 맡겼을 뿐이네. 《512》

《511》 『화엄경』에서 "불자여, 보살마하살이 차례대로 모든 부처님의 국토에 두루 나아가는 신통삼매와 (…) 잠깐 사이에 모든 부처님 처소에서 부지런히 불법을 구하지만 모든 부처님이 세상에 나오시거나 열반에 들어가시는 이러한 모습을 모두 알 수는 없다. 마치 산란한 마음으로 인연의 경계를 분별하여서 일어난 마음으로는 어떻게 인연의 경계가 일어나는지 알지 못하며, 마음이 멸하면 어떻게 인연의 경계가 멸하는지 알지 못하는 것과 같다. 이 보살마하살도 마찬가지로 여래가 세상에 출현하시는 것과 열반한 모습을 알지 못한다.

　불자여, 낮에 아지랑이가 구름에서 나오는 것도 아니고 못에서 나오는 것도 아니며, 육지에 거처하지도 않고 물에 머물지도 않으며, 있는 것도 아니고 없는 것도 아니며, 선(善)도 아니고 악도 아니며, 깨끗한 것도 아니고 탁한 것도 아니며, 마시거나 양치할 수도 없고 더럽게도 하지 못하며, 본체가 있는 것이 아니고 본체가 없는 것도 아니며, 맛이 있는 것도 아니고 맛이 없는 것도 아니다. 인연에 따라 물의 모양을 나타냄에 식(識)의 요별하는 대상이 되어 멀리서 바라보면 물과 같아서 물이라는 생각을 일으키나 가까이하면 없으니 물이라는 생각이 저절로 없어지는 것과 같다. 이 보살마하살도 마찬가지로 여래가 세상에 나오시는 것과 열반하시는 모양을 알 수가 없다. 모든 부처님의 유상(有相)과 무상(無相)이 모두 마음에서 생각으로 분별한 것이다.

　불자여, 이 삼매는 '청정하고 깊은 마음(心行)'이라 한다. 보살마하살이 이 삼매에 들어갔다가 일어나고, 일어나고 나서도 (삼매를) 잃어버리지 않는다."[315]라고 하였다.

　지금까지 살핀 것처럼 마음을 존귀한 근본(宗)으로 삼은 것은 불교만이 아니다. 유교나 도교도 역시 귀의해야 할 지점이다. 모두 '자신에게로 돌아가는 것이 최상이다.'라고 하였다. 『공자가어』[316]에 "위령군이 공자에게

---

315 『大方廣佛華嚴經』卷第四十一「十定品」第二十七之二. 大正藏 第10 [0215a29].

316 『공자가어』는 공자의 언행 및 공자와 문인과의 논의를 수록한 책이다. 『한서』「예문지」에는 『공자가어』 27권이라고 되어 있으나, 이것은 이미 실전되었고 저자의 이름도 기록되어 있지 않다.

묻되 '어떤 이가 과인에게 말하되, 국가를 다스리는 자는 묘당(廟堂)에서 마음을 정중히 하는 것이 정치이다.'라고 하였습니다. 어떻습니까? 하니, 공자가 '옳은 말이다. 사람을 사랑하는 자는 사람이 사랑하고, 사람을 미워하는 자는 사람이 미워한다. 이른바 작은 방을 나가지 않고 천하를 아는 것은 자신을 돌아볼 줄 아는 것을 말한다.'"[317]라고 하였다.

이를 보면 알 수 있다. 만약 자신을 놔두고 다른 사람을 따르면 무사하기는 하지만 자신의 마음으로 돌아가지 못한다. 취하고 버리는 것을 잊어버리고, 이뻐하고 싫어하는 것에 뜻이 가지런해야 한다. 단지 한마음은 형상 없이 스스로 드러나는 줄 깨달으면 육도(六趣)의 번뇌 감옥에서 자연히 벗어날 것이다. 나아갈 때는 반드시 이 문에서 비롯해야 하나니, 이 도를 비롯하지 않음이 없기 때문이다. 고덕이 "육도중생이 이 문으로 나가서 천겁이 지나도록 돌아오지 않으니, 얼마나 통탄스러운 일인가."[318]라고 하였다. 그러므로 '모든 부처님이 놀라서 불난 집(火宅)으로 들어가시고, 조사가 특별히 서쪽에서 왔으며, 내지 천 분의 성현이 가엽게 여기는 것'이 모두 오직 마음의 출요도(出要道)를 통달하지 못했기 때문이다.

『화엄경』에서 한마음이 다함없는 일을 이룰 수 있음을 설명하였다. 그러므로 "한마음이 뛰어나게 수승하다."라고 하였다. 경에서 "하나는 부처님 한 분이 가부좌하고 계시면서 시방 무량세계에 두루 가득하시고, 둘은 일체 모든 부처님이 하나의 올바른 말씀을 설하심에 일체 불법을 열어 보이시며, 셋은 하나의 광명을 놓아 일체 세계를 두루 비추고, 넷은 하나의 몸에서 일체 부처님의 몸을 나타내 보이며, 다섯은 하나의 처소에서 일체 세계를 시

---

317 『孔子家語』第3卷「賢君」第13.
318 延壽述,『觀心玄樞』卷一. 卍新續藏 第65 [0436c20].

현하고, 여섯은 하나의 지혜로 일체 모든 법을 잘 알아 거리낌이 없으며, 일곱은 일념에 시방세계에 두루 나아가고, 여덟은 일념에 모든 여래의 무량한 위의를 나타내며, 아홉은 일념에 삼세의 부처님과 중생을 널리 반연하되 마음이 잡란하지 않고, 열은 일념에 과거와 미래 일체 모든 부처님과 더불어 본체가 같아서 차별되지 않는다. 이것이 열 가지이다."[319]라고 하였다.

『환원관』에서 논[320]을 인용하여 노래하였다.

유식(唯識)에 의지하였기 때문에
경계는 본래 본체가 없고
참된 공(眞空)의 뜻이 이루어지며
경계 대상이 없으므로
근본 식(本識)[321]이 생겨나지 않는다.[322]

"이로 말미암아 비로소 알 수 있다. 마음으로 인하여 경계가 생겨나고 경계로 말미암아 마음이 드러나지만, 마음이 경계에 이르지 않고 경계가 마음에 이르지 않는다. 항상 이렇게 관(觀) 수행을 닦아 나아가면 지혜가 깊고 깊어진다."라고 하였다. 『유식서(唯識序)』에서 "마음을 떠난 경계일 때는 깊이 매몰되어 있다가 인식된 경계(塵)일 때는 눈앞에 존재하니, 대수(帶數)[323]

---

319 『大方廣佛華嚴經』卷第四十六「佛不思議法品」第三十三之一. 大正藏 第10 [0242c09].
320 陳天竺三藏眞諦譯 天親菩薩造, 『中邊分別論』.
321 근본식(本識)은 제8식이다.
322 『中邊分別論』卷上「相品」第一. 大正藏 第31 [0451c03].
323 대수(帶數)는 6합석(合釋)의 하나로, 앞 단어가 수량이나 순서를 나타낸다. 6합석은 인도에서 하나의 명사를 해석하는 여섯 가지 방법으로서 의주석(依主釋)·지업석(持業釋)·유재

의 개념으로 거두어 드러나게 된다. 오직 식(識)이 부합해야만 드러날 조짐이 있다. 그러므로 한마음의 뜻은 영원히 전하여도 다할 수 없고, 팔식(八識)의 등불은 끝없이 언제나 밝도다."라고 하였다.**324**

《512》 경에서 "나는 이와 같이 들었다. 한때(一時) 부처님이 사위국에 (…) 계시사 (…)." 한 것의 '한때(一時)'는 한마음 유식(唯識)의 때(時)이다. 그러므로 노래한다.

　　한 생각이 무량겁이고
　　무량겁이 한 생각이네.**325**

『법화현찬소』**326**에서 "경에 '한때(一時)'라 한 것은 곧 유식(唯識)의 때이다. 설하고 듣는 두 무리가 심식(心識)에서 삼시(三時)의 형상이 변화하여 일어난 것이다. 실제로 현재 마음의 분한에 따라 짧고 긴 것으로 변화한다. 사건의 처음과 마지막을 설하여 전체적으로 한때라고 하였다. 마치 꿈에서 보고서 많은 생(多生)이 있다고 말하지만, 깨달은 지위에서는 오직 마음(唯心)뿐이고 도무지 실재의 경계가 없다. 듣는 자의 마음에 삼세(三世)가 변

　　석(有財釋)·상위석(相違釋)·인근석(隣近釋)·대수석(帶數釋)이 있다.

324 『宗鏡錄』卷第九十九. 大正藏 第48 [0952a16].
325 『大方廣佛華嚴經』卷第四十三「離世間品」第三十三之八. 大正藏 第09 [0669c10].
326 『법화현찬소』는 당 자은규기의 『묘법연화경현찬(妙法蓮華經玄贊)』이다. 규기(窺基, 632~682)는 자은 대사(慈恩大師)라고도 하는데, 17세에 출가하여 현장(玄奘)의 제자가 되어 대자은사(大慈恩寺)에서 현장의 경전 번역 작업에 참여해 『성유식론(成唯識論)』을 번역하였다. 이후 이를 연구해 『유식삼십송석(唯識三十頌釋)』 통해 호법(護法)의 설을 중심으로 하는 새로운 유식설(唯識說)을 세웠다.

화한 것도 마찬가지로 오직 의식(意)이 반연한 것이다. 이것은³²⁷ 불상응행온(不相應行蘊)³²⁸이며 법계(法界)와 법처(法處)에 거두어진다."³²⁹라고 하였다.³³⁰

고덕이 말하되 "한때(一時)에 네 가지가 있다. 하나는 정해져 있지 않음(不定)에 찰나를 준거하고, 둘은 정해져 있지 않음에 상속(相續)을 준거하며, 셋은 정해져 있지 않음에 4시와 6시와 8시와 12시 등을 준거하고, 넷은 정해져 있지 않음에 도를 이루신 이후 여러 시절을 준거해서 한때라고 한다. 다만 듣는 자가 근기가 성숙하면 부처님의 말씀을 받아들이고, 설하는 자가 자비로우면 근기가 감당할 수 있도록 응한다. 설하고 듣는 일을 마치는 것을 전체적으로 한때라 하였다.

여기에서 '정해져 있지 않음(不定)에 찰나 등을 준거한다.'라는 것은, 법을 듣는 무리가 혹 근기가 둔하면 설하는 시간이 비록 짧으나 듣고 이해하는 시간이 길고, 혹은 설하는 자가 길게 설하고 듣는 자도 또한 오래되어도 일찰

327　一時.
328　불상응행온(不相應行蘊)은 심불상응행법 또는 불상응행법이다. 물질(色)도 아니고 마음(心)도 아니고 또한 마음 작용(心所)도 아니지만 실재하는 구체적 존재이다. 즉, 법(法)인 것들을 통칭하는 낱말로, 이러한 법들의 그룹[位]을 말한다. 말하자면, 물질적 감각기관(5根)에 의해 감지되지도 않고 마음과 함께 일어나지도 않는 것들이다. 예를 들어, 현상들 사이의 관계·작용·성질·세력·명칭 등을 말한다. 논서마다 개수나 명칭에 다소간의 차이가 있지만, 설일체유부의 교학에 따르면 대체로 14가지의 법이 이 그룹에 속하며, 유식유가행파와 법상종의 교학에 따르면 대체로 24가지의 법이 이 그룹에 속한다.
329　『妙法蓮華經玄贊』卷第一. 大正藏 第34 [0664a09].
330　실재한다는 것에 대하여 설일체유부, 경량부, 유식유가행파의 견해 또는 해석에는 차이가 있다. 삼세실유 법체항유(三世實有 法體恒有)를 주장한 설일체유부에서는 불상응행법에 속한 법들은 5위 75법의 다른 나머지 법들과 마찬가지로 영원히 존재[恒有]하는 실유(實有), 즉 실법(實法)이라고 본다. 이와는 달리 경량부와 유식유가행파에서는 불상응행법에 속한 법들은 물질(色)과 마음(心)과 마음 작용(心所)의 여러 분위(分位)에 근거하여 가립(假立)한 것으로 실유가 아닌 가법(假法)이라고 본다.

나에도 이해할 수 없다면 찰나가 아니니, 정해져 있지 않은 설(不定說)이다.

저 '상속(相續)을 준거한다.'라는 것은, 설법하는 자가 다라니를 얻어서 한 글자의 뜻만을 설하여도 일체 모든 것을 모두 알고, 혹은 설법을 듣는 자가 깨끗한 귀와 뜻으로 한 글자만을 들을 때에도 모든 것을 이해할 수 있다. 그러므로 상속(相續)이 아니다. 한 번의 모임에 듣는 자가 근기가 예리한 자도 있고 둔한 자도 있으나, 여래는 신력으로 혹은 짧은 시간을 연장하여 기나긴 겁이 되게 하기도 하고, 혹은 여러 겁을 줄여서 짧은 순간이 되게도 한다. 이 또한 정해져 있지 않은(不定) 까닭이다. 설(說)하고 들음(聽)을 구경에 총괄하여 '한때(一時)'라 함도 또한 정해져 있지 않은 설(不定說)이다.

저 '4시·6시·8시·12시'를 준거함은 하나의 해와 하나의 달이 사방 천하를 비추고 있는 것이다. 길고 짧음, 따뜻함과 추움, 가깝고 멂, 낮과 밤이 여러 위치에 따라 정해져 있지 않다(不定). 항상 낮과 밤이 함께 일어나 움직이기 때문이다. 또 (『법화경』에서) '제외하고(除)' 아래는 위의 모든 하늘(諸天)에는 여기에서 얘기하는 '4시와 8시 (…) 부분'이 없지만, 경에서 위(諸天 부분)를 헤아려서 유통하였다. 만약 4시 등을 설하였더라도 유행이 두루 이루어지지 못하였기 때문에 정해져 있지 않은 설(不定說)이다.

저 '도를 이루신 이후 여러 시절'을 준거한 것은, 삼승(三乘)과 범부성인[331]이 뵈옵는 불신·보신·화신과 연세의 장단, 성도 이래의 가깝고 먼 것이 각기 같지 않기(不定) 때문이다."[332]라고 하였다.

해석한다. 위에서 설한 찰나시(刹那時) 및 상속시(相續時)와 4시·6시·8시·12시 등과 아울러 성도 이후 여러 시절을 준거해서 한때(一時)라 한 것

---

331 범부성인(凡夫聖人)은 범부 가운데 성인의 지위에 가까운 이들이다. 즉 아직 견도(見道)의 경지에는 이르지 못했지만, 이미 악(惡)을 떠난 유정을 현인(賢人)이라 한다.
332 『妙法蓮華經玄贊』卷第一. 大正藏 第34 [0664a09].

은 근기가 날카롭기도 하고 둔하기도 하기 때문에 (說이) 길고 짧음이 정해져 있지 않은 것(不定)이다. 상계(上界)와 하계(下界)의 시절도 의지할 것이 못 된다. 단지 '오직 마음의 한때'라고 해야 정해진 양(定量)이라 할 수 있다. 모든 과실이 없어서 현상(事)과 이치(理)가 서로 합당하게 된다. 이미 버리고 취하는 망정이 소멸되고, 또 단견과 상견이 끊어졌기에 단지 '한때'라 하지 않고 '유식(唯識)'이라 해석한다. 실제로 만 가지 뜻이 다 한마음으로 돌아가니, 가르침의 존귀한 근본(宗)이라 할 수 있다. 깊이 비밀한 뜻을 알게 되면 능히 정견(正見)이 열리고 영원히 뭇 의문을 사라지게 할 수 있다.

까닭에 경에서 "일체법은 실제로써 정해진 양(定量)을 삼는다."[333]라고 하였다. 또 "다만 대승으로 해설하여야 일체종지(一切種智)를 얻을 수 있다."[334]라고도 하였다. 그러므로 알라. 단지 큰 허물이 없다고 설할 뿐이다. 무릇 '대승'은 곧 한마음의 수레(乘)이다. 수레는 '실어 운반한다.'라는 뜻이다. 실어서 운반함으로 논하건대 어찌 마음을 넘을 수 있겠는가! 또한 무릇 마음을 모르는 사람이 법문을 듣거나 경전을 보더라도 이는 단지 개념(名相)에 따라가는 것일 뿐 경의 뜻을 얻을 수는 없다. 이를테면 승애 선사[335]는 "지금 경의 말씀을 듣건대 말씀마다 마음에 상응한다."[336]라고 하였다. 또 석법총[337]은 "혜민 법사의 설법을 듣고서 스스로 마음을 깨달아 광대해

---

333 『大般若波羅蜜多經』卷第五百七十四「第七曼殊室利分」之一. 大正藏 第07 [0966b10].
334 『妙法蓮華經』卷第五「安樂行品」第十四. 大正藏 第09 [0037c29].
335 승애(僧崖) 선사는 익주 다보사에서 다섯 손가락을 태워 서방의 삼성(三聖)에게 공양하였다. 누가 "고통스럽지 않습니까?" 물으니, "마음이 이미 고통스럽지 않은데 손가락이 어찌 고통스러우리오."라고 답하였다.
336 『續高僧傳』卷第二十七「遺身篇」. 大正藏 第50 [0678b14].
337 석법총은 남북조 시대 때의 승려이다. 남양(南陽) 신야(新野) 사람으로, 8살 때 출가하여 25살 때 유학하다가 양양(襄陽) 산개산(傘蓋山) 백마천(白馬泉)에 이르러 초막을 짓고 지냈다.

져서 아무런 결박이 없게 되었다."³³⁸라고 하였다. 내지 모든 경계를 보는 데도 또한 그러하다. 만약 마음을 관(觀心)하지 않으면 언제나 사물에 따라 굴러가게 된다.

이 까닭에 『대승입도안심론』³³⁹에서 "만약 옳은 것이 있어서 옳다고 하면 옳지 않은 것이 있게 된다. 만약 옳지 않은 것으로 옳다고 하면 옳지 않은 것도 없게 된다. 하나의 지혜문(智慧門)에서 백천 지혜문으로 들어간다."라고 하였다. 기둥을 보고 기둥이라는 알음알이를 내고 기둥이라는 형상(相)을 얻는다. 기둥이라는 알음알이를 짓지 않고, 마음이 기둥의 법(法)임을 관찰하면 기둥이라는 형상이 없게 된다. 이런 까닭에 기둥을 보면 바로 기둥의 법을 얻게 된다. 모든 형색도 이와 같다. 까닭에 『화엄경』에서 노래한다.

세간의 모든 것은
오직 마음을 주인으로 하니
알음알이에 따라 뭇 형상(相)을 취함은
전도된 것이어서 진실이 아니네.³⁴⁰

선정(禪定)을 닦고 항상 이행(異行)을 보였다. 당시 경내에 맹호가 많아 주민들이 걱정했는데, 스님이 호랑이들을 항복시켰다. 황제가 이름을 듣고 선거사(禪居寺)를 세워 머물게 했지만 나가지 않자 다시 머물던 곳에 따로 영천사(靈泉寺)를 세워 기렸다. 도살꾼들을 교화하여 살생을 끊도록 했다. 또 일찍이 주민들을 대신해 비를 빌어 가뭄을 없앴다. 그런 자비로운 마음 때문에 거처에는 항상 짐승들이 와서 함께 지냈다.

338 『續高僧傳』卷第三十五「感通篇」中. 大正藏 第50 [0664c03].
339 『대승입도안심론』은 달마와 그 제자들의 어록이다.
340 『大方廣佛華嚴經』卷第十三「菩薩問明品」第十. 大正藏 第10 [0066c01].

15
마음의 물줄기는 도의 근원을 찾는 참된 비결이네

✣

唯心回轉善成門, 한마음의 존귀한 근본(宗)

333
위대하도다, 원만한 설법이여!
기특하도다, 올바른 궤도여!《513》
육신통이라도 어찌 변화시키며
사변재[341]라도 설할 수 없네.《514》

---

[341] 사변재란 네 가지 말 잘하는 능력이다. 사무애변(四無礙辯), 사무애지(四無礙智)라 한다. 자유자재하여 막힘이 없는 네 가지 이해와 표현의 능력으로, 불보살이 설법할 때 발휘하는 지혜와 언변을 말한다. 즉 '법무애(法無礙): 가르침에 대해 막힘이 없음. 의무애(義無礙): 가르침의 뜻에 대해 막힘이 없음. 변무애(辭無礙): 여러 언어에 통달해 막힘이 없음. 요설무애(樂說無礙): 앞의 세 가지 지혜에 의해 설법하는 데 있어서 막힘이 없음.'이다.

《513》 여래의 원교(圓敎)는 바로 한마음을 설하였다. 경에서 노래하였다.

삼계의 위아래에
모든 법의 뜻은 오직 마음뿐이다.[342]

이는 세간의 의보(依報)를 취해서 마음을 밝힌 것이다. 이어서 노래한다.

여여(如如)와 진제(眞際)
열반과 법계
갖가지 의생신(意生身)[343]을
나는 마음으로 헤아린 것(心量)이라 설한다.[344]

이는 출세간 법의 본체(法體)에 의거해서 마음을 설명한 것이다. 궁극에는 진실에 이르고, 필경에는 근원에 이른다. 업의 흐름을 따라 과보를 받지만, 다시 존귀한 근본(宗)으로 돌아가 뜻을 요달한다. 까닭에 경에서 "도는 마음을 떠나지 아니하고 마음은 도를 떠나지 않는다."[345]라고 하였다.

---

342 『入楞伽經』卷第七「無常品」第八. 大正藏 第16 [0554b22].

343 의생신(意生身)은 빨리어 mano(意)-maya(生)-kaaya(身)로 직역한 것이다. 의성신(意成身), 여의신(如意身), 의신(意身)이라고도 하며, 음사해서 마노말야(摩奴末耶)라 하기도 한다. 의생신은 여의수생신(如意隨生身)의 약자로, 어머니의 태를 거치지 않고 뜻에 따라 태어나는 것을 말한다. 부처님이 천백억 화신(化身)으로 자유로이 나툰다고 했는데, 이와 같이 생각으로 자유로이 나투는 몸이 바로 의생신의 경지를 말한다. 즉 ① 초지(初地) 이상의 보살이 중생을 제도하기 위해 뜻대로 변화한 몸, ② 삼계(三界)의 괴로움을 벗어난 성자가 성불할 때까지 지니는 몸이다.

344 『楞伽阿跋多羅寶經』卷第三「一切佛語心品」之三. 大正藏 第16 [0500a17].

345 西晉月氏三藏竺法護譯, 『佛昇忉利天爲母說法經』卷上. 大正藏 第17 [0789b22].

마치 '십현문(十玄門)'의 "(제9) 유심회전선성문(由心回轉善成門)³⁴⁶은 모두 여래장성의 청정한 참마음(如來藏性淸淨眞心)으로 건립된 것으로, 선(善)이든 악이든 마음을 따라 전변한다. 그러므로 '회전선성문(回轉善成門)'³⁴⁷이라고 하였다. 마음 밖에 별다른 경계가 없는 까닭에 '유심(唯心)'이라고도 한다. 만약 수순하여 구르면 곧 '열반'이라 한다. 경에서 '마음이 모든 여래를 만든다.'³⁴⁸라고 하였다. 만약 역으로 뒤집으면 '생사(生死)'가 된다. 경에서 '삼계의 허망한 것들을 오직 한마음이 짓는다.'³⁴⁹라고도 하였다. 즉 생사와 열반이 모두 마음을 벗어나지 않는다."³⁵⁰라고 한 것과 같다.

《514》『법화경』에서 노래하였다.

그만두어라, 그만두어라.
나의 법은 오묘하여 생각하기 어렵다.³⁵¹

중생의 마음으로서는 절대로 오묘한 법과 마주할 수 없다. 비교할 법이 없기 때문이다. 마음으로도 생각할 수 없으며 말로도 할 수 없다. 달마가 서쪽에서 건너오시어 묵묵히 심요(心要)를 전한 것이 이러한 까닭이다.

---

346 유심회전선성문(由心回轉善成門)은 唯心回轉善成門이다.
347 終南山至相寺沙門智儼述,『大方廣佛華嚴經搜玄分齊通智方軌』卷第一. 大正藏 第35 [0015a22] 참조.
348 『大方廣佛華嚴經』卷第十「夜摩天宮菩薩說偈品」第十六. 大正藏 第09 [0465c14].
349 『入楞伽經』卷第三「集一切佛法品」第三之二. 大正藏 第16 [0529c24].
350 大唐終南太一山至相寺釋智儼撰承杜順和尚說,『華嚴一乘十玄門』. 大正藏 第45 [0518b16].
351 『妙法蓮華經』卷第一「方便品」第二. 大正藏 第09 [0006c18].

334

가지를 잡으면 바로 뿌리에 이르고
물을 찾으면 이미 근원의 혈구에 이르니 《515》
법의 정수가 전해져 모두 조계(혜능)로 계승되었고
수기를 받고서 모두 마갈타에서 성도하였네. 《516》

《515》 마음은 모든 것의 근본이다. 그러므로 『화엄경』에서 "보살은 일체 법은 바로 마음이 자성인 줄을 알아 지혜의 몸(慧身)을 성취하였지 다른 연유로 깨달은 것이 아니다."[352]라고 하였다. 만약 마음 밖에서 법을 찾는다면 다른 것에서 구하는 것이 된다. 마치 가지에서 갈라져 나온 것에서 찾는다면 근원을 잃게 되는 것과 같다. 이 때문에 『영가집』에서 노래한다.

마음에서 도를 닦는 것은
근원을 얻을 수 있는 물줄기를 찾은 것이다.[353]

《516》 소주 조후계(曹候溪)[354]는 제6조 혜능 대사가 머무른 곳이다. 대중에게 열어 보이되 "선악을 모두 생각하지 않으면 저절로 마음의 본체에 들어갈 수 있다. 맑고 항상 고요하지만 오묘한 작용(妙用)은 항하사와 같다."[355]라고 하였다. 까닭에 선덕이 "한 법도 얻은 바 없음을 마음을 전했다

---

352 『大方廣佛華嚴經』卷第十七「梵行品」第十六. 大正藏 第10 [0088c21].
353 『禪宗永嘉集』「優畢叉頌」第六. 大正藏 第48 [0391a24].
354 조후계(曹候溪)는 중국 광동성 소주(韶州)의 조씨 집성촌인 조후촌(曹候村) 앞의 개울이다.
355 『六祖大師法寶壇經』「宣詔」第九. 大正藏 第48 [0359c13].

(傳心)라고 한다."³⁵⁶라고 하였다. 석가모니가 마갈타국에서 도를 성취하실 때, 경에서 "보살이 법을 보는 행도 하지 않고, 법을 듣는 행도 하지 않으니 모든 부처님이 속히 수기하였다."³⁵⁷라고 하였다. 까닭에 『화엄경』에서 노래한다.

소취(所取)³⁵⁸는 취할 수 없고,
소견(所見)³⁵⁹은 볼 수 없으며,
소문(所聞)은 들을 수 없고,
한마음은 생각하여 헤아릴 수 없다.³⁶⁰

다만 자신의 마음을 바로 깨달을 때 마음 밖에서는 얻을 바 없다(無所得)라는 것을 깨달아야 한다. 바로 이것이 수기를 받는 시절이다.

335
도 깨침의 큰길이요
근본의 진리를 깨닫는 참된 비결이라 할 수 있네. 《517》

---

356 『古尊宿語錄』卷第二 '大鑑下四世'. 卍新續藏 第68 [0014b14].
357 『古尊宿語錄』卷第二 '大鑑下三世'. 卍新續藏 第68 [0009c10].
358 소취(所取)는 인식 대상(grāhya) 혹은 집착하는 대상(upādāna)이다.
359 소견(所見)은 보이는 대상(ṣtavya)이다.
360 『大方廣佛華嚴經』卷第十九「夜摩宮中偈讚品」第二十. 大正藏 第10 [0102b02].

《517》 이 한마음의 문(一心門)은 일체 모든 것을 거두어들일 수 있다. 그러므로 노래한다.

시방의 불국토에
오직 일승법(一乘法)만이 있을 뿐이다.361

그러므로 『조론』362에서 "하늘은 하나(一)를 얻어 맑고, 땅은 하나를 얻어 평안하며, 군왕은 하나를 얻어 천하를 다스린다."라고 하였다. 중생도 하나를 얻으면 도를 이룬다. 하나란 도(道)이다. 하늘에 도가 있어 가볍고 맑다. 땅에 도가 있으면 평안하고 고요하다. 골짜기에 도가 있으면 가득 차게 된다. 초목에 도가 있으면 나서 자란다. 귀신에게 도가 있으면 신령하고 성스럽게 된다. 군왕에게 도가 있으면 천하를 휘어잡을 수 있다. 그러므로 알 수 있다. 도는 사라질 수 없으며, 도(道)는 '신령스럽게 아는 마음'이다.

卷第四 終

---

361 『妙法蓮華經』卷第一「方便品」第二. 大正藏 第09 [0007c09].
362 『肇論』「涅槃無名論」第四. 大正藏 第45 [0157a14]. 승조 법사가 「열반무명론」을 짓게 된 사연을 소개한다. 승조 법사가 스승 구마라집이 입멸(入滅)하자 그를 추모하여 스승이 증득한 덕(德)이 부처님과 다르지 않음을 찬탄한 표문을 지어 주나라의 진왕(秦王)에게 올렸는데, 바로 「열반무명론」이다.

제 3 부

주심부 원문

● 註心賦　卷第一 ●

宋杭州慧日永明寺智覺禪師延壽述

0082a06：覺王同稟。

《1》　　　　　楞伽經。佛語心為宗。無門為法門。又經頌云。如世有良醫。以妙藥救病。諸佛亦如是。為物說唯心。問。佛語心為宗。無門為法門。既稱心賦。便是標宗。何假廣用文言。仍繁註解。且凡論宗旨。唯逗頓機。如日出照高山。駛馬見鞭影。所以丹霞和尚云。相逢不擎出。舉意便知有。首楞嚴經云。圓明了知。不因心念。揚眉動目。早是周遮。如先德頌云。便是猶倍句。動目即差違。若問曹溪旨。不更待揚眉。答。今為樂佛乘人。實未薦者。假以詞句。助顯真心。雖挂文言。妙旨斯在。俯收中下。盡罩羣機。但任當人。各資已利。百川雖潤。何妨大海廣含。五嶽自高。不礙太陽普照。根機莫等。樂欲匪同。於四門入處雖殊。在一真見時無別。如獲鳥者羅之一目。不可以一目為羅。治國者功在一人。不可以一人為國。如內德論云。夫一水無以和羹。一木無以建室。一衣不稱眾體。一藥不療殊疾。一彩無以為文繡。一聲無以諧琴瑟。一言無以勸眾善。一戒無以防多失。何得怪漸頓之異。令法門之專一。故云。如為一人。眾多亦然。如為眾多。一人亦然。豈同劣解凡情。而生局見。我此無礙廣大法門。如虛空非相。不拒諸相發揮。似法性無身。匪礙諸身頓現。所以藏法師云。自有眾生。尋教得真。會理無礙。常觀理而不礙持教。恒誦習而不礙觀空。則理教俱融。合成一觀。方為究竟博通耳。斯乃教觀一如。詮旨同原矣。

0082b07：祖胤親傳。

《2》　　　　　此土初祖達磨大師云。以心傳心。不立文字。又云。直指人心。見性成佛。亦云。默傳心印。代代相承。迄至今日。

0082b11：大開真俗之本。

《3》如大乘起信論云。有摩訶衍。能發起一切眾生大乘信根。所言摩訶衍者。此云大乘。又大乘者。是眾生心。心體周遍。故名為大。心能運載。故名為乘。立心真如門。心生滅門。論云。摩訶衍者。總說有二種。一者法。二者義。所言法者。謂眾生心。是心則攝一切世間出世間法。依於此心。顯示摩訶衍義。何以故。是心真如相。即示摩訶衍體故。是心生滅因緣相。能示摩訶衍自體相用故。所言義者。則有三種。一者體大。謂一切法真如平等不增減故。二者相大。謂如來藏具足無漏性功德故。三者用大。能生一切世間出世間善因果故。一切諸佛本所乘故。一切菩薩皆乘此法到如來地故。是知一心。是諸佛本所乘。菩薩因乘此心法。皆到如來地故。離此一心外。別無殊勝。故今賦詠。志在於此。藏法師云。真俗雙泯。二諦恒存。空有兩亡。一味常現。所以華嚴疏云。真俗雖相即。而各不壞其相。謂即有之空。方是真空。即空之有。方為妙有。空有不二。兩相歷然。如波即水而恒動。俗即真而俗相立。如水即波而恒溼。真即俗而真體存。已上皆況心之體用。非一非異。又云。不壞生滅門說真如門。不隱真如門說生滅門。良以二門唯一心故。所以十方諸佛。常依二諦說法。若不得俗諦。不得第一義諦。以俗諦無有自體。即第一義諦故。

0082c11：獨標天地之先。

《4》傅大士頌云。有物先天地。無形本寂寥。能為萬象主。不逐四時彫。老子云。有物渾成。先天地生。寂兮寥兮。獨立而不改。周行而不殆。可以為天下母。吾不知其名。字之曰道。強之曰大。寶藏論云。空可空。非真空。色可色。非真色。真色無形。真空無名。無名名之父。無色色之母。

作萬法之根源。為天地之太祖。上施玄象。下列冥庭。元氣含於大象。大象隱於無形。為識物之靈。靈中有神。神中有身。無為變化。各稟乎自然。

0082c21：常為諸佛之師。能含眾妙。

《5》　　　　諸佛以法為師。起信論云。所言法者。眾生心是。又知之一字。眾妙之門。禪源集云。夫言心者是心之名。言知者是心之體。能含眾妙者。一心杳冥之內。眾妙存焉。清淨法界。杳杳冥冥。以為能含。恒沙妙德。微妙相大。以為所含。相依乎性。性無不包。故稱為含。又云。妄念本寂。塵境本空。空寂之心。靈知不昧。即此空寂之知。是前達磨所傳清淨心也。任迷任悟。心本自知。不籍緣生。不因境起。迷時煩惱。知非煩惱。悟時神變。知非神變。然由迷此知。即起我相。若了此知。剎那成佛。故心要牋云。心法本乎無住。無住心體。靈知不昧。又況如一摩尼珠。一靈心也。唯圓明淨。空寂知也。都無一切差別色相。以體明故。對外物時。能現一切差別色相。色相自有差別。明珠不曾變易。且如珠現黑時。但云黑等是珠。如洪州馬大師云。起心動念。彈指瞬目。所作所為。皆是佛性。此是即妄明真。或擬離黑覓珠。如北宗秀大師云。眾生本有覺性。如鏡有明性。煩惱覆之不見。如鏡有塵闇。妄念盡則心明。昏塵滅則鏡朗。此是離妄明真。或云明黑都無者。如牛頭融大師云。諸法如夢。本來無事。心境本寂。非今始空。宜喪己忘情。情忘即絕。此是真妄俱無。初一皆真。次一皆妄。後一皆無。皆是未見珠也。如荷澤和尚。於空無相處。指示知見。了了常知。不昧心性。見珠黑之時。但見珠體明白。不觀黑色。及青黃等雜色。既不即黑。亦不離黑。亦不黑白俱拂。了了見心性之時。不即不離。無住無著。非一非異。不取不捨。又真心本體。有二種用。一者自性本有。二者隨緣應用。猶如銅鏡。銅之質是自性體。銅之明是自性用。明所現影是隨緣用。影即對緣方現。現有千差。明即光明。明唯一味。以喻心常寂是自性體。心常知是自性用。今洪州指示能語言分別等。但是隨緣用。闕自性用也。又顯教。有比量顯。現量顯。洪州云。心不可指示。但以能語言等驗之。知有佛性。是比量顯也。荷澤直云。心體能知。知即是心。不約知以顯心。是現量顯。洪州闕此。又不變是體。隨緣是用。又荷澤所宗空寂知者。空寂即是無相。以神解之性。雖無形相。而靈知不昧。故云寂知。亦云寂照。亦云無相之智。亦云無知之知。如肇論云。放光般若云。般若無所有相。無生滅相。道行般若云。般若無所知無所見。此辯智照之用。而曰無相無知者。何耶。果有無相之知。不知之照。明矣。何者。夫有所知。則有所不知。以聖心無知。故無所不知。不知之知。乃曰一切知。故經云。聖心無知。無所不知。信矣。空寂即是無相。即是無知。論云無所不知。又云。乃曰一切知者。此知即是真知。為一切眾生自心之體。真性靈知。湛然恒照。亦云無念之知。若有念而知。凡夫境界。故云知覺乃眾生。若無念無知。二乘境界。若無念而知。諸佛境界。空寂即是無念。亦云無住之知。若有所住。如人入闇。則無所見。若無所住。如日月光明。照見種種色。華嚴錦冠云。含眾妙而有餘者。謂一切事。皆不改本相。不離本位。法法皆能為大為小。為一為多。為主為伴。即此即彼。即隱即顯。即延即促。互相攝入。重重無盡。如帝網天珠。以要言之。隨一一事。念念皆具十玄之義。同時具足。無有前後。如海一滴。即具百川。滴滴皆爾。故名為妙。

0083c05：恒作羣賢之母。可謂幽玄。

《6》　　　　夫般若者。是諸佛之母。故淨名經頌云。智度菩薩母。能生一切導師。所言般若者。即一切眾生自心靈知之性耳。如寶藏論云。夫天地之內。宇宙之間。中有一寶。祕在形山。識物靈照。內外空然。寂寞難見。其謂玄玄。巧出於紫微之表。用在於虛無之間。端化不動。獨而無雙。聲出妙響。色吐華容。窮覩無所。寄號空空。誰留其聲。不見其形。唯留其功。不見其容。幽顯朗照。物理虗通。森羅寶印。萬象真宗。其為也形。其寂也冥。本淨非瑩。法爾圓成。光超日月。德越太清。萬物無作。一切無名。能轉變天地。自在縱橫。恒沙妙用。混沌而成。誰聞不喜。誰聞不驚。如何以無價之寶。隱於陰入之坑。哀哉哀哉。其謂自輕。悲哉悲哉。晦何由明。其寶也。煥煥煌煌。朗照十方。間寂無物。圓應堂堂。應聲應色。應陰應陽。奇特無根。妙用常存。瞬目不見。側耳不聞。其本也冥。其化也形。其為也聖。其用也靈。可謂大道之真精。其精甚靈。萬有之因。凝然常住。與道同倫。故經云。隨其心淨。則佛土淨。任用森羅。其名曰聖。又若證此一心。則解一切法門。如止觀云。譬如良醫。有一祕方。總攝諸方。阿伽陀藥。功兼諸藥。如食乳糜。更無所須。一切具足。如如意珠。乃至此一心。是大中大。上中上。圓中圓。滿中滿。實中實。真中真。了義中了義。玄中玄。妙中妙。不可思議中不可思議。若能如此簡非顯是。體權實而發心者。是一切諸佛種。譬如金剛。從金性生。佛菩提心。從大悲起。是諸行先。如服阿婆羅藥。先用清水。諸行中最。如諸根中。命根為最。佛正法正行中。此心為最。如太子生。具王儀相。大臣恭敬。有大聲名。如迦陵頻伽鳥。殼中鳴聲已勝諸鳥。此菩提心有大勢力。如師子筋絃。如師子乳。如金剛鎚。如那羅延箭。具足眾寶。能除貧苦。如如意珠。雖小懈怠。小失威儀。猶勝二乘功德。舉要言之。此心即具一切菩薩功德。能成三世無上正覺。

0084a15：靈性有珠。該通匪一。

《7》　　　　　此一心靈臺之性。最靈最妙。作萬法之王。為羣有之體。豎徹三世。橫亘十方。大智度論云。在有情數中為佛性。在無情數中為法性。所以華嚴經頌云。法性遍在一切處。一切眾生及國土。三世悉在無有餘。亦無形相而可得。如肇論離微體淨品云。夫性離微者。則非取非捨。非修非學。非本無今有。非本有今無。乃至一法不生。一法不滅。非三界所攝。非六趣所變。非愚智所改。非真妄所轉。平等普遍。一切圓滿。總為一大法界幻化靈宅。迷之者歷劫浪修。悟之者當體凝寂。

0084b02：千途盡向於彼生。萬象皆從於此出。

《8》　　　淨名經云。一切法以無住為本。無住者。一切眾生第八識心。此心無住無本。故云從無住本。立一切法。如華嚴經云。不離於心。所見清淨。又云。不離於心無處所。是知心生一切法。如地出水。如谷孕風。如石生雲。如木出火。是知離心無法。離法無心。如長者論云。若直說第八種子識為如來藏者。即業種恒真。生怖難信。以法如是之力。何一含識而不具神通。承本覺性之功。豈一剎塵而靡含道跡。故華嚴經云法如是力者。本合如然。又云佛神力者。應真曰神。所以古德云。自力與佛力無別。自智與佛智無差。又云。一身即以法界為量。自他之境都亡。法界即自身遍周。能所之情見絕。如大海之渧。渧渧之中皆得大海。比眾生之心。心心皆含佛智。

0084b16：事廓恒沙。理標精實。吞滄溟於毛孔。唯是自因。卷法界於塵中。匪求他術。

《9》　　　首楞嚴經云。眾生迷悶。背覺合塵。故發塵勞。有世間相。我以妙明不生不滅合如來藏。而如來藏。唯妙覺明圓照法界。是故於中。一為無量。無量為一。小中現大。大中現小。不動道場現十方界。身含十方無盡虛空。於一毛端現寶王剎。坐微塵裏轉大法輪。是知背境觀心。自然大明相含。不為物轉。亦如芥納須彌等。百門義海云。且如見山高廣。是自心現作大。今見塵小時。亦是自心現作小。今由見塵。全以見山高之心。而今現塵也。是故即小容大。如云萬象如須彌。淨心如芥子。故云森羅及萬象。一法之所印。即是萬法一心。一心萬法。故稱毛吞巨海。芥納須彌。非干神通變化之力。真心具德法性如是。如華嚴記云。如經一毛端中一切世界差別性者。謂一毛端性。即是一切世界差別性。今一切世界即事。隨其法性即一毛端。以性即毛端。諸界即性故。

0084c10：任機啟號。應物成名。

《10》　　　一切法本無名。但是心為名。故般若經云。六塵鈍故。不自名。不自立。皆是因心立名。故云萬法本閑。而人自鬧。又云三阿僧祇名字。皆是心之異號。如天台淨名疏云。一法異名者。諸經異名。說真性實相。或言一實諦。或言自性清淨心。或言如來藏。或言如如。或言實際。或言實相般若。或言一乘。或言即是首楞嚴。或言法性。或言法身。或言中道。或言畢竟空。或言正因佛性。性淨涅槃。如是等種種異名。此皆是實相之異稱。故大智論偈言。般若是一法。佛說種種名。隨諸眾生類。為之立異字。大涅槃經云。如天帝釋有千種名。解脫亦爾。多諸名字。又云佛性者有五種名故。皆是赴機利物。為立異名也。而法體是一。未曾有異。如帝釋千名。名雖不同。終是目於天主。豈有聞異名故。而言非實相理。如人供養帝釋。毀憍尸迦。供養憍尸迦。毀於帝釋。如此供養。未必得福。末代執法者亦爾。或信賴耶自性清淨心。而毀畢竟空。或信畢竟空無所有。毀賴耶識自性清淨心。或言般若明實相。法華明一乘。皆非佛性。此之求福。豈不慮禍。若知名異體一。則隨喜之善。遍於法界。何所諍乎。又諸經內。逗緣稱機。更有多名。隨處安立。以廣大義邊。目之為海。以圓明理顯。稱之曰珠。以萬法所宗。號之曰王。以能生一切。諡之曰母。但是無義之真義。多亦不多。無心之真心。一亦不一。故華嚴私記云。取決斷義。以智言之。取能生長。以地言之。取其高顯。以山言之。取其深廣。以海言之。取其圓淨。以珠言之。此上約有名。尚乃無數。更有無名。豈可測量。如大法炬陀羅尼經云。佛告諸菩薩。汝等勿謂天定天也。人定人也。餓鬼定餓鬼也。乃至如一事有種種名。如一人有種種名。如一天。乃至餓鬼畜生有種種名。亦復

789

如是。亦有多餓鬼。全無名字。於一彈指頃。轉變身體作種種形。如是眾生於一時間現無量色身。云何可得呼其名也。若餓鬼等。有生處名字。受食名字。及壽命名字。若地獄眾生。無有名字生處者。則其形亦無定。彼中惡業因緣未盡。故於一念中種種變身。釋曰。如地獄中。一日一夜之中萬生萬死。豈可名其名字耶。又無間獄中。一一身無間。各各盡遍八萬四千由旬。地獄之量不相障礙。是知業果不可思議。非獨聖果。如云清淨妙法身。湛然應一切。今時人將謂諸佛法身能分能遍。不信眾生亦一身無量身。以眾生業果不可思議故。是以經云。佛界不可思議。眾生界亦不可思議。

0085b05：大士修之而行立。

《11》　　　菩薩所行十波羅蜜。四攝。萬行。皆從真慈悲心起。故金剛三昧經云。空心不動。具足六波羅蜜。又般若經云。一心具足萬行十波羅蜜者。檀因心捨。經云。無可與者。名為布施。是名真施。若心外有法。即名住相布施。如人入闇。即無所見。戒因心持。經云。戒性如虛空。持者為迷倒。自性之律豈執事相。妄分持犯耶。忍因心受。經云。云何菩薩能行忍辱。佛言。見心相念念滅。豈可將心對治前境。為忍受耶。進因心作。經云。若能心不起。精進無有涯。寧著有為。妄興勞慮耶。禪因心發。經云。能觀心性。名為上定。豈避喧雜。而守靜塵耶。般若從心起。經云。不求諸法性相因緣。是名正慧。寧外徇文言。強生知解耶。方便從心生。經云。菩薩以無所得而為方便。則心外無法。方能行菩薩之道。力從心運。四大之力皆不如心。心無形故力最無上。神通變化入不思議。心之力也。願從心布。一切意願盡從心生。一切行門。皆從願起。智從心達。如來靈智。是眾生心。此心念念具足十波羅蜜。乃至八萬四千法門。皆從心出。如眾生心中有體大。今日修行引出法身。心中有相大。今日修行引出報身。心中有用大。今日修行引出化身。故知三身四智。皆自心中出。心外更無一事一法而能建立。如還源觀云。一體起二用。一者海印森羅常住用。海印者。真如本覺也。妄盡心澄。萬象齊現。猶如大海。因風起浪。若風止息。海水澄清。無像而不現。故云森羅及萬象。一法之所印。一法者。所謂一心。是心則攝一切世間出世間法。則是一法界大總相法門。體唯是一。依妄念而有差別。若離妄念。唯一真如。故云海印三昧。二者法界圓明自在用。是華嚴三昧也。謂廣修萬行。稱理成德。普同法界。而證菩提。良以非真流之行。無以契真。何有飾真之行。不從真起。此則真該妄末。行無不修。妄徹真源。相無不寂。

0085c14：覺帝體之而圓成。

《12》　　　諸佛了一切法。皆是真心圓成實性。眾生迷於自心。但是遍計所執性。情有理無。如還源觀云。良以法無分劑。起必同時。真理不礙萬差。顯應無非一際。用即波騰海沸。全真體以運行。體即鏡淨水澄。舉隨緣而會寂。若曦光之流彩。無心而朗十方。如明鏡之端形。不動而呈萬象。

0085c21：聲聞證之為四諦。

《13》　　　聲聞不了自心。但見人空。證作苦諦集諦滅諦道諦。生滅四諦。為灰斷之果。不達一心圓教無作四諦。具廣大神通。所以舍利弗。於法華會中得見心性。親受佛記。後方懺悔云。同共一法中。而不得此事。

0086a03：支佛悟之諸緣生。

《14》　　　辟支佛但於自心境內。見因緣性離。證十二因緣法門。亦成灰斷之果。皆不能一心圓具十法界之體用。

0086a07：天女之華無著。

《15》　　　淨名經中。天女散華之菩薩身上即無著。於聲聞身上即華著身。大凡一切菩薩施為。皆是自心作用。以心無著故。華亦無著。是以聲聞執為心外之華。妄起厭離。云不如法。乃隨拂隨生。故知萬法。隨自心生。隨自心滅。

0086a13：海慧之水澄清。

《16》　　　大集經中。海慧菩薩初來之時。不見四眾。盡見為水。以法外無法故。

0086a16：執謬解而外道門開。邊邪網密。

《17》　　　西天九十六種外道。皆不達自心。唯苦其身。行投巖赴火無益苦行。但心外見法。理外別求。皆是外道盡成邪見。如密網自圍。不能得出三界。

0086a20：役妄念而凡途業起。生死波橫。

《18》　　　一切諸業。皆從有心起。無心即無業。故經頌云。諸法不牢固。但立在於念。善解見空者。一切無想念。又云。一念中有九十剎那。一剎那中有九百生滅。故知生死即念。念即生死。所以經頌云。有念即生死。無念即泥洹。

0086b02：括古搜今。深含獨占。

《19》　　　此一心法。諸教同詮。無不指歸傳通於此。如大乘本生心地觀經觀心品云。爾時文殊師利菩薩摩訶薩白佛言。世尊。如佛所說。告妙德等五百長者。我為汝等敷演心地微妙法門。我今為是啟問如來。云何為心。云何為地。乃至薄伽梵告諸佛母無垢大聖文殊師利菩薩摩訶薩言。大善男子。此法名為十方如來最勝祕密心地法門。此法名為一切凡夫入如來地頓悟法門。此法名為一切菩薩趣大菩提真實正路。此法名為三世諸佛自受法樂微妙寶宮。此法名為一切饒益有情無盡寶藏。此法能引諸菩薩眾到色究竟自在智處。此法能引詣菩提樹後身菩薩真實導師。此法能雨世出世財。如摩尼寶滿眾生願。此法能生十方三世一切諸佛功德本原。此法能消一切眾生諸惡業果。此法能與一切眾生所求願印。此法能度一切眾生生死險難。此法能息一切眾生苦海波浪。此法能救苦惱眾生而作急難。此法能竭一切眾生老病死海。此法善能出生諸佛因緣種子。此法能與生死長夜為大智炬。此法能破四魔兵眾而作甲冑。此法即是正勇猛軍戰勝旍旗。此法即是一切諸佛無上法輪。此法即是最勝法幢。此法即是擊大法鼓。此法即是吹大法螺。此法即是大師子王。此法即是大師子吼。此法猶如國大聖王。善能正法。若順王化獲大安樂。若違王化尋被誅滅。善男子。三界之中。以心為主。能觀心者。究竟解脫。不能觀者。究竟沈淪。眾生之心。猶如大地。五穀五菓。從大地生。如是心法。生世出世善惡五趣。有學無學。獨覺菩薩。及於如來。以是因緣。三界唯心。心名為地。一切凡夫。親近善友。聞心地法。如理觀察。如說修行。自利教他。讚勵慶慰。如是之人。能斷二障。速圓眾行。疾得阿耨多羅三藐三菩提。

0086c10：五乘道。鍊出於沖襟。

《20》　　　五乘者。一持五戒。得人乘。二行十善。得天乘。三修四諦。得聲聞乘。四悟十二因緣法。得緣覺乘。五具六度行。得菩薩乘。此五乘法。皆從一念善心熏鍊而出。

0086c15：十法界。孕成於初念。

《21》　　　十法界者。一天法界修十善業。二人法界。持五戒業。三脩羅法界。行憍慢業。四地獄法界。造十惡業。五餓鬼法界。造慳貪業。六畜生法界。造愚癡業。七聲聞法界。證四諦法。八緣覺法界。悟十二因緣法。九菩薩法界。行六度門。十佛法界。行平等一乘法。已上凡聖。共成十法界。陞降雖殊。皆從最初一念發起。爾後念念相續成事。善因樂果。惡因苦果。前後相酬。未曾遺失。故經云。心能天堂。心能地獄。且約地獄界。法華中十如唯心。上九界亦然。如觀音玄義云。地獄界具十如。性相體力作因緣果報本末究竟等。一如是地獄性者。性名不改。如竹中有火性。若其無者。不應從竹求火。從地求水。從扇求風。心有地獄界性。亦復如是。二地獄相者。攬而可別。名之為相。善觀心者。即識地獄之相。如善相師。占相無謬。三地獄體者。以心為體。心覺苦樂。故以當體。譬如釵鐺環釧之珠。終以銀為體質。六道之色雖異。祇是約心。故心為體也。四地獄力者。運御名力。緣刀山。入火聚。皆是其心力也。五地獄作者。發動曰作。既能有力。即有所作。或作善作惡。皆是心作也。六地獄因者。業是心因也。七地獄緣者。緣者假藉為緣也。如貪愛潤業。即因緣會合也。八地獄果者。習果也。如地獄人。前世多婬。生地獄中。還約多婬。見可愛境。即往親附。如見美女。近前抱之。即是銅柱。名習果也。九地獄報者。報者果也。昔有婬罪。今墮地獄。受燒炙之苦。昔行婬罪。名為慾火。後受其報。即受火車鐵牀之苦。初後相等。報應無善。名為報果也。十本末者。地獄本者。性德法也。地獄末者。修德法也。究竟等者。覽修德即等有性德。覽性德即具有修德。初後相在。故言等也。餘九法界亦然。雖逐界行相各別。都不出一心。如性相體力作因緣果報本末等。十界十如。皆從心體而起。先因心造作善惡等業因緣。後受凡聖苦樂等果報。初後是心。本末皆等。故云本末究竟等。

0087b01：虐聲頓息。法空之正信旋生。

《22》　　　高僧傳云。法空禪師初棲蘭若。每至中宵。庵外常有清聲所召。屢呼空禪。及至開關。又無蹤跡。後乃悟云。乃是自心境界。爾後其聲永絕。

0087b05：猛燄俄消。靈潤之真誠立驗。

《23》　　　高僧傳云。釋靈潤。常與四僧共遊山谷。忽遇野火四合。三僧迸走。其靈潤獨不動。乃曰。心外無火。火是自心。為火可逃。焉能免火。言訖。火至身自斂。

0087b09：陿沈表用。體具靈知。

《24》　　　此知是一切眾生心體。不同虛空。性自神解。亦不作意。任運而知。禪源集云。此言知者。不是證知。意說真性不同木石。故云知也。非如緣境分別之識。非如照體了達之智。直是真如之性自然常知。又不同虛空者。靈然覺知。覺知即神解義。陰陽不測謂之神。解即是智。智即是知。知即一心也。故祖師云。空寂體上。自有本智能知。於一切染淨法中。有真實之體。了然鑒覺。目之為心。如是無漏無明種種業幻。皆同真如性相。蓋為真如隨緣成於一切。一切不離真如。以理融之。唯是一味。此是通相。相即無相。若約別顯。染淨施為造作。即是真心不守自性。隨緣之相用。隱顯不定。陞降一差。

0087b22：惺惺不昧。了了何虧。湛爾而無依無住。

《25》　　　一切法依虛空。虛空無所依。一切法依真智。真智無所依。

0087c01：蕭然而非合非離。

《26》　　　　祖師偈云。汝言與心親。父母非可比。汝行與道合。諸佛心即是。外求有相佛。與汝不相似。欲識汝本心。非合亦非離。

0087c05：一字寶王。演出難思之法海。

《27》　　　　心為一字中王。經云。一句能訓誨八萬四千之國邑。又一切法中。心最為勝。萬象含於一字。千訓備於一言。如云依境教理行果五。唯識中。一明境唯識。捨離心外無境。一切境不離心故。二教唯識。成論本教。釋彼唯識說故。三理唯識。成立本教所說之理。分別唯識性相義故。四行唯識。明五位修唯識行故。五果唯識。求大果亦證唯識性故。

0087c13：羣生慈父。訓成莫測之宗師。

《28》　　　　淨名經頌云。方便以為父。一切諸聖。皆從一心方便門入。得成祖佛。為人天之師。故華嚴經云。以少方便。疾得菩提。以即心是故。所以疾證。又般若經云。以無所得為方便。心外無法。豈有得耶。是以菩薩親證自心。方能入世間幻化之綱。自利利他。無有斷絕。是知十方如來。皆悟心成佛。故華嚴經頌曰。若人欲了知。三世一切佛。應觀法界性。一切唯心造。是以經中所說西方阿彌陀等諸佛。皆是釋迦。如古釋云。以理推之。結成正義。皆我本師海印頓現。且法華分身有多淨土。如來何不指己淨土。而令別往彌陀妙喜。思之。故知賢首彌陀等佛。皆本師矣。復何怪哉。言賢首者。即壽量品中。過百萬阿僧祇剎。最後勝蓮華世界之如來也。經中偈云。或見蓮華勝妙剎。賢首如來住其中。若此不是歎本師者。說他如來在他國土。為何用耶。且如總持教中。亦說三十七尊。皆遮那一佛所現。謂毘盧遮那如來。內心證自受用。成於五智。從四智流出四方四如來。謂大圓鏡智。流出東方阿閦如來。平等性智。流出南方寶生如來。妙觀察智。流出西方無量壽如來。成所作智。流出北方不空成就如來。法界清淨智。即自當毗盧遮那如來。言三十七者。五方如來。各有四大菩薩在於左右。復成二十。謂中方毗盧遮那如來四大菩薩者。一金剛波羅蜜菩薩。二寶波羅蜜菩薩。三法波羅蜜菩薩。四羯磨波羅蜜菩薩。東方阿閦如來四菩薩者。一金剛薩埵菩薩。二金剛王菩薩。三金剛愛菩薩。四金剛善哉菩薩。南方寶生如來四菩薩者。一金剛寶菩薩。二金剛威光菩薩。三金剛幢菩薩。四金剛笑菩薩。西方無量壽如來。亦名觀自在王如來。四菩薩者。一金剛法菩薩。二金剛劍菩薩。三金剛因菩薩。四金剛利菩薩。北方不空成就如來四菩薩者。一金剛業菩薩。二金剛法菩薩。三金剛藥叉菩薩。四金剛拳菩薩。已具二十五。及四攝八供養。故成三十七。言四攝者。即鉤索鎖鈴。八供養者。即燒散燈塗華鬘歌舞。皆上有金剛。下有菩薩。然此三十七尊。各有種子。皆是本師智用流出。與今經中海印頓現大意同也。問。若依此義。豈不違於平等意趣。平等意趣云定即我者。依於平等意趣而說。非即我身。如何皆說為本師耶。答中平等之定。乃是一義。唯識尚說一切眾生中有屬多佛。多佛共化以為一佛。佛能示現以為多身。十方如來一一皆爾。今正一佛能為多身。依此而讚本師。又本師者。即我心耳。我攝歸自心。無法不備。豈止他耶。

0088b09：任性卷舒。隨緣出沒。挺一真之元始。總萬有之綱骨。

《29》　　　　　原始該終。唯一心道。大教至理。皆同所詮。如華嚴經云。佛子。諸菩薩初住地時。應善觀察。隨其所有一切法門。隨其所有甚深智慧。隨所修因。隨所得果。隨其境界。隨其力用。隨其示現。隨其分別。隨其所得。悉善觀察。知一切法皆是自心。而無所著。如是知已。入菩薩地。能善安住。

0088b16：十二因緣之大樹。產自玄根。

《30》　　　　此十二因緣法。皆從眾生心中建立。云何稱樹。若眾生界中。即以無明為根。愛水溉注。抽名色芽。開有漏華。結生死果。生住異滅四相常遷。無有斷絕。若諸聖界中。發正覺芽。開萬行華。成菩提果。盡未來際供佛利生。無有休息。並從一心十二因緣大樹生起。故云十二因緣即是佛性。又一心十二因緣者。如眼見色時。心不了名無明。心於色生愛惡名行。是中心意名識。色共識行即名色。眼與色等六處生貪名六入。色與眼作對名觸。心見色時領納名受。心於色纏綿不斷名愛。心想像色相名取。念色心起名有。一念心生名生。一念心滅名滅。如華嚴經云。三界所有。唯是一心。如來於此分別演說十二有支。皆依一心如是而立。又頌云。了達三界依心有。十二因緣亦復然。生死皆由心所作。心若滅者生死盡。

0088c08：五千教典之圓詮。終歸理窟。

《31》　　　　諸佛案一切眾生心。宣說諸法。華嚴經頌云。諸佛不說法。佛於何有說。但隨其自心。為說如是法。如普賢行願疏云。指其源也。情塵有經。智海無外。妄惑非取。重玄不空。四句之火莫焚。萬法之門皆入。冥二際而不一。動千變而非多。事理交徹而兩亡。性相融通而無盡。若秦鏡之互照。猶帝珠之相含。重重交光。歷歷齊現。故得圓至功於頃刻。見佛境於塵毛。諸佛心內眾生。新新作佛。眾生心中諸佛。念念證真。

0088c18：孤標寂寂。獨立堂堂。若華中之靈瑞。

《32》　　　　此華三千年一現。當佛出世。表說圓教一心法門時。難聞難遇。

0088c21：猶照內之神光。

《33》於眾光中。神光為最。祖師云。眾明之中。心明為上。

0088c23：截瓊枝而寸寸是寶。析栴檀而片片皆香。

《34》此明法法是心。塵塵合道。

0089a01：剋從凡夫之身。便登覺位。類在白衣之地。直坐龍牀。

《35》若信入華嚴一心無盡宗趣。長者論云。如將寶位。直授凡庸。似夜夢千秋。覺已隨滅。華嚴疏云。頓教之人一念不生即是佛者。即一切眾生心。未是佛體。妄念起故為眾生。一念妄心不生。何為不得名佛。故華嚴經頌云。法性本空寂。無取亦無見。性空即是佛。不可得思量。又頌云。法性如虛空。諸佛於中住。又般若經云。以本性空為佛眼。若論性空。皆是凡聖之體。祇為不覺。忽起妄念。隨境流轉。所以云法身流轉五道。號曰眾生。設一念起時亦是佛。以妄念無體。不出性空故。但要直下信解圓明。不在更思量推度也。華嚴疏云。眾生心中佛。為佛心中眾生說法。此明眾生稱性普周。而佛不壞相在眾生心內。又佛心稱性普周。而眾生不壞相在佛心內。喻如水乳和同一處。而互為能和所和。且約說聽解釋。以能和為說。所和為聽。且將水喻於佛。乳喻眾生。應言乳中之水。和水中之乳。水中之乳。受乳中之水。雖一味。能所宛然。雖能所宛然。而互相在相遍相攝。

0089a20：聽而不聞。觀之莫見。

《36》法身無像。真聽無聲。

0089a22：常在而莫更推尋。本瑩而何勞熏鍊。三界之門無體。谷裏傳聲。

《37》首楞嚴經云。三界之法。捏所成故。是知無體。猶如谷響。

799

皆是我聲。長者論云。一切法如谷響。以表萬法唯心故。華嚴經云。一念之間悉包法界。又云。一念三世畢無餘。又云。一念現於無盡相。

0089b04：六塵之境本空。鏡中寫面。

《38》　　　六塵之境。皆從妄念而生。如人照鏡。自見其面。非有別影。

0089b07：寂寞虛沖。無事不融。彌勒閣而普現。

《39》　　　華嚴經云。善財童子入彌勒閣時。見其樓閣廣博無量。同於虛空。阿僧祇寶以為其地。乃至見彌勒菩薩初發心。行菩薩道。八相成佛。三生之事耳。

0089b11：摩耶腹而無窮。

《40》　　　華嚴經云。摩耶夫人腹中。悉現三千大千世界一切形像。其百億閻浮提內。各有都邑。各有園林。名號不同。皆有摩耶夫人於中止住。天眾圍繞。為顯現菩薩將生不可思議神變之相。又廣大如法界。究竟若虛空。是處胎義。

0089b17：文殊寶冠之內。

《41》　　　文殊般泥洹經云。文殊身如紫金山等。其文殊冠。毗楞伽寶之所嚴飾。有五百種色。一一色中。日月星辰。諸天龍宮。世間眾生。所希有事。皆於中現。

0089b21：淨名方丈之中。

《42》　　　淨名經云。東方度三十六恒河沙國。有世界名須彌相。其佛號須彌燈王。今現在。彼佛身長八萬四千由旬。其師子座。高八萬四千由旬。嚴飾第一。於是長者維摩詰現神通力。即時彼佛遣三萬二千師子座。高廣嚴淨。來入維摩詰室。乃至其室廣博悉包容三萬二千師子座。無所妨礙。

0089c04：芥子針鋒而不窄。

《43》　　　淨名經云。以須彌之高廣。納芥子中。而不迫窄。涅槃經云。於針鋒上。立無邊身菩薩等。

0089c07：近塵遠剎而全通。

《44》　　　華嚴經頌云。一一微塵中。能證一切法。如是無所礙。周行十方國。又云。於一微塵中。一切國土曠然安住。古德云。一切不思議事。於一切處悉能普現。其唯一毗盧清淨法身之應用耳。此法身者。即是心也。心是法家之身。所以言若能諦觀心不二。方見毗盧清淨身。一念起惡。法身亦隨現。一念起善。法身亦隨現。名為處處互現。乃至色處現。空處現。自在無礙。更莫遠推諸佛。唯一念空心是。華嚴疏云。猶如海印頓現。經云。一念現故。謂無前後。如印頓成。又常現。非如明鏡有現不現時。又非現現。如明鏡對至方現。以不待對。是故常現。該三際故。已上俱是一真心寂照普現之義耳。

0089c20：靡減靡增。綿綿而常凝妙體。非成非壞。續續而不墜玄風。

《45》　　　亙古垂今。通凡徹聖。更無異法。唯是一心。得時不增。失時不減。陞時不成。墜時不壞。如華嚴錦冠云。大方廣佛華嚴經者。大者即是心體。心體無邊。故名為大。方是心相。心具德相之法。故名為方。廣是心用。心有稱體之用。故名為廣。佛是心果。心解脫處。名之為佛。華是心因。心所行行。喻之以華。嚴是心之功用。心能善巧嚴飾。目之為嚴。經是心教。心起名言。詮顯於此。故名為經。斯即大等七字。並不離心。然心之一字。非體非用。非因非果。非義非教。雖非一切。能為一切。何以故。謂一法界心是體。若能依此悟解。念念即是華嚴法界。念念即是毗盧法身。如華嚴經云。若與如是觀行相應。於諸法中不生二解。一切佛法疾得現前。初發心時即成正覺。得阿耨多羅三藐三菩提。

0090a12：大業機關。金輪種族。

《46》　　　釋迦佛是金輪王之種。一鉢和尚歌云。萬代金輪聖王子。祇這真如靈覺是。所以祖代相傳。但示即心是佛。纔生信解。即紹祖位矣。

0090a16：如頻伽鳥而韻壓羣音。

《47》　　　頻伽鳥未出殼時。於殼中發聲。已勝眾鳥之音。此況一切生死最初際底下凡夫。未脫煩惱殼。便能識心。我當作佛。已超過一切聲聞辟支佛上。

0090a20：猶好堅樹而高陞眾木。

《48》　　　西天有好堅樹。出土便高百尺。超過羣木之上。此況圓教之人。知心即具法界。圓解圓修。出過二乘藏通別教修行之人。若論功程。日劫相倍。

0090a24：一翳初起。繽紛而華影駢空。瞥念纔興。縱橫而森羅滿目。

《49》　　　首楞嚴經云。由汝無始心性狂亂。知見妄發。發妄不息。勞見發塵。如勞目睛。則有狂華。於湛精明無因亂起。一切世間山河大地生死涅槃。皆即狂勞顛倒華相。是知萬法因想而生。隨念而至。故瓔珞經云。佛言。我從本來。不得一法。究竟定意。如今始知。所謂無念。若得無念者。觀一切法悉皆無形。因此得成無上正真之道。又如起信論云。是故三界虛偽。唯心所作。離心即無六塵境界。此義云何。以一切法。皆從心起妄念而生。一切分別。即分別自心。心不見心。無相可得。當知世間一切境界。皆依眾生無明妄念而得住持。是故一切法。如鏡中像。無體可得。唯心虛妄。以心生則種種法生。心滅則種種法滅故。又云。一切境界。唯心妄動。心若不動。則一切境相滅。唯一真心遍一切處。是知心外見有境界。皆自妄念情想而生。故云。情生智隔。想變體殊。情生智隔者。失正智而成妄想故。想變體殊者。迷真如以成名相故。還源觀云。真空滯於心首。恒為緣慮之場。實際居在目前。翻成名相之境。唯識樞要云。起自心相有二。一者影像相。萬法是心之影像。二者所執相。諸境無體。隨執而生。因自心生。還與心為相。

0090b23：道絕浮言。至妙難論。出生死而無別路。登涅槃而唯一門。

《50》　　　　　華嚴經云。一切無礙人。一道出生死。首楞嚴經云。十方薄伽梵。一路涅槃門。此二教。唯宗一心法而求出離。是以既了一心而出。亦不住生死涅槃。謂大悲故。常處生死。謂大智故。常處涅槃。是俱住義。二大悲故不住涅槃。大智故不住生死。即二俱不住。又一明俱不住者。有二義故。不住生死。一見生死過患故不可住。二由見生死本空故無可住。上二皆約智故不住。有二義故。不住涅槃。一見涅槃本自有故不住。二由不異生死故不可住。

0090c10：須臾而即俗歸真。莫儔茲旨。頃刻而從凡入聖。難報斯恩。

《51》　　　　　禪宗門下。從上已來。但了即心是佛。便入祖位。即坐道場。但信之。凡聖不隔一念。若不信。天地懸殊。如經頌云。諸佛從心得解脫。心者清淨名無垢。五道鮮潔不受染。有解此者成大道。直饒未信自心

803

是佛。雖淪五道。心性常淨。染不能染。故云五道鮮潔不受染。以眾生法身。即諸佛法身。不增不減。雖隨流返流。其性不改。是以隨流作眾生時不減。返流成佛時不增。以一切眾生。垢深障重。設遇善友開發。亦不信受。唯逐情生。不見自性。故先德云。妄情牽引何年了。辜負靈臺一點光。

0090c22：羣籍共推。罕逾深理。吞蛇得病而皆是疑生。

《52》　　　　晉書樂廣傳。廣有親客。久隔闊不復來。廣問其故。答曰。前在坐。蒙賜酒。見盃中有蛇。意甚惡之。既飲而疾。於時河南廳署。壁上有角弓。上畫作蛇。廣意盃中蛇。即角影也。復置酒前處。客見如初。豁然意解。沈痾頓愈。

0091a04：懸砂止饑而悉從思起。

《53》　　　　如律中四食章云。思食者。如饑饉之歲。小兒從母求食。啼而不止。母遂懸砂囊。誑云此是飯。兒七日諦視其囊。恃為是食。其母七日後。解下示之。其兒見是砂。絕望。因此命終。方驗生老病死。皆是自心。地水火風。終無別體。

0091a10：乃至筍拔寒林。

《54》　　　　孟宗父病。冬中索筍。宗遂抱竹而泣。筍乃隨生。

0091a12：魚跳冰沚。

《55》　　　　晉王祥至孝。早喪所親。後母朱氏喜食生魚。時寒。祥乃解衣冰上。冰忽自釋。雙鯉躍出。時人以為孝感。

0091a16：酒變河中。

《56》　　　越王單醪投河。三軍告醉。

0091a18：箭穿石裏。

《57》　　　李廣少失父。問母。父安在。母云。汝父早被虎所傷。廣遂攜弓捉虎。至山向晚。見石似虎。挽弓射之沒羽。近前觀看。乃知是石。

0091a22：非麴蘗之所成。豈功力之能恃。

《58》　　　上四事。皆從孝心及平等心所感。

0091a24：無纖塵而不因識變。道理昭然。

《59》　　　此八識心有四分。一見分。二相分。三自證分。四證自證分。華嚴記云。如契經說。一切唯有覺。所覺義皆無。能覺所覺分。各自然而轉。釋曰。此即華嚴經。上半明無外境。下半明有見相二分。各各自從因緣所生。名自然而轉。下結正義。論云。達無離識所緣境者。則所變相分是所緣。見分名自行相。相見所依自體名事。即自證分。釋曰。此中雖是立二分家。義已有三。故次論云。若無自證分。此者應不自憶心所法。如不曾更境。必不能憶。故釋曰。此明有自證分。意云。相離於見。無別自體。但二功能。故應別有一所依體。若無自證。應不自憶。心心所法如不曾更境。必不能憶。謂如見分不更相分之境。則不能憶。要曾更之。方能憶之。若無自證。已滅心所。則不能憶。以曾不為自證緣故。則如見分不曾更憶。今能憶之。明先有自證已曾緣故。如於見分憶曾更境故。次下立三分。論云。然心心所一一生時。以理推徵。各有三分。所量。能量。量果。別故。相見必有所依體故。釋曰。所量是相分。能量是見分。量果是自證分。自證分與相見為所依故。論如集量論伽陀中說。似境相所量。能取相自證。即能量及果。

805

此三體無別。釋曰。所量如絹。能量如人。量果如解數智。果是何義。成滿因義。言無別體者。唯一識故。則離心無境。次立四分。論云。又心心所。若細分別。應有四分。見分。相分。自證分。如前。第四證自證分。若無此者。誰證第三。心分別既同。應皆證故。釋曰。見分是心分。說有自證分。自證分應無有果。諸能量者皆有果故。釋曰。見分是能量。須有自證量見分。說有第四果。恐被救云。却用見分為第三果。故次論云。不應見分是第三果。見分或則非量攝故。因此見分不證第三。證自體者必現量故。釋曰。意明見分通於三量。三量者。謂現量。比量。非量。即明見緣相時。或量非量。不可非量法。為現量果。或見緣相。是於比量。及緣自證。復是現量。故自證是心體。得與比量非量而為果。見分非心體。不得與自證而為其量果。故不得見分證於第三。證自體者必現量故。第三四分既是現量。故得相證無窮過矣。意云。若以見分為能量。但用三分亦得足矣。若以見分為所量。必須第四為量果。若通作喻者。絹如所量。尺如能量。智所量果。是自證分。若人為所使。智為能使。何物用智。即是於人。如證自證分。人能用智。智能使人。故能更證。亦如明鏡。鏡像為相分。鏡明為見分。鏡面如自證分。鏡背如證自證分。面依於背。背復依面。故得互證。亦可以銅為證自證分。鏡依於銅。銅依於鏡。

0091c21：非一種而罔賴心成。言思絕矣。

《60》　　　　心識變者。如密嚴經頌云。汝等諸佛子。云何不見聞。藏識體清淨。眾或所依止。或具三十二。佛相及輪王。或為種種形。世間皆悉見。譬如淨空月。眾星所環遶。諸識阿賴耶。如是身中住。譬如欲天主。侍衛遊寶宮。江海等諸神。水中而自在。藏識處於世。當知亦復然。如地生眾物。是心多所現。譬如日天子。赫奕乘寶宮。旋遶須彌山。周流照天下。諸天世人等。見之而禮敬。藏識佛地中。其相亦如是。十地行眾行。顯發大乘法。普與眾生樂。常讚於如來。在於菩薩身。是即名菩薩。佛與諸菩薩。皆是賴耶名。佛及諸佛子。已受當受記。廣大阿賴耶。而成於正覺。密嚴諸定者。與妙定相應。能於阿賴耶。明了而觀見。佛及辟支佛。聲聞諸異道。見理無怯人。所觀皆此識。種種諸識境。皆從心所變。瓶衣等眾物。如是性皆無。悉依阿賴耶。眾生迷惑見。以諸習氣故。所取能取轉。此性非如幻。陽燄及毛輪。非生非不生。非空亦非有。譬如長短等。離一即皆無。智者觀幻事。此皆唯幻術。未曾有一物。與幻而同起。幻燄毛輪等。在在諸物相。此皆心變異。無體亦無名。世中迷惑人。其心不自在。妄說有能幻。幻成種種名。去來皆非實。如鐵因磁石。所向而轉移。藏識亦如是。隨於分別轉。一切諸世間。無處不周遍。如日摩尼寶。無思及分別。此識遍諸處。見之謂流轉。不死亦不生。本非流轉法。定者勤觀察。生死猶如夢。是時即轉依。說名為解脫。此即是諸佛。最上之教理。審量一切法。如秤如明鏡。若以此一心。為一切法之定量者。如秤稱物。斤兩無差。似鏡照像。妍醜皆現。又心成者。古釋一心有四。一紇利陀耶。此云肉團心。身中五藏心也。如黃庭經所明。二緣慮心。此是八識。俱能緣慮自分境故。色是眼識境。根身種子器世界。阿賴耶識之境。各緣一分。故云自分。三質多耶。此云集起心。唯第八識。積集種子。生起現行。四乾栗陀耶。此云堅實心。亦云貞實心。此是真心也。故祖佛法中。皆以心為印。楷定萬法故。若能決定信入。請各收疑。離此別無奇特。故云言思絕矣。

0092b10：動靜之境。皆我緣持。如雲駛而月運。似舟行而岸移。

《61》　　　　圓覺經云。佛言。善男子。一切世界。始終生滅。前後有無。聚散起止。念念相續。循環往復。種種取捨。皆是輪迴。未出輪迴而辯圓覺。彼圓覺性即同流轉。若免輪迴無有是處。譬如動目能搖湛水。又如定眼猶迴轉火。雲駛月運。舟行岸移。亦復如是。善男子。諸旋未息。彼物先住。尚不可得。何況輪轉生死垢心曾未清淨。觀佛圓覺而不旋復。譬如動目能搖湛水者。古釋云。以眼勞觀水。見水有動。眼若不瞬。池水則不搖。妄見若除。亦無草木成壞之相。若舉眼見色。由有色陰。舉身受苦樂。由有受陰。舉心即亂。由有想陰。舉眼見生滅。由有行陰。精明湛不搖處。即識陰。又若以遍身針刺俱知。不帶分別。則是識陰。若次第分別。則餘識陰。故知一念纔起。五陰俱生。微識未亡。六塵不滅。若唯識之義燈常照。妄何由生。一心之智鏡恒明。旨終不昧。又如定眼猶迴轉火者。如定目看旋火輪之時。眼亦迴轉。前因眼動而水動。即是因心動而境動。後因火動而眼動。即是因境動而心動。故知心即是境。境即是心。能所雖分。一體常現。故華嚴疏云。往復無際。動靜一源。雲駛月運舟行岸移者。亦復如是。故知真心不動。妄念成差。如起信論云。復次顯示從生滅門即入真如門。所謂推求五陰。色之與心。六塵境界。畢竟無念。以心無形相。十方求之終不可得。如人迷故謂東為西。方實不轉。眾生亦爾。無明迷故謂心為念。心實不動。若能觀察知心無念。即得隨順入真如門故。

0092c13：魚母憶而魚子長。

《62》　　如魚散子。魚母不憶持。其子即爛壞。魚母若憶。子即生長。如獨影境。過去等諸法。心若不緣。境不現前。一切諸法。皆是心緣識變。若無心。即無法。

0092c17：蜂王起而蜂眾隨。

《63》　　大智度論云。諸法入佛心中。唯一寂滅三昧門。攝無量三昧。如牽衣一角。舉衣皆得。亦如得蜜蜂王。餘蜂盡攝。心王若起。從心所有善惡等法。悉皆隨起。況如王出。百司盡隨。

0092c22：印前後而無差。諸賢共仰。揩初終而不謬。千聖同推。

《64》　　　　　如王寶印。其文頓現。無前後際。又印定天下。如佛法中。若無心印。不成佛法。是知前亦是心。後亦是心。古亦是心。今亦是心。故云。非古盛而今衰。匪愚亡而智現。又云。萬法不出一心矣。華嚴經頌云。眾生心行無有量。能令平等入一心。以智慧門悉開悟。於所修行不退轉。又云。如是一切人中主。隨其所有諸境界。於一念中皆了悟。而亦不捨菩提行。又云。諸佛隨宜所作業。無量無邊等法界。智者能以一方便。一切了知無不盡。

0093a08：是以朕迹緜生。皆從此建。快馬見鞭而鶖子先知。

《65》　　　　　經云。外道問佛。不問有語不問無言時如何。佛默然而坐。外道讚曰。快哉。瞿曇。開我迷雲。令我得入。禮拜而出。後阿難問佛。外道得何道理而稱讚之。佛言如快馬見鞭影。疾入正道。鶖子先知者。舍利弗亦名鶖子。於法華會上。初周法說。最先領解。前得授記。

0093a15：香象迴旋而龍女親獻。

《66》　　　　　象王迴旋者。文殊師利於覺城東畔。如象王迴。顧示四眾。最初善財童子得入。法華會上龍女獻珠。此是實報畜生女。以不得人身。是戒緩。得悟大乘心宗。是乘急。如淨名經云。於念知一切法是道場。成就一切智故。又處胎經云。釋梵女。皆不受身不捨身。皆現身成佛。又偈云。法性如大海。不說有是非。凡愚賢聖人。平等無高下。唯在心垢滅。取證如返掌。

0093a24：得果而榮枯已定。盡合前因。舉念而苦樂隨生。悉諧初願。

《67》　　　　　唯識變定。豐儉由心。飲啄有分。追身受報。未曾遺失。不唯人間報應隨心。一切出世功德。皆在初心圓滿。如華嚴演義記云。初發心時。得如來一身無量身。則法身開顯。得究竟智慧。得一切智慧光明。則般若開顯。以心離妄取。寂照雙流。故解脫開顯。故此心中無德不攝。因該果海。並在初心。從初發心時便成正覺。即梵行品。又言初後圓融者。以初是即後之初。後是即初之後。以緣起法。離初無後。離後無初。故舉初攝後。若約法性融通。一切因果。不離心性。契同心性。無德不收。以一切法隨所依住。皆於初心頓圓滿故。如梵行品云。若諸菩薩。能與如是觀行相應。於諸法中不生二解。一切佛法疾得現前。初發心時。即得阿耨多羅三藐三菩提。知一切法即心自性。成就慧身不由他悟。十善業道經云。爾時世尊告龍王言。一切眾生心想異故。造業亦異。由是故有諸趣輪轉。龍王。汝見此會及大海中形色種類各別不耶。如是一切靡不由心造。乃至又觀此諸大菩薩妙色嚴淨。一切皆由修集善業福德而生。又諸天龍八部眾等大威勢者。亦因善業福德所生。今大海中所有眾生。形色麤鄙。或大或小。皆由自心種種想念。作身語意諸不善業。是故隨業各自受報。是知境隨業識轉。是故說唯心。不淨之財變為膿血。非分之寶化作毒蛇。如昔有娼姬。捨錢造普光王寺。主者不受。遂令埋於寺東北上。邇後尋掘。悉變為血。所亦有屠羊之人。聚錢於竹筒之內。死後。母開之。亦成赤血。如古德云。眾生世界海。依住形相。苦樂淨穢。皆是眾生自業果報之所莊嚴。不從他有。諸佛菩薩世界海。皆依大願力。自體清淨法性力。大慈悲智力。不思議變化力。之所成就。故知染淨緣起。不出自心。世界果成。更無別體。如經頌云。或從心海生。隨心所解住。如幻無處所。一切是分別。又頌云。始從一念終成劫。悉依眾生心想生。一切剎海劫無邊。以一方便皆清淨。又唯識變定。報應無差。千駟一瓢。各任其分。朱門華戶。盡逐其緣。隨善惡現行之心。感豐儉等流之境。如前定錄云。韓晉公在中書。因召一吏。不時而至。公怒。將撻之。吏曰。某有所屬。不得遽至。乞宥其罪。晉公曰。

宰相之吏。更屬何人。吏曰。某不幸。兼屬陰司。晉公以為不誠。怒曰。既屬陰司。有何所縮。吏曰。某主三品已上食料。晉公曰。若然。某明日當以何食。吏曰。此非細事。不可顯之。請疏於紙。過後為驗。乃如之。而繫其吏。明旦。遽有詔命。既對。適遇大官進食。有饐糜一器。上以一半賜晉公。食之美。又以賜之。既而腹脹。歸私第。召醫者視之。曰食物所擁。宜服少橘皮湯。至夜可啗漿水粥。明日愈。思前夕吏言。召之。視其書。則皆如其說。公固復問。人間之食。皆有籍也。答曰。三品已上。日支。五品已上而有權位者。旬支。凡六品者。季支。其有不食祿者。歲支。又云。京兆府趙郡李敏求。應進士。入就禮部試不利。太和九年秋。旅居宣平里。日晚擁膝愁坐。忽如沈醉。俄而精魂去身。約行六七十里。至一城門之外。有數百千人。忽有一人出拜之。敏求曰。何人也。答曰。某李岸也。敏求曰。汝前年隨吾旅遊。卒於涇州。何得在此。對曰。某自離二十二郎後。事柳十八郎。職甚雄盛。二十二郎既至此。亦須一見。遂於稠人中引入通見。入門。兩廊多有衣冠。或有愁立者。或白衣者。或簡板者。或有將通狀者。其服率多黲紫。或綠色。既至廳。柳揖坐。與之言曰。公何為到此。得非為他物所誘乎。某力及。公宜速去。非久駐之所也。敏求具如此答。柳命吏送出。將去。懇求知將來之事。柳曰。人生在世。一食一宿。無不前定。所不欲人知。慮君子不進德修業。小人惰於農耳。君固欲見。亦不難爾。乃命一吏。引敏求至東院。約有屋一百餘間。從地至屋。書架滿文簿。籤帖一一可觀。吏取一卷。出三行。第一行云。太和二年罷舉。第二行云。其年得伊宰宅錢二十萬。其第三行云。受官於張平子。餘不復見。敏求既醒。具書於標帙之間。明年客遊西京。過時不赴舉。明年遂娶韋氏。韋氏之外祖伊宰。將鬻別第。召敏求而售之。敏求因訪所親。得價錢二百萬。伊宰乃以二十萬貽敏求。既而當用之券頭。以四萬為貨。時敏求與萬年尉戶曹善。因請之九十君用所資伊亦貺焉。累為二十四萬。明年以蔭調授河北縣。有張平子墓。時說者失

811

其縣名。以俟知者。

0094b04：美惡無體。因念所持。

《68》　　　一切萬法。因第八識之所持。一切好惡。是第六意識分別之所起。

0094b07：聲響冥合。形影相隨。

《69》　　　心直事直。心邪法邪。一一法但隨心開合。更無別旨。或正殺悞殺。實報虛報。絲毫匪濫。晷刻不移。既自心口所為。還自心口所受。如自鏡錄云。昔月氏國城西有大山。是離越辟支佛住處。去此不遠。有人失牛。尋到此山。值此辟支燃火染衣。宿業力故。當於爾時。鉢變為牛頭。法衣變為牛皮。染汁變為血。染滓變為肉。柴變為骨。其迹既爾。遂為牛主執入獄中。弟子推覓。莫知所在。從是荏苒經十二年。後遇因緣。知在獄中。便向王說。我師在獄。願王放赦。王問獄典。有僧否。典曰。無僧。白王。願喚獄中沙門者出。我師自出。獄典尋喚。辟支佛即出。此辟支佛在獄既久。髮長衣壞。沙門形滅。諸弟子等。禮而問曰。師何在此。師於爾時答以上事。弟子復問。宿世造何因。今令致此。師答曰。吾於昔時謗他人偷牛。致使如此耳。故經云。假使百千劫。所作業不亡。因緣會遇時。果報還自受。

0094b24：本性希奇。莫可思議。似服伽陀之藥。如餐真乳之糜。

《70》　　　經云。阿伽陀藥。功兼諸藥。能治一切病。又經云。如食乳糜。更無所須。況了心之人。一切悉皆具足。

812

0094c03：同如意樹。雨無盡之寶。

《71》　　　　　此如意樹。隨一切眾生心所念。悉皆雨寶。心亦如是。隨念出生萬法。無有窮盡。

0094c06：類水清珠。澄眾濁之池。

《72》　　　　　大水清珠。能清濁水。如悟一心。能破一切塵勞境界。

0094c09：陞第一義天。正會大仙之日。登普光明殿。當朝法界之時。

《73》　　　　　教中有第一義天。故號佛為天中天。又號佛為大仙。普光明殿者。華嚴經中。佛登普光明殿。說華嚴經。華嚴經以法界為宗。如法華經云。以禪定智慧力。得法國土。王於三界。又普光明智者。若說等覺說妙覺是約位。普光明智不屬因果。該通因果。其由自覺聖智超絕因果故。七卷楞伽。妙覺位外。更立自覺聖智之位。亦猶佛性。有因有果。有因因。有果果。以因取之。是因佛性。以果取之。是果佛性。然則佛性非因非果。普光明智亦復如是。體絕因果。為因果依。果方究竟。故云如來普光明智。

0094c21：冥真寂照。含虛吐耀。

《74》　　　　　肇論云。玄道在乎妙悟。妙悟在乎即真。即真則有無齊觀。有無齊觀則彼已莫二。所以天地與我同根。萬物與我一體。同我則非復有無。異我則乖於會通。所以不出不在。而道存乎其中。又云。至人虛心冥照。理無不統。懷六合於胸中。而靈鑒有餘。鏡萬有於方寸。而其神常虛。

0095a04：罔象兮獲明珠。

《75》　　　　　黃帝於赤水求玄珠。有臣離婁。百步能觀毫末。求之不得。乃罔象而得之。罔象即無心也。故弄珠吟云。罔象無心却得珠。能見能聞

813

是虛偽。

0095a08：希夷兮宗法要。

《76》　　　眼不見謂之希。耳不聞謂之夷。故云無心道現。又真心無形。非見聞覺知之所能解。

0095a11：恩覆羣生而無得。不作不為。

《77》　　　肇論云。夫聖人功高二儀而不仁。明踰日月而彌昏。註云。是以聖人不仁。以百姓為芻[艹/狗]。天地不仁。以萬物為芻[艹/狗]。芻[艹/狗]者。無吠守之功也。不仁者。施恩不望報。彌昏者。照而無照也。即無心矣。

0095a16：光含萬象而絕思。忘知忘照。

《78》　　　永嘉集云。若以知知寂。此非無緣知。如手執如意。非無如意手。若以自知知。亦非無緣知。如手自作拳。非是不拳手。亦不知知寂。亦不自知知。不可為無知。以性了然故。不同於木石。如手不執物。亦不自作拳。不可為無手。以手安然故。不同於兔角。斯為禪宗之妙。故今用之。而復小異。以彼但顯無緣真智。以為真道。若奪之者。但顯本心。不隨妄心。未有智慧照了心原。故云直須能所平等。等不失照。為無知之知。此知知於空寂無生如來藏性。方為妙耳。

0095b03：如是則塵成佛國。念契圓音。

《79》　　　心要牋云。心心作佛。無一心而非佛心。處處道成。無一塵而非佛國。又唯心訣云。巖樹庭莎。各挺無邊之妙相。猿吟鳥噪。皆談不二之圓音。又佛以一音演說法。眾生隨類各得解。猶如滿月唯一圓形。隨器差別而現多影。謂多即是一。若多不即一。則非一音。一復即多。若一不即多。即非圓音矣。

0095b10：但顯金色之世界。

《80》　　　　華嚴經云。一切處文殊師利。從金色世界來。金色者。即一切眾生自心白淨之色。文殊者。即信自心無依住性妙慧解脫。是自文殊。若人若法。皆是自心所表之法。如法華經云。入如來室者。即眾生大慈悲心是。豈可入於有相屋宅乎。所以牛頭第一祖融大師。天台智者大師。所釋佛經。皆作觀心之釋。如是即深契祖佛之本懷矣。

0095b18：唯聞薝蔔之園林。

《81》　　　　如淨名經云。方丈之內。唯談大乘一心之旨。故云。唯聞薝蔔之香。不齅餘香三乘之氣。

0095b21：莫比商人之寶。

《82》　　　　任商人採寶。設獲驪珠。皆是世珍。徒勞功力。如管子云。利之所在。雖千仞之山。無所不上。深源之下。無所不入。商人通賈。倍道兼行。夜以續日。千里不遠。利在前也。漁人入海。海水百仞。衝波逆流。宿夜不出。利在水也。此乃世間勤苦求利之耳。如或堅求志道。曉夕忘疲。不向外求。虛襟澄慮。密室靜坐。端拱寧神。利在心也。如利之所在。求無不獲。況道之在心。信無不得矣。故知訓格之言。不得暫捨。可以鏤於骨。書於紳。染於神。熏於識。所以楚莊輕千乘之國。而重申叔一言。范獻賤萬畝之田。以貴舟人片說。此乃成家立國。尚輕珍重言。況稱揚心地法門。諸佛祕密。言下契無生。聞之成大道。寧容輕慢乎。

815

0095c11：寧齊樵客之金。

《83》　　　　如採樵人。負薪而歸。路逢黃金。即棄薪拾金。價逾萬倍。況捨偽歸真。不依權漸不了義教。直入一心實教之門。則所學功程。日劫相倍。如孤寂吟云。不迷須有不迷心。看時淺淺用時深。此箇真珠若採得。豈同樵客負黃金。黃金烹鍊轉為新。此珠含光未示人。了則毛端吞巨海。始知大地一微塵。一滴一塵並舉喻一心包含廣大矣。豈比人間之寶。此乃出世之珍。標萬化之原。統一真之本。隨緣應用。猶如意珠。對物現形。若大圓鏡。是以能包萬象。是大法藏。出生無盡。是無盡藏。妙慧無窮。是大智藏。法法恒如。是如來藏。本性無形。是淨法身。體合真空。是虛空身。相好虛玄。是妙色身。妙辯無窮。是智慧身。隱顯無礙。是應化身。萬行莊嚴。是功德身。念念無滯。是入解脫法門。心心寥廓。是入空寂法門。六根自在。是入無礙法門。一念不生。是入無相法門。又此中旨趣。若相資。則唯廣唯大。演之無際。若相奪。則唯微唯細。究之無蹤。斯乃離有無而不壞有無。標一異而非一異。則四邊之火莫能燒。百非之垢焉能染。但隨緣顯現。如空谷響。故大涅槃經云。譬如一人。多有所能。若其走時。則名走者。若收刈時。復名刈者。若作飲食。名作食者。若治材木。則名工匠。鍛金銀時。言金銀師。如是一人。有多名字。法亦如是。其實是一。而有多名。故知約用分多。體恒冥一。廬山遠大師云。唯一知心隨用分多。非全心外別有諸數。譬如一金作種種器。非是金外別有器體。

0096a14：厭異忻同而情自隔。

《84》　　　　摩訶衍釋論云。厭異捨別。唯一真如。譬如有人避影畏空。終不得離。任九十六種外道。常合圓宗。縱八萬四千塵勞。恒當正位。以各不離心故。

0096a18：捨此取彼而理恒任。

《85》　　　　任背覺合塵。遺心驟境。且一心真如之理。未嘗移易。如釋摩訶衍論云。一心真如體大。通於五人。平等平等。無差別故。云何名為五種假人。一者凡夫。二者聲聞。三者緣覺。四者菩薩。五者如來。是名為五。如是五人。名自是五。真自唯一。所以者何。真如自體。無有增減。亦無大小。亦無有無。亦無中邊。亦無去來。從本已來。一自成一。同自作同。厭異捨別。唯一真如。是故諸法。真如一相。三昧契經中作如是說。譬如金剛作五趣像。五人平等亦復如是。於諸人中無有增減。故起信論云。心真如者。即是一法界大總相法門體。所謂心性不生不滅相。一切諸法。皆由妄念而有差別。若離妄念。則無一切境界差別之相。

0096b08：繩上生蛇而驚悸。

《86》　　　　論頌云。白日看繩繩是麻。夜裏看繩繩是蛇。麻上生繩猶是妄。豈堪繩上更生蛇。此況迷心作境之人。如繩上生蛇。若麻上生繩。是依他起性。若繩上生蛇。是遍計所執性。無名無體。情有理無。例觀萬境。亦復如是。悉落周遍計度之心。

0096b14：杌中見鬼而沈吟。

《87》　　　　如夜看杌。疑為是鬼。雖無真實。而起怖心。亦如夢中所見。以萬法體虛成事。此亦喻迷心作境。自起怖心。若了一心。無境作對。自然忻厭不生。

0096b18：癡猿捉月而費力。渴鹿逐燄而虛尋。

《88》　　　　並喻心外取法。無有得理。故證道歌云。不離當處常湛然。覓即知君不可見。寶藏論云。察察精勤。徒興夢慮。遑遑外覓。轉失玄路。

817

0096b22：飲狂藥而情隨轉日。食蒴蕩而眼布華針。

《89》　　　大涅槃經云。如人醉時。見有轉日。此況妄心纔動。幻境旋生。又經云。如人服蒴蕩子。眼見針華。並況不達一心。妄生境界。

0096c02：皆自想生。萬品而始終常寂。盡因念起。一真而境界恒深。

《90》　　　經云。一切國土。皆想持之。若無想。即無法。又一切境界。隨念而至。若無念。諸境不生。如還源觀云。攝境歸心真空觀者。謂三界所有法。唯是一心。心外更無一法可得。故曰歸心。謂一切分別。但由自心。曾無心外境。能與心為緣。何以故。由心不起。外境本空。論云。由依唯識故。境本無體。真空義成故。以塵無有故。本識即不生。

0096c11：法內規模。人間軌則。

《91》　　　此一心法門。可謂盡善盡美。何者。體含虛寂。不能讚其美。理絕見聞。不能書其過。降茲已下。皆墮形名。則難逃毀讚矣。如昔人云。夫大道混然無形。寂爾無聲。視之不見。聽之不聞。非可以影響知。不得以毀譽稱也。降此以往。則事不雙美。名不並盛矣。雖天地之大。三光之明。聖賢之智。猶未免於毀譽也。故天有拆之象。地有裂之形。日月有謫蝕之變。五星有勃彗之妖。堯有不慈之誹。舜有謫父之謗。湯主有放君之稱。武王有弒主之譏。齊桓有貪婬之目。晉文有不臣之聲。伊尹有誣君之迹。管仲有僭上之名。以夫二儀七曜之靈。不能無虧彌。堯舜湯武之聖。也不能免嫌謗。桓文伊管之賢。也不能遺纖過。由此觀之。宇宙庸流。奚能得免怨謗。而無悔恪也。若以心智通靈。成無為之化。則萬累不能干矣。又真俗二諦。並從心起。第八識心是持種依。真如心是迷悟依。如華嚴記云。依生滅八識辯二所由。顯法相但是心境依持。而即如來藏。辯其二所以。於中先總。後以會緣入實。下別示二相。即以起信真如生滅二門為二義

818

耳。存壞不二。唯一緣起。結歸華嚴會緣入實。言二門無礙。唯是一心者。結歸起信依一心法立二種門。故須具足二義。方名具分唯識。問。唯識第九。亦說其所轉依有其二種。一持種依。謂第八識。二迷悟依。謂即真如。何以說。言然依生滅八識。唯有心境依持。答。彼雖說迷悟依。非即心境依持。以真如不變。不隨於心變萬境故。但是所迷耳。後還淨時。非是攝相即真如故。但是所悟耳。今乃心境依持。即是真妄非有二體。故說一。約義不同。分成兩義。說二門別。故論云。然此二門。皆各總攝一切法。以此二門不相離故。

0097a17：願無不從。信無不剋。見萬像於掌中。收十方於座側。

《92》　　　　華嚴策林云。全色為眼。恒見色而無緣者。色是所緣之境。眼是能緣之根。今即是眼。故無緣也。言全眼為色。恒稱見而非我者。眼是我能見。今全為色。正見之時。即非我也。非我離於情想。無緣絕於貪求。收萬像於目前。全十方於眼際。是以緣義無盡。隨見見而不窮。物性叵思。應法法而難準。法普即眼普。義通乃見通。體之自隱隱。照之逾重重。然後窮十方於眼際。鏡空有而皎明。收萬像以成身。顯事理而通徹。

0097b03：感現而唯徇吾心。美惡而咸歸我識。

《93》　　　　此明具分唯識者。以不生滅與生滅和合。非一非異。名阿賴耶識。即是具分。以具有生滅不生滅故。不生滅即如來藏。即通真心也。若不全依真心。事不依理。故唯約生滅。便非具分。有云影外有質。為半頭唯識。質影俱影。為具分者。此乃唯識宗中之具分耳。又三界唯心。萬法唯識。唯心法總有四義。一是事。隨境分別。見聞覺知。二是法。論體唯是生滅法數。此二義。論俗故有。約真故無。三是理。窮之空寂。四是實。論其本性。唯是真實如來藏法。又如進趣大乘方便經云。佛言。一實境界者。謂眾生心體。從本已來。不生不滅。乃至一切眾生心。一切二乘心。一切菩薩心。一切諸佛心。皆同不生不滅真如相故。乃至盡於十方虛空一切世界。求心形狀。無一區分而可得者。但以眾生無明癡闇熏習因緣。現妄境界。令生念著。所謂此心不能自知。妄自謂有。起覺知想。計我我所。而實無有覺知之相。以此妄心。畢竟無體。不可見故。若無覺知能分別者。則無十方三世一切境界差別之相。以一切法皆不能自有。恒依妄心分別故有。所謂一切境界。各各不自念為有。知此為自。知彼為他。是故一切法不能自有。則無別異。唯依妄心。不了不知。內自無故。為有前外所知境界。妄生種種法想。謂有謂無。謂好謂惡。謂是謂非。謂得謂失。乃至生於無量無邊法想。當如是知。一切諸法。皆從妄想生。依妄心為本。然此妄心無自相故。亦依境界而有。所謂緣念覺知前境界故。說名為心。又此妄心。與前境界。雖俱相依。起無前後。而此妄心。能為一切境界原主。所以者何。謂依妄心不了法界一相故。說心有無明。依無明力因故。現妄境界。亦依無明滅故。一切境界滅。非依一切境界自不了故。說境界有無明。亦非依境界故。生於無明。以一切諸佛。於一切境界。不生無明故。又復不依境界滅故。無明心滅。以一切境界。從本已來。體性自滅。未曾有故。因如此義。是故但說一切諸法依心為本。當知一切諸法。悉名為心。以義體不異。為心所攝故。又一切諸法。從心所起。與心作相。和合而有。共生共滅。同無有住。以一切境界。但隨心所緣。念念相續故。而得住持。暫時而有。

0097c18：手出金毛師子。皆籍善根。城變七寶華池。盡承慈力。

《94》　　　　大涅槃經云。阿闍世王欲害如來。放護財狂醉之象。佛即舒手示之。即於五指出五師子。是象見已。投地敬禮。佛言。我於爾時手五指頭實無師子。乃是修慈善根力故。令彼見如斯事。又云。南天竺國有一大城。名首波羅。城中有一長者。名曰盧至。為眾導首。佛欲至彼城邑。化度彼人。彼眾尼乾。聞佛欲至。遂破壞林泉。堅閉城壁。各嚴器仗。防護固守。設彼來者。莫令得前。佛言。我於爾時至彼城已。不見一切樹木叢林。唯見諸人莊嚴器仗當壁自守。見是事已。尋生憐愍。慈心向之。所有樹木還生如本。河池泉井清淨盈滿。如清淨池生眾雜華。變其城壁為紺瑠璃。我於爾時實不化作種種樹木清淨華池。當知皆是慈善根力。能令彼見如是事。故知凡有一切苦樂境界。仗佛力為增上緣。但是自心感現。例見目前實境。悉是想生。心外實無一法。但從識變耳。

0098a11：卷舒不定。隱顯千端。或闃爾無跡。或爛然可觀。處繁而不亂。履險而常安。

《95》　　　　心境諸法。互奪互資。相泯相入。若相資相入。則性相俱存。爛然可見。若互奪互泯。則理事俱空。闃爾無跡。以萬法從心。隨緣建立。以無性從緣故有。以從緣無性故空。如寶印重玄序云。蘊大千之經卷。不出情塵。布極淨之身雲。常居穢土。會寂滅於因緣之際。得圓常於生死之輪。理事雙現而兩亡。性相共成而互奪。一真湛爾而非寂。萬化紛然而匪繁。頓虛諸相而不空。遍興多事而非有。不得一法而密傳心要。不演一字而恒轉圓音。一體遍多。猶朗月而影分千水。多身入一。若明鏡而光寫萬形。

0098a23：醍醐之海泓深。橫吞眾派。法性之山挺出。高落羣巒。

《96》　　　　法華經云。譬如一切川流江河。諸水之中。海為第一。此法華經亦復如是。於諸如來所說經中最為深大。又云。及十寶山眾山之中。須彌山為第一。此法華經亦復如是。於諸經中最為其上。此經是醍醐之教。為第一心宗。故經云。十方諸國土。唯有一乘法。

0098b06：理體融通。芳名震烈。瞻時而別相難窮。入處而一門深徹。

《97》　　　若以事相觀。隨差別而迷旨。若以一心照。隨平等而歸根。所以首楞嚴經云。但於一門深入。則六知根一時清淨。又云。入一無妄。李長者論云。一入全真。如新豐和尚悟道頌云。向前物物上求通。祇為從前不悟宗。如今悟了渾無事。方知萬法本來空。

0098b13：服善見王之藥餌。眾病咸消。奏師子筋之琴絃。羣音頓絕。

《98》　　　善見王藥。能治眾病。心之妙藥亦復如是。能治諸法。故偈云。一丸療萬病。不假藥方多。又云。以師子筋為琴絃。其音一奏。羣音斷絕。況說一心能收萬法。

0098b19：爾乃明逾皎日。德越太清。隨機起用。順物無生。

《99》　　　問。初心學人。悟入此宗。信解圓通。有何勝力。答。若正解圓明。決定信入。有超劫之功。獲頓成之力。雖在生死。常入涅槃。恒處塵勞。長居淨剎。現具肉眼。而開慧眼之光明。匪易凡心。便同佛心之知見。則煩惱塵勞。不待斷而自滅。菩提妙果。弗假修而自圓。乃至等冤親。和諍論。齊凡聖。泯自他。一去來。印同異。融延促。混中邊。世出世間。不可稱不可量不可說不可說之力。莫能過者。亦名佛力。亦名般若力。亦名大乘力。亦名法力。亦名無住力。所以先德釋云。無住力持者。則大劫不離一念。又云。色平等是佛力。色既平等。則唯心義成。故知觀心之門。理無過者。最尊最貴。絕妙絕倫。刹那成佛之功。頓截苦輪之力。大涅槃經云。譬如藥樹。名曰藥王。於諸藥中。最為殊勝。能滅諸病。樹不作念。若取枝葉及皮身等。雖不作念。能愈諸病。涅槃亦爾。是以若於一心。有圓信圓修。乃至見聞隨喜。一念發心者。無不除八萬塵勞三障二死之病。大品經云。如摩尼珠。所在住處。一切非人不得其便。以珠著身。闇中得明。熱時得涼。寒時得溫。若在水中。隨物現色。即況識此自心如意靈珠。圓信堅固。一切時處。不為無明塵勞非人之所侵害。則處繁不亂。履險恒安。高而不危。滿而不溢。

0098c18：非異非同。盈剎而坦然平現。不大不小。遍空而法爾圓成。

《100》　　此一心法。是大真理。不假有緣生。亦非無緣生。以法體故。為萬法之性。遍一切處。隨人所感。應現無盡。異而非異。同而非同。大而非大。小而非小。如華嚴經頌云。一一微塵中。能證一切法。一切眾生心。普在三世中。如來於一念。一切悉明達。

0099a01：神靈之臺。祕密之府。

《101》　　此一心法。是神解之性。能通靈通聖。故曰靈臺。又萬法之指歸。千途之通體。故云祕府。

0099a04：病遇良醫。民逢聖主。

《102》　　法華經云。如商人得主。如子得母。如渡得船。如病得醫。如闇得燈。如貧得寶。如民得王。如賈客得海。此況人間所遇。若於佛法中。直了心人。可以永脫塵勞。長居聖地。治煩惱之重病。成無上之法王。校量得失。天地懸殊矣。

0099a10：以本攝末。駕智海之津梁。

《103》　　一心為本。諸法為末。欲渡生死海。應以心智而度之。

0099a13：舉一蔽諸。闢玄關之規矩。

《104》　　舉一心法。攝盡無餘。此一法門。能建立凡聖境界。攝生化門。六度萬行。無不具足。如還源觀云。從一心體。出生二用。三遍。四德。五止。六觀。一體者。即自性清淨圓明體。即通為十定之體。言二用者。一海印森羅常住用。即海印三昧。二法界圓明自在用。即華嚴三昧。言三遍者。一者一塵普周法界遍。二一塵出生無盡遍。三一塵含容空有遍。此三並是因陀羅網三昧門。言四德者。一隨緣妙用無方德。二威儀住持有則德。三柔和質直攝生德。四普代眾生受苦德。言五止者。一照法清虛離緣止。二觀人寂泊絕欲止。三性起繁興法爾止。四錠光顯現無念止。五事理玄通非相止。言六觀者。一攝境歸心真空觀。二從心現境妙有觀。三心境祕密圓融觀。四智身影現眾緣觀。五多身入一鏡像觀。六主伴互現帝網觀。上之止觀。並是寂用無涯三昧門也。

0099b06：匡時龜鏡。為物權衡。

《105》　　此一心法。能考古推今。窮凡達聖。如秤知輕重。似鏡鑒妍媸。但了一心。無不知諸法根源巨細矣。

0099b09：相奪則境智互泯。相資則彼我俱生。

《106》　　以境奪智則智泯。以智奪境則境亡。以彼資我則我立。以我資彼則彼生。

0099b12：無明樹上而覺華頓發。八苦海內而一味恒清。

《107》　　經云。煩惱大悔中。有圓滿如來。宣說實相常住之理。本覺實性中。有無明眾生。起無量無邊煩惱之波。論云。唯真不立。單妄不成。真妄相成。方能建立。如水因風而起波。風水不相捨離故。

0099b17：全體現前。豈用更思於妙悟。本來具足。何須苦待於功成。

《108》 諸佛將眾生心為佛。眾生將佛心為眾生。一體無差。但隔迷悟。以即心是佛故。雖分三身之異。終無別體。故云。法身相好。一際無差。又古德云。新佛舊成。曾無二體。以報身就法身。如出模之像。像本舊成。故無二體。新成舊佛。法報似分。以法身就報身。如金成像。金像似分。以有未成像金故。今成像竟。似分於二。諸佛如已成像之金。眾生如未成像之金。成與未成。似分前後。則金體始終。更無別異。

0099c03：顯異標奇。精明究竟。如舒杲日之光。似布勾芒之令。

《109》 此一心法。如日照天下。無法而不明。猶春遍寰中。無物而不發。

0099c06：三毒四倒而非凡。八解六通而非聖。

《110》 在凡非凡。處聖非聖。以但是自心故。終無別理。寶藏論云。如實際中。無毫釐凡聖可得。

0099c09：至寶居懷兮終不他求。靈珠在握兮應須自慶。

《111》 肇論云。聖遠乎哉。體之即神。何者。為眾生自心。皆是般若。但能體悟至理。即心是佛。即今日靈覺之真性。即是般若聖智也。此明真智。斯乃悟理之聖。非神通果證也。又所云般若聖智者。若正智即觀照般若。如如即實相般若。此正智如如。即是圓成實性。圓成實性。即是如來藏心。如來藏心。即是眾生靈覺之性。眾生靈覺之性。即是般若真智。

0099c17：愍同體兮起無緣。

《112》 菩薩觀一切眾生。同一體性。愍彼不達。而行大悲。無緣

825

者。即無緣慈。如石吸鐵。任運吸取一切眾生。而無度想。

0099c21：溢法財兮資慧命。

《113》　　法財者有七。一聞。二信。三戒。四定。五進。六捨。七慚愧。慧命者。即自心無盡真如之性。此七種法財。乃至恒沙智德。皆是心所有法。悟入之者。資益無窮。

0100a01：履得一之旨。豁爾消疑。

《114》　　天得一以清。地得一以寧。人得一而道成。經云。若得一。萬邪滅矣。又云。若得一。萬事畢。若了一真心。何理而不圓。何事而不畢也。如古德問云。所言心性是一者。何得眾生界見有種種。答。以真如心性是一。隨緣生滅而成種種。又第八識。正是所熏心體。含多種子。熏成種種。即是真如隨緣義。又心性是一者。古釋有二義。一者妄心之性。成心之性。以性相不同故。真心之性。真心即性故。二者通成。謂此二性。別明二藏。前之二性。皆具二藏。但為妄覆。名如來藏。直語藏體。即自性心故。此自性清淨真心。不與妄合。名為空藏。具恒沙德。名不空藏。前明即離。此明空有。故重出也。言皆平等無二者。上二即離不同。由心之性故不即。由心即性故不離。不即不離。為心之性。後二即空之實為不空。即實之空為空藏。空有不二。為心之性。然空有無二之性。即是不即不離之性。故但云一也。

0100a18：入不二之門。廓然無諍。

《115》　　心外有法。即見有二。便有對治。即乃成諍。若了境即心。能所冥一。即無諍矣。既不涉能所。即非情無情。但直論見性之門。匪落是非之道。是以能所不同。不可執一。心境一味。不可稱異。若以性從緣。

則情非情異。為性亦殊。若泯緣從性。則非覺不覺。若二性互融。則無非覺悟。華嚴經云。真如無少分非覺悟者。則真如遍一切有情無情之處。若無少分非覺悟者。豈無情非佛性乎。又經意但除執瓦礫無情之見。非除佛性。則性無不在。量出虛空。寧可除乎。又古德云。覺性是理。覺了屬事。如無情中。但有覺性。而無覺了。如木中但有火性。亦無火照。今言性者。但據理本。誰論枝末。又覺智緣慮名情。自性不改名性。愚人迷性生情。故境智不一。智者了情成性。故物我無二。

0100b09：大理齊平。不虧不盈。道性如是。無送無迎。千潯海底而孤峻。萬仞峰頭而坦平。

《116》　　　傅大士行路易云。須彌芥子父。芥子須彌爺。山海坦然平。敲冰來煮茶。

0100b13：竹祖搖風而自長。桐孫向日而潛榮。數朵之青山長在。一片之閑雲忽生。

《117》　　　丹霞和尚忘己吟云。青山不用白雲朝。白雲不用青山管。雲常在山山在雲。青山自閑雲自緩。皆比一心之道性。智境閑閑。

0100b18：意地頓空。如兔角之銛利。解心全息。猶潋水之澄清。

《118》　　　新豐和尚頌云。井底燧塵生。高山起波浪。石女生得兒。龜毛長數丈。若欲學菩提。應須看此樣。

0100b21：大建法幢。深提寶印。居下恒高。處違常順。

《119》　　　此一心法門。是高建法幢。又是祖佛之心印。乃平等門。為一際地。高下自相傾。順逆自違諍。若入真智。必無差別。如華嚴經云。智入三世悉皆平等。此明俗體本真。故云平等。以六相該之。即總而全別。即別而全總。即同而俱異。即異而恒同。即成而俱壞。即壞而俱成。

0100c04：握王庫刀之真形。撫脩羅琴之正韻。

《120》　　　涅槃經中。況眾生佛性。昧者不見。如王庫中。有真寶刀。羣臣無能識者。又經云。阿脩羅王琴。不撫而韻。此況眾生心。恒轉根本法輪。未嘗間斷。如華嚴經云。剎說眾生說。三世一時說。

0100c09：得趣而幽途大闢。胡用多求。了一而萬事齊休。但生深信。

《121》　　　信心銘云。一即一切。一切即一。若能如是。何慮不畢。華嚴經頌云。種種變化無量身。一切世界微塵等。欲悉了達從心起。菩薩以此初發心。

0100c14：自在無礙。超古絕倫。荊棘變為行樹。梟獍啼或梵輪。

《122》　　　高僧傳云。釋智通云。若夫尋近大乘修正觀者。察微塵之本際。識一念之初原。便可荊棘播無常之音。梟獍說甚深之法。十方淨土。未必過此矣。凡言唯心淨土者。則一淨一切淨。可謂即塵勞而成佛國也。

0100c20：似毛端之頭含於寶月。

《123》　　　龐居士偈云。毛頭含寶月。徹底見真源。

0100c22：如瑠璃之內現出金身。

《124》　　　法華經偈云。如淨瑠璃中。內現真金像。

0100c24：若暢斯宗。發明妙慧。剔摩訶衍之骨髓。摘優曇華之根蒂。

《125》　　　摩訶衍。即大乘心。優曇華。是靈瑞華。表說心時。難遇難解。

0101a04：任聚須彌之筆。未寫纖毫。縱饒樂說之門。難數一偈。

《126》　　　　華嚴經云。聚須彌山為筆。未寫普眼經之一句一偈。

0101a07：印同異。泯中邊。等來去。絕偏圓。

《127》　　　　以自心之體。非同異中邊之見。如太虛空。更無異相。故經云。菩薩知一切法。即心自性。成就慧身。不由他悟。又起信論云。復次真如自體相者。一切凡夫聲聞緣覺菩薩佛。無有增減。非前際生。非後際滅。畢竟常恒。無始已來。本性具足一切功德。所謂自體有大智慧光明義。遍照法界義。真實識知義。自性清淨心義。常樂我淨義。清涼不變自在義。

0101a15：水朝東而星拱北。

《128》　　　　水朝東者。尚書云。江漢朝宗于海。宗者尊也。有似於朝。如心為萬法宗。未有一法而不歸心者。星拱北者。論語云。子曰。為政以德。譬如北辰。居其所而眾星拱之。為政以德者。無為之德也。猶北辰之不移。而眾星拱之。如一心不動。眾行歸之。

0101a21：谷孕風而海納川。

《129》　　　　斯皆法爾如是。道性自然。如寶藏論云。谷風無絕。泉水無竭。亦比道性無有間絕。則道不離心。心不離道。故先德云。至妙靈通。目之曰道。又楞嚴經云。汝之心靈。一切明了。豈非真道耶。

0101b02：寂爾無聲。眾響羣音而吼地。蕩然無相。奇形異狀而參天。

《130》　　　　即相無相。無相即相。以是一心之境界故。如華嚴經中。境界重重。佛身無盡。互相徹入。能同能別。全異全同。淨穢國土。無障無礙。不論有情無情之異。皆為一心真智之境界。

0101b08：約理而分。稱真而說。蜜齊海內之甜。火均天下之熱。

《131》　　　一蜜甜。遍天下之蜜皆甜。一火熱。盡寰中之火皆熱。此況若此一法是心。則世出世間一切諸法。皆即是心矣。

0101b12：當正位之發揚。因法性之施設。

《132》　　　此心賦者有二觀。一唯心識觀。二真如實觀。先觀唯心。次入真如。楞伽經云。自覺聖智者。令覺自心耳。攝論云。通達唯是意言分別。無有實法。即為入唯識方便。不取外相。即入唯心。占察經云。一唯心識觀。二真如實觀。唯心觀淺。真如觀深。能入法性。法性即真如異名。如起信論云。心若馳散。即當攝來。令住正念。其正念者。當知唯心。無外境界。此即唯心識觀。次云。即復此心。亦無自相。念念不可得。此即真如實觀。若了唯心。成唯心識觀。若了無性。成真如實觀。心境兩亡。則成無分別智。

0101b23：弗從事而失體。非一非多。不守己而任緣。亦同亦別。

《133》　　　如前云正位發揚者。未曾有一法。出心之正位。如法華經云。是法住法位。世間相常住。又前云法性施設者。般若經云。未曾有一法。而出於法性。真如一心。不守自性。隨事建立。故云亦同亦別。雖隨事建立。不失自體。故云非一非多。

0101c05：本迹雙舉。權實俱存。

《134》　　　肇論云。非本無以垂末。非末無以顯本。本迹雖殊。不思議一也。心即是本。法即是末。

0101c08：言中而盡提綱要。指下而全見根源。

《135》　　　　　萬法雖殊。一言而無不該盡。千月不等。一指而各見根源。如錦冠云。一一事中。皆具如是無盡之德。如海一滴。即具百川。又一一事。不壞本相。不離本位。而圓融即入。謂欲言相用。即同體寂。欲謂之寂。相用紛然。故華嚴疏序云。超言思而迥出。匪但超言思。抑亦出於超言思。超與不超俱出。華嚴經云。雖復不依言語道。亦復不著無言說。但即言亡言。即思忘思。以契超出之旨。

0101c17：如一金分眾器之形。不變隨緣之道。猶千波含溼性之理。隨緣不變之門。

《136》　　　　　金是不變。器是隨緣。波是隨緣。溼是不變。則一心門。具隨緣不變二義。如演義記云。由隨緣即不變故。奪差別令體空。則末寂也。由體空差別故。奪不變令隨緣。故本寂也。以全本為末。故本便隱。全末為本。故末便亡也。是則真如隨緣成眾生時。未曾失於真體。故令眾生非眾生也。眾生體空即法身時。未曾無眾生。故令法身非法身也。故二雙絕。二既互絕。則真妄平等。無可異也。

0102a03：若達斯宗。無在不在。

《137》　　　　　淨名經云。佛說一切法。皆無在無不在。約理實而隱。云無在。約相虛而現。云無不在。斯即一心隱顯。無礙自在也。

0102a07：入聖體而靡高。居凡身而弗改。即狹而廣。毫端遍於十方。以短攝長。剎那包於劫海。

《138》　　　　　先德云。塵含法界。無虧大小。念包九世。延促同時。即是一心開合。以彰殊勝。如朝菌之類。夕死之徒。豈等大椿之歲耶。此是世間人物。延促之情見耳。如華嚴經。明毗目仙人執善財手。時經多劫。處歷無

831

邊。故不可以長短思也。若顯超勝。一生頓圓。若約甚深。多劫莫究。延促不可定執。貴在入玄。即權機淺學。罔測津涯矣。如華嚴經頌云。始從一念終成劫。悉依眾生心想生。一切剎海劫無邊。以一方便皆清淨。釋曰。一方便者。即是自心。延促由心定量。若了一心。長短之劫自盡。故云皆清淨。華嚴經頌云。有數無數一切劫。菩薩了知即一念。於此善入菩提行。常勤修習不退轉。

0102a21：一葉落時天下秋。一塵起處厚地收。向空門而及第。

《139》　　龐居士偈云。十方同聚會。箇箇學無為。此是選佛場。心空及第歸。

0102a24：於禪苑而封侯。

《140》　　世間以成功立德。以為封侯。出世悟心得記。以為封侯。

0102b03：敵生死軍之甲冑。戰煩惱陣之戈矛。

《141》　　唯識疏云。心外有法。生死輪迴。心外無法。生死永絕。

0102b06：得大總持。可作超塵之本。

《142》　　心是總持都院。無法不收。

0102b08：具王三昧。堪為入道之由。

《143》　　能觀心性。名為上定。此心是真如三昧。一切三昧之根本。故心為三昧之王。名王三昧。是以悟心成道。萬行俱成。夫若了即心是佛者。自然謙下。何以故。信自心故。知一切眾生皆有心。悉即是佛故。既不自憍[怡-台+居]。亦不輕慢他。以知一心平等故。經云。柔和之行。以順法

832

界。謙下是忍辱之本。周易云。謙亨君子有終。象曰。謙亨。天道下濟而光明。地道卑而上行。天道虧盈而益謙。地道變盈而流謙。鬼神害盈而福謙。人道惡盈而好謙。是以於自於他。不讚不毀。若自讚非大人之相。是衒惑人。若自毀。是妖謟之人。若毀他。是讒賊之人。若讚他。是諂諛之人。是以傅大士云。見好見惡但低頭。有底因緣得成病。故知得地萬物皆生。得理萬行皆成。唯心之理。不可忘也。迄至成佛。無有增減。

0102b23：學問宗師。菩提牓樣。功德叢林。真如庫藏。

《144》　一切眾生第八識心。名含藏識。亦名宅識。如華嚴經云。菩薩摩訶薩知善巧說法。示現涅槃。為度眾生所有方便。一切皆是心想建立。非是顛倒。亦非虛誑。何以故。菩薩了知一切諸法。三世平等。如如不動。實際無住。不見有一眾生已受化。今受化。當受化。亦自了知無所修行。無有少法若生若滅而可得者。而依於一切法。令所願不空。是為第九如實住。

0102c08：縱橫幻境。在一性而融虛。寂滅靈空。寄千門而顯相。

《145》　一性是萬法之性。千門是萬法之相。性相分二。融之歸一。如涅槃經云。佛性者。名第一義空。第一義空。名為智慧。此二不二。以為佛性。然第一義空。是佛性。名為智慧。即佛性相。第一義空不在智慧。但名法性。由在智慧。故名佛性。以性從相。則唯眾生得有佛性。有智慧故。牆壁瓦礫無有智慧。故無佛性。若以相從性。第一義空無所不在。則牆壁等。皆是第一義空。如何非性。故經云。知一切法即心自性。論云。以色性即智性故。色體無形說名智身。以智性即色故。說名法身遍一切處。其體本均。今分性相。故分二義。

0102c20：妙跡無等。寰中最親。

《146》　　　天下最親。莫過心也。以一切法從心所生。離心則無一法。所以華嚴經云。以從波羅蜜所生一切寶蓋。於一切佛境界清淨解所生一切華帳。無生法忍所生一切衣。入金剛法無礙心所生一切鈴網。解一切法如幻心所生一切堅固香。周遍一切佛境界如來座心所生一切佛眾寶妙座。供養佛不懈心所生一切寶幢。解諸法如夢歡喜心所生佛所住一切寶宮殿。無著善根所生一切寶蓮華雲等。

0103a06：小器出無邊之嘉饌。

《147》　　　華嚴經云。有具足優婆夷。得菩薩無盡福德藏解脫門。能於小器中。隨諸眾生種種欲樂。出生種種美味飲食。悉令充滿。以此小器。能於天中充足天食。乃至人中充足人食。諸佛聲聞羅漢及遍鬼趣等。乃至云。善男子。且待須臾。汝當自見。說是語時。善財則見無量眾生。從四門入。皆是優婆夷本願所請。既來集已。敷座令坐。隨其所須。給施飲食。悉皆充足。於小器中者。即是心器。心為無盡藏。隨念出生一切世出世間珍寶法門。有何窮盡。

0103a16：仰空雨莫測之殊珍。

《148》　　　華嚴經中。明智居士云。我得隨意出生福德藏解脫門。凡有所須。悉滿其願。所謂衣服瓔珞。象馬車乘。華香幢蓋。飲食湯藥等。乃至爾時居士知會眾普集。須臾繫念。仰視虛空。如其所須。悉從空下。一切眾會。普皆滿足。然後為說種種法。所謂為得美食而充足者。與說種種集福德行等。釋曰。空中雨物者。一是居士心中出。故云隨意出生。又云須臾繫念。二是所化眾生自心感現。機應冥合。非一非異。成就斯事。仰視虛空者。即是法空中現。故法句經云。菩薩於畢竟空中。熾然建立。

0103b03：仙人執手之時。動經塵劫。

《149》　　　　　如華嚴經中。毗目仙人執善財手。即時善財自見其身。往十方十佛剎微塵數世界中。到十佛剎微塵數諸佛所。見彼佛剎及其眾會。諸佛相好種種莊嚴。乃至經百千億不可說不可說佛剎微塵數劫。乃至時彼仙人放善財手。善財童子即自見身還在本處。是知不動本位之地。身遍十方。未離一念之中。時經塵劫。古釋云。善財隨事差別。皆入法界。若圓融門。纔舉一門。即融諸門。然以理融事。令事如理。以理顯事。令理如事。故云理非無分。謂理即事。事既有分。理亦有分。不爾。真理不即事故。理既如事。隨舉一法。即一法界。若舉多法。即多法界。如善財親證。暫時執手。便經多劫。明一切時圓融。後入樓閣。普見無邊。明一切處圓融。是以善財一生能辦多劫之行者。既善友力。瞬息之間。或有佛所。見經不可說不可說佛剎微塵數劫修行。何得一生不經多劫。仙人之力長短自在故。如世王質遇仙之碁。令斧柯爛。三世尚謂食頃。既然以長為短。亦能以短為長。如周穆隨於幻人。雖經多年。實唯瞬息。故結云。不應以長短之時。廣狹之處。定其旨也。

0103b24：童子登樓之日。倐見前因。

《150》　　　　　善財童子登彌勒樓閣。見彌勒三生之事。

0103c02：成現而雖圓至道。弘闡而全在當人。

《151》　　　　　人能弘道。非道弘人。十方三世諸佛。皆是了心成佛。心即是法。法即是心。所以由人信故。乃能弘之。又人即是法。法即是人。離人無有法。離法無有人。故云此法先佛已說。後佛隨順不加一字。故云佛以法為師。如燕公張悅問水南善知識云。法在前耶。佛在前耶。答云。法在前。諸佛所師所謂法故。便被難云。若爾。最初成佛。前無佛說。何由悟法。

835

答云。自然而悟。如月令中。獺乃祭天。豈有人教。燕公大伏也。

0103c12：殊功警世。大用通神。樂蘊奇音。指妙而宮商應節。心懷覺性。智巧而動用冥真。

《152》　　　　首楞嚴經云。譬如琴瑟箜篌琵琶。雖有妙音。若無妙指。終不能發。汝與眾生亦復如是。寶覺真心各各圓滿。如我按指海印發光。汝暫舉心塵勞先起。是知指不妙故。五音不成。智不巧故。一心不現。如藏教是拙度。通教是巧度。又但了諸法實相。不須勤苦而修。是名巧度。

0103c20：十力功高。上賢能踐。日月潛光。山川迴轉。

《153》　　　　龐居士偈云。劫火燃天天不熱。嵐風吹動不聞聲。百川競注海之溢。五嶽名山不見形。澄清靜慮無蹤跡。千途盡總入無生。故知無有一法不入一心無生之旨。

0104a01：摧慢峯兮涸愛河。拆疑城兮截魔冑。

《154》　　　　若了一心。悟法空理。則入平等際。住實相門。乃能倒慢山。拔愛箭。裂疑網。突魔圍。何者。以達魔界即佛界。歸一實心故。如論有喻云。譬如蠅能緣一切物。唯不能緣火燄。緣火燄即為燒故。魔亦如是。能緣一切法。唯不能緣諸法實相。若入實相。魔即實相。何所惑耶。故論云。魔界如佛界如。一如無二如。皆法界印。豈以法界印。更壞法界印。又論云。絕見解般若菩薩。如捕魚人。見一大魚入深大水。鈎網所不及。則絕望憂愁。以離六十二見網故。

0104a11：明之而法法在我。巨嶽可移。昧之而事事隨他。纖毫莫辯。

《155》　　　　還源觀云。明者德隆於即日。昧者望絕於多生。又李長者論云。迷之者歷劫浪修。悟之者當體凝寂。皆是一心迷悟。致茲得失。

0104a16：法無難易。轉變由人。

《156》　　　迷時人逐法。悟了法由人。迷時執心為境。被境所轉。悟時了境即心。一切由我。

0104a19：促多生於一念。化寒谷為芳春。

《157》　　　一念證真。功超累劫。如寒谷遇春。萌芽頓發。故華嚴論云。不如一念緣起無生。超彼三乘權學等見。如華嚴策林問云。成功立德。三教修同。如何此經。讚無功用。答。緣修積行。即說立功。造極體真。須忘功用。無功即功。流未來際。無用之用。用周十方。無功之功。曰真功矣。如乘舟入海。頓息篙櫓。而舉帆隨風。萬里非遠。功用行息。是止篙櫓。無相智圓。即錦帆高舉。無依無住。既無功用。則處法流。長遊智海。

0104b05：秉大炬而燭幽關。炳然見旨。駕迅航而渡深濟。倏爾登真。

《158》　　　若直了一心。菩提易辦。如登車立屆於遐方。似乘船坐至於千里。

0104b09：生如來家之要。

《159》　　　若心外行法。是生世俗家。若了心即佛。是生如來家。此一心法。諸佛本宗。語默卷舒。常順一真之道。治生產業。不違實相之門。運用施為。念念而未離法界。行住坐臥。步步而常在其中。若不信之人。對面千里。如寒山子詩云。可貴天然物。獨一無伴侶。促之在方寸。延之一切處。汝若不信受。相逢不相遇。如明達之者。寓目關懷。悉能先覺。若未遇之子。可以事知。舉動施為。未嘗間斷。如蔡順字君仲。順少孤。養母。常出求薪。有客卒至。母望順不還。乃嚙其指。順即心動。棄薪馳歸。跪問其故。母曰。有急客來。吾嚙指以悟汝耳。又唐裴敬彝。父為陳王典所殺。敬彝時在城。忽自覺流涕不食。謂人曰。我大人凡有痛處。吾即不安。今日心痛。手足皆廢。事在不測。遂乃歸覲。父果已死。又唐張志安。居鄉閭稱孝。差為里尹。在縣。忽稱母疾急縣令問。志安曰。母有疾。志安亦病。志安適患心痛。是以知母有疾。令因之差人覆之。果如所說。尋奏高表門閭。拜為散騎常侍。

0104c04：行菩薩道之因。

《160》　　　法華經云。若未聞法華經者。當知是人未善行菩薩道。若有得聞是經典者。乃能善行菩薩之道。又菩薩所修萬行。皆是不空如來藏真心不變性起功德。如起信論云。復次真如依言說分別。有二種義。云何為二。一者如實空。以能究竟顯實故。二者如實不空。以有自體具足無漏性功德故。華嚴記云。自性清淨心。不與妄合。則名為空。性具萬德。即名不空。若離妄心。實無可空。則顯空藏因妄而顯。不空藏要由翻染。方顯不空。如本有檀德。今為慳貪。本有尸德。今隨五欲。本有寂定。今為亂想。本有大智。今為愚癡。是則慳藏於施。乃至愚藏於慧。故論云。以知法性無慳貪故。隨順修行檀波羅蜜等。萬行例然。故本有真實識知義。云若心有動。非真識知。明妄心之動。藏其真如。是以即妄之空。藏不空之萬德。故經云。知妄本自真。見佛則清淨。以能究竟顯實。故名為空。故知空藏。能藏不空。能藏既空。則顯不空藏之本來具矣。又普賢行。遊入十方。略有十門。一入世界。法界緣起於即入故。二入眾生界。生界佛界無二體故。三供養。一一供具皆稱真故。四明請法。窮法界智。無時不請諸佛無時不雨法故。五大智攝生。了生迷倒。而無眾生。不礙化故。六明現通。十方塵剎互入重重。震動現相而無息故。七常寂定。未曾一念有起動故。八廣出生。念念毛孔出現諸境無窮盡故。九者說法。念念常雨無邊法雨。雨一切故。十明總說。上之九義。舉一全收。無前後故。

0105a07：萬別千差。靡出虛空之性。尊高卑下。難逃平等之津。

《161》　　　一切法性。即是眾生心性。眾生心性。即是虛空性。問。真妄相乖。其猶水火。云何此二得交徹耶。答。真妄二法同一心故而得交徹。若演若達多。狂故失頭却復本心。頭不曾失。設爾狂時。頭亦不失。狂情纔歇。歇即菩提。性淨明心不從人得。如迷真執妄。迷情纔悟。即復真心。設正迷時。真亦不失。

0105a14：剪惑裁疑。標真顯正。使佛法之穹崇。致宗門之昌盛。類秋江萬影而交羅。

《162》　　　經明十喻中。一如影喻。一喻體虛無實。二喻有用能廕覆義。故華嚴記云。如明淨物。得日光曜。於屋壁上有光影現。如來應機現身亦爾。謂日喻如來。身樹等質以喻眾生。日無異體。質有萬差。樹側影邪。形端影正。影不現於日內。但有質邊弄影多端。隨心萬品。

0105a22：狀寒室千燈而互暎。

《163》　　　一室千燈光光涉入。一心萬境。萬境一心。如光無礙。

0105b01：若鳥戛以翶翔。似魚沈淵而游泳。

《164》　　　入楞伽經云。若一切唯心。世間何處住。去來依何法。云何見地中。如鳥虛空中。依心風而去。不住不觀察。於地上而去。如是諸眾生。依分別心動。自心中來去。如空中飛鳥。見是資生器。佛說心如是。故知舉足下足。不離自心。如鳥若離空。何以騫翥。魚若離水。豈得浮沈。故祖師彌遮迦。問祖師婆須蜜曰。何方而來。復往何許。答曰。從自心來。復往無處。

0105b09：啼笑而佛慧分明。行坐而覺源清淨。

《165》　　長者論云。不乖當念。蘊功即佛。都無時分遷轉之相。應真自性。常轉法輪。又云。纖塵不隔於十方。毛孔詎妨於剎海。又云。三世一念。古今咸即。過去未來無盡之劫。同時無礙。一念成正覺時也。三賢菩薩。念念入法流水中。任運至佛。初水後水。一性水故。因佛果佛。一性佛故。於其中間無初中後。不隔念故。依本法故。無念可隔。因果便終。一念相應一念佛。不論相好及與神通。相好神通。從此正覺中得。若證正覺。即不著諸相。但以覺道相應故。神通相好不求自至。又云。明眾生世間即法界故。眾生性即不思議故。眾生分別即如來智故。又如來根本智。是眾生分別心。契同無二故。法界自在。

0105b22：妙解而唯應我是。列祖襟喉。

《166》　　此心賦者。但說真心。不言妄識。以真心妄心。各有性相。且真心以靈知寂照為心。不空無住為體。實相為相。妄心以六塵緣影為心。無性為體。攀緣思慮為相。此緣慮覺了能知之妄心。而無自體。但是前塵。隨境有無。境來即生。境去即滅。因境而起。全境是心。又因心照境。全心是境。各無自性。唯是因緣。故法句經云。焰光無水。但陽氣耳。陰中無色。但緣氣耳。以熱時炎氣。因日光爍。遠看似水。但從想生。唯陽氣耳。此虛妄色心亦復如是。以自業為因。父母外塵為緣。和合似現色心。唯緣氣耳。故圓覺經云。妄認六塵緣影為自心性。故知此能推之心。若無因緣。即不生起。但從緣生。緣生之法。皆是無常。如鏡裏之形。無體而全因外境。似水中之月。不實而虛現空輪。認此為真。愚之甚矣。所以慶喜執而無據。七處茫然。二祖了而不生。一言契道。則二祖求此緣慮不安之心不得。即知真心遍一切處。悟此為宗。遂乃最初紹於祖位。阿難因如來推破妄心。乃至於五陰六入十二處十八界七大性。一一微細窮詰。徹底唯空。皆無自性。既非因緣自他和合而有。又非自然無因而生。悉是意言識想分別。因茲豁悟妙明真心。廣大含容徧一切處。即與大眾俱達此心。同聲讚佛云。妙湛總持不動尊。首楞嚴王世希有。消我億劫顛倒想。不歷僧祇獲法身。即同初祖直指人心見性成佛。此一真心。則列祖之襟喉也。

0105c24：通心而莫更餘思。羣賢性命。

《167》 如不增不減經云。甚深義者。即第一義諦。第一義諦者。即眾生界。眾生界者。即如來藏。如來藏者。即法身。釋曰。夫心者。為諸法總持之門。作萬有真實之性。故稱第一義諦。雜雜心念。故號眾生。是心之界。即眾生界。從真如性起。名曰如來。無所缺減。乃目為藏。能積聚恒沙功德。故名法身。是以仁王經云。最初一念。具足八萬四千波羅蜜。諸身分中。命根為上。諸法門中心。為其上。

註心賦 卷第一 終

● 註心賦 卷第二 ●

宋杭州慧日永明寺智覺禪師延壽述

0106a16：逆順同歸。行住不離。雨寶而摩尼絕意。演教而天鼓無私。

《168》　　　　摩尼天鼓。皆無功用。無私成事。並況真心寂用無滯也。如還源觀云。定光顯現無念觀者。謂一乘教中。白淨寶網。萬字輪王之寶珠。此珠體性明徹。十方齊照。無私成事。念者皆從。雖現奇功。心無念慮。若人入此大妙止觀門中。無思念慮。任運成事。如彼寶珠。遠近齊照。分明顯現。廓徹虛空。如華嚴經云。時天鼓中出聲告言。諸天子。菩薩摩訶薩。非此命終而生彼間。但以神通。隨諸眾生心之所宜。令其得見。諸天子。如我今者非眼所見。而能出聲。如普賢行願序云。圓音非扣而長演。果海離念而心傳。萬行忘照而齊修。漸頓無礙而雙入。

0106b05：重重而理事相須。恒體恒用。一一而有空齊現。常寂常知。

《169》　　　　理因心成。事從理顯。體冥於理。用興於事。即體之用體不失。即用之體用不亡。故云恒體恒用。又有從心作。空從心現。空故常寂。有故常知。即寂而知。知不失寂。即知而寂。寂不失知。故云常寂常知。所以云。有為法從心生。無為法從心現。

0106b12：迎之弗前。隨之不後。匿纖芥而非無。展十方而曷有。旋轉陀羅之內。常當大士之心。

《170》　　　　法華經云。爾時受持讀誦法華經者。得見我身。甚大歡喜。轉復精進。以見我故。即得三昧。名為旋陀羅尼。百千萬億旋陀羅尼。此法華經。是為一大事因緣。出現於世。直於眾生心中。開佛知見。佛知見者。

即是一切眾生真心。若持此經。即大心菩薩。故云常當大士之心。

0106b20：嚬呻三昧之中。不墮二乘之手。

《171》　　　師子嚬呻三昧者。此明如來以即用之體。無非法界。即體之用。緣起萬差。其理事皆無障礙。名師子嚬呻。如華嚴經云。爾時世尊。知諸菩薩心之所念。大悲為首。入師子嚬呻三昧。時逝多林菩薩大眾悉見一切盡法界虛空界一切佛剎。乃至或入佛所住三昧無差別大神變。即頓證逝多林中。而諸聲聞等。不知不見。如聾如盲。

0106c04：一理當鋒。萬境皆融。囊括智源之底。冠擎法海之宗。

《172》　　　諦了一心。無事不達。無理不通。該古括今。收無不盡。如寶藏論中。本際虛玄品云。經云。佛性平等。廣大難量。凡聖不二。一切圓滿。咸備草木。周遍螻蟻。乃至微塵毛髮。莫不含一而有。故云能了知一。萬事畢也。是以一切眾生。皆乘一而生。故為一乘。若迷故則異。覺故則一。故云前念是凡。後念即聖。又云一念知一切法也。是以一即一切。一切即一。故知以一知法。功成萬像。故經云。一切若有心即迷。一切若無心即遍十方。故真一萬差。萬差真一。譬如海涌千波。千波即海。一切皆無有異也。夫言一者。對彼異情。情既非異。一亦非一。非一不一。假號真一。夫言一者。非名字所統也。是以一非見一。若有所見。則有二也。不得名為真一也。

0106c18：如觀鏡中。現千重之影像。猶窺牖隙。見無際之虛。

《173》　　　此並況一心具斯大用。如見波諳海。見土知山。

0106c20：萬彙雖分。還歸一總。

《174》此一心法。舒遍法界。卷入一塵。則心賦指歸。至萬法源底。一切智慧之本。無邊行願之宗。不達斯文。無路成佛。出必由戶。斯之謂歟。諸大乘詮。證明非一。皆云。鏡一心之玄極。囊萬法之根由。如華嚴經云。菩薩知一切法皆是自心。又云。解了世間皆如變化。明達眾生唯是一法。又頌云。有數無數一切劫。菩薩了知即一念。於此善入菩提行。常勤修習不退轉。又頌云。諸佛隨宜所作業。無量無邊等法界。智者能以一方便。一切了知無不盡。

0107a06：渤澥之潤同濫觴。十方之空齊芥孔。

《175》溼性與空性。俱無大小。盡況平等真心。無有勝劣。

0107a08：其猶今古之日。照無異明。仍佇過現之風。鼓無二動。

《176》日光無私。動性不二。皆表真心之德也。

0107a10：履實際地。沖涅槃天。掘眾生之乾土。涌善逝之智泉。

《177》法華經云。譬如有人渴乏須水。於彼高原穿鑿求之。猶見乾土。知水尚遠。施功不已。轉見溼土。遂漸至泥。其心決定知水必近。眾生如乾土。聲聞如溼土。菩薩如泥。諸佛如水。

0107a15：聲聞之焦芽蘗綻。

《178》淨名經云。二乘如焦芽敗種。不能發無上道心。後於法華會中。深入一乘。得受真記。重發圓信之芽。結菩提之果。

845

0107a19：華王之極果功圓。

《179》　　　眾生之心。是諸佛果源。故華嚴疏云。十方諸佛。證眾生之體。用眾生之用。又經云。十方諸佛。於一小眾生心念中。念念成正覺。轉法輪。而眾生不覺不知。

0107a24：如得返魂之香。枯荄再發。似服還丹之藥。寒燄重燃。

《180》　　　如返魂之香。力善起死屍。猶還丹之藥。功能換凡骨。況一心之功力。處凡身而成聖體。即生死而入涅槃。亦如枯樹生華。寒灰發燄矣。如聲聞於法華會上。見如來性。得受佛記。則如焦穀生芽。盲聾視聽。死屍再起。寒燄重燃。

0107b06：了達無疑。何勞科判。駕牛車而立至祇林。乘慈舟而坐昇彼岸。

《181》　　　但信自心。他疑頓斷。故信心銘云。狐疑淨盡。正信調直。又若信心。即不信一切法。如古德云。謂自心智信。還信自心。的非心外別有能信之者。又信若不信自心。不名正信。心即體也。此則體信不二。故起信論云。自信己心。知心妄動。修遠離法。是知所說一切理智等事。並不離心。是故我等悉皆有分。

0107b14：千年闇室而破在一燈。無始樊籠而唯憑妙觀。

《182》　　　千年闇室。一燈能破。無始結業。實觀能消。實觀者即是正觀。正觀者即是觀心。故云。若自觀者。名為正觀。若他觀者。名為邪觀。

0107b18：臨法國土。無小境而不降。靜佛邊疆。豈一塵而作亂。

《183》　　　華嚴經云。三界唯心。三世唯心。則豈有一境一塵而相違背。又如華嚴經頌云。覺悟法王真實法。於中無著亦無縛。如是自在心無礙。未曾見有一法起。

0107b23：超情絕解。對此無言。旨冥真極。道契玄源。

《184》　　夫直了一心。非真非妄。不即不離。何者。真妄無性。常契一源。豈有二心。而互相即。以性源無染。妄不可得。如勾刀不能斫石。若霧不能染空。為不了一心之人。所以說即。如台教問云。無明即法性。無復無明。與誰相即。答。為不識冰人。指水是冰。指水是冰。但有名字。寧復有二物相即耶。是知時節有異。融結隨緣。溼性常在。未曾變動。乃至即凡即聖。亦復如是。凡聖但名。一體無異。故先德釋華嚴經云。一世界盡法界亦如是者。知一眼如。一切眼如皆然。舉譬如一人身有手足。一切人皆有手足。是知不了此一心。皆成二見。若凡夫執著此心。造輪迴業。二乘厭棄此心。求灰斷果。又凡夫無眼。將菩提智照。成煩惱火燒。如大富盲兒。坐寶藏中。舉動窒礙。為寶所傷。二乘將如來四德祕藏。為無常五陰。謂是賊虎龍蛇。怕怖馳走。縛脫雖殊。取捨俱失。若諦了通達之者。不起不滅。無得無生。了此妄心念念無體。從何起執。念念自離。不須斷滅。尚不得一。何況二乎。故知諸法順如證圓成。而情無理有。羣情違旨執遍計。而情有理無。順常在違。一道而何曾失體。情不乖理。千途而未暫分岐。洞之而情理絕名。了之而順違無地。是以法法盡合無言之道。念念皆歸無得之宗。天真自然。非干造作。

0107c22：二諦推而莫知。理中第一。三際求而罔得。法內稱尊。

《185》　　此一心法。非俗不離俗。非真不離真。又雖非真非俗。而能真能俗。即不可以俗諦求。真諦取。故云二諦推而莫知。又此一心。非過去法。不住前際。非未來法。不住後際。非現在法。不住中際。故云三際求而罔得。若不信心。萬行虛設。故大智度論云。若不知諸法無差別相。至於

847

三歸五戒亦不成就。為不了諸行根本故。不知諸法體性故。不明諸境真實故。是以先德云。菩薩初悟一切法自性平等。云何平等。入於諸法真實性故。謂真實性中。無差別相。無種種相。無無量相。萬法一如。何有不等。此真實性依何立故。復次明證無依法。所謂不依於色。不依於空。若萬法依空。空無所依。今萬法依真。真無所依。即無依印法門故。捨離世間。世間即有種種差別。斯則性常不立。何況於相。亦不依空立色。亦不依色立空。亦無異無不異。無即無不即斯見即絕。強名內證。所以華嚴頌云。設於念念中。供養無量佛。未知真實法。不名為供養。又頌云。雖盡未來際。遍遊諸佛剎。不求此妙法。終不成菩提。又頌云。設於無數劫。財寶施於佛。不知佛實相。此亦不名施。故知六度萬行。若不直了一心。無一行門而得成就。

0108a20：覺樹根株。教門頭首。

《186》　　此一心法。諸佛成道之本。菩薩悟入之初。如大集經云。佛告賢護。我念往昔有佛世尊。號須波日。時有一人行值曠野。飢渴困苦。遂即睡眠。夢中具得諸種上妙美食。食之既飽。無復飢虛。從是寤已。還復飢渴。是人因此即自思惟。如是諸法。皆空無實。猶夢所見。本自非真。如是觀時。悟無生忍。得不退轉於阿耨多羅三藐三菩提。又如人以寶倚瑠璃上。影現其中。亦如比丘觀骨。起種種光。此無持來者。無有是骨。是意作耳。又大方等大集經云。復次賢護。譬如比丘修不淨觀。見新死屍形色始變。或青或黃或黑或赤。乃至觀骨離散。而彼骨散。無所從來。亦無所去。唯心所作。還見自心。又如鏡中像。不外來。不中生。以鏡淨故。自見其形。行人色清淨。所見者清淨。欲見佛。即見佛。見即問。問即報。聞經大歡喜。自念佛從何所來。我亦無所至。我所念即見。心作佛。心自見。心見佛。心是佛。心是我。心不自知心。心不自見心。心有想為癡。心無想是泥洹。是法無可示者。皆念所為。設有其念。亦了無所有空耳。是名佛印。

0108b16：安詳作象王之行。決定成師之吼。

《187》　　　象王行威儀安詳。表普賢之行。師子吼者。師子吼有四義。一百獸腦裂。喻菩薩說法百法俱破。二香象降伏。喻菩薩說法天魔降伏。三飛鳥墮落。喻外道邪見墮落。四水族潛藏。喻煩惱潛藏。又涅槃經云。師子吼者決定說。一切眾生有佛性。又云。但有心者。皆得成佛。又云。有所得。野干鳴。無所得。師子吼。以心外無法。即無所得。

0108b24：欲薦默傳之法。合在言前。將陳祕密之。門寧思機後。

《188》　　　達磨西來。默傳心印。唯默知之一字。若機緣不逗。終不顯揚。直候親承。爾乃印可。此是自證法門。如人飲水。冷暖自知。不可言說。又悟落第二頭。機前無教。教後無實矣。

0108c05：圓宗猋火。手觸應難。

《189》　　　論云。般若波羅蜜。猶如大火聚。四面不可觸。觸即燒手。若說有。說無。說亦有亦無。說非有非無四句。乃至複四句。具足四句。及絕言等。皆謗般若。如觸火四邊。皆燒著手。故云離四句絕百非。若得四悉檀意。了之如清涼池。四門可入。皆總得道。

0108c11：驅四句於虛無之外。殄百非於寂寞之間。

《190》　　　墮落四句。皆成邊見。若見一法。盡處百非。若能頓了心宗。見網自然迴出。隨處得道。舉念皆宗。故云一色一香。無非中道。華嚴經云。遠離二邊。契於中道。古釋云。二邊有四。一染淨。二約惑縛脫。通惑業。三有無。通事理。四一異。約心境。何以有此。謂成菩提。既離細念。妄惑盡已。顯現法身。智慧純淨。若為是見。未免是邊。故經云。若有見正覺。解脫離諸漏。不著一切世。此非證道眼。今了於惑體性本空。後無所淨。故離二邊。又染淨交徹。故無住著。是曰離邊。縛脫者。謂昔常被惑業繫縛。流轉無窮。今得菩提。釋然解脫。若謂此見。即是住邊。菩薩智了本自無縛。於何有解。無縛無解則無著。故得離耳。有無通事理者。若昔謂或有。今了或空。二謂以空。今知妙有。又真樂本有。失而不知。妄苦本空。得而不覺。今日始知。若如是知。並未離邊。又煩惱業苦。本有今無。菩提佛身。本無今有等。皆三世有法。菩提之性。不屬三世故。三世有無。皆是邊攝。真智契理。絕於三世。故離有無之二邊等。一異有二。一者心境不了則二。契合則一。亦成於邊。二者生佛有異。今了一性。亦名為邊。今正覺了此中有無無二。無二亦復無。大智善見者。如理安住。故離此邊。而言昔者。謂斷常來去生滅依正。雖是二法。皆攝為邊。又二與不二。亦名為邊。今一契菩提。一切都寂。故云遠離。

0109a12：如那羅箭之功。勢穿鐵鼓。

《191》　　　那羅延箭。能穿鐵鼓。

0109a14：似金剛鎚之力。擬碎邪山。

《192》　　　金剛之鎚。能碎金山。

0109a16：成七辯才。

《193》　　　有七辯才者。一捷疾辯。卒答不思。二利辯。音聲清巧。三無盡辯。問答無窮。四無斷辯。流注相續。五隨應辯。對機授藥。六第一義辯。善說實相。七世間最上辯。超出羣類。已上七辯。皆從心慧而發。

0109a21：具四無畏。

《194》　　　　四無畏者。一一切智無畏。二漏盡無畏。三說障道無畏。四說盡苦道無畏。華嚴經頌云。一中解無量。無量中解一。了彼互生起。當成無所畏。即是了心成佛。心外無法對待。故一切處無畏。

0109b02：人中日用之韜鈐。世上時機之經緯。

《195》　　　　眾生日用而不知。如魚在水不見水。鳥處空不見空。人在道不識道。

0109b05：若森羅之吐孕。總攝地輪。

《196》　　　　一切萬物。從大地而生。一切萬法。從心地而出。

0109b07：猶萬物之發生。皆含一氣。

《197》　　　　易鉤命訣云。天地未分之前。謂之一氣。於中則有太易。太初。太始。太素。太極。為五運也。運即是運數。謂時改易。初取易義也。元氣始散。謂之太初。氣形之端。謂之太始。形變有質。謂之太素。質形已具。謂之轉變。五氣故稱五運。皆是天道已分也。

0109b13：玄邈甚深。力自堪任。

《198》　　　　一切眾生。皆自有真心之力。如起信論云。從本已來。性自滿足一切功德。所謂自體有大智慧光明義故等也。

0109b17：月渚煙林而常談妙旨。雲臺寶網而盡演圓音。

《199》　　　　華嚴經云。大光明網雲臺中。而說頌言。佛無等等如盡空。十方無量勝功德。人間最勝世中上。釋師子法加於彼。又云。一切供養具雲中。自然出音而說頌曰。神通力用不可量。願隨眾生心樂說。又云佛光明中。於一切菩薩眾會之前。而說頌言。神通自在無邊量。一念皆令得解脫。長者論。問曰。大眾何不以言自問。因何默念致疑。何不自以言讚勸請。云何供具雲出音請佛。答曰。明佛得法界心。與一切眾生同心故。以心不異故。知彼心疑。供具說頌者。明一切法。總法界體也。法界不思議。一切法不思議故。明聖眾心境無二故。凡夫迷法界。自見心境有二。故顛倒生也。

0109c06：餐香積之廚。真堪入律。

《200》　　淨名經云。香積世界。彼國菩薩聞香入律。即獲一切功德藏三昧。若從香入法界者。自身即是香眾世界。自心即是香積如來。無量功德。一心圓滿。悟入此者。何假外求。香界既然。十八界亦爾。盡是棲神之地。皆為得道之場。

0109c12：聽風柯之響。密可傳心。

《201》　　阿彌陀經云。水鳥樹林。皆悉念佛念法念僧。是知境是即心之境。心是即境之心。能所似分。一體無異。若能見境識心。便是密傳之旨。終無一法與人。

0109c16：莫尚他宗。須遵此令。出世之大事功終。入禪之本參學竟。

《202》　　釋迦出世。為一大事因緣。開眾生心中佛之知見。達磨西來。唯以心傳心。今但悟一心。自覺覺他。已諧本願。如高僧釋曇遂。每言三界虛妄。但是一心。追求外境。未悟難息。又高僧解脫和尚。依華嚴作佛光觀。於清宵月夜。光中忽見化佛說偈云。諸佛祕密甚深法。曠劫修行今乃得。若人開明此法門。一切諸佛皆隨喜。解脫和尚乃禮拜問云。此法門如何開示於人。化佛遂隱身不現。空中偈答云。方便智為燈。照見心境界。欲知真實法。一切無所見。

0110a03：直言不謬。指南之車轍非虛。

《203》　　　若以心示人。皆歸正法。不落邪見。如指南之車。皆歸正道。

0110a06：的示無疑。鷄犀之枕紋常正。

《204》　　　有駭鷄犀枕。四面觀之。其形常正。正法觀心之人。一切皆正。如云邪人觀正法。正法亦隨邪。正人觀邪法。邪法亦隨正。有學人問新豐价和尚。如何是佛法大意。答云。大似駭鷄犀。

0110a11：絕待英靈。一念齊成。轉變天地。撼動神明。孰見不喜。誰聞弗驚。普現心光。標人間之萬號。

《205》　　　萬法無體。因心得名。乃至觀於他心。微細可鑒。皆是以心知心。似分能所。四祖云。一切神通作用。皆是自心。所以經云。諸佛於不二法中。現大神變。華嚴記云。釋他心通者。攝境從心不壞境者。即示心境有無。護法云。若得本質。恐壞唯心。既不壞境。得之何妨。壞有何失。以無心於萬物。萬物未嘗無。此得在於神靜。失在於物虛。謂物實有故。若唯心壞境。則得在於境空。失在於心有。故以境由心變。故說唯心所變不無。何必須壞。若以緣生無性。則心境兩亡。故云借心以遣境而心亡。非獨存心矣。二云能所兩亡不獨存故者。上不壞境。且遣懼質之病。今遣空有之理。故心境並許存亡。心境相籍故空。相依緣生故有。有即存也。空即亡也。空有交徹存亡兩全。第一義唯心非一非異者。正出具分唯心之理。雖有唯心之義。尚通生滅唯心。雖兩亡不羈。而未言心境相攝。今分明具唯識故。故云第一義唯心。同第一義故非異。不壞能所故非一。非一故有

853

能所。緣他義成矣。非異故能所平等。唯心義成矣。云正緣他時即是自故者。結成得於本質。無心外過。以即自故。不失唯識。是以即佛心之眾生心下。第二正示法性他心之相。此有兩對語。前對明所緣。後對明能緣。今初言即佛心之眾生心者。此明所緣眾生心即是佛心。此明不異。次云非即眾生心之佛心者。此句明眾生心與佛心非即。非即於有所緣。非異故不壞唯心義。言為所緣者。結成所緣。簡非能緣也。次下辯能緣云。以即眾生心之佛心者。此句明能緣佛心即是眾生心。明非異次云非即佛心之眾生心者。此明佛心與眾生心有非一義。非一故為能緣。非異故不壞唯識之義。言為能緣者。結成能緣。簡非所緣也。更以喻況。如水和乳。乳為所和。喻眾生心是所緣。水為能和。喻佛心為能緣。以此二和合。如似一味。鵝王啑之乳盡水存。則知非一。然此水名即乳之水。此乳名即水之乳。二雖相似。而有不一之義。故應喻之。以即水之乳。非即乳之水。為所和。以即乳之水。非即水之乳。為能和。義可知矣。

0110c01：遍該識性。猶帝釋之千名。

《206》　　　天帝釋有千種名。一名帝釋。二名喬尸迦等。如云菩提。涅槃。真如。解脫。玄珠。靈性等。皆是心之別稱。

0110c04：妙覺非遙。當人不遠。

《207》　　　心證菩提。即心而已。離心無佛。離佛無心。了了識心。惺惺見佛。如大集經云。復次賢護。如人盛壯。容貌端嚴。欲觀己形美惡好醜。即便取器盛彼清油。或時淨水。或取水精。或執明鏡。用是四物觀己面像。善惡妍醜顯現分明。賢護。於意云何。彼所見像。於此油水水精明鏡四處現時。是為先有耶。賢護答言。不也。曰。是豈本無耶。答言。不也。曰。是為在內耶。答言。不也。曰。是豈在外耶。答言。不也。世尊。唯彼油水水精鏡。

諸物清朗。無濁無滓。其形在前。彼像隨現。而彼現像。不從四物出。亦非餘處來。非自然有。非人造作。當知彼像。無所從來。亦無所去。無生無滅。無有住所。時彼賢護如是答已。佛言。賢護如是如是。如汝所說。諸物清淨。彼色明朗。影像自現。不用多功。菩薩亦爾。一心善思。見諸如來。見已即住。住已問義。解釋歡喜。即復思惟。今此佛者從何所來。而我是身復從何出。觀彼如來。竟無來處。及以去處。我身亦爾。本無出趣。豈有轉還。彼復應作如是思惟。今此三界唯自心有。何以故。隨彼心念。還自見心。今我從心見佛。我心作佛。我心是佛。我心是如來。我心是我身。我心見佛。心不知心。心不見心。心有想念。則成生死。心無想念。即是涅槃。諸法不真。思想緣起。所思既寂。能想亦空。賢護當知。諸菩薩等。因此三昧。證大菩提。

0111a04：隨法性而雲散晴空。任智用而華開媚苑。

《208》　　　　長者論云。隨法性則萬法俱寂。隨智用則萬法俱生。不離一真。化儀儀百變。

0111a07：攀覺樹而不榮。陷鐵圍而非損。冒境而朝宗悟旨。諸佛果源。捴目而得意真真。羣生理本。

《209》　　　　真俗之法。邪正之門。皆是一心以為根本。如安心法門云。迷時人逐法。解時法逐人。解則識攝色。迷則色攝識。但有心分別計校自心現量者。悉皆是夢。若識心寂滅無一動念處。是名正覺。問云。何自心現。答。見一切法有。有自不有。自心計作有。見一切法無。無自不無。自心計作無。又若人造一切罪。自見已之法王。即得解脫。若從事上得解者氣力壯。從事中見法者。即處處不失念。從文字解者氣力弱。即事即法者深。從汝種種運為。跳踉癲蹶。悉不出法界。亦不入法界。若以界入界。即是癡人。凡有所施為。終不出法界心。何以故。心體是法界故。又非獨羣

855

生理本。亦是山河大地之本。人我眾生之本。如宗密禪師原人論。明窮人之本原。如儒宗命由於天。關於時運。道教生於元氣。小乘教我為其本。權教但說空為本。儒道二教原人之本。人畜等類皆是虛無天道生成養育。謂道法自然。生於元氣。元氣生天地。天地生萬物。故愚智皆稟於天。由於時命。故死後却歸天地。復其虛無。若佛權教說。如中觀論云。未曾有一法。不從因緣生。是故一切法。無不是空者。若約此原身。心境皆空。身原是空。空即是本者。若心境皆無。知無者誰。又若都無實法。依何現諸虛妄。且現見世間虛妄之物。未有不依實法而能起者。如無溼性不變之水。何有假相虛妄之波。若無淨明不變之鏡。何有青黃長短之影。故知空教。但破執情。如法鼓經云。一切空經。是有餘說。有餘者餘義未了也。大品經云。空是大乘之初門。未是究竟之說。今依性教佛了義經說。直顯真源。一切有情。皆有本覺真心。無始已來。常住清淨。昭昭不昧。了了能知。亦名佛性。亦名如來藏。從無始際。妄想翳之。不自覺知。但認凡質。故耽著結業。受生死苦。大覺愍之。說一切皆空。又開示靈覺真心清淨。全同諸佛。故華嚴經云。佛子。無一眾生而不具有如來智慧。但以妄想執著而不證得。若離妄想。一切智自然智無礙智即得現前。便舉一塵含大千經卷之喻。塵況眾生。經況佛智。次後又云。爾時如來普觀法界一切眾生。而作是言。奇哉奇哉。此諸眾生。云何具有如來智慧。迷惑不見。我當教以聖道。令其永離妄想。自於身中得見如來廣大智慧。與佛無異。評曰。我等多劫。未遇真宗。不解反自原身。但執虛妄之相。甘認凡下。或畜或人。今約至教原之。方覺本來是佛。故須行依佛行。心契佛心。反本還源。斷除凡習。損之又損。以至無為。自然應用恒沙。名之曰佛。當知迷悟同一真心。大哉妙門。原人至此。今會通本末者。且真心之性。雖為身本。生起蓋有因由。但緣前宗未了。所以破之。今將本末會通。乃至儒道亦是。何者。總不出一心故。謂初唯是一心真靈之性。不生不滅。眾生迷睡。不自覺知。

由隱覆故。名如來藏。依如來藏。故有生滅心相。所謂不生滅真心。與生滅妄想和合非一非異。名為阿賴耶識。此識有覺不覺二義。依不覺故。最初動念。名為業相。又不覺此念本無故。轉成能見之識。及所見境界相現。又不覺此境從自心妄現。執為定有。名為法執。執此等故。遂見自他之殊。便成我執。執我相故。違順情生。憎愛業起。隨善惡業。運於中陰。入母胎中。稟氣受質。此會儒道說以氣為本。氣則頓具四大。漸成諸根。心則頓具四蘊。漸成諸識。十月滿足。生來名人。即我等身心是也。然所稟之氣。展轉推本。即混一之元氣也。所起之心。展轉窮源。即真一之靈心也。究實言之。心外的無別法。元氣亦從心之所變。屬前轉識所見之境。是阿賴耶相分所攝。從初一念業相。分為心境之二。心既從細至麤。展轉妄計。乃至造業。成六麤之相。受苦無窮。境亦從微至著。展轉變起。乃至天地。成住壞空。周而復始。又業既成熟。即從父母稟受二氣。與業識和合。成就人身。據此則心識所變之境。乃成二分。一分却與心識和合成人。一分不與心合。即是天地山河國邑。三才中唯人靈者。由與心神合也。佛說內四大與外四大不同。正是此也。但能反照心源。靈性顯現。無法不達。名法報身。自然應現無窮。名化身佛。是知若了一心。三身頓現。故般若吟云。悟則三身佛。迷疑萬卷經。即知三教皆一真心。為原人之本。

0112a09：祖佛不道。父母非親。

《210》　　　第八祖佛陀難提。問佛馱密多曰。父母非我親。誰為最親者。諸佛非我道。誰為最道者。偈答云。汝言與心親。父母非可比。汝行與道合。諸佛心即是。外求有相佛。與汝不相似。欲識汝本心。非合亦非離。

0112a14：知三有異我而明佛性。

《211》　　　大涅槃經云。迦葉菩薩問二十五有有我不。答曰。有我。

即佛性此是真我。具八大自在義。即是常樂我淨四德涅槃。非外道凡夫所執之我。如華嚴記云。佛性之體。體非因果。因中取之。名為因性。果中取之。名為果性。非是佛性分成因果。如瓶取空。是瓶中空。世界取空。是世界中空。空無有異。故言眾生智慧。是佛性因。菩提涅槃。是佛性果。非是佛性分成因果。故結示云。然則佛性非因非果。若以無障礙法界為宗。則法性即佛性。知一切法即心自性。若以心性為佛性者。無法非心性。則不隔內外。而體非內外。內外屬相。性不同相。何有內外。然迷一性而變成外。外既唯心。何有非佛。所變無實。故說牆壁言無佛性。以性該相。無非性矣。如煙因火。煙即是火。而煙鬱火。依性起相。相翳於性。如即水成波。波即是水。境因心變。境不異心。心若有性。境寧非有。況心與境。皆即真性。真性不二。心境豈乖。若以性從相。不妨內外境。而例於心今有覺知。修行作佛。即是邪見外道之法。故須常照。不即不離。不一不異。無所惑矣。故云則非內非外。隨物迷悟。強說昇沈。又華嚴策林問。眾生與佛。迷悟不同。眾生則六道循環。佛則萬德圓滿。如何有即眾生即佛二互相收。混亂因緣。全乖法界。答。夫真元莫二。妙旨常均。特由迷悟不同。遂有眾生與佛。迷真起妄。假號眾生。體妄即真。故稱為佛。妄則全迷真理。雖真無迷。悟即迷本是真。非是新有。迷因橫起。若執東為西。悟解理生。如東本不易。就相假稱生佛。約體故得相收。不見此源。迷由未醒。了斯玄妙。成佛須臾。經云。法界眾生界。究竟無差別。一切悉了知。此是如來境。如來纔成正覺。普見眾生已成正覺。眾生向佛心中。自受其苦。冀希玄之士。無捨妄以求真。

0112b22：會萬物為己而成聖人。

《212》　　　肇法師云。會萬物為自己者。其唯聖人乎。又云。聖遠乎哉。體之即神。道遠乎哉。觸事而真。夫云聖人者。聖即正也。了心悟道。即是正人。迷心背道。即是邪人。邪正由心。淨穢在我。

0112c03：一兩真金。勝氎花千斤之價值。

《213》　　　　高僧釋道世云。勤勇懺悔者。雖知依理。須知心妄動。若真悟心遠離前境者。如經云。譬如氎花千斤。不如真金一兩。喻能觀心勝。即滅罪強。又華嚴策。問。二障塵沙尚非所喻。阿僧祇劫未得斷名。十地聖人分分漸損。如何一斷一切斷耶。既越常規。難以取信。答。惑本無從。迷真忽起。迷而不返。瀾漫無涯。若纖雲布空。其來無所。須臾彌滿。六合黯然。長風忽來。倏爾雲盡。千里無點。萬像歷然。方便風生。照惑無性。本空顯現。眾德本圓。八萬塵勞皆波羅蜜。恒沙惑障並是真源。眼瞖未除。空華亂起。但淨法眼。何惑不除。滯執堅牢。居然多劫。

0112c15：半株檀樹。改伊蘭四十之由旬。

《214》　　　　經云。一株檀樹。能改四十由旬之伊蘭林。況一真心法。能破一切染法。如台教立無生一法。為破一切法遍。

0112c19：上上真機。滔滔法海。墮無明而不可隳。縱神力而焉能改。

《215》　　　　此一心法。是普眼門。唯對上機。方能信入。淪五趣而不墜。登一相而非昇。以是不變易之法故。

0112c23：設戴角披毛之者。本性非殊。任形消骨散之人。至靈常在。

《216》　　　　如般若吟云。百骸雖潰散。一物鎮長靈。又首楞嚴經云。縱汝形銷命光遷謝。此性云何為汝銷滅。

0113a03：等覺不遷。隨物周旋。

《217》　　　　經云。不動等覺而建立諸法。不壞假名而談實相。若等覺之心即不動。以染淨之覺隨緣而作諸法。亦不壞諸法而談實相。以諸法無體不可壞。若壞即失諸法本空故。

0113a08：為出世真慈之父。作歸宗所敬之天。

《218》　　　　如宗鏡錄中。立真心為宗。祖佛同證。即不立眾生緣慮妄心。此心無體。諸經所破。然此妄心無體即真。故不用破。以眾生執實。故須破之。宗鏡錄云。心有二種。一隨染緣所起妄心。而無自體。但是前塵。逐境有無。隨塵生滅。唯破此心。雖法可破。而無所破。以無性故。百論破情品云。譬如愚人見熱時燄。妄生水想。逐之疲勞。智者告言。此非水也。為斷彼想。不為破水。如是諸法自性空。眾生取相故著。為破是顛倒故。言破。實無所破。二常住真心。無有變異。即立此心以為宗鏡。識論云。心有二種。一相應心。謂無常妄識虛妄分別。與煩惱結便相應。二不相應心。所謂常住第一義諦。古今一相。自性清淨心。今言破者是相應心。不相應心立為宗本。

0113a22：一雨無私。羣木而自分甘苦。太虛絕量。眾器而各現方圓。

《219》　　　　法華經明三草二木。一雨而受潤不同。楞嚴經明方現方空。圓現圓空。若除器方圓。則空無所在。

0113b02：既在正觀。須當神聽。

《220》　　　　上士神聽。中士心聽。下士耳聽。神聽入玄。能契心性。

0113b05：扣寂寂之玄門。躡如如之道徑。若玻璨隨物而現色。於自體而匪亡。

《221》　　　如玻璨珠。雖現外色青黃赤白。不失珠體。

0113b08：猶金剛對日而分形。逐前塵而不定。

《222》　　　如金剛珠。於日中而色不定。此皆表心隨緣不變。不變隨緣。雖不守自性。亦不失自性。不守性是隨緣。不失性是不變。

0113b12：菩提窟宅。解脫叢林。澹泊而慧眼何見。杳靄而大智難尋。五嶽崢嶸而不峻。四溟浩渺而非深。

《223》　　　一心高廣。橫豎難量。山未為高。海未為深。又遍界盈空。無法可現。山非是山。海非是海。以唯心故。如華嚴經頌云。了知非一二。非染亦非淨。亦復無雜亂。皆從自想起。

0113b18：輪王坐妙寶牀時。方能入定。

《224》　　　輪王坐妙寶牀時。入四禪而心離五欲。

0113b20：菩薩戴法性冠處。始得明心。

《225》　　　菩薩著法性冠處。見一切法悉現在心。

0113b22：滯念纔通。幽襟頓適。成現而可以坐參。周遍而徒煩遊歷。

《226》　　　此一心成現法門。不用一點身心之力。坦然明白。先德云。沙門採寶。不動神情。其寶自現。又云。虛明自照。不勞心力。又云。不離當處常湛然。覓即知君不可見。如瑜伽儀軌釋云。夫欲頓入三業。修習毗盧遮那法身觀。瑜伽儀軌釋。如來法身觀者。先觀發起普賢菩薩微妙行願。復應以三密加持身心。則能入文殊師利大智慧海。然修行最初。於空閑處。攝念安心。閉目端身。結跏趺坐。運心普緣無邊剎海。諦觀三世一切如來。遍於一一佛菩薩前。殷勤恭敬禮拜旋繞。又以種種供具雲海。奉獻如是等一切聖眾。廣大供養已。復應觀自心。心本不生。自性成就。光明遍照。猶如虛空。復應深起悲念。哀愍眾生不悟自心。輪迴諸趣。我當普化拔濟。令其開悟。盡無有餘。復應觀察自心。諸眾生心。及諸佛心。本無有異。平等一相。成大菩提心。瑩徹清淨。廓然周徧。圓明皎潔。成大月輪。量等虛空。無有邊際。

0113c16：達無不是。統法界以為家。

《227》　　心為法界之家。亦為涅槃之宅。如法集經云。能知一切唯是一心。名為心自在。於其掌中出諸珍寶。亦以虛空而為庫藏。名為物自在。一切身口意業以智為本。名智自在。又云。觀世音白佛言。菩薩若受持一法。一切諸佛法自然如在掌中。何者是一法。所謂大悲。釋曰。此是同體大悲。此悲性遍一切眾生界。故能一雨普潤。蘭艾齊榮。一念咸收。邪正俱濟。寶雲經云。一切諸法。心為上首。若知於心。則能得知一切諸法。大灌頂經云。禪思比丘無他想念。唯守一法。然後見真。釋曰。一法為宗。諸塵無寄。他緣自絕。妙性顯然。志當歸一。而何智不明。尋流得源。而何疑不釋。撮要之旨。斯莫大焉。又如世尊最後垂示。應盡還原品三告之文。經云。爾時世尊如是逆順入諸禪已。普告大眾。我以甚深般若。遍觀三界一切六道。諸山大海大地含生。如是三界根本性離。畢竟寂滅同虛空相。無名無識。永斷諸有。本來平等。無高下想。無見無聞無覺無知。不可繫縛。不可解脫。無眾生無壽命。不生不起不盡不滅。非世間非非世間。涅槃生死皆不可得。二際平等。等諸法故。閑居靜住。無所施為。究竟安置。必不可得。從無住法。法性施為。斷一切相。一無所有。法相如是。其知是者。名出世人。是事不知。名生死始。汝等大眾。應斷無明。滅生死始。又復告大眾。我以摩訶般若。遍觀三界有情無情。一切人法悉皆究竟。無繫縛者。無解脫者。無主無依。不可攝持。不出三界。不入諸有。本來清淨。無垢無煩惱。與虛空等不平等非不平等。盡諸動念。思想心息。如是法相。名大涅槃。真見此法。名為解脫。凡夫不知。名曰無明。作是語已。復入超禪。從初禪出。乃至入滅盡定。從滅盡定出。乃至入初禪。如是逆順入超禪已。復告大眾。我以佛眼遍觀三界一切諸法。無明本際性本解脫。於十方求了不能得。根本無故。所因枝葉皆悉解脫。無明解脫故。乃至老死皆得解脫。以是因緣。我今安住常寂滅光。名大涅槃。如上真實慈父廣大悲心不可思議三告之文。或有遇斯教者。可以析骨為筆。剝皮為紙。刺血為墨。而書寫之。不可頃刻暫忘。剎那失照。

0114b06：用而靡虛。將大地為標的。

《228》　　如與大地為的。所射無不中者。如觀心人。所見無不是心。終無一塵有隔。如入楞伽經偈云。無地及諸諦。無國土及化。佛辟支聲聞。唯是心分別。人體及五陰。諸緣及微塵。勝人自在作。唯是心分別。心遍一切處。一切處皆心。以心不善觀。心性無諸相。

0114b12：至道無隔。唯理堪親。

《229》　　若洞達一心。能通萬彙。如牖隙之內。觀無際之空。似徑尺鏡中。見千里之影。

0114b15：抉目而金鎞快利。

《230》　　大涅槃經云。初一說。名一指示。中間重說。名二指示。經末復說。名三指示。下合中末。未見佛性。並如於盲。華嚴疏釋。以三諦為指。指為旨趣。義甚分明。一時橫觀。皆觀三諦。豎亙十地。亦證三諦。第

863

一指者即示俗諦。言凡是有心。定當作佛。皆有佛性。二者示真諦為第二指。云佛性者。名第一義空。三示中道為三指。經云佛性即是無上菩提道種子故。非有如虛空。非無如兔角。故知三諦。喻於三指。

0114b24：霑頂而甘露光新。

《231》　　頓悟一心之時。如醍醐入心。甘露霑頂。

0114c02：寂默無言。因居士而薦旨。

《232》　　文殊問維摩居士。如何是真入不二法門。居士默然。斯乃顯一心不二之妙旨。

0114c05：虛空絕相。化闍王而悟真。

《233》　　文殊菩薩化阿闍世王。王以袈裟親自挂文殊身上。而不見文殊身。及挂大眾。亦不見身。返挂自身。亦不見身及衣。但見虛空相。因茲悟道。

0114c09：慧日晶明。信心調直。被大乘衣而坐正覺牀。飲菩提漿而餐禪悅食。

《234》　　大涅槃經云。汝等雖染衣出家。未披如來大乘法衣。法華經云。如來座者。一切法空是。夫出家人。識心達本。故號沙門。舉足下足。乃至著僧伽梨。念念皆與摩訶衍相應。飲正法味。餐涅槃食。所以阿難為不了心宗。懺悔云。我身雖出家。心不入道。如黃蘗和尚云。達磨西來。唯傳一心法。直下指一切眾生心。本來是佛。不假修行。但令識取自心。見自本性。莫別求法。云何識自心。即如今言語者是汝心。若不言語。又不作用。心體猶如虛空相似。實無相貌。亦無方所。亦不一向是無。祇是有而不見。又云。但悟一心。更無少法可得。此即真佛。佛與眾生一心。更無有異。

不如言下自認取本法。此法即心。心外無法。此心即法。法外無心。又仰山和尚云。頓悟自心無相。猶若虛空。寄根發明。即本心具恒沙妙用。無別所持。無別安立。即本地。即本土。

0115a02：善財知見。舉目而皆入法門。華藏山河。立相而無非具德。

《235》　　善財童子。登山入閣。皆證法門。以真心遍一切處故。隨處發明。咸得見道。所以還源觀云。華藏海內。其中莫問若山若河。皆具如來時智德。

0115a07：羣蒙盡正。一槩齊平。迹分塵界而不濁。性合真空而靡清。體凝一味而匪縮。用周萬物而非盈。

《236》　　此一心法。湛然不動。雖隨事開合。任物卷舒。其體未曾增減。設對機說法。廣略開遮。不可執方便之言。迷於宗旨。如華嚴經頌云。言詞所說法。小智妄分別。是故生障礙。不了於自心。不能了自心。云何知正道。彼由顛倒慧。增長一切惡。

0115a14：似天中意樹之林。常隨天轉。

《237》　　天中有如意樹。常隨諸天意轉。

0115a16：若人間心想之處。還逐人成。

《238》　　一切境界。因想而生。故經云。一切國土。唯想持之。華嚴經頌云。一切諸國土。想網之所現。幻網方便故。一念悉能入。又論云。離人無有法。離法無有人。

0115a20：貧濟驪珠。幽冥玉燭。如來寶眼而自絕纖毫。

《239》　　　　佛眼無外。豈立纖毫。

0115a22：金沙大河而更無迴曲。

《240》　　　　金沙大河。直入大海。以表正見直入心海。

0115a24：若海中之鹹味。物物圓通。猶色裏之膠青。門門具足。

《241》　　　　如傅大士心王銘云。無形無相。有大神力。能滅千災。成就萬德。體性雖空。能施法則。觀之無形。呼之有聲。為大法將。持戒傳經。水中鹽味。色裏膠青。決定是有。不見其形。心王亦爾。身內居停。面門出入。應物隨情。自在無礙。所作皆成。色裏膠青者。書云。青出於藍。而青於藍。冰結於水。而寒於水。又一切法中。皆有安樂性。則是色總持門。如大般若經云。一切法趣色。色尚不可得。云何當有趣非趣。如是具歷諸法皆然。般若意似當諸法之性。不異色性。故皆趣色。色不可得。當法性空。既無所趣。安有能趣。若智者意。一切法趣色。假觀。色尚不可得。空觀。云何當有趣非趣。即中道觀。今但要初句。以取色性。為諸法依。以性普收。故皆趣色。則一色中具一切法。是事事無礙之義。故隨一法皆收法界故。

0115b15：孤高獨步。瑩徹攄情。意根淨而寶坊淨。

《242》　　　　淨名經云。心淨即佛土淨。又云。心淨故眾生淨。心垢故眾生垢。如一切垢淨世界。及台教四土。祇是一自性清淨心。此心若淨。一切佛土皆悉淨也。如鏡明則照遠。鈴響則聲高。是以華嚴經頌云。佛剎無分別。無憎無有愛。但隨眾生心。如是見有殊。又攝論云。一切淨土。是諸佛及菩薩唯識智為體。即金剛般若論云。智習唯識通。如是取淨土。若佛地論。以佛自在無漏心為體。非離佛淨心外。別有實等淨心色也。又云。色等即是佛淨心所感。離佛自心之外。別無能感。如是假實之色。皆不離佛淨心。即此淨心。能顯假實之色。故經云。青色青光。黃色黃光等是也。

0115c04：心地平而世界平。

《243》　　　　首楞嚴經云。毗舍如來摩持地菩薩頂言。當平心地。則世界地一切皆平。

0115c07：若拂霧以披天。神襟頓爽。似撥雲而見日。法眼恒清。

《244》　　　　悟心之時。頓消積滯。如彌勒成道偈云。久欲度眾生。欲拔無由脫。今日證菩提。豁然無所有。

0115c10：一道逍遙。羣心仰慕。保證而猶玉璽之真文。

《245》　　　　一切萬法。皆為心之所印。如王寶印。無前後際。故法句經云。森羅及萬象。一法之所印。云何一法中。而見有種種矣。

0115c14：包藏而若瓊林之寶庫。

《246》　　　　第八識包含。猶如庫藏。含藏十法界種子。無法不足。

0115c17：久行方了。具遍吉之明宗。

《247》　　　　遍吉是普賢菩薩。首楞嚴經頌云。心聞洞十方。生於大因力。初心不能入。云何獲圓通。

0115c20：初學易親。成慈氏之入路。

《248》　　　　首楞嚴經云。彌勒菩薩云。得成無上妙圓識心三昧。乃至盡如來國土淨穢有無。皆是我心變化所現。我了如是唯心識故。識性流

867

出無量如來。

0115c24：正念纔發。狐疑自惺。匪五目之可鑒。豈二耳之能聽。

《249》　　　五眼者。肉眼。天眼。慧眼。法眼。佛眼。佛言。我以五眼尚不見。云何無目凡夫而稱見乎。二耳者。一凡耳。二天耳。道書云。上士神聽。中士心聽。下士耳聽。

0116a04：非有而非空。故稱卓絕。不出而不在。實謂通靈。

《250》　　　首楞嚴經云。汝之心靈。一切明了。是知性自神解。寂照泠然。如靈辯和尚云。夫一心不思議。妙義無定相。應時而用。不可定執。經云。一切賢聖。皆以無為法而有差別。用有差別。隨處得名。究竟不離自心。此心能壞一切。能成一切。故云一切法皆是佛法。心作天。心作人。心作鬼神。畜生地獄。皆心所為。好惡皆由心。要生亦得。要不生亦得。即是無礙義。祇今一切施為。行住坐臥。即是心相。心相無相。故名實相。體無變動。亦名如來。如者不變不異也。無中現有。有中現無。亦名神變。亦曰神通。總是一心之用。隨處差別即多義。一中解無量。無量中解一。了彼互生起。當成無所畏。又東方入正定。西方從定出。若了心外無法。一切唯心。即無一法當情。無有好惡是非。即不怖生死。一分處皆是。故云當成無所畏。無所畏即佛。佛具四無畏也。

0116a20：塵思俱逃。煩機頓洗。

《251》　　　未悟道時。多興妄慮。纔了心日。想念不生。故經云。識停閑靜。想滅無為。又首楞嚴經云。想相為塵。識情為垢。二俱遠離。則汝法眼應時清明。云何不成無上知覺。又大乘理觀。不念諸佛。即是念覺。故昔人云。真如無念。非念法能階。實相無生。豈生心能至。無念念者。則念真如。無生生者。生乎實相。故起信云。若知雖念無有能念所念。是名隨順。若離於念。名為得入。淨名云。常求無念實相智慧。故般若云。若念一切法。不念般若波羅蜜。不念一切法。則念般若波羅蜜。

0116b07：迥超萬行之先。深徹法源之底。月光大士。變清水於自心。

《252》　　首楞嚴經云。月光童子初習水定。弟子窺牖觀室。唯見清水。取一瓦礫投於水內。出定之後頓覺心痛故知定果色。皆是定中意識所變。

0116b12：空藏高人。現太虛於本體。

《253》　　首楞嚴經云。虛空藏菩薩云。我得無邊身。爾時手執四大寶珠。照明十方微塵佛剎。化成虛空。又於自心現大圓鏡。內放十種微妙寶光。流灌十方盡虛空際。

0116b17：甄明暢志。悟入怡神。若旱天而遍霑甘澤。猶萎草而頓遇陽春。

《254》　　涅槃經云。純陀白佛言。世尊。唯願世尊。霑甘露雨。灑我心田。又如大地。得遇春雨。草木潰發。故云。萬物得地而生。萬行得理而成。所以般若經云。一心具足萬行。

0116b23：翠羽紅鱗。普現色身之三昧。霞峯霧汦。同轉根本之法輪。

《255》　　一切聲是佛聲。一切色是佛色。又山河大地。一一皆宗。

0116c03：智朗昏衢。夢驚長夜。

《256》　　識論云。一切眾生。以第七識為長夜。如夢時不知是夢。覺時方悟。如迷時不了自心是佛。悟時方知。故經云。佛者覺也。如睡夢覺。

869

如蓮華開。

0116c07：貧室之金藏全開。

《257》　　大涅槃經云。如貧女人。舍內多真金之藏。家人大小無有知者。時有異人善知方便。乃至即於其家。掘出真金之藏。女人見已。心生歡喜。生奇特想。眾生佛性亦復如是。若遇善友開發。明見佛性。心開意解。生大歡喜。

0116c13：燄宅之牛車盡駕。

《258》　　法華經明等賜一大車而出火宅。若了一切處唯是一心實相之旨。即是出宅義。

0116c16：紛然起作。冥冥而弗改真如。谿爾虛凝。歷歷而常隨物化。

《259》　　肇論云。旋嵐偃嶽而常靜。江河競注而不流。野馬飄鼓而不動。日月歷天而不周。此四不遷。即萬物皆不遷矣。則離動而無靜。離靜而無動。以一心動靜。豈有離也。

0116c22：大象無形。洪音絕聲。三光匿曜。河嶽齊平。

《260》　　肇論云。大象隱於無形。大音匿於希聲。此一心光橫吞萬象。更無纖毫於中發現。故傳大士頌曰。須彌芥子父。芥子須彌爺。山海坦然平。敲冰來煮茶。故知萬法盡入不二法門。一際平等。更不俟夷嶽盈壑。續鳧截鶴。然後方平。

0117a04：向九居六合之中。隨作色空明闇之體。

《261》　　六合者。四維上下。九居者。一欲界天。二初禪天。三二禪天。四三禪天。五四禪天。六空處天。七識處天。八無所有處天。九非想非非想天。廣則二十五有四十二居處。並是有情受生居住之處。此皆因情想結成生死之身。業繫二十五有之處。悉從心出。所以楞伽經云。三界上下法。我說皆是心。又云。心遍一切處。一切處遍心。法華經云。三方及四維。上下亦復爾。如首楞嚴經云。妙覺明心。先非水火。乃至汝以空明。則有空現。地水火風各各發明。則各各現。若俱發明。則有俱現。故知萬法但心為體。循業發現。所見不同。隨自想念而生差別。故云如來藏。隨為色空。周遍法界。是以離自真心。更無一法。所有境界。皆是心光。

0117a18：於七大四微之內。分為色香味觸之名。

《262》　　七大者。一地大。二水大。三火大。四風大。五空大。六見大。七識大。如首楞嚴經云。汝元不知如來藏中。性色真空。性空真色。清淨本然。周遍法界。乃至推七大。皆無自性他性共性無因性。所以佛告阿難。若汝識性生於見中。如無明闇及與色空。四種必無。元無汝見。見性尚無。從何發識。若汝識性生於相中。不從見生。既不見明。亦不見闇。明闇一矚。即無色空。彼相尚無。識從何發。若生於空。非相非見。非見無辯。自不能知明闇色空。非相滅緣。見聞覺知無處安立。處此二非。空則同無。有非同物。縱發汝識。欲何分別。若無所因突然而出。何不日中別識明月。汝更細詳微細詳審。見託汝睛。相推前境。可狀成有。不相成無。如是識緣因何所出。識動見澄非和非合。聞聽覺知亦復如是。不應識緣無從自出。若此識心本無所從。當知了別見聞覺知。圓滿湛然。性非從所。兼彼虛空地水火風。均名七大。性真圓融。皆如來藏。本無生滅。阿難。汝心麤浮。不悟見聞發明了知。本如來藏。汝應觀此六處識心。為同為異。為空為有。為非異同。為非空有。汝元不知如來藏中。性識明知。覺明真識。妙覺湛然。周遍法界。含吐十虛。寧有方所。循業發現。世間無知。惑為因緣及自然性。

皆是識心分別計度。但有言說。都無實義。又本是一真心。分成六和合。如眼見之為色。耳聞之為聲。鼻齅之為香。舌嘗之為味。身受之為觸。意知之為法。又祖師云。處胎曰身。出世為人。在眼曰見。在耳曰聞。在鼻曰齅香。在舌曰談論。在手曰執捉。在脚曰運奔。變現俱該法界。收攝不出微塵。識者喚作佛性。不識者喚作精魄。故云一色一香。無非中道。

0117b24：德禦神州。威靈法宇。通智海之宏津。立吾宗之正主。

《263》　　　心為萬法之宗。宗者尊也主也。如楞伽經中。佛語心為宗。無門為法門。不退轉法輪經云。善知一切眾生無相。悉同法界。非見非不見。何以故。法界即是一切眾生心界。是名信行。南嶽思大和尚云。若學者先須通心。心若得通。一切法一時盡通。

0117c06：違情難信。如藕絲懸須彌之山。

《264》　　　涅槃經云。佛言。若有人能以藕絲懸須彌山。可思議不。不也。世尊。佛言。菩薩能以一念稱量生死。有不可思議理。而但仰信而已。不能一念即如來藏。故非圓意。

0117c11：入悟能談。似一手接四天之雨。

《265》　　　如佛藏經云。無名相中。假名相說。皆是如來不思議力。譬如有人。嚼須彌山。飛行虛空。石筏渡海。負四天下及須彌山。蚊脚為梯。登至梵宮。劫盡燒時。一唾劫火即滅。一吹世界即成。以藕絲懸須彌山。手接四天下雨。如來所說一切諸法。無相無為無生無滅。令人信解。甚為難有。甚為希有。又經云。奇哉世尊。於無異法中。而說諸法異。故云說法是大神變。無中說有。有中說無。豈非神變耶。

0117c20：居混沌之始。出恍惚之間。

《266》　　　混沌之始者。以不知無始無明。最初一念。不覺而起。第八藏識。一半不執受。為無情世間山河大地等。一半有執受。為有情世間眾生五陰身等。皆從一心所造。不達此理者。此間周禮。或稱混沌。西天外道。或說冥初。老子云。杳杳冥冥。其中有精。恍恍惚惚。其中有物。

0118a03：法雷震四生之幽蟄。慧日燭三界之重關。

《267》　　　此一心宗。當悟之時。如迅雷震於長空。似千日照於曠野。能令墮業繫之人。出三界之牢獄。溺生死之者。脫六趣之樊籠。

0118a07：不世之珍。抱玄門而寂寂。非常之道。任法性以閑閑。

《268》　　　不世之珍者。以此心寶。非世之珍。非常之道者。此一心大道。非常情之所解。

0118a10：發覺根苗。胤靈筋骨。

《269》　　　因心悟道。發心之初。即坐道場。便登祖位。

0118a12：若谷神之安靜。似幻雲之出沒。

《270》　　　肇論云。法身無像。應物以形。般若無知。對緣而照。萬機煩赴而不撓其神。千難殊對而不干其慮。動若行雲。止猶谷神。豈有心於彼此。情繫於動靜者乎。注云。法身無形。能現眾像。聖智無知。能照萬機。無心應物。雖憖而不撓其神。有難皆通。雖通而不干其慮。無心而動。動若行雲。心無定方。猶谷神之不死。絕彼此動靜之心也。老聃曰。谷神不死。是謂玄牝。玄牝之門。是謂天地之根。註云。谷者養也。人能養神則不死。神即五藏之神也。若五藏盡傷。則五神去矣。是謂玄牝者。註云。玄者天也。牝者地也。主出入於鼻與天通。故鼻為玄也。主出入於口與地通。故口為牝也。玄牝之門是謂天地之根者。根者元也。言鼻口之門。是乃通天地之元氣。

0118b02：事因理顯。猶金烏照萬里之程。

《271》　　華嚴疏云。理隨事變。一多緣起之無邊。事得理融。千差涉入而無礙。

0118b05：用就體施。如玉兔攝千江之月。

《272》　　證道歌云。一月普現一切水。一切水月一月攝。一法遍含一切法。我性常與如來合。

0118b08：非相非名。孤寂幽清。一言無不略盡。殊說更非異盈。

《273》　　一言者。約略說。約理說。殊說者。約廣說。約事說。故不動一心而演諸義。不壞諸義而顯一心。即卷常舒。如來於一言語中。演說無邊契經海。即舒常卷。一切法門無盡海。同會一法道場中。如草木四微。從地而生。還歸地滅。猶波浪鼓動。依水而起。還復水源。如法從心生。還歸心滅。故經云。當處生。當處滅。又華嚴經頌云。佛智通達淨無礙。一念普知三世法。皆從心識因緣起。生滅無常無自性。所以清涼疏云。華嚴經者。統唯一真法界。謂總該萬有。即是一心也。

0118b19：吞苦霧而浸邪峯。須澄性海。

《274》　　性海泓澄。湛然明淨。當悟心之時。能盡苦源。頓消邪見。故般若心經云。行深般若之時。照見五蘊皆空。度一切苦厄。

0118b23：降四魔而夷六賊。應固心城。

《275》　　　　四魔者。一天魔。二陰魔。三死魔。四煩惱魔。首楞嚴經云。六為賊媒。自劫家寶。心城者。華嚴經入法界品中。寶眼主城神為善財言。應守護心城。謂畢竟斷除慳嫉諂誑。應清涼心城。謂思唯一切諸法實性。應增長心城。謂成辦一切助道之法。應嚴飾心城。謂造立諸禪解脫宮殿。應照耀心城。謂普入一切諸佛道場。聽受般若波羅蜜法。應增益心城。謂普攝一切佛方便道。應堅固心城。謂恒勤修習普賢行願。應防護心城。謂常專禦扞惡友魔軍。應廓徹心城。謂開引一切諸佛智光明。應善補心城。謂聽受一切佛所說法。應扶助心城。謂深信一切佛功德海。釋曰。夫城者。能防外寇。護國安人。堅密牢強即無眾患。況心城須護。密守關津。無令外緣六塵魔賊所侵。內結煩惱奸臣所亂。防非禁惡。常施瑩淨之功。立德運慈。廣備莊嚴之事。遂得四門無滯。一道常通。力敵大千。威臨法界。可以撫提弱喪。攝化無遺。伏外降魔。永固真基者矣。

0118c17：廣演玄風。長施法利。

《276》　　　　沙門唯以弘教說法。能報佛恩。首楞嚴經頌云。將此深心奉塵剎。是則名為報佛恩。又證道歌云。默時說。說時默。大施門開無擁塞。

0118c21：諸聖不改其儀。

《277》　　　　此一心法。是古今千聖不易之道。

0118c23：萬邪莫迴其致。

《278》　　　　邪不干正。天魔不能壞。外道不能亂。故云。天魔外道皆法印。魔界即佛界。外道經書皆是佛說。既同輪並駕。焉能壞乎。

0119a03：十軍三惑。消影響於幻場。

《279》　　　　十軍者。佛偈云。欲是汝初軍。憂愁為第二。飢渴第三軍。渴愛為第四。第五睡眠軍怖。畏為第六。疑為第七軍。含毒為第八。第九利養軍。著虛狂名聞。第十軍自高。輕慢出家人。諸天世間人。無能破之者。我以智慧力。摧伏汝軍眾。汝雖不欲放。到汝不到處。是知戰魔軍者。即是自心魔。終無心外境。能與心為緣。但是自心生。還以心為相。三惑者。一見思惑。二塵沙惑。三無明惑。若直了心者。不唯十軍三惑。乃至八萬四千塵勞門。悉皆殞滅。故偈云到汝不到處。消影響於幻場者。如寶積經云。爾時世尊告幻師言。一切眾生及諸資具皆是幻化。謂由於業之所幻故。諸比丘眾亦是幻化。謂由於法之所幻故。我身亦幻。智所幻故。三千大千一切世界亦皆是幻。一切眾生共所幻故。凡所有法無非是幻。因緣和合之所幻故。但了一心。諸幻自息。故寶藏論云。一切皆幻。其幻不實。知幻是幻。守真抱一。

0119a20：智刃慧刀。利鋒芒於實地。

《280》　　　　以智慧劍。殺煩惱賊。

0119a22：一言合理。天下同歸。

《281》　　　　一言契理。天下知音。故云。名無翼而長飛。道無根而永固。

0119b01：體標奇而顯妙。用含虛而洞微。可謂鎮敵國之寶珠。千金罕易。挺驚人之法將。萬古傳輝。

《282》　　　　敵國之寶珠者。此心或為無價之寶。或在輪王頂上。或處貧子衣中。龍女親獻而成佛剎那。善友求之而利濟無盡。驚人之法將者。說心地法門之時。天魔膽落。外道魂驚。如舍利弗智慧第一。為釋迦右面弟子。稱為法將。

0119b08：動而無為。寂而常照。立佛道之垣墻。樹修行之大要。

《283》　　　大約修行。不出定慧一心。真如妙性寂然名止。寂而常照名觀。非能所觀而分二法。

0119b11：畫出山河國土。意筆縱橫。分開赤白青黃。心燈照耀。

《284》　　　華嚴經頌云。心如工畫師。能畫諸世間。五陰悉從生。無法而不造。心光照耀者。大般若經云。若幽冥世界。及於一一世界中間。日月等光所不照處。為作光明。應學般若。般若者即心智之光。華嚴論云光明覺品者。為令信心。自以自心光明。覺照一切世間。無盡世界。總佛境界。自亦同等。以心隨光一一照之。

0119b19：性自神解。不同虛空。或垂本以顯跡。或居邊而即中。猶師子就人之機理標徑直。

《285》　　　癡狗逐塊。師子就人。此喻上機聞法。直了心宗。不隨問答。逐語生解。

0119b23：如王索一鎚之器。言下全通。

《286》　　　王索寶器。須是一鎚便成。第二第三鎚成。皆不中進。此喻一言之下。便契無生。不須再問。落於陰界。

0119c02：慧海關防。靈園苗裔。遍滋廣攝而不揀高低。豎徹橫該而混同麤細。

《287》　　　一心廣備。不擇上中下機。以是一際平等法門。故豎徹三際。橫亘十方。覽而不遺。收無不盡。麤處麤現。細處細現。麤細隨緣。法體

877

恒寂。唯心之旨。常無變易。

0119c08：作一種之光輝。為萬途之津濟。

《288》　　大莊嚴經論。說求唯識人頌云。能取及所取。此二唯心光。貪光及信光。二光無二體。釋曰。求唯識人。應知能取所取。此之二種。唯是心光。如是貪等煩惱光。及信等善法光。如是二光。亦無染淨二法。何以故。不離心光別有貪等信等染淨法故。二光亦無相。偈曰。種種心光起。如是種種相。光體非體故。不得彼法實。釋曰。種種心光。即是種種事相。或異時起。或同時起。異時起者。謂貪光瞋光等。同時起者。謂信光進光等。光體非體等者。如是染位心數淨位心數。唯有光相。而無光體。是故或世尊不說彼為真實之法。

0119c20：闇鬼沒於明燈。

《289》　　如人闇中疑鬼。以燭照之。豁然疑解。況心外見法。了心即無境。

0119c23：毛輪消於厚翳。

《290》　　如人目有翳。空中見毛輪。況不識心人。妄見心外之境。如密嚴經頌云。幻事毛輪等。在在諸物相。此皆心變異。無體亦無名。

0120a03：確乎不拔。高超變易之門。

《291》　　萬法不遷。一心常住。但當見性。自斷狐疑。余曾親推。似見斯旨。如宗鏡中引不遷論云。旋嵐偃嶽而常靜。江河競注而不流。野馬飄鼓而不動。日月歷天而不周。疏云。前風非後風。故偃嶽而常靜。前水非後水。故競注而不流。前氣非後氣。故飄鼓而不動。前日非後日。故歷天而不周。鈔云。然自體念念不同。則初一念起時。非第二念時。乃至最後吹著山時。非初起時。則無前念風體。定從彼來。吹其山也。且山從初動時。以至倒臥地時。其山自體念念不同。則初一念動時。非第二念動時。乃至最後著地時。非初動時。則無初動山體。定從彼來。至著地時。斯皆風不至山。嶽不著地。雖旋嵐偃嶽。未曾動也。以此四物。世為遷動。然雖則倒嶽歷天。皆不相知。各不相到。念念自住。各各不遷。且如世間稱大。莫過四大。四大中動。莫越風輪。以性推之。本實不動。如義海云。鑒動寂者為塵。隨風飄颺是動。寂然不起是靜。而今靜時由動不滅。即全以動成靜也。今動時由靜不滅。即全以靜成動也。由全體相成。是故動時正靜。靜時正動。亦如風本不動。能動諸物。若先有動。則失自體。不復更動。今觀此風周遍法界。湛然不動。寂爾無形。推此動由。皆從緣起。且如密室之中。若云有風。風何不動。若云無風。遇緣即起。或遍法界拂。則滿法界生。故知風大不動。動屬諸緣。若於外十方虛空中。設不因人拂。或自起時。亦是龍蜃鬼神所作。以鬼神屬陰。至晚則風多故。乃至劫初劫末成壞之風。並因眾生業感。世間無有一法不從緣生。緣會則生。緣散則滅。若執自然生者。祇合常生。何得緊縵不定。動靜無恒。故知悉從緣起。又推諸緣和合成事。各各不有。和合亦無。緣緣之中。俱無自性。但是心動。反推自心。心亦不動。以心無形故。起處不可得。即知皆從真性起。真性即不起。方見心性。遍四大性。體合真空。性無動靜。以因相彰動。因動對靜。動相既無。靜塵亦滅。故首楞嚴經云。性風真空。性空真風。即斯旨矣。

0120b14：湛爾唯堅。永出輪迴之際。

《292》　　此心前際不生。中際不住。後際不滅。故法華經云。是法住法位。世間相常住。世間相者。即眾生五陰心。離五陰無世間。何者。無情世間。即眾生心變。既從心變。一一隨心。常住真如之法位。

0120b19：妙極眾象。理統諸方。如積海而含萬水。猶聚日而放千光。

《293》　　　　此一點靈臺自性光明。遍照法界。無法不收。故首楞嚴經云。諸法所生。唯心所現。現處即心。更無別體。如圓覺疏序云。夫血氣之屬必有知。凡有知者必同體。所謂真淨明妙。虛徹靈通。卓然而獨存者也。眾生之本原。故曰心地。諸佛之所得。故曰菩提。交徹融攝。故曰法界。寂靜常樂。故曰涅槃。不濁不漏。故曰清淨。不妄不變。故曰真如。離過絕非。故曰佛性。護善遮惡。故曰總持。隱覆含攝。故曰如來藏。超越玄祕。故曰密嚴國。統眾德而大備。鑠羣昏而獨照故曰圓覺。其實皆一心也。背之則凡。順之則聖。迷之則生死始。悟之則輪迴息。親而求之。則止觀定慧。推而廣之。則六度萬行。引而為智。然後為正智。依而為因。然後為正因。其實皆一法也。終日圓覺而未嘗圓覺者凡夫也。欲證圓覺而未極圓覺者菩薩也。住持圓覺而具足圓覺者如來也。離圓覺無六道。捨圓覺無三乘。非圓覺無如來。泯圓覺無真法。其實皆一道也。三世諸佛之所證。蓋證此也。如來為大事出現。蓋為此事也。三藏十二部一切脩多羅蓋詮此也。釋曰。心之一法。名為普法。欲照此心。應須普眼虛鑒。寂照靈知。非偏小而可窮。以圓滿而能覺。故曰圓覺。此約能證也。真如妙性。寂滅無為。具足周遍。無有缺減。故曰圓覺。此約所證也。能所冥合。唯是一心。此一心能為一切萬法之性。又能現三乘六道之相。攝相歸性。曾無異轍。則世間出世間昇降雖殊。凡有種種施為莫不皆為此也。離此。則上無三寶一乘。下無四生九有。

0120c23：文圃義園。言將發而詞喪。清神靜思。意欲緣而慮亡。

《294》　　　　言將發而詞喪者。首楞嚴經云。用世語言。入佛知見。如將手掌捉摩虛空。徒益自勞。虛空云何隨汝執捉。意欲緣而慮亡者。般若經云。如蚨蝶蟲。處處能泊。而不能泊火燄之上。如意根遍緣一切境。而不能緣般若。以心智路絕故。

0121a05：處眾不羣。居尊匪獨。

《295》　　志公和尚歌云。處眾不見誼譁。獨自亦無寂寞。

0121a07：闡大道之基坰。布教海之漩澓。了辯乳之真機。

《296》　　大涅槃經云。如盲問乳。不知乳之正色。如無己眼。隨他問答。不達自心。若上上機人。一聞千悟。獲大總持。

0121a11：達觀象之明目。

《297》　　大涅槃經。明眾盲摸象。各說異端。不見象之真體。亦況錯會般若之人。依通見解。說相似般若。九十六種外道。及三乘學者。禪宗不得旨人。並是不見象之真體。唯直下見心性之人。如晝見色。分明無惑。具己眼者。可相應矣。

0121a17：躡薩雲路兮非近非遠。詣清涼池兮不遲不速。

《298》　　薩雲路者。即眾生心。了之即是。非論近遠。清涼池者。即一心圓明。無塵垢熱惱。故云清涼。智論云。有目無足。不到清涼池。有足無目。亦不到清涼池。目足更資。方能得到。頓悟自心為目。如說修行為足。故須理事齊運。定慧雙修。方入一心之智海也。

0121a23：出一語兮海竭山崩。提妙旨兮天翻地覆。舉圓宗兮敷至理。法界橫關。括眾義兮掩羣詮。禪門齩鏃。

《299》　　宗門中有齩鏃句。不通問答。

0121b02：念念而靈山出世。步步而兜率下生。

《300》　　　華嚴論云。一念相應一念佛。大集經云。貪瞋癡出。即是佛出。又如來藏經云。我以佛眼觀一切眾生貪欲恚癡諸煩惱中。有如來智。如來眼。如來結加趺坐。儼然不動。善男子。一切眾生雖在諸趣。煩惱身中有如來藏。常無染污。德相備足。如我無異。及經頌云。我今解了如來性。如來今在我身中。我與如來無差別。如來即是我真如。又成佛之義。隨門不同。古釋有四。一約性。即一真法界。二約相。即無盡事法。三性相交徹。顯此二門不即不離。四以性融相。德用重重。初約體門者。問。體是佛不。答。是約無礙。應成四句。一是佛。法性身無所不至故。經云性空即是佛故。二非佛。絕能所覺為其性。平等真法界。非佛非眾生故。三亦佛亦非佛。以法性無自性故。四雙非。性與無性雙泯絕故。經云。無中無有二。無二亦復無。三世一切空。是則諸佛見。二就相門有二。一情。二非情。真心隨緣變能所故。然此二門。各皆染淨。謂無明熏真如。成染緣起。真如熏無明。成淨緣起。染成萬類。淨至成佛。以修淨緣斷彼染緣。方得成佛。依此二義。則生佛不同。於淨緣中。復有因有果有純有雜。若約純門。隨一菩薩盡未來際唯修一行。一一皆然。若約雜門。萬行齊修盡未來際。若約因門。盡未來際常是菩薩。若約果門。盡未來際常是如來。經云。為眾生故。念念新新成等正覺。若雙辯門。盡未來際修因得果。若約雙非。盡未來際非因非果。便同真性。今正約以性融相。一成一切成。成與不成。情與無情。無二性故。法界無限故。佛體普周故。色空無二故。法無定性故。十身圓融故。緣起相由故。生界無盡故。因果周遍故。遠離斷常故。萬法虛融故。故說一成一切成也。非謂無情亦有覺性。同情成佛。若許成佛。此成則能修因。無情變情。情變無情。便同邪見。又此眾生乃是像上之摸者。以見自成。即見他成。如云自心念念常有佛成正覺。此有三意。一云同一無性故得現成者。謂既無二性佛證一性得成佛故。生隨一性皆成佛矣。二云妄性本虛生元是佛者。生自有妄。見生非佛。佛了妄虛。生何非佛。三真性叵得非今始成者。若有可得。今得成佛。證性叵得。佛非始成佛本是佛。佛之本佛。何異生佛。是故一成一切皆成。亦可說言。若一不成一切不成。同一性故。今是成佛門故。故一切皆成佛也。

0121c19：娑婆現華藏之海。

《301》　　　還源觀云。是以大智圓明。覿纖塵而觀性海。真源朗現。一塵之處現全身。萬法顯必同時。一際理無前後。華嚴記云。華藏淨緣熟。娑婆為華藏。娑婆染緣熟。華藏現娑婆。此皆轉名不轉體。但隨心現。如法華經三變淨土。祇變心耳。又云。華藏世界海者。以無盡大願風輪。持大悲水。生無邊行華。以法性虛空。能容萬境。重疊無礙。於其水上生一大蓮華。周法空界。名種種蘂香幢。明根本智。起差別智。行差別行。名蘂。如經頌云。譬如心王寶。隨心現眾色。眾生心淨故。得見清淨剎。又云。譬如眾繢像。畫師之所作。如是一切剎。心畫師所成。又云。無量諸剎種。隨眾生心起。又云。一一心念中。出生無量剎。

0122a08：園林為王舍之城。見聞覺知。運普賢無盡之行。周旋俯仰。具文殊本智之名。

《302》　　　先德云。文殊即是眾生現行分別心。普賢即是眾生塵勞業惑行。又普賢身同虛空性。一切眾生以為生死。是以能對現色身。以同是虛空性故。又云。六根三業。並是文殊實相。體周萬象森羅。無非般若。何有一處非文殊普賢耶。

0122a15：從實分權。

《303》　　　從一乘實。分出三乘權。從三乘權。會歸一乘實。即是從心而開三。從心而合一。又即一而三相不同。即三而一體無別。

0122a19：因別顯總。擲大千於方外。吸海水於毛孔。

《304》　　　　因別顯總者。以用彰體。因境識心。非總無以出別。非別無以顯總。如淨名經云。擲娑婆於界外。移妙喜於此方者。是明即近即遠。即穢即淨。不出一心矣。又云海水入毛孔者。台教云。識得海水真性。即是毛孔真性。故云海水入毛孔。又云芥納須彌者。一切眾生無明心。即是佛心。是名須彌入芥。設有無邊不可思議神變之事。皆同此釋。華嚴記云。佛智平等如虛空。則眾生之界。皆是如來智中之物。二者智能包納。猶是智類。今毛孔頓現。則細巨頓收。良以色性融無礙故。以性融相。為本真心之力也。

0122b07：妙位初成之際。天雨四華。無明欲破之時。地搖六動。

《305》　　　　天雨四華者。台教云。表菩薩四位。一十住位。二十行位。三十迴向位。四十地位。華是柔軟義。亦表於行。亦表於善根。菩薩以行入位。故天雨華。然皆是心華。般若經云。此非天華。亦非意樹華。乃是無生華。地搖六動者。是破無明。動六根之堅執。執從心生。亦是動於心地。

0122b14：理事無礙。

《306》　　　　理能成事。事能顯理。有理事無礙。有事事無礙。華嚴記云。周遍含容觀中。有事事無礙者。菩薩雖復看事。即是觀理。然說此事為不即理者。以事虛無體。而不壞相。所以觀眾生。見諸佛。觀生死。見涅槃。以全理之事。恒常顯現。是以事既全理。故不即理。若也即理。是不全矣。如金鑄十法界像。一一像全體是金。不可更言即金也。

0122b22：本末同歧。

《307》　　　　因本示末。末還歸本。如心無自性。因境而生。境無自性。

884

因心而現。能所互成。一體無異。如百門義海云。若以塵唯心現。則外塵都絕。若以心全現塵。則內心都泯。泯者泯其體外之見。存者存其全理之事。即泯常存。即存常泯。

0122c04：橫吞五乘之粹。

《308》五乘者。一人乘。二天乘。三聲聞乘。四緣覺乘。五菩薩乘。持五戒。得人乘。持十善。得天乘。修四諦法。得聲聞乘。修十二因緣法。得緣覺乘。修六度行。得菩薩乘。乃至三乘四乘一乘。皆從一心而出。所以楞伽經頌云。諸天及人乘。聲聞緣覺乘。諸佛如來乘。我說此諸乘。乃至有心轉。諸乘非究竟。若彼心滅盡。無乘及乘者。故知三乘五性。皆自心生。若無於心。既無能乘之人。亦無所乘之法。故云無乘及乘者也。

0122c14：圓舒八藏之奇。

《309》八藏者。一漸教。二頓教。三不定教。四祕密教。五藏教。六通教。七別教。八圓教。如經云。十二分教。於真如法界流出。以心為體。演出無窮。何者。若心空。演出聲聞藏。若心假。演出菩薩藏。若心中。演出佛藏。

0122c19：從心而出心。猶蘭生蘭葉。因意而發意。似檀孕檀枝。

《310》境從心變。變是自心。從心現心。更無異物。如寶積經偈云。如鑽木出火。要假眾緣力。若緣不和合。火終不得生。是不悅意聲。畢竟無所有。知聲性空故。瞋亦不復生。瞋不在於聲。亦不身中住。因緣和合起。離緣緣不生。如因乳等緣。和合生酥酪。瞋自性無起。因於麤惡事。愚者不能了。熱惱自燒燃。應當如是知。究竟無所有。瞋性本寂靜。但有於假名。瞋恚即實際。以依真如起。了知如法界。是名瞋三昧。又偈云。是大夜叉身。從於自心起。是中無有實。妄生於恐怖。亦無有怖心。而生於怖畏。觀法非實故。無相無所得。空無寂靜處。現此夜叉身。如是知虛妄。是夜叉三昧。且夜叉一身。於外相分甚為麤惡。令人怖畏。瞋之門。是根本煩惱。最能煩亂。此內外二法。尚成三昧。舉一例諸。可為一心龜鏡。則若境若心。皆成正受。如華嚴經偈云。禪定持心常一緣。智慧了境同三昧。

0123a12：不空之空。非有之有。

《311》　　　心空。則無性而空。空而不空。心有。則無性而有。有而不有。不有之有。有顯一如。不空之空。空成萬德。可謂摧萬有於性空。蕩一無於畢竟矣。則張心無心外之境。張境無境外之心。若互奪兩亡。心境俱泯。若相資並立。心境宛然。又二而不二。心境冥一。不二而二。心境歷然。又心外無境故難入。境外無心故甚深。

0123a20：如外無智而可知。智外無如而可守。

《312》　　　華嚴經云。智外無如為智所入。如外無智能證於如。智即是如。如即是智。法界寂然曰如。寂而常照曰智。豈離寂外別有智耶。若智外有如。智則收法不盡。若如外有智。真如則不遍智中。舉一全收。不容相並。如經云。無有少法與法同住。則顯法性無容並真。二既不存。一亦奚立。如斯斷證。唯實教宗。又如是所證。智是能證。能所冥合。心境一如。

0123b04：帝網而重重交暎。非一非多。

《313》　　　此是十玄門中。第七因陀羅網境界門。如天帝殿。珠網覆上。一明珠內。萬象俱現。諸珠盡然。又互相現影。影復現影。重重無盡。故千光萬色。雖重重交暎。而歷歷驅分。亦如兩鏡互照。重重涉入。傳輝相寫。遞出無窮。此況一心真如無盡之性。流出萬法。影現法界。無盡無窮。

0123b11：芥瓶而歷歷分明。不前不後。

《314》　　　華嚴疏云。炳然齊現。猶彼芥瓶。即十玄門中。第三微細相容安立門。一能含多。即曰相容。一多不雜。故云安立。炳者明也。一者是所合微細。如瑠璃瓶盛多芥子。炳然齊現。不相妨礙。非前非後。此況一心能含萬法。性相歷然。

　　　　　　　　　　　　　　　　　　註心賦 卷第二 終

● 註心賦 卷第三 ●

宋杭州慧日永明寺智覺禪師延壽述

0123b24：忘心而照。無念而知。若瑞草生於嘉運。如林華結於盛時。

《315》　　忘心而照者。寶藏論云。唯道無根。靈固常存。唯道無體。微妙恒真。唯道無事。古今同貴。唯道無心。萬物圓備。無念而知者。眾生有念而知。聲聞無念無知。菩薩無念而知。如書云。天何言哉。四時行焉。春生夏長。應不失時。

0123c07：頓息疑情。現額珠於明鏡。

《316》　　大涅槃經云。王家有力士。眉間有金剛珠。因鬪而沒。後有良醫。執鏡以照其額。珠陷入膚中。分明顯現。此況一切眾生身中佛性。無智照之力。隱而不現。後遇善友。得悟心鏡。了了見性。亦復如是。余曾集心鏡錄一百卷。以心為鏡。洞徹十方。一法相宗。以第八識為鏡。二法性宗。以如來藏性為鏡。如楞伽經云。譬如明鏡。現眾色像。現識處現。亦復如是。言如來藏為鏡者。起信論云。復次覺體相者。有四種大義。與虛空等。猶如淨鏡。云何為四。一者如實空鏡。遠離一切境界相。無法可現。非覺照義故。二者因熏習鏡。謂如實不空。一切世間境界。悉於中現。不出不入。不失不壞。常住一心。以一切法即真實性故。又一切染法所不能染。智體不動。具足無漏熏眾生故。三者法出離鏡。謂不空法。出煩惱礙。離和合相。純淨明故。四者緣熏習鏡。謂依法出離故。遍照眾生之心。令修善根。隨念示現故。釋曰。四鏡之名者。一空鏡。謂離一切外物之體。二不空鏡。謂體不無。能現萬像故。三淨鏡。謂已磨治。離塵垢故。四受用鏡。謂置之高堂。須者受用。四中。前二自性淨。後二離垢淨。又初二就因隱時說。後二就果顯時說。又前二約空不空為二。後二約體用為二。又前二體。後二相。

0124a06：全澄亂想。獲真寶於春池。

《317》　　　　大涅槃經云。如人遊春池。失瑠璃寶。諍競入水。取瓦礫而歸。有一智人。安徐入水。乃獲真寶。故云。探珠宜靜浪。動水取應難。定水澄清。心珠自現。又莊嚴經論說。有人見雹謂是瑠璃。收之瓶內皆悉成水。後見真瑠璃。亦謂為雹。棄而不取。世人皆是不應取而取。應取而不取也。不應取而取者。如但隨外境。不向內觀。應取而不取者。如不信自心。反求他學。

0124a15：體廣用深。

《318》　　　　如龍以一滴水。可浸陵谷。人以一爐火。可夷阿房。皆是現前唯心所變。日用而不知者。自稱眇劣。不逮聖人。一何悲哉。志公和尚偈云。法性量同太虛。眾生發心自小。

0124a20：文豐理詣。攀覺樹以分枝。受輪王之解髻。

《319》　　　　法華經云。譬如強力轉輪聖王。兵戰有功。賞賜諸物。如有勇健能為難事。王解髻中明珠賜之。能戰心魔。心珠自現。故融大師云。若能強戰有功勳。髻中明珠終不惜。

0124b01：初終交徹。即凡心而見佛心。理事該羅。當世諦而明真諦。

《320》　　　　即凡心而見佛心者。如華嚴經頌云。若以威德色種族。而見人中調御師。是為病眼顛倒見。彼不能知最勝法。又頌云。假使百千劫。常見於如來。不依真實義。而觀救世者。是人取諸相。增長癡惑網。繫縛生死獄。盲冥不見佛。云何不見佛。一為不識自心。二為不明隱顯。何者。眾生之因隱於本覺。諸佛之果顯於法身。因隱之本覺。是果顯之法身。果能成因。則佛之眾生。果顯之法身。是因隱之本覺。因能辦果。則眾生之佛。故云凡聖交徹。理事相含矣。又華嚴演義云。謂真該妄末。妄徹真源。如波與溼。無有不溼之波。無有不波之溼。其真妄所以交徹者。不離一心故。妄攬真成。無別妄故。真隨事顯。無別真故。真妄名異。無二體故。真外有妄。理不遍故。妄外有真。事無依故。若約涅槃生死說者。生死即涅槃。妄徹真也。如波徹水源。涅槃即生死。真徹妄也。如水窮波末。故中論云。生死實際。即涅槃際。涅槃實際。即生死際。如是二際者。無毫釐差別。即是交徹也。生死涅槃際既爾。乃至心境。能所。染淨。自他。一切萬法。皆同一際。一際者。即無際也。實際也。一切諸法。皆與實際為定量。今古凡聖不可易也。所以云。道俗之不夷。二際之不泯。菩薩之憂也。又一切法皆如。豈妄外有真。又真如遍一切處。豈真外有妄。是知真妄常交徹。亦不壞真妄之相。則該妄之真。真非真而湛寂。徹真之妄。妄非妄而雲興。故云當世諦而明真諦也。

0124c04：龍宮詮奧。海藏抽奇。空裏披文之際。

《321》　　寶性論云。有一智人。恐如來教法將滅。遂仰書一藏經文於空中。莫有知者。況心中具一切法門。此約空門顯心。

0124c08：塵中剖卷之時。

《322》　　華嚴經云。一微塵中有大千經卷。有一明眼人。破塵出經卷。亦況眾生情塵中。具無量教法。此約有門顯心。如台教云。破塵出卷者。恒沙法門。一心中曉。

0124c13：覺華枝秀。忍草苗垂。臨太華之猶低。機前鵬翥。

《323》　　大鵬翼翥九萬九千里。豈黃雀能及乎。此況直了自心圓信成就。豈小機劣解而能逮乎。機前者。本心成現。意在言前。不涉迷悟。不待問答。經云。圓明了知。不因心念。又祖師云。虛明自照。不勞心力。

0124c18：比毗嵐之未速。言外鷹馳。

《324》　　目擊道存。不待言說。如法華經云。其疾如風。又云疾走往捉。又云乘此寶乘直至道場等。皆喻識心見道疾矣。祖師云。即心是者疾。發心行者遲也。

0124c22：身泛禪河。手開玄鑰。執石為珍。

《325》　　阿那律執瓦礫皆變珠珍。又如福德人捉石成金。如了妄心無體。即是真心。達煩惱性空。成菩提大道。如執毒成藥。變石為金矣。

0125a02：攬草成藥。

《326》　　耆婆攬草無非是藥。達士見境無非是心。

0125a04：傳智燈兮胡假世燈。

《327》　　經云。有光能照法界。豈須冥處燃燈。以智慧光破愚癡暗。此心燈者。亦云無盡燈。有何盡耶。

0125a07：受佛職兮寧齊天爵。

《328》　　十地菩薩示受佛職位。如來十號是佛職。不讀華嚴經。焉知佛富貴。此一真心。可謂富貴。可謂尊極。故云無等等。天爵者。即仁義也。

0125a11：貿內珠而自省。不探驪龍。

《329》　　　法華經云。譬如有人至親友家。醉酒而臥。是時親友官事當行。以無價寶珠繫其衣裏。其人醉臥都不覺知。乃至親友會遇見之。示以寶珠。汝今可以此寶貿易所須。常可如意。故劍南和尚歌云。自從識得此明珠。釋梵輪王俱不要。

0125a17：受密印而明知。靡求乾鵲。

《330》　　　佛佛授手。祖祖相傳。皆默傳心印。又華嚴經說海印三昧印。即是喻香海澄停。湛然不動。四天下中色身形像。皆於其中而有印文。如印印物。亦猶澄波萬頃。晴天無雲。列宿星月。朗然齊現。無來無去。非有非無。不一不異。當知如來智海亦復如是。識浪不生。至明至靜。無心頓現。一切眾生心念根本。並在智中。如海含像。如經頌云。如海普現眾生身。以此說名為大海。菩提普印諸心行。是故正覺名無量。靡求乾鵲者。書云。張顥因覩墮鵲。視眾人爭取之。乃化為石。鎚破。其文有印云。張顥忠孝侯印。後顥乃仕晉封侯。此是世間行忠孝獲斯符印。豈同祖佛所傳心印耶。

0125b06：迷時徒昧。諦處非難。念想而如山不動。襟懷而似海常安。

《331》　　　迷時心外見境。寓目生情。取捨萬端。無時暫暇。若知心是境。見無心外法。逢緣自寂。身心坦然。

0125b10：實際無差。與三世佛而一時成道。真空平等。共十類生而同日涅槃。

《332》　　　如台教云。如過去有佛。號住無住。發願使己國眾生同日同時成佛。即日涅槃。又賢劫前。有佛號平等。亦願己國及十方眾生亦同日成佛。即日滅度。故淨名經云。觀一切眾生即菩提相。不復更得。一切眾生即涅槃相。不復更滅。華嚴經云。如來初成正覺時。於自身中見一切眾生已成佛竟。已涅槃竟。皆同一性。所謂無性。以無性故。悉皆平等。隨染緣時成眾生亦無性。隨淨緣時成佛亦無性。以皆從緣生故。無性理同。故云實際無差。真空平等者。經中頌云。未達境唯心。起種種分別。達境唯心已。分別則不生。既達境唯心。便捨外塵相。從此息分別。悟平等真空。問。如上所說。一切眾生已成佛竟。已涅槃竟。則何用諸佛出世。答。為劣解眾生。母胎出現。上上根人。諸佛不出不沒。又為一切眾生不知如是事故。諸佛出世說此實法。如淨名云。說眾生空。是真實慈。又約化門。說成佛度眾生之義。即化辯真。亦非二見。如有難云。諸佛有誓願。度盡一切眾生。方成正覺。如今眾生未度。何得先成。有違本願。如古師云。如實義者。諸佛皆有悲智二門。以大悲故。窮未來際無成佛時。故菩薩闡提不成佛也。以大智故。念念速成。又欲化盡諸眾生界。自須速成。方能廣化。不懼違昔度盡誠言。又了眾生之本如故。化而無化。是則常成亦常不成。亦常化生而無化。悲智自在。何局執耶。

0125c12：心若不分。法終無咎。是之而六蘊七情。非之而二頭三手。

《333》　　　　於一心真境之上。說是說非。皆是情生意解。無有實義。故信心銘云。纔有是非。紛然失心。如大集經云。如第五大。如第七情。如十九界。無出無入。無生無滅。無有造作。無心意識。乃名無過。

0125c18：從因緣而生起。

《334》　　　　三教所宗。儒則宗於五常。道宗自然。佛宗因緣。然老子雖云。道生一。一生二。二生三。三生萬物。似有因緣。而非正因緣。言道生一者。道即虛無自然。故彼又云。人法地。地法天。天法道。道法自然。謂虛通曰道。即自然而然。是雖有因緣。亦成自然之義耳。佛法雖有無師智。自然智。而是常住真理。要假緣顯。則亦因緣矣。故教說三世修因契果。非無善因惡因。故楞伽經。大慧白佛。佛說常不思議。彼諸外道亦有常不思議。以無因故。我說常不思議有因。因於內證。豈得同耶。是則真常。亦因緣顯。淨名云。說法不有亦不無。以因緣故諸法生。法華云。諸佛兩足尊。知法常無性。佛種從緣起。是故說一乘。經云。一切諸法。因緣為本。中論云。未曾有一法。不從因緣生。是故一切法。無不是空者。則真空中道。亦因緣矣。若爾。涅槃十六云。我觀諸行悉皆無常。云何知耶。以因緣故。若一切法從緣生者。則知無常。是諸外道。無有一法不從緣生。是故無常。則外道有因緣矣。釋曰。此明外道在因緣內。執於緣相。以為常住。是故破之言無常耳。今明教詮因緣妙理。具常無常。豈得同耶。況復宗者從多分說。所以因緣是所宗尚。不應致疑。

0126a16：不同兔角之無。向正法而施為。豈類乾城之有。

《335》　真空是不空之空。空該有表。妙有是不有之有。有徹真源。一切正法從因緣而生。是依他起性。不同兔角斷滅之無。乾闥婆城日光暫現。是眾生遍計性所執之有。夫有無難解。多落斷常。如華嚴記云。一者或說妄空真有。如涅槃經云。空者所謂生死。不空者所謂大般涅槃。二者妄有真空。真空即是性。俗有即是相。三者俱空。相待無性故。四者俱有。性相不壞故。於諦常自二。於解常自一故。

0126b01：德業無盡。至理難論。恒一恒異。常泯常存。

《336》　此一心法。是無盡之藏。大法之源。若悟入之人。功齊妙覺。不可以一異斷常情見之解矣。

0126b04：說證說知。背天真而永沈有海。無照無悟。失圓修而常鎖空門。

《337》　若於真心執有修有證。違背天真之佛故。若執無修無照。

又失圓修。李長者論云。策修而至無修。方知萬法無修。又云。忻寂不當。放逸還非。以有作者故。所以若執有滯空。皆不達自心一色一香中道之旨。如華嚴疏云。事理雙修。依本智而求佛智者。若執禪者。則依本智性。無作無修。鏡常自明。不拂不瑩。若執法者。須起事行。當求如來依他勝緣。以成己德。並為偏執。故辯雙行。若言依本智者。約理無偏。智性本具足故。若言而求佛智者。約事無所求中。吾故求之。所以心鏡本自久翳塵勞。恒沙性德並埋煩惱。是故須隨順法性。修證波羅蜜。以助顯故。諸佛已證。我未證故。又理不礙事不妨理故。事不礙理。求即無求故。若此之修。修即無修。為真修矣。

0126b20：大體焉分。隨機自別。萬派而豈有殊源。千車而終無異轍。

《338》　心為萬法根源。如六妙門云。此為大根人善識法要。不由次第。懸照諸法之原。所謂眾生心也。一切法由心而起。若能反觀心性。不得心原。即知萬法皆無根本。

0126c02：不隱不顯。四聰而莫認真歸。

《339》　四聰而莫認真歸者。絕觀論云。夫道者。若言一人得之。道即不遍。若言眾人得之。道即有窮。若言各各有之。道即有數。若言總共有之。方便即空。若言修行得之。造作非真。若言本來有之。萬行虛設。何以故。非限量之所分別故。

0126c08：無性無形。

《340》　無性無形者。華嚴經云。一切空無性。妄心分別有。又云。以佛眼觀見一切眾生。已成佛竟。已涅槃竟。皆同一性。所謂無性。乃至大悲之體。故得起悲。二由眾生不知無性。佛證無性。故化令得知。如淨名云。說眾生空。是真實慈。

0126c14：妙辯而難窮實說。

《341》　　　　肇論云。釋迦掩室於摩竭。淨名杜口於毗耶。須菩提唱無說而顯道。釋梵絕聽而雨華。此則理為神禦。口以之默。豈曰無辯。辯而不能言也。

0126c18：冥心合道。意解難明。了達而尚非於智。參詳而豈在於情。

《342》　　　　此一心法門。是諸佛祕藏。不可以智知。不可以識識。唯應親省。莫能知之。故祖師傳法偈云。認得心性時。可說不思議。了了無所得。得時不說知。如般若無知論云。直言以真諦之所徵求般若之智。即般若之智非是有知。何者。為真諦之緣。唯是中道第一義空無相之理。所知之緣。既是無相。能知之智。安得有知耶。故不然也。惑人皆緣色生識者。當對色時。率爾眼識同時意識剎那起時見色。此色即是第八識中相分依他似有境之色。此色當現時。未有一切相。由此色境為緣。引生第二念尋求心。此尋求心。即是第六意識。故云緣色生識。是名見色者。由有尋求心生故。即此尋求心。緣本色境不著。便即變影而緣。即變出一切森羅萬像之相。遂於此影像相上。起其現量之心。不了本空。執為實有。取色分劑。計從外來。故云是識見色。此即惑境有相。惑智有知也。反此真智即不緣者。此明悟人。不緣色生識也。何者。由其悟之人。達其諸法本體皆空。猶如幻夢。無有真實。但從自識所變。畢竟無前境界可得。故起信云。一切諸法。唯依妄念而有差別。若離心念。即無一切境界之相。是故一切諸法。從本已來。離言說相。離名字相。離心緣相。畢竟平等。無有變異。不可破壞。唯是一心。故名為真如。以一切言說假名無實。但隨妄念。不可得故。當知萬法。唯是自心現量見。妄計為有。若能心無妄念。了法本空。即無一切境界之相。何有於色可緣。既無有色可緣。即不緣色生識。故即無取相。無色可緣。故即無有相。既無有相之惑境。即是無相之真境。既無取相之惑智。即是無知之真智。此乃真境無相。真智無知。為斯義故。以緣求智。智即非知也。

0127b02：化人舞而幻士歌。誰當斷送。木馬奔而泥牛鬪。孰定輸贏。

《343》　　　有學人問新豐价和尚。得何道理。便住此山。答曰。見兩泥牛鬪入海。直至如今無消息。木馬泥牛。此非心識思量之境界。

0127b07：故知唯識唯心。無二無別。

《344》　　　般若經云。一切智智清淨。乃至一切法清淨。無二無二分。無別無斷故。是知諸法與心。全同非分同。體用無別。相連不斷。似分能所。徹底無差。

0127b11：一旨而已絕詮量。

《345》　　　萬法浩然。皆宗無相。舉一例諸。言思頓絕。

0127b13：萬法而但空施設。

《346》　　　諸法無體。但空生空滅。設標名立體。皆是眾生想成。故經云。若知一切國土皆想持之。如是得名初發心菩薩。何者。悟心為入道之始。又融大師云。擾擾萬物空生死。如先德云。安立水月道場。修習空華萬行。降伏鏡像魔軍。成就夢中佛事。

0127b19：虛生虛滅。唯情想而成持。

《347》　　　首楞嚴經云。想相為塵。識情為垢。二俱遠離。則汝法眼應時清明。云何不成無上知覺。是知一切生死。皆從情想而生。情想若無。心道自現。故經云。識停閑靜。想滅無為。

0127b24：似義似名。但意言而分別。

《348》　　　如金剛三昧經云。佛言。善不善法。從心化生。一切境界。意言分別。制之一處。眾緣斷滅。何以故。一本不起。三用無施。住於如理。六道門杜。又攝論云。從願樂位。乃至究竟位。若欲入唯識觀修如行。緣何境界。緣意言分別為境。離此無別外境。何以故。此意言分別。似文字言說及義顯現。唯有意言分別。無別有名言。菩薩能通達名無所有。則離外塵邪執。又此義依名言。唯意言分別。前以遣名。此下依名遣義。義者即六識所緣境。離名無別此境。名言既唯意分別。故義亦無別體。菩薩通達無所有。亦離外塵邪執。又此名義自性差別。唯假說為量。前已遣名義。名義既無。自性及差別云何可立。若離假說。無別名義自性及名義差別。由證見此二法不可得故。名為通達。又六行集引識論云。凡夫從本來意言分別有二種。一似名。二似義。名義攝一切法皆盡。此名義俱是意言分別所作。離此無別餘法。以此文證。故知凡夫妄見境界。或名或義。皆是當時意言分別。如食浪蕩。妄見針火。據彼妄情。意謂是實。不知妄見。謂有外火。據實唯是意作火解。火則唯是意言分別。謂有火名。名是意言。謂有火事。事是意言。眾生妄見自身他身地水火風等。皆亦似彼。雖復就實唯識無外。據凡妄情。謂有能所。如古德云。謂色等五塵界。是現量境。五識親證。都無塵相。如來藏中頓現身器無塵相。六七妄想謂有我法。想所現相。是分別變。分別變相。但可為境。而無實用。如日發欻。帶微塵而共紅。非實紅也。如水澄清。含輕雲而俱綠。非實綠也。如觀知畫像而非真。若了藏性。了塵境而為妄。故經云。非不證真如。而能了諸行。皆如幻事等。似有而非真。

0128a06：於一圓湛。折出根塵。外摶地水而成境。內聚風火而為身。

《349》　　　首楞嚴經云。元於一精明。分成六和合。內外四大。合成其身。眾生第八藏識相分之中。半為外器。不執受故。半為內身。執為自性生覺受故。如來藏識何緣如此。法如是故。行業引故。如云想澄成國土。知覺乃眾生。楞嚴經鈔云。且妄見心動故外感風輪。由愛心發故外感水輪。由堅執心故外感地輪。由研求燥心故外感火輪。由四大故起六根。起六根故見六塵。故知三界離有情心更無別體。若了無明根本一念妄心無體。則知從心所生三界畢竟無有。

0128a18：持種之門。

《350》　　　第八識。亦名本識。一切有為法種子所依止。亦名宅識。一切種子之所棲處。亦名藏識。一切種子隱伏之處。

0128a22：作生死之元始。

《351》　　　顯揚論云。阿賴耶識者。謂先世所作增上業煩惱為緣。無始時來戲論熏習為因。所生一切種子異熟為體。此識能執受了別色根。根所依處及戲論熏習。於一切時。一類生死不可了知。

0128b03：總報之主。

《352》　　　第八識為一切眾生總報之主。此識相及境不可分報。一體無異。此識能生一切煩惱業果報事。又總報業者。如受戒招得人身。是總報業。由於因中有瞋有忍等。於人總報中而有妍醜。名別報業。

0128b08：為涅槃之正因。

《353》　　　阿毗達經頌云。無始時來界。一切法等依。由此有諸趣。及涅槃證[1]傳。

0128b11：標實慧宗。

《354》　　法華經云。於眾生心中開佛知見。古釋云。佛知見者。即眾生真心。此心亦名實慧。亦名佛慧。

0128b14：成真性軌。

《355》　　台教於一心說三軌。一真性軌。二觀照軌。三資成軌。即是一心三德。以真性軌為一乘體。即是法身。觀照軌為般若。祇點真性寂而常照。名為報身。以資成軌為解脫。祇點真性法界含藏無量眾善。名為應身。

0128b20：具體而有法皆宗。

《356》　　真心為湛然常住不空之體。與萬法為宗。故首楞嚴經云。諸法所生。唯心所現。

0128b23：絕待而無塵可比。

《357》　　神性獨立。絕待無比。

0128c01：高高法座。非聲聞矬短之能昇。

《358》　　淨名經云。須彌燈王師子座。高八萬四千由旬。入居士室。諸新發意菩薩。及大弟子。皆不能昇。況悟一乘圓教。非淺根所解。

0128c05：赫赫日輪。豈外道嬰兒之所視。

《359》　　經云。如朝日初生。七日嬰兒若視。即失眼光。況外道無目。不能見如來智日。失正見之光。

0128c08：無偏無黨。至極至尊。總千岐而得旨。搜一切而歸根。

《360》　　　絕觀論云。云何為宗。答。心為宗。云何為本。答。心為本。云何為體。云何為用。答。虛空為法體。森羅為法用。如頓教五位門云。第一識心者。語是心。見是心。聞是心。覺是心。知是心。此是第一悟。一一能知。如許多心皆是一心。一心能遍一切處。第二知身同無情身。不知痛痒好惡。一切皆是心。不干身事。心能作人。心能作畜。心能作魚。心能作鳥。第三破四大身。身即是空。空即是無生。空無內外中間。離一切相。第四破五陰。色陰若有。四陰不虛。色陰若無。四陰何有。第五見性成佛。湛然常住。

0128c19：眼底放光。照破十方之剎土。

《361》　　　法華經云。放一淨光。照無量國。心光普照。寧有邊耶。

0128c22：意根演教。碾開一代之法門。

《362》　　　如來一代時教。並按眾生心說。離心更無一字可說。故金剛經云。無法可說。是名說法。

0129a01：觸目相應。盈懷周匝。清白混同。水乳無雜。理從事變。存泯而盡逐緣分。事得理融。一多而常隨性合。意網彌布。心輪遍生。

《363》　　　意網彌布者。一切諸法從意生形。則知意如密網。一切眾生不能出故。如經頌云。諸法不牢固。但立在於念。善解見空者。一切無想念。若了法空。意地亦寂。則妄心幻境既虛。一道真心自現。心輪遍生者。上塵部師立九心輪。一有分。二能引發。三見。四等尋求。五等觀徹。六安立。七勢用。八返緣。九有分。然實但有八心。以周匝而言。總說有九。故成九心輪。一且如初受生時。未能分別。心但任運緣於境轉。名有分。二心若有境至。心欲緣時。便生警覺。名能引發。三其心覺已。於此境上轉。見照屬彼。四既見彼已。便等尋求其善惡。五既察彼已。遂等觀徹。六識其善惡。而安立心。起語分別。語其善惡。七隨其善惡。便有動作。勢用心生。八動作既興。善惡而廢。遂更返緣前所作事。九既返緣已。退歸有分。任運緣故。名為九心。方成輪義。

0129a19：與羣徒而作體。向萬物以安名。初居圓成現量之中。浮塵未起。

《364》　　　　前五轉識。及第八識。俱在現量。現量者。得法自性。不帶名言。無籌度心。是圓成語。不作外解。不落比非之量。媚慈又論云。五識現量。總無二種顛倒。猶如明鏡現眾色相。第七染識。有想倒見倒。第六意識。具有三倒。取我法相。名為想倒。於想愛樂。復名心倒。於想計著建立。名見倒。

0129b03：後落明了意根之地。外狀潛呈。

《365》　　　　眼識與同時明了意識緣時。起分別心。作外量解。便成比量。則心外見法。

0129b06：原夫業識之宗。何成教訓。能所不分。是非焉運。

《366》　　　　三細識中。第一業識。未分能所。智解不生。如起信論云。第一業識。以最微細作諸識本故。如是業識。見相未分。然諸菩薩知心妄動無前境界。了一切法唯是識量。捨前外執。順業識義。說名業識。心不見心無相可得者。是明諸法非有之義。又楞伽經偈云。身資生住持。若如夢中生。應有二種心。而心無二相。如刀不自割。如指不自觸。如心不自見。其事亦如是。若如夢中所見諸事是實有者。即有能見所見二相。而其夢中實無二法。三界諸心皆如此夢。離心之外無可分別。故言一切分別。即分別自心。而就自心不能自見。如刀指等。故言心不見心。既無他可見。亦不能自見。所見無故。能見不成。能所二相皆無所得。故言無相可得。

0129b20：因依轉相之內。倐起見心。

《367》　　　於此第二轉識中。初起見分。

0129b22：俄關現識之間。忽陳相分。

《368》　　　至第三現識。便立相分。如境現像。諸師所明一心法中。總有四分義。一相分。二見分。三自證分。四證自證分。相分有四。一實相名相。體即真如。是真實相故。二境相名相。為能與根心而為境故。三相狀名相。此唯有為法有相狀故。通影及質。唯是識之所變。四義相名相。即能詮下所詮義相分是。於上四種相中。唯取後三相而為相分相。又相分有二。一識所頓變。即是本質。二識等緣境。唯變影緣。不得本質。二見分者。唯識論云。於自所緣有了別用。此見分有五類。一證見名見。即三根本智見分是。二照燭名見。此通根心俱有照燭義故。三能緣名見。即通內三分俱能緣故。四念解名見。以念解所詮義故。五推度名見。即比量心推度一切境故。於此五種見中。除五色根及內二分。餘皆見分所攝。三自證分。為能親證自見分緣相分不謬。能作證故。四證自證分。謂能親證第三自證分緣見分不謬故。從所證處得名。此四分義。總以鏡喻。鏡如自證分。鏡明如見分。鏡像如相分。鏡後弝如證自證分。故云四分成心。

0129c18：光消積曀。影射重昏。

《369》　　　今所悟者頓豁自心。方省其所知境各從心現者。如翳目見明珠有纇。今淨眼觀瑩淨無瑕。美惡唯自見殊。珠體本末如一。當悟之時。如開藏取寶。剖蚌得珠。光發襟懷。影含法界。

0129c23：徹古而真源不散。該今而妙用常存。八萬四千之教乘。苗抽性地。三十七品之道樹。果秀靈根。

《370》　　　　三十七品法者。四念處。四正勤。四神足。五根。五力。七覺支。八正道。此是一切菩薩助道之法。一一修習並從心起。何者。夫身受心法。俱無自性。了不可得。即四念處。觀善不善法。從心化生。即四正勤。心性靈通。隱顯自在。即四神足。信心堅固。湛若虛空。即五根五力。覺心不起。即七覺支。直了心性。邪正不干。即八正道。不唯三十七品助道之法。塵沙佛法悉從心起。如入楞伽經偈云。爾時佛神力。復化作山城。所有諸眾等。皆悉見自身。入化楞伽中。如來神力作。亦同彼楞伽。諸山及園林。寶莊嚴亦爾。一一山中佛。皆有大慧問。如來悉為說。內身所證法。出百千妙聲。說此經法已。佛及諸佛子。一切隱不現。羅婆那夜叉。忽然見自身。在己本宮殿。更不見餘物。而作是思惟。向見者誰作。說法者為誰。是誰而聽聞。我所見何法。而有此等事。彼諸佛國土。及諸如來身。如此諸妙事。今皆何處去。為是夢所憶。為是幻所作。為是實城邑。為乾闥婆城。為是翳妄見。為是陽燄起。為夢石女生。為我見火輪。為見火輪烟。我所見云何。復自深思惟。諸法體如是。唯自心境界。內心能證知。而諸凡夫等。無明所覆障。虛妄心分別。而不能覺知。能見及所見。一切不可得。說者及所說。如是等亦無。佛法真實體。非有亦非無。法相恒如是。唯自心分別。

0130a24：出迷之津。履玄之始。

《371》　　　　因心而迷。因心而悟。因心而生。因心而滅。如因地而倒。因地而起。不唯迷悟之始。自行化他。須明此旨。如古德云。求大乘者。所疑有二。夫大乘法體。為一為多。如其是一。即無異法。無異法故。無諸眾生。菩薩為誰發弘誓願。若是多法。即非一體。非一體故。物我各別。如何得起同體大悲。由是疑惑。不能發心。今為遣此二疑。立一心法者。遣彼初疑。明大乘法唯有一心。一心之外更無別法。但有無明迷自一心。起諸波浪流轉六道。雖起六道之浪。不出一心之海。良由一心動作六道。故得發弘誓之願。六道不出一心。故能起同體大悲。如是依於一心。能遣二疑。得發大心。具足佛道。

0130b13：義似華開。行同雲起。

《372》　　　一心無盡之義。如華開錦上。一心真如之行。猶雲起長空。如華嚴錦冠云。法界功德大悲雲者。法喻雙舉也。然大悲十義。故同於雲。一從法性起。如雲起於空。二感應而生。如龍吟雲起。三性相體離。如雲無心。四充法界。如雲滿空。五用無盡。如雲不竭。六能密祐。如雲高覆。七動地警物。如雲震雷。八放光明。如雲發電。若以三昧為雷。智慧為電亦得。九普宣大法。如雲注雨。十用罷即寂。如雲無依。具此十義。故喻於雲。

0130b23：當覆一簣之日。山聳千尋。元行初步之時。程通萬里。

《373》　　　百尺之山。起於累土。千里之程。起於初步。合抱之樹。生於毫末。滔滔之水。起於濫觴。如一念心生。若善若惡。善則遠期佛果。惡則永劫沈淪。應須護於初念。

0130c04：真俗無礙。其道在中。非即非離。常泯常通。應用恒沙。求之而奚窮祕跡。含容百巧。窺之而靡銜殊功。

《374》　　　維摩經云。夫求法者。應無所求。以足跡不可尋。又一心具足。若向外求。即內不足也。此一心妙道。是無功之功。非有為所作。故不可誇銜其功矣。

0130c09：易辯邪途。難探正穴。聽之者無得無聞。演之者非示非說。

《375》　　　諸佛無有色聲功德。唯有如如及如如智獨存。凡有見聞。皆是眾生自心影像。則說唯心說。聽唯心聽。離心之外。何處有法。古德云。如來演出八辨洪音。聞者託起自心所現。如依狀貌變起毫端。本質已無。影像如在。羣賢結集自隨見聞。依所聞見結集自語。良以離自心原無有外境。離境亦無內心可得。諸傳法者非授與他。但為勝緣。令自得法。自解未起。無以悟他。自解不從他來。他解寧非自起。是故結集及傳授者。皆得影像。不得本質。無有自心得他境故。是知結集。乃是自心所變之經。至傳授者。傳授自心所變之法。得影非質。思而可知。若能常善分別自心所現。能知一切外性非性。此人知見可與佛同。所說之法與佛無異。悟入自覺信智樂故。

0131a01：妙峰聳於性地。仰之彌高。

《376》　　華嚴經云。善財南行。向勝樂國。登妙峯山。參德雲比丘。妙峰者。心為絕待之妙。高顯如山。故稱妙峰。德雲語善財言。我住自在心念佛門。知隨自心所有欲樂。一切諸佛現其像故。

0131a06：法水涌於真源。酌而何竭。

《377》　　此一心常住之法。用而無盡。體不可窮。一得永得。盡未來際。

0131a09：包空而遍。匝界而周。是以大忘天下。方能萬事無求。火災欲壞之時。一吹頓滅。

《378》　　般若經云。三千大千世界劫火洞然時。菩薩能與一氣。欲令頓滅。應學般若。

0131a13：世界將成之際。舉念全收。

《379》　　問。三界初因。四生元始。莫窮本末。罔辯根由。莊老指之為自然。周孔諡之為渾沌。最初起處。如何指南。答。欲知有情身土真實。

端由無先我心。更無餘法。謂心法剎那自類相續。無始時界。展轉流來。不斷不常。憑綠憑對。非氣非稟。唯識唯心。肇論鈔云。老子云。無名天地始。有名萬物母。若佛教意。則以如來藏性。轉變為識藏。從識藏變出根身器世間一切種子。推其化本。即以如來藏性。為物始也。無生無始。物之性也。生始不能動於性。即法性也。南齊沈約均聖論云。然則有此天地以來。猶一念也。融大師問云。三界四生。以何為道本。以何為法用。答。虛空為道本。森羅為法用。問。於中誰為造作者。答。此中實無造作者。法界性自然生。可謂總持之門。萬法之都矣。光未發處。尚無其名。念欲生時。似分其影。初因強覺。漸起了知。見相纔分。心境頓現。首楞嚴經云。皆是覺明明了知性。因了發相。從妄見生。山河大地。諸有為相。次第遷流。因此虛妄。終而復始。釋曰。此皆最初因迷一法界故。不覺念起。念起即是動相。動相即是第一業識。未分能所。乃覺明之咎也。從此變作能緣。流成了相。即明了知性。為第二見分轉識。後因見分而生相分。即因了發相。為第三相分現識。能所纔分。盡成虛妄。何者。見分生於瞖眼。相分現於幻形。於是密對根塵。堅生情執。從此隔開真性。分出湛圓。於內執受知覺。作有識之身。於外離執想澄。成無情之土。遂使鏡中之形影。滅而又生。夢裏之山河。終而復始。但以本源性海。不從能所而生。湛爾圓明。照而常寂。祇為眾生違性不了。背本圓明。執有所明。成於妄見。因明立所觀之境。因所起能觀之心。能所相生。心境對待。隨緣失性。莫反初原。不覺不知。以歷塵劫。所以首楞嚴經云。佛言。富樓那。如汝所言。清淨本然。云何忽生山河大地。汝常不聞如來宣說。性覺妙明。本覺明妙。富樓那言。唯然。世尊。我常聞佛宣說斯義。佛言。汝稱覺明。為復性明。稱名為覺。為覺不明。稱為明覺。富樓那言。若此不明。名為覺者。則無所明。佛言。若無所明。則無明覺。有所非覺。無所非明。無明又非覺湛明性。性覺必明。妄為明覺。覺非所明。因明立所。所既妄立。生汝妄能。無同異中。熾然成異。異彼所異。因異立同。同異發明。因此復立無同無異。如是擾亂相待生勞。勞久發塵。自相渾濁。由是引起塵勞煩惱。起為世界。靜成虛空。虛空為同。世界為異。彼無同異。真有為法。覺明空昧。相待成搖。故有風輪執持世界。因空生搖。堅明立礙。彼金寶者明覺立堅。故有金輪保持國土。堅覺寶成。搖明風出。風金相摩。故有火光為變化性。寶明生潤。火光上蒸。故有水輪含十方界。火騰水降。交發立堅。溼為巨海。乾為洲潬。以是義故。彼大海中。火光常起。彼洲潬中。江河常注。水勢劣火。結為高山。是故山石。擊則成燄。融則成水。土勢劣水。抽為草木。是故林藪。遇燒成土。因絞成水。交妄發生。遞相為種。以是因緣。世界相續。釋曰。此二覺義。幽旨難明。若欲指陳。須分皁白。大約經論。有二種覺。一性覺。二本覺。有二種般若。一本覺般若。二始覺般若。有二種心。一自性清淨心。二離垢清淨心。有二種真如。一在纏真如。二出纏真如。此八種名。隨義分異。體即常同。今一切眾生。祇具性覺。本覺般若。自性清淨心。在纏真如等。於清淨本然中。妄忽生於山河大地。以在纏未離障故。未得出纏真如等。若十方諸佛。二覺俱圓。已具出纏真如等。無有妄想塵勞。永合清淨本然。則不更生山河大地諸有為相。如金出礦。終不更染塵泥。似木成灰。豈有再生枝葉。將此二覺。已豁疑情。如疏釋云。世界相續文中有三。一先辯二真。二明其三相。三明其四輪。且第一先辯二真者。經曰。佛言。富樓那。如汝所言。清淨本然。云何忽生山河大地。汝常不聞如來宣說。性覺妙明。本覺明妙。富樓那言。唯然。世尊。我常聞佛宣說斯義。釋曰。言二真者。一性覺妙明。二本覺明妙也。性覺妙明者。是自性清淨心。即如來藏性。在纏真如等。本性清淨。不為煩惱所染。名為性覺。本覺明妙者。出纏真如也。從無分別智。覺盡無始妄念。名究竟覺。始覺即本覺。悟本之覺。名為本覺。故起信論。於真如門。名為性覺。於生滅門。名為本覺。由迷此性覺。而有妄念。妄念若盡。而立本覺。以性覺。不從能所而生。非假修證而得。本自妙而常明。以真如之性。性自了故。故云性覺妙明。以始覺般若。明性覺之妙。故云本覺明妙。又以始覺之智。了本性故。則本覺明妙。故經中常說真如。為迷悟依。故言我常聞佛宣說斯義。以本性清淨。是性覺義。但以性中說覺。如木中火性。非是悟已。而更起迷。故悟時始立本覺之號。悟本覺已。更不復迷。故將二覺之名。以答富樓那難訖。上來雖於迷悟二門。說二覺相。而未廣辯起妄因由。先真後妄。故次下明。即當第二明三相門。文分為二。初立因相。次立果相。即起信論三細義。初立因相。文又分三。第一總問覺明之號。第二別答能所斯分。第三同異發明。結成三相。且初總問覺明之號者。經曰。佛言。汝稱覺明。為復性明。稱名為覺。為覺不明。稱為明覺。釋曰。何故作此問耶。謂前標二覺之號。性體即是覺明。妄起必託於真。故使依真起問。且佛問意。汝稱覺明。為復覺性自明。名為覺明。為復覺體不明。能覺於明。故稱覺明是明之覺。第二別答能所斯分者。經曰。富樓那言。若此不明。名為覺者。則無所明。釋曰。準富樓那答意。必有所明當情。為其所覺。若無覺之明。則無覺明之號。但可稱覺。而無所明。故云則無所明。據佛本意。性覺體性自明。不因能覺所明。方稱覺明。以真如自體。有大智慧光明義故。祇緣迷一法界。強分能所。故成於妄。第三同異發明。結成三相者。經曰。佛言。若無所明。則無明覺。有所非覺。無所非明。無明又非覺湛明性。性覺必明。妄為明覺覺非所明。因明立所。所既妄立。生汝妄能。無同異中。熾然成異。異彼所異。因異立同。同異發明。因此復立無同無異。釋曰。此文正釋迷真起妄之相也。若無所明。則無明覺者。牒富樓那語也。有所非覺。無所非明者。正破也。若要因所明。方稱覺明者。此乃因他而立。非自性覺。故言有所非覺。如緣塵分別。而有妄心。離塵則無有體。豈成真覺。又釋若以不明。名為覺者。則無所明者。故知覺體。本無明相。佛證真際。實不見明。若見於明。即是所明。既立所明。便有能覺。但除能所之明。方稱妙明。此妙之明。是不明之明。不同所明故。華嚴經云。無見即是見。能見一切法。肇論云。般若無知。無所不知矣。若因明起照。則隨照失宗。此則元因覺明起照生所。所立照性遂亡。則是識精元明。能生諸緣。緣所遺者。乃是但隨能緣之相。覆真唯識性。一向能所相生。如風鼓水。波浪相續。澄湛之性。隱而不現。後此迷妄生虛空之相。復因虛空成立世界之形。於真空一心。畢竟無同異中。熾然建立。成諸法究竟之異。皆因情想擾亂。勞發世界之塵。迷妄昏沈。引起虛空之界。分世界差別為異。立虛空清淨為同。於分別識中。又立無同無異。皆是有為之法。盡成生滅之緣。未洞本心。終成戲論。無所非明者。若能覺之體。要因所明。方稱覺明者。若無所覺之明。則能覺之體。便非是明。故云無所非明。故知覺之與明。互相假立。本無自體。豈成自性覺。故云有所非覺。無所非明。此文雖簡約。道理昭然。無明又非覺湛明性者。縱破也。顯妄覺之體。無湛明之用。若言但覺於明。何須覺體自明者。則自性非明。便無覺湛之用。故云無明又非覺湛明性。性覺必明。妄為明覺者。釋妄覺託真之相也。何以得知妄覺初起。有覺明之相耶。祇緣性覺必有真明。所以妄覺託此性明。而起影明之覺。執影像之明。起攀緣之覺。迷真認影。見相二分。自此而生。覺明之號。因茲而立。問曰。此之妄覺。為見性明而起。為不見明而起。若見真明。不合成妄。若不見真。則不名為覺明。答曰。本性真明。非妄所見。妄心想像。變影而緣。不了從自影生。妄謂見明之覺。以初無別相。唯有真明。妄心想像此明。故有覺明之號。覺非所明。因明立所者。次下正明三相。相因而起也。夫一真之覺。體性雖明。不分能所。故云覺非所明。由影明起覺。能所即分。故云因明立所。所既妄立。生汝妄能。無同異中。熾然成異者。最初立異相也。即如起信云。由不如實知真如法一故。不覺心起。而有其念。名為動相。即是業相。既云不了一法界相。不覺而起。即是無同異中。熾然成異。異彼所異。因異立同者。即轉相也。異彼動相。故云異彼所異。初之動相。異一真故。此之同相。異動相故。因異立同者。前之初起。名之為動。動必有靜。相形而立。故云因異立同。靜相似真。故名同相。同異發明。因此復立無同無異者。即現相也。形前二相而立。故云同異發明。非前二相。故云因此復立無同無異。起信即云。業相。轉相。現相。此經即云。異相。同相。無同異相。此為無明強覺。能所初分。展轉相形。立此三相。以剎那生住異滅。體雖總是賴耶。約生滅相熏。有其因種。因必有果。約當現行。所感位別。至果相中。當廣料簡。第二果相者。經曰。如是擾亂。相待成勞。勞久發塵。自相渾濁。由是引起塵勞煩惱。起為世界。靜成虛空。虛空為同。世界為異。彼無同異。真有為法。釋曰。彼前三相。互相形待。剎那剎那。生住異滅。動息不住。相待成勞。勞久發塵。自相渾濁者。勞是勞累。塵是塵垢。既迷清淨之體。亂成塵想。塵想相渾。能覆真性。故名為濁。由是引起塵勞煩惱者。覺明熏習。積妄成塵。擾惱相熏。故名煩惱。起為世界。靜成虛空者。果相現前也。起是動相。動即是風。四風動搖。積成世界。故云起為世界。動息之處。即名為靜。是前同相。結成虛空。故云虛空為同。世界為異。彼無同異。真有為法者。彼前無同異相。結成有情含藏識也。此之識體。無分別性。故云無同無異。而能變起一切之相。故云真有為法。自後一切諸塵境界。能熏所熏。隨所發現。皆從此識而生。故起信論名為現識。能現六塵境界故。問曰。起信三相。總是賴耶。何故此中。別配現識。答曰。此之三相。總是無明。前後相熏。分能立所。起信攬前因種。總是賴耶。此經以果相現行。分能變所變。即世界為所變。現識為能變。能變既是賴耶。故配現識。又起信論云。不生滅與生滅和合。非一非異。名阿黎耶識。即此經無同無異相。名阿賴耶識。起信舉初攝後。此經舉後攝初。因門果門。體亦不別。第三明四輪成世界。即承前三相。起為世界。靜為虛空。彼無同異真有為法。既言世界虛空。及有情相。世界即地水火風四輪。次第從何妄想變此。不同有情。即內根外塵。四生業果。受報輪迴。此之分位。即有眾生相續。業果相續。自此已下。一一廣明。今此且辯四輪成世界。文又分二。初明四輪成界。後辯草木山川。且四輪成界者。經曰。覺明空昧。相待成搖。故有風輪執持世界。因空生搖。堅明立礙。彼金寶者明覺立堅。故有金輪保持國土。堅覺寶成。搖明風出。風金相摩。故有火光為變化性。寶明生潤。火光上蒸。故有水輪含十方界。釋曰。覺明空昧。相待成搖者。釋風輪及空界相也。由初妄覺。影明不了。遂成空昧。如障明生暗。二相相形。覺明即是動相。空昧即是靜相。一明一昧。一動一靜。剎那相生。如風激浪。相待不息。於內初起。即名為搖。於外即成風輪世界。是故世界之初。風輪為始。空昧即是虛空。既無形相。不名世界。因空生搖。堅明立礙者。釋地相也。因空異明。相待成搖。搖能堅明。以成於礙。如胎遇風。即成堅礙。亦是執明生礙我。於內即是覺明堅執。於外即成金寶。故云彼金寶者明覺立堅。故知寶性因覺明有。是故眾寶皆有光明。小乘但知業感。而不知是何因種。堅覺寶成。搖明風出。風金相摩。故有火光為變化性者。釋火性也。堅執覺性。即成於寶。搖動所明。即出於風。動靜不息。即是風金相摩。於外即成火光。能成熟萬物。故言為變化性。寶明生潤。火光上蒸。故有水輪含十方界者。釋水輪也。寶明之體。性有光潤。為火熱蒸。水便流出。又覺明生愛。愛即是潤。於內即是愛明。於外即成寶潤。火性上蒸。融愛成水。一切業種。非愛不生。一切世間。非水不攝。故四大性。互相因藉。體不相離。同一妄心所變起故。如虛空華不離心故。愚人不了。心外執法。顛倒見故。次下辯草木山川之異者。經曰。火騰水降。交發立堅。溼為巨海。乾為洲潬。以是義故。大海之中。火光常起。彼洲潬中。江河常注。水勢劣火。結為高山。是故山石。擊則成炎。融則成水。土勢劣水。抽為草木。是故林藪。遇燒成土。因絞成水。交妄發生。遞相為種。以是因緣。世界相續。釋曰。妄性不恒。前後變異。所感外相。優劣不同。愛心多者。即成巨海。執心多者。即成洲潬。風性生慢。火性生瞋。於色起愛。潬中流水。違愛生瞋。海中火起。水邊平地曰潬。慢增愛劣。結為高山。愛增慢輕。抽為草木。或瞋愛慢三。互相滋蔓。異類成形。草木山川。千差萬品。先從妄想。結成四大。從四大性。愛慢滋生。離有情心。更無別體。故云交妄發生。遞相為種。以是因緣。世界相續。是以賦云。世界欲成之際。舉念全收。非唯世界但有成壞。萬法悉從心生。故經云。成劫之風。壞劫之風。皆是眾生共業所感。業由心造。豈非心耶。

0134a23：乘急戒圓。

《380》　　　乘急者。於一心大乘種性。志力湻熟。解心明利。戒圓者。於大乘戒法。堅持無犯。故瓔珞經云。一切戒。以心為體。心無盡故。戒亦無盡。

0134b03：因成果滿。

《381》　　　初發菩提心為因。後究竟心為果。故云。初與實相為因。後以實相為果。

0134b06：該括有空。

《382》　　　有徹空源。空居有表。如波徹水源。水窮波末皆是一心。體用交徹。如色空章十門止觀。第一會相歸性門。於中有二種。一於所緣境會事歸理。二於能緣心攝散歸止也。第二依理起事門者。亦有二種。一者所歸之理非斷空故。不礙事相宛然現前。二由所入之止不滯寂故。復有隨事起於妙觀也。第三理事無礙門者。亦有二種。一由習前理事。融通交徹令無。二雙現前故。遂使止觀同於一念頓照也。第四理事雙絕門者。由理事雙現。互相形奪故。遂使兩相俱盡。非理非事。寂然而絕。是故令止觀雙泯。迥然無寄也。第五心境融通門者。即彼絕理事之無礙境。與彼泯止觀之無礙心。二而不二。故不礙心境而冥然一味。不二而二。故不壞一味而心境兩分也。第六事事相在門者。由理帶諸事全遍一事。是故以即止之觀。於一事中見一切法。而心無散動。如一事。一切亦爾。第七彼此相是門者。由諸事悉不異於理。復不異於一事。是故以不異止之觀。見於一事即是一切。而念不亂。如一事。一切亦爾。第八即入無礙門者。由交參非一。與相含非異。體無二故。是故以止觀無二之智頓見。即入三門同一法界。而心無散動也。第九帝網重現門者。如於一事中具一切故。此一切內復各具一切。如是重重不可窮盡。如一事既爾。餘一切事亦然。以止觀心境不異之智。頓見一切。各各重重悉無窮盡。普眼所矚。朗然現前。而無分別。亦無散動。第十主伴圓備門者。菩薩以普門之智。頓照於此普門法界。然舉一門為主。必攝一切為伴。一切亦爾。是故主伴伴主。皆悉無盡。不可稱說。菩薩三昧海門。皆此安立。自在無礙。然無異念也。

0134c12：交參主伴。

《383》　　以一心為主。萬法為伴。或萬法為主。一心為伴。互為主伴。性相該通。如云此土文殊說。則十方國土文殊一時同說。

0134c16：十玄門之資攝。無盡無窮。

《384》　　十玄門者。一同時具足相應門。此約諸法相應無前後說。如海一滴。含百川味。二一多相容不同門。此門約理說。如一室千燈。光光涉入。三諸法相即自在門。此門約用說。就三世間圓融即入。而成無盡。如金金色。二不相離。四隱顯祕密俱成門。此門約緣說。如片月澄空。晦明相並。五微細相容安立門。此門約相說。即一時齊現。似束箭齊頭。如瑠璃瓶。盛多芥子。六因陀羅網境界門。此門約譬喻說。約法相即互照重現無盡門。如兩鏡互照。傳輝相寫。遞出無窮。七諸藏純雜具德門。此門約諸行說。亦名廣狹門。亦名主伴門。如北辰所居。眾星拱之。八十世隔法異成門。此門約三世說。如一夕之夢。翱翔百年。九唯心迴轉善成門。此門約心說。如徑尺之鏡。見千里之像。十託事顯法生解門。此門約智說。如立像豎臂。觸目皆道。此十玄門。法法皆具。悉入一心無盡之旨。如海涌羣波。羣波即海。金成眾器。眾器皆金。若以平等心是一義。差別心是多義。以一心即一切心。是相即義。是同時相應義。以一切心入一心。是相入義。以一心攝一切心。是隱義。以一切心資一心。是顯義。以不壞差別心而現平等心。是多中一義。以不隱平等心而現差別心。是一中多義。又微細心不礙廣大心。廣大心不礙微細心。是一多不同義。亦是相容義。以一心為主。一切心為伴。是主伴義。以一實心是純義。差別心是雜義。差別心即一實心雜恒純。一實心即差別心純恒雜。即諸藏純雜義。以一心帶一切心還入一心。是帝網義。因心現境。見境識心。是託事顯法義。長劫短劫延促時量。皆從積念而成。一心所現。是十世義。因一心正義。演難思法門。究竟指歸。言亡慮絕。即唯心迴轉義。自心既爾。彼心亦然。涉入交羅。重重無盡矣。

0135a24：六相義之融通。不常不斷。

《385》　　夫一切字一切法。皆有此六相。若善見者。得智無礙總持門。於諸法不滯有無斷常等見。此六字義闕一。即理智不圓。此是初地位中。觀通世間一切法門故。不可廢一取一。雙立雙亡。雖總同時繁興不有。縱各具別冥寂非無。不可以有心知。不可以無心會。此六相義。於一一法上皆具。今於一心上具者。心是總相。能生世間出世間一切法故。於一心中起善惡心。是別相。心王心所皆同真性。同一聚法。是同相。念念互起。各各差別。是異相。諸法由心迴轉。心生則種種法生。則是成相。心心不可得。是壞相。

0135b12：鷲山正脈。鹿苑鴻基。真風長扇。慧範恒施。

《386》　　此一心法。是十方三世諸佛得道之場。說法之本。原始要終。不離此法。該今括古。豈越斯門。如百門義海云。遠近世界。佛及眾生。

一切事物。莫不於一念中現。何以故。一切事法。依心而現。念既無礙。法亦隨融。是故一念即見三世一切事物顯現。故知萬法不出一心矣。夫心法者大約有三。一者四分成心。二者心法四緣生。三者三量明心。四分成心者。一自證分。是心體。二見分。是心用。三相分。是心相。四證自證分。是心後邊為量果。八識心王各各具四分義。心法四緣生者。一是因緣。從種子而生。二是所緣緣。境牽生心用。三是等無間緣。念念相續。四是增上緣。不相障礙。若闕一緣。心法即不生。三量明心者。一是現量。得法自性。不帶名言。二是比量。比度而知。三是非量。境不現前。且山河大地。是第八阿賴耶識相分。眼識於第八識相分上。又變起一重相分。同與明了意識初念中率爾心緣時。是現量。後落第二念意識作解之時。便成比量。若境不現前。緣過去獨影境中。是非量。凡一代時教。說心地法門。不出四分三量料簡。廣說在宗鏡錄中。又約妄心。有五種心。一率爾心。謂聞法創初。遇境便起。二尋求心。於境未達。方有尋求。三決定心。審知法體。而起決定。四染淨心。法詮欣厭。而起染淨。五等流心。念念緣境。前後等故。又約境有三。一性境。是現量心得。二帶質境。是比量心現。三獨影境。是非量心緣。

0135c14：隱顯無際而晦明相並。

《387》　　　　百門義海云。若心攝一切法。即彼隱而此顯。若一切法攝心。即彼顯而此隱。由顯時全隱而成顯。亦全顯而成隱。相由成立。是故隱時正顯。顯時正隱。如合日月。晦明相並。又十玄門中。祕密隱顯俱成門者。謂諸法相攝之時。能攝則現。名之為顯。所攝不顯。名之為隱。即隱常顯。即顯常隱。名曰俱成。常情不知。名為祕密。次辯相者。且約一多相攝。以明隱顯。有其六句。一一顯多隱。一攝多故。二多顯一隱。多攝一故。三俱上二句。同時無障礙故。四泯約相形。奪俱不立故。五具上四。是解境故。六絕上五。是行境故。然一顯與多顯不俱。一隱與多隱不並。隱顯

917

顯隱。同時無礙。三昧章云。又事相隨理存亡自在。亦融成十義。一以事全事。故事泯也。二以理全事。故事存也。三以前二不相離故。亦存亦泯也。四以二相奪故。非存非泯也。五以舉體全理。事相方成故。即泯而存也。六以事舉體全成。無不蕩盡故。即存而泯也。七以二義相順故。即存即泯俱存。八以相奪故。即存即泯俱泯也。九以前八義同一事法。存亡自在。無礙俱現。十以同時相奪義。故無不盡。圓融超絕。迥出情表。亦深思可見。

0136a11：念劫融通而延促同時。

《388》　　　　百門義海云。融念劫者。如見塵之時。是一念心所現。此一念之時。全是百千大劫。何以故。以百千大劫。由本一念。方成大劫。既相成立。俱無體性。由一念無體。即通大劫。大劫無體。即該一念。由念劫無體。長短之相自融。然亦不壞長短之相。故云。塵含法界。無虧大小。念包九世。延促同時。九世者。過去世中。有現在未來。未來世中。有過去現在。現在世中。有過去未來。三三成九世。

0136a20：微妙之境幽深。非從像設。太玄之鄉縣邈。莫可心知。卓爾不羣。湛然純一。天成神授而挺生。萬德千珍而共出。

《389》　　　　一切眾生心。本具無漏功德。念念內熏。及至成佛時。便為性起功德。如懶瓚和尚偈云。我有一語。無過直與。細於毫末。大無方所。本自圓成。不勞機杼。又古德云。至妙靈通。目之曰道。若不鏡方寸。則虛負性靈矣。

0136b04：眾義咸歸於此宗。百華同成於一蜜。獨超紫微之表。教海宏樞。細開虛寂之閫。禪扃正律。

《390》　　　　問。眾義咸同成一蜜者。即成佛本理但是一心。云何更立文殊普賢行位之因。釋迦彌勒名號之果。乃至十方諸佛國土神通變現種種法門等。答。此是無名位之名位。無因果之因果。是心作因。是心成果。是心標名。是心立位。釋論云。初觀實相名因。觀成名果。故知初後皆心。因果同證。祇為根機莫等。所見不同。若以一法逗機。終不齊成解脫。須各各示現。引物歸心。雖開種種之名。皆是一心之義。若違自心。取外佛相勝妙之境。則是顛倒。所以華嚴頌云。若以威德色種族。而見人中調御師。是為病眼顛倒見。彼不能知最勝法。又頌云。假使百千劫。常見於如來。不依真實義。而觀救世者。是人取諸相。增長癡惑網。繫縛生死獄。盲冥不見佛。云何不見佛。一者為不識自心。二者為不明隱顯。何者。眾生之因隱於本覺。諸佛之果顯於法身。因隱之本覺。是果顯之法身。故云凡聖交徹。理事相含矣。所云釋迦牟尼者。釋迦。此云能仁。牟尼。此云寂默。能仁者。即心性無邊。含容一切。寂默者。即心體本寂。動靜不干。故號釋迦牟尼。覺此名佛。彌勒者。此云慈氏。即是一心真實之慈。以心不守自性。任物卷舒。應現無方。成無緣化。故稱慈氏。阿彌陀者。此云無量壽。即如理為命。以一心真如性無盡故。乃曰無量壽。阿閦者。此云不動。即一心妙性。湛然不動。妙覺位不能增。無明地不能減。文殊即是自心無性之本理。普賢即是自心無盡之妙行。觀音是自心之大悲。勢至是自心之大智。乃至神通變化。皆即一心矣。故般若經云。一心具足萬行。即斯旨也。

0136c10：唯自不動。於彼云云。

《391》　　　　肇論云。既無心於動靜。亦無像於去來。去來不以像。故無器而不形。動靜不以心。故無感而不應。然則心生於有心。像出於有像。註云。月若入器則一器有。而眾器無。良由月體不入器中故。則能千器萬器一時遍應。聖人不以像應物。則塵剎普現其身。動靜不慮其心。故有感皆通。周易云。寂然不動。感而遂通。心生於有心。像出於有像者。一切聖心及佛像。皆是眾生有心中而現。聖且無心無像。但本願力故為增上緣。各令機熟眾生自見如是事。

0136c20：道在心而不在事。法由我而不由君。

《392》萬法唯識者。總有四種意識。一者明了意識。境現在前。二者獨散意識境不在前。獨頭而起。如緣過去境等。又不在定。但是散心所緣。故云獨散意識。三夢中意識。此三種意識。皆是眾生自心業之影像色。四定中意識。所現境界。即是坐禪人定中所現。名定果色。如攝論云。如觀行人。定中所見色相境界。識所顯現。定無境界。此於九想中。所變青黃等色相。是定境。非所憶持識。憶持識有染汙。此境現前所見分明清淨。則唯識之旨。於此彌彰。如依鏡面。但有自面。無有別影。何以故。諸法和合道理難可思議。不可見法。而令得見。定心亦爾。定心有二分。一分似識。一分似塵。此二種實唯是識。若憶持識是過去色。此定中色。若在散心五識。可言緣現在外塵起。若散意識。緣過去塵起。若在觀中。必不得緣外色為境。色在現前。又非緣過去境。當知定心所緣色。即見自心。不見別境。以定中色。此定外色。應知亦無別境。是知一心即萬法。萬法即一心。何者。以一心不動。舉體為萬法故。如起信鈔云。舉體者。謂真如舉體成生滅。生滅無性即是真如。不曾有真如處不生滅。未曾有生滅處不真如。唯我不動。於彼云云者。如長者論云。以一切眾生根器為明鏡。佛於一切眾生心海。任物自見。各得自法。皆令向善及得菩提。

0137a20：真性與緣起同壽。不思議而可思議。有量共無量平運。居見聞而非見聞。

《393》一切染淨諸法。是真性中緣起。一心。是緣起中真性。真性則不思議無量。緣起則可思議有量。以皆是一心同時故。不思議即可思議。無量即有量。究竟論之。二俱寂滅。如華嚴經頌云。菩薩入是不思議。

於中思議不可盡。入是不可思議處。思與非思俱寂滅。又云。所思不可思。是名為難思。

0137b04：物外祥雲。法中閒氣。奇絕而異代殊珍。廣大而宗徒富貴。

《394》　　　古云。不讀華嚴經。焉知佛富貴者。以華嚴以心為宗。故稱無盡宗趣。如經云。知一切法在一念。又如大莊嚴法門經云。復次長者子。菩薩不應覺於餘事。但覺自心。何以故。覺自心者。即覺一切眾生心故。若自心清淨。即是一切眾生心清淨故。如自心體性。即是一切眾生心體性。如自心離垢。即是一切眾生心離垢。如自心離貪。即是一切眾生心離貪。如自心離瞋。即是一切眾生心離瞋。如自心離癡。即是一切眾生心離癡。如自心離煩惱。即是一切眾生心離煩惱。作此覺者。名一切智知覺。又華嚴經頌云。心集無邊業。莊嚴諸世間。了世皆是心。現身等眾生。

0137b18：得初而即得後。猶圓珠無間隔之方。了一而便了餘。似海滴總江河之味。

《395》　　　一是多。一能遍於多。多是一。多能遍於一。亦如毛孔是小。剎土是大。毛因悟顯。剎逐迷生。迷則有分限。悟則無邊際。又若具諸剎毛孔皆有稱性及不壞相義。今毛上取稱性義。故如法性之無外。剎上取不壞相。故不遍稱性之毛。又內外緣起非即離故者。亦有二義。一約內外共為緣起。由不即故。有能所入。由不離故。故得相入。二約內外緣起與真法性不即不離。此復二義。一由內外不即法性。有能所入。不離法性。故毛能包剎遍入。二者毛約不離法性。如理而包。剎約不即法性。不遍毛孔。思之成觀。

0137c07：一法纔徹。萬彙皆通。直論入道之處。靡離淨意之中。

《396》　　　經頌云。迷時三界有。悟即十方空。欲知成道處。祇在淨心中。

0137c10：諸佛不證真門。悟時無得。異生弗沈。死海。迷處全空。

《397》　　　　以凡聖一如。本無迷悟。但了佛是心。萬法如鏡。是以思益經云。思益菩薩放右掌寶光。一切四眾皆如佛相。各坐寶蓮華座。下方四菩薩踊出。欲禮世尊。乃發願言。今此眾會。其色無異。當知一切諸法亦復如是。此語不虛。願釋迦如來現異相。令我禮敬。即時釋迦如來。踊起七多羅樹坐師子座。

0137c17：幽旨罕窮。淺根難信。情見不到而理深。智解莫明而機峻。業果驃於淨地。苦海收波。罪華籍於慈風。刀山落刃。

《398》　　　　業由心造。罪是心生。若了自他唯心。即無逆順對治。無復結業。如阿闍世王。及央掘魔羅比丘等。遇佛悟罪性空。得入聖位。故云得道業亡。又云心生即是罪生時。今若悟境是心。心即不起。心滅即是罪消時。自然罪山摧而業海枯。鑊湯息而銅柱冷矣。

0138a02：旨不可見。義不可尋。理短而甘鞭屍吼石。

《399》　　　　鞭屍者。佛滅後八百年。有如意論師出世。善能談論。王禮為師。遂召外道。令如意論師立義。論師立先因後果。集苦道滅。集是有漏因。苦是有漏果。道是無漏因。滅是無漏果。外道遂來出過。外道云。汝師出世。說苦集滅道四諦。何以弟子說集苦道滅。有違師教過。如意救云。我不違師教。佛在世日說先果後因者。為對不信因果有情。先說苦果。後說集因。我今順因果說。亦不相違。此時外道朋黨熾盛。眾中無證義人。王賜外道金七十兩。封外道論為金七十論。如意此時墮負。嚼舌而終。至佛滅後九百年。世親出世。披尋外道邪論。果見如意屈負。遂造論軌論式等上王。救如意論師。王加敬仰。賜世親金七十兩。封為勝金七十論。王令縛草鞭屍。表外道邪宗。鞭草屍血出。所以云世親有鞭屍之德。故知說須逗機。無證便墮。古人嚼舌。可謂為法忘軀矣。鞭草出血者。是知理為神禦。邪法難扶。無情出血。表心境一如矣。吼石者。昔劫初之時。有外道名伽毗羅。修道得五通。造略數論。知世無常。身不久住。恐後有人破我所造之論。遂欲駐身拒來破者。便往自在天所。求延壽法。天云。我今變汝為一物。最為長壽。其仙人遍報門徒。我今化為石。若有異宗來難我法者。但教書於石上。我自答通。天遂變仙人為一方石。可長一丈餘。在頻陀餘柑林中。後陳那造因明論成。以宗因喻三支比量。破其數論。弟子莫能通答。將陳那比量。往餘柑林。書於石上。尋書出答。後又書比量於石。與弟子同封記之。至明旦往看。石上書答訖。如是陳那又書比量於石上。難彼外道。至二三日方答得。陳那復書。至七日後方答。如是又書其石。並不書出答詞。被陳那難詰。其石汗出。大吼振破。昇在空中。所以世云陳那有吼石之能也。變身為石。而能形文對答者。可謂心境同原。自他一際。有情無情。同一體性。如漩澓頌云。若人欲識真空理。心內真如還遍外。情與無情同一體。處處名為真法界。又首楞嚴經云。根塵同原。縛脫無二。識性虛妄。猶若空華。知見立知。即無明本。知見無見。斯即涅槃無漏真淨。云何是中更容他物。石吼振破者。是知妙理難虧。真心莫易。可以摧邪轉正。去偽存真。且如金石至堅。尚能隳壞。豈況浮言汎解。而能移易乎。

0138b18：請說而願捧足傾心。

《400》　　　　西天有陳那菩薩。世稱命世。賢劫千佛之一也。山神捧菩薩足。高數百尺。唱言。佛說因明。玄妙難究。如來滅後。大義淪絕。今幸福智攸邈。深達聖旨。因明論道。願請重弘。因許所請。遂造因明正理門論。又如釋迦如來初得道時。梵王請轉法輪。亦如舍利弗請佛說法華經等。皆是傾心瀝懇。三請方說。

0138c01：廣長舌之敷揚。

《401》　　　佛說法華經。出舌至梵天。說阿彌陀佛經時。舌覆大千世界。以凡夫人舌過鼻尖。表三生不妄語。聖人出舌至髮際。以佛說法華一乘等心地法門時。舌出過凡聖之上。以表所說心法真實。起眾生信故。

0138c07：暫披而即能熏種。

《402》　　　法華經云。須臾聞之。即得阿耨菩提。又云。一句染神。歷劫不忘。如華嚴策林。問。罪有淺深。位有階降。阿鼻地獄極惡罪人。如何頓超便階十地。若言經力。或推佛光。何不獄中談經。何借光明常照。仰申所以。用顯大違。答。圓頓教海。德用難思。諸佛威神。利樂叵測。然其化物。要在有緣。地獄罪人。昔聞圓法。具金剛種。得遇佛光。光流成道之時。則是根機已熟。冥機叩聖。感應道交。亦似萌芽。久含陽氣。東風一拂。頓示抽條位雖頓圓。久因積善。若非其器。亦不遇斯光。諸地久修。果無頓得。其由影隨質妙。響逐聲倫。理數而然。亦何致惑。善惡之法。皆是熏成矣。

0138c20：五實語之剖析。

《403》　　　五語者。金剛經云。一真語。二實語。三如語。四不誑語。五不異語。此表所說一心金剛般若之法不虛。以金剛是不可壞義。般若即無二之旨。

0138c24：一覽而須納千金。

《404》　　　因明鈔云。玄鑒居士。是護法菩薩門徒。護法造得唯識槀本一百卷。臨入滅時。將付玄鑒居士云。支那菩薩到。為將分付。此土如有人借看。但覓取金一百兩。可借與看一遍。三藏於居士處。得此槀本歸。翻為十卷。即成唯識論是也。又天親菩薩造唯識三十頌。付一居士。亦囑云。若有要看者。索金一兩。邇後門庭來求觀者。輸金如市。是知古人。重教輕珍。敬人愛法。況聞之入道。便為出世之人。豈世間珍寶而為酬比耶。故法華經偈云。若有聞法者。無一不成佛。

0139a11：舉止施為。現大神變。

《405》證道歌云。三身四智體中圓。八解六通心地印。如今眾生身中三身者。寂是法身。智是報身。用是化身。四智者。前眼等五識。是成所作智。第六意識。是妙觀察智。第七末那識。是平等性智。第八阿賴耶識。是大圓鏡智。在眾生時。智劣識強。但名為識。當佛地時。智強識劣。但名為智。祇轉其名。不轉其體。又歌云。六般神用空不空。一顆圓。光色非色。又志公和尚歌云。運用元來聲色中。凡夫不了爭為計。

0139a20：理不偏而事不孤。行常順而道常遍。即多用之一體。同時頓具而非分。於一體之多門。前後交羅而齊現。

《406》出世之道。理由心成。處世之門。事由心造。若以唯心之事。一法即一切法。舒之無邊。以唯心之理。一切法即一法。卷之無跡。因卷而說一。此法未曾一。因舒而說多。此法未曾多。則非一非多。有而不有。而多而一。無而不無。華嚴記云。一多十門分別者。一孤標獨立者。即頌云。多中無一性。一亦無有多。二法互奪故。故得獨立。亦一即多而唯多。多即一而唯一。廢己同他。故云獨立。二雙現同時。即頌云。知以一故眾。知以眾故一。無一即無多。無多即無一。故二雙現。更無前後。如牛二角。三兩相俱亡。即前二俱捨也。四自在無礙者。欲一即一。不壞相故。欲多即多。一即多故。一既如此。多亦準之。常一常多常即。故云自在。五去來不動者。一入多而一在。多入一而多存。若兩鏡相入。而不動本相。相即亦然。六無力相持者。因一有多。多無力而持一。因多有一。一無力持多。七彼此無知者。二互相依。皆無體性。故不相知。覺首云。諸法無作用。亦無有體性。是故彼一切。各各不相知。八力用交徹者。即頌云。一中解無量。無量中解一義。九自性非有者。互為因起。舉體性空。十究竟離言者。不可言一。不可言非一。不可言亦一亦非一。不可言非一非非一。不可言相即。以相入故。不可言相入。以相即故。不可言即入。不壞相故。不可言不即入。互交徹故。口欲言而辭喪。心將緣而慮亡。唯證智知。同果海故。一多既爾。染淨等無不皆然。又如善財遍求遍事。此一乃即多之一。故至普賢一時頓圓。則是即一之多。一多無礙。故曰難思。又三昧章云。一諸門融合。圓明頓現。具足一切也。二隨舉一門。亦具一切。三隨舉一義。亦具一切。四隨舉一句。亦具一切。五以此圓分。俱是總相。是故融攝一切。六俱是別相。莫不皆是所攝一切。七俱是同相。能所攝義齊均同故。八俱是異相。義各別不相離故。九俱是成相。緣起義門正立俱現故。十俱是壞相。緣起無作同一味故。

0139c08：美惡無體。唯想任持。聲響冥合。形影相隨。

《407》　　　夫十惡業。因從心生。果還心受。於生報。後報。現報。總三報之中。生後二報。事在隔生。於現報之中。見聞親驗。此是增上業果。於總別報中。現身便變。如自鏡錄云。新羅國大興輪寺。第一老僧。厥名道安。自小出家。即住茲寺。又薄解經論。為少長所宗。然於飲食。偏好簡擇。一味乖心。杖楚交至。朝夕汲汲。略無暇日。眾雖患之。莫能救止。後因抱疾。更劇由來。罵詈瞋打。揮擲器物。內外親隣。不敢瞻視。經數日。遂生變作蛇。身長百餘尺。號吼出房。徑赴林野。道俗見聞。莫不傷心而誡矣。此即瞋火從自心而發。還燒自身。瞋之一法既然。八萬四千煩惱亦爾。

0139c20：胎獄華池。受報而自分優劣。瓊林棘樹。稟生而各具榮衰。

《408》　　　淨名經云。心淨故眾生淨。心垢故眾生垢。起信論云。染淨諸法。皆相待而成。故知垢淨由心。更無別體。莊嚴論云。諸行剎那增上者。如佛說。心將世間去。心牽世間來。由心自在。世間隨轉。識緣名色。此說亦爾。故知諸行是心果。又隨淨者。淨是禪定人心。彼人諸行。隨淨心轉。修禪比丘。具足神通。心得自在。若欲令木為金。則得隨意。故知諸行皆是心果。如作罪眾生。可得外物。一切下劣。作福眾生。可得外物。一切妙好。故知諸行皆是心果。當知一切萬法。既以心為因。亦以心為果。雖然淨穢顯現不同。於心鏡中。如光如影。了不可得。

0140a09：明斷由人。斯言可聽。運意而須契正宗。舉步而莫行他徑。

《409》　　　　心鏡錄中。問。真心靡易。妙性無生。凡聖同倫。云何說妄。答。本心湛寂。絕相離言。性雖自爾。以不守性故。隨緣染淨。且如一水。若珠入則清。塵雜則濁。又如一空。若雲遮則昏。月現則淨。故大智度論云。譬如清淨池水。狂象入中。令其渾濁。若清水珠入。水即清淨。不得言水外無象無珠。心亦如是。煩惱入故。能令心濁。諸慈悲等善法入心。令心清淨。然垢淨不定。真妄從緣。若昧之。則念念輪迴。遺失真性。若照之。則心心寂滅。圓證涅槃。故知真妄無因。空有言說。約真無說。約說無真。皆是狂迷情想建立。千途竟起。空迷演若之頭。一法纔生。唯現闍婆之影。

0140a23：如急湍之水。逐南北而分流。

《410》　　　　人性如急湍水。決東即東。決西即西。方圓任器。曲直隨形。心之性柔。亦復如是。

0140b02：似蚖蠓之身。食青黃而不定。

《411》　　　　如蚖蠓蟲。食蒼而身蒼。食黃而身黃。如云。心大般若大。心小般若小。則轉變由心矣。

0140b05：如來之藏。萬德之林。湛然無際。曷用推尋。木母變色之時。生於孝意。

《412》如丁蘭至孝。剋木為母。晨昏敬養。形喜慍之色。土木不變。唯心感耳。亦如世間致生祠堂。有政德及民。往往有遺愛去思。為立祠宇。中塑像。以四時饗之。其人當饗祭日。則酒氣腹飽。

0140b11：金像舒光之日。起自誠心。

《413》或志心供養尊像。而放光明者。皆是志誠所感。如經云。一切化佛。從敬心起。又書云。河嶽不靈。唯人所感。

0140b15：引喻何窮。證明非一。理理而悉具圓常。事事而皆談真實。

《414》如法華經云。唯此一事實。餘二即非真。以一心是萬法之實性故。又頌云。雖說種種。道其實為一乘。是以釋摩訶衍論云。一切諸法一心量。無心外法。以無心外法故。豈一心法與一心法作障礙事。亦一心法與一心法作解脫事。無有障礙。無有解脫。一心之法。一即是心。心即是一。無一別心。無心別一。一切諸法。平等一味。一相無相。作一種光明心地之海。

0140c01：似幻師觀技而無著。了是心生。如調馬見影而弗驚。知從身出。

《415》幻師幻出男女之形。而心不著。知是自幻術心生。如調馬見影不驚。知影從我形出。則心不見心。無相可得。

0140c06：諸塵不隔。此旨堪遵。變化莫測。緜密難論。如善財不出道場。遍歷百城之法。

《416》李長者論云。善財遍巡諸友。歷一百十城之法。不出娑羅之林。慈氏受一生成佛之功。不出一念無生性海。

0140c11：猶海幢常冥寂定。廣開佛事之門。

《417》　　　　　華嚴經云。海幢比丘。結跏趺坐。入於三昧。離出入息。無別思覺。身安不動。從其足下。出無數百千億長者居士婆羅門眾。皆以種種諸莊嚴具。莊嚴其身。悉著寶冠。頂繫明珠。普往十方一切世界。雨一切寶。一切纓絡。一切衣服。一切飲食如法上味。一切華。一切鬘。一切香。一切塗香。一切欲樂資生之具。於一切處。救攝一切貧窮眾生。安慰一切苦惱眾生。皆令歡喜心意清淨。成就無上菩提之道。如金剛三昧經云。空心不動。足具六波羅蜜。

0140c21：最上之宗。第一之說。大悟而豈假他求。內證而應須自決。似冰含水。融通而豈有等倫。

《418》　　　　　冬則結水成冰。春則釋冰成水。時節有異。溼性不動。眾生佛性亦爾。在凡身如結冰。居聖體如釋水。但隔迷悟之時。一心不動。

0141a02：如金與鐶。展轉而更無差別。

《419》　　　　　密嚴經頌云。如來清淨藏。世間阿賴耶。如金與指鐶。展轉無差別。以如來藏不守自性。隨緣六道。如金逐工匠之緣。造作瓶盤眾器。雖隨緣轉。而不失金體。如來藏亦復如是。雖隨染緣作眾生。是隨緣義。而不失自體。是不變義。

註心賦 卷第三 終

● 註心賦 卷第四 ●

宋杭州慧日永明寺智覺禪師延壽述

0141a15：若空孕色。猶藍出青。馬鳴因茲而製論。

《420》　　　　馬鳴菩薩。是西天第十二祖師。造一千部論。數內有一心遍滿論。乃至諸論。皆研心起。離眾生心。無一字可說。故云。無法可說。是名說法。又如天親菩薩。造頌及論。成立佛經。令諸學者。了知萬法。皆不離心。故云。自心起信。還信自心。

0141a21：釋迦由此而弘經。

《421》　　　　諸佛證心成佛。從心演教。因心度人。若離於心。亦無三寶四諦。世出世間等法。如肇論云。為莫之大故。乃反於小成。施莫之廣故。乃歸於無名。何謂小成。通百千恒沙之法門。在毛頭之心地。何謂無名。形教遍於三千。無名相之可得故。以唯是一心故。如傅大士行路難云。君不見心相微細最奇精。非因非緣非色名。雖復恬然非有相。若凡若聖己之靈。此靈無形而常應。雖復常應實無形。心性無來亦無去。流轉六趣實無停。正覺覺此真常覺。方便鹿苑制尊經。

0141b08：外道打髑髏之時。察吉凶之往事。

《422》　　　　增一阿含經云。佛與鹿頭梵志俱行。至大畏林。取人髑髏。授與鹿頭。此外道善解諸聲。問云。此是何人髑髏。鹿頭打作一聲。答云。此是男子。因百節酸疼故命終。今生三惡道。又打一髑髏云。被人害死。此人持十善。今得生天。佛一一問之。皆答不謬。是以聲中本具諸法。眾生日用不知。故知聲處全耳。法法皆心故。

0141b16：相者占人面之際辯。貴賤之殊形。

《423》　　　　定慧論云。如人面色。具諸休否。若言有相。問者不知。若言無相。占者淵解。當隨善相者。信人面上具一切相也。心亦如是。具一切相。眾生相隱。彌勒相顯。如來善知。故遠近皆記。不善觀者。不信心具一切相。當隨如實觀者。信心具一切相也。又如彌勒相骨經云。一念見色。有三百億五陰生滅。一一五陰。即是眾生。

0141b24：大體平分。玄基高峙。十心九識之宗。

《424》　　　　十心者。華嚴疏云。此一心。約性相體用本末即入等義。有十心門。一假說一心。則二乘人。謂實有外法。但由心變動。故說一心。二相見俱存故說一心。此通八識及諸心所。并所變相分。本影具足。由有支等熏習力故。變現三界依正等報。三攝相歸見故說一心。亦通王數。但所變相分。無別種生。能見識生。帶彼影起。四攝數歸王故說一心。唯通八識。以彼心所依王無體。亦心變故。五以末歸本說一心。謂七轉識。皆是本識差別功能。無別體故。經偈云。譬如巨海浪。無有若干相。諸識心如是。異亦不可得。六攝相歸性說一心。謂此八識皆無自體。唯如來藏平等顯現。餘相皆盡。一切眾生即涅槃相。經云。不壞相有八。無相亦無相。七性相俱融說一心。謂如來藏舉體隨緣。成辦諸事。而其自性本不生滅。即此理事混融無礙。是故一心二諦。皆無障礙。八融事相入說一心。謂由心性圓融無礙。以性成事。事亦鎔融不相障礙。一入一切。一一塵內。各見法界。天人脩羅等。不離一塵。九令事相即說一心。謂依性之事。事無別事。心性既無彼此之異。事亦一切即一。如經偈云。一即是多。多即一等。十帝網無礙說一心。謂一中有一切。彼一切中復有一切。重重無盡。皆以心識如來藏性圓融無盡。以真如性畢竟無盡故。觀一切法即真如故。一切時處皆帝網故。九識者。一眼識。二耳識。三鼻識。四舌識。五身識。六意識。

七末那識。八阿賴耶識。九真識。九識者。以第八染淨別開為二。以有漏為染。無漏為淨。前七識不分染淨。以俱是轉識攝故。第八既非轉識。獨開為二。謂染與淨。合前七種。故成九識。又第九識。亦名阿陀那識。密嚴經說九識為純淨無染識。如瀑流水。生多波浪。諸波浪等以水為依。五六七八等。皆以阿陀那識為依故。

0142a08：三細六麤之旨。

《425》　　　　三細者。一者業相。即無明業相。以依不覺故心動。說名為業。覺則不動。動則有苦。果不離因故。二者轉相。即能見相。以依動故能見。不動則無見。三者現相。即境界相。以依能見故境界妄現。離見則無境界。第一業相。未分能所。第二轉相。漸立見分。第三現相。頓現相分。論云。不覺故心動者。動為業識。理極微細。謂本覺心因無明風。舉體微動。微動之相。未能外緣。即不覺故。為精動隱流之義。精者細也。隱者密也。即是細動密流難覺故。所以云不覺。謂從本覺有不覺生。即為業相。喻如海微波。從靜微動。而未從此轉移本處。轉相者。假無明力。資助業相。轉成能緣。有能見用。向外迴起。即名轉相。雖有轉相。而未能現五塵。所緣境相。喻如海波浪。假於風力。兼資微動。從此擊波轉移而起。現相者。從轉相而成現相。方有色塵山河大地器世間等。如仁王經云。初剎那識異於木石者。有說初識。隨於何趣續生位中。最初剎那第八識也。識有緣慮。異於木石。有說初識。如楞伽經云。諸識有三種相。謂轉相。業相。真相。言真相者。本覺真心。不籍妄緣。名自真相。業相者。根本無明。起靜令動。動為業識。極微細故。轉相者。是能見相。依前業相轉成能緣。雖有能緣。而未能顯所緣境故。現相者。即境界相。依前轉相。能現境故。又云。頓分別知自心及身。安立受用境界如次。即是根身外器色等五境。以一切時任運現故。此是三細。即本識故。最初業識。即為初依生起門為次第故。又遠劫來。時無初始。過未無體。熏習唯心。妄念為初。違真起故。又從靜起動。名之為業。從內趣外。名之為轉。真如之性不可增減。名為真相。亦名真識。此真識。即業轉現等三性。即神解性。不同虛空。通名識。亦名自相。不籍他成故。亦名智相。覺照性故。所以云。本覺真心。不籍妄緣。以真心之體。即是本覺。非動轉相。是覺性故。又釋云。初剎那識異於木石者。謂一念識有覺受故。異於木石。即顯前念中有末心所見赤白二穢。即同外器木石種類。此識生時。攬彼為身。故異木石。問。遠劫無始。名初識耶。答。過去未來無體。剎那熏習。唯屬現在。現在正起妄念之時。妄念違真。名為初識。非是過去有識創起。名為初識也。應知橫該一切處。豎通無量時。皆是即今現在一心。決無別法。所以法華經云。我觀久遠猶若今日。則三世情消。契無時之正軌。一真道現。證唯識之圓宗。已上釋三細相訖。次解六麤相者。論云。後以有境界緣故。復生六種相。故名麤。六麤者。一起計。一者智相。依於境界。心起分別。愛與不愛故。二生愛。二者相續相。依於智故。生其苦樂。覺心起念。相應不斷故。三取著。三者執取相。依於相續。緣念境界。住持苦樂。心起著故。四立名。四者計名字相。依於妄執。分別假名言相故。五造業。五者起業相。依於名字。尋名取著。造種種業故。六受報。六者業繫苦相。以住業受報。果不自在故。上三細六麤。總攝一切染法。皆因根本無明。不了真如一心而起。

0142c12：根身國土。因本識而先生。

《426》　　　　　根身器世間。從第八識而建立。如唯識論云。一切三界。但唯有識。識有二種。一顯識。即是本識。此本識。轉作五塵四大等。二分別識。即是意識。於顯識中。分別作人天長短大小男女諸佛等。分別一切法。譬如依鏡影色得起。如是緣顯識。分別識得起。又轉識。能迴轉造作無量識法。或轉作根。或轉作塵。轉作我。轉作識。如此種種不同。唯識所作。

或於自於他。互相隨逐。於自則轉為五陰。於他則轉為怨親中人。一一識中。皆具能所。能分別是識。所分別是境。能即依他性。所即分別性。由如此義。離識之外。更無別境。但唯有識。又轉識論。明所緣識。轉有二種。一轉為眾生。二轉為法。一切所緣。不出此二。此二實無但是識轉作二相貌也。又論云。雖非無色。而是識變。謂識生時。內因緣力。變似眼等。色等相現。即以此相。為所依緣。然眼等根。非現量得。以能發識。比知是有。此但功能。非外所造。外有對色。理既不成。故應但是內識變現。釋云。眼等雖有所依所緣之色。而是識所變現。非是心外別有極微以成根境。但八識生時。內因緣種子力等。第八識變似五根五塵。眼等五識。依彼所變根。緣彼本質塵境。雖親不得。要託彼生。實於本識色塵之上。變作五塵相現。即以彼五根為所依。以彼及此二種五塵為所緣緣。五識若不託第八所變。便無所緣緣。所緣緣中。有親疏故。然眼等根非現量者。色等五塵。世間共見。現量所得。眼等五根。非現量得。除第八識緣及如來等緣。是現量得。世不共信餘散心中無現量得。此但能有發識之用。比知是有。此但有功能。非是心外別有大種所造之色。此功能言。即是發生五識作用。觀用知體。如觀生芽。比知種體是有。所以密嚴經偈云。眼色等為緣。而得生於識。猶火因薪熾。識起亦復然。境轉隨妄心。猶鐵逐磁石。如乾城陽燄。愚渴之所取。中無能造物。但隨心變異。復如乾城人。往來皆不實。眾生身亦爾。進止悉非真。亦如夢中見。寤後即非有。妄見蘊等法。覺已本寂然。四大微塵聚。離心無所得。

0143a24：妍醜高低。從分別而潛起。

《427》　　　凡分別。屬第六意識。分別有三。一自性分別。二隨念分別。三計度分別。如祖師偈曰。境緣無好醜。好醜起於心。心若不強名。妄心從何起。妄心既不起。真心任遍知。

0143b05：矗然端直。靡歷光陰。德用之道恢廓。善巧之門甚深。

《428》　　若不先了真如一心。為自行化他之本。曷能酬本願。起化輪。垂善巧權門。備無邊德用。如十住經序云。以靈照故。統名一心。以所緣故。總號一法。若夫名隨數變。則浩然無際。統以心法。則未始非一。又十二門論序云。論之者。欲以窮其心源。盡其至理也。若一理之不盡。則眾異紛然。有惑趣之乖。一源之不窮。則眾途扶疎。有殊致之迹。殊致之不夷。乖趣之不泯。大士之憂也。

0143b14：金地酥河。匪出化源之意。

《429》　　百法鈔云。十地菩薩。所變大地為黃金。攪長河為酥酪。化肉山魚米等事。令眾生得實用。此皆不離大菩薩之心。然地種不動。但令所度眾生自心感見。乃是菩薩本願力為增上緣。令眾生見如是事。

0143b19：人波鬼火。寧離業識之心。

《430》　　唯識論云。且如一水。四見成差。天見是寶嚴地。人見是水。餓鬼見是火。魚見是窟宅。故知前塵無定相。轉變由人。如云。境隨業識轉。是故說唯心。識論云。身不定如鬼者。或見猛火。或見膿河等。實是清河。無外異境。然諸餓鬼。悉皆同見膿滿河而流。乃至慳悋業熟同見此。若由昔同業各熏自體。此時異熟皆並現前。彼多有情同見斯事。實無外境。為思憶故。準其道理。世間亦然。共同造作所有熏習成熟之時更無別相。色等相分從識而生。是故定知不由外境。識方得起。現見有良家賤室貧富等異。如是便成見其色等應有差別。同彼餓鬼見成非等。然諸餓鬼雖同一趣。見亦差別。由業異故。所見亦然。彼或有見大熱鐵圍。融煮迸灒。或時見有屎尿橫流。非相似故。或有雖同人趣。薄福之人。金帶現時。見為鐵鏁。或見是蛇。吐其毒火。是故定知。雖在人趣。亦非同見。但唯識變。法無差別。如先德云。人水鬼火。豈在異方。毛海芥山。誰論巨細。一塵一識。萬境萬心矣。又襄邑縣有賴鄉。鄉中有廟。廟有九井。若齋潔入祠者。汲水則溫清。若濫濁入祠者。汲水則混濁。又漢時鄭弘。夜宿郊外一川澤。忽逢故友。四顧荒榛。沽酒無處。因投錢水中。各飲水而醉。故知境隨業識而轉。物逐情感而生。若離於心。萬法何有。

0143c19：跡現多門。光韜實地。不用天眼而十方洞明。

《431》　　　華嚴疏云。菩薩悟普法故。名為普眼。眼外無法。故名普眼。既心眼之外。無纖毫之法。即知心遍一切處。故楞嚴經云。十方虛空生汝心中。猶如片雲點太清裏。豈空中十方國土。而不明見乎。所以志公和尚偈云。大士肉眼圓通。二乘天眼有瞖。又淨名經云。不以二相見。名真天眼。以了一心。無相可得。由無相即無有二。是名真天眼。

0144a03：豈運神通而千界飛至。

《432》　　　不動一心。恒遍十方剎海。無來去之相。是神足通。故經云。諸佛菩薩。於無二法中。現大神變矣。

0144a06：未離兜率。雙林而已般涅槃。

《433》　　　華嚴論明如來八相成道。釋天猶未下。母胎猶未出。雙林而已般涅槃。不出一剎那際三昧。當知降生時。即是說法時。即是涅槃時。以不出一心故爾。肇論涅槃論云。至人空洞無像。而物無非我。會萬物以為己者。其唯聖人乎。何則。非理不聖。非聖不理。理而為聖者。聖不異理也。故天帝曰。般若當於何求。善吉曰。般若不可於色中求。亦不可離色中求。又曰。見因緣起為見法。見法為見佛。斯則物我不異之教。所以至人戢玄機於未兆。藏冥運於即化。總六合以鏡心。一去來以成體。古今通。始

937

終同。窮本極末。莫之與二。浩然大均。乃曰涅槃。

0144a18：不起樹王。六欲而早昇忉利。

《434》　　華嚴經云。不離覺樹而昇釋天。古釋云。若約處相入門。以一處中有一切處故。是此天宮等本在樹下。故不須起。然是彼用。故說昇也。若約相入門。以一處入一切處故。樹遍天中。亦不須起。欲用天宮表法昇進。故云昇也。然佛體無不遍周。但隨眾生心想見。如不思議經云。以一切佛一切諸法。平等平等皆同一理。如陽燄等。一切眾生及諸如來一切佛土。皆不離想。乃至若我分別。佛即現前。若無分別。都無所見。想能作佛。離想無有。如是三界一切諸法。皆不離心。

0144b05：堅貞難並。泡沫非同。立絕相之相。

《435》　　金剛經云。若見諸相非相。則見如來。以心無形相。故號無相法門。亦名無相道場。若於一切相。見無相之理。即見唯心如來。

0144b09：運無功之功。

《436》　　向心外有作。皆是有功。若諦了一心本來具足無漏性起功德。則是無功之功。故云。有功之功。功歸敗壞。無功之功。功不虛棄。

0144b13：慈勅分明。始因四念之處。

《437》　　大涅槃經最後垂示。總前教迹同此指歸以四念處。即是心賦所明一切眾生身受心法。如經云。佛告阿難。如汝所問佛涅槃後依何住者。阿難。依四念處嚴心而住。觀身性相同於虛空。名身念處。觀受不在內外。不住中間。名受念處。觀心但有名字。名字性離。名心念處。觀法不得善法。不得不善法。名法念處。阿難。一切行者應當依此四念處住。

又云。譬如國王。安住己界。身心安樂。若在他界。則得眾苦。一切眾生亦復如是。若能自住於己境界。則得安樂。若至他界。則遇惡魔。受諸苦想。自境界者。謂心四念處。他境界者。謂五欲也。華手經云。佛告跋陀婆羅。於爾時世。一切善人應作是念。我等當自依四念處者。於聖法中。一切諸法皆名念處。何以故。一切諸法常住自性。無能壞故。一切諸法皆名念處者。故知即法是心。即心是法。皆同一性。豈能壞乎。若有二法。則有相壞。大寶積經偈云。得無動處者。常住於無處。無動處者。則自心境界。此境界即無處所。如金剛三昧經云。心無邊際。不見處所。論釋云。心無邊際者。歸一心原。心體周遍。遍十方故無邊。周三世故無際。雖周三世。而無古今之殊。雖遍十方。而無此彼之處。故言不見處所。大法炬陀羅尼經云夫念處者。云何念義。當知是念。無有違諍。隨順如法。趣向平等。離諸邪念。無有移轉及諸別異。唯是一心。

0144c14：教文審的。終歸三點之中。

《438》　　　三點者。如世∴字三點。不縱不橫。不並不別。所謂解脫。法身。般若。夫法身即是人人須有。靈智故名般若。若得般若。則一切處無著。不為境縛。即是解脫。又若顯法身而得解脫。則功全由般若。非唯此二法。一切萬行皆因般若成立。故五度如盲。般若如導。若布施無般若。唯得一世榮。後受餘殃債。若持戒無般若。暫生上欲界。還墮泥犁中。若忍辱無般若。報得端正形。不證寂滅忍。若精進無般若。徒興生滅功。不趣真常海。若禪定無般若。但行色界禪。不入金剛定。若萬善無般若。空成有漏因。不契無為果。故知般若。是險惡徑中之導師。迷闇室中之明炬。生死海中之智檝。煩惱病中之良醫。碎邪山之大風。破魔軍之猛將。照幽途之赫日。警昏識之迅雷。抉愚盲之金鎞。沃渴愛之甘露。截癡網之慧刃。給貧乏之寶珠。若般若不明。萬行虛設。祖師云。不識玄旨。徒勞念淨。不可剎那忘照。率爾相違。以此三法。不縱不橫。非一非異。能成涅槃祕藏。如大涅槃經云。佛言。我今當令一切眾生。及以我子四部之眾。悉皆安住祕密藏中。我亦復當安住是中。入於涅槃。何等名為祕密之藏。猶如∴字。三點若並。則不成∴。縱不成∴。如魔醯首羅面上三目。乃得成∴。三點若別。亦不得成。我亦如是。解脫之法亦非涅槃。如來之身亦非涅槃。摩訶般若亦非涅槃。三法各異亦非涅槃。我今安住如是三法。為眾生故名入涅槃。所以云。法身常。種智圓。解脫具一切。皆是佛法。無有優劣。故不縱。三德相冥。同一法界。出法界外。何處別有法。故不橫。能種種建立。故不一。同歸第一義。故不異。雖三而一。雖一而三。一則壞於三諦。異則迷於一實。在境則三諦圓融。在心則三觀俱運。在因則三道相續。在果則三德周圓。如是本末相收。方入大涅槃祕密之藏。古德云。此之三德。不離一如。德用分異。即寂之照為般。若。即照之寂為解脫。寂照之體為法身。如一明淨圓珠。明即般若。淨即解脫。圓體即法身。約用不同。體不相離。故此三法。不縱不橫。不並不別。如天之目。似世之∴。名祕密藏。為大涅槃。又台教類通三軌法。一真性軌。二觀照軌。三資成軌。即是三德。以真性軌為一乘體。此為法身。一切眾生悉一乘故。以觀照軌為般若。祇點真性寂而常照。便是觀照第一義空。以資成軌為解脫。祇點真性法界含藏諸行。無量眾善即如來藏。三法不一不異如點。如意珠中論光論寶。光寶不與珠一。不與珠異。不縱不橫。三法如是。

0145b10：性非造作。

《439》　　性地圓成。非干意造。故圓教立無作四諦。

0145b12：理實鎔融。

《440》　　鎔者銷也。融者和也。理能銷萬事。和百法。終歸一道。

0145b15：明之而心何曾動。昧之而路自迷東。

《441》　　　起信論云。復次顯示從生滅門即入真如門。所謂推求五陰。色之與心。六塵境界。畢竟無念。以心無形相。十方求之終不可得。如人迷故謂東為西。方實不轉。眾生亦爾。無明迷故謂心為念。心實不動。若能觀察知心無念。即得隨順入真如門故。

0145b21：任竭海移山。未是無為之力。縱躡虛履水。皆為有漏之通。

《442》　　　法華經頌云。若接須彌。擲置他方無數佛土。亦未為難。若以足指動大千界。遠擲他國。亦未為難。乃至若佛滅後。於惡世中能說此經。是則為難。又西天外道。以持呪力。能移山塞海。及得五神通。皆不免生死。但能覺了即心是佛。復能開示自覺覺他。紹隆佛種。此難信之法。淺機難解。故云能說此經是則為難。是以寶藏論云。通有五種。一曰道通。二曰神通。三曰依通。四曰報通。五曰妖通。妖通者。狐狸老變。木石精化。附傍人神。聰慧奇異。此謂妖通。何謂報通。鬼神逆知。諸天變化。中陰了生。神龍隱變。此謂報通。何謂依通。約法而知。緣身而用。乘符往來。藥餌靈變。此謂依通。何謂神通。靜心照物。宿命記持。種種分別。皆隨定力。此謂神通。何謂道通。無心應物。緣化萬有。水月空華。影像無主。此謂道通矣。

0145c14：辯玉須真。探珠宜靜。但向境外而求心。焉知圓光而在眚。

《443》　　　眚者目病。首楞嚴經云。如世間人目有赤眚。夜見燈光別有圓影五色重疊。此況迷心為境之人。不知境是自心。如燈上圓光。認為他境。

0145c19：捏目之處。飛三有之虛華。

《444》　　　首楞嚴經云。三界有法。捏所成故。於欲界色界無色界中

941

所有之法。皆是揑出。本無來處。徹底唯空。又如揑目生華。有何真實。唯有真心遍一切處。有佛無佛。性相常住。故經云。眼病見空華。除瞖不除華。妄心執有法。遣執不遣法。又一切國土。皆想持之。取像曰想。若無想則無境。如盛熱時。地蒸炎氣。日光爍之。遠望似水。但是心想。世間所見。皆如㷿水。無有真實。如華嚴經頌云。勇猛諸佛子。隨順入妙法。善觀一切想。心想方世間。眾想如陽㷿。令眾生倒解。菩薩善知想。捨離一切倒。眾生各別異。形類非一種。了達皆是想。一切無真實。十方諸眾生。皆為想所覆。若捨顛倒見。則滅世間想。世間如陽㷿。以想有差別。知世住於想。遠離三顛倒。譬如熱時㷿。世見謂為水。水實無所有。智者不應求。眾生亦復然。世趣皆無有。如㷿住於想。無礙心境界。

0146a11：迷頭之時。認六塵之幻影。

《445》　　　首楞嚴經云。佛言。富樓那。汝豈不聞室羅城中演若達多。忽於晨朝以鏡照面。愛鏡中頭眉目可見。瞋責已頭不見面目。以為魑魅。無狀狂走。此人何因無故狂走。富樓那言。是人心狂。更無他故。是以三界之中。見有見無。盡是心狂。終無外境。

0146a17：順法界性。合真如心。智必資理而成照。理不待發而自深。意絕思惟。鑒徹十方之際。佛不說法。聞通無盡之音。

《446》　　　意絕思惟者。寶雨經云。如理思惟。是名供養一切如來。如理思惟者。即是絕一切思惟。如六祖云。善惡都莫思量。自然得入心體。佛不說法者。大涅槃經云。若知如來常不說法。是名具足多聞。所以法華玄義云。手不執卷。常讀是經。口無言音。遍誦眾典。佛不說法。恒聞梵音。心不思惟。普照法界。故知不動真心。獲如是功德。

0146b03：莫摘枝苗。須搜祖禰。豁爾而無明頓開。湛然而情塵自洗。惡從心起。如鐵孕垢而自毀鐵形。善逐情生。猶珠現光而還照珠體。

《447》　　　猶珠現光而還照珠體者。如古釋云。止觀無所現有三義者。一無心現約止。二所現空約觀。三無別體約止觀契合。又一約心。二約境。三心境兩冥。又一約智。二約理。三理智冥契。就第三義中疏先正釋。後自體顯照故名為覺者。通妨謂有難言。若無別體。何能普現眾生心行。故答云。自體顯現。如珠有光。自照珠體。珠體喻心。光喻於智。心之體性。即諸法性。照諸法時。是自照故。引起信文甚分明。然論問曰。虛空無邊故世界無邊。世界無邊故眾生無邊。眾生無邊故心行差別亦復無邊。如是境界不可分劑難知難解。若無明斷無有心想。云何能了名一切種智。答曰。一切境界本來一心。離於想念。以眾生妄見境界。故心有分劑。以妄起想念不稱法性。故不能決了。諸佛如來離於見想無所不遍。心真實故。即是諸法之性。自體顯照一切妄法。有大智用無量方便。隨諸眾生所觀得解。皆能開示種種法義。是故得名一切種智。

0146b23：鵠林大意。須歸準憑。

《448》　　　法華經頌云。世尊法久後。要當說真實。

0146c01：形端影直。風靜波澄。辯偽識真。如試金之美石。除昏鑒物。猶照世之明燈。

《449》　　　密嚴經頌云。照耀如明燈。又如試金石。正道之標相。遠離於斷滅。夫世間出世間一切萬法。但以一心驗之。自無差別。似燈破闇。如石試金。悉皆去偽辯真。破邪歸正。故頌云正道之標相。自然不落斷常有無之見。故頌云遠離於斷滅。

0146c08：事絕纖毫。本無稱謂。因用之而不窮。從讚之而成貴。

《450》　　　心本無名。體亦寂滅。因用則無窮。因讚則成德。此皆為傳布故。隨順於世間矣。

0146c11：義天行布。重重之星象璨然。法海圓融。浩浩之波瀾一味。

《451》　　　華嚴有二門。一行布門。二圓融門。若行布。則一中無量。若圓融。則無量中一。如經云。一中解無量。無量中解一。了彼互生起。當成無所畏。又約事行布。約理圓融。皆不出心。了之成佛。故云當成無所畏。

0146c17：根塵泯合。能所雙銷。了了而如同眼見。一一而盡是心標。

《452》　　　若決定信入此唯識正理。速至菩提。如登車而立至遐方。猶乘舟而坐昇彼岸。如經所說。言大乘者。謂是菩提薩埵所行之路。及佛勝果。為得此故。修唯識觀。是無邊失方便正路。為此類故。顯彼方便。於諸經中種種行相而廣宣說。如地水火風并所持物。品類難悉。方處無邊。由此審知自心相現。遂於諸處捨其外相。遠離欣慼。復觀有海喧靜無差。棄彼小途。絕大乘望。及於諸有耽著之類。觀若險崖。深生怖畏。五趣中道。若知但是自心所作。無邊資糧。易為積集。不待多時。如少用功。能成大事。善遊行處。猶若掌中。由斯理故。所有願求。當能圓滿。隨意而轉。以了此界一法是心。則此知無邊法界皆是我心。故云善遊行處猶若掌中。又入楞伽經偈云。不生現於生。不退常現退。同時如水月。萬億國土見。一身及無量。身火及霑雨。心心體不異。故說但是心。心中但是心。心無心而生。種種色形相。所見唯是心。佛及聲聞身。辟支佛身等。復種種色身。但說是內心。又肇論云。淨名曰。不離煩惱而得涅槃。天女曰。不出魔界而入佛界。然則玄道在於妙悟。妙悟在於即真。即真則有無齊觀。有無齊觀則彼己莫二。所以天地與我同根。萬物與我一體。澄觀和尚云。實相心界者。依此心所生諸剎。譬如大海所生諸物。皆無不海。一切諸法皆從實相心所生。皆無不心。是故當知眼中所見色。耳中所聞聲。皆真法也。以一切法唯一法故。如經云。一切法唯一相故。於諸法中。若了觀心。如同眼見。

0147a21：照燭森羅。隨念而未曾暫歇。飛穿石壁。舉意而頃剋非遙。

《453》　　　此真心體。寂而常照。猶如鏡光。無有斷絕。如高成和尚歌云。應眼時。若千日。萬象不能逃影質。凡夫秖是未曾觀。何得退輕而自屈。應耳時。若幽谷。大小音聲無不足。十方鐘鼓一時鳴。靈光運運常相續。應意時。絕分別。照燭森羅終不歇。透過山河石壁間。要且照時常寂滅。

0147b05：絕觀通人。破塵上將。作智海之健舟。為法筵之極唱。

《454》　　　絕觀通人者。若云菩提涅槃真如解脫。皆是住觀之語。若親證一心。諸觀並息。又說此唯心法門時。法華經云。是第一之說。金剛經云。為最上乘者說。華嚴經云。不思議說。故云法筵之極唱。

0147b10：如虻附翔鶯之尾。迥登丹漢之程。猶聲入畫角之中。出透重霄之上。

《455》　　　如法性論云。問。本際可得聞乎。答。理妙難觀。故有不知之說。旨微罕見。故發幢英之問。有天名曰幢英。問文殊師利。所言本際。為何謂乎。文殊答曰。眾生之原。名曰本際。又問。眾生之原。為何謂乎。答曰。生死之本。為眾生原。又問。於彼何謂為生死本。答曰。虛空之本。為生死原。幢英於是抱玄旨而輟問。如悟不住之本。若然。則因緣之始。可聞而不可明。可存而不可論。問。虛空有本乎。答無。問。若無有本。何故云虛空之本為生死原。答。此猶本際之本耳。則於虛空無本。為眾本之宗。化表無化。為萬化之府矣。故知人心為凡聖之本。則凡亦是心。聖亦是心。以所習處下。不能自弘。諸佛將眾生心登妙覺。眾生將佛心溺塵勞。若以心託事則狹劣。若以事從心則廣大。凡世人多外重其事。而內不曉其心。是以所作皆非究竟。以所附處卑故耳。如搏牛之䖟。飛極百步。若附鷲尾。則一騫萬里。非其翼正。所託迅也。亦如牆頭之草。角裏之聲。皆能致其高遠者。所託之勝也。如入心法中。一一附於自心。則能毛吞巨海。塵含十方。豈非深廣乎。

0147c07：言言合道。法法隨根。對大心之高士。談普眼之法門。

《456》　　　心本無法。名為普眼。華嚴經云。海雲比丘語善財言。如來為我演說普眼法門。假使有人。以大海量墨。須彌聚筆。書寫於此普眼法門。一品中一門。一門中一法。一法中一義。一義中一句。不得少分。何況能盡。

0147c13：厚地金剛。穿之而始終不壞。

《457》　　　大涅槃經云。譬如有人。善知伏藏。即取利钁。斲地直下。盤石沙礫。直過無難。唯有金剛。不能穿徹。此況心性堅牢。不從前際生。不於中際住。不隨後際滅。不變不異。性相常存。

0147c18：雪山正味。流之而今古恒存。

《458》　　　大涅槃經云。雪山篅中。藥味常正。此況一切眾生一真之心。隨染緣時流轉五道。其性不減。乃至隨淨緣時成就佛身。性亦不增。隨緣而不失自性。故云。一切眾生一時成佛。佛界不增。眾生界不減。佛界即眾生故。又同一性故。

0147c24：一際無差。隨緣自結。曠代無減。十方咸說。如天寶器。任福而飯色不同。

《459》　　　如三十三天共食寶器。隨其福德。飯色有異。

0148a03：似一無為。隨證而三乘有別。

《460》　　　金剛經云。一切賢聖皆以無為法而有差別。此一心法。隨三賢十聖。約智淺深。證時各別。如大涅槃經云。十二因緣是一法。隨智證成四種菩提。上上智觀得諸佛菩提。上智觀得菩薩菩提。中智觀得緣覺菩提。下智觀得聲聞菩提。譬如黃石有金。上上福人烹出金。上福人烹出銀。中福人烹出銅。下福人烹出鐵。

0148a11：萬法萬形。皆逐心成。孤光一照。眾慮俱清。如瓶貯醍醐。隨諸器而不等。猶水分江海。逐流處而得名。

《461》　　　此一心法。是一際門。如醍醐一味無差。諸器自分大小。猶水一味不別。江海自分異名。

0148a15：直了無疑。襟懷自豁。非劣解情當。乃上根機奪。猶如庭雀。焉攀鴻鵠之心。還似井蛙。豈測滄溟之闊。

《462》　　　夫真如一心。圓信難解。且如在家凡夫。出家外道。皆是背覺合塵。不識自心境界。故云。海枯終見底。人死不知心。若是聲聞緣覺。但證生空。亦執心外有其實境。若藏通二教菩薩。設識自心。皆是緣生無性。徹底餐空。若大乘別教菩薩。雖知常住不空之心。能含十法界性。即今未具。直待熏修。次第生起。唯圓教菩薩。知自心即具十法界。一念圓足。則悟心大士。方了圓宗。高翥義天。深遊性海。豈凡小權漸之所建乎。又滄溟者。即況如來智海。如華嚴經云。佛子。此閻浮提。有二千五百河。流入大海。乃至如是大海。其水無量。眾寶無量。眾生無量。所依大地亦復無量。佛子。於汝意云何。彼大海為無量不。答言。實為無量。不可為喻。佛子。此大海無量。比如來智海無量。百分不及一。千分不及一。乃至優波尼沙陀分不及其一。但隨眾生心為作譬喻。而佛境界非譬所及。佛子。菩薩摩訶薩。應知如來智海無量。從初發心修一切菩薩行不斷故。應知所住眾生無量。一切學無學聲聞獨覺所受用故。應知住地無量。從初歡喜地乃至究竟無障礙地諸菩薩所居故。

0148b13：羣經之府。眾義之都。寫西來之的意。脫出世之真模。或徇他求。如鑽冰而覓火。但歸己解。猶向乳以生酥。

《463》　　鑽冰覓火者。違法性故。如心外求道。從乳求酥者。順法性故。似背境觀心。如還源觀云。明者德隆於即日。昧者望絕於多生。會旨者山岳易移。乖宗者錙銖難入。又普賢行願疏云。契文殊之妙智。宛是初心。入普賢之玄門。曾無別體。失其旨也。徒修因於曠劫。得其門也。等諸佛於一朝。

0148b21：正業常新。恒居本位。統一心之高廣。

《464》　　法華經云。其車高廣。高則豎徹三際。廣則橫亙十方。攝法無遺。包藏無外。凡有所見。皆是自心。如華嚴經云。如有人將欲命終。見隨其業所受報相。行惡業者。見於地獄畜生餓鬼。所有一切眾苦境界。或瞋或罵。囚執將去。亦聞啼叫悲歎之聲。或見灰河。或見鑊湯。或見刀山。或見劍樹。種種逼迫。受諸苦惱。作善業者。即見一切諸天宮殿。無量天眾天諸綵女。種種衣服具足莊嚴。宮殿園林盡皆妙好。身雖未死。而諸業力見如是事。善財童子亦復如是。以菩薩業不思議力。得見一切莊嚴境界。

0148c08：燭微言之周備。

《465》　　如首楞嚴經云。諸法所生。唯心所現。十地論云。三界無別法。但是一心造。則一言無不略盡。殊說更無異塗。

0148c12：了宗之際。殞十方之虛空。

《466》　　　首楞嚴經云。若一人發真歸源。此十方虛空皆悉消殞。

0148c15：懺罪之時。翻無邊之大地。

《467》　　　修一心無生懺。如翻大地。亦云。若欲懺悔者。端坐念實相。實相者即無相也。亦云實地。故法華經云。唯此一事實。餘二即非真。

0148c19：一華開而海內春。一理現而法界真。

《468》　　　如陽和發生。無處不春。心為法界之體。無法不心。故經云。平等真法界。無佛無眾生。

0148c22：如二乘之蒙佛記。

《469》　　　台教云。八千聲聞。於法華會上。見如來性。得授佛記。如秋收冬藏。更無所作。如來性者。即是自心性也。若識心人。萬緣皆辦。故云己事已辦。梵行已立。

0149a02：似窮子之付家珍。

《470》　　　一念纔起。五陰俱生。背覺合塵。即是捨父逃逝。循環五趣。即是五十餘年。若頓悟一心。即是定父子。付家財。此是定天性之父子。付一心之法財。故經云。我實汝父。汝實我子。當了了明心之日。即是歸宗合覺。亦云返本還源矣。

0149a08：水未入海之時。不成鹹味。

《471》　　　百川入海。皆同一味之鹹。萬境歸心。盡趣一真之道。

949

0149a11：境若歸心之日。方可言均。

《472》 古德云。水未入海不鹹。薪未入火不燒。境未入心不等。故經頌云。一切諸法中。皆以等觀入。慧解心寂然。三界無倫疋。

0149a15：夢宅虛無。

《473》 三界是夢宅。故云長眠三界中。所夢之境。皆是夢中意識。如唯識論云。如夢觸女形。能出不淨。覺時亦爾。未觸女形之時。由極重染愛現前。便致如斯流溢之相。由於夢有等無間緣差別力故。遂便引起非理作意。以此為因。便見遺洩。又如小兒夢遺尿等事。如似夢中雖無實境。能出不淨。又如夢食毒等。應身成病。有悶絕流汗之事。此亦由其唯識有用。又如論云。諸地獄中所有獄倅狗烏等。所有動作。不待外緣。彼地獄受罪眾生。先罪惡業。為任持故。如木影舞。同眾生相。所以首楞嚴經云。晝則想心。夜成諸夢。以夢覺俱不出心故。夢中無境。唯心成事。與覺無異。如小乘立九難。難大乘師云。我信夢中唯識。不信覺時。以有實作用故。因以夢喻。如出不淨等亦有實作用。遂破彼疑。應立量云。覺時境色是有法。定唯識為宗。因云以有實作用故。同喻如汝夢中境色。是以華嚴經頌云。菩薩了世法。一切皆如夢。非處非無處。體性恒寂滅。諸法無分別。如夢不異心。三世諸世間。一切悉如是。夢體無生滅。亦無有方所。三世悉如是。見者心解脫。夢不在世間。不在非世間。此二不分別。得入於忍地。又大智度論云。佛說諸法。無有根本定實如毫釐許所有。欲證明是事。故說夢中受五欲譬。如須菩提意。若一切法畢竟空無所有性。今何以故現有眼見耳聞法。以是故。佛說夢譬喻。如人夢力故。雖無實事。而有種種聞見瞋處喜處。覺人在傍。則無所見。如是凡夫人。無明顛倒力故。妄有所見。聖人覺悟。則無所見。一切法。若有漏。若無漏。若有為。若無為。皆不實虛妄。故有見聞。如幽冥錄。焦湖廟有一柏枕。或云玉枕。枕有小坼。

時單父縣人楊林為估客。至廟祈求。廟巫謂曰。君欲好婚否。林曰。幸甚。巫即遣林近杌邊。因入坼中。遂見朱門瓊室。有趙太尉在其中。即嫁女與林。生六子。皆為祕書郎。歷數十年。並無思歸之志。忽如夢覺。猶在杌傍。林愴然久之。又菩薩行者是想念生。此有二意。一要須想念方能起行。如夢從想故。智論之中。所聞見事。多思惟念。故夢見也。二。夫大覺是佛。近而說之。七地已前。猶為夢行。八地為覺。如夢渡河。八地無明未盡。亦是夢境。唯佛一人故稱大覺。如華嚴記云。覺夢相成。故須說覺。於中初以覺成夢。以未覺時不知是夢故。於中初要在覺時方知是夢者。正辨須覺。所以謂大夢之外。則必有彼大覺之明。謂我世尊方知三界皆如夢故。上引楞伽歎佛能了於夢。次。正在夢時不知是夢者。謂為實故。為諸凡夫長眠大夜。不生厭求。故叡公云。夢中瞻夢。純昏心也。次。設知是夢亦未覺故者。此通妨難。謂亦有人夢知是夢。如人重眠。忽有夢生。了知我夢。以睡重故。取覺不能。喻諸菩薩從初發心。即知三界皆夢。豈非是覺。何用更說覺時。故今釋云亦未見覺。未大覺故。故起信論云。若人覺知前念起惡。令其不起。雖復名覺。即是不覺。有生滅故。無明覆心不自存故。次云。覺時了夢知實無夢者。非唯覺時知夢。亦知無夢。如八地菩薩夢渡河喻。證無生忍。不見生死此岸。涅槃彼岸。能度所度皆叵得故。況於大覺。故經云。久念眾生苦。欲拔無由脫。今日證菩提。豁然無所有。然由夢方有覺。故辨夢覺時者。上辨以覺成夢。此辨以夢成覺。對夢說覺。無夢無覺。既了夢無夢。對何說覺。故覺夢斯絕。如無不覺。則無始覺。覺夢雙絕。方為妙覺也。

0150a02：化源寂滅。

《474》　　　　凡聖境界。悉從心化。以一切萬法不離心故。如金剛三昧經云。善不善法。從心化生。又華嚴經十忍品云。佛子。何為菩薩摩訶薩如化忍。佛子。此菩薩摩訶薩。知一切世間皆悉如化。所謂一切眾生意業化。覺想所起故。一切世間諸行化。分別所起故。一分苦樂顛倒化。妄取所起故。一切世間不實法化。言說所現故。一切煩惱分別化。想念所起故。復有清淨調伏化。無分別現行故。於三世不轉化。無生平等故。菩薩願力化。廣大修行故。如來大悲化。方便示現故。

0150a13：破疑情而藤蛇併融。廓智地而形名雙絕。

《475》　　論偈云。於藤生蛇知。見藤即無境。若知藤分已。藤知如蛇知。即藤蛇併空。形名俱絕。是知千聖同證。心外無得。

0150a17：心外求悟。望石女而兒生。意上起思。邀空華而菓結。本非有作。性自無為。智者莫能運其意。像者何以狀其儀。言語道亡。是得路指歸之曰。

《476》　　阿難等於楞嚴會上。蒙如來微細開示。各悟真心遍十方界。遂白佛言。我等今日明識歸家道路。故決定無疑。

0150a23：心行處滅。當放身捨命之時。

《477》　　若心外緣他境。如魚在陸不得自在。若背境歸自心。似鳥翔空無有隔礙。則念念歸真。心心至道矣。如始教云。十法界三科十八界如丈。一法界五陰如尺。唯在識心如寸。如今去丈論尺。去尺論寸。若達心具一切法已。方能度入一切色心。如今去色論心。去心所論心王。如一一尺無非是寸。及一一丈無非是尺。是故丈尺全體是寸。故知若真諦。若俗諦。若有為。若無為。一刹一塵。無非是心。既頓悟一心。全成圓信。則心外無一法可解。心內無一法可思。懷抱豁然。永斷纖疑矣。

0150b10：執迹多端。窮源孤邁。非世匠之所成。豈劫火之能壞。

《478》　　心本圓成。性非造作。不可以功成。不可以行得。論云。劫火能燒三界。不能燒虛空。故法華經云。我淨土不毀。而眾見燒盡。以心性常住。非生因之所生。唯了因之所了。

0150b15：白毫光裏。出莫測之身雲。

《479》　　　華嚴經云。如來白毫相中。有菩薩摩訶薩。名一切法勝音。與世界海微塵數諸菩薩眾。俱時而出。右遶如來。經無量匝。又云。如來師子之座。眾寶妙華。輪臺基陛。及諸戶牖。如是一切莊嚴具中。一一各出佛剎微塵數菩薩摩訶薩。釋曰。菩薩是因。諸佛是果。供養具是境。菩薩身是心。即是因果同時。心境互入。如經頌云。諸佛一似大圓鏡。我身猶若摩尼珠。諸佛法身入我體。我身常入諸佛軀。

0150b24：無生盍中。現大千之世界。

《480》　　　維摩經云。長者子寶積。與五百長者子。俱持七寶蓋供養佛。佛之威神。令諸寶蓋合成一蓋。遍覆三千大千世界。而此世界廣長之相悉於中現。五百蓋者。即是五陰。合成一蓋者。即是一心。華嚴經云。此寶蓋皆從無生法忍之所起。乃至一切供具。皆是自心表現。心外實無一法建立。若心外見法。是外道經書。非佛法旨趣。

0150c08：釋門挺價。法苑垂箴。

《481》　　　釋門挺價者。如龍女所獻心珠。故云價直三千大千世界。亦云無價寶珠。法苑垂箴者。一切諸法。以心為定量。先賢所稟。後學同遵。可為萬代之箴規。十方之龜鏡。

0150c13：無聲之樂寂寂。

《482》　　　以真心大寂滅樂。豈隨喧動耶。故禪門中泥為無絃琴。

0150c16：真如之海沈沈。

《483》　　　一心真如之海。澄之不清。攪之不濁。湛然寂照。瑩淨無瑕。所以眾生因一念無明境界風。鼓動真如海。起種種識浪。相續不斷。故楞伽經頌云。藏識海常住。境界風所動。種種諸識浪。騰躍而轉生。

0150c21：應量出生。如龍王之降雨差別。

《484》　　　如龍王雨。隨人間天上能感之緣。因自業而不同。成異味而有別。如經偈云。譬如虛空中。雨八功德水。到鹹等住處。生種種異味。如來慈悲雲。雨八聖道水。到眾生心處。生種種解味。如華嚴經云。佛子。譬如海中有大龍王。名大莊嚴。於大海中降雨之時。乃至從他化天至於地上。於一切處所雨不同。所謂於大海中雨清冷水。名無斷絕。於他化自在天雨簫笛等種種樂音。名為美妙。於化樂天雨大摩尼寶。名放大光明。於兜率天雨大莊嚴具。名為垂髻。於夜摩天雨大妙華。名種種莊嚴具。於三十三天雨眾妙香。名為悅意。於四天王天雨天寶衣。名為覆蓋。於龍王宮雨赤真珠。名涌出光明。於阿脩羅宮雨諸兵仗。名降伏怨敵。於北鬱單越雨種種華。名曰開敷。餘三天下悉亦如是。然各隨其處。所雨不同。雖彼龍王其心平等。無有彼此。但以眾生善根異故。雨有差別。佛子。如來應正等覺無上法王亦復如是。欲以正法教化眾生。先布身雲彌覆法界。隨其樂欲。為現不同。

0151a16：循業發現。猶人間之隨福淺深。

《485》　　　如福德人執石為寶。猶業貧者變金為蛇。法無定形。隨心轉變。如迷時菩提為煩惱。悟時煩惱為菩提。但隨迷悟之心。菩提性常不動。夫論一心。獨立絕妙。豈在文賦詞句而廣敷演乎。祇為眾生不了真心。妄起差別。但有一法纔生。並為心病。執有成妄。達空成真。如淨名經云。此四魔八萬四千諸煩惱門。而諸眾生為之疲勞。諸佛則以此法而作佛事。是名入一切諸佛法門。菩薩入此門者。若見一切淨妙佛土。不以為喜。不貪不高。若見一切不淨佛土。不以為憂。不礙不沒。生法師云。若投藥失所。則藥反為毒矣。苟曰得愈。毒為藥也。是以大聖為心病之醫王。觸事皆是法之良藥。苟達其一。眾事皆備矣。菩薩既入此門。便知佛土本是就應之義。好惡在彼。於我豈有異哉。

0151b07：既達心宗。應當瑩飾。鍊善行以扶持。澄法水而潤澤。

《486》　　華嚴經云。解脫長者言。我已入出如來無礙莊嚴解脫門。乃至我見如是等十方各十佛剎微塵數如來。彼諸如來不來至此。我若欲見安樂世界阿彌陀如來。隨意即見。乃至知一切佛及與我心悉皆如夢。知一切佛猶如影像。自心如水。知一切佛所有色相及以自心悉皆如幻。知一切佛及以己心悉皆如響。我如是知。如是憶念。所見諸佛。皆由自心。善男子。當知菩薩修諸佛法。淨諸佛剎。積集妙行。調伏眾生。發大誓願。入一切智自在遊戲不可思議解脫之門。得佛菩提。現大神通。遍往一切十方法界。以微細智普入諸劫。如是一切悉由自心。是故善男子。應以善法扶助自心。應以法水潤澤自心。應以境界淨治自心。應以精進堅固自心。應以忍辱坦蕩自心。應以智證潔白自心。應以智慧明利自心。應以佛自在開發自心。應以佛平等廣大自心。應以佛十力照察自心。故知摩尼沈泥。焉能雨寶。明鏡匿垢。曷以照人。猶眾生心久積塵勞似障真性。今雖明達。要假真修。故云設有餘習。還以佛知見治之。則成出纏真如。離垢解脫。究竟清淨矣。

0151c04：照世行慈而不謬。先洞三明。

《487》　　三明者。一過去宿命明。二未來天眼明。三現在漏盡明。雖約三世而立三明。但是心明。故證道歌云。心鏡明。鑒無礙。廓然瑩徹周沙界。

0151c08：觀根授道而無差。須憑十力。

《488》　　十力者。一是處非處力。三業力。三定力。四根力。五欲力。六性力。七至處道力。八宿命力。九天眼力。十漏盡力。此十力者。遍知因果。普照萬法。若窮萬法。根本是心。但了一心。十力如鏡。

0151c13：杜源大士。立志高強。

《489》　　直了真心實觀之人如杜源。漸教法學之人如尋流。故圓教初心。已超權學之士。如云。以小乘之極極。不如圓教之初初。故心為源。法如流。心為所現。法依於心。則萬法是心之影故。

0151c18：或剝皮出髓而誓思繕寫。

《490》　　釋迦如來因地。值無佛世。欲求經法。天帝化為羅剎。言。汝能剝皮為紙。折骨為筆。打骨出髓為墨。我能示汝佛經。菩薩聞之歡喜。遂剝皮折骨。羅剎驚之。遂乃隱身不現。十方有佛現身。為說法要。

0151c23：或投巖赴火而志願傳揚。

《491》　　大涅槃經云。有仙人於羅剎求法。羅剎言。汝能捨身。我當為說。仙人遂上高巖。投身直下。羅剎接得。為說偈言。諸行無常。是生滅法。生滅滅已。寂滅為樂。則是悟心性之樂。如智度論云。如犢子啾啾鳴喚。見母即止。一切諸法亦復如是。至法性即住。萬法到心。諸緣並絕。

0152a06：身燭千燈。瀝懇而唯求半偈。

《492》　　大方便佛報恩經云。昔有轉輪聖王。就婆羅門求法。於身剜成千瘡。注滿膏油。以取上妙細氎。纏以為炷。點成千燈。供養彼師。求於半偈。於是法師為王說偈曰。夫生輒死。此滅為樂。此樂者。是法樂。大寂滅樂。禪定樂。不同天上天樂。人間識樂。天上樂者。以動踊為樂。雙鎚畫鼓。對舞柘枝。是人間識樂。故智度論頌云。獨坐林樹間。寂然滅諸惡。憺怕得一心。此樂非天樂。

0152a15：足翹七日。傾心而為讚華王。

《493》　　　　釋迦如來因地。於林中翹足七日。以一偈讚底沙如來。偈云。天上天下無如佛。十方世界亦無比。世間所有我盡見。一切無有如佛者。故云。天上天下。唯我獨尊。又云。此事唯我能知。是以心為祕密門。非佛難證。

0152a21：更有念法勤苦。祇希一言。懸懸而頓忘寢食。顒顒而不避寒暄。遍界南求。行菩薩之大道。

《494》　　　　善財童子南行。遍法界參五十三員善知識。得一百十城法門。為求菩薩之道。最先參見文殊初友。已悟自心。後漸至諸善知識。皆云我已先發菩提心。但求菩薩差別智道。及至彌勒。證一生成佛之果。後彌勒却指歸再見初友文殊。以表前心後心一等。更無差別。始終不出一心。離此別無奇特矣。

0152b05：忘身東請。為般若之真源。

《495》　　　　常啼菩薩東行。於法涌菩薩求學般若。常啼者。常在空閑林。為求般若。未聞般若時。恒常啼泣。故號常啼。及聞空中聲告言。往東行當遇善友開發。遂賣身求供。直至法涌菩薩處。遇菩薩入定。立待定出。仍刺血灑地等。後乃得悟法音。頓明般若心要。

0152b11：沖邃幽奇。舉文難述。任身座與肉燈。用海墨而山筆。

《496》　　　如法華經中。提婆達多以身為牀座。轉輪聖王剜身千燈。華嚴經云。聚須彌山為筆。以四大海水為墨。不能寫普眼經之一品。斯皆為法忘軀。誓求至道。寧容造次乎。

0152b16：藥王燒手。報莫大之深恩。

《497》　　　法華經云。藥王菩薩。燃百福莊嚴臂。供養日月淨明德佛。七萬二千歲。乃至云。我捨兩臂。必當得佛金色之身。若實不虛。令我兩臂還復如故。我捨兩臂者。即是捨斷常二見。便得成佛。如華嚴經頌云。一切法不生。一切法不滅。若能如是解。諸佛常現前。不生是不常。不滅是不斷。纔離斷常諸見。自然成佛。論云。見在即凡。情亡即佛。

0152b24：普明刎頭。求難思之妙術。

《498》　　　大方便佛報恩經云。有婆羅門。於普明王乞頭。王言。我為一切眾生故。願於來世。得大智慧頭。施於汝等。乃至爾時普明王者。即釋迦如來是。佛言。我捨轉輪王頭布施。數滿一千。況餘身分。大凡菩薩捨頭目髓腦。皆為求無上正等正覺之心。此無上心。乃是成佛之妙術也。

0152c07：能祛冰執。可定行藏。

《499》　　　心外見法。便成執滯。所以首楞嚴經頌云。見聞如幻翳。三界若空華。若洞境明心。則無執想。所以經云。佛言。我於諸法無所執故。得常光一尋。身真金色。

0152c12：證自覺之聖智。

《500》　　　楞伽經云。佛告大慧。前聖所知。轉相傳授。妄想無性。菩薩摩訶薩。獨一靜處。自覺觀察。不由於他。離見妄想。上上勝進。入如來地。是名自覺聖智相。是以覺自心成聖智。如密嚴經頌云。如地無分別。萬物依以生。藏識亦復然。眾境之依處。如人以己手。還自捫其身。亦如象與鼻。取水自霑灑。復似諸嬰孩。以口含其指。如是識分別。現境還自緣。是心之境界。普遍於三有。久修觀行者。而能善通達。內外諸世間。一切唯心現。

0152c22：入本住之道場。

《501》　　　楞伽經云。大慧復白佛言。如世尊所說。我從某夜得最正覺。乃至某夜入般涅槃。於其中間不說一字。亦不已說當說。無說是佛說。大慧白佛言。何言不說是佛說。佛告大慧。我因二法故作是說。一自得法。二本住法。云何自得法。若彼如來所得。我亦得之。無增無減。緣自得法究竟境界。離言說妄想。離文字二趣。云何本住法。謂古先聖道。如金銀等性。法界常住。若如來出世。若不出世。法界常住。如趣彼城道。譬如士夫行曠野中。見向古城平坦正道。即隨入城。受如意樂。仁王經觀空品云。若有修習聽說。如虛空同法性。一切法皆如也。又諸佛所說。但是傳述古佛之教。非自製作。般若論云。須菩提言。如來無所說。此義云何。無有一法。唯獨如來說。餘佛不說。如密嚴經頌云。譬如百川流。日夜常歸往。如地有眾寶。種種色相味。諸有情受用。隨福而招感。如是賴耶識。與諸分別俱。增長於生死。轉依成正覺。故知溺生死河。登菩提座。皆是自心致此昇降。是以先德云。智人求心不求佛。愚人求佛不求心。

0153a18：步步而到泥徹底。

《502》　　　如香象渡河。步步到底。此喻圓教。不同權漸。如兔馬渡河。故李長者論云。不如一念圓證無生。超彼三乘權學等見。寶積經頌云。文殊大智人。深達法源底。

0153a23：箭箭而破的穿楊。

《503》　　　　如射。若以的為的。多乖少中。若以地為的。無不中者。如以心為的。無不合宗。又養由善射。百發百中。百步穿楊。箭不虛發。故云。但以大乘理對。萬不失一。

0153b04：齊襟而唯思舉領。整綱而祇要提綱。

《504》　　　　況此一心祕密法門。如提綱舉領。撮要而談。亦云單刀直入。夫教中。有顯了說。祕密說。有真實說。方便說。有遮詮。表詮。此是顯了說。真實說。是表詮。直表其心體。不是遮非破執方便之言。故法華經頌云。正直捨方便。但說無上道。顯了說者。如密嚴經頌云。無心亦無境。能所量俱無。但依於一心。如是而分別。又頌云。如火輪垂髮。乾闥婆之城。不了唯自心。妄起諸分別。

0153b13：浴滄溟而已用諸河之水。爇一塵而皆含眾味之香。

《505》　　　　大涅槃經云。如人入海中浴。已用諸河之水。楞嚴三昧經云。如擣萬種為丸。若爇一塵。具足眾氣。皆喻若了一心。一切法門悉皆冥合。

0153b17：如忉利雜林。靡作差殊之見。

《506》　　　　佛地論云。三十三天有一雜林。諸天和合福力所感。若諸天眾不在此林。宮殿等事共樂時受。勝劣有異。有我我所差別受用。若在此林。若事若受都無勝劣。皆同上妙。無我我所和合受用。能令平等。故名雜林。此由諸天各修平等和合福業增上力故。令彼諸天阿賴耶識變現此林。同處同時同一相狀。由此雜林增上力故。令彼轉識亦同變現。雖各受用而謂無別。是以若達諸法皆心想生。即從世俗門入聖行處。

0153c03：猶須彌南面。純舒金色之光。

《507》　　　　須彌山南面。純現金光。雜色之鳥投入山時。皆同金色。如萬法歸心。皆同心法故。

0153c06：作似醉醒。如同夢起。外道授呪於天中。婦人求男於林裏。

《508》　　　　西天有外道。供養梵天求呪。遂於夢中見天授呪然梵天實不下。但託天為增上力。皆是夢心所感如斯事耳。又復聞乎為求子息者。密隱林中。夢見有人共為交集。便得其子。此並是夢中意識所變。但是自心。實無外境。

0153c13：無為無事。全當實相之門。唯寂唯深。頓悟法空之旨。

《509》　　　　千經萬論。正談人空法空。悟入一心之旨。八識之源。此一心八識。微細難知。唯佛能了。且八識心王。以第八阿賴耶識為根本。能生起前之七識。如起信論云。生滅與不生滅和合。非一非異。名阿賴耶識。古德釋云。不生滅心與生滅和合。非一非異者。以七識染法為生滅。以如來藏淨法為不生滅。不生滅心舉體動故。心不離生滅相。生滅之相莫非神解故。生滅不離心相。如是不相離。故名和合為阿賴耶識。以和合故。非一非異。若一即無和合。若異亦無和合。非一非異。故得和合也。又如來藏清淨心動作生滅不相離。故云和合。非謂別有生滅。來與真合。如動水作波。波非外合。謂生滅之心。心之生滅。無相故。心之生滅。因無明成。生滅之心。從本覺起。而無二體。不相捨離。故云和合。如大海水。因風波動。水相風相不相捨離。生與無生若是一者。生滅識相滅盡之時。心神之體亦應隨滅。墮於斷邊。若是異者。依無明風熏動之時。靜心之體不應隨緣。即墮常邊。離此二邊。非一非異。又上所說覺與不覺。二法互熏。成其染淨。既無自體。全是一覺。何者。由無明故成不覺。以不覺義熏本覺故。生諸染法。又由本覺熏不覺故。生諸淨法。依此二義。遍生一切。故言識有二義。生一切法。

0154a12：百氏冥歸。萬古難移。據前塵之無體。唯自法之施為。若樂工之弄木偶。如戲場之出技兒。

《510》　　起信疏云。經頌云。佛說如來藏。以為阿賴耶。惡慧不能知。藏即賴耶識。阿賴耶。是梵語。此云我愛執藏。即是一切眾生第八根本識心。第八識心。即如來藏。以一切外道眾生。不能了達。執為藏識。佛言。大慧。七識不流轉。不受苦樂。非涅槃因。大慧。如來藏受苦樂。與因俱。若生若滅。解曰。七識念念生滅無常。當起即謝。如何流轉。自體無成。故不受苦樂。既非染依。亦非無漏涅槃依矣。其如來藏真常普遍。而在六道。迷此能令隨緣成事。受苦樂果。與七識俱。名與因俱。不守自性而成。故七識依此而得生滅。云若生若滅。此明如來藏。即是真如隨緣。故受苦樂等。又云。常與無明七識共俱。無有斷絕。意云。如來藏以隨緣故。名阿賴耶識。故與無明共俱。說大海如阿賴耶。波如無明七識。水即如來藏。云無斷絕者。無始時來。相續不斷故。如來藏者。即所熏之淨性。隨染緣成虛偽等者。即能熏之染幻。識藏即所成賴耶也。為善不善因者。謂此性隨善緣起諸善法。性即為善因。隨不善緣起諸不善法。性即為不善因。受苦樂與因俱者。隨善受樂。性在其中。隨惡受苦。性亦在其中。若生若滅者。循環諸趣。萬死萬生。如技兒等。如人作戲。變改服章。體是一人。初未曾易。故楞伽經頌云。心如工技兒。意如和技者。五識如音樂。妄想觀技眾。所以草堂和尚偈云。樂兒本是一形軀。乍作官人乍作奴。名目服章雖改變。始終奴主了無殊。故知清淨如來藏一點真心。不增不減。湛然常住。以不守自性。隨染淨之緣。遂成凡聖十法界。雖即隨緣。又不失自性。在凡不減。處聖不增。如水隨風作波之時。不失溼性。一切眾生真心亦復如是。隨相轉變。性常不動。故還源觀云。真如之性。法爾隨緣。隨緣之時。法爾歸性。

0154b20：縱淺縱深。靡出一心之際。

《511》　　　華嚴經云。佛子。菩薩摩訶薩次第遍往諸佛國土神通三昧。乃至於一念頃。一切佛所勤求妙法。然於諸佛出興於世。入般涅槃。如是之相。皆無所得。如散動心了別所緣。心起不知何所緣起。心滅不知何所緣滅。此菩薩摩訶薩亦復如是。不分別如來出世及涅槃相。佛子。如日中陽燄。不從雲生。不從池生。不處於陸。不住於水。非有非無。非善非惡。非清非濁。不堪飲漱。不可穢汙。非有體非無體。非有味非無味。以因緣故而現水相。為識所了。遠望似水。而興水想。近之則無。水想自滅。此菩薩摩訶薩亦復如是。不得如來出興於世及涅槃相。諸佛有相及以無相。皆是想心之所分別。佛子。此三昧名為清淨深心行。菩薩摩訶薩於此三昧入已而起。起已不失。是知非唯佛教以心為宗。三教所歸。皆云反己為上。如孔子家語云。衛靈公問於孔子曰。有語寡人。為國家者。謹之於廟堂之上。則政治矣。何如。子曰。其可也。愛人者則人愛之。惡人者則人惡之。所謂不出圜堵之室而知天下者。知反己之謂也。是知若反己以徇物。則無事而不歸自心。取捨忘懷。美惡齊旨。是知但了一心。無相自顯。則六趣塵牢。自然超越。出必由戶。莫不因斯道矣。如古德云。六道羣蒙自此門出。歷千劫而不返。一何痛矣。所以諸佛驚入火宅。祖師特地西來。乃至千聖悲嗟。皆為不達唯心出要道耳。華嚴經明一念能為無盡之事。故云一心超勝。如經云。一者。佛一跏趺坐遍滿十方無量世界。二。一切諸佛說一義句。悉能開示一切佛法。三。放一光明。悉能遍照一切世界。四。一身中悉能示現一切佛身。五。一處中悉能示現一切世界。六。於一智中。悉能決了一切諸法。無所罣礙。七。一念中悉能遍往十方世界。八。一念中悉現如來無量威德。九。一念中普緣三世佛及眾生。心無雜亂。十。於一念中與去來今一切諸佛體同無二。是為十。還源觀引論云。由依唯識故。境本無體。真空義成故。以塵無有故。本識即不生。由此方知。由心現境。由境顯心。心不至境。境不至心。常作此觀。智慧甚深。唯識序云。離心之境克湮。即識之塵斯在。帶數之名攸顯。唯識之稱兆彰。故得一心之旨。永傳而不窮。八識之燈。恒然而無盡矣。

0155a12：任延任促。但當唯識之時。

《512》　　　　如經云。如是我聞一時佛在舍衛城等。時即是一心唯識之時。故云。一念無量劫。無量劫一念。法華玄贊疏云。如經中說一時者。即是唯識時。說聽二徒心識之上。變作三時相狀而起。實是現在隨心分限。變作短長事緒終說。總名一時。如夢所見。謂有多生。覺位唯心。都無實境。聽者心變三世亦爾。唯意所緣。是不相應行蘊。法界法處所攝。古德言一時者有四。一則不定約剎郍。二則不定約相續。三則不定約四時六時八時十二時等。四則不定約成道已後年數時節。名為一時。但是聽者根熟。感佛為說。說者慈悲。應機為談。說聽事訖。總名為一時。今不定約剎郍等者。聽法之徒根器或鈍。說時雖短。聽解時長。或說者時長。聽者亦久。於一剎郍。猶未能解。故非剎郍。亦不定說。若約相續者。猶能說者得陀羅尼。說一字義。一切皆了。或能聽者得淨耳意。聞一字時。一切能解。故非相續。由於一會聽者根機有利有鈍。如來神力。或延短念為長劫。或促多劫為短念。亦不定故。總約說聽究竟名時。亦不定說。若約四時六時八時十二時者。一日一月照四天下。長短暄寒。近遠晝夜。諸方不定。恒二天下同起用故。又除已下。上諸天等。無此四時及八時等。經擬上地諸方流通。若說四時等。流行不遍故。亦不定說。若約成道已後年數時節者。三乘凡聖所見佛身報化年歲短長成道已來近遠各不同故。釋曰。上所說不定約剎郍時。及相續時。與四時六時八時十二時等。及約成道已後年數時節。名為一時者。以根有利鈍。長短不定。上界下界。時節無憑。但說唯心之一時。可為定量。無諸過失。事理相當。既亡去取之情。又絕斷常之見。不唯一時作唯識解。實乃萬義皆歸一心。則稱可教宗。深諧祕旨。能開正見。永滅羣疑。所以經云。一切諸法。以實際為定量。又云。但以大乘而為解說。令得一切種智故知但說大無過。夫言大乘者。即是一心之乘。乘是運載義。若論運載。豈越心耶。又夫不識心人。若聽法看經。但隨名相。不得經旨。如僧崖云。今聞經語。句句與心相應。又釋法聰。因聽慧敏法師說法。得自於心。蕩然無累。乃至見一切境。亦復如是。若不觀心。盡隨物轉。是故大乘入道安心論云。若以有是。為是有所不是。若以無是為是。則無所不是。一智慧門。入百千智慧門。見柱作柱解得柱相。不作柱解。觀心是柱法。無柱相。是故見柱即得柱法。一切形色亦得如是。故華嚴經頌云。世間一切法。但以心為主。隨解取眾相。顛倒不如實。

0155c08：大矣圓詮。奇哉正轍。

《513》　　如來圓教。正說一心。經云。三界上下法義唯心。此就世間依報以明心。又云。如如與真際。涅槃及法界。種種意生身。我說為心量。此據出世法體以明心。終窮至實。畢到斯原。隨流感果。還宗了義。故經云。道不離心。心不離道。如十玄門中。由心迴轉善成門者。並是如來藏性清淨真心之所建立。若善若惡。隨心所轉。故云迴轉善成。心外無別境。故言唯心也。若順轉即名涅槃。經云心造諸如來。若逆轉即是生死。經云三界虛妄皆一心作。即生死涅槃。皆不出心矣。

0155c19：六神通而焉可變。四辯才而莫能說。

《514》　　法華經云。止止不須說。我法妙難思。以眾生心。是絕待妙。無法可比故。不可以心思。不可以口議。是以達磨西來。默傳心要。為

965

若此。

0155c23：攀枝而直到根株。尋水而已窮源穴。

《515》　　心為萬法根本。故華嚴經云。菩薩知一切法即心自性。成就慧身不由他悟。若於心外覓法。便向他求。如但尋枝派。轉失根源。是以永嘉集云。即心為道者。可謂尋流得源矣。

0156a04：傳印而盡繼曹溪。得記而俱成摩竭。

《516》　　韶州曹侯溪。是第六祖能大師住處。示眾云。善惡都莫思量。自然得入心體。湛然常寂。妙用恒沙。故先德云。不得一法。號曰傳心。釋迦成道於摩竭國中。經云。菩薩不行見法。不行聞法等。諸佛疾與授記。故華嚴經頌云。所取不可取。所見不可見。所聞不可聞。一心不思議。但直了自心之時。心外了無所得。即便是得記之時矣。

0156a12：可謂履道之通衢。悟宗之真訣。

《517》　　此一心門。能收一切。故云。十方佛土中。唯有一乘法。所以肇論云。天得一以清。地得一以寧。君王得一以治天下。眾生得一以成道。一者道也。天有道以輕清。地有道以寧靜。谷有道以盈滿。草木有道以生長。鬼神有道以靈聖。君王有道執王天下。故知道不可斯須廢之。道即靈知心也。

註心賦 卷第四 終

【經文資訊】	卍新續藏第 63 冊 No. 1231 心賦注
【版本記錄】	CBETA 電子佛典 2016.06., 完成日期：2016/06/15
【編輯說明】	本資料庫由中華電子佛典協會（CBETA）依卍新續藏所編輯
【原始資料】	CBETA 人工輸入, CBETA 掃瞄辨識
【其他事項】	本資料庫可自由免費流通, 詳細內容請參閱【中華電子佛典協會資料庫版權宣告】

참고 문헌

(* 가나다순 정렬)

1. 원전류

『建中靖國續燈錄』(卍新續藏 第78)
『景德傳燈錄』(大正藏 第51)
『古尊宿語錄』(卍新續藏 第68)
『觀心玄樞』(卍新續藏 第65)
『觀音玄義』(大正藏 第34)
『廣弘明集』(大正藏 第52)
『宏智禪師廣錄』(大正藏 第48)
『究竟一乘寶性論』(大正藏 第31)
『國淸百錄』(大正藏 第46)
『根本說一切有部毘奈耶雜事』
(大正藏 第24)
『起信論疏』(大正藏 第44)
『起信論疏筆削記』(大正藏 第44)
『金剛般若波羅蜜經』(大正藏 第08)
『金剛般若波羅蜜經論』(大正藏 第25)
『金剛三昧經』(大正藏 第09)

『金剛三昧經論』(大正藏 第34)
『南石和尙語錄』(卍新續藏 第71)
『達摩和尙絶觀論』(大藏經補編 第18)
『大般若波羅蜜多經』(大正藏 第05)
『大般若波羅蜜多經』(大正藏 第06)
『大般若波羅蜜多經』(大正藏 第07)
『大般涅槃經』(大正藏 第12)
『大般涅槃經疏』(大正藏 第38)
『大般涅槃經玄義』(大正藏 第38)
『大般涅槃經後分』(大正藏 第12)
『大方廣佛新華嚴經合論』
(卍新續藏 第04)
『大方廣佛華嚴經』(大正藏 第09)
『大方廣佛華嚴經』(大正藏 第10)
『大方廣佛華嚴經普賢行願品別行疏鈔』
(嘉興藏 第15)

『大方廣佛華嚴經普賢行願品別行疏鈔』
(卍新續藏 第05)
『大方廣佛華嚴經疏』(大正藏 第35)
『大方廣佛華嚴經疏談玄決擇』
(卍新續藏 第08)
『大方廣佛華嚴經疏鈔』(乾隆藏 第131)
『大方廣佛華嚴經疏鈔會本』
(乾隆藏 第131)
『大方廣佛華嚴經隨疏演義鈔』
(大正藏 第36)
『大方廣佛華嚴經搜玄分齊通智方軌』
卷第一(大正藏 第35)
『大方廣佛花嚴經入法界品頓證毘盧遮那法身字輪瑜伽儀軌』(大正藏 第19)
『大方廣圓覺修多羅了義經』
(大正藏 第17)
『大方廣圓覺修多羅了義經略疏』
(大正藏 第39)
『大方等大集經』(大正藏 第13)
『大方等大集經賢護分』(大正藏 第13)
『大方等如來藏經』(大正藏 第16)
『大方便佛報恩經』(大正藏 第03)
『大方便佛報恩經』(大正藏 第10)
『大法炬陀羅尼經』(大正藏 第21)
『大法鼓經』(大正藏 第09)
『大寶積經』(大正藏 第11)
『大佛頂萬行首楞嚴經』(大正藏 第19)
『大佛頂如來密因脩證了義諸菩薩萬行首楞嚴經』(大正藏 第19)
『大乘廣百論釋論』(大正藏 第30)
『大乘起信論』(大正藏 第32)

『大乘起信論內義略探記』(大正藏 第44)
『大乘起信論義記』(大正藏 第44)
『大乘起信論義疏』(大正藏 第44)
『大乘密嚴經』(大正藏 第16)
『大乘寶雲經』(大正藏 第16)
『大乘本生心地觀經』(大正藏 第03)
『大乘唯識論』(大正藏 第31)
『大乘入楞伽經』(大正藏 第16)
『大乘莊嚴經論』(大正藏 第31)
『大莊嚴法門經』(大正藏 第17)
『大智度論』(大正藏 第25)
『大華嚴經略策』(大正藏 第36)
『頓悟入道要門論』(卍新續藏 第63)
『聯燈會要』(卍新續藏 第79)
『六妙法門』(大正藏 第46)
『六祖大師法寶壇經』(大正藏 第48)
『楞伽經纂』(卍新續藏 第17)
『楞伽阿跋多羅寶經』(大正藏 第16)
『楞嚴經要解』(卍新續藏 第11)
『楞嚴經集註』(卍新續藏 第11)
『摩訶止觀』(大正藏 第46)
『萬善同歸集』(大正藏 第48)
『明覺聰禪師語錄』(乾隆藏 第158)
『妙法蓮華經』(大正藏 第09)
『妙法蓮華經文句』(大正藏 第34)
『妙法蓮華經玄義』(大正藏 第33)
『妙法蓮華經玄義釋籤』(乾隆藏 第116)
『妙法蓮華經玄贊』(大正藏 第34)
『彌陀經疏鈔演義定本』(卍新續藏 第22)
『般若燈論釋』(大正藏 第30)
『般若波羅蜜多心經』(大正藏 第08)

『般若波羅蜜多心經略疏』(大正藏 第33)
『般舟三昧經』(大正藏 第13)
『龐居士語錄』(卍新續藏 第69)
『百論』(大正藏 第30)
『翻譯名義集』(大正藏 第54)
『法苑珠林』(大正藏 第53)
『法華經玄贊攝釋』(卍新續藏 第34)
『法華玄論』(大正藏 第34)
『法華玄義釋籤』(大正藏 第33)
『菩薩戒義疏』(大正藏 第40)
『菩薩瓔珞經』(大正藏 第16)
『菩薩瓔珞本業經』(大正藏 第24)
『菩薩處胎經』(大正藏 第12)
『寶藏論』(大正藏 第45)
『不退轉法輪經』(大正藏 第09)
『北山錄』(大正藏 第52)
『佛本行集經』(大正藏 第03)
『佛說觀無量壽佛經』(大正藏 第12)
『佛說觀佛三昧海經』(大正藏 第15)
『佛說灌頂七萬二千神王護比丘呪經』
(大正藏 第21)
『佛說彌勒大成佛經』(大正藏 第14)
『佛說般舟三昧經』(大正藏 第13)
『佛說法句經』(大正藏 第85)
『佛說法集經』(大正藏 第17)
『佛說寶雨經』(大正藏 第16)
『佛說不增不減經』(大正藏 第16)
『佛說阿彌陀經』(大正藏 第12)
『佛說盂蘭盆經』(大正藏 第39)
『佛說除蓋障菩薩所問經』(大正藏 第14)
『佛說處處經』(大正藏 第17)

『佛說華手經』(大正藏 第16)
『佛昇忉利天為母說法經』(大正藏 第17)
『佛藏經』(大正藏 第15)
『佛祖統紀』(大正藏 第49)
『佛地經論』(大正藏 第26)
『四明尊者教行錄』(大正藏 第46)
『四分律鈔批』(卍新續藏 第42)
『思益梵天所問經』(大正藏 第15)
『删定止觀』(卍新續藏 第55)
『釋摩訶衍論』(大正藏 第32)
『釋門自鏡錄』(大正藏 第51)
『釋禪波羅蜜次第法門』(大正藏 第46)
『釋淨土群疑論探要記』(國家圖書館善本佛典 第44)
『禪門諸祖師偈頌』(卍新續藏 第66)
『漩澓偈』(房山石經 第28)
『禪源諸詮集都序』(大正藏 第48)
『禪宗永嘉集』(大正藏 第48)
『善慧大士錄』(卍新續藏 第69)
『攝大乘論』(大正藏 第31)
『攝大乘論釋』(大正藏 第31)
『攝阿毘達磨義論』(漢譯南傳大藏經 第70)
『成唯識論』(大正藏 第31)
『成唯識論疏義演』(卍新續藏 第49)
『成唯識論疏抄』(卍新續藏 第50)
『成唯識論述記』(大正藏 第43)
『成唯識論掌中樞要』(大正藏 第43)
『成唯識寶生論』(大正藏 第31)
『小室六門』(大正藏 第48)
『續高僧傳』(大正藏 第50)
『宋高僧傳』(大正藏 第50)

『首楞嚴經義海』(永樂北藏 第168)
『首楞嚴義疏注經』(大正藏 第39)
『修習止觀坐禪法要』(大正藏 第46)
『修行本起經』(大正藏 第03)
『修華嚴奧旨妄盡還源觀』(大正藏 第45)
『信心銘』(大正藏 第48)
『新華嚴經論』(大正藏 第36)
『心賦注』(卍新續藏 第63)
『十善業道經』(大正藏 第15)
『十二門論』(大正藏 第30)
『阿彌陀經義記』(大正藏 第37)
『阿毘達磨俱舍論』(大正藏 第29)
『阿毗達摩攝義論』(大藏經補編 第07)
『御製秘藏詮』(高麗藏 第35)
『涅槃經疏三德指歸』(卍新續藏 第37)
『永嘉證道歌』(大正藏 第48)
『永明智覺禪師唯心訣』(大正藏 第48)
『五燈會元』(卍新續藏 第80)
『原人論』(大正藏 第45)
『維摩經略疏』(大正藏 第38)
『維摩經義疏』(大正藏 第38)
『維摩經玄疏』(大正藏 第38)
『維摩詰經』(大正藏 第14)
『維摩詰所說經』(大正藏 第14)
『唯識二十論』(大正藏 第31)
『仁王般若波羅蜜護國經』(大正藏 第08)
『仁王護國般若波羅蜜多經』(大正藏 第08)
『仁王護國般若波羅蜜多經疏』(大正藏 第33)
『入楞伽經』(大正藏 第16)

『入楞伽經纂』(大正藏 第16)
『傳法正宗記』(大正藏 第51)
『轉識論』(大正藏 第31)
『占察善惡業報經』(大正藏 第17)
『淨名經集解關中疏』(大正藏 第85)
『諸方門人參問語錄』(卍新續藏 第63)
『祖堂集』(大藏經補編 第25)
『肇論』(大正藏 第45)
『肇論疏』(大正藏 第45)
『宗鏡錄』(大正藏 第48)
『注大乘入楞伽經』(大正藏 第39)
『註心賦』(한국정신문화연구원 불교사료총서1, 1980)
『周易禪解』(嘉興藏 第20)
『注維摩詰經』(大正藏 第38)
『中觀論疏』(大正藏 第42)
『中論』(大正藏 第30)
『中邊分別論』(大正藏 第31)
『重雕補註禪苑清規』(卍新續藏 第63)
『中華傳心地禪門師資承襲圖』(卍新續藏 第63)
『增壹阿含經』(大正藏 第02)
『止觀輔行傳弘決』(大正藏 第46)
『鎮州臨濟慧照禪師語錄』(大正藏 第47)
『集一切福德三昧經』(大正藏 第12)
『天聖廣燈錄』(卍新續藏 第78)
『出三藏記集』(大正藏 第55)
『出曜經』(大正藏 第04)
『寒山子詩集』(嘉興藏 第20)
『解捲論』(大正藏 第31)
『解深密經』(大正藏 第16)

『解深密經疏』(卍新續藏 第21)

『顯識論』(大正藏 第31)

『顯揚聖教論』(大正藏 第31)

『華嚴經義海百門』(大正藏 第45)

『華嚴經探玄記』(大正藏 第35)

『華嚴經行願品疏』(卍新續藏 第05)

『華嚴發菩提心章』(大正藏第45)

『華嚴心要法門註(答順宗心要法門)』(卍新續藏 第58)

『華嚴一乘十玄門』(大正藏第45)

『華嚴策林』(大正藏 第45)

『華嚴合論』(卍新續藏 第04)

『黃檗斷際禪師宛陵錄』(大正藏 第48)

『黃檗山斷際禪師傳心法要』(大正藏 第48)

● 자료

【原始資料】蕭鎮國大德提供, 北美某大德提供
【版本記錄】CBETA 電子佛典 2016.6., 完成日
【編輯說明】本資料庫由中華電子佛典協會 (CBETA) 依大正藏所編輯
【其他事項】本資料庫可自由免費流通, 詳細內容請參閱(中華電子佛典協會資料庫版權宣告)

『孔子家語』

『管子』

『論語』

『道德經』

『列子』

『禮記』

『論語集注』

『史記』

『山海經』

『尚書』

『荀子』
『莊子』
『周易』
『河上公注』
『淮南子』

2. 역서

김두재 역, 『능엄경』, 민족사, 2012.
김성철 역주, 『중론』, 경서원, 1993.
김재근 역, 『대승입능가경』, 명문당, 1992.
김호귀 역, 『유마경의소』, 중도, 2018.
박건주 옮김, 『주심부』, 학고방, 2015.
박인성 옮김, 『중론』, 주민, 2001.
성철 역, 『신심명·증도가』, 장경각, 2020.
세조언해본, 『능엄경』, 경서원, 1997.
송찬우 역, 『조론』, 고려원, 1989.
안진호 역, 『유마경』, 법륜사, 1981.
여천무비 역주, 『대방광불화엄경강설』, 담앤북스, 2015.
운허 옮김, 『열반경』, 동국역경원, 1982.
전재성 역주, 『금강경』, 한국빠알리성전협회, 2003.
정화 역, 『대승기신론』, 법공양, 2009.
탄허 역, 『능엄경현토』, 교림, 1994.
탄허 역, 『원각경현토』, 교림, 1999.
혜업 편역, 『선종영가집』, 불광출판사, 1992.
회당조심, 『명추회요』, 장경각, 2015.

3. 연구 논저

김동화, 『유식철학』, 보련각, 1988.
김인덕, 『중론송연구』, 불광출판사, 1995.
김호성, 『대승경전과 선』, 민족사, 2002.
법상, 『정토 수행관 연구』, 운주사, 2013.
서울대 철학사상연구소, 『마음과 철학』(불교편), 서울대학교, 2021.
深浦正文, 김관응 역, 『유식론해설』, 명심회, 1993.
아베 쵸이치 외, 최현각 옮김, 『인도의 선, 중국의 선』, 민족사, 1994.
이기영, 『유마경강의』, 한국불교연구원, 2010.
정성본, 『중국선종의 성립사 연구』, 민족사, 1991.

마음의 노래 註心賦

2025년 6월 16일 초판 1쇄 발행

지은이 영명연수 • 옮긴이 연관
발행인 박상근(至弘) • 편집인 류지호 • 편집이사 양동민
책임편집 양민호 • 편집 김재호, 김소영, 최호승, 정유리, 이진우, 이란희 • 디자인 쿠담디자인
제작 김명환 • 마케팅 김대현, 김대우, 이선호, 류지수 • 관리 윤정안
콘텐츠국 유권준, 김희준
펴낸 곳 불광출판사 (03169) 서울시 종로구 사직로10길 17 인왕빌딩 301호
　　　　대표전화 02) 420-3200 편집부 02) 420-3300 팩시밀리 02) 420-3400
　　　　출판등록 제300-2009-130호(1979. 10. 10.)

ISBN 979-11-7261-170-5 (03220)

값 50,000원

잘못된 책은 구입하신 서점에서 바꾸어 드립니다.
독자의 의견을 기다립니다. www.bulkwang.co.kr
불광출판사는 (주)불광미디어의 단행본 브랜드입니다.